新形态优秀教材译丛

[丹] 斯文德·霍伦森 (Svend Hollensen) 著

国际市场营销学

第 8 版

孙国辉　杨一翁　梁渊 译

Global Marketing

(Eighth Edition)

清华大学出版社
北京

北京市版权局著作权合同登记号　图字：01-2021-3128

图书在版编目（CIP）数据

国际市场营销学：第 8 版/（丹）斯文德·霍伦森（Svend Hollensen）著；孙国辉，杨一翁，梁渊译.—北京：清华大学出版社，2024.9
（新形态优秀教材译丛）
ISBN 978-7-302-65988-4

Ⅰ．①国…　Ⅱ．①斯…②孙…③杨…④梁…　Ⅲ．①国际营销－教材　Ⅳ．①F740.2

中国国家版本馆 CIP 数据核字(2024)第 068311 号

责任编辑：朱晓瑞
封面设计：何凤霞
责任校对：王荣静
责任印制：刘　菲
出版发行：清华大学出版社
　　　　　网　　　址：https://www.tup.com.cn，https://www.wqxuetang.com
　　　　　地　　　址：北京清华大学学研大厦 A 座　　　　邮　　编：100084
　　　　　社 总 机：010-83470000　　　　　　　　　　邮　　购：010-62786544
　　　　　投稿与读者服务：010-62776969，c-service@tup.tsinghua.edu.cn
　　　　　质 量 反 馈：010-62772015，zhiliang@tup.tsinghua.edu.cn
　　　　　课 件 下 载：https://www.tup.com.cn，010-83470332
印 装 者：小森印刷霸州有限公司
经　　销：全国新华书店
开　　本：185mm×260mm　　印张：30.75　插页：2　　字　　数：744 千字
版　　次：2024 年 9 月第 1 版　　　　　　　　　　　　印　　次：2024 年 9 月第 1 次印刷
定　　价：89.00 元

产品编号：089615-01

译者序

国际市场营销学
Global Marketing (Eighth Edition)

　　呈现在读者面前的这本书，也可译为《全球营销》，是由南丹麦大学商业与社会科学学院创业与关系管理系副教授斯文德·霍伦森（Svend Hollensen）所著。它以其鲜明的创新及特色，尤其是与时俱进的理论与实践内容，赢得了国际同行的赞许，成为讲授和学习国际营销学课程可选用的世界最优秀的教科书之一。本书特点如下：一是基于全球化背景下大企业与中小企业在国际营销决策及行为上逐渐趋同的判断，从中小企业的视角，以其决策及行为为导向进行本书的体系构建；二是全书紧扣三大主题——全球化和本土化协同效应下的"全球本土化"、全面融入全球消费者的日常交流和购买行为中的"万物互联"、发展迅猛的"社交媒体营销"；三是分析应用市场营销中的新理论及新方法，除物联网、社交媒体营销外，还涉及服务价值链、服务主导逻辑、价值创新、蓝海战略、企业社会责任、全球账户管理、天生全球性企业、病毒式品牌化等；四是本书包含丰富的充分体现上述主题内容和创新内容的案例（包括不少中国企业案例），方便教师开展有效教学，并为学生充分理解与应用相关理论、延展学习宽度、加强探究式学习提供了有力帮助。

　　本书创新与特色不仅体现于以上四点。本书所具有的创新及特色，以及由此所得到国际同行的高度评价，得益于作者丰富的商界经历和鲜明的学术特点。如果想了解作者的详细情况，可直接登录南丹麦大学官网查阅更多资料。

　　从专业角度看，一本教材优秀与否，既取决于其所包含的基于专业知识图谱的课程内容及辅助性资源是否符合教学目标并方便教学，也取决于内容的组织和阐述是否具备基于"以学生为中心"或基于学生学习逻辑而非教师认知逻辑的可读性、可理解性和可掌握性。教师需要在兼顾上述两方面的基础上选取教材、驾驭教材，并进一步加工教材，以文字、图片、视频、讲授、模拟、讨论及探究式学习等多种形式组合及符合学习逻辑的方式，通过课堂教学作用于学生，促使其理解、接受、应用课本知识，并能进一步探究新问题，创造性地解决新问题。从此种角度，本书更适合本科高年级学生和研究生学习、研读。

　　真诚希望本书对我国在建立和完善中国特色哲学社会科学体系、进一步加强人才培养质量过程中的国际市场营销学的课程教学、课程建设、教材建设和学术研究等工作有一定的参考借鉴价值和创新推动作用，并借此产生更多的优秀专业人才，以便胜任当今逆全球化和新技术革命背景下的中国企业全球营销重任。

　　本书由孙国辉、杨一翁和梁渊主译，樊潮、丁梦悦参与部分翻译工作。在统稿过程中，我们对有关内容和案例做了必要的删改。由于译者水平有限，书中难免存在翻译不当之处，恳请广大读者批评指正。

　　清华大学出版社编辑在本书出版过程中付出了辛勤劳动，在此表示衷心感谢！

译者
2024 年 5 月

前言

国际市场营销学
Global Marketing (Eighth Edition)

　　全球化体现了各国经济日益密切的相互依存关系，其中的活动主体主要包括各国顾客、生产商、供应商和政府。因此，国际市场营销指公司在世界许多国家销售和分销产品与服务的过程及趋向，与政府减少贸易与投资壁垒、公司在多个国家制造产品，以及外国公司日益参与国内市场竞争等活动密切相关。

　　多年来，人们认为，由各国消费偏好的趋同所引起的市场全球化导致了大型跨国企业的出现，这些企业可以利用它们在规模经济方面的优势，成功引进世界标准化的产品。

　　约翰·奈斯比特（John Naisbitt）在其 1994 年出版的著作《全球悖论》（*The Global Paradox*）中，反驳了这一谬论：

　　"在一个庞大的全球经济体系中，跨国公司主导世界商业的想法是大错特错的。世界经济规模越大、开放程度越高，中小企业越会占主导地位。在我的一生中，这是一个重大的转变，我们已经从'规模经济'转变为'规模不经济'，从规模越大越好转变为规模增大导致效率低下、成本高昂、官僚作风、缺乏灵活性，现如今更是灾难性的。当前出现的一个悖论是，随着我们转向全球背景，规模更小、速度更快的玩家将在一个更为广阔的领域占据上风。"

　　大型企业（如 IBM）缩小规模是它们模仿那些取得成功的中小企业的行为。由于中小型企业和大型企业的行为趋同，它们在国际市场营销行为上的差异正在慢慢消失。目前的情况是，大型企业正在缩减规模，并将其决策过程分散。其结果是形成一种更加以决策和行动为导向的国际市场营销方法。这种方法也成为本书的特色。

　　由于规模较小，大多数中小企业缺乏传统大型跨国公司的内部能力、市场支配力及其他资源。与资源丰富的大型企业相比，中小企业在全球化背景下的经营难度要大得多。在全球化背景下，中小企业的成功很大程度上取决于正确的国际营销战略的制定和实施。

　　在任何组织中，市场营销管理的主要作用都是设计和执行有效的市场营销方案，从而获得回报。公司可以在国内市场这样做，也可以在一个或多个国际市场这样做。国际化是一项非常昂贵的工作，不但需要投入大量资金，而且需要高层管理人员投入大量时间和精力。由于成本高昂，实施国际化必须为公司创造额外的价值，而不仅仅是获取更多的销售额。换句话说，公司需要通过实施国际化来获得竞争优势。因此，除非该公司通过实施国际化而获利，否则它可能应该留在国内。

　　当公司在海外的一个国家市场上运作时，国际市场营销管理的任务就颇为复杂。而当公司在几个国家开展业务时，情况会复杂得多。在这种情况下，营销方案必须适应购买力不同的顾客的需要和喜好，以及不同地区的气候、语言和文化。此外，竞争模式和经商方法在不同国家有所不同，有时，在同一国家的不同区域内也存在差异。尽管存在许多差异，但重要的是要保持跨国界的相似性。公司在对其国际活动进行协调的同时会获得跨国界的协同作用，即在一个国家获得的经验和知识可以转移到另一个国家。

目标

本书的价值链为读者提供了一个以分析决策为导向的框架，用于开发和实施国际市场营销计划。因此，读者应能够分析、选择和评估适当的概念框架，以处理与国际市场营销过程相关的五个主要管理决策：①是否国际化；②决定进入哪些市场；③决定如何进入国外市场；④制订国际市场营销计划；⑤实施和协调国际市场营销计划。

阅读本书后，读者应能够更好地理解公司如何通过设计和实施市场反应计划来提升全球竞争力。

目标受众

首先，本书是为希望制订有效且以决策为导向的国际市场营销计划的人编写的。它可以作为国际市场营销专业本科生或研究生课程的教科书。其次，本书希望为学习"国际市场营销"或有关"出口"课程的非大学项目的庞大人群提供帮助。最后，本书为希望了解国际市场营销领域最新发展的经理提供支持。

基础课程

市场营销概论类课程。

本书特色

本书基于公司在国际市场上竞争的角度而编写，不考虑它的母国。它具有以下主要特点。

- 将中小企业视为国际市场营销参与者的重点。
- 以决策及行动为导向的方法。
- 价值链方法（传统产品价值链和服务价值链）。
- 价值网络方法（包括纵向和横向的不同参与者）。
- 贯穿全书的社交媒体营销方法。
- 覆盖全球买卖双方关系。
- 作为传统关键客户管理的延伸，广泛涵盖了天生全球性企业和全球账户管理。
- 提出了营销中新的令人感兴趣的理论，如服务价值链、服务主导逻辑、价值创新、蓝海战略、社交媒体营销、物联网、企业社会责任、全球客户管理、病毒式品牌化，以及感官和名人品牌化。
- 旨在成为一本"真正的"国际市场营销书籍，包含来自世界各地的案例。
- 提供整个国际市场营销计划过程的完整而集中的概述。
- 通过呈现许多最新示例和案例来阐述理论。

概要

因为本书具有明确的决策导向方法，所以它是根据公司营销人员在国际市场营销过程中面临的五个主要决策来构建的。本书共 19 章，分为五个部分。图 1 呈现了本书不同部分是如何结合在一起的。国际市场研究被认为是决策过程的一个组成部分，并作为重要的输入变量来帮助企业决定进入哪些市场（第Ⅱ部分的开头）。本书以示例的形式呈现了现实中部分真实公司的国际市场营销实践。此外，每章和部分节都以案例结尾，并提出供学生思考的问题。

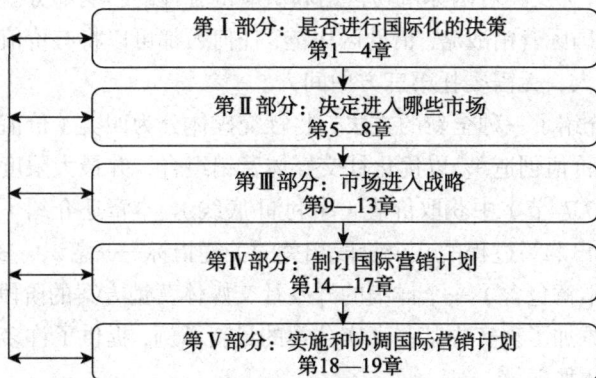

```
┌─────────────────────────────┐
│  第Ⅰ部分：是否进行国际化的决策   │
│         第1—4章              │
└─────────────────────────────┘
┌─────────────────────────────┐
│  第Ⅱ部分：决定进入哪些市场      │
│         第5—8章              │
└─────────────────────────────┘
┌─────────────────────────────┐
│  第Ⅲ部分：市场进入战略         │
│         第9—13章             │
└─────────────────────────────┘
┌─────────────────────────────┐
│  第Ⅳ部分：制订国际营销计划      │
│         第14—17章            │
└─────────────────────────────┘
┌─────────────────────────────┐
│  第Ⅴ部分：实施和协调国际营销计划  │
│         第18—19章            │
└─────────────────────────────┘
```

图 1　本书结构

第 8 版的创新之处

第 8 版集中围绕三大主题——"全球本土化""万物互联""社交媒体营销"。贯穿第 8 版的全球本土化概念使国际营销人员能够同时利用"本土"和"全球"所产生的协同效应。第 8 版的一个重要方面是强调所谓的"万物互联"和"物联网"（IoT），它正在融入全球消费者日常交流和购买行为的方方面面。因此，互联网的日益普及体现在每一章内容及大多数案例和示例中。"社交媒体营销"的整合在本书中扮演着最重要的角色。

本书的结构围绕中小型企业在国际化过程中所经历的著名阶段展开，如图 1 所示。

本书包含最新的期刊文章和公司信息。此外，在各章中还介绍了以下新内容。

- 第 1 章：通过加入人工智能（AI）及其对国际市场营销的影响（第 1.11 节），使得提供客户价值的概念得到拓展。人工智能允许国际营销人员采用数据驱动的方法，目的是预测其全球数字客户跨渠道和设备的不同行为。通过分析历史浏览和交易模式，营销人员可以识别相关的全球客户群。

- 第 4 章：通过增加"共享–交换连续体"扩展"共享经济"部分，这是一种消费模式，商品和服务不属于单个用户，仅由网络成员临时享用。未充分利用的资产可以免费或收费共享（第 4.5 节）。

- 第 14 章：将物联网（IoT）集成到国际市场营销过程中（第 14.11 节），这是新的扩展内容，在现实中，需高度依赖营销人员获取新技能。物联网成为现实，为消费者与物品之间的互动，带来了比联网前更大的贡献，从而产生了包含设计和复杂性的消费者新体验。

- 第 15 章：介绍了"基于订阅的定价"概念（第 15.5 节）。"订阅定价"是一种商业模式，客户只有支付（如每月）订阅费用，才能享用产品或服务。该策略最初由杂志和报纸制定，但现在越来越多的公司和网站将这种模式用于其产品和服务。美元剃须俱乐部（Dollar Shave Club）示例说明了定价模型。

- 第 16 章：展示并解释从单一渠道战略到全渠道战略的整个过程（第 16.4 节）。全渠道不是并行工作，而是意味着渠道的整合和统筹，这样，客户在所有渠道中的互动体验比单独使用单一渠道更有效或更愉快。此外，本章还包含有关区块链技术（第 16.6 节）及其对国际市场营销和供应链管理的影响部分。这项新技术将改变业务执行和国际营销战略。借助区块链，任何人都可以将有价值的资产从一个人转移到另一个人，无需委托第三方中间人。
- 第 17 章：介绍了一种全新的方法，将社交媒体分为四类（价值游戏、价值销售、价值分享和价值创造），以优化社交媒体营销组合，并最大限度地从社交媒体营销计划（第 17.7 节）中获取价值（净利润/底线）。本章还介绍了"社交媒体漏斗"和与典型客户购买过程的三个阶段相关的关键指标——意识、参与和行动（第 17.8 节）。最后，本章包含了一个详细的开发社交媒体营销方案的阶段计划（第 17.9 节）。

在各个章节中添加了现实中某些真实公司的最新示例，提供了许多全新且令人兴奋的章节案例研究，具体如下。

- 案例研究 3.1：Bumble："女权主义 Tinder"正在迅速扩张
- 案例研究 3.2：比亚迪电动汽车：这家中国电动汽车制造商正在考虑向全球销售
- 案例研究 4.1：威廉·德蒙特助听器：不同的威胁即将出现
- 案例研究 5.3：中国的电动自行车
- 案例研究 8.1：Waymo：谷歌的无人驾驶汽车正在寻找未来的增长市场
- 案例研究 9.3：Müller Yogurts 通过 Muller Quaker Joint Venture 进入美国市场，两年后再次退出

此外，还添加了一些全新的案例：

- 案例 I.1：伊莱克斯：一家白色家电制造商正在考虑全球范围内的增长机会
- 案例 I.2：任天堂 Switch
- 案例 II.2：劳力士：豪华手表制造商在世界市场上正面临日益激烈的竞争
- 案例 III.1：Tinder 交友软件：著名的交友软件品牌正面临 Badoo 等日益激烈的竞争
- 案例 III.2：Spotify：这家在线音乐流媒体公司发展迅速，但正面临财务不平衡的问题
- 案例 IV.1：施华洛世奇：珠宝/水晶制造商正在向电子商务和社交媒体扩张
- 案例 IV.2：李维斯：开拓新的国际市场
- 案例 V.1：腾讯：中国网络巨头正在寻求新的联盟
- 案例 V.2：华为智能手机：向国际市场拓展的智能手机

以下示例也是本书新增的：

- 示例 14.13：谷歌以智能恒温器的形式使用物联网。
- 示例 14.14：可口可乐在以色列通过"迷你我"3D 打印活动增加了其迷你瓶的销量
- 示例 16.3：马士基在航运中使用区块链
- 示例 17.6：阿蓓娜正在通过"影响者营销"渗入美国尿布市场

教学/学习辅助

《国际市场营销学》（第 8 版）的优势之一是其强大的教学特点。

- 章节目标告诉读者在完成每一章后，他们应该做什么、能够做什么。

- 真实世界的示例使文本生动活泼，示例能够与营销模型相关联。
- 章末总结概括了主要概念。
- 问题讨论让学生进一步探究重要话题。
- 每章一般有三个案例研究，帮助学生将本章介绍的模型与特定的业务情况联系起来。
- 部分案例研究——每个部分一般有三个全面的案例研究，涵盖该部分中遇到的主题。为了加强学习，所有案例研究都附有问题。案例研究基于现实生活中的公司。有关这些公司的更多信息可以通过访问互联网来获取。公司案例来自世界各地。

目录

国际市场营销学
Global Marketing (Eighth Edition)

第I部分 是否进行国际化的决策

第1章 企业国际市场营销 ·· 3

1.1 导论 ··· 3

1.2 国际市场营销计划的制订过程 ································· 4

1.3 中小企业、大型企业在国际市场营销和管理风格上的比较 ············· 4

1.4 企业是否该彻底国际化? ··· 10

1.5 国际市场营销概念的发展 ··· 11

1.6 全球一体化和市场反应的驱动力 ······························· 14

1.7 确立国际竞争优势的价值链 ··· 17

1.8 价值商店和"服务价值链" ··· 22

1.9 全球体验营销 ··· 26

1.10 信息业务、"大数据"和虚拟价值链 ······························· 30

1.11 人工智能(AI)及其对国际市场营销的影响 ······················· 31

1.12 总结 ··· 33

问题讨论 ··· 34

参考文献 ··· 34

第2章 国际化的开始 ·· 35

2.1 导论 ··· 35

2.2 国际化动机 ··· 36

2.3 出口启动的触发因素(变革推动者) ······························· 43

2.4 国际化的障碍/风险 ··· 48

2.5 总结 ··· 53

问题讨论 ··· 53

参考文献 ··· 53

第3章 国际化理论 ·· 54

3.1 导论 ··· 54

3.2 乌普萨拉国际化模型 ··· 56

3.3 交易成本分析模型 ··· 60

3.4 网络模型 ··· 63

3.5 天生全球化 ··· 65

3.6 总结 ··· 69

问题讨论 ··· 70

参考文献 ··· 70

第 4 章 企业国际竞争力的发展 ·································· 71

4.1 导论 ··· 71

4.2 国家竞争力分析（波特钻石模型） ······························· 72

4.3 行业竞争分析 ··· 76

4.4 价值链分析 ··· 80

4.5 共享经济 ··· 90

4.6 可持续的全球价值链 ··· 93

4.7 CSR（企业社会责任） ··· 94

4.8 价值网络 ··· 97

4.9 蓝海战略和价值创新 ··· 98

4.10 总结 ·· 100

问题讨论 ·· 101

参考文献 ·· 101

第 II 部分 决定进入哪些市场

第 5 章 国际市场研究 ··· 105

5.1 导论 ·· 105

5.2 国际营销研究者角色的变化 ·· 106

5.3 国际市场营销研究与营销决策程序的链接 ························ 106

5.4 二手数据研究 ·· 109

5.5 原始数据研究 ·· 113

5.6 其他国际市场研究形式 ·· 122

5.7 基于 Web 3.0 的国际市场调研 ···································· 125

5.8 建立国际营销信息管理系统 ·· 127

5.9 总结 ·· 128

问题讨论 ·· 129

参考文献 ·· 129

第 6 章 政治与经济环境 ··· 130

6.1 导论 ·· 130

6.2 政治/法律环境 ··· 130

6.3 经济环境 ·· 139

6.4 "金字塔底部"的市场机会 ································· 144

6.5 总结 ··· 147

问题讨论 ·· 149

参考文献 ·· 149

第7章 社会文化环境 ·· 150

7.1 导论 ··· 150

7.2 文化层级 ··· 152

7.3 高语境文化和低语境文化 ·································· 153

7.4 文化要素 ··· 155

7.5 霍夫斯泰德模型（"4+2"维度模型）与 GLOBE 模型 ··· 160

7.6 管理文化差异 ··· 163

7.7 全球文化的趋同或分化 ····································· 164

7.8 文化的维度对道德决策的影响 ··························· 164

7.9 总结 ··· 166

问题讨论 ·· 167

参考文献 ·· 168

第8章 国际市场选择过程 ·· 169

8.1 导论 ··· 169

8.2 国际市场选择：中小企业和大型企业 ·················· 169

8.3 建立国际市场选择模型 ····································· 171

8.4 市场扩张战略 ··· 181

8.5 全球产品/市场组合 ·· 186

8.6 总结 ··· 187

问题讨论 ·· 188

参考文献 ·· 188

第Ⅲ部分 市场进入战略

第9章 进入模式选择的方法 ····································· 195

9.1 导论 ··· 195

9.2 交易成本法 ·· 196

9.3 影响进入模式选择的因素 ·································· 197

9.4 总结 ··· 202

问题讨论 ·· 202

参考文献···203

第 10 章　出口模式···204

10.1　导论···204

10.2　间接出口模式··206

10.3　直接出口···210

10.4　合作出口模式/出口营销集团··217

10.5　总结···218

问题讨论···218

参考文献···219

第 11 章　中介模式···220

11.1　导论···220

11.2　合同制造···221

11.3　许可证贸易··222

11.4　特许经营···225

11.5　合资经营/战略联盟··229

11.6　其他中介进入模式···239

11.7　总结···241

问题讨论···241

参考文献···242

第 12 章　层级模式···243

12.1　导论···243

12.2　居住国内的销售代表···244

12.3　常驻销售代表/国外销售分公司/国外销售子公司····························245

12.4　销售和生产子公司···246

12.5　子公司增长与整合战略···247

12.6　区域中心（区域总部）···248

12.7　跨国组织···250

12.8　建立全资公司：收购或绿地投资··250

12.9　总部的选址或搬迁···251

12.10　撤资与退出外国市场···252

12.11　总结···256

问题讨论···257

参考文献···257

第 13 章　国际采购决策和分供应商角色·································258

13.1　导论···258

13.2　国际采购的动因 259

13.3　分包的分类 261

13.4　买卖双方互动 262

13.5　关系的发展 265

13.6　反向营销：从卖方到买方的主动性 267

13.7　分包商的国际化 268

13.8　项目出口（交钥匙合同） 270

13.9　总结 271

问题讨论 271

参考文献 272

第Ⅳ部分　制订国际营销计划

第 14 章　产品决策 281

14.1　导论 281

14.2　国际化产品的维度 281

14.3　制定国际化服务策略 282

14.4　产品生命周期 287

14.5　为国际市场开发新产品 295

14.6　产品定位 299

14.7　品牌资产 302

14.8　品牌化决策 303

14.9　感官品牌化 311

14.10　互联网在面向产品决策的顾客合作中的应用 314

14.11　物联网（IoT）及其对营销者的用处 315

14.12　3D 打印：一场可能的定制化的新工业革命 319

14.13　全球移动应用程序（App）营销 321

14.14　"长尾"战略 323

14.15　品牌仿冒和防伪策略 325

14.16　总结 326

问题讨论 326

参考文献 327

第 15 章　定价决策和商业条款 328

15.1　导论 328

15.2　国际定价策略与国内定价策略的比较 329

15.3　影响国际定价决策的因素 329

15.4　国际定价策略 333

15.5　互联网对跨境定价的影响 ·································· 350

15.6　销售和交付条款 ··· 351

15.7　支付条款 ·· 353

15.8　出口融资 ·· 355

15.9　总结 ··· 357

问题讨论 ··· 358

参考文献 ··· 358

第 16 章　分销决策 ······································· 359

16.1　导论 ··· 359

16.2　渠道决策的外部决定因素 ································· 360

16.3　渠道结构 ·· 362

16.4　从单渠道到全渠道策略 ··································· 366

16.5　管理和控制分销渠道 ····································· 368

16.6　区块链技术及其对国际市场营销和供应链管理的影响 ·········· 373

16.7　互联网在分销决策中的应用 ······························ 375

16.8　在线零售 ·· 376

16.9　智能手机营销 ·· 378

16.10　国际零售中的渠道权力 ·································· 379

16.11　灰色营销（平行进口） ·································· 383

16.12　总结 ··· 385

问题讨论 ··· 385

参考文献 ··· 386

第 17 章　传播决策 ······································· 387

17.1　导论 ··· 387

17.2　传播过程 ·· 387

17.3　传播工具 ·· 390

17.4　实践中的国际广告策略 ··································· 404

17.5　互联网对传播决策的影响 ································· 406

17.6　社交媒体营销 ·· 407

17.7　社交媒体的分类 ·· 414

17.8　社交媒体漏斗 ·· 417

17.9　发展社交媒体营销计划 ··································· 418

17.10　病毒式营销活动的发展 ·································· 421

17.11　总结 ··· 423

问题讨论 ··· 424

参考文献 ··· 424

第 V 部分　实施和协调国际营销计划

第 18 章　跨文化销售谈判 ·· 429

18.1　导论 ·· 429

18.2　跨文化谈判 ·· 431

18.3　跨文化准备 ·· 440

18.4　妥善处理外派人员 ·· 441

18.5　知识管理和跨国界学习 ·· 443

18.6　跨文化谈判中的跨国贿赂 ·· 446

18.7　总结 ·· 447

问题讨论 ··· 448

参考文献 ··· 448

第 19 章　国际营销计划的组织与控制 ································ 449

19.1　导论 ·· 449

19.2　国际营销活动的组织 ·· 449

19.3　全球客户管理组织 ·· 454

19.4　控制国际营销计划 ·· 464

19.5　国际营销预算 ·· 470

19.6　制订国际营销计划的过程 ·· 473

19.7　总结 ·· 473

问题讨论 ··· 474

参考文献 ··· 474

第 I 部分

是否进行国际化的决策

第 I 部分　内容

第 1 章　企业国际市场营销

第 2 章　国际化的开始

第 3 章　国际化理论

第 4 章　企业国际竞争力的发展

第 I 部分　案例研究

I .1　伊莱克斯：一家白色家电制造商正在考虑全球范围内的增长机会

I .2　任天堂 Switch

I .3　全球麦片合作伙伴公司（CPW）：世界排名第二的玩家正在挑战第一名——凯洛格

第 I 部分　简介

现实情况往往是，一个从事出口业务的企业宁愿服务于国内市场，因为它发现自己并没有从事出口的必要竞争力。第 1 章从价值链视角讨论全球市场战略和竞争力，第 2 章讨论企业国际化的主要动机，第 3 章聚焦能够解释企业国际化过程的一些核心理论，第 4 章讨论宏观层面和微观层面的国际竞争能力的概念。

第 1 章

企业国际市场营销

学习目标

通过学习本章，学生应该能够做到以下几个方面。

- 区别中小企业与大型企业的管理风格特征及差异；
- 识别全球一体化和市场反应的驱动因素；
- 从整体角度解释国际市场营销在公司中的作用；
- 描述并理解价值链的概念；
- 识别并讨论价值链国际化的不同方式；
- 解释"产品价值链"和"服务价值链"的区别；
- 理解"客户体验"如何扩展传统的价值视角。

1.1 导　论

2008 年金融危机已经过去了十几年，但我们仍未享受到一个通过广泛的基础反弹创造出安全和更加繁荣的世界。

西方民粹主义者批评全球"自由贸易"，他们认为，正是自由贸易的流行才导致了工作岗位的流失。实际上，相比于产业自动化，自由贸易所导致的工作岗位流失微乎其微，这是一股很难逆转的力量。现实情况是，跨境贸易在促进自第二次世界大战以来的全球包容性繁荣方面发挥了重要作用。

在过去十几年中，区域和双边贸易协定广受欢迎，这反映出世界贸易组织的所有成员国在达成共识方面存在困难。但世界贸易组织要想推动全球经济增长，并且使这种增长能够惠及更多的人，则各国政府、企业、非政府组织和其他组织团体必须更紧密地进行合作。

在 2005 年，托马斯·弗里德曼出版了他的国际畅销书《世界是平的》（Friedman，2005）。在书中，他主要分析了 21 世纪初的全球化，并认为现实图景已发生巨大变化。著作标题是一个隐喻，它将世界视为一个公平的商业竞技场，在这里，所有的玩家和竞争者都有平等的机会。来自世界各地的公司将在世界市场的各个角落展开竞争——争夺客户、资源、人才和知识资本。产品和服务将从多个原点流向不同的目的地。弗里德曼描述了在乌克兰、印度和中国等国，有多少当地公司正在为跨国公司供应人力资源。通过这种方式，新兴及发展中国家的这些公司正成为像戴尔、SAP、IBM 和微软等大型跨国公司复杂全球供应链中不可或缺的一部分。

潘卡吉·格玛沃特反驳了弗里德曼关于世界是平的观点。在他的书中，格玛沃特介绍了世界 3.0（Ghemawat，2008），它既不是由一系列相互区别的民族国家所组成的世界（世界 1.0），也不是一个仅有众多企业组成的平坦的无国家形态的理想世界（世界 2.0）。在这样一个 3.0 版本的世界中（Ghemawat，2011a），本国不容忽视，但海外国家依然重要。格玛沃特认为，当距离（地理、文化、行政/政治和经济）增加时，跨境贸易倾向于减少（Ghemawat，2011b）。同时，格玛沃特还提出，在这样一个世界里，有一个全球性的战略和组织是必然有可能的。但是，全球战略的基础一定不是对不同种族、文化和区域之间的差异和距离予以消除，而是对这些差异和距离的理解。

1.2　国际市场营销计划的制订过程

本书采用了明确的决策导向方法，并根据公司营销人员在国际市场营销过程中面临的五个主要决策进行了结构设计。本书 19 章共分为五个部分（图 1.1）。

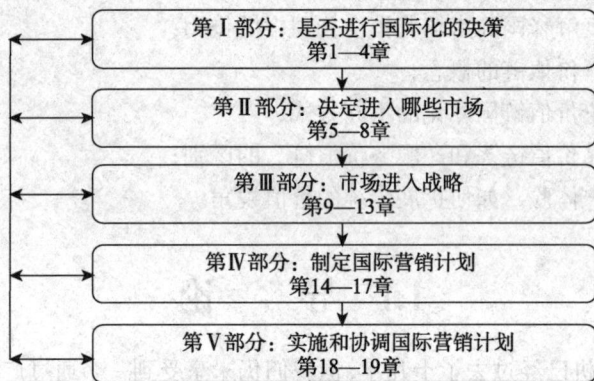

图 1.1　国际市场营销的五阶段决策模型

企业的全球竞争力主要取决于国际市场营销阶段的最终结果：国际市场营销计划。营销计划的目的是在全球市场中创造可持续的竞争优势。通常，公司在制订国际市场营销计划时要经历某种心理过程。在中小企业中，这一过程更多是非正式的；而在较大的组织中，它往往更加系统化。

扩展阅读 1.1

1.3　中小企业、大型企业在国际市场营销和管理风格上的比较

现实中，许多大型企业就像一个由众多小型的、自主的、具有创业精神的和以行动为导向的公司组成的联合体，这种联合背后的原因是许多大型跨国公司（如 IBM、飞利浦、

通用汽车）已经开始缩减业务规模。人们总在质疑中小企业定向的变化。一些研究
（Bonaccorsi，1992）否定了曾广为接受的企业规模与出口强度正相关的命题。此外，许
多研究者（Julien et al.，1997）发现，同属出口商的中小企业，它们的行为并非完全一样。

　　表 1.1 概括了中小型企业与大型企业在管理、营销风格方面的主要定性差异。我们将
依次讨论每一个标题。

表 1.1　大型企业和中小型企业的特征

类　　别	大 型 企 业	中小型企业
资源	• 资源丰富 • 资源内部化 • 需要协调的资源：人力、融资、市场知识等	• 资源有限 • 资源外部化（资源外包）
战略形成/决策过程	• 成熟战略形成（Mintzberg，1987；Mintzberg and Waters，1985）（见图 1.3） • 渐进式适应型决策模式（逻辑渐进主义）（例如，每个新产品：大型企业的小创新）（见图 1.4）	• 应急战略形成（Mintzberg，1987；Mintzberg and Waters，1985）（见图 1.3） • 创业型决策模型（例如，每个新产品：中小企业的重大创新）（见图 1.5） • 所有者/管理者直接或亲自参与，并将主导整个企业的所有决策
组织结构	• 正式的/层级制的 • 不依赖于个人	• 非正式 • 所有者/企业家通常具有激励/控制整个组织的魅力/权力
风险承担	• 主要是规避风险 • 关注长期机会	• 有时冒险/有时规避风险 • 关注短期机会
灵活性	低	高
规模经济和范围经济的获取	是	有限
信息来源的使用	先进技术的使用：数据库、外部咨询、互联网	以非正式的方式和廉价的方式收集信息：内部来源、面对面交流

1.3.1　资源

　　（1）财务资源。中小企业的一个有据可查的特征是因股权基础有限而缺乏财务资源。
企业所有者仅能投入有限的资金，且很快就会枯竭。

　　（2）商业教育/专业特长。与大型企业相比，中小企业管理者的一个特点是他们接受
的正规商业教育有限。传统上，中小企业所有者/经理是技能或工艺专家，不可能接受商科
专业培训，因而专业特长有限。小型企业管理者大多是多面手，而不是专家。此外，国际
市场营销专长通常是一个不断扩张的中小企业所需要掌握的最后商业知识，而财务和生产
专家通常在公司收购竞争对手之前就已具备。因此，中小企业所有者密切参与销售、分销、
定价，特别是产品开发的情况并不鲜见。

1.3.2　战略形成/决策过程

　　如图 1.2 所示，已实现的战略（可观察到的组织活动的产出）是预定（"计划"）战略
和应急（"未计划"）战略组合的结果。公司不会制定一个完全深思熟虑的有计划战略。在

实践中，所有企业都会兼顾预定战略和应急战略的一些元素。

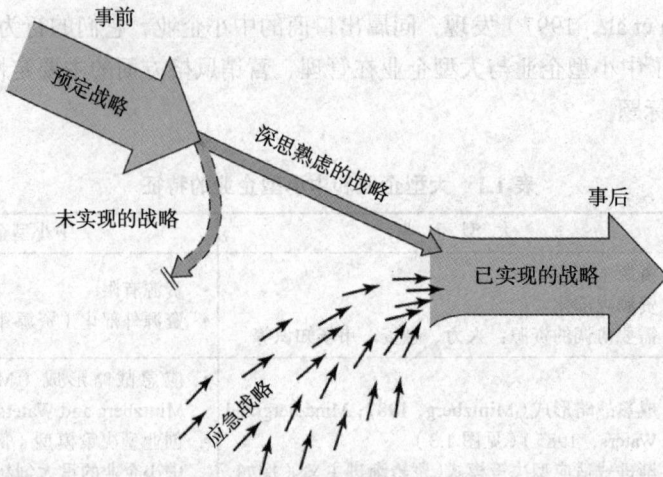

图 1.2 预定战略和应急战略

来源：Mintzberg (1987, p. 14). Copyright © 1987, by The Regents of the University of California. Reprinted from the California Management Review, Vol. 30, No. 1.

在预定战略（主要是大型企业）的情形下，管理者试图尽可能精确地表达他们的意图，然后尽力以最小的变化来实施这些意图。

这种计划的制订方法是"将公司的目标确定、分析、评价、选择和计划实施等假定为一系列渐进步骤，以此实现组织的最佳长远目的"（Johnson，1988）。战略管理过程的另一种方法是逻辑渐进主义（Quinn，1980），即不断地对战略进行灵活和实验性的调整。如果战略上的微小调整被证明是成功的，那么，进一步的调整将会是必然。管理者很可能认为自己是渐进管理，但这并不意味着他们能成功跟上环境变化的步伐。有时，逐步调整的战略变化和环境市场变化会渐行渐远，甚至出现战略漂移（Johnson，1988）（见图 1.3）。

示例 1.1 为战略漂移的一个实例。

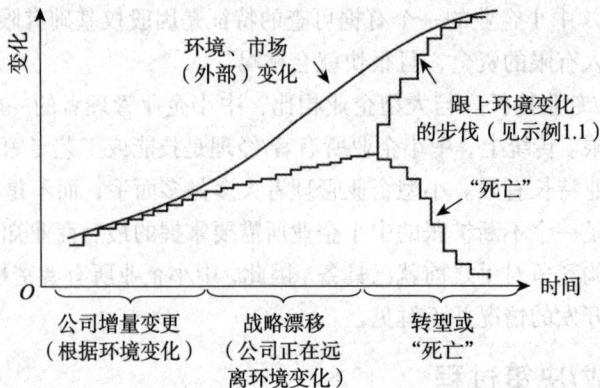

图 1.3 渐进变化和战略漂移

来源：基于 Johnson，Whitington 和 Scoles 的版本的战略漂移（Pearson，2011）

乐高的战略漂移

如今，乐高（LEGO）与孩之宝和美泰一起跻身世界三大玩具制造商之列。

但情况并非总是如此乐观。2003 年，该公司遭受了大约 31.9 亿美元的净亏损。乐高坚信自己的独特理念优于其他产品，但在争夺儿童时间的竞争中，公司却面临着压力。著名的乐高积木面临着来自电视、视频、CD-ROM 游戏和互联网等日益激烈的竞争。在乐高的案例中，似乎在 2003 年左右出现了一种"战略漂移"——乐高管理层对其独特的、具有教育意义的玩具的盲目自信与整个世界的发展方式不协调。自许多工作的父母越来越缺乏时间来"控制"孩子的游戏习惯，引人入胜的电脑游戏正在取代乐高生产的"健康的"教育玩具。这些快速发展迫使乐高重新评估其产品计划和营销策略。

乐高一直试图将其传统概念和价值扩展到面向 2～16 岁儿童的媒体产品。这些新类别包括电脑和主机软件、书籍、杂志、电视、电影和音乐，旨在重现孩子和父母之间早已建立起来的信任。它还推出了类似 Mindstorms 的高科技产品，它的仿生玩具还出现在了一部全长动画电影中。

在经历了 2003 年的巨额亏损之后，乐高转而恢复了原来的核心理念。为确保对核心业务的持续关注，乐高集团于 2004 年秋决定出售 LEGOLAND 公园。它将更专注于将积木作为其主要产品，进一步满足儿童对组装的渴望。

然而，2019 年，乐高决定购回其 LEGOLAND 公园。乐高集团专注于重建与经典建筑玩具相关的优势核心业务，并预计在 2020 年和未来几年保持其市场地位。

来源：基于 www.lego.com 及其他各种公共媒体。

中小企业的特征可通过创业者决策模型来描述（图 1.4）。因为中小企业的决策制定是直觉的、松散的、无组织的，所以，公司战略可能发生更剧烈的变化。在图 1.4 中，有望实现战略的范围是由全部可能结果的一个区间决定的。中小企业的创业者以寻求新机会的倾向而闻名，而创业者固有的、内在天性的变化会导致企业成长方向的重大改变。由于创业者改变了重点，此前的企业成长是没有计划或缺乏协调的，因此可能会出现对企业前进的总体方向产生影响的零星决策。

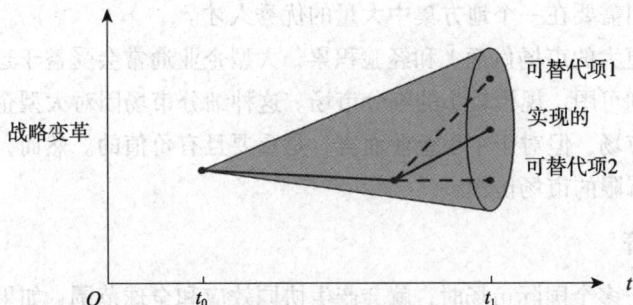

图 1.4　创业者的决策制定模型

1.3.3　组织

与大型企业相比，中小企业的员工通常与创业者更为亲近。基于创业者的影响，这些员工要想保留工作，就必须符合创业者的个性和风格。

1.3.4　风险承担

当然，风险的程度是不同的。通常情况下，大型企业将有更强的规避风险能力，因为它们采用了一种关注长期机会，并强调循序渐进式计划实施的决策模型。

在中小企业中，风险承担取决于各种境况。它可能发生在企业生存遭遇威胁的情形下，也可能发生在主要竞争对手正在破坏企业活动的情况下。创业者在没有收集到所有相关信息时，他们可能会去冒险，从而忽略了决策过程中的一些重要事实。

中小企业在某些情况下能够规避风险。这种情况常发生于企业因先前的冒险行为而受到损害，以及创业者在信心恢复之前不愿冒任何风险的情况下。

1.3.5　适应性

由于企业与其客户之间的沟通距离较短，因此，中小型企业能够以更快、更灵活的方式对客户的要求做出反应。

1.3.6　规模经济和范围经济

1. 规模经济

规模经济指产量的增多导致更低的单位成本价格。由于"经验曲线效应"和生产、营销等环节效率的提高，产品生产量和销售量的增加将导致单位成本价格更低。全球扩张导致公司运营规模扩大，使其拥有更大的生产能力和资产基础。然而，只有当公司系统性地将其规模转化为规模经济时，更大规模性才能创造竞争优势。

原则上，规模经济的好处能够以不同的方式表现出来（Gupta and Govindarajan，2001）。

（1）通过经验曲线效应，降低单位运营成本，并降低单位固定成本。

（2）全球联合采购为将全球购买力聚焦供应商提供了机会。这通常会导致大量折扣和较低的交易成本。

（3）大规模赋予了全球经营者针对特定技术、产品的开发建立起卓越中心的机会。为做到这一点，公司需要在一个地方集中大量的优秀人才。

由于规模（更大的市场份额）和经验积累，大型企业通常会受益于这些因素。中小企业往往专注于有利可图、规模较小的细分市场。这种细分市场因对大型企业过于微不足道而无法作为目标市场，但对于中小企业而言，是重要且有价值的。然而，它们只会导致一个特定行业非常有限的市场份额。

2. 范围经济

当公司服务于多个国际市场时，就会产生协同效应和全球范围：如果国际营销者只服务于某一个国家的特定客户，则全球范围不会产生。采购客户应在多个国家购买大量相同的产品和服务。全球采购者既可以从一群本地供应商处获得这些产品和服务，也可以通过一个单一的全球供应商（国际营销者）获得。而这个全球供应商服务于全球所有市场。与大量本地供应商相比，全球供应商通过在多个国家之间确保产品质量和品质的一致、更加快捷和顺畅的业务协调，以及更低的交易成本来为全球客户提供价值。

范围经济是指在一个国家或一个企业中利用的一种资源可以在其他国家或企业中继续分享利用。在全球范围内获取范围经济的挑战在于应对两种相互矛盾需求之间的紧张关系：多数营销组合要素需集中统一，但在实际交付产品和服务过程中又需本土化（Gupta and Govindarajan，2001）。

由于大型企业通常服务于大陆上许多不同的市场（国家），因此能够将在一个国家获得的经验转移到另一个国家。一般来说，中小企业只在其国内市场以外的、非常有限的国际市场提供服务。有时，当中小企业能与某个合作伙伴结成联盟或合资企业时，便可以利用范围经济。而这位合作伙伴必须具有中小企业在国际市场所缺乏的特定要素：互补的产品方案或当地市场知识。

规模经济和范围经济的例子可以在世界汽车行业中找到。大多数汽车公司会在他们的整个产品系列中使用相似的发动机和变速箱，这样，相同的发动机或变速箱就可以安装在不同型号的汽车上。这为诸如福特或大众等公司节省了巨大的潜在成本。它既产生了规模经济（降低单位产出成本），因生产更大数量的发动机或变速箱，又提供了范围经济（在一个行业/国家中重新使用来自另一个行业/国家的资源）。因而，在汽车行业中发生的现象并不奇怪：近年来发生了一系列合并与收购活动，其目的是构建全球大企业，并使其规模足够大，以便从中获益。

1.3.7　信息来源的使用

通常情况下，大型企业委托声誉良好且收费高昂的国际咨询公司出具市场报告，并将其作为重要的国际市场营销信息来源。中小企业通常以面对面交流的非正式方式收集信息，创业者会无意识地汇总这些信息，并利用它们来做决定，所获得的信息大多是不完整和支离破碎的，信息评估基于直觉，且经常是猜测。整个过程都由一种欲望所支配，那就是找到一种可以充分利用的环境。

此外，随着中小企业选择一种越来越明确的面向国际市场的定位，以及企业从以生产为导向（"上游"）向以销售为导向（"下游"）的转变，企业对复杂信息的需求也会增长（Cafferata and Mensi，1995）。

作为对国际市场压力的回应，大型企业和中小企业都朝着全球一体化，但又兼顾市场反应的战略发展。然而，这两类企业的出发点是不同的（见图 1.2）。一方面，传统上，大型跨国公司的战略基础是在全球范围内推出标准化产品，从而利用规模经济优势。这些公司认识到，为保持在国家市场上的竞争力，它们必须具有更高程度的市场反应能力。另一方面，传统上，中小企业认为国家市场在彼此间是相互独立的。然而，随着国际竞争力的发展，中小企业开始意识到，不同的国际市场之间存在着相互联系，它们现在认识到有效协调不同国家市场战略的益处，而这能够进一步利用研发、生产和营销中的规模经济优势。

任天堂掌上游戏机的规模经济

从 1989 年到 2012 年年底，任天堂（Nintend）及其后继者（任天堂 DS，即任天堂开发者系统）已经售出超过 3 亿个游戏小子（Game Boys）（任天堂希望该系统能够激发开发者的创新游戏设计，而同时，DS 也坚持"双屏"，这是该系统最明显和独特的功能），这使其在掌上游戏市场占据了主导地位，然而，任天堂在游戏机市场的份额却被索尼和微软蚕食。在过去的 15 年中，Sega、NEC、SNK，甚至手机制造商诺基亚（Nokia），均推出了几种竞争性的便携式游戏系统，但没有取得太大的成功。

规模经济主要涉及硬件的制造。在软件市场上，规模经济是有限的。游戏制造商必须提供许多不同类型的游戏，且大多数游戏的流行期间是短暂的。特别是那些与电影关联的游戏软件，情况更是如此：随着电影的下线，该游戏的受欢迎程度也在逐渐降低。

来源：基于 www.nintendo.com 和各种公共来源。

1.4 企业是否该彻底国际化？

全球化指许多企业在世界大多数国家和地区开展采购、开发、生产、销售及服务的一种趋势。面对全球化和联系日益紧密的世界，许多公司试图将其销售网络扩大到国外市场。国际扩张为企业提供了新兴的、可能带来更多利润的市场，这有助于提高企业竞争力，并为企业获取新产品开发创意、革新制造工艺，以及接触最新技术提供了途径。然而，除非公司事先做好准备，否则其国际化不太可能成功。在此，国际化指一个企业在许多国家从事生产、销售及服务，但通常限于一个特定区域。预先规划通常被认为对新国际业务开拓成功很重要（Knight，2000）。

索尔伯格（Solberg）在 1997 年讨论了两种极端情况，即公司应在国内市场故步自封，或进一步强化其全球地位。图 1.2 中的框架基于行业全球主义和为国际化做准备两个维度。

1.4.1 行业全球主义

原则上，企业不能影响行业全球化的程度，因为它主要是由国际营销环境决定的。企业的战略行为取决于一个行业内的国际竞争结构。在行业高度全球化的情况下，市场、客户和供应商之间存在许多相互依赖关系，且该行业由少数大型、强大的全球厂商主导，而市场终端是一个多国市场的环境，其中，各个市场相互独立存在，没有联系。全球化程度很高的行业包括智能手机制造、智能手机应用程序、信息技术（软件）、电影和飞机（两大主导企业是波音和空客）。比较本土化的行业是那些受文化影响较大的行业，如美发、食品和乳制品（如挪威的棕色奶酪）。

扩展阅读 1.2

1.4.2 国际化准备

这个维度主要由公司决定。企业国际化准备的程度取决于其在国际市场上执行战略的能力，如国际商务运营的实际技能。这些技能或组织能力可能包括个人特征（如语言、文化敏感性）、管理者的国际经验或财务资源。准备充分的成熟公司有良好的基础来主导国际市场，并获得更高的市场份额。

在全球/国际营销文献中，"耕耘国内市场"的方案没有被充分讨论。然而，索尔伯格在 1997 年认为，由于有限的国际经验和在国内市场的弱势地位，企业很少有理由参与国际市场。相反，这些公司应努力改善其在国内市场的表现。

索尔伯格认为，如果企业发现自已在一个全球性的行业中，仅仅是大型跨国公司中的一个侏儒，那么，它可能会寻求增加其净值的方法，以吸引合作伙伴为未来的收购出价。这种选择方案可能与中小型企业有关，这些企业向拥有全球网络的大型工业公司销售先进的高科技部件（作为次级供应商）。在全球需求波动的情况下，中小企业（财务资源有限）往往面临较高的财务风险。如果公司已经在国际商业运作中获得了一些能力，那么，它可以通过与具有互补能力的公司结成联盟来克服其竞争劣势。拓展阅读图中的其他窗口由索尔伯格在1997年进行进一步的讨论。

1.5 国际市场营销概念的发展

基本上，国际市场营销包括发现和满足全球客户的需求（这比市场竞争更重要），并在全球环境的约束下协调营销活动。公司应对全球市场机遇的特征很大程度上取决于管理层有意或无意在全球开展业务的假设或信念。这种企业经营活动的世界观可以根据 EPRG 框架来描述（Perlmutter，1969；Chakravarthy and Perlmutter，1985），它的四个方面总结如下。

（1）民族中心主义：母国优先，母国需求优先得到关注。本质上，企业总部将其经营方式扩展至其外国分支机构。控制高度集中，在国外采取的组织架构和技术在很大程度上与母国相同。

（2）多中心的（多国内的）：每个国家都是独一无二的，应以不同的方式定位。多中心企业认识到，在不同的地点有不同的生产和销售条件，它们应尝试适应这些不同的条件，以实现每个位置的利润最大化。控制权在子公司之间高度分散，总部与子公司之间的沟通有限。

（3）区域中心：世界由多区域组成（如欧洲、亚洲）。企业试图统一协调其区域内的营销计划，而不是跨区域协调统一。

（4）以全球为中心的（全球的）：世界变得越来越小。企业可以提供全球化的产品概念，但要适应当地，即"思考全球化，行动本地化"。

相较于以民族为中心和多中心的，以区域和全球为中心的公司寻求在区域或全球范围内组织并整合生产与营销。每一个国际单位都是整个跨国网络的重要组成部分，总部和附属机构之间的沟通和控制不像以民族主义为中心的公司那样上下层级分明。

随着通信和物流网络在全球范围内的一体化，许多国际市场正在汇集相连。与此同时，其他国际市场因企业管理者遭遇经济和文化的异质性而变得日益多样化。这意味着公司需要平衡尴尬局面，以适应不同市场中，客户的不同需求。而这需要不同的技能和资源，同时要求企业在已建立的市场和新市场之间进行知识和学习的转移（Douglas and Craig, 2011）。

这使得我们对国际市场营销进行以下定义。

国际市场营销的定义是公司承诺其能够在多国市场间统一协调营销活动，以找到并满足全球客户的需求，而不是相互竞争。这意味着公司能够：

- 根据各个市场的异同点，制定全球市场营销策略。
- 通过全球传播或学习，以及适应性调整，在母国开发总部知识。
- 将总部知识和来自于任何市场的"最佳实践经验"进行全球转移，并在其他国际市场应用它们。

以下是一些关键术语的解释。

- 协调营销活动：协调和统一营销战略，并在全球市场上实施它们，这涉及集中化、委托或授权、标准化和本土化。
- 发现全球客户需求：这包括进行国际市场调查和分析细分市场，以及了解不同国家客户群体的异同。
- 满足全球客户：调整产品、服务和营销组合的元素，以满足不同国家和地区的客户需求。
- 超越竞争对手：通过提供更好的价值、更低的价格、更高的质量、更好的分销、优秀的广告策略或卓越的品牌形象来评估、监控和应对全球竞争。

国际市场营销定义的第二部分也在图 1.5 中予以说明，并在下面进一步评论。

国际市场营销战略

全球化 （标准化）		本土化 （差异化）
100%		100%

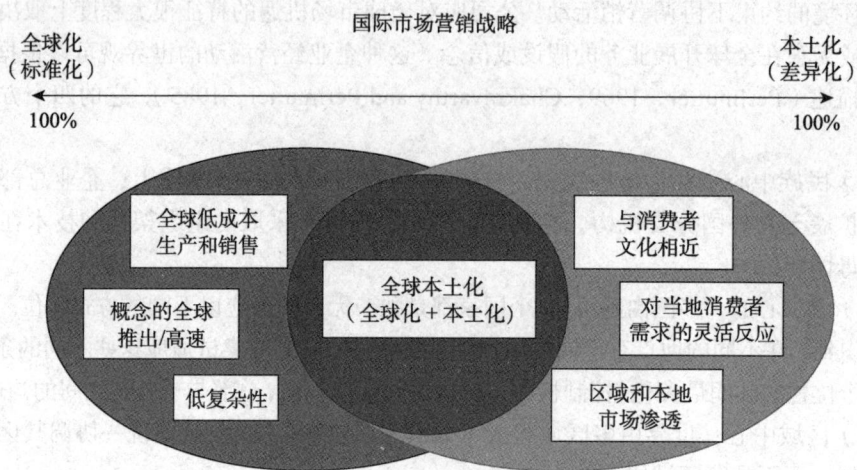

图 1.5　全球本土化框架

国际市场营销战略通过总部和子公司之间的动态相互依赖，力求实现"全球化思考，本地化行动"的口号，即所谓的"全球本土化"。全球本土化指公司统一为全球市场开发和销售产品服务，但要适应当地文化和行为。遵循这一战略的组织通过协调其各种努力，在确保地方灵活性的同时，能够利用全球一体化及其效率所带来的益处，并确保创新的全球扩散。

重要的是，价值链职能应在能力最强和成本—效益最高的地方实施，而这并不一定是在总部（Bellin and Pham，2007）。

全球化营销中的两个极端，全球化和本土化，可以结合到"全球本土化"的框架中，如图 1.5 所示。

知识管理的一个关键因素是不断从经验中学习。在实践中，知识管理作为一种以学习为中心的跨国界活动，其目的是跟踪一个市场中的有价值的功能，这些功能可以在其他地方（其他地理市场）使用，这样，企业就可以不断更新其知识。图 1.6 也说明了知识和"最佳实践"从一个市场转移到另一个市场。然而，在一种文化环境中，开发和使用的知识并不总是容易转移到另一种文化环境中。在跨文化知识管理中，人际关系的缺失、信任的缺失，以及"文化距离"等因素共同造成了阻力、摩擦和误解。

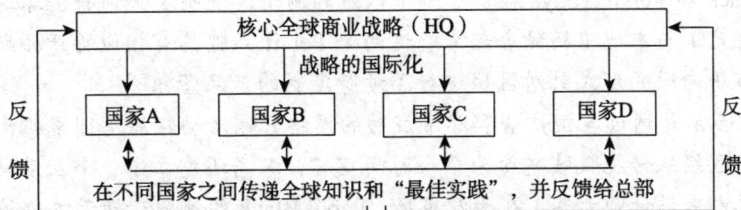

图 1.6　知识和学习跨国界转移的原则

随着全球化成为许多公司（无论是从事产品开发，还是提供服务）业务战略的核心，管理"全球知识引擎"在当今知识密集型经济中取得竞争优势的能力是获取可持续竞争力的关键之一。但是，在国际市场营销的背景下，知识的管理实际上是一种跨文化活动，其主要任务是促进和不断提升协作式跨文化学习（这将在第 14 章中进一步讨论）。当然，对于组织具有战略意义且需要进行竞争力管理的知识的种类或类型而言，会随着业务环境，以及与之相关的不同类型知识的价值变化而有所不同。

示例 1.3

海利·汉森通过地理定位技术使用"本土化"

品牌越来越多地寻求通过使用最新技术来调整其本土化策略。2015 年 6 月，来自挪威的户外服装制造商海利·汉森（Helly Hansen）透露，通过使用地理位置定位技术来定位潜在客户并引导他们访问正确的海利·汉森网站，该公司在某些国家的销量有所增长。

该策略包括将当地天气预报与特定的现场体验进行配对。例如，当预测显示德国有为期五天的降雨时，该品牌使用地理位置定位功能，在首页上展示雨衣横幅，而不是推广冬季滑雪衣。这一举措使得该品牌从品牌知名度到实际购买的转化率提高了 52%。

来源：基于 Bacon（2015）。

示例 1.4

Persil Black and Persil Abaya 展现全球本土化（产品相同，但包装和市场传播不同）

汉高集团（Henkel）成立于 1876 年，在消费和工业领域均拥有全球领先的市场地位，并拥有 Persil，Schwarzkopf 和 Loctite 等知名品牌。汉高总部位于德国 Düsseldorf，在全球拥有约 53 000 名员工。在 2017 年，汉高实现收入 200 亿欧元，净利润 25 亿欧元。

Persil Abaya 是一种液体洗涤剂，汉高于 2007 年将其引入沙特阿拉伯市场，随后又引入了海湾合作委员会的其他市场。汉高将这种液体作为专用于黑色阿巴亚斯和深色服装的洗涤剂销售。阿拉伯长袍是大多数阿拉伯女性所穿的主要黑色服装。液体洗涤剂结合了真正的清洁能力和对黑色和深色衣服的特殊颜色保护（如果经常清洗，这一点尤其重要）。

虽然黑色是非洲/中东地区女性的传统颜色，但近年来，黑色和深色服装在西欧市场的受欢迎程度也在稳步上升。因此，在 2011 年 6 月，Persil Black 也被引入德国、奥地利和瑞士，它们抓住了这一时尚浪潮的顶峰。

Persil Black 和 Persil Abaya 提供了一个很好的例子，说明了如何将全球通用技术和规模（低成本生产）与本地市场结合起来。这两个 Persil 品牌具有相似的产品配方，但以不同的包装和市场沟通的形式针对区域进行了量身定制的产品营销。

Persil Abaya 是通过电视广告和非常成功的网络营销活动在海湾国家推出的。为了展示阿拉伯长袍已经从传统服装转变为个人时尚宣言，汉高还建立了一个互动网站，并赞助了一场电视真人秀设计师大赛。在西欧市场，Persil Black 的消费者活动主要依靠经典的电视广告，并辅之 Facebook 游戏等社交媒体活动。

来源：基于 Henkel Annual Report 2011—2017 (www.henkel.com); Hollensen and Schimmelpfennig (2015)。

1.6　全球一体化和市场反应的驱动力

在图 1.7 中，我们假设中小企业和大型企业是相互学习的。两者运动的结果可能是一种以行动为导向的路径，即利用双方的优势。以下部分将讨论图 1.7 中大型企业和中小企业在起点上的差异。同时，图 1.7 也说明了大型企业和中小企业在右上角的趋同（全球本土化战略）。大型企业从"左"向"右"转变的例子，其中，麦当劳已经根据当地的饮食文化调整了菜单。中小企业在传统上具有"高度适应性"，但它们的权力下放和地方决策倾向使它们的跨境协调程度较低，相比之下，这正是大型企业的优势。

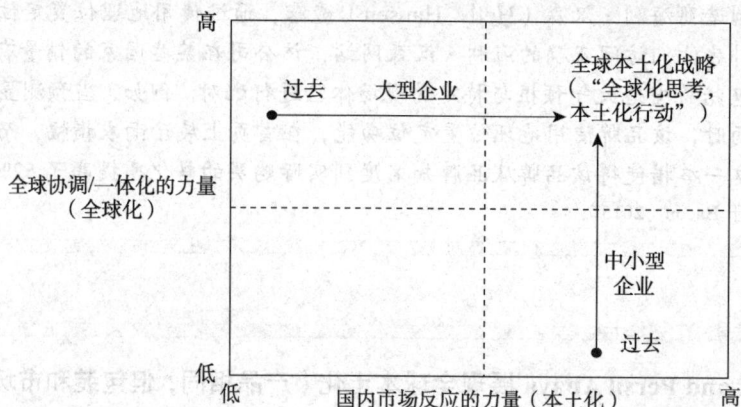

图 1.7　全球一体化/市场反应网格：大型企业和中小企业的未来方向

"全球本土化战略"和"全球本土化"反映图 1.7 中的两个组合维度：全球化（y 轴）和本土化（x 轴）。全球本土化战略的途径反映了全球一体化战略的愿望，同时认识到本土适应/市场反应的重要性。通过这种方式，全球本土化试图优化企业国际营销活动的标准化和适应性之间的平衡（Svensson，2001，2002；Bailey et al.，2015）。

首先，我们解释图 1.7 中全球协调/全球一体化和市场反应的潜在力量。在此，全球一体化指企业认识到不同国际市场之间的相似之处，并将其纳入整体全球战略。市场反应指企业对每一个国际市场的不同需求和愿望做出相应的反应或响应。

1.6.1 "全球协调/一体化"的驱动力

在向全球一体化营销转变的过程中，跨国公司对涵盖多个国家区域的目标市场的相似性看得更加重要，对其间的差异关注得越来越少。造成这种转变的主要因素如下（Sheth and Parvatiyar，2001；Segal-Horn，2002）。

（1）贸易壁垒的消除（解除管制）。关税（如进口税）和非关税（如安全法规）等，这些已成为阻碍跨国贸易的壁垒。消除贸易壁垒对全球化有影响，因为它减少了跨境贸易所涉及的时间、成本和复杂性。

（2）全球客户。随着客户日益变得全球化且不断优化其采购活动，客户要求供应商能够为其提供全球服务，以满足其独特的全球需求。这些服务通常包括产品的全球交付、有保证的供应和服务体系、统一的特性和全球定价。一些大型企业，如 IBM、波音、宜家、西门子，对它们的小型供应商，特别是一些典型的中小型企业，提出了这样的"全球"需求。对于这些中小型企业来说，管理这样的全球客户需要跨职能的客户团队，以便在所有职能部门中确保服务质量。

（3）关系管理/网络组织。在走向全球市场的过程中，企业对与外部组织形成的关系网络的依赖日益加深，例如，维系良好的与客户和供应商的关系，能帮助企业获取先发制人的竞争优势。企业还必须与位于世界各地的内部单位（如销售子公司）合作。商业联盟和网络关系有助于减少市场的不确定性，特别是在技术迅速融合和需要更多资源来覆盖全球市场的情况下。当然，网络化组织需要更多的协调和沟通。

（4）标准化的全球技术。世界市场需求的早期差异是由于以下事实：先进的技术产品主要是为国防和政府部门开发的，然后按比例缩小到消费类应用。但是，如今，全球消费者对扩大规模和扩大生产范围的渴望如此之高，导致产品和服务在全球范围内的可用性不断提高。因此，我们可能会看到各国在电子消费产品的需求和使用方面更加同质。如今，"即插即用"模块被组合在一起，使得企业能够制造出在多个不同市场上非常相似的产品。例如，高质量的智能手机，不仅可以由苹果和三星生产，而且中国的制造商也能做到。就像华为一样，不仅在中国智能手机市场上排名第一，而且正在扩展到其他国际市场。

（5）全球市场。从本国到世界其他地区的"创新扩散"概念正在被全球市场的概念所取代。依赖世界人口统计数据的获取和完善，全球市场得以发展起来。例如，如果营销商将其产品或服务定位于世界各地的青少年，那么，为该细分市场制订全球战略和运营计划，以在全球范围内实现目标市场的聚焦则相对容易。这一点在软饮料、服装和运动鞋行业，尤其是在互联网经济中变得越来越明显。

（6）"国际村落"。"地球村"一词指世界人口共享公认的文化符号的现象。这导致企业几乎可以在世界上任何国家将相似的产品和服务卖给相似的客户群。因此，文化同质化意味着全球市场融合的潜力和全球市场的兴起，在这样的市场中，可口可乐、耐克和李维斯等品牌得到全球市场普遍喜欢。

（7）全球通信。基于互联网的新型"低成本"通信方法（如社交媒体）简化了世界各地的交流和贸易。使得国内市场中的客户能够在世界各地购买产品和服务。

（8）全球成本驱动。低成本驱动因素分为"规模经济"和"范围经济"。在追求降低成本的过程中，许多成熟的跨国公司越来越关注收益最高的活动。这意味着它们会将低价值活动外包给劳动力成本较低的新兴发展中国家。这会导致曾经封闭的价值链得以开放，从而使本地企业能够向大型跨国公司采购"即插即用"模块化设计，甚至自己开发本地品牌（Santos and Williamson，2015）。

1.6.2　市场反应的驱动力

市场反应的驱动因素主要如下。

（1）文化差异。尽管"地球村"已经到来，但文化多样性仍然存在。文化差异往往是国际谈判和营销管理的主要困难。这些文化差异反映了个人价值观，以及人们对企业组织方式假设的差异。每种文化都有对立的价值观。市场是人，不是产品。也许有全球性的产品，但没有全球性的人。

（2）地方主义和保护主义。地方主义根据地理邻近程度将不同国家划分为区域群。这些区域群（如欧洲联盟或北美自由贸易协定）进一步组成了区域贸易集团，这可能是全球化的一个重大障碍，因为区域贸易经常被视为与全球贸易不相容。在这种情况下，从单个国家移除的贸易壁垒会很容易地复制到一个地区和一组国家。因此，所有的贸易集团在创造内部群体成员的同时也创造出了外部群体。因此，有人可能会说，区域主义导致了一种情况，即保护主义重新出现在地区，而不是个别国家。

（3）去全球化趋势。去全球化指远离全球化的趋势，其认为每一个市场都是独特的，拥有自己的经济、文化和宗教信仰。2500 多年前，希腊历史学家希罗多德根据观察声称，每个人都相信自己本土的风俗和宗教是最好的。达沃斯世界经济论坛或世界贸易组织会议期间的大型示威活动表明，旧的价值观可能会回归，并成为全球化进一步成功的障碍。像"麦当劳化"和"可口可乐化"这样的华丽词汇，简单地描述了人们对美国文化帝国主义的恐惧。

示例 1.5

麦当劳正朝着更高程度的市场响应迈进

现在，麦当劳已经扩展到超过 100 个国家和地区，约 37 000 家餐厅。位于伊利诺伊州奥克布鲁克的麦当劳总部的高管们已经认识到，尽管标准化战略能节约成本，但成功的关键往往在于适应当地环境。下面是一些例子。

（1）日本

麦当劳在日本的第一家餐厅是 1971 年开业的。当时，日本的快餐包括一碗面条和味增汤。

凭借先发优势，麦当劳在日本保持了领先地位。到 1997 年，麦当劳在日本拥有 1000 多家分店，在日本销售的食品比任何其他餐饮公司都多，其中包括每年 5 亿个汉堡。

麦当劳（日本）有限公司所提供的产品包括鸡胸肉、照烧鸡和照烧汉堡。汉堡上点缀着一个煎蛋。饮料包括冰咖啡和玉米汤。

麦当劳在日本的食品需求约 70% 来自进口，包括从美国进口的泡菜和从澳大利亚进口的牛肉饼。大批量采购有利于与供应商讨价还价，以保证低成本采购。

（2）印度

1996 年，麦当劳在印度开业，到 2019 年已经有大约 400 家餐厅。但它必须面对一个 20%~40% 是素食者的市场，不喜欢牛肉或猪肉的肉食者，对冻肉和鱼类有敌意的消费者，而且，印度人喜欢把香料加在任何东西上。

"巨无霸"被用羊肉做的"王公汉堡"所取代，一些分店还提供用蔬菜和香料调味的素食肉饼。

（3）其他国家

在热带地区的国家市场，番石榴汁被加入了麦当劳的产品线。在德国，麦当劳的啤酒和面包卖得很好。香蕉水果派在拉丁美洲开始流行，麦面面条在菲律宾成为最受欢迎的食物。在泰国，麦当劳推出了甜酱武士猪肉汉堡。与此同时，麦当劳在新西兰推出了加甜菜根酱和可选杏皮派的奇异果汉堡。

在新加坡，薯条配辣椒酱、Kiasuburger 鸡肉早餐成为最畅销的食品。新加坡是麦当劳率先推出外卖服务的市场之一。

可以看出，麦当劳通过标准化及其包装，实现了规模经济和成本节约。2003 年，麦当劳宣布，其所有餐厅将很快对菜单上的食品采用相同品牌包装。该公司发布的一份新闻稿称，新包装将包含真实人物的照片，这些人物在做自己喜欢的事情，如听音乐、踢足球和为孩子读书。报道援引麦当劳全球首席营销官的话说，这是我们历史上首次在全球范围内同时使用同一套品牌包装，传达同一品牌信息。然而，在两年后的 2005 年，当该公司在发布将其包装进行本土化的计划时，前述标准化的包装策略则只能撤回（Frost，2006）。

来源：基于 www.mcdonalds.com 和各种公共来源。

1.7　确立国际竞争优势的价值链

1.7.1　价值链的概念

价值链指为顾客提供价值和为公司提供利润的企业活动的归类。图 1.8 中显示的价值链提供了一种显示和分类活动的系统方法。一家公司在任何行业中从事的活动都可以被划分为图示中的九类。

价值链的每一个阶段都存在一个机会，企业可以通过执行一些活动或过程，以一种优于或不同于竞争对手的方式获得某些独特性或优势，并对公司的竞争战略做出积极贡献。如果一个公司获得了这种竞争优势，这种可持续、可防御、可盈利，并受到市场重视的优势，那么，它可能会获得高回报率，即使行业结构处于不利境地或行业的平均盈利能力并不明显。

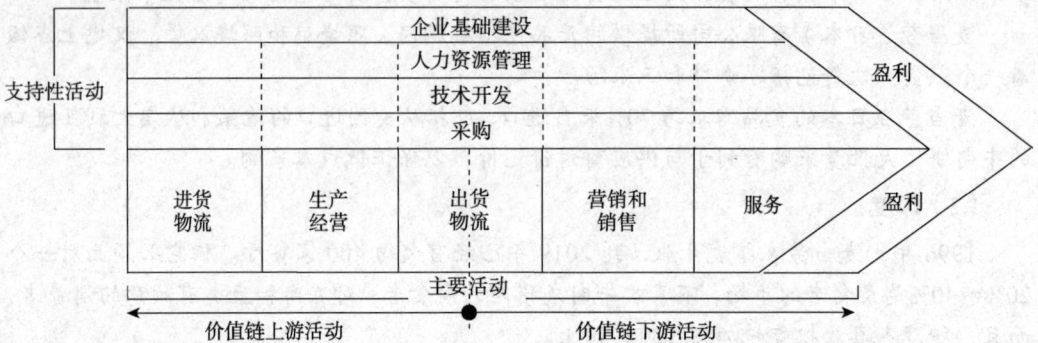

图 1.8　价值链

来源：经隶属于 Simon & Schuster 公司的 The Free Press 许可，改编自 Competitive Advantage: Creating and Sustaining Superior Performance by Michael E. Porter.Copyright©1985,1998 Michael E. Porter.

在竞争术语中，价值指买家愿意为公司提供的东西所支付的金额（感知价值）。价值链包括成本和价值驱动因素。驱动因素是解释企业活动产生的成本/价值为何与其竞争对手不同的基本结构因素。通常，如果一个公司的价值超过了创造产品的成本，那么，它就是盈利的。为买家创造超过成本的价值是任何通用策略的目标。有时必须用价值，而不是成本来分析企业竞争地位，因为公司经常故意提高成本，以便通过差异化来获得溢价。买家感知价值的概念将在第 4.4 节进一步讨论。

在深入了解各种价值链活动的细节之前，重要的是要认识到公司的价值链是嵌入在整个供应链中更大的网络活动流中的。供应商、企业本身和商业客户都有自己的价值链，从基本的原材料，一直到那些面向最终客户，从事终端产品、服务交付的环节。

1.7.2　波特的价值链概念

波特最初的价值链表现的是总价值，包括价值活动和利润。价值活动是一个公司在实践层面和技术层面所实施的不同活动。这些活动是公司创造对买家有价值性产品的基础。利润是总价值（价格）与执行价值活动的总成本之间的差额。

竞争优势具有如此功能：要么比竞争对手更有效地提供给买方比得上的价值（更低的成本），要么以可比的成本开展活动，但要以独特的方式创造出比竞争对手所能提供的更多的客户价值，从而获得溢价（差异化）。公司也许能够确定价值链中不值得付出成本的环节，然后可以将它们拆开，并以较低的价格在公司外部（外包）生产。

价值活动可以分为两大类：主要活动和支持性活动。在图 1.8 的底部列出的主要活动涉及产品的实物创造、销售、向买方转移及售后服务等活动。在任何企业中，主要活动都可以分为图 1.8 中所示的五类。支持性活动通过提供购买的投入品、技术、人力资源和公司范围内的各种职能来支持主要活动，以及借此形成相互支持的关系。虚线反映了这样一个事实，即采购、技术开发和人力资源管理等与特定的主要活动相关联，并支持整个价值链。公司的基础建设并不与特定的主要活动相关联，但应支持整个价值链。

1. 主要活动

企业的主要活动分为以下五个主要领域。

（1）进货物流。涉及为生产产品或提供服务所开展的接收、仓储和配置各种投入品的活动，包括原材料及其处置、库存控制和运输等。

（2）生产经营。将各种投入品转化为最终产品或服务的过程，如机械加工、装配、测试、包装等。

（3）出货物流。涉及产成品的收集、储存及分发给客户的活动。对于有形产品而言，这将涉及仓储、物料处置、运输等；就服务而言，如果提供的服务是处于某一固定位置，如体育赛事，则需为客户提供更好的服务安排。

（4）营销与销售。使消费者或用户了解并能购买产品或服务的活动，包括销售管理、广告和推销等。在公共服务中，帮助用户享受到特定服务的通信网络通常很重要。

（5）服务。有关提升和维护产品或服务价值的所有活动。阿苏格曼等（Asugman, et al., 1997）将售后服务定义为"公司购买产品后从事的那些活动，这些活动可以最大程度地减少与产品使用相关的潜在问题，并最大程度地提高消费体验的价值"。售后服务包括以下内容：购买产品的安装和启动、产品备件的提供、维修服务的提供、有关产品的技术建议，以及保修的提供和支持。

以上每一类主要活动的具体事项都与支持活动相关联。

2. 支持活动

支持活动可以分为以下四个方面。

（1）采购。获取各种资源，以便投入到主要活动中的过程，它发生于一个组织的多个方面。

（2）技术开发。所有有价值的活动都具有技术性，包括简单的技术诀窍。关键技术可能直接涉及产品（如研发、产品设计）、过程（如过程开发）或特定资源（如原材料改进）。

（3）人力资源管理。这是超出所有主要活动的特别重要的领域，涉及一个组织内部人员的招募、培训、发展和奖励等。

（4）基础建设。涉及计划、财务、质量控制等系统，它们对组织所开展的主要活动的战略能力至关重要。基础建设还包括维护企业文化的组织结构和工作程序。

正如上文图 1.8 所示，以生产为导向的"上游"活动和以市场为导向的"下游"活动之间也有区别。

图 1.9 显示了图 1.8 中价值链的简化版本，仅包含了公司的主要活动，并出现于本书的大部分篇章中。

尽管价值活动是竞争优势的组成部分，但价值链不是独立活动的集合，而是相互依存的活动体系。价值活动是由价值链内部的水平链接联系起来的。此种联系是一种价值活动依赖于另一种价值活动的方式之间的关系。

此外，在价值链中，活动的时间顺序并不总是如图 1.9 所示，在最终产品生产之前就已接到订单的公司（按订单生产），其销售和营销职能发生在生产之前。

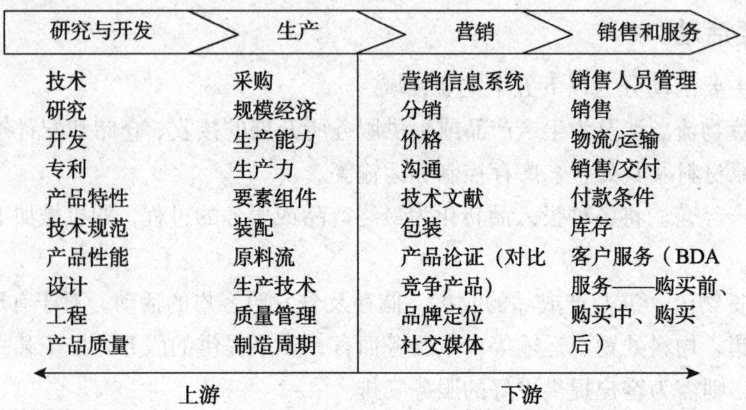

研究与开发	生产	营销	销售和服务
技术	采购	营销信息系统	销售人员管理
研究	规模经济	分销	销售
开发	生产能力	价格	物流/运输
专利	生产力	沟通	销售/交付
产品特性	要素组件	技术文献	付款条件
技术规范	装配	包装	库存
产品性能	原料流	产品论证（对比	客户服务（BDA
设计	生产技术	竞争产品）	服务——购买前、
工程	质量管理	品牌定位	购买中、购买
产品质量	制造周期	社交媒体	后）

上游　　　　　　　　　　　　　下游

图 1.9　价值链的简化版本

在理解组织的竞争优势时，应分析以下两种关联类型的战略重要性，以评估它们如何降低成本或增加价值。

（1）内部关联存在于同一价值链中，并处于企业内部不同计划层次的各种活动之间。

（2）外部关联存在于总价值体系中的不同参与者所拥有的不同价值链之间。

3. 内部关联

主要活动之间存在重要的联系。企业尤其要对这之间的关系，以及它们如何影响价值创造和战略能力做出选择。例如，决定保留大量产成品库存可能会缓解生产调度问题，并能对用户做出更快的响应。但是，这可能会增加总体运营成本。企业需要评估"库存"的增加值是否大于所增加的成本。同时，企业应避免单一价值链活动的次优化。例如，企业在战略分析中很容易忽略的一点就是，对营销活动和运营活动进行单独评估。企业运营活动看起来很不错，因为它们在大批量、少品种、低单位成本地生产。但与此同时，营销团队可能正在向客户推广产品的快捷性、灵活性和多样性。当把这两个潜在的优势放在一起时，它们就成了劣势。原因就在于两项活动之间并不协调，而尽量保持协调却恰恰是价值链所要求的。主要活动与支持活动之间的联系是竞争优势的基础。例如，一个组织可能具有用于采购物料的独特系统。许多国际酒店和旅游公司都使用其计算机系统在全球范围内通过本地访问点提供即时的"实时"报价和预订服务。

作为对主要活动间关联阐述的补充，价值链（如图 1.9 中的简化形式）是一个组织中三个计划层次的完整模型。

用一概念术语来描述，企业属于金字塔结构，如图 1.10 所示。它是一个由三个不同层级的决策和活动构成的混合体，公司主要的价值链活动都与这三个战略层级相关联。

（1）战略层。负责制定公司的使命、目标，以及实现目标所需的资源和选择最适合公司的战略。

（2）管理层。将公司的目标转化为职能或单位的目标，并确保可以支配的资源被有效利用，所开展的活动有助于实现公司目标。

（3）经营层。负责有效完成基于职能或单位目标的任务。经营目标的实现保证了管理层和战略层目标的实现。这三个层级相互依赖，高层目标的清晰保证每个人都为完成共同目标而在一种一体化机制中工作。

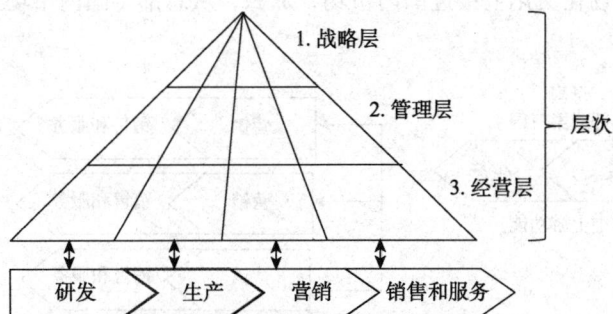

图 1.10　与战略金字塔相关的价值链

4. 外部关联

大多数行业的一个关键特征：一个组织很少承担从产品设计到面向消费者分销的所有价值活动。在价值链活动中，通常存在角色的专业化。任何单一的组织都参与到创造产品或服务的、更广泛的价值体系中。要想理解价值是如何创造的，仅看企业的内部价值链是不够的。大部分的价值创造发生在供应链和分销链上，整个过程需要进一步分析和明晰。

企业的供应商处于各种价值链中，创造并交付采购企业的各种投入品，形成采购企业价值链的上游部分。供应商不仅能提供产品，还能在其他方面影响公司的业绩。例如，意大利时装公司贝纳通（Benetton）就设法维持了一个由供应商、代理商和独立零售店组成的复杂网络，这是该公司在 20 世纪 70—80 年代能够在国际市场迅速成功发展的基础。

此外，产品在到达购买者的过程中要经过价值链渠道。渠道履行额外的活动，影响购买者和企业的活动。企业的产品最终成为购买者价值链的一部分。差异化的最终基础是企业及其产品在购买者价值链中的角色，这由购买者的需求所决定。获得和保持竞争优势不仅取决于对企业价值链的理解，还取决于企业如何融入整个价值体系。

通常情况下，通过价值系统中不同组织之间的协作安排，企业总成本可以降低或增加，这一点将在本书其他章节进一步介绍（第 10 章），这是价值链下游合作安排背后的基本原因，如合资企业、不同组织之间的分包和外包（例如，在国际电机制造和电子行业共享技术）。

1.7.3　价值链的国际化

所有面向国际的公司都必须考虑价值链功能的最终国际化。企业必须决定是将某一价值链职能转移至所出口的市场履行比较好，还是由总部集中履行比较好。原则上，价值链职能应在竞争力最高或成本效益最高的地方执行，而不一定总在总部。

在图 1.9 中，标明的下游活动和上游活动之间有明显区别，那些与购买者更相关的下游活动的地理位置，通常定于靠近购买者的地方。例如，如果一家公司要在澳大利亚销售，那么，它通常在澳大利亚提供服务，且必须有销售人员驻扎在那里。在某些行业，有可能派一支销售队伍前往买方国家，事后返回；其他特定的下游活动，如广告文案的制作等有时也集中进行。更重要的是，公司必须在其经营的每一个国家明确定位从事下游活动的能力。相比之下，上游活动和支持活动的位置确定，与买方所在的位置关系不大（图1.11）。然而，如果出口市场在文化上接近国内市场，那么，从总部（国内市场）控制整个价值链是可行的。

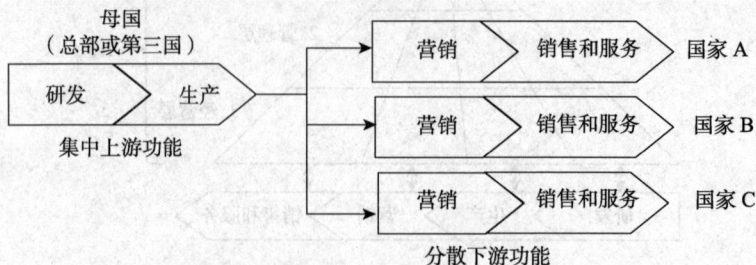

图 1.11 上游活动的中心化和下游活动的去中心化

来源：Hollensen, S. (2008) Essentials of Global Marketing, FT/Prentice Hall, p. 17. Copyright © Pearson Education Limited.

上述区别蕴含着进一步令人感兴趣的内容。

首先，下游活动创造了主要针对特定国家/地区的竞争优势：企业在某个国家的声誉、品牌名称和服务网络主要来源于其在这个国家的活动，创造了仅在这个国家的进出壁垒。上游和支持活动的竞争优势往往更多地来自于企业针对各个国家或市场所构建的整体系统，而不是来自于企业在任何一个国家的市场地位。

其次，在有些行业，下游活动或与购买者密切相关的活动对构建竞争优势至关重要，企业的国际竞争更趋向于多国国内模式。例如，在许多服务行业，不仅下游活动，时常还有上游活动密切关注购买者本地特征，企业实施全球统一战略反而并不常见。在另外一些行业，上游活动和支持活动，如技术开发及应用，对构建竞争优势至关重要，企业实施全球统一竞争更为普遍。例如，公司可能需要在世界范围内集中和协调生产能力，以便能够创建合理的生产单元，从而利用规模经济。当今企业将生产外包到远东地区的做法非常流行。

最后，随着越来越多的客户加入区域合作采购组织，维持跨市场的价格差异变得越来越困难，这将给公司造成压力。例如，针对欧洲，公司不得不通过协调采取统一的价格政策。这将在第11章中予以进一步讨论。

与国内战略相比，国际战略的独特问题可以概括为企业开展国际竞争的两个关键维度。

第一个被称为企业全球活动的配置，或价值链中的每项活动在世界上开展的地点，包括地点的数量。例如，一家公司可以将其价值链的不同部分设置在不同的地方——如工厂在中国、呼叫中心在印度、零售店在欧洲。

第二个维度叫作协调，指在不同国家进行的相同或有联系的活动，以及彼此之间如何相互协调（Porter，1986）。

1.8 价值商店和"服务价值链"

波特的价值链模型声称要确定企业为创造客户价值而执行的一般活动的顺序。自1985年被提出，这种模式一直主导着企业高管的思维。然而，越来越多的服务企业，包括银行、医院、保险公司、商业咨询服务和电信公司，发现传统的价值链模式不适合其服务行业的实际情况。斯塔贝尔和费耶尔斯塔德（Stabell and Fjeldstad，1998）确定了两种新的价值创造模式——价值商店和价值网络。价值商店指，在服务环境中解决问题的模式，类似于工作坊，通过调动资源和部署资源解决特定的客户问题，从而为顾客创造价值。价值网络指，几家公司的价值链形成一个网络，在这个网络中，每个公司都贡献了整个价值链的一小部分。斯塔贝尔和费耶尔斯塔德认为价值链是制造产品的模型，而价值商店是在服务环境中解决顾客问题的模式。价值网络是用于调解客户之间交易的一种模式。每个模型都利用一组不同的核心活动为顾客创造、交付不同形态的价值。

表 1.2 说明了两种类型价值链之间的主要区别。价值商店（在工作坊，而不是零售商店）通过调动资源（如人员、知识和技能）来创造价值，并利用这些资源来解决特定的问题，如治疗疾病、为乘客提供航空服务或为业务问题提供解决方案。"商店"围绕着制定并执行决策而组织运营，决策的过程包含识别、评估问题或机会，开发替代解决方案或途径，选择某一解决方案，执行并评估结果。该模型适用于大多数以服务为导向的组织，如建筑承包商、咨询公司和法律组织。然而，它也适用于那些主要从事识别和开发特定市场机会的组织，包括开发新药、钻探潜在油田或设计新型飞机。

表 1.2　传统价值链对比服务价值链

传统价值链模型	服务价值链（价值商店）模型
通过将投入品（原材料和零部件）转化为产品来创造价值	通过解决客户问题创造价值。价值是通过调动资源和活动来解决特定、独特的客户问题而创造的。客户价值与解决方案本身无关，与解决问题的价值有关
顺序过程（"首先开发产品，然后生产，最后销售"） 	循环和迭代过程
传统价值链由主要活动和支持活动组成。主要活动为客户创造和带来价值，直接涉及：上游（产品开发和生产）和下游活动（营销、销售和服务）。支持活动促进和改善主要活动的绩效，如采购、技术开发、人力资源管理和公司基础设施	价值商店的主要活动如下。 1. 问题发现：与记录、审查和制定待解决问题，以及选择解决问题的整体方法相关的活动。 2. 解决问题：与生成和评估替代解决方案相关的活动。 3. 选择：与选择替代问题解决方案相关的活动。 4. 执行：与沟通、组织和实施所选解决方案相关的活动。 5. 控制和评估：与测量和评估实施在多大程度上解决了初始陈述相关的活动
示例：家具、消费品、电子产品和其他大众产品的生产和销售	示例：银行、医院、保险公司、商业咨询服务和电信公司

典型企业的不同业务可能表现出不同的模式形态，生产和分销部分可能类似于价值链，而研发活动类似于价值商店。

价值商店基于专业知识系统来支持创建问题解决方案的任务。但是，挑战在于提供一套集成的应用程序，以实现在整个问题解决或机会开发过程中的无缝执行。价值商店中出现了几种关键技术和应用程序，其中多项专注于更好地利用人和知识。组件、内部网、桌面视频会议和共享的电子工作区可增强人与人之间的沟通和协作，这对在价值商店中有效地利用人与知识至关重要。事实证明，将项目计划与执行整合起来至关重要。例如，在药品开发中，通过漫长而复杂的审批流程，并能提前几个月推出的新药可能会带来数百万美元的收入。诸如推理引擎和神经网络之类的技术可以使人们对问题的认知、对解决问题的过程变得清晰易懂。

"价值网络"一词被广泛使用，但定义不准确。它通常指一组公司，且每个公司都专注于价值链的一部分，并以某种虚拟方式链接在一起，以创建并交付产品和服务。有学者（Stabell and Fjelstad，1998）对价值网络的定义大不相同，他们认为价值网络不是作为附属公司的网络，而是作为单个公司的业务模式，该公司在其客户网络之间协调交互和交换。这一模式显然最适用于电信公司，也适用于保险公司和银行，它们的业务本质是在具有不同财务需求的客户之间进行协调，如储蓄和借款。关键活动包括运营与客户连接的基础架构，促进网络，管理合同和关系，以及提供服务。

世界上，一些信息技术最密集的企业是价值网络——如银行、航空公司和电信公司，它们的大多数技术提供了基本的"网络"基础设施，以协调客户之间的交流。但如今，竞争格局正从自动化和高效的交易处理转向监控和利用有关客户行为的信息，其目的是通过更好地理解使用模式、交换机会、共同兴趣等，为客户交流增加更多价值。例如，数据挖掘和可视化工具可以用来识别客户之间的正面和负面联系。

竞争成功所依靠的通常不仅仅是有效执行企业的主要模式，还可能需要交付其他种类的补充价值。采用第二个价值配置模式的属性可能是区分企业的价值主张，或抵御所追求价值模型与企业存在差异的竞争对手的有力方法。然而，以利用主要模式的方法追求另一种模式是必不可少的。例如，哈雷戴维森的主要模式是连锁店——它生产并销售产品，通过加强品牌标识，建立忠诚度，并提供有关客户行为和喜好的有价值的信息和反馈，哈雷戴维森形成了由客户网络组成的哈雷车主会（HOG），为主要模式增加了价值。与其他图书发行商一样，亚马逊网站是一条价值链，其最初使用的技术可以使流程效率大大提高。现在，凭借其书中的建议和特殊的兴趣群体，它正在增加价值网络的特征。我们的研究表明，价值网络为许多现有企业提供了增加客户价值的机会，并为新进入者提供了以更大的客户价值抢夺市场份额的机会。

布隆斯特莫（Blomstermo et al.，2006）区分了硬服务和软服务。硬服务是可以使生产和消费分离的服务。例如，可以将软件服务转移到 CD 或其他可以大量生产的有形介质中，从而实现标准化。对于同时进行生产和消费的软服务而言，客户将充当联合生产者，且分离生产和消费是不可行的。这意味着软服务提供商必须从其国外业务开展的第一天起就在国外。图 1.12 显示了产品和服务价值链的组合，这一组合方式主要适用于软服务。但与此同时，在越来越多的行业中，我们看到实物产品和服务是结合在一起的。

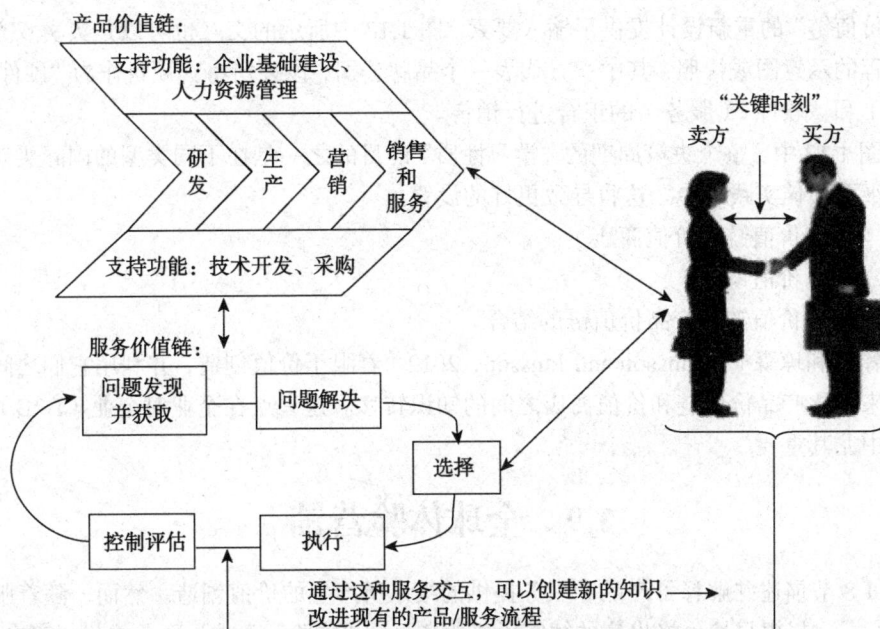

图 1.12　产品价值链和服务价值链的结合
来源：Photodisc/Getty Images。

大多数产品公司会提供服务来保护或强化其产品业务价值。例如，思科建立了安装、维护和网络设计服务业务，以确保提供高质量的产品支持，并加强与企业和电信客户的关系。当一家公司意识到竞争对手使用其产品来提供有价值的服务时，它可能发现自己也被吸引到了服务中去。如果不采取任何措施，那么，它不仅要承担将自身产品商品化的风险（无论产品提供何种服务，在大多数产品市场中都会发生这种情况），还会失去与客户之间的联系。为使现有服务集团盈利或成功开展新的嵌入式服务业务，产品公司的主管必须决定服务部门的主要重点应是支持现有产品业务，还是发展为一个新的独立平台。

当公司选择向客户交付嵌入式服务的业务设计时，明确它的战略意图会影响交付生命周期中的哪些元素是最重要的。如果企业的目的是保护或提高产品价值，那么，公司应整合交付体系及相关服务，进一步促进以简化服务任务（如使用更少的子系统或集成诊断软件）为目的的产品设计开发。这种方法涉及最大限度地减少服务交付的占用空间，并尽可能地将支持整合到产品中。然而，如果公司希望服务业务成为一个独立的增长平台，那么，它应该把大部分的交付努力集中在不断降低单位成本和使服务更具生产效率方面（Auguste et al.，2006）。

在"关键时刻"（如在咨询服务的情况下），卖方同时代表着公司产品和服务价值链的所有功能。卖方（产品和服务提供者）和买方在交互过程中创建服务。服务在生产时就被创建和消费。卖方的良好代表对服务品牌的成功至关重要，且最终要对履行卖方的承诺负责。因此，对服务品牌价值的共识必须植根于卖方的思想和观念中，以鼓励支持品牌的行为。随着服务品牌向国际扩张，并吸引了来自全球不同领域的员工，这种内部的品牌建立过程变得更具挑战性。

图 1.12 还显示了服务交互的周期性（"关键时刻"），其中，服务价值链的后向评估为

"产品价值链"的重新设计提供了输入要素。图 1.12 中所示的交互也可以是买卖双方之间谈判过程的示意图或快照，其中卖方代表一个品牌公司，该公司将其项目作为"硬件"（物理产品）和"软件"（服务）的组合进行销售。

在图 1.12 中，整个决策周期的"学习性质"的目的之一是在不同类型的国际买卖双方互动中汲取最佳实践经验。这将导致更好的设置。

（1）服务价值链（价值商店）。

（2）产品价值链。

（3）服务价值链和产品价值链的结合。

约翰逊和琼森（Johansson and Jonsson，2012）着眼于价值创造，并利用它们之间的协同作用来强化产品价值链和价值商店之间的知识转移。这一点在企业对企业（B2B）的项目销售中尤其重要。

1.9　全球体验营销

第 1.8 节描述并解释了产品和服务提供的结果所产生的价值创造。然而，随着服务日益商品化——想想只按价格出售的智能手机服务——"体验"已成为企业提供"客户价值"的下一步。从产品解决方案、服务及最终的客户体验中产生客户价值的过程如图 1.13 所示。当公司有意将产品与服务结合起来，以一种创造难忘事件的方式吸引个人客户时，客户体验就产生了（Pine and Gilmore，1998）。客户体验指产品与服务结合使用，以一种创造难忘事件的方式吸引个人客户。这可以分为四类：娱乐类、教育类、美学类和逃避类。

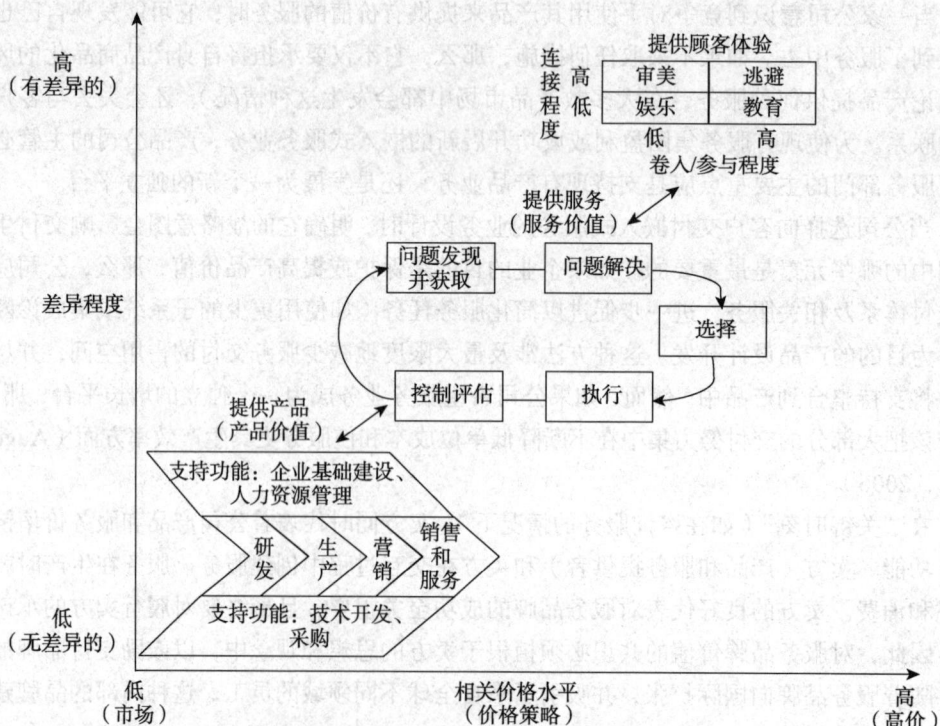

图 1.13　通过客户体验提供客户价值

来源：基于 Pine and Gilmore (1998); Atwal and Williams (2009)。

　　体验式营销在世界范围呈一种日益增长的趋势，在全球经济的大部分领域都很明显。这一术语在本质上描述了一种营销策略，即为顾客提供深入、切实的体验，从而为他们提供足够的信息，以做出购买决定。它已经演变为对从服务型经济到由消费者参与体验为代表的人格化转变的一种回应。

　　除非公司想要进入一个商品化的行业，否则它们将被迫升级它们的产品，以进入客户价值创造的下一个阶段：客户体验。这一模式适用于 B2C（企业对消费者）和 B2B 行业。

1.9.1　B2C 行业

　　消费者越来越多地参与到定义和创造价值的过程中，通过整体品牌价值结构所共同创造的消费者体验成为体验式营销的基础。

　　派恩和吉尔莫（Pine and Gilmore，1998）认为我们可以通过两种双极性构念来思考体验。

　　（1）参与。这个维度指供应商和客户之间的交互程度。"低程度"是被动参与，即参与者以旁观者或听众的身份体验事件，如古典交响乐的观众。另一个极端是"积极参与"，即客户在创造绩效或事件中扮演关键角色，如去听摇滚音乐会。

　　（2）强度/连接。这个维度指对互动的感觉强度。与在家里看 DVD 相比，在电影院（如 IMAX 影院）的观众在 3D 屏幕和先进的音效一起存在的情况下，看电影会让人产生"高度"的情感联系。

　　我们可以根据顾客体验在二维范围内的位置将其分为四大类。

1. 娱乐

　　娱乐可以定义为使人发笑、愉悦或转移注意力的事情（尤其是表演或演出），或者被娱乐和逗乐所带来的愉悦。例如，在设计师精品店和高档百货商店举行的时装秀，观众的参与度和强度都很高，这就符合"娱乐"的标准。

2. 教育

　　教育区域内的活动包括那些参与者更积极参与的活动，但强度仍然较低。在这个区域，参与者获得新的技能或提高他们已经拥有的技能。许多公司提供的服务都包括教育方面。例如，游轮通常会聘请知名权威机构提供半正式的讲座，以作为其行程的一部分，这一概念通常被称为"寓教于乐"。同样，法拉利驾驶体验是一个为期两天的精确驾驶学校，旨在缩小驾驶能力与法拉利性能之间的差距（Atwal and Williams，2009）。

　　这种类型的体验通常包括消费者积极参与刺激性质的教育活动，从而确保活动能够提供顾客体验。

3. 审美

　　当活动的元素被减少到更被动的参与时，活动就会归属于审美维度。例如，欣赏设计师设计的建筑或室内设计，这涉及很高的强度，但对其环境几乎没有影响。

　　在此类别中，客户参与了非常丰富的体验（例如，从边缘观看大峡谷的游客），但他们并不亲自参与该活动（例如，在逃避现实类别中，他们可能会爬下大峡谷）。奢侈品牌的活动具有审美性质，顾客沉浸在体验中，但很少积极参与。

4. 逃避主义

逃避主义可以被定义为通过沉迷于脱离现实的白日梦、幻想或娱乐来逃避日常现实或例行生活的趋势。逃避主义的活动指那些参与度和强度都很高的活动，它们显然是许多奢侈品消费和生活体验的核心特征，且通常与健身趋势有关。这一点在豪华旅游和酒店行业是显而易见的，随着特殊假日产品的增长，客户越来越密切参与共同创造他们的体验。

1.9.2 B2B 行业

像 B2C 企业一样，B2B 企业还需要通过发现新的创造价值的可能性来实现不断创新其吸引、激发客户的方式。例如，领先的工业设备供应商正在学习：客户价值的创造需要基于客户如何体验其现在需要做的工作，或者他们准备如何转变自己，以在未来取得成功。

创造客户价值的最佳方法之一是通过为客户量身定制商品和服务来吸引他们，并创造顾客体验。数字技术的好处之一是 B2B 公司可以批量定制产品，有效地为客户提供独特服务，将产品与其他竞争对手区分开，并锁定客户。这是因为大规模定制产品会自动将其转变为服务。大规模定制可以看作客户和制造商之间的合作努力，共同寻找解决方案，以最佳匹配客户的个人特定需求和制造商的定制能力。这结合了大规模生产过程的低单位成本和个人定制的灵活性。在大规模定制过程中，不可或缺的一部分是无形服务，它可从帮助客户准确了解他们的需求。因此，当 B2B 公司大规模定制产品时，它们会参与服务业务，以帮助其个体业务客户定义需求，然后制造并交付定制产品，以满足每个客户的需求。

此外，大规模定制服务会将其转变为一种体验，因为当企业针对特定客户在特定时间点设计恰测好适合的定制服务时，其结果就是内在的个性化，且拥有令人难忘的互动性。

越来越多的客户寻找这样的供应商：他们希望成为其客户的成功合作伙伴，他们能帮助客户解决他们下游客户的问题，他们认为，其所售设备的价值超出了帮助客户有效使用设备所产生的更大价值。B2B 企业需要认识到，客户实际上并不只是想要产品、系统，甚至解决方案，他们想要的是更好的生意。为了业务增长和适应市场，客户不仅仅是购买工业设备，因为它始终是创造更好、更有利可图的业务的一种手段。示例 1.6 说明了这一点。

示例 1.6

Case CE 正在使用体验式营销

1999 年，Case 与 New Holland 合并成立 CNH（Case New Holland）。CNH 在全球 60 个工厂中生产其产品（农业和建筑设备、机械），并通过约 12 000 家全线经销商和分销商在约 180 个国家销售其产品。Case Construction Equipment（Case CE，www.casece.com）是 CNH 旗下的一个品牌。

在北美，Case CE 在威斯康星州北部运营其 Tomahawk 体验中心，它允许潜在的商业客户在多日的体验中试用其挖掘机、装载机、叉车、反铲挖掘机和其他设备。Case CE 在这个行业中成长起来的建筑公司的所有者与经理们能够与企业的内部经营者再次取得联系。这不仅使 Case 的专家们能够进一步回答这些客户所提出的各种问题，而且能够在经销商与客户之间建立密切的关系。

　　Tomahawk 客户服务中心已经为客户服务了 60 多年。该设施位于 Drott Manufacturing 试验场的现场，其历史可以追溯到 1900 年初。自 1968 年收购 Drott 之后，Case 将该设施转变为致力于为 Case 客户服务的世界一流设施。

　　现在的 Tomahawk 客户中心提供最先进的培训，包括 60 多种新设备的操作阵容，原木小屋风格的住宿设施，以提供舒适的住宿和令人难忘的款待。

　　结果又如何呢？

　　Case 有过这样的经历，当正常的潜在客户前往经销商处时，其获得业务的机会大约为 20%，但当经销商将客户带到 Tomahawk 时，成交率将高达 80%。

来源：基于 www.cnh.com, www.casese.coml Pine (2015)。

1.9.3　增强现实（AR）

　　增强现实是物理的真实世界环境的实时视图，其元素通过计算机生成的感官输入（如声音、视频、图形或 GPS 数据）得到增强或补充。AR 技术允许消费者与用户屏幕上显示的三维产品进行可视化虚拟交互。将增强现实（AR）用于营销活动可以看作是体验营销的一种形式，因为它不仅关注单个产品/服务，还关注为客户创造的整个体验。该技术增强了客户当前对现实的感知。相比之下，虚拟现实用模拟世界代替了现实世界，借助先进的增强现实技术，有关用户周围真实世界的信息将变得可交互且可进行数字处理。

　　体验式营销被认为是为最终消费者创造价值的重要手段，他们将被激励做出更快、更积极的购买决策。由于 AR 在消费者预购阶段的影响最大，因此，AR 体验式营销将主要影响预购阶段。在此阶段，消费者在做出最终购买决定之前会评估他们的选择，AR 有能力把产品"交到用户手中"，使他们有机会测试产品，就像他们已经拥有了它一样。此外，AR 技术有可能为客户提供他们喜欢的体验，并向他们的朋友介绍这种体验。

　　总之，传统的营销框架将消费者视为关注产品功能和利益的理性决策者，而体验营销则将消费者视为感性的存在，他们专注于获得难忘的体验。在这方面，诸如社交媒体之类的新技术的使用增加了体验式营销的潜力。考虑到互联网在奢侈品行业内作为交流和分销渠道的重要性与日俱增，新技术对体验式营销形成的影响便特别重要。

　　最终，公司在创建客户体验时所投入的五种感官要素越多，它就越有效和越令人难忘。

示例 1.7

宜家的 AR 应用

　　在 2014 年的展览目录中，宜家引入了一个基于 AR 的交互式在线目录，观众在购买产品前便可以看到某件家具在其家中的真实情景。观看者可以轻松地从目录中拖动项目，并将其放置在智能手机或平板电脑屏幕上的模拟空间中的任何位置，然后立即截取该选择的屏幕快照，从而加快决策制定的速度。这种技术允许更多的个人互动目录，并增强了娱乐性和便利性，刺激了消费者购买品牌的意图和印象。

来源：基于 Lung-Huang and Liu (2014)。

1.10 信息业务、"大数据"和虚拟价值链

大多数业务经理都同意我们进入了一个新时代，即"信息时代"，这与工业时代明显不同。这些变化的驱动力是什么？

当今市场环境的主要特征是市场动荡，指客户需求和偏好的不可预测性。在动态市场中，由于客户需求迅速变化，因此很难预测这种变化。如今，营销人员正面临海量数据，即大数据的挑战。大数据是从传统和数字来源（公司内部和外部）收集的大量数据，它涉及营销人员聚合、细分和使用这些数据集的能力，以确保将正确的信息传递给正确的客户群。海量数据会远远超出其组织的理解和使用能力。市场需求的日益多样化必须通过一套适当的匹配功能来满足。日益波动的市场需求与企业相对固定的同质资源之间的不匹配越大，能力差距就越大（Day，2011）。

现在，营销人员可访问的数字数据量正呈指数级增长。大数据（可以汇总并分析，以识别模式，并做出更好决策的大量数据）将成为单个公司竞争和发展的基础（McAfee and Brynjolfsson，2012）。

例如，制造商可以分析输入的数据，在某些情况下，还可以自动修复软件损坏。在零售业，企业可以通过网络来跟踪单个顾客的行为，更新顾客的偏好，并实时模拟他们可能的行为。当顾客在商店中即将购买某一产品时，零售商可能会自动提供一系列产品（交叉销售），以及奖励计划的好处。另一个例子是麦当劳，该公司为一些门店配备了设备，可以在追踪顾客互动、门店流量和订购模式时收集运营数据。研究人员可以通过菜单、餐厅设计和培训中的变化对销售和盈利能力的影响进行建模。

理解信息和"大数据"战略机遇的一种方法是将虚拟价值链视为对实体价值链的补充（图1.14），它是传统价值链的延伸，信息处理本身可以为客户创造价值。

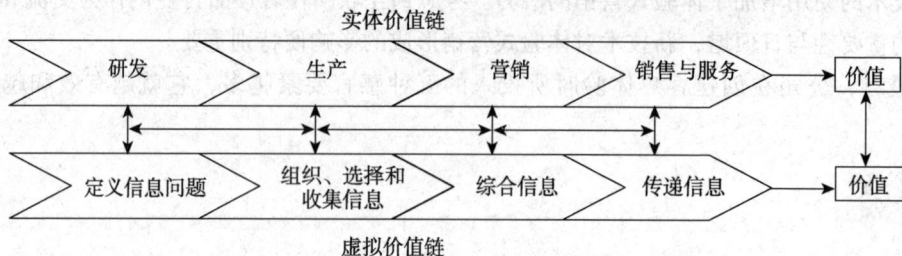

实体价值链

| 研发 | 生产 | 营销 | 销售与服务 | 价值 |

| 定义信息问题 | 组织、选择和收集信息 | 综合信息 | 传递信息 | 价值 |

虚拟价值链

图 1.14 虚拟价值链对实体价值链的补充

来源：基于 Rayport and Sviokla (1996).

通过引入虚拟价值链，雷波特和斯维奥克拉（Rayport and Sviokla，1996）对传统的价值链模型进行了扩展，新的模型将信息视为价值增值过程中的支持要素。它们显示了信息

本身如何被用来创造价值。

从根本上讲，有四种使用数据和信息来创造业务价值的方法（Marchand，1999）。

（1）管理风险。在 20 世纪，风险管理的发展促进了金融、会计、审计和控制等职能和专业的发展，这些信息密集型职业往往是信息技术资源和人们时间的主要消耗者。

（2）降低成本。这里的重点是尽可能高效地使用信息，以实现业务流程和交易所需的输出。这种信息管理的过程观与 20 世纪 90 年代的再造工程和持续改进活动紧密相关。共同要素集中于消除不必要和浪费的步骤与活动，尤其是文书工作和信息移动，然后简化程序，并在可能的情况下使其余过程自动化。

（3）提供产品和服务。这里的重点是了解客户，并与合作伙伴和供应商共享信息，以提高客户满意度。许多服务和制造公司都将重点放在与客户建立关系，以及将需求管理作为使用信息的方式等方面。这样的策略促使公司在销售点系统、客户管理、客户配置文件和服务管理系统上进行投资。

（4）发明新产品。最后，公司可以利用信息进行创新，即发明新产品，提供不同的服务和使用新兴技术。英特尔和微软等公司正在学习以"连续发现模式"进行操作，从而更快地发明新产品，并利用市场情报来保持竞争优势。信息管理可以调动人员和协作工作流程，以便在整个公司内共享信息和促进发现。

每个公司都采用上述策略的某种组合。

图 1.14 中，每个实体价值链活动都可以利用虚拟价值链的一个或四个信息处理阶段，以便为客户创造额外的价值。这就是图 1.14 中不同的实体和虚拟价值链活动之间出现水平双箭头的原因。通过这种方式，企业可以在实体价值链的所有阶段获取信息。显然，此类信息可用于改善实体价值链各个阶段的绩效，并协调整个价值链中的要素。但是，企业也可以对其进行分析和重新包装，以构建基于内容的产品或创建新的业务线。

公司可以使用其信息来联系其他公司的客户或运营商，从而重新安排行业的价值体系。所造成的结果可能就是传统行业界线的消失。显然，亚马逊的首席执行官杰夫·贝佐斯（Jeff Bezos）认为他的公司从事的不是图书销售业务，而是信息经纪业务。

1.11　人工智能（AI）及其对国际市场营销的影响

与营销相关的人工智能（AI）是将机器学习与人类创造力相结合，在个人层面上创建更具吸引力的客户体验，以吸引并保持客户的兴趣。人工智能借助计算机系统开发能够执行通常需要人类智能才能完成的任务。AI 强调创建智能机器学习，将信息转化为更具客户吸引力的客户体验。

人工智能驱动的情绪分析工具正在帮助市场营销、销售和客户支持团队使用图像识别技术，以更好地与全球客户联系。

因此，人工智能可以改善客户体验。图 1.15 显示了如何在后台将人工智能与大数据和物联网结合使用，以创建与消费者的用户界面，其形式如下。

（1）人工智能助手（平台）——语音控制。

（2）基于 Web 的界面和智能手机应用程序——屏幕控制。

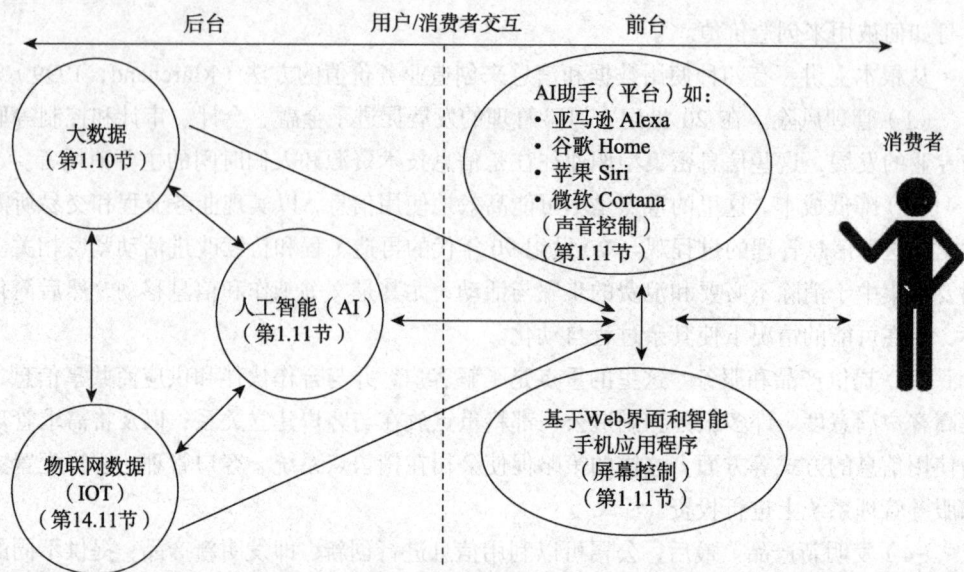

图 1.15　在面向消费者的信息价值链中，后台与前台之间的信息技术链接

AI 助手和相应的平台可以通过用户和 AI 之间的纯音频界面来处理个人查询。AI 助手（如亚马逊 Alexa/Echo、谷歌 Home、苹果 Siri、微软 Cortana）的兴起及先进语音识别技术的使用改变了公司向目标群体展示信息的方式。人工智能平台之间的竞争和整合将意味着只有少数企业能留下来，而其余的将获得更多的力量和关注。许多品牌的重点预计将会转移：从加强与消费者的直接关系到优化其在 AI 助手（平台）上的位置。推式营销（获取平台来推广品牌）将变得越来越重要，而拉式营销（说服消费者去寻找产品）则变得越来越不重要（Dawar and Bendle，2018）。

人工智能在帮助查明一次性问题或识别不断增长的问题方面，其速度要比人工快。这使得这些团队在出现公关或社交媒体反弹之前，更容易专注关键的业务决策和主动的客户服务。

人工智能可以快速识别潜在问题，并做出反应。一些新的解决方案将触发警报，并自动响应客户，以解决这些问题。公司不仅可以简单地回应随机询问，还可以建立 IA 模型，以预测消费者的需求，并随后进行主动响应。一旦客户购买了产品，公司就可以向他们展示那些有可能会引起他们兴趣的类似物品。像亚马逊和奈飞这样的公司，已经在这种个性化的产品上投入了大量的时间和金钱，并且取得了成功（Korzeniowski，2018）。

顾客还可以拍摄产品的照片，并在不命名品牌的情况下使用它来创建负面的社交媒体帖子。AI 驱动的情绪分析不仅可以识别产品，还可以了解客户的不满意程度，分析对品牌的影响，通知内部客户体验团队，提出补救措施，并自动记录这些数据。在网红营销时代，自动感知和响应客户互动的能力将使具备此种能力的公司获得竞争优势。

AI 可以统计以下内容。

（1）全球客户是否参与社交媒体？

（2）全球客户是否响应电子邮件？

（3）全球客户是否点击或参与营销内容，包括查看网站上的特定页面或单击电子邮件中的链接？

（4）买卖双方之间经常有电话或电子邮件联系吗？

（5）关键影响者是否已离开公司？

AI 可以将这些数据结合在一起，以形成真实的客户预测，并确定潜在买家的购买可能性。如果卖方的预测与 AI 解决方案的发现之间存在差距，则可以主动提醒销售人员，以提供帮助。

AI 不会取代销售团队，但它可以帮助您的销售代表进行耗时的工作，并帮助他们更有效地履行职责。

1.12　总　　结

国际市场营销被定义为公司能够跨越国界协调其营销活动的承诺，以便比竞争对手更好地发现和满足全球客户需求。这意味着该公司能够做到以下内容。

（1）根据市场之间的异同制定国际市场营销策略。

（2）通过在全球范围内的传播（学习）和适应来利用总部（母国组织）的知识。

（3）从任何市场转移知识和"最佳实践"，并将其用于其他国际市场。

波特的原始价值链模型是作为本书主要部分的框架模型引入的。在了解如何创造价值时，仅查看企业内部的价值链是不够的。在大多数情况下，供应和分销价值链是相互联系的，在考虑实现价值链活动的最终国际化之前，需要对整个过程进行分析和理解。这还涉及有关全球价值链活动的配置和协调决策。

作为对传统（波特）价值链的补充，我们引入了服务价值链（基于所谓的"价值商店"概念）。价值商店通过调动资源（人员、知识和技能），并通过将其部署来解决特定问题，从而创造价值。价值商店的组织方式是在与客户的特定服务交互情况下，围绕制定、执行决策展开，主要包括识别、评估服务问题或机会，开发替代解决方案或途径，选择一种解决方案或方法，执行该解决方案，并评估结果。此模型适用于大多数面向服务的组织。

许多产品公司都希望通过嵌入式服务获得成功：随着竞争压力使产品市场日益商品化，服务将成为未来几年价值创造的主要区别。但是，公司需要对这种新游戏的战略规则有更清晰的了解，且必须将这些规则整合到其业务运营中，以实现业务的快速增长。

如今，产品价值链和服务价值链的正确结合已不足以成为竞争优势。当公司有意将产品与服务结合使用时，就能够增加"客户体验"，从而用一种令人难忘的事件来吸引个人客户。这些事件可以分为以下四个类别：娱乐、教育、审美、逃避现实。

企业对增强现实（AR）技术的使用进一步实现了吸引用户并增加用户体验的目的。AR 是一种将产品交到用户手中的数字方式，让他们有机会在不付费的情况下测试产品。因此，增强现实在客户购买过程的预购阶段特别有效。

人工智能（AI）的使用可以帮助营销人员将受众划分为较小的目标群体，还可以帮助消费者和市场领导者创建更多个性化的营销活动和广告。随着消费者的注意力转移到 AI 助手上，传统上至关重要的制造商资产（如功能和品牌）将变得不那么重要，消费者数据的价值和 AI 预测能力将变得更加重要。

最后，作为实体价值链的补充，我们引入了虚拟价值链的概念。从而使得企业可以利用信息（"大数据"）进一步创造业务价值。

案例研究 1.1　　　案例研究 1.2　　　案例研究 1.3　　　案例研究 1.4

问题讨论

1. 是什么原因导致了大型企业和中小企业的"趋同定位"？

2. 当试图进入出口市场时，如何弥补自己在国际市场营销方面的资源和专业知识的不足？

3. 国际市场营销和国内市场营销的主要区别是什么？

4. 解释集中上游活动和分散下游活动的主要优点。

5. 解释产品价值链和服务价值链的结合如何能进一步创造客户价值。

6. 虚拟价值链与传统价值链有何不同？

参考文献

第**2**章

国际化的开始

通过学习本章，学生应该能够做到以下几个方面。
- 讨论公司走向国际的原因（动机）；
- 解释主动和被动动机的区别；
- 分析出口启动的诱因；
- 解释出口启动的内部触发因素与外部触发因素的区别；
- 描述阻碍出口启动的不同因素；
- 讨论出口过程中的关键障碍。

2.1 导　论

国际化指企业将其研发、生产、销售和其他商业活动扩展到国际市场的过程。在许多较大的公司，国际化可能以相对持续的方式发生，且该公司会在一段时间内以渐进的方式，同时对各种国外扩张项目进行不同的国际化阶段。然而，对于中小型企业来说，国际化往往是一个相对离散的过程，也就是说，管理层认为每一个国际化企业都是独特的、独立的。

在前国际化阶段，中小企业管理者利用信息来获得足够的相关知识以启动国际化（Freeman，2002）。图 2.1 展示了国际化前期的不同阶段，本章从第 2.2 节开始，将讲解图中的各阶段。

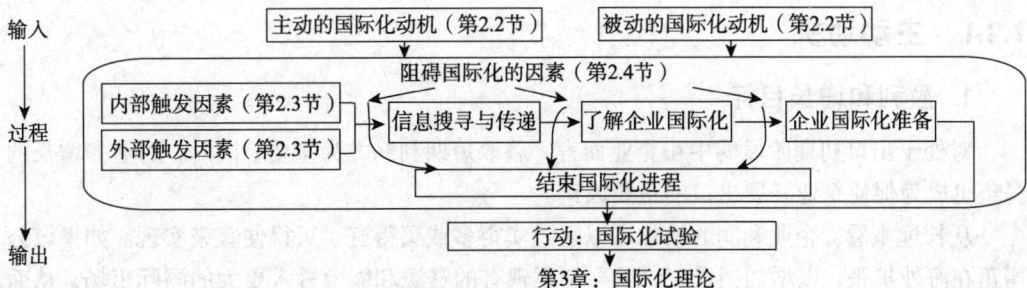

图 2.1　前国际化：中小企业国际化的开展

2.2 国际化动机

对于大多数公司来说，出口的根本原因是盈利。但就像在大多数商业活动中一样，单个因素很少能单独解释任何特定的行动。通常，多种因素的结合会导致公司朝着特定的方向采取措施。

关于国际化动机的讨论可以追溯到 John H. Dunning 的工作，他区分了四种主要动机（Dunning，1993；Benito，2015）。

（1）开拓市场：企业走出国门寻找新客户。

（2）追求效率：公司到国外执行能够降低成本的某些经济活动，或是使其在不同地点已有的业务合理化。

（3）寻求资源：公司冒险到国外获取在国内难以获得的资源，或者在国外可以以较低的成本获得的资源。

（4）寻求战略资产：公司到国外获取战略资产（有形的或无形的），这些资产可能对其长期战略至关重要，但在国内无法获得。

表 2.1 概述了主要的国际化动机。它们被分为主动动机和被动动机。主动动机指基于公司对开发独特能力（如特殊技术知识）或市场可能性的兴趣，企业由此试图变革战略的某类刺激因素。被动动机指公司对其国内市场或国外市场的压力或威胁作出反应，并通过改变企业活动来被动地适应外部环境。

表 2.1 开展出口的主要动机

主 动 动 机	被 动 动 机
盈利和增长目标	竞争压力
管理驱动	国内市场：容量小且已饱和
技术竞争力/独特的产品	生产过剩和产能过剩
国外市场机遇/市场信息	不请自来的国外订单
规模经济	季节性产品的扩大销售
税收优惠	接近国际客户/心理距离

来源：改编自 International Marketing and Export Management, 2nd ed, Addison Wesley (Albaum, G., Strandskov, J., Duerr, E. and Dowd，L. (1994)，p. 31，经 Pearson Education Ltd. 许可重印。

让我们仔细看看每一个出口动机。

2.2.1 主动动机

1. 盈利和增长目标

对处于出口初期阶段的中小企业而言，获取短期利润尤为重要。同时，对业务增长的渴望也成为促使企业开展出口的重要因素。

从长远来看，企业利润的增加可以通过卖得多或买得好、买得便宜来实现。如果该公司正在海外扩张，以增加销量，它就会利用现有的资源和能力进入更大的国际市场，从而增加收入。为了能够购买到更好或更便宜的产品，该公司可以利用东道国的比较优势和东道国公司的竞争优势。如果该公司选择减少国内市场的业务，并增加海外业务（如在低成本国家生产），则会出现这种情况。

随着时间的推移，公司对增长的态度将受过去所获得反馈情况的影响。例如，出口的盈利能力决定了管理者对出口的态度。当然，在计划进入国际市场时，所感知到的盈利能力往往与实际获得的盈利能力有很大的不同。企业最初的盈利能力可能非常低，特别是在国际业务刚启动的阶段。当公司以前没有从事过国际市场活动时，认知和现实之间的差距就会特别大。因此，尽管企业做了周密的计划，但市场环境的突然变化往往会大幅改变利润格局。例如，汇率的突然变化可能会大大改变利润预测，即使这些预测是建立在谨慎的市场评估基础上的。

公司想要获得业务增长的动机越强，它所开展的活动就越多，包括寻找新的可能性活动，以找到能够实现业务增长和盈利目标的方法。

示例 2.1

Jägermeister：由于家族企业的"管理欲望"，著名的草药利口酒正走向全球

草药利口酒 Jägermeister 由柯特·马斯特（Curt Mast）在德国沃尔芬比特尔（Wolfenbüttel）创立，距今已有近 100 年的历史。马斯特（Mast）于 1918 年接管父亲的醋厂，改变了公司的发展方向，开始经营葡萄酒。他还开始尝试生产烈酒。到 1934 年，他发明了以 56 种草药、花朵、根和水果制成的利口酒。

马斯特是一个热情的猎人。从字面上翻译过来，Jägermeister 的意思是"狩猎大师"，是将 Jäger（猎人）和 Meister（大师，从熟练的专业人士的角度来看）结合在一起。Jägermeister 的徽标是鹿角和闪闪发光的十字架，取自猎人的守护神圣·休伯特斯（Saint Hubertus）。

Jägermeister 是一种叫 Kräuterlikör（草药利口酒）的利口酒。它与欧洲中部的其他利口酒相似，如德国的 Kümmel 和 Ratzeputz，丹麦的 Gammel Dansk，匈牙利的 Unicum，捷克共和国的 Becherovka，意大利的 Fernet Branca，斯洛伐克的 Demanovka 和克罗地亚的 Pelinkovac。与这些饮料相比，Jägermeister 的味道更甜。

在 20 世纪 60 年代，Jägermeister 的知名度不断提高，这使其面向斯堪的纳维亚半岛、奥地利、比荷卢经济联盟地区和美国的出口市场不断增长。后来，它又征服了南美、非洲、澳大利亚和亚洲的市场。

Jägermeister 的全球销量从 2011 年的 8700 万瓶（0.7 升）扩大到 2017 年的 9200 万瓶。这使得 Jägermeister 跻身有国际影响力的全球优质烈酒百强榜单，且位列第七。因此，Jägermeister 仍然是世界上最畅销的利口酒品牌，并且是该榜单上排名前 70 位中的唯一德国烈酒。2017 年，Jägermeister 的销售市场已经扩展到 135 个国家/地区，而且，Mast-Jägermeister SE 雇用了约 600 名员工。正如正文所讨论的那样，作为一个家族企业，Jägermeister 历经多年的全球化是由其高级员工的"管理欲望"所驱动的。

2017 年，Jägermeister 约 80% 的总销售额来自德国以外。Jägermeister 的最大市场是美国（它是最畅销的利口酒进口市场），其次是英国（2017 年销售了 600 万瓶）和德国（其本土市场）。

尽管 Jägermeister 的产品的鲜绿色的瓶子和徽标在所有市场上都相同，但其品牌形象

可能有所不同。在欧洲大部分地区，这种饮料作为一种消化食品为许多人所熟悉。而在荷兰，传统的酒吧则使用独特的瓶子盛装酒液，以适合酒吧后方的圆形冷却架。在美国，Jägermeister 是半冰的，直接就能喝到。而在英国，消费者通常将其与红牛混合饮用。

Jägermeister 的国际营销活动是由赞助活动推广的。通常，Jägermeister 只做少量的国际大众广告。相反，该品牌更多依靠的是交易促销（在酒吧等）、体验式营销和赞助活动。

从 1970—2000 年，Jägermeister 品牌与赛车运动建立了联系，并赞助了许多欧洲赛车队，主要是宝马和保时捷的赛车队。20 世纪 70 年代，Jägermeister 与德国足球相关，尤其是德甲联赛（Eintracht Braunschweig team）。

在英国，Jägermeister 主要与摇滚音乐界保持联系，赞助摇滚音乐会，在整个夏季参加摇滚音乐节，并利用这些营销活动进行试验。企业的核心目标是在顾客与其朋友之间建立更好的交往渠道，并让顾客享受美好时光。Jägermeister 希望在 20～30 岁的目标人群中吸引更多客户，同时也希望吸引新的（原有的）饮酒者，向他们介绍"完美的冰镇饮料"，它认为这是该品牌最大的增长机会。

Jägermeister 的目标是通过考虑每个市场的文化和特定国家的情况来发展其海外品牌，其方式主要是与当地分销伙伴合作，以便根据市场需求量身定制营销概念。Jägermeister 将品牌与欧洲、美国和澳大利亚的摇滚音乐联系起来。例如，在美国，Jägermeister 通过赞助"Jägermeister 音乐巡演"，并通过与重金属乐队 Metallica、Mötley Crüe、Pantera、megades 和 Slayer 的合作而走红。

Jägermeister 还赞助了 160 多支摇滚乐队。Jägermeister 为乐队提供赠品，如海报、T恤和帽子。这些物品都印有 Jägermeister 的标志和乐队的名字。Jägermeister 还鼓励乐队在布景时提到饮料，在舞台上拍一张照片，挂几条横幅或穿一件 T 恤。

来源：基于 www.jagermusic.com; www.jagermeister.com; http//newsroom.jagermeister.de.

2. 管理驱动

管理驱动是一种动机，反映了管理层对国际市场营销活动的渴望、动力和热情。这种热情之所以存在，只是因为经理们期望成为跨国经营公司的一员。此外，它通常可以为国际旅行提供一个很好的理由。然而，管理人员对国际化的迫切要求往往只是一般企业家的动机反映，即对持续增长和市场扩张的渴望。

管理层的态度在决定企业的出口活动中起着至关重要的作用。在中小企业中，出口决策可能由某个单独的决策者负责；而在大型企业中，这类决策可能是由一个决策小组做出的。不管参与出口决策的人数是多少，企业进入国外市场策略的选择仍然取决于决策者对国外市场的看法，对这些市场的预期，以及公司进入这些市场的能力。

管理者的文化社会化也可以促进国际化进程。那些出生在国外，或有过国外生活或旅行经历的经理人，可能会被认为比其他经理人更有国际眼光。先前在出口公司任职，或者是贸易和专业协会的成员，也可能会加强关键决策者对国外环境的看法和评估。

3. 技术竞争力/独特产品

一家公司可能生产国际竞争对手无法广泛获得的商品或服务，或者可能在某一专业领域取得了技术进步。同样，真实的和感知到的优势应该被区分开来。许多公司认为它们的产品或服务是独一无二的，然而，在国际市场上可能并非如此。此外，如果企业的产品或技术是独一无二的，那么，它们当然可以凭借可持续的竞争优势在海外取得重大的商业成功。企业需要考虑的一个问题是，这种技术或产品优势能持续多久。从历史上看，一个具有竞争优势的公司在进入国外市场多年后，或能成为该市场中唯一的供应商。然而，近年来，由于技术竞争的加剧和国际专利保护措施的缺乏，这种优势已经急剧缩小。

但是，一家生产优质产品的公司因其产品的竞争力而更有可能收到国外市场的咨询。产品供应中的某些方面会影响潜在买家通过出口渠道购买产品的可能性。此外，如果公司在其国内市场上发展了特殊的能力，那么，企业将独特资产传播到海外市场的概率可能更高，因为在其他市场上利用这些资产的机会成本非常低。

4. 国外市场机遇/市场信息

显然，只有当企业拥有能够及时捕获市场机遇所必需的内部资源，或其有能力确保这些资源时，外部市场机遇才能起到刺激作用。由于市场进入的成本高昂且具有风险，因此，决策者在计划进入国外市场时可能会考虑数量非常有限的国外市场机遇。此外，这样的决策者可能会首先探索那些与本国市场机遇相似的海外市场机遇（Benito，2015）。

随着时间的推移，某些海外市场会不时地出现惊人的增长，为具有扩张意识的公司提供有利的机会。东南亚市场的吸引力取决于它们的经济成就，而东欧市场的吸引力则源于它们新发现的政治自由，西欧、北美和日本等的市场吸引力则源自其发展经贸关系的愿望。随着国内改革的发生提升其市场吸引力的国家包括中国、南非等。

专业的市场知识或获取信息的特殊渠道可以将出口企业与其竞争对手区别开来。这包括那些没有被其他公司所广泛分享的，有关国外客户、市场境况的相关知识。这种专业知识可能来自于某些特定见解，这些见解是基于公司的国际研究、公司可能拥有的特殊关系，或者仅仅是在正确的时间出现在正确的地方（如在度假旅行中发现一个良好的业务情况）等产生的。企业过去的营销成功能够成为其未来营销行为的强大动力。在一项或多项主要市场活动中的能力往往足以成为公司开始或扩大出口的催化剂。

5. 规模经济–学习曲线

在这种情况下，公司会利用资源和能力，为其在国内的竞争优势奠定基础，将其转移到国外并从规模经济中受益（Cuervo-Cazurra et al.，2015）。

成为国际市场营销活动的参与者可能会使公司增加产量，从而使其在学习曲线上更快地攀升。自从波士顿咨询公司表明产量加倍可以减少 30% 的生产成本以来，这种结果便一直很受欢迎。因此，企业增加面向国际市场的生产也有助于降低其在国内销售的生产成本，并使公司在国内更具竞争力。这种效应往往导致企业将寻求市场份额作为主要目标（见示例 1.2 和 2.1 中的例子）。在国际化的初始水平上，规模经济的效应可能意味着企业会寻找更多的出口市场，随后，企业可能会开设国外子公司，并在国外生产相关设备。

通过出口，企业可以将行政、生产、设备运行、员工工作和研发等活动产生的固定成本分摊到更多的单位。对于一些公司来说，要想最大限度地利用国外市场的规模效应，则需满足在国际市场上将其营销组合标准化的条件。然而，对于另一些企业来说，标准化营销对于规模经济来说，并不是必要的。

日本企业的国际市场营销和规模经济

日本企业通过渗透定价策略（低进入价格）来开拓国外市场，以建立市场份额，并占据长期的市场主导地位。它们会在早期接受损失，因为它们将这些损失视为对长期市场发展的投资。之所以能够做到这一点，是因为日本的许多行业（尤其是联盟集团类型的组织）是由银行或其他金融机构以较低的资本成本支持或拥有的。

此外，由于日本企业采用终身雇佣制，因此，劳动力成本被视为固定支出，而不是像西方那样充满变数。由于所有边际劳动力成本都将处于入职工资水平，因此，提高产量是企业快速提高生产率的唯一途径。因此，市场份额取代盈利能力。成为日本公司的主要追求目标。在日本公司中，经营规模和企业内部经验可以实现规模经济，并有助于降低分销成本。国际贸易公司通常会负责国际销售和市场营销，从而使日本公司能够专注于规模经济，降低单位成本。

来源：Genestre 等（1995）。

6. 税收优惠

税收优惠也可以起到主要的激励作用。美国政府于 1984 年建立了一种被称为外国销售公司（FSC）的税收机制，主要目的是协助出口商减少其出口利润中需缴纳的联邦税额。由于欧盟声称 FSC 涉及美国的出口补贴，且违反了 WTO 的规则，因此，FSC 在 2000 年被更改为《域外收入包含法》（ETI）。但是，欧盟仍然坚持 ETI 同样是美国的一种出口补贴，只不过换了个名字而已。通常，这些税收优惠可以使公司在国外市场以较低的成本提供其产品，或者积累更高的利润。因此，这可能与获利动机紧密相关。

世界贸易组织（WTO）实施的《反倾销法》对外国生产者以极低的价格在本地市场上出售其产品的行为进行惩罚，以保护本地生产者。签署了《世贸组织协议》的每个成员（大多数成员都已签署）都必须遵守这些法律。

2.2.2 被动动机

1. 竞争压力

被动动机（反应性动机）的主要形式是对竞争压力做出回应。一个公司可能担心失去其在国内市场中的份额，而那些参与国际市场营销活动，并得益于规模经济的竞争企业却可能获得更大的市场占有率。此外，由于最初获得该市场的公司最容易保留市场份额，因此，企业可能会担心其在国外市场的份额会被国内竞争对手永久地蚕食，而这些竞争者的业务重点就在国外市场上。一旦公司意识到准备不足，那么，快速进入可能会导致同样迅速的退出。除此之外，其他公司，尤其是竞争对手正在国际化的信息也为企业国际化的决策提供了强大的动力。竞争对手是刺激企业采取国际化战略的重要外部因素。可口可乐比百事可乐更早进入国际市场，但毫无疑问，可口可乐进军海外市场的行为也促使百事可乐朝同一方向发展。

2. 国内市场：容量小且已饱和

一家公司可能因为国内市场潜力不大而被迫转向出口。对于一些公司来说，由于国内市场可能无法维持足够的规模经济和范围经济，所以，这些公司便主动将出口市场作为其市场进入战略的一部分。对于在全球范围内拥有很少的客户，且这些客户又容易识别的工业产品，或者在许多国家内面向规模有限的细分市场的专业消费品生产商，这种行为很可能发生。

对于一个饱和的国内市场来说，无论是从销售量，还是市场份额来衡量，都具有类似的激励作用。企业在国内销售的产品可能处于产品生命周期的衰退阶段。公司可以选择通过扩大市场来延长产品的生命周期，而不是试图推迟生命周期，或者进行其他的一些尝试。在过去，这种努力往往获得成功，因为许多发展中国家的顾客只是逐渐达到工业化国家顾客已经达到的需求和成熟程度。一些发展中国家仍然经常需要某些产品，即已经处于工业化国家需求下降阶段的产品。通过这种方式，企业可以利用国际市场来延长其产品的生命周期（进一步讨论参见第 11 章）。

美国的许多家电和汽车制造商最初进入国际市场的原因是它们认为国内市场已接近饱和。美国石棉生产商发现，其产品在国内市场上难以获得法律认可，但由于某些海外市场的消费者保护法更为宽松，因此，它们能够继续为海外市场生产石棉产品。

关于市场饱和度的另一种观点也与企业为何会向海外扩张有关。国内市场的饱和表明企业内部存在未使用的生产资源（如生产和管理懈怠）。生产的懈怠是确保获得新的市场机会的一种刺激，而管理的懈怠则可以使拥有收集、解释和使用市场信息的知识资源成为必要。

3. 生产过剩和产能过剩

如果一家公司的产品在国内的销售低于预期水平，那么，库存就可能高于预期水平。这种情况可能会触发库存产品的短期降价，以开展出口销售。一旦国内市场需求恢复到先前水平，那么，国际市场营销活动就会减少，甚至终止。曾经使用这种策略的公司在再次应用时可能会遇到困难，因为许多国外客户对临时或零星的业务关系不感兴趣。随着时间的推移，国外的这种反应很可能会导致此种动机的重要性下降。

然而，在某些情况下，产能过剩可能是一个强大的动力。如果生产设备没有得到充分利用，那么，企业就会把扩张到国际市场看作是实现更广泛地固定成本分配的理想途径。或者，如果所有固定成本都分配到国内产品的生产上，那么，企业就可以通过一种主要关注可变成本的定价方案进入国际市场。虽然这种策略在短期内可能有用，但它可能导致企业在国外以低于国内的成本提供产品，这反过来又可能刺激进口的增长。从长远来看，企业必须能够回收固定成本，以确保生产设备的更换。因此，仅基于可变成本的市场渗透战略在长期内是不可行的。

有时，国内市场需求的变化也会导致企业生产能力过剩。随着国内市场转向新产品和替代产品，生产旧式风格产品的公司会扩大产能，并寻找海外市场机会。

4. 不请自来的国外订单

许多小公司已经意识到出口市场的机会，因为它们的产品引来了海外市场的询问。这些查询来源于在世界范围内发行的贸易期刊上的广告，并以展览或其他的方式呈现。结果，在出口公司的原始订单中，有很大一部分是意外得到的。

5. 季节性产品的扩大销售

国内市场与其他国际市场在季节性需求方面可能有所差异。这可以作为企业对国外市场勘探的持续刺激，从而可能在今后一年内产生更稳定的需求。

例如，欧洲的一家农业机械生产商主要在一年的春季面临着较为明显的国内市场需求。而为了在一年中实现更稳定的需求，该公司将市场转向南半球（如澳大利亚、南非），南半球的夏季与北半球的冬季相吻合，反之亦然。

6. 接近国际客户/心理距离

物理上和心理上接近国际市场通常可以在企业的出口活动中发挥重要作用。例如，在奥地利边境附近建立的德国公司，甚至不会将其在奥地利的营销活动视作国际市场营销。相反，它们只是国内活动的延伸，而没有特别注意到某些产品已走出国门这一事实。

与美国公司不同，大多数欧洲公司之所以自动成为国际市场营销商，仅仅是因为它们与邻国之间非常接近。例如，一家在比利时运营的欧洲公司只需走100公里即可进入多个国外市场。地理上与国外市场的接近并不一定能转化为企业对国外客户的真实情感，或仅仅可能是感知状态下的亲近。有时，文化变量、法律因素和其他社会规范使在地理上接近的国外市场在心理上显得遥不可及。例如，研究表明，美国公司在心理上认为加拿大比墨西哥更接近。在许多美国公司看来，即使是英国（主要是因为使用共同语言），也比墨西哥或其他拉美国家要近得多，尽管英美两国间的地理距离遥远。最近，许多希腊公司（尤其是银行）在巴尔干地区的大规模扩张是另一个接近国际客户的例子。

韦斯特海德等（Westhead et al.,（2002）在一项关于英国小型企业国外扩张动机的研究中发现，企业开始出口产品/服务的主要原因如下。

（1）有国外客户与之联系。

（2）一次性订单（不连续出口）。

（3）国外市场信息的可用性。

（4）公司增长目标的一部分。

（5）关键的创建者/所有者/经理积极地瞄准了出口市场。

研究结果还表明，企业规模越大，越有可能引用主动刺激/动机。

示例 2.3

海尔的国际化——主动与被动动机

当张瑞敏在1984年被任命为当年的第四任厂长时，中国家电制造商海尔集团（Haier Group）已濒临破产。在张瑞敏的领导下，该公司成长为全球第六大家电制造商。

（1）主动动机

张瑞敏的国际化思维为海尔的初始发展阶段奠定了基础。1984 年，在加入这家工厂后不久，他便从德国利勃海尔（Liebherr）引进了技术和设备，并在中国生产了几款广受欢迎的冰箱品牌。同时，张瑞敏积极扩大与利勃海尔的合作，通过按照对方的标准生产冰箱并将其再次销售给利勃海尔的方式，使海尔进入了德国市场。1986 年，海尔出口额首次达到 300 万美元。张瑞敏在后来评价这一策略时说到，出口创汇在当时是必要的。

当海尔在美国投资建厂时，张瑞敏认为，海尔通过在海外建厂实现了避免关税和降低运输成本的目的，从而获得了区位优势。企业内部化优势通过控制服务和营销/分销等运营过程来获得，同时，企业所有权优势通过利用高质量的本地人力资源进行开发设计和研发等活动来获取。

2016 年，海尔集团以 54 亿美元的价格收购了通用电气的家电业务，这是这家中国公司在利润丰厚的美国市场拓展业务的最新尝试。

（2）被动动机

全球家电制造商进入中国市场迫使海尔寻求国际扩张。特别地，自中国加入世界贸易组织以来，几乎所有国际竞争者都在中国投资，并建立了独资公司。对于海尔来说，最好的防御策略是在竞争对手的本土市场中占有一席之地。

随着竞争的加剧，中国家电市场的饱和是促使海尔寻求国际扩张的主要动机。在 20 世纪 90 年代中期之后，价格战在各个类别的产品市场中陆续爆发。到 2000 年年底，海尔在中国的冰箱、冰柜、空调和洗衣机的市场份额分别达到 33%、42%、31% 和 31%。因此，国内市场能够进一步开发的潜力是非常有限的。

中国政府是海尔国际化的重要外部诱因之一。作为国际公司，海尔获得了其他中国公司无法获得的一些特殊条件。例如，海尔已经被批准建立一家金融公司，成为一家区域商业银行的大股东，并与一家美国保险公司组建合资企业。如果没有积极追求国际化扩张，以及在家用电器领域处于主导地位，那么，像海尔这样的制造商通常不可能获得批准进入金融领域。

来源：基于 Liu 和 Li（2002）和其他公开资料。

有研究（Suárez-Ortega and Àlamo-Vera，2005）表明，推动国际化的主要动力来自于企业内部，即企业国际化的动机更多受企业管理层优劣势的影响。研究者们得出的结论是，影响企业国际化活动的主要因素并非是外部环境，而是公司内部的资源和能力。而且，这些资源和能力可以适当地结合起来，以使企业在国际市场上取得成功。因此，可以通过旨在提高管理人员技能和能力的方案来强调企业国际化的速度和强度。此外，旨在使更多非出口商对出口感兴趣的出口促进方案应强调提高管理人员对出口优势的认知活动。

2.3 出口启动的触发因素（变革推动者）

要实现国际化，企业内外的某个人或某事件（所谓的变革推动者）必须发起这个过程，并将其贯彻到实践中（见表 2.2），这被称为国际化触发器。从这一领域所做的研究得出的一个结论是，很少有孤立的因素会触发企业的国际化进程。在大多数情况下，启动国际化进程的是一系列因素的组合（Rundh，2007）。

表 2.2 出口启动的触发因素

内 部 触 发	外 部 触 发
感知管理 特定的内部事件 将进口作为内向国际化	市场需求 网络合作伙伴 竞争企业 行业协会和其他外部专家融资

2.3.1 内部触发因素

1. 感知管理

有洞察力的经理能及早发现海外市场的发展机会。他们把了解这些市场作为自己的工作，并对公司何时何地应该进行海外扩张保持一种开放的心态。在有洞察力的经理队伍中，有许多世界公民。

一个触发因素通常是国外旅行。在此期间，所发现的新商业机会或接收的信息会使管理层相信这样的机会存在。曾在国外生活过、学过外语，或对外国文化特别感兴趣的管理者，可能会很快调查国际市场营销机会是否适合他们的公司（Ellis and pececotich，2001）。

通常，经理在进入一家公司时，先前的工作已使其拥有一些全球市场营销经验。而经理往往会试图利用这一经验来促进新公司的业务活动。在制定新工作目标时，经理们经常会考虑一系列全新的选择，而其中之一可能是国际市场营销活动。

2. 特定的内部事件

某个重要的事件可能是推动变革的另外一项主要因素。一个坚信公司应开展全球市场营销的新员工可能会找到激励管理层的方法。生产过剩或国内市场规模的缩小，以及收到关于当前产品使用情况的新信息，都可以作为此类事件。例如，一家公司的研究活动可能会开发出一种适合销往海外的副产品，就像一家食品加工公司发现了一种低成本、有助于缓解非洲一些地区的食品短缺的理想蛋白质一样。

有研究表明，中小企业的原始出口决策通常由公司的首席执行官做出，他们受个人世界主义价值观念的影响，而且，出口决策会由营销部门提供大量的投入予以支持（Anwar et al.，2018）。出口决策的执行（即实际的国际市场营销活动的开展与实施）主要是营销人员的责任。只有在评估国际市场营销活动的最后决策阶段，研究重点才会再次落在公司的首席执行官身上。因此，为了能够从内部影响一个公司，首要的重点应是努力说服首席执行官进入国际市场，然后让营销部门相信国际市场营销是一项重要的活动。相反，如果一个人想在国际商务中活跃起来，那么，市场营销部就是一个好地方。

在一项关于芬兰中小企业国际化行为的研究中，福斯曼（Forsman et al.，2002）发现，启动国际化运营的三个最重要触发因素如下。

（1）管理层对国际化的兴趣。

（2）国外对公司产品/服务的咨询。

（3）国内市场需求不足。

同时，这项研究中有趣的一点是，公司并不认为其与商会或其他支持组织的联系能够对其国际活动的进一步开展产生多大作用。然而，企业一旦被触发走向国际市场之后，商会却又经常被企业用来获取更多的国外信息。

3. 内向/外向国际化

国际化在传统上被视为一种外向流动，大多数国际化模型都没有明确地处理企业早期的内向活动，以及由此获得的知识会如何影响随后的外向活动。国际化的一种自然方式是首先参与内向活动（进口），然后才会参与外向活动（出口）。企业从进口活动中获取的关系和知识可以应用到企业的出口活动中（Welch et al.，2001）。

有学者（Welch and Loustarinen，1993）认为，内向国际化（进口）可能先于并会影响外向国际化（国际市场进入和营销活动），如图 2.2 所示。

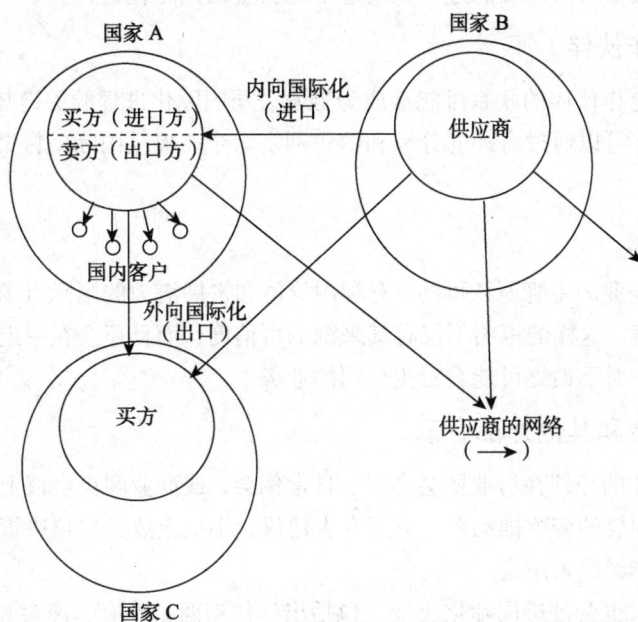

图 2.2　内向/外向国际化：网络示例

内向国际化和外向国际化之间存在着直接的关系，有效的内向活动可以决定外向活动的成功与否，特别是在国际化的早期阶段。内向国际化可能由下列方式中的某一种启动。

（1）买方：对不同的国外资源进行积极的国际搜寻（买方主动反向营销）。

（2）卖方：由外国供应商发起（传统卖方观点）。

在从内向外的国际化过程中，买方的角色（在 A 国）转移为卖方，这对国内客户（在 A 国）和国外客户都是如此。通过与外国供应商的互动，买方（进口商）获得进入供应商网络的途径，因此，在以后的某个时间，可能会向该网络的成员进行出口。

因此，内向国际业务通常涵盖用于增强公司资源的各种不同形式。当然，内向流入意味着企业要进口生产过程所需的产品，如原材料和机械。但是，内向运营还可以通过不同的经营形式（包括特许经营、直接投资和联盟）来获取金融和技术（Forsman et al., 2002）。在某些情况下，外国进口许可之后可能紧接着是对外技术销售。根据弗莱彻（Fletcher, 2001）和弗里曼（Freeman, 2002）的观点，内向和外向活动，以及它们之间的联系可以以不同的方式发展，这些联系在对销贸易安排中最为明显，即公司开始向进口的同一市场出口，在跨国公司内，各子公司间的关系网络和战略联盟中也存在这一情况。

2.3.2　外部触发因素

1. 市场需求

国际市场的扩张也导致了一些公司产品需求的增长，进而推动这些产品的制造商走向国际化。当国际市场对药类产品的需求刚开始增长时，许多制药公司便进入了国际市场。尽管美国的施贵宝（Squibb）公司在其尚未发展到足以盈利之前便已经进入了土耳其市场，但随着该市场的迅猛增长，反而进一步促进了施贵宝的国际化进程。

2. 网络合作伙伴

与企业外部合作伙伴的联系可能会成为触发公司国际化进程的关键知识来源。例如，公司网络合作伙伴可以通过海外的分销和销售网络为企业提供国际销售渠道（Vissak et al., 2008）。

3. 竞争企业

关于由竞争企业的主管所认可的、有利用价值和发展潜力的国际市场的某些信息能够引起管理层的注意。这样的声明不仅有其来源的可信度，而且还会在一定程度上引发企业的担忧，因为竞争对手最终可能会侵犯公司的业务。

4. 行业协会和其他外部专家

来自不同企业的经理在行业协会会议、日常例会，或商业圆桌会议上举行的正式或非正式会议往往是主要的变革推动者。甚至有人建议，小型企业的出口决策可以根据它们所属企业集团的集体经验来制定。

其他外部专家也会推进国际化决策，包括出口代理商、政府、商会和银行。

（1）出口代理商、出口贸易公司和出口管理公司一般都具备国际市场营销专家的资格。其拥有国际上处理产品的经验，拥有海外联系，且具备处理其他出口产品的职能。如果这些贸易中介机构认为它们的产品在海外有潜在的市场机遇，那么，多数人会选择直接与潜在的出口商接触。

（2）几乎所有国家的政府都试图通过提供国际市场营销专业技能（出口援助方案）来刺激国际商务活动的发展。政府刺激措施所产生的积极影响不仅体现在这些措施能够产生直接的财务影响，还体现在为企业提供信息方面也大有裨益。

（3）商会和类似的出口生产组织对刺激国际贸易的发展（包括出口和进口）感兴趣。这些组织寻求的是激励个别公司参与国际市场营销，并为它们提供激励措施。这些激励措施包括使潜在出口商或进口商接触海外业务，提供海外市场信息，以及将潜在出口商或进口商介绍给那些能够为其国际市场营销活动融资的金融机构。

（4）通常银行和其他金融机构在推动企业国际化方面发挥着重要作用。它们提醒国内客户要密切关注国际机遇，并会帮助他们抓住这些机遇。当然，随着国内客户向国际市场扩张，这些银行和金融机构也希望自己的服务能得到更广泛的应用。

5. 融资

企业需要财务资源来资助其国际活动，例如，在国际贸易展览会上进行展览，以及在公司内部进行国际化所需的变革（包括进一步发展企业能力，特别是公司的生产、管理和销售能力）等均离不开财务资源的支持。公司可获得的财务资源可能受几个因素的影响，包括公司向金融机构借款的意愿。

在企业国际化的早期阶段，政府资助（用于研发目的，以便在全世界销售产品和服务）可以成为企业资金和知识的有效来源。然而，这并不足以支持企业建立起国际化的业务。除非一家公司在国内市场上享有主导地位，否则它将需要通过行业捐赠、债务或股权融资来筹集必要资金。这可能意味着要承担更大的风险（Graves and Thomas，2008）。

2.3.3 信息搜寻和翻译

在所有资源中，信息和知识可能是中小企业开展国际化进程的最关键因素（见图 2.1）。

因为每一个国际机遇对中小企业来说都是一个潜在的创新，所以，其管理者必须能够获取适当的信息。这对中小型企业尤其重要，因为它们通常缺乏资源，以致无法像大型企业那样实现国际化。因此，管理层开始进行信息搜索，并从与预期国际化项目相关的多个来源渠道获取相关信息，这些信息来源渠道包括内部书面报告、政府机构、行业协会、私人的联系方或互联网。在信息转化阶段，国际化信息被管理者转化为企业内部的知识。正是通过信息搜索与信息向知识的转化，管理层对国际化才有了进一步的了解。在这一阶段，公司已经进入了一个不断搜索信息，并将其转化为国际知识的循环。这个循环会一直持续下去，直到管理层认为该循环已经能帮助企业充分减少与国际化项目相关的不确定性，并确保相对较高的成功率。一旦获得了足够的信息并将其转化为可用的知识，企业就会离开这个循环，并为国际化做好准备。而这也就是公司开始行动的地方，即开展国际化试验。"行动"指管理层根据其已获得的知识执行的行为和活动。在这一阶段，公司具有一种嵌入式的国际化文化，在此种文化背景下，即使是最具挑战性的外国市场也能够被企业克服，这导致企业国际化的进一步开展，以及真实的国际化知识被"存储"在管理者的头脑中。这种描述或多或少地代表了公司的独立性。然而，网络理论承认企业成员在企业和组织体系中的重要性。通过在这样一个体系内相互作用，该公司获得的优势远远超过它在孤立情况下所能获得的优势。

在最基本的层面上，知识是由个人创造的。个体通过特定的方式获得显性知识，通过"实践"经验（体验学习）获得隐性知识。

企业内部在组织和个体层次的某些因素使得每个企业前国际化过程（如图 2.1 所示）的性质都将是独特的。例如，对于中小企业来说，管理者的个人网络似乎有加速企业前国际化进程的趋势。这些个人网络用于与供应商、分销商和其他国际合作伙伴建立跨境联盟

（Freeman et al.，2006）。

在图 2.1 所示的整个过程中，由于阻碍国际化的某些障碍因素，企业可能随时退出前国际化过程。管理者可能决定"什么都不做"，而这一结果意味着企业会退出前国际化阶段。

2.4 国际化的障碍/风险

可以确定的是，有多种因素在阻碍企业出口业务的顺利开展。某些阻碍因素主要表现在企业的出口开始阶段，其他的因素则在企业出口业务的过程中显现出来。国际化的增量特征（见第 3.2 节的 Uppsala 模型）在很大程度上归因于市场信息的缺乏。这种市场信息的缺乏将强烈影响经理人从母国到东道国的感知心理距离（见第 3 章）。增加企业经理人对国外市场的了解可以减少心理距离。然而，与心理距离相关的信息传递的扭曲暗示了信任发展的必要性。这意味着企业经理人对国外市场的信任在克服挑战，以及在与外国合作伙伴建立关系等方面发挥着至关重要的作用（Khojastehpour and Johns，2015）。

2.4.1 国际化启动的阻碍因素

阻碍企业国际化启动的关键因素（主要是内部因素）如下所示。

（1）财务资源不足。

（2）市场知识不足。

（3）缺乏与国外市场的联系。

（4）缺乏出口承诺。

（5）缺乏资金，无法向国外市场扩张。

（6）缺乏专注于国外市场的生产能力。

（7）缺乏国外分销渠道。

（8）管理层对开发国内市场的重视。

（9）出口制造、分销和融资等方面的支出过高导致成本上升。

潜在国外客户、竞争和国外商业实践等方面信息的缺乏是热衷于出口业务的出口商所面临的关键障碍。获得足够的海外分销和服务代表，确保付款、进口关税和配额，以及了解与国外分销商和客户的交流困难等，同样是出口商们主要关注的问题。此外，非标准出口产品的要求所导致的生产中断也会引起严重的问题。这将增加生产和分销的成本。

菲利斯（Fillis，2002）在对英国和爱尔兰的手工微型企业（员工少于 10 人）的研究中发现，在国内市场拥有足够的业务量是导致企业不出口的主要因素。其他较为重要（高于平均水平）的因素则是企业缺乏对出口信息的有效查询，而这与企业被动的经营方式、复杂的出口手续、出口援助水平低下，以及有限的政府激励等因素有关。韦斯特海德等人的一项研究也支持类似的结果，他们发现，对于小企业来说，"关注本地市场"是它们不出口任何产品的主要原因。

2.4.2 进一步阻碍国际化进程的因素

从企业的角度来看，企业国际化进程中的关键障碍（有时会导致成本大于收益）一般可以分为三类：一般市场风险、商业风险和政治风险。

1. 一般市场风险

一般市场风险包含以下条目。

（1）相对的市场距离：每增加一个外国市场就会产生额外的组织成本，文化和语言的差异也会增加管理者必须收集的信息量，而只有足够的信息量才能使管理者有效地管理和协调整个外国市场。

（2）适应国外市场：企业在国外生产的产品和服务往往与国内市场相同，但即使在这种情况下，在国外生产和销售的成本也比国内要高。它需要修改生产过程和营销组合。

（3）与国外市场的其他企业竞争。

（4）使产品和服务适应当地的情况。

（5）在国外市场很难找到合适的经销商。

（6）国外市场上的产品规格差异。

（7）向海外买家提供复杂的航运服务。

2. 商业风险

以下条目属于商业风险类别。

（1）以外币订立合同时的交易汇率波动。

（2）出口客户因合同纠纷、破产、拒收、欺诈等原因无法付款。

（3）出口发货和分销过程中的延误和/或损坏。

（4）出口融资困难。

3. 政治风险

因母国和东道国政府的干预而产生的政治风险。

（1）外国政府的限制（考虑 2014 年俄乌冲突，导致俄罗斯政府实施进口限制）。

（2）国家出口政策（考虑 2014 年俄乌冲突，导致欧盟抵制某些出口到俄罗斯的产品）。

（3）东道国政府实施的外汇管制限制了外国客户的付款机会。

（4）在克服出口壁垒方面缺乏政府援助。

（5）缺乏对出口企业的税收激励。

（6）国内货币相对于出口市场货币的币值较高。

（7）外国对进口产品征收高额关税。

（8）国外进口法规和程序混乱。

（9）贸易文件的复杂性。

（10）执行管制出口的国家法规。

（11）国内冲突、革命和战争扰乱了国外市场。

这些风险的重要性不应过分强调，出口商可以采取以下各种风险管理策略。

（1）避免向高风险市场出口。

（2）多元化海外市场，确保公司不会过度依赖任何一个市场。

（3）尽可能控制风险——政府计划特别有吸引力。

（4）使出口业务结构化，让买方承担大部分风险。例如，用硬通货定价，并提前索取现金。

在菲利斯的研究中，超过 1/3 的出口工艺公司都表明，只要它们进入出口市场，就会遇到问题。最常见的问题与选择可靠的分销商有关，其次是在推广产品和匹配竞争对手的价格方面会遇到困难。

2.4.3 去国际化

以上解释的障碍有时会非常严重，以致企业的国际化进程可能会朝着与预期不同的方向发展。去国际化是一个由内，外部因素决定的过程，可以被定义为跨国公司转向具有较低国际化存在或竞争力的战略配置的过程（Turner，2012）。企业的内外因素共同决定了去国际化策略的应用,该策略的特点是：在不同阶段实现转换，不管是因为失败的紧急撤退，还是基于在其他市场有获取增长机遇的判断的战略撤退，都是对公司战略方向的重新定位。

例如，基于某些选定的标准，家乐福（世界第六大零售商）一度决定进入许多新的国家。这些标准主要包括市场规模、地理邻近程度和业务兼容性。进入这么多新的国家意味着家乐福会在零售市场上面临着来自宗教、文化和口味等多方面的不同监管。为了恢复盈利能力,家乐福在 2005 年左右决定剥离其欧洲市场之外的非战略性和非盈利资产（Buigues et al.，2015）。

研究人员曾提出疑问，如果国际化的战略并不总是有利可图，那么，企业的国际扩张应保持在何种程度。实证研究（Turner，2012；Buigues et al.，2015）的结果证实了企业的国际化程度存在一个最优点，且国际化程度与企业的投资回报率呈"倒 U 形曲线"关系（见图 2.3）。在公司层面上，这一曲线关系应该应用到更多的国家。国际化会给扩张中的公司带来成本，这就解释了为什么进一步的国际化扩张会对企业盈利能力产生负面影响，以及为什么过度国际化的公司反而会降低其国际化程度。

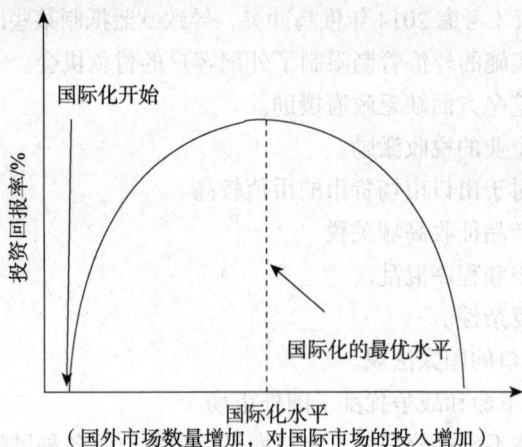

图 2.3 国际化的倒 U 型曲线

图 2.3 显示，从企业国际化过程的某个阶段（"最优"水平）来看，进一步进行国际扩张的成本超过了边际财务收益，从而产生了较低的投资回报率（ROI）。Buigues 等人（2015）的一项研究证实了图 2.3 的形状，该研究表明，当国际化水平低于"最优"水平

时，企业一般会继续其国际扩张。相反，当国际化水平超过最佳水平（通过 ROI 等盈利性指标来衡量）时，大多数公司实际上会降低它们的国际化水平。从管理的角度来看，这意味着管理者应始终密切关注国际化的成本和收益之间的平衡。有关 BT 的去国际化的更深入观点，请参见示例 2.4。

示例 2.4

英国电信（BT）的去国际化

英国电信（British Telecommunications）于 20 世纪 90 年代中期开展其国际化业务。在接下来的几年中，英国电信制定了一项全球战略，力图将自己定位为面向不同国家的跨国公司提供电信服务的领先供应商。然而，近些年来，英国电信在其国际活动方面的百分比增速却有所放缓。1994 年，来自国际活动的收入在其总营业额中的占比不到 1%。2002年，这一数字增长到 11%。而到了 2007 年，英国电信国际业务的收入在其 200 亿英镑总营业额中的占比已经增长到 15%。因此，尽管英国电信整体上从国际活动中获得了营业额的大幅增长，但它在国际化进程中也经历了一些挫折，特别是在国际化开始阶段，如图 2.4 所示。

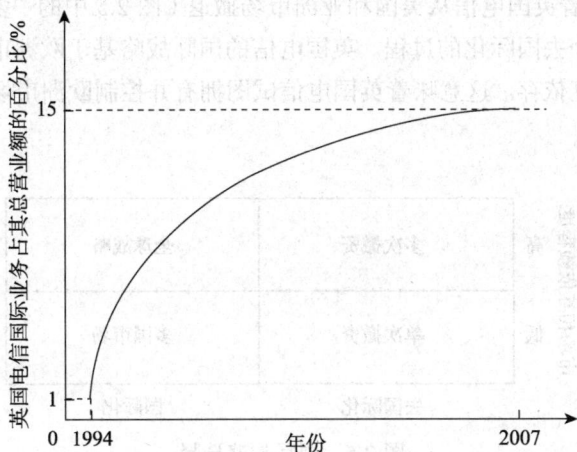

图 2.4 1994—2007 年间英国电信国际化进程图示

来源：Hollensen, S. (2008) Essentials of Global Marketing, FT/Prentice Hall, p. 47. Copyright © Pearson Education Limited.

在国际化进程的开始阶段，英国电信围绕三项指导原则制定了其国际战略。

（1）不要在不确定交通流量的基础上建设自己的基础设施，避免过度投入。

（2）通过进入分销伙伴关系网络和股权合资企业，企业可以快速、可靠地进入目标市场。这一策略涉及的风险相对较低，允许公司与熟悉当地市场情况的合作伙伴共同快速进入市场。

（3）确保该战略为英国电信提供了足够的战略灵活性，使其能够迅速适应不断变化的市场状况。

在 1999 年的鼎盛时期，英国电信拥有 25 家合资企业和 44 家分销合伙企业。在合资企业中，英国电信持有少数股权，并计划随着时间的推移，逐步将该股权升级为控股投资。英国电信通常还会在其分销合作伙伴中入股，以激励它们销售英国电信的产品。

2002 年，英国电信推出了一项新的公司战略，其战略要比之前更具防御性。同时，英国电信在其系列合资企业与伙伴关系方面主要存在以下两个问题。

（1）英国电信需要为不同的合作伙伴提供不同的技能和能力。这使得其在对合作伙伴间的活动进行协调时非常困难。由此，英国电信发现它与其众多的合作伙伴都在一条陡峭的学习曲线上。

（2）在合资企业中仅占少数股份的战略在英国电信有所反弹。此外，合作伙伴几乎没有动力来完全支持英国电信产品的推出，尤其在与自身产品相互竞争的情况下。当英国电信试图增加其在合伙企业中的财务股份时，它发现其他股东也持有完全相同的意图。这导致在合伙企业中的股权增持难以实行。

随后，英国电信从北美洲和亚洲撤资。

来源：改编自 Turner and Gardiner (2007); BT Financial Report (2007)。

英国电信的去国际化策略是受到财务状况的驱动的，在这种情况下，进入市场的高成本加上价格的下降（受电信部门产能过剩的驱动）导致 20 世纪 90 年代整个电信行业的利润下降。 因此，随着英国电信从美国和亚洲市场撤退（图 2.5 中的"多次撤资"），其新的防御策略代表了一个去国际化的过程。英国电信的国际战略基于欧洲市场，且欧洲市场与英国的核心业务相互依存。这意味着英国电信试图拥有并控制欧洲市场内交付机制的所有方面。

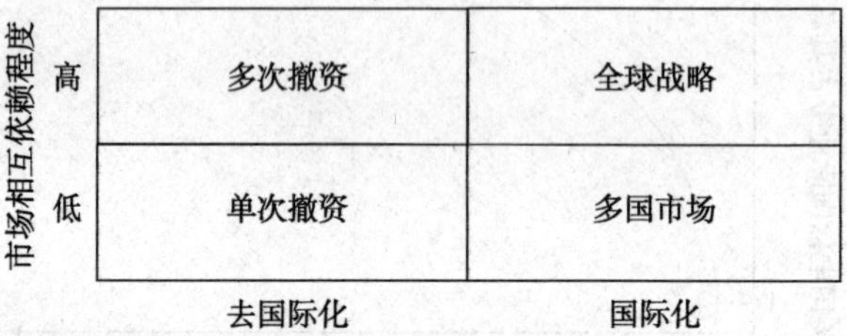

图 2.5 国际战略选择

来源：改编自 Hollensen, S. (2008) Essentials of Global Marketing, FT/Prentice Hall, p. 48. Copyright © Pearson Education Limited。

英国电信的例子表明，企业国际市场营销策略在未来的发展可以实现双向发展。如果一家公司的市场全球化进展顺利，则企业能够进一步利用市场间的相互依存性和协同作用来强化其国际战略（图 2.5 的右上角）。但该案例还表明，在不损害公司全球价值主张的前提下，企业在单个地点进行的资产剥离是不可能孤立发生的。因此，英国电信的去国际化策略也意味着（由于市场的高度依赖）它不得不多次撤出市场。

如果我们谈论的是中小企业（英国电信则不然），即市场之间的相互依存度通常很低。在这种情况下，人们谈论的是如果国际化程度提高，企业就采取进入"多国"市场的策略（图 2.5 的右下角），以及如果国际化程度降低，个体企业就选择退出策略（图 2.5 的左下角）。

2.5 总 结

本章概述了企业前国际化过程。本章以企业国际化的主要动机开篇。这些动机分为主动动机和被动动机。基于公司对开发独特能力或潜在市场的兴趣，主动动机代表了企业试图进行战略变革的内部动机。被动动机指企业对其国内市场或国外市场的压力或威胁作出反应，并因此被动地调整自身行为。

要想实现国际化，公司内外的某个人或物（"触发器"）必须能够发起企业国际化的过程，并全程推动它。为了在国际市场营销中取得成功，企业必须克服出口障碍。有些障碍主要影响企业的出口启动阶段，而有些障碍则会出现在企业的出口过程中。

案例研究 2.1　　案例研究 2.2　　案例研究 2.3

问题讨论

1. 出口动机可以分为被动和主动两种。举例说明每一组出口动机。你会如何优先考虑这些动机?除了这一章提到的，你还能想到别的动机吗?

2. 国际市场营销中的"变革推动者"是什么意思?给出不同类型的变革推动者的例子。

3. 讨论出口过程中最关键的障碍。

4. 海尔国际化过程中最重要的变革动因是什么?

5. 日本企业最重要的出口动机是什么?

参考文献

第 **3** 章

国际化理论

通过学习本章，学生应该能够做到以下几个方面。

- 分析和比较解释公司国际化过程的三种理论：乌普萨拉国际化模型、交易成本理论、网络模型；
- 解释中小企业国际化过程中最重要的决定因素；
- 讨论影响服务国际化的不同因素；
- 解释并讨论网络模型对作为分包商的中小型企业的相关性；
- 解释"天生全球化"一词及其与互联网营销的联系。

3.1 导　论

在第 2 章中对企业开展国际化业务的障碍进行讨论之后，本章将介绍关于国际营销的多种理论途径，并在随后的第 3.2—3.4 节对其中的三种模型进行进一步讨论。

3.1.1　国际化的历史发展

早期，许多关于国际化的文献都受一般营销理论的启发。后来，对企业国际化的讨论则聚焦于如何在出口和外国直接投资（FDI）之间进行选择。在过去的 15～20 年中，人们一直非常关注企业网络中的国际化。在这种网络中，公司不仅与客户，也会与环境中的其他参与者形成不同的关系。

1. 传统的营销方法

潘罗斯等的观点（Penrose, 1959；Prahalad and Hamel, 1990）反映了传统的营销重点是公司的核心竞争力及在国外环境中的机会。

以成本为基础的传统观点认为，企业只有具有"补偿优势"，才能弥补"外国成本"（Kindleberger, 1969；Hymer, 1976）。这使得技术和营销技能成为企业成功进入国外市场的关键要素。

2. 国际贸易的"生命周期"概念

弗农（Vernon，1966）的产品生命周期假说介绍了企业国际化的顺序模式，即企业会首先经历出口阶段，接着转向市场导向型的对外直接投资，然后是成本导向型的对外直接投资。技术和市场因素共同解释了标准化，从而推动了地理位置的决策。

弗农的假设是，发达国家（ACs）的生产商比其他地方的生产商"更接近"市场。因此，这些产品的首批生产设施将设置在发达国家。随着市场需求的增长，产品通常会呈现一定程度的标准化趋势。由大规模生产带来的企业"规模经济"变得越来越重要。同时，企业对生产成本的关注取代了对产品适应性的关注。在使用标准化产品方面，欠发达国家（LDCs）可能会在生产位置方面占据竞争优势。其中的一个例子便是某些消费电子企业将个人计算机、笔记本电脑和智能手机的生产地点从发达国家转移到欠发达国家。

3. 乌普萨拉国际化模型

斯堪的纳维亚"阶段"进入模型表明，渐进进入外国市场是一种连续的模式，同时，对每个市场的承诺是逐步加深的。在乌普萨拉（Uppsala）学派的思想中，增加承诺尤为重要（Johanson and Wiedershem-Paul，1975；Johanson and Vahlne，1977）。乌普萨拉国际化模型指以小幅递增的步伐增加市场承诺，包括进入较小心理距离的市场，选择较少风险的进入模式等。这一模型的主要结果是，随着经验的增长，企业倾向于加强对外国市场的承诺（另见第 3.2 节）。

4. 国际化/交易成本理论

在 20 世纪 70 年代早期，诸如技术许可等国际化的过渡形式并没有引起多数跨国公司的兴趣。巴克利和卡森（Buckley and Casson，1976）扩大了选择范围，并将许可证贸易（生产许可、贸易许可）作为接触海外客户的一种手段。但在他们看来，跨国公司通常更愿意通过直接股权投资来使交易"内部化"，而不是对外国厂商颁发许可证。直到 20 世纪 80 年代中期，合资企业才被明确认为是企业的一种管理选择（Contractor and Lorange，1988；Kougt，1988）。

相比于企业导向（内部化）的解决法案，巴克利和卡森对市场导向（外部化）解决方案的关注凸显了市场准入许可的战略意义。国际化涉及两个相互依赖的决策——控制地点和控制方式。

内部化视角与交易成本（TC）理论密切相关（Williamson，1975）。内部化理论的典型问题是，在决定进入外国市场时，企业是以在自己边界内的内部化（子公司）方式，还是以与外部伙伴的某种合作形式（外部化）。内部化理论和交易成本理论都关注交易成本最小化和市场失灵的影响因素。交易成本理论的目的是分析交易的特征，确定最有效的（即交易成本最小化）管理模式。内部化理论可以看作是跨国公司的交易成本理论（Rugman，1986；Madhok，1998）。

5. 邓宁的国际生产折中理论

邓宁（Dunning，1988）在他的"所有权—区位—内部化"的国际生产折中框架（OLI）中讨论了位置变量在外国投资决策中的重要性。"折中"一词表示这样一种观念，即对公司的跨国活动的完整解释需要借鉴几条经济理论。邓宁认为，企业要想增加从事国际生产的可能性，就需满足以下三个条件。

（1）所有权优势。公司在国外直接拥有生产设施，具备更大的所有权优势，这些"优势"包括对各种无形资产的拥有，如专有技术。

（2）区位优势。公司在国外市场直接使用当地的资产禀赋，如劳动、能源、材料、部件、运输和通信渠道等要素必须是有利可图的，否则，公司只能以出口服务于国外市场。

（3）内部化优势。相比于向国外出口或授予外国公司使用权，企业利用自身优势必须更具备盈利能力。

6. 网络理论

网络理论的基本假设是，国际企业不是一个孤立经营者，它与国际环境中的其他经营者相联系，其所需的资源由其他企业所控制，其在国内网络中的关系与在其他国家中的网络关系相连接（Johanson and Mattson，1988）。

在以下三个章节（第3.2—3.4节）中，我们将集中讨论本节介绍的三种理论。

3.1.2 文化距离和心理距离的差异

文化距离（在第7章中讨论）涉及一个国家宏观层面的文化，指一个国家的现实文化价值观与另一个国家的文化价值观的差异程度，是国家间的"距离"。

心理距离（正如本文中所用到的，如在图3.1的地理范围内）可以被定义为经理个人对国内外市场差异的感知，这是对现实的高度主观性解释。心理距离是经理个人对两个国际市场间"距离"的看法和理解，而"文化距离"则侧重于国家层面的分析（Avloniti and Filippaios，2014）。因此，心理距离不能仅用客观指标来衡量，如公开获得的有关教育水平、宗教、语言等方面的统计数据。索萨和拉吉斯（Sousa and Lages，2011）建议，"心理距离"的定义应包含"距离"的两个维度。

（1）国家特征距离：经济发展水平、通信基础设施、营销结构、技术要求、市场竞争力和法律法规。

（2）人际特征距离：人均收入，客户的购买力，客户的生活方式和喜好，教育水平，语言和文化价值（信念、态度和传统）。

通过在个体层面的不同维度评估心理距离，企业可以采取适当的措施来减少经理人对国外市场的心理距离（Sousa and Bradley，2005，2006）。我们希望经理对国外市场心理距离的感知将对国际营销组合中不同要素的适应性/标准化程度产生影响。具体来说，我们希望两个市场间的心理距离越远，企业所需要的国际营销组合（产品、价格、分销和促销）的适应性调整越强。

3.2 乌普萨拉国际化模型

3.2.1 阶段模型

20世纪70年代，乌普萨拉大学的许多瑞典研究人员（Johanson and wiedershem - paul，1975；Johanson and Vahlne，1977）集中于探究企业的国际化进程。他们研究了瑞典制造行业公司的国际化过程，建立了制造公司走出国时的市场选择和进入方式的模型。他们的工作受到了阿哈罗尼（Aharoni，1966）的开创性研究的影响。

带着这些基本假设，乌普萨拉的研究人员解释了他们在瑞典制造企业中所观察到的国际化过程的模式。他们首先注意到，企业一开始可能会在地理位置相对较近的海外市场开展业务，而对于相对遥远的海外市场，则采取逐步渗透的进入方式。其次，企业似乎是通过出口来进入新市场。很少有公司会通过自己的销售机构或制造子公司来进入新市场。只有在向同一市场出口数年后，企业才会成立全资或控股子公司。

约翰逊和维德斯海姆·保罗（Johanson and Wiedersheim-Paul，1975）对进入国际市场的四种不同模式进行了区分，其中，连续的阶段代表了更高程度的国际参与/市场承诺。

（1）阶段1：无常规出口活动（零星出口）。

（2）阶段2：通过独立代表进行出口（出口模式）。

（3）阶段3：建立国外销售子公司。

（4）阶段4：国外生产/制造单位。

最初，公司国际化进程逐步发展的假设得到了来自四家瑞典公司的案例研究的支持。阶段的顺序仅限于特定的国家市场。市场承诺维度如图 3.1 所示。

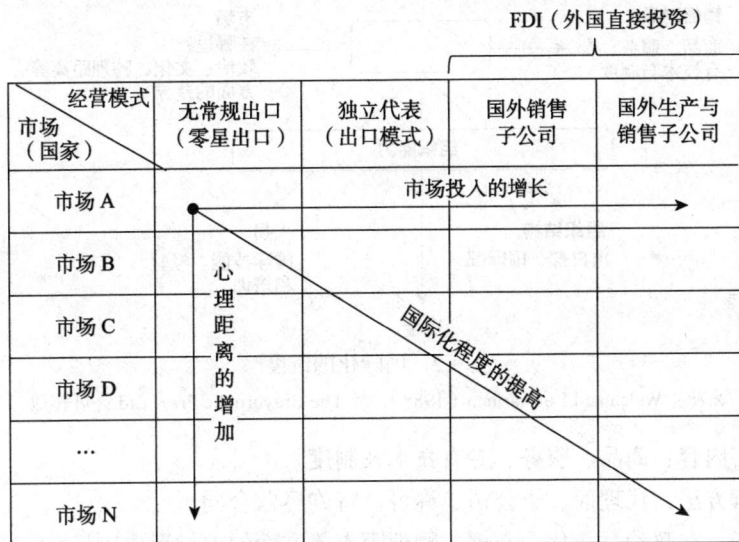

图 3.1　企业的国际化：一个渐进式（有机式）过程
来源：改编自 Forsgren 和 Johanson（1975，p. 16）

市场承诺的概念包含两个因素：承诺的资源数量和承诺的程度。资源的数量可以按照市场投资的规模（营销、组织、人员等）进行操作，而承诺的程度则指寻找该资源的替代用途，并将其转移到其他用途上的困难程度。

国际活动既需要一般知识，也需要特定市场的知识。特定市场的知识主要通过市场经验获得，而有关业务的知识则可以从一个国家转移到另一个国家。因此，业务知识的转移将有助于图 3.1 所示的地域多样化。有关市场知识和市场承诺之间的直接关系可以做出如下假定：知识是人力资源的一个维度。因此，企业对市场的了解越多，所掌握的资源就越有价值，其对市场的投入也就越强。

图 3.1 暗示了，在市场承诺维度和地理维度上所作出的增加市场承诺，通常是以循序渐进的方式实现的。但是，有三种情况例外。首先，拥有大量资源的公司所承担的承诺后果很小，因此，可以采取更大的国际化步骤。其次，当市场条件稳定且同质时，企业可以通过经验之外的其他方式获得相关的市场知识。最后，当公司在类似的市场中拥有丰富的经验时，它们可以将这种经验推广到任意特定的市场中（Johanson and Vahlne，1990）。

图 3.1 的地理维度表明，随着企业不断进入新市场，心理距离会越来越大。心理距离是根据企业经理个体对两国间在语言、文化和政治制度等方面的差异理解程度而被定义的。这些差异会干扰企业与市场间的信息流通。因此，公司会选择进入最容易理解的市场来开展其国际化业务。它们在那里看到了机会，并认识到市场的不确定性很低（Brewer，2007）。

最初的阶段模型已经由韦尔奇和卢斯塔里宁（Welch and Loustarinen，1988）进行了扩展，他们从国际化的六个维度开始具体操作（见图 3.2）。

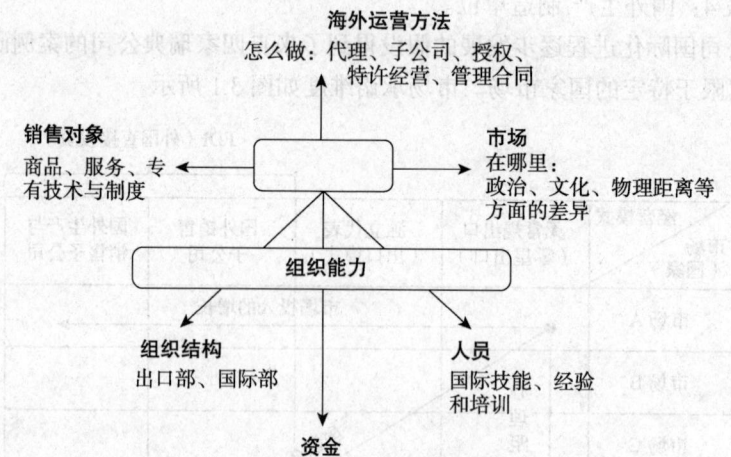

图 3.2 国际化的维度

来源：Welch and Loustarinen（1988）。经 The Braybrooke Press Ltd.许可转载

（1）销售内容：商品、服务、专有技术及制度。

（2）运营方法：代理商、子公司、许可、特许经营合同。

（3）市场：在政治、文化、心理、物理距离等方面的差异形成市场。

（4）组织结构：出口部、国际部。

（5）资金：可用于支持国际活动的国际资金来源。

（6）人员：国际技能、经验和培训。

在图 3.2 中的六个维度中，其中的三个维度（4、5 和 6）与内部资源基础观相近，这也与最近使用以下六个维度的国际化原型的分类一致（Cerrati et al.，2015）。

（1）从需求方面进行国际化（国外销售额与总销售额之比）。

（2）国外资源（国外资源的数量）。

（3）地域范围（公司经营所在的国家或地区的数量）。

（4）国际导向（具有国际工作经验的管理人员的百分比）。

（5）业务网络（通过外部代理商/分销商的海外销售比例对比通过自己子公司的海外

销售比例——对外直接投资）。

（6）金融国际化（外资持股比例）。

乌普萨拉模型的基本假设是企业国际化是一个缓慢、耗时且反复的过程。有学者在（Vahlne et al., 2011）在有关沃尔沃重型卡车业务的案例研究中证实了这一点。他们得出的结论是，当行业高度复杂且充满不确定性时，过快和过于大胆的国际化决策会使企业面临真正失败的风险，并有可能带来巨大的负面影响。沃尔沃重型卡车业务的全球化过程表明，企业在国际市场中不断学习具有重要作用，而且，企业还需要创建新的结构、系统和关系。这意味着管理层必须接受公司的全球化进程可能会放缓的事实，以允许企业能够进行学习和调整。

3.2.2 对原始乌普萨拉模型的批评观点

不少学者都对乌普萨拉模型提出了批评，其中一种观点认为该模型过于确定性（Reid, 1983；Turnbull, 1987）。

也有人认为该模型没有考虑不同国家市场间的相互依赖性（Johanson and Mattson, 1986）。如果一家公司将不同国家的市场视为相互依赖的，而不是将它们视为完全独立的实体，那么，该公司的国际化程度可能会更高。

研究表明，国际化过程模型并不适用于服务业。对瑞典技术顾问（典型的服务行业）所进行的国际化研究已经表明，过程模型所暗示的外国承诺的累积强化是不存在的（Sharma and Johanson, 1987）。

最近，某些行业的新进入者的国际化进程变得更加引人注目，这一事实支持了对乌普萨拉模型的批评观点。在开展国际业务的过程中，企业似乎倾向于跨越式发展，即在国际化早期阶段便进入心理距离"遥远"的海外市场，国际化进程的步伐似乎在总体上已经加快。

努德斯特伦（Nordström, 1990）的研究结果似乎证实了这一论点。与瑞典的邻国相比，英国、德国和美国已成为瑞典公司最先建立销售子公司的目标。

这种跨越式发展趋势不仅涉及进入遥远的市场，我们还可以预期，公司会跳过一些过渡进入模式（在国外经营的方式），以便从序贯模式转变为更直接地进行国外投资（图 3.3）。

在 1 号市场中，企业遵循主流的演化模式，而在 6 号市场中，企业借鉴了以往市场中不同的经营方式，因此选择了跨越式发展，直接向外商投资。

另一些人则声称，乌普萨拉模式在高度国际化的公司和行业是无效的。在这些

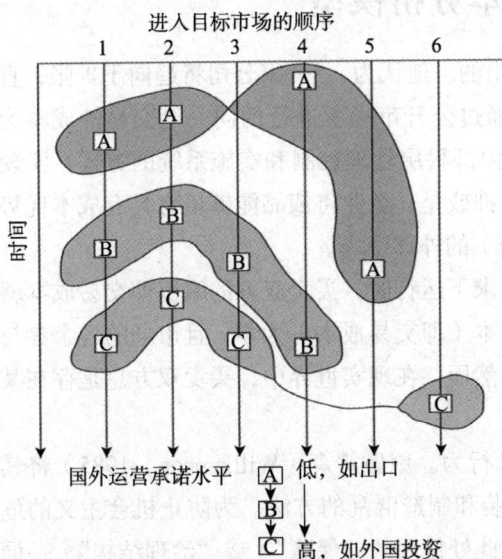

图 3.3 目标国家模式汇总的国际化模式

来源：Welch and Loustarinen（1988）。

经 The Braybrooke Press Ltd. 许可转载。

情况下，竞争力量和因素超越了心理距离，成为企业国际化进程的主要解释因素。此外，如果交易的知识可以从一个国家转移到另一个国家，那么，具有广泛的国际经验的公司很可能认为它与一个新的国家市场的心理距离要比它与一个几乎没有国际经验的公司的心理距离要短。

诺德斯特姆（Nordström，1990）认为，世界变得更加同质化，因此心理距离在缩短。公司能够更快、更容易地获得国外经营业务的知识，不再需要通过缓慢的、渐进的试错过程在内部建立知识。有几个因素促成了这一点。如世界各地的大学、商学院和管理培训中心越来越重视国际商务。

更重要的是，世界贸易和外国直接投资的近乎持续增长使具有国外经商经验的绝对人数在不断增加。因此，企业雇佣具备所需经验和知识的人员，而不是在内部开发这些人员。

无论是从绝对性能来看，还是不断降低的性价比来看，信息技术的惊人发展都使企业更容易熟悉国外市场，从而使跨越式战略更加切合实际（参见 3.5 节有关基于互联网的天生全球性）。

尽管存在批评，但乌普萨拉模型在对广泛的国家和情境的研究中得到了强有力的支持。实证研究证实，承诺和经验是解释国际商业行为的重要因素（Cumberland，2006）。特别是，该模型在出口行为方面得到了强有力的支持，文化距离的相关性也得到了证实。

在最近的一篇文章中，约翰逊和瓦尔恩（Johanson and Vahlne，2009）在获得关于公司国际化的新发现时，进一步更新了他们的模型。在这一新的模型中，他们更加强调网络（Johanson and Mattson，1988）和国际化进程中的机会识别。他们认为公司的问题和机会不再是熟悉某些出口国家的问题，而是与关系和网络有关。他们认识到，新的知识主要是在人际关系中发展起来，而不是在特定的国际市场中。

3.3 交易成本分析模型

该模型的基础是科斯（Coase，1937）提出的。他认为，"一家公司将趋向于扩张，直到在该公司内部增加的一笔交易的成本等于通过公开市场所进行的同一笔交易的成本为止"。这是一种理论，它预测企业将通过建立内部科层管理控制和实施系统的方式，实现在企业内部以较低成本执行业务活动的目的，抑或是，企业将依靠能够培育具有成本优势的独立参与者（如出口中介、代理商或分销商）的外部市场。

当市场无法在完全竞争（"无摩擦"）的要求下运行时，买卖双方的摩擦即交易成本就产生了。在完全竞争的条件下，市场运作的成本（即交易成本）为零，且市场的各个参与者几乎没有任何动机来干预自由市场的交换。然而，在现实世界中，买卖双方总是存在某种"摩擦"，从而产生交易成本（见图 3.4）。

买卖双方的摩擦通常可以解释为机会主义行为。威廉姆森（Williamson，1985）将其定义为"谋取私利"。它包括误导、歪曲、伪装和制造混乱的方法。为防止机会主义的危害，当事方可采用各种保障措施或治理结构。此处使用的"保障"（或"治理结构"）一词可以定义为一种控制机制，其目的是引起交易者之间的公平感。保障措施的目的是以最小的成本为交易双方提供必要的控制和"信任"，以使其相信参与交易能改善其经济状况。

最明显的保障措施是法律合同，该合同规定了各方的义务，并允许交易者前往第三方（即法院）制裁机会主义贸易伙伴。

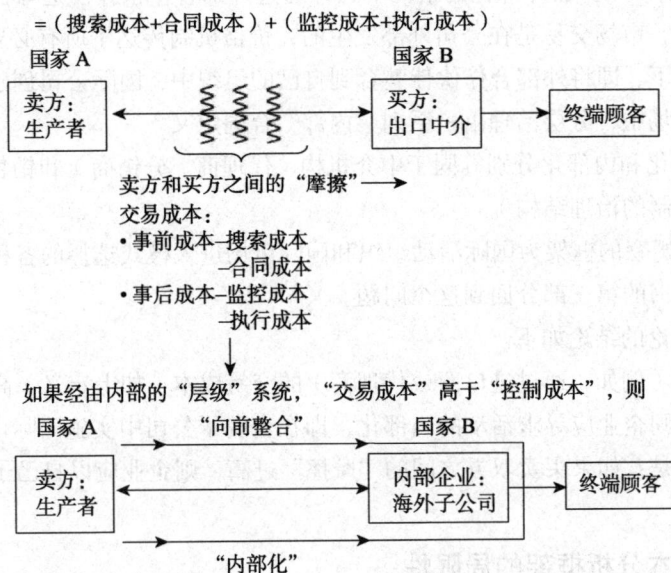

=（搜索成本+合同成本）+（监控成本+执行成本）

图 3.4　交易成本分析模型的原则

交易成本分析（TCA）框架认为，成本最小化可以解释结构性决策。公司的内部化即组织层级和相关业务的垂直整合能够降低交易成本。根据买卖双方的交易关系，交易成本可以分为多种成本形式。

交易成本 = 事前成本 + 事后成本 =（搜索成本 + 合同成本）+（监控成本 + 执行成本）

1. 事前成本

（1）搜索成本包括收集信息以识别和评估潜在的出口中介商的成本。虽然这样的成本可能让许多出口商无法承受，但企业对国外市场的了解对其出口业务的成功至关重要。对于遥不可及的陌生市场而言，搜索成本特别高（如英国到中国的出口），因为这些目标市场可能缺乏可用的（已发布的）市场信息，且企业的组织形式也与国内不同。相比之下，对附近、熟悉市场的搜索成本可能更易让企业接受（如从英国到德国的出口）。

（2）合同成本指与卖方（生产者）和买方（出口中介）之间进行谈判和签订协议有关的成本。

2. 事后成本

（1）监控成本指与监控协议相关的成本，目的在于确保买卖双方履行预定的义务。

（2）执行成本是一种与制裁措施相关的成本，旨在制裁未切实履行协议的贸易伙伴。

交易成本理论的基本假设是，企业在进行交易时会努力使成本要素的组合最小化。因此，当考虑组织出口职能的最有效形式时，交易成本理论建议企业选择使事前和事后成本之和最小的解决方案。

威廉姆森（1975）基于交易成本的假设，以及进行交易的不同形式的治理结构得出了自己的分析结果。威廉姆森在他的原始著作中指出了治理市场的两个主要选择：外部化和内部化（"科层结构"）。在外部化的情况下，即通过外部合作伙伴（进口商、代理商、分销商）开展业务，市场交易是在公司外部发生的，价格机制传达了所有必要的治理信息。在内部化的情况下，即将外部合作伙伴整合到自己的组织中，国际公司创建了一种内部市场，在该内部市场中，分层治理由一系列"内部"合同定义。

交易的外部化和内部化分别等同于中介机构（代理商、分销商）和销售子公司（或其他涉及所有权控制的治理结构）。

这样，威廉姆森的框架为国际活动组织和国际市场进入模式选择的各种研究提供了基础。我们将在本书的第三部分回到这个问题。

交易成本理论的结论如下。

如果外部化（例如，通过进口商或代理商）的交易成本（如上定义）高于内部层级系统的控制成本，则企业应寻求活动的内部化，即在全资子公司中实施国际市场营销策略。或更一般的解释是：如果买卖双方之间的"摩擦"过高，则企业应以自己子公司的形式进行内部化。

3. 交易成本分析框架的局限性

（1）对人性的狭隘假设

戈沙尔和莫兰（Ghoshal and Moran，1996）批评威廉姆森的原始著作对人性的假设过于狭隘（机会主义及其对经济目标的狭义解释）。他们还想知道，为什么该理论的主流发展仍能够不受诸如威廉·大内（Ouchi，1980）所提出的关于社会控制等重要见解的丝毫影响。大内指出了市场和等级制度之间所存在的中间形式（如同盟）的重要性，其中，治理是基于双赢的局面（与零和博弈的局面相反）。

有时，企业甚至可以采取将自身转变为合作伙伴的方式，建立与外部代理商、分销商的信任关系。如此，公司将避免对全球子公司进行大量投资。

（2）排除了"内部"交易费用

即使假设跨国公司内部的摩擦为零，交易成本分析框架似乎也忽略了"内部"交易成本。可以想象，当企业必须确定内部转让价格时，公司总部与其销售子公司之间会发生严重的摩擦（导致交易成本）。

（3）"中间形式"对中小企业的重要性

人们也可以质疑交易成本分析框架与中小企业国际化进程的相关性（Christensen and Lindmark，1993）。缺乏资源和知识是中小企业将其业务活动外部化的主要驱动力。但是，由于市场的使用常常引起契约问题，所以，市场在许多情况下并不能真正替代中小企业的等级制度。相反，中小企业必须依靠中间形式的治理，例如，契约关系和基于投资、技能和信任的互助导向所建立的类似同盟的关系。因此，中小企业往往高度依赖现有的合作环境。这种方法将在第3.4节网络模型中进行介绍和讨论。

（4）生产成本的重要性被低估

可以说，交易成本的重要性被高估了，而生产成本的重要性却没有被考虑进去。生产成本是在企业价值链中执行特定任务/功能的成本，如研发成本、制造成本和营销成本。威廉姆森（1985）认为，最有效的国际化模式应是能将生产成本和交易成本的总和最小化的模式。

3.4　网络模型

商业网络是处理商业活动的一种模式，这些商业活动往往在多个商业参与者相互依存中展开。各个参与者是自主的，通过关系相互联系，这种关系是灵活的，可能会随着环境的快速变化而相应地改变，将关系维系在一起的"黏合剂"是基于技术、经济、法律，尤其是个人的关系。如我们所见，在商业领域中处理或管理相互依存关系的其他模式正是市场和组织的层级结构。

在参与者间形成的关系方面，网络模型不同于市场。在市场模型中，参与者之间没有特定的关系，各参与方之间的相互依赖性通过市场价格机制进行调节。相反，在商业网络中，参与者通过交换关系而彼此相连，各方的需求和能力通过彼此间的交互作用达成一致。在网络模型中，一家公司在国内网络中的关系与其他国家的网络相连接。

产业网络与层级结构的不同之处在于参与者具有自主权，参与者之间的彼此依赖关系可以通过双边方式进行处理，而不是通过更高级别的协调单位来实现。层级结构是从上到下作为一个单位进行组织和控制的，然而，商业网络是通过每个参与者与网络中其他参与者构建交换关系的意愿来组织的。网络的耦合比层次结构更松散，因此，它们能更容易地改变形状。网络中的任何行动者都可以参与新的关系或打破旧的关系，从而改变其结构。因此，商业网络可以更灵活地响应动荡商业领域的变化情况，如那些技术变化非常迅速的领域。

可以得出结论，商业网络将出现在特定参与者之间的协调可以带来巨大收益，以及市场条件在迅速变化的某些领域中。因此，网络途径意味着商业领域主要研究对象的转移，即以企业为分析单位向企业间、企业集团与其他企业集团之间交流的转移。但是，这也意味着从交易向更持久的交换关系转变，这种交换关系建构了开展、升级国际业务的结构。

显然，商业关系及相应的产业网络都是微妙的现象，如潜在的市场进入者等局外人不容易观察到。参与者通过技术、社会、认知、行政、法律和经济等多方面的纽带相互联系。

网络模型的一个基本假设是，单个企业依赖于其他企业控制的资源。这些企业通过它们的网络位置获得这些外部资源。由于地位的发展需要时间并依赖于资源积累，企业必须在国外网络中建立和发展相对优势的地位。

从外部进入一个网络需要其他参与者参与互动，这是需要投入资源的，且可能需要几家公司在其执行业务的方式上做出调整。因此，企业对外国市场或外部网络的进入，很可能是特定国家网络内部的其他企业采取的互动行为的结果。不管怎样，借助国内同一网络的成员进入国外网络的可能性要大得多。

一个国家的网络很可能远远超出国界。关于企业的国际化，网络观点认为，国际化的企业最初参与的主要是国内市场的网络。

企业在国内网络中的关系可以用作与其他海外国家网络的连接桥梁。在某些情况下，如果供应商希望继续在国内维持其业务，那么，客户会要求供应商在国外开展相同业务。

国际网络的示例如图 3.5 所示。它显示一个子供应商在 B 国设立了一家子公司。在这里，生产子公司由子供应商的当地公司提供服务。E 国和 F 国，以及 C 国部分市场的产品，都来自 B 国的生产子公司。通常可以假定企业和不同国家的网络之间存在直接或间接的连接桥梁。而无论是最初在国外开展业务的阶段，还是在随后的新市场进入阶段，这种桥梁都非常重要。

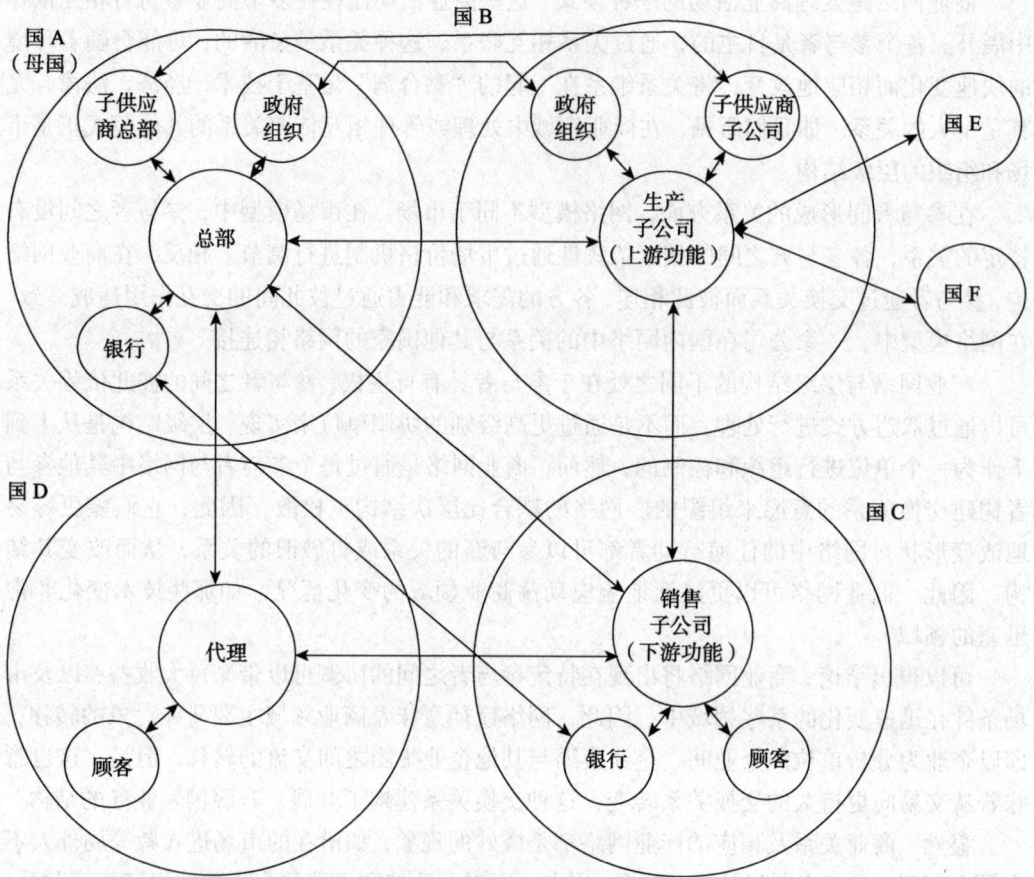

图 3.5　国际网络的示例

在一个网络中，关系的特征部分取决于所涉及的公司。这在技术、经济和法律关系方面尤为如此。然而，从某种更重要的角度来说，这种关系是在具备业务联系的人们之间形成的，社会和认知关系便是如此。行业与国家在塑造企业和个人关系的相对重要性方面可能有所不同。但可以预见，在关系的早期建立阶段，个人对关系的影响最大。而在关系形成的后期，惯例和制度将变得更加重要。

当进入一个网络时，企业的国际化进程往往会进行得更快。特别是，高科技行业的中小企业往往直接进入较远的市场，并更快地设立它们的子公司。其中一个原因似乎是，这些公司背后的企业家们拥有处理新技术的同事网络。在这种情况下，国际化就是对该网络所构成的优势的一种利用。

3.5 天生全球化

近年来，研究发现，越来越多的企业在其国际化进程中并没有遵循传统的阶段模式。相比之下，它们从一开始就瞄准国际市场，甚至可能是全球市场。

天生全球化可以被定义为"企业从一开始就追求全球化的愿景，并迅速执行全球化的行动方案，而没有经历任何长期的国内或国际化阶段"（Oviatt and McDougall，1994；Gabrielsson and Kirpalani，2004）。

天生全球化呈现了一个有趣的例子，即公司在时间和空间均被压缩的条件下进行运作，使它们能够从创立的那一刻起就以全球地理范围作为自己的假定市场。这种"时空压缩"现象（Harvey，1996）意味着，企业的国际化跨境过程可以被缩减，甚至可以被压缩为"此时此地"的贸易和全球信息交换体系，当然，前提是那些可用的基础设施、通信和信息技术设备，包括技术人员全部到位。全球金融市场便是这一现象的一个很好的例子（Törnroos，2002）。

奥维亚特和麦克杜格尔（Oviatt and McDougall，1994）将天生全球化企业（或称国际新兴企业）划分为四个不同的类别，具体取决于执行的价值链活动的数量和所涉及的国家/地区的数量。例如，他们将"出口/进口初创企业"与"全球初创企业"区分开来，后者与前者不同，后者涉及在许多国家/地区进行一体化的多种活动。

示例 3.1

韩流——一种享誉世界的天生全球化现象

韩国在 21 世纪已崛起，成为流行文化的主要出口国。这股浪潮对韩国经济产生了相当大的影响，同时也对韩国的政治和文化产生了影响。

韩流（K-pop）起源于韩国的一种音乐流派，包括舞蹈、电子流行乐、嘻哈和 R&B 音乐。这个词通常用来指韩国青少年流行乐队演唱的歌曲。

许多韩流音乐视频都有丰富多彩的视觉效果和朗朗上口的节奏。舞蹈是韩国流行音乐不可或缺的一部分。当多个歌手组合在一起时，经常会在唱歌和跳舞时切换他们的位置，同时做出同步的快速动作。韩流音乐也因其年轻迷人的男团和女团成员而受到认可。然而，一些批评人士认为，韩国女子团体招募成员时更看重的是她们的外表，这导致这些成员随后会接受整容手术。

大多数韩流组合都由少数几家娱乐公司拥有。为保证新人成功，这些经纪公司（如代表女团 Red Velvet 的 SM 娱乐公司）会全额资助并监督团队成员的职业生活和事业，同时投入大量资源来培训和组建一个新团队。在韩流音乐中，最大的代理商（唱片公司）是 SM 娱乐公司、YG 娱乐公司和 JYP 娱乐公司。

韩国娱乐公司已经制定了一套培训歌手和舞蹈演员的程序。在很多情况下，潜在的群体成员在 10 岁时就会进入这个系统，并在严格的规定下一起住在一个房子里。他们白天上学，晚上参加唱歌和舞蹈课。

最大的制作公司 SM 娱乐（成立于 1995 年）仅 2018 年的海外收入就达到 1.5 亿美元，

高于 2014 年的 1 亿美元。

自 2000 年中期以来，社交媒体网络（如脸书）的崛起让韩流音乐有机会接触到以前无法触及的受众。而且，借助互联网和智能手机的力量，这一现象以前所未有的速度迅速传播开来。韩流迅速将韩国流行音乐传播到了欧洲、亚洲和非洲。

2012 年，韩国说唱歌手鸟叔（PSY）的音乐视频《江南 Style》就是一例。这段音乐视频在全球走红，是 YouTube 上第一个点击量达到 10 亿次的视频。这首单曲在英国和美国都位居榜首。

为什么韩流音乐团体和艺人能够如此迅速地走向国际？韩国是一个相对较小的音乐市场，这意味着音乐制作人（经纪公司）有额外的动机去海外寻找利润。韩国主要的流行音乐制作需要大量的投资，它不能仅靠国内的利润生存。例如，许多韩流乐队录制了韩语、日语、中文和英文版本的歌曲，这表明这些乐队愿意适应其他文化，以扩大自己的吸引力。

Red Velvet 是适应其他文化的一个典型例子，它成立于 2014 年，并在 2018 年 2 月被《时代》杂志评为最佳韩流音乐组合之一。Red Velvet 因其品牌认可度和营销能力而获得认可，已连续三个月蝉联韩国企业声誉研究所发布的"女子组合品牌力排行榜"冠军。

Red Velvet 于 2018 年 4 月 1 日在朝鲜平壤举行演出，这使其成为有史以来在朝鲜表演的第五个偶像组合。此外，Red Velvet 于 2018 年在韩国、泰国、新加坡、日本、美国、加拿大等多个国家及中国台湾地区进行巡回演出。

来源：基于 www.smentertainment 和其他的公共资源。

天生全球化的企业以中小企业居多，它们的雇员通常少于 500 人，年销售额低于 1 亿美元，且在相对独特的产品或工艺创新的开发中依赖尖端技术。然而，天生全球化企业最显著的特点是它们往往由富有远见的企业家掌舵，这些企业家从公司成立之初就把世界视为一个单一的、无边界的市场。而且，这些以技术为导向的小型公司从成立之初就开始在国际市场上运作，现在，越来越多的证据表明，在许多发达国家都出现了天生全球化企业。

最近，有人提出了重生全球化公司的概念，即那些先前专注于其国内市场却突然拥抱快速而专注国际化的老牌公司（Bell et al., 2001）。国际化可能是某些重大事件的结果，如所有权和管理权变更，即企业被另一家公司收购或进行客户跟随。在客户跟随的过程中，国内客户以跟随其主要客户到国外市场的方式来实现其业务国际化。所有权的变化可以吸引关注国际市场的新决策者。此次收购可以帮助公司获得更多的财务资源、管理能力、国际市场知识，以及接管公司的现有网络（Kontinen and Ojala, 2012）。

此外，似乎存在真正的天生全球化企业，它们同时关注短距离和长距离市场，以及貌似天生全球化企业，它们实际上是天生的国际化企业，它们主要关注近距离市场（Kuivalainen et al., 2007）。原生区域性企业在很早就开始国际活动，并占有相当大的国际份额，但其国际活动仅在本国所在的区域内进行，如欧洲、亚洲或南美洲（Lopez et al., 2009）。

3.5.1 基于网络的天生全球化企业正在出现

对天生全球化企业有利的一个非常重要的趋势是通信技术的最新发展，它加快了信息流动的速度。垂直整合的大型公司的时代已经一去不复返了。那时，信息流动昂贵，而且需要相当长的时间才能共享。随着互联网、电子邮件和其他通信工具（如智能手机、平板电脑和其他计算机支持技术等）的发明，即使是小公司的经理也能有效地管理跨国业务。现在，每个人都能方便、快捷地获得信息。一切都变得越来越小、越来越快，信息也能够遍及全球更多的人，更多的地方。

互联网革命为许多新兴的中小企业提供了发展机遇，即它们可以开发电子商务网站，从而建立全球的销售平台。如今，许多新兴的公司和小型公司都是全球性公司，因为它们是互联网上的"初创企业"，并通过一个集中的电子商务网站向全球受众出售其产品。一项针对天生全球化企业对国际销售渠道使用方式的研究表明，天生全球化企业能够相对较快地采用基于互联网的销售渠道（Gabrielsson and Gabrielsson，2011）。但是，其中一些公司不仅依赖基于互联网的渠道，而且还使用常规渠道和互联网的组合渠道。例如，在混合销售渠道的情况下，渠道功能在生产者和中间商之间共享，双方使用互联网来整合其活动。客户和销售代表可能是通过基于互联网的促销活动产生的，但是现实中的产品实现（库存处理、分销控制和其他转售/零售功能）是"实体"中介的责任。

为了避免渠道冲突，企业必须谨慎处理混合销售渠道。

3.5.2　天生全球化企业正在挑战传统理论

天生全球化企业可能类似于"后起之秀"或"一枝独秀"（Johanson and Mattson，1988）。在后一种情况下，环境和企业都是高度国际化的。约翰逊和马特森（Johanson and Mattson，1988）指出，在国际化的市场条件下，企业的国际化进程会快得多，原因之一是企业进行跨国协调与整合的需求很高。由于相关的合作伙伴/分销商往往会占据邻近的市场，因此，公司在市场选择上不一定要遵循"水圈"（rings in the water）的方法。同样，其"组织链"不必遵循传统的路径，因为战略联盟、合资企业等形式更为普遍，公司寻求具有补充技能和资源的合作伙伴。换句话说，在国际化市场中，企业的国际化进程将更加个性化和情境化。

许多行业以采购活动的全球化和业务网络的跨境化为特征。结果是，创新产品可以非常迅速地传播到世界各地的新市场，因为购买者的需求和想法越来越趋同。因此，分包商的国际进程可能会非常不同，并且与阶段模型的观点存在差异。换句话说，新的市场条件使公司能够很快地进入许多市场。最后，金融市场也已经国际化，这意味着企业家可以在世界各地寻找金融资源。

卡乌斯吉尔和奈特（Cavusgil and Knight，2015）得出的结论是，天生全球化企业往往是由发起第一次出口销售的变革推动者（创始人和员工）驱动的。可以说，决策者（创始人）的背景对企业所遵循的国际化路径有很大影响（Freeman and Cavusgil，2007；Hagen and Zuchella，2014）。市场知识，企业家的个人关系网，以及从先前的职业、关系和教育中获得的国际联系和经验等，都是其在公司成立之前便获得的国际技能。教育背景、海外生活经历、其他国际工作经历等因素共同塑造了创始人的心智，并显著缩短了其与特定产品市场的心理距离；创始人之前的经验和知识扩展了企业的跨境网络，为新的商业投资开辟了可能性（Madsen and Servais，1997）。

天生全球化企业通常会借助一个特定的网络来管理其销售和营销活动，在这个网络中，它们寻找能补充它们自身能力的合作伙伴。这对资源有限的企业来说是必要的。

在许多方面，缓慢的有机过程（乌普萨拉国际化模型）和加速的天生全球化路径是相反的，就像在一个光谱的两个极端（见图 3.6）。它们往往代表着单打独斗的选择（有机路径），而天生全球化路径则是基于不同类型的合作关系或伙伴关系，目的是促进企业的快速发展和国际化进程。

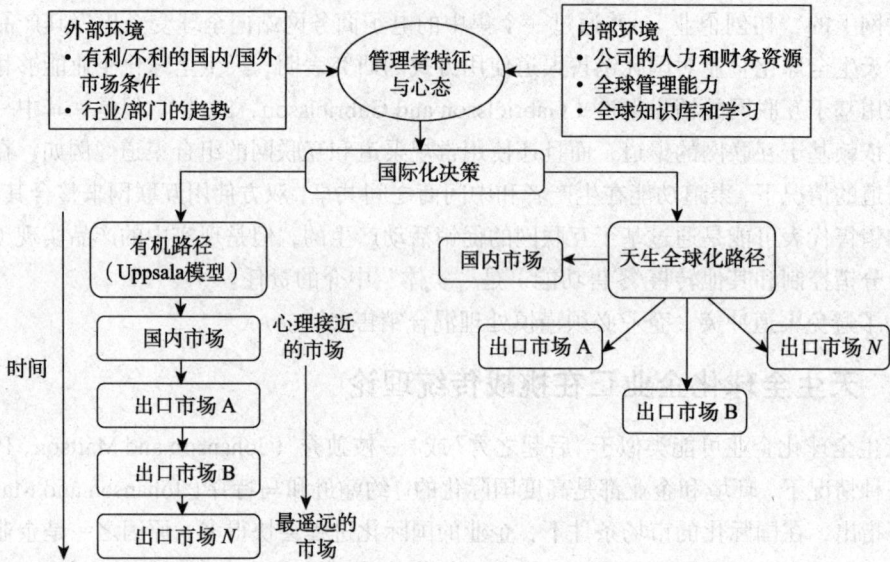

图 3.6　国际化的两个极端路径：有机路径和天生全球化路径

来源：改编自 Âijö 等，2005，p、6.

尽管路径的时间框架和先决条件有所不同，但所有模型都有一些共同的特征。国际化被认为是一个知识、学习和承诺相结合的过程，即使它是快速的。过去的知识和经验有助于公司当前的知识（Johanson and Martín，2015）。以天生全球化路径为目标的公司没有时间像有机路径那样（在公司内部）开发这些技能（选择有机路径的企业需要事先拥有这些技能，或在过程中获得这些技能），它们需要与其他已拥有这些互补能力的公司进行合作。

天生全球化企业通常必须选择具有同质性且对营销组合进行适应性调整最小的业务领域。有观点认为，这些小企业不能像大企业那样采取跨国经营的方法，因为它们在全球范围内没有足够的经营规模。小企业之所以容易受到伤害，是因为它们依赖于某个必须首先为引领市场进行商业化的单一产品（利基市场），而无论此类市场的地理位置如何。如此能使企业更为广泛、快速地进入市场，这一点非常重要，因为这些企业通常会产生相对较高的固定研发成本，且这些成本是在尚未获得任何销售收益之前就预先发生的。由于这是影响初始市场选择的关键因素，因此，心理距离作为市场选择标准的重要性反而有所降低。为了生存，企业必须迅速赶上增长的轨道，以弥补初始投入的费用。最后，一个典型的天生全球化企业所面临的竞争会非常激烈，其产品可能很快就会过时（如软件）。如果一家公司想在"全球机会之窗"中充分利用市场潜力，那么，其可能要被迫同时进入所有主要市场（Âijö et al.，2005）。

　　近期的一些研究（Trudgen and Freeman，2014；Dow，2017）提议，一些天生全球化企业在最初可以选择心理距离较近的市场，以降低风险。随后，这些企业便能够利用技术专长、网络和创业技能，迅速地转移到拥有更多机会、心理距离更远的市场。

3.6　总　结

　　表 3.1 总结了本章的主要结论。

表 3.1　解释公司国际化过程的三种模型总结

项　目	乌普萨拉国际化模型	交易成本分析模型	网 络 模 型
分析单元	企业	交易或交易集	企业之间的多重组织间关系；一组企业与另一组企业的关系
关于企业行为的基本假设	该模型基于行为理论和渐进式决策过程，几乎不受竞争市场因素的影响。从简单的出口到外国直接投资（FDI）的逐步学习过程	在现实世界中，买卖双方存在"摩擦"/交易困难。这种摩擦主要由机会主义行为引起；单一管理者的有意关注（即以诡计谋取私利）	将网络（关系）维系在一起的"黏合剂"是基于技术、经济、法律，尤其是个人关系。在关系建立的早期阶段，管理者对人际关系的个人影响力最强。在这个过程的后期，规程和制度将变得更加重要
影响发展过程的解释变量	公司的知识/市场承诺；本国与国际市场的心理距离	当交易具有资产专用性、不确定性、交易频繁等特征时，交易难度和交易成本增加	各个公司是自治的。单个公司依赖于其他公司控制的资源；商业网络将出现在特定参与者之间频繁协调和条件变化迅速的领域
对国际营销人员的规范影响	市场承诺的增加应该以渐进式步骤做出：选择与现有市场心理距离较小的新地域市场；选择边际风险很小的"进入模式"	在上述条件下（即交易成本过高），企业应寻求业务的内部化（即以全资子公司实施国际市场营销战略）。总体而言，企业应选择交易成本最小的进入模式	一家公司在国内网络中的关系可以用作连接其他国家、其他网络的桥梁。这种与不同国家网络的直接或间接桥梁在国外的初始阶段和随后进入新市场的过程中可能很重要。有时，中小企业可能被迫进入外国网络，例如，客户要求次级供应商（中小企业）需在国外跟进

　　天生全球化企业代表了国际营销中一个相对较新的研究领域。这些企业具有一些基本的相似之处：它们拥有独特的资产，专注于细分的全球市场，以客户为导向，企业家的远见和能力至关重要。最后，对于这些公司而言，全球化并非只是一种选择，而是必须要执行的计划。全球客户和规模过小的国家/地区市场将迫使企业走向全球化。而凭借企业家的远见与能力，以及对国外市场竞争优势的深刻认知，企业可以保持自己在全球的直接影响力。

案例研究 3.1

案例研究 3.2

案例研究 3.3

问题讨论

1. 解释为什么国际化是一个需要不断评估的持续过程。

2. 解释国际化的三种理论——乌普萨拉模型、交易成本理论和网络模型之间的主要区别。

3. 心理距离的含义是什么？

参考文献

第 **4** 章

企业国际竞争力的发展

通过学习本章，学生应该能够做到以下几个方面。

- 从宏观到微观，学生以更广泛的视角界定国际竞争力的概念；
- 讨论影响企业国际竞争力的因素；
- 解释波特传统的基于竞争的五力模型如何能够扩展为合作五源模型；
- 探索竞争三角背后的想法；
- 分析竞争优势的基本来源；
- 说明竞争性基准测试的步骤；
- 说明公司如何通过使用"蓝海战略"来创造客户价值。

4.1 导 论

本章的主题是企业如何在国际市场上创造和发展竞争优势。企业国际竞争力的发展是一个与环境相互影响的过程。公司必须能够适应顾客、竞争对手和政府当局的要求。为了能够参与到国际竞争的舞台上，企业必须建立包含资源、能力和与其他国际参与者相联系的竞争基础。

为了更广泛地理解企业国际竞争力的发展，本章提出了一个三阶段模型。

（1）国家竞争力分析（波特钻石模型）——宏观水平。

（2）行业竞争分析（波特五力模型）——中观水平。

（3）价值链分析——微观层面、竞争三角、基准测试。

分析首先从宏观层面开始，然后通过波特的五力模型进入公司的竞争舞台。本章基于对企业价值链的分析，所得结论讨论了价值链中的哪些活动/功能是企业的核心竞争力（必须在企业内部发展），哪些竞争力必须通过联盟和市场关系与其他竞争对手放在一起。

在线看图 4.1 三阶段模型

在线看图 4.1 所使用的图形体系将模型按层级逻辑依次放置。在此逻辑图中，您可以通过单击图标框（"企业战略，结构和竞争"），从第 1 阶段进入第 2 阶段。随后出现的就是波特的五力模型。而当我们点击标有"市场竞争者/竞争强度"的中间框时，便从第 2 阶段进入到第 3 阶段。此时出现的是价值链分析/竞争三角模型。

1. 个体竞争力

在本章中，分析在公司层面结束，但我们可以通过分析个人竞争力来进一步采取措施（Veliyath and Zahra，2000）。影响个人竞争能力的因素包括内在能力、技能、动机水平和所涉及的努力程度。

4.2 国家竞争力分析（波特钻石模型）

对国家竞争力的分析代表了整个模型的最高水平。迈克尔·波特（1990）将其著作称为《国家竞争优势》，但作为其战略研究的起点，他进一步强调，在国际舞台上竞争的是企业，而不是国家。然而，公司母国的特征在其国际化进程中扮演着重要的角色。母国的基础决定了企业在技术和方法上迅速创新的能力，也影响着企业创新方向的选择是否正确。母国的市场环境是企业竞争优势形成的最终土壤，也是其竞争优势必须保持下去的重要基地。企

扩展阅读 4.1 企业国际竞争力的发展

业竞争优势最终取决于国家环境和企业战略的有效结合。一个国家的现实条件能够创造一种环境，使企业能够在此环境下获得国际竞争优势，但能否有效抓住机会则取决于企业自身。因此，国家的竞争优势成为企业选择竞争行业和恰当策略的核心。而与外国竞争对手相比，母国的基础更能决定一家公司的优劣势。

在分析外国竞争对手时，了解其母国的基础战略环境是至关重要的。母国赋予这些企业的优势和劣势影响着其未来战略选择。

波特将某一特定行业内的企业集中现象描述为产业集群。在这样的产业集群中，企业与行业内的其他企业形成某种网络关系：客户（包括生产半成品的企业）、供应商和竞争对手。这些产业集群可能遍布全球，但其起点和位置通常在某个国家或某一国家的特定地区。

通过在其母国市场拥有世界一流的采购商、供应商和上下游相关行业，一家公司能获得重要的竞争优势。这些来自国内的业务相关方为企业提供了对未来市场需求和技术发展的洞见。它们也促进了企业的变革与业务改进，并成为企业创新过程中的合作伙伴与盟友。在与外国公司打交道时，在国内拥有强大集群的企业能够使信息流更为畅通，并有利于双方形成更深入、更开放的联系。而且，当企业成为某个位于较小地理区域内的集群中的一员时，其价值可能更高，因此，我们要问的核心问题是：是什么导致某个国家在特定全球行业中的特殊位置？就像所有经典贸易理论一样，答案始于国家要素禀赋与行业需求之间的匹配。现在，让我们仔细看看波特钻石模型中的不同元素，"母国基础"的特征在解释企业的国际竞争力方面起着核心作用——解释要素包括要素条件、需求条件、相关和支持

产业、企业战略结构和竞争、政府和偶然事件。在整个分析中，我们将以印度的信息技术/软件行业（尤其是班加罗尔地区）为例（Nair et al.，2007）。

4.2.1　要素条件

我们可以将国家具备的要素分为基本要素和高级要素。基本要素包括自然资源（气候、矿产、石油），这些要素的流动性较低，它们能为企业的国际竞争力奠定基础。然而，如果没有高级要素，如复杂的人力资源（技能）和研究能力，那么，这些基本要素就永远不可能创造真正的价值。此外，高级要素往往限定于某一特殊行业。

在印度软件行业中，班加罗尔拥有数个以工程和科学为导向的教育机构。同样，印度科学研究所（研究型研究生院）可以被认为是该地区软件产业发展的关键。公共部门工程公司和私立工程学院的存在吸引了印度的年轻人来到班加罗尔，并创造了多元化、多语言、宽容和国际化的文化。该行业最关键的成功因素之一是拥有先进的和受过高等教育且拥有普遍技能的人才。这些通用型人才（而不是软件或程序设计专家）可以根据行业需求培训成特定领域的问题解决者。

4.2.2　需求条件

推动行业成功的需求因素的特征包括早期国内需求的存在、市场规模、增长率和成熟度。

规模经济、运输成本和国内市场规模之间存在相互作用。考虑到足够强大的规模经济，每个生产者都希望从某个单一的生产位置为其广阔的国际市场提供服务。同时，为了最大程度地降低运输成本，生产商又会选择具有大量本土需求的生产点。而当规模经济限制生产地点的数量时，市场规模将是吸引企业在此设立生产点的重要决定因素。大型本土市场将确保在此设厂的企业能够基于规模（通常也基于经验）获得成本优势。

一个有趣的模式是，早期的国内大市场已经饱和，这将促使高效率的公司将其目光转向国外，以寻找新的业务。例如，在日本起步较早且已拥有庞大国内市场的日本摩托车产业，如今已在全球市场中发挥其规模优势。当然，需求的构成也起着重要作用。

产品的基本或核心设计几乎总是能反映出国内市场的需求。例如，在输电设备中，瑞典在高压配电市场中占据世界主导地位。由于人口聚集和产业集群的位置，瑞典国内对长距离输送高压点有相对较大的需求。在此种情况下，本国市场的需求塑造了后来能够对全球市场做出回应的行业（ABB 是世界市场上领先的生产商之一）。

买家的成熟度也很重要。美国政府是计算机芯片的第一个购买者，且多年来一直是唯一的客户。政府虽然缺乏弹性的购买价格，但能够鼓励企业开发技术先进的产品而不必过多担心成本。相比买方不够成熟或对产品价格更为敏感的情况，上述情形能够推动企业的技术前沿走得更远、更快。

印度软件产业千年虫问题而兴起（该问题由较旧系统中的编码惯例引起，该惯例仅为年度计数分配了两位数字，从而在 2000 年的日历年造成了潜在的中断），原因是美国公司与印度软件公司签订了合约，后者雇用了精通旧版编程语言（如 Cobol 和 Fortran）的员工。随着它们在美国公司的工作经验增加，以及千年虫问题的解决，印度的软件公司开始进行业务的多元化，并提供更多的增值产品和服务。服务于苛刻的美国客户迫使印度软件公司开发高质量的产品和服务。而随后的经验也满足了德国、日本和其他市场的 IT 客户需求。

4.2.3 相关和支持性行业

一个行业的成功与该区域内供应商和相关行业的存在有关。在许多情况下，企业竞争优势来自其对某些劳动力的使用，这些劳动力被吸引到某个地区，并为该地区内的核心行业服务，同时，它们拥有足以支持该行业发展的、熟练的业务技能。地理上的接近也可以简化技术上的协调。例如，意大利在豪华制鞋业中的世界领导地位在一定程度上是由当地存在的制鞋机械制造商所维持的。在这里，集群的优势不是减少运输成本，而是加强技术和市场合作。在半导体产业中，日本（半导体购买方）电子产业的实力极大地刺激了同一地区内半导体行业的发展区位。应当指出，集群并非独立于规模经济。如果中间投入品的生产没有规模经济，那么，小规模的生产中心就可以与大型中心竞争。事实是，半导体和电子产品都存在规模经济，再加上两者之间的技术和市场联系，因此便带来了集群优势。

最初，班加罗尔地区缺乏可靠的支持产业，如电信和电源供应。但是，许多软件公司安装了自己的发电机和卫星通信设备。最近，班加罗尔地区出现了提供风险投资、辅助招聘、硬件维护及提供市场营销/会计支持的公司，能够支持软件公司的发展。此外，毕马威（KPMG）、普华永道（PricewaterhouseCoopers）和安永（Ernst & Young）等咨询公司也通过解决与货币、区位等相关的问题来帮助新兴的跨国公司进入印度市场。因此，整个支持性行业体系已能够围绕软件行业发展。

4.2.4 企业战略、结构和竞争对手

这个相当广泛的要素包括公司的组织和管理方式、战略目标和国内竞争的性质。

波特在对十个不同国家内的成功产业进行研究后，所得到最令人信服的结果之一是国内竞争对企业参与全球竞争的能力产生了强大而积极的影响。在德国，巴斯夫和拜耳在国内制药行业的激烈竞争是众所周知的。此外，竞争过程淘汰了劣等的技术、产品和管理实践，留下了最有效率的公司。在激烈的国内竞争中，企业被迫提高效率，采用节省成本的新技术，缩短产品开发时间，并学会更有效地激励和控制工人。国内竞争对刺激全球企业的技术发展尤为重要。

丹麦国内有三个助听器生产商（William Demant、Widex 和 GN Resound），它们均位于全球十大助听器生产商之列。1996 年，William Demant（拥有 Oticon 品牌）和 Widex 进行了激烈的技术战，并成为世界上第一个推出 100%数字化助听器的公司。尽管最后 Widex（两家生产商中较小的一家）取得了胜利，但同时也迫使 Oticon 保持技术发展的领先优势。

在印度软件行业，班加罗尔地区的大多数公司都经历了激烈的竞争。在争夺未来客户方面，企业不仅要与本地公司竞争，还要与班加罗尔以外的公司，甚至是某些跨国公司（如 IBM 和埃森哲）展开竞争。竞争给公司带来了压力，要求它们提供优质的产品和服务的同时，还要求它们兼具成本效益。激烈的竞争还鼓励公司寻求国际认证，并在软件开发方面给予评级。如今，班加罗尔地区拥有世界上最集中的五级认证（最高质量等级）公司。

4.2.5　政府

根据波特的钻石模型，政府可以在企业竞争的四个主要因素方面发挥作用，反过来也会受这些因素的影响。各国政府可以在本国区域内推动发展某些具有全球定位的产业。政府资助和建设基础设施，提供道路、机场、教育和医疗保健等服务，并支持替代能源（如风力涡轮机）或影响生产要素的其他环境系统的使用。

关于印度的软件产业，由于该产业对技术和劳动强度均有较高的要求，因此，德里的联邦政府早在 20 世纪 70 年代就将软件行业定位为增长领域。在 20 世纪 70 年代和 20 世纪 80 年代，该行业主要由 CMC 等公共部门的公司主导。1984 年，政府开始放宽工业和投资政策，这使得国内企业能够接触到海外的 IT 公司（如得州仪器）。其中的一项新举措还包括建立"技术园区"，如位于班加罗尔的软件技术园（STP）。这种开放的政策贯穿了20 世纪 80 和 90 年代。因此，班加罗尔能够成功成为软件中心，与州政府在行业发展的早期和后期均发挥积极作用是密不可分的。

4.2.6　偶然事件

根据波特的钻石模型，国家/地区竞争力也可能是由某些随机事件造成的。

当我们回顾大多数行业的历史时，我们会看到偶然性所扮演的角色。偶然性最重要的例子也许是谁能首先提出一个有重大新想法的问题。由于企业的生产经营不会影响宏观经济走向，因此，企业家们通常会在母国市场开展新的业务。某一行业一旦在特定的国家开始发展，规模效应和集群效应就可以巩固该国在这一行业的独特地位。

关于印度软件产业（特别是在班加罗尔）竞争力的发展，我们可以确定两个重要事件。

（1）千年虫问题导致了对印度软件公司服务需求的增加。

（2）2001 年，美国和欧洲互联网泡沫的破灭导致企业通过将软件功能外包给印度的方法来削减其成本。

从企业的角度来看，最后两个变量（偶然性和政府）可以被视为企业必须适应的外生变量。另外，政府的决策可能会受游说、利益组织和大众媒体的影响。

总之，我们确定了影响全球产业位置的六个因素：生产要素、内需、支持产业的位置、国内产业的内部结构、偶然性和政府。这些因素是相互联系的。随着行业的发展，它们对特定位置的依赖性可能发生变化。例如，半导体用户从军事行业向电子行业的转变过程对电子行业中国家钻石模型的塑造产生了深远影响。在一定程度上，政府和企业能够认识到其所拥有的区位优势的源泉，而且能更好地利用这些差异，并预期其变化。

通过在整个钻石模型中所使用的印度（班加罗尔）软件产业的例子，我们可以得出以下结论（Nair et al.，2007）。

（1）班加罗尔的软件产业不仅为国内客户提供服务，还为苛刻的北美客户提供服务。同样，软件公司的竞争对手往往不是当地的企业，而是全球性的公司。

（2）软件服务所需的支持远没有制造业那么复杂。对于制造业来说，拥有一个运行良好的实体基础设施（运输、物流等）是很重要的，然而，这对软件行业来说却并不必要，因为大部分物流都可以通过互联网完成。这就是为什么班加罗尔的软件业创造了国际竞争力，而制造业却没有。

（3）软件行业非常依赖高级和受过良好教育的人力资源，是该行业的关键输入因素。

总部位于班加罗尔的公司虽然起步于价值链的低端（对千年虫问题进行编码工作），但它们却一直朝着为新兴国家/地区的客户提供更多增值服务的方向发展。

4.2.7 "双钻石"和"多钻石"框架

波特钻石模型的一个关键局限性在于，它主要关注的是纯粹的母国情况（Rugman et al.，2012）。双重钻石框架解决了这一问题。Rugman 和 D'Cruz（1993）提出，加拿大公司的国际竞争力不仅取决于其母国条件，还取决于其贸易伙伴美国的条件。因此，公司的国际竞争优势来源不应局限于母国优势，如波特的单一钻石模型所提出的，还可以通过察觉和发展与数个东道国的多种"钻石模型"相关联的竞争优势来予以实现。

4.3　行业的竞争分析

理解公司竞争力的下一步是审视行业中的竞争现状，也就是钻石模型的顶部框架（见图 4.1）。

分析竞争结构最有用的框架之一是由波特开发的。波特认为，一个行业的竞争是植根于其潜在的经济结构，并超越当前竞争对手的行为。竞争状态取决于五种基本的竞争力量，如图 4.1 所示。这些因素共同决定了一个行业的最终利润潜力。利润是用投资资本的长期回报来衡量的。不同行业的利润潜力不同。

为了使事情更清楚，我们需要定义一些关键术语。行业是能够提供某种产品，或提供彼此之间能够紧密替代的一组产品的一系列公司的集合。例子是汽车行业和制药行业（Kotler，1997）。市场是一种产品的实际和潜在的买家和卖家的集合。行业层次和市场层次要有所区分，因为我们假设行业可能包含几个不同的市场。这就是为什么图 4.1 中的外框被指定为"行业水平"，而内框被指定为"市场水平"。

因此，行业水平（波特的五力模型）包括所有类型的参与者（新进入者、供应商、替代者、买家和市场竞争者），这些参与者对该行业都有潜在的或现实的兴趣。

市场层面由当前对市场感兴趣的参与者组成，即买方和卖方（市场竞争者）组成。在第 4.4 节（价值链分析）中，我们将对市场水平进行详细阐述，即买家对不同竞争对手所提供产品的感知价值将被进一步讨论。

虽然上述两个层次的划分适合我们的分析，但勒维特（Levitt，1960）指出了"营销近视症"的风险，即卖方对竞争领域（即市场）的定义过于狭窄。例如，欧洲豪华车制造商就表现出了这种短视，它们把目光集中在对方身上，而非日本大众汽车制造商。显然，后者才是豪华车市场的新进入者。要想克服营销近视症，公司就必须从广泛的消费者导向来定义其组织目标。

竞争分析的目标是为公司在行业中找到一个位置，使该公司能够最好地防御这五种力量，或者能够影响它们，使之对自己有利。了解这些潜在的压力能够突出公司的关键优势和弱点，显示其在行业中的地位，并阐明战略变革能产生最大回报的领域。结构分析是企业制定竞争战略的基础。

波特五力模型中的每一个力量层次均由若干元素组成，这些元素结合起来决定了每种力量的强度，以及每种力量对竞争程度的影响。多比斯（Dobbs，2014）为从业者和学生提供了一套实用且强烈推荐的模板，使他们能够应用波特五力模型进行行业分析。下面讨论这五种力量。

4.3.1　市场竞争者

市场上，现有竞争对手间的竞争程度取决于以下几个因素：

（1）行业集中度。规模相同的众多竞争者将导致更激烈的竞争。当一个明确的领导者（至少比第二名高 50%）拥有巨大的成本优势时，竞争就会减少。

（2）市场增长率。缓慢的增长将导致更激烈的竞争。

（3）成本结构。高昂的固定成本鼓励通过降价来填补产能。

（4）差异化程度。大众化产品鼓励相互竞争，而难以复制的高度差异化产品却与较低程度的竞争相关。

（5）转换成本。当因产品的专业性而导致转换成本太高时，如客户在学习如何使用产品方面已经投入了大量资源，或客户作出了定制投资（高资产专用性），而这对其他产品和供应商来说是不需要的，此种状况下，竞争就会减少。

（6）退出壁垒。由于在其他地方缺少机遇、行业高度垂直整合、情感障碍或关闭工厂的高额成本等因素，企业退出市场的障碍很高，此时的市场竞争要比退出障碍低时更加激烈。

企业需要注意，不要破坏市场竞争的稳定性。它们需要在自身地位与整个行业的福祉之间取得平衡。例如，激烈的价格或促销战可能会让某些企业获得几个百分点的市场份额，但随着竞争对手采取类似的降价措施，行业整体的长期盈利能力将会下降。在某种情况下，保护行业结构胜于遵循短期的个人利益。

4.3.2　供应商

原材料和零部件的成本对公司的盈利能力有很大的影响。供应商的议价能力越强，企业的成本越高。在下列情况下，供应商的议价能力会更高。

（1）产品供应由少数公司主导，而且它们比销售行业更为集中。

（2）它们的产品是独特的或与众不同的，或者它们已经增加了转换成本。

（3）它们没有必要与其他要出售给该行业的产品展开竞争。

（4）它们构成了前向整合到行业业务中这一威胁。

（5）买方没有威胁要后向整合到供应体系中。

（6）市场不是供应商集团的重要客户。

企业可以通过寻找新的供应来源，威胁要向后整合到供应体系中，并设计标准化的部件使许多供应商都能够生产它们等方式削弱供应商的议价能力。

4.3.3　买方

在以下情况下，买方的议价能力较强。

（1）买方集中和/或进行大量购买。

（2）买方通过对行业产品制造商的后向整合，对企业构成了令人可信的威胁。

（3）买方购买的产品是标准的或无差异的。

（4）该产品市场存在许多供应商（销售商）。

（5）买方的利润期望很低，这极大地刺激了他们降低购买成本的意愿。

（6）行业的产品质量对买家而言并不重要，但价格非常重要。

行业内的公司可以通过增加销售对象的数量，作出要前向整合到买方行业的威胁，以及生产高价值、差异化的产品等方式来试图削弱买家的力量。在超市零售业，品牌领导者通常获得最高的盈利能力，部分原因是排名第一就意味着超市需要储备该品牌，从而降低了买家在价格谈判中的能力。

购买产品但不是最终用户的客户（如原始设备制造商或分销商）可以用与其他购买者相同的方式进行分析。当非终端客户可以影响下游客户的购买决策时，就可以获得很大的议价能力（Porter，2008）。多年来，配料供应商杜邦公司不仅向烹饪设备的制造商，还向下游的最终客户（家庭）宣传其特氟龙（Teflon）品牌，从而赢得了巨大的影响力。

4.3.4 替代者

替代产品的存在会降低行业的吸引力和盈利能力，因为它们限制了价格水平。

如果该行业成功并获得高额利润，那么，竞争对手就更有可能通过其替代产品进入市场，以获得潜在的利润份额。替代产品的威胁取决于以下因素。

（1）买方替换的意愿。

（2）替代品的相对价格和性能。

（3）用户转移到替代品的成本。

替代产品的威胁可以通过增加转换成本来降低。这些代价可能是心理上的。例如，创造强大、鲜明的品牌个性，保持与客户感知价值相称的价格差异。

4.3.5 新进入者

新进入者可以用来提高一个行业的竞争程度。反过来，新进入者的威胁很大程度上取决于现有市场进入壁垒的程度。影响这些进入壁垒的一些关键因素包括如下几个方面。

（1）规模经济。

（2）产品差异化和品牌标识，它们赋予现有的公司客户忠诚度。

（3）生产中的资本要求。

（4）转换成本——从一个供应商转换到另一个供应商的成本。

（5）分销渠道的获取。

由于较高的进入壁垒可能使潜在的、利润丰厚的市场对新竞争者没有吸引力，因此，营销策划者不应懈怠，而应积极寻求为新竞争者设置更高壁垒的方法。

高额的促销和研发支出，以及明确传达针对新进入者的报复措施是提高壁垒的一些方法。一些管理措施可以在不经意间降低壁垒，例如，极大降低制造成本的新产品设计可以使新来者更容易进入。

4.3.6　战略集团

战略集团可以被定义为在一个行业内运营的一组公司（或战略业务单元、品牌），而行业内同一集团的公司（或战略业务单元、品牌）往往竞争同一组客户（细分），并使用相似的市场相关策略。一种极端情况是如果所有公司都遵循基本相同的策略，那么，一个行业就只能有一个战略集团。另一种极端情况则是每个公司都属于不同的战略集团。

不同战略集团中的公司会使用与其他战略集团不同的策略，争夺不同的客户群体。因此，不同的战略集团在追求不同的客户群时，不会相互竞争。

战略集团分析是一种用于向管理层提供有关公司市场地位信息的技术，也是一种识别其直接竞争对手的工具。五力行业分析将成为这一过程的第一步（波特，1980）。在确定了驱动力量之后，我们还将基于竞争变量概述行业内的主要竞争者。然后，根据战略和竞争地位的相似性，竞争对手可以被分为不同的战略集团。为此，我们可以使用波特的三种通用竞争战略（低成本战略、差异化战略和聚焦战略）（波特，1985）。

例如，在汽车行业，购买低价品牌（如铃木、起亚或现代）的消费者之所以购买它们，是因为它们便宜（低成本战略），而购买丰田凯美瑞或本田雅阁（差异化战略）的消费者则表示愿意为更大、具有更多功能/选项、更可靠的汽车支付更高的价格。最后，购买劳斯莱斯或捷豹（聚焦战略）的人愿意为独特而有名望的事物付出巨额财富。

企业通常使用二维网格来为其在行业最重要的两个维度进行定位，以便能将其直接竞争对手（具有类似策略或业务模型的竞争对手）与间接竞争对手区分开。企业可能会尝试转移到位置更有利的集团，而这种举动的难度将取决于目标战略集团的进入壁垒。

4.3.7　合作五源模型

波特的原始模型基于以下假设，即企业的竞争优势最好是在拥有高强度竞争关系，且竞争激烈的市场中发展起来的。

因此，五力模型提供了一种分析，用于考虑在企业所面临的五个竞争维度上，如何能从企业所处的环境中榨取最大的竞争收益，或如何最大程度地降低企业被各种竞争力量挤压的可能性。

在过去的几十年里，另一类学派（Reve，1990；Kanter，1994；Burton，1995）的出现强调了行业参与者之间的合作（而不是竞争）安排的积极作用，以及随之而来的坎特（Kanter，1994）所称的"合作优势"，在帮助企业取得卓越业务绩效方面发挥了重要作用。

然而，在一心一意追求竞争优势或合作优势之间做出孤注一掷的选择是错误的。所有企业面临的真正的战略选择问题是在哪里（在多大程度上）进行合作，以及在哪里（多大程度）采取竞争行动。

换句话说，企业在这些方面必须处理的基本问题如下。

（1）选择适合于企业所在行业环境的竞争和协作策略的组合。

（2）将竞争与协作两个元素融合在一起，使它们以一种相互一致和彼此强化（而不是适得其反）的方式相互作用。

（3）通过这种方式，优化公司的整体地位，利用合作和竞争优势的基础和效用。

这表明，在当代背景下，有必要以注重对合作优势和战略进行评估的姊妹框架来补充竞争战略模型。下面概述了这种互补分析，我们称之为五源框架（Burton，1995）。

与围绕在企业周围的五种竞争力量的阵列相对应——正如波特的处理中所阐述的那样——在企业的行业环境中，也存在五种潜在的建立协作优势的来源（五源模型）。表 4.1 列出了这些来源。

表 4.1　五源模型和波特模型中相应的五力

波特五力模型	五　源　模　型
市场竞争者	与在生产过程的同一阶段运营/生产同一组密切相关产品的其他企业的横向合作（如汽车制造商之间的当代全球合作安排）
供应商	与公司零部件或服务供应商的垂直合作——有时被称为垂直准整合安排（如代表日本汽车、电子和其他行业的供应商和组装者之间的 keiretsu 组合）
买方	与特定渠道或客户（如主要用户）的选择性合作安排，涉及超出标准、纯粹交易关系的合作
替代者	与互补品和替代品生产商的相关多元化联盟。替代品的生产商不是"天然盟友"，但这种联盟并非不可想象（如固定电话和移动电话公司之间的合作，以扩大其联合网络规模）
新进入者	与以前不相关行业的公司结成多元化联盟，但这两者之间的行业边界可能正在"模糊"，或者一道工序（通常是由于新技术的可能性）打开了以前不存在的跨行业技术/业务发展前景（如新兴多媒体领域的合作）

来源：Burton, 1995。经 The Braybrooke Press Ltd.许可转载。

为制定有效且一致的商业战略，公司必须并行评估和制定其协作、竞争政策。它这样做有两个目的。

（1）在行业环境的各个层面（如与供应商的关系、对客户/渠道的政策），实现合作与竞争的适当平衡。

（2）以一种避免潜在冲突、规避竞争与合作之间可能出现的破坏性不一致的方式来整合这两种要素。

这就是复合战略的领域，它涉及将竞争和合作努力结合在一起。

4.4　价值链分析

到目前为止，我们从战略角度讨论了公司的国际竞争力。为了更接近公司的核心竞争力，我们现在将研究波特五力模型中的市场层面，其中包括买方与卖方（市场竞争者）。在这里，我们将更仔细地研究在拥有相同竞争水平的客户时，市场竞争者是如何获得竞争优势的。

4.4.1　顾客感知价值

企业在市场上的成功不仅取决于其对客户需求的响应和识别，还取决于企业能够确保它们的市场响应优于竞争对手的能力，即感知价值高。感知价值指客户对公司提供的产品/服务的总体评价。几位专家（Porter，1980；Day and Wensley，1988）认为，不同企业的市场绩效存在差异的原因可以在多个层面上进行分析。他们认为，造成差异的直接原因可以归结为两个基本因素（D'Aveni，2007）：客户感知价值与感知代价的比较。

感知价值是顾客通过使用产品/服务而获得的利益（图 4.1 中的分子），与他们在发现、获得和使用产品/服务时所产生的直接和间接成本（图 4.1 中的分母）之间的比较关系。这种关系越高，客户感知价值越高，竞争力越强。

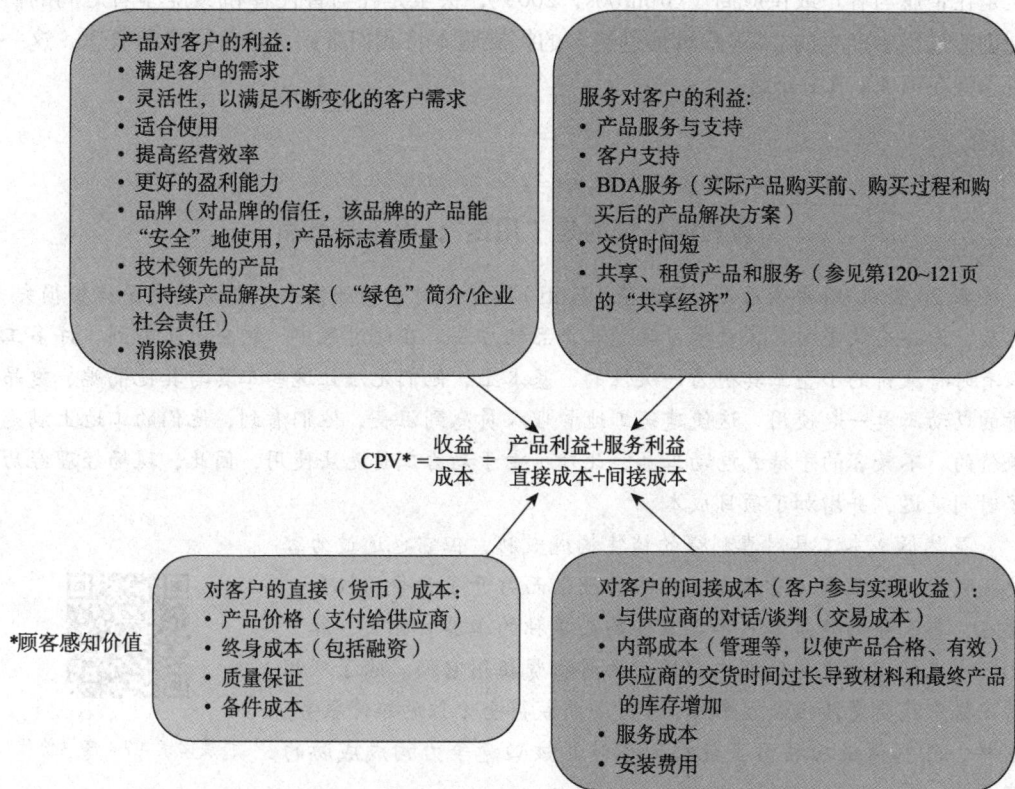

产品对客户的利益：
- 满足客户的需求
- 灵活性，以满足不断变化的客户需求
- 适合使用
- 提高经营效率
- 更好的盈利能力
- 品牌（对品牌的信任，该品牌的产品能"安全"地使用，产品标志着质量）
- 技术领先的产品
- 可持续产品解决方案（"绿色"简介/企业社会责任）
- 消除浪费

服务对客户的利益：
- 产品服务与支持
- 客户支持
- BDA 服务（实际产品购买前、购买过程和购买后的产品解决方案）
- 交货时间短
- 共享、租赁产品和服务（参见第120~121页的"共享经济"）

$$CPV^* = \frac{收益}{成本} = \frac{产品利益 + 服务利益}{直接成本 + 间接成本}$$

对客户的直接（货币）成本：
- 产品价格（支付给供应商）
- 终身成本（包括融资）
- 质量保证
- 备件成本

对客户的间接成本（客户参与实现收益）：
- 与供应商的对话/谈判（交易成本）
- 内部成本（管理等，以使产品合格、有效）
- 供应商的交货时间过长导致材料和最终产品的库存增加
- 服务成本
- 安装费用

*顾客感知价值

图 4.1　顾客价值（感知价值）的阐释
来源：改编自 Anderson 等（2007, 2008）; McGrath 和 Keil (2007); Smith 和 Nagle (2005)

请不要将图 4.1 视为用于计算"客户感知价值"（CPV）的精确度量数学公式。相反，要考虑顾客"得到"了什么，以及为了使用或消费产品/服务，顾客"付出"了什么。

在顾客购买了产品/服务，并使用或消费它们后，企业就可以评估顾客的满意度。如果顾客对产品及其质量的实际满意度都超出了其最初预期，那么，顾客将倾向于再次购买这一产品/服务，并可能会忠于该公司的产品/服务（品牌忠诚度）。

推动客户收益的要素包括产品价值、服务价值、技术价值和承诺价值，但始终记住勒维特所写的名句［他称其实际来自于莱奥·麦克吉内拉（Leo McGinnera）］："人们不想购买四分之一英寸的钻头，他们想要四分之一英寸的孔。"（Levitt, 1983）

推动成本的要素分为两类：与支付的价格有关的要素和由客户产生的内在成本的要素。这些要素具有不同特征，例如，对价值的承诺包括对员工和客户关系的投资，而内在成本可能反映了设置时间和费用、维护、培训和个人体能。

如果收益超过成本，那么客户至少会考虑购买你的产品。例如，工业客户的价值可以用购买新设备的回报率来表示。如果设备所产生的成本降低或收入增加（以可接受的投资回报率来衡量），那么该设备的购买价格和运营成本就是合理的，也就意味着设备的购买创造了价值。

在谈论客户价值时，我们应该意识到，客户价值不仅是由公司创造的。有时，客户价值是在企业与客户或供应商（Grönroos，2009），甚至是在与替代者和/或竞争者之间的协同创造过程中产生的。"客户价值创造"的扩展版本将我们带到了价值网络的概念，这一概念将在第 4.8 节中介绍。

示例 4.1

喜利得出售的是"用途"，而不是产品

在 20 世纪 90 年代后期，喜利得（Hilti）因竞争对手的廉价小工具而遭受了销售损失。然后，该公司试图向其客户学习改进其产品的方法。在此过程中，该公司了解到，许多工人有时将廉价的小型工具视为一次性的，基本上，他们无法让这些工具与其他高端、更昂贵的电动工具一起使用。这使建筑工地管理人员感到沮丧，他们看到，他们的工地上满是廉价的、不兼容的手持式电动工具。此外，由于动力工具无法使用，因此，现场经理经历了时间延迟，并增加了项目成本。

虽然低成本工具对喜利得的销售构成威胁，但它也通过为客户提供便利和服务（称为工具车队管理）而打开了竞争的机会。现在，喜利得的建筑客户不再需要购买单独的工具。相反，客户们可以在规定的使用时间内以固定的月租费租用它们。除了从租赁安排中获得灵活性和效率外，客户还将获得全方位的维修服务。这样，喜利得成功利用了最初似乎对其核心竞争力构成威胁的产品。

扩展阅读 4.2　客户价值

4.4.2　竞争三角

企业在市场上的成功不仅取决于其对客户需求的响应和识别，还取决于企业能够确保它们的市场响应优于竞争对手（即高感知价值）的能力。几位专家（如 Porter，1980；Day and Wensley，1988）认为，不同企业市场绩效存在差异的原因可以在多个层面上进行分析。他们认为，造成差异的直接原因可以归结为两个基本因素（D'Aveni，2007）。

（1）相较于感知代价，顾客对企业所提供的产品/服务的感知价值。感知代价包括购买者在制定购买决策时所面临的所有"成本"，主要是购买价格，但也包括购置成本、运输、安装、搬运、维修和保养（Ravald and Grönroos，1996）。在所提出的模型中，（购买）价格将被用作感知代价的代表。达维尼（D'Aveni，2007）提出了一种战略工具，用来评估顾客愿意为一种产品/服务的感知效益支付多少费用。

（2）为创造这种感知价值而产生的与企业相关的成本。

这两个基本因素将在本节后面进一步讨论。

与竞争产品相比，顾客在企业所提供的市场产品中获得的价值越多，则企业相较于竞

争对手所生产价值的成本就越低，企业的绩效也就越高。因此，那些比竞争对手提供的产品具有更高的感知价值或更低的相对成本的公司被认为在该市场上具有竞争优势。这可以通过竞争三角来说明。竞争三角由客户、公司和竞争对手组成，公司或竞争对手是否能"赢得"客户的青睐取决于与公司和竞争对手之间的相对成本比较，并由此所提供给客户的感知价值。

竞争优势没有单一的衡量标准，感知价值和相对成本必须同时进行评估。竞争优势的这种二维性质导致，我们通常难以判断两家公司中究竟谁会更有竞争优势。

从表 4.2 可以看出，在情况 I 中，公司 A 明显比公司 B 更有优势，而在情况Ⅳ中公司 A 却呈现出明显的劣势。然而，情况Ⅱ和Ⅲ却不能立即得出这样的结论。如果市场上的客户对质量的要求很高，且具有差异化的需求和较低的价格弹性，那么，公司 B 在情况Ⅱ中可能具有优势；而当客户具有同质的需求和较高的价格弹性时，公司 A 在情况Ⅱ中可能具有类似的优势。情况Ⅲ则相反。

表 4.2　感知价值、相对成本和竞争优势表

类　　型		感　知　价　值	
		A 较高	B 较高
相对成本	A 较低	I	Ⅱ
	B 较低	Ⅲ	Ⅳ

即使公司 A 比公司 B 有明显的竞争优势，但在 A 有增长政策，而 B 有保持政策的情况下，竞争优势也不一定会给 A 带来更高的投资回报。因此，绩效必须结合投资回报和产能扩张来衡量，这可以被视为推迟的投资回报。

虽然感知价值和相对成本之间的关系相当复杂，但我们仍然可以保留这两个变量是竞争优势基石的基本陈述。

4.4.3　感知价值优势

我们已经观察到，客户购买的不是产品，而是利益。换句话说，购买产品不是为了产品本身，而是为了产品能够传递何种价值或益处。这些好处可能是无形的，即它们可能与特定的产品功能无关，而与诸如形象或声誉之类的东西有关。或者，在某些功能方面，产品所传递的东西可能优于其竞争对手。

感知价值是客户对企业所提供产品/服务的总体评价。因此，确定顾客从公司产品（价值链）中真正找寻的价值，是企业能够精准传递价值活动组合的起点。它可能是与产品特定用途相关的物理属性、服务属性和技术支持的某种组合。这还需要了解构成客户价值链的活动。

除非企业提供的产品或服务能够以某种方式区别于竞争对手，否则，市场很有可能会将其视为普通"商品"，并因此导致企业订单流向最便宜的供应商。因此，在产品中增加附加价值以使其在竞争中脱颖而出，对于企业来说是非常重要的。

可以通过什么方式实现这种价值差异？如果我们从价值链的角度出发（请参见第 1.7 节），那么，就可以说业务系统中的每个活动都能够为产品或服务增加感知价值。对于顾客而言，价值是其消费产品或服务时所获得的一系列感知收益。价格是顾客愿意为那一系列利益付出的代价。如果商品或服务的价格高，那么，企业就必须提供相匹配的高价值，否则，该商品将被驱逐出市场。如果商品或服务的价值低，那么，其价格就必须低，否则，它也会被赶出市场。因此，在竞争的情况下及一段时间内，客户愿意为商品或服务支付的价格是衡量其价值的良好指标。

如果我们特别关注价值链的下游功能，那么，传统的"4P"营销组合的任何方面都可以创造差异化优势。产品、渠道（分销）、促销和价格都能够创造额外的客户感知价值。企业是否值得对营销组合的某一方面进行改善的关键在于，要明确潜在的利益是否能为顾客提供价值。

如果我们扩展这个模型，就必须特别强调以下几点（Boom and Bitner, 1981; Magrath, 1986; Rafiq and Ahmed, 1995）。

（1）人员。这包括必须接受培训才能参与服务的消费者，以及必须受到激励和良好培训，以确保维持高水准服务的员工（人员）。顾客会鉴别企业服务人员的特征，并将其与它们工作的公司联系起来。

（2）实体方面。实体方面的因素包括交货地点的外观，以及为使服务更加有形而提供的要素。例如，游客可以凭自己的视线体验迪士尼乐园，但隐藏的地下支持性设备对实现顾客对公园的幻想则至关重要。

（3）过程。服务取决于精心设计的交付方式。面对即产即销式的服务，流程管理可以确保服务的可用性和始终如一的质量。对于没有完善的流程管理而言，企业要平衡服务需求和服务供应是极其困难的。

在上述三个附加因素中，公司员工在影响客户对产品质量的感知方面占关键地位。因此，公司的形象在很大程度上受员工的影响。企业必须特别注意员工的素质，并监测他们的表现。营销经理不仅要管理服务提供者——客户界面，还要管理其他客户的行为，例如，餐厅内顾客的数量、类型和行为会影响到其他顾客的用餐。

4.4.4　相对成本优势

价值链中的每项活动都是有偿执行的。企业要想通过为顾客提供产品和服务的方式来获得一系列收益，就必须付出某种程度的"交付成本"。同时，企业的业务系统要保持盈利，上述的"交付成本"就必须对其所提供的商品或服务设置价格下限。因此，降低价格将意味着企业会首先通过调整业务系统来降低交付成本。如前所述，游戏规则可以描述为，企业以最低的交付成本向最终的客户提供最高可能的感知价值。

公司的成本状况取决于其价值链中各项活动的配置，而不是竞争对手的情况，以及竞争对手在每种活动成本驱动因素上的相对位置。当执行所有活动的累计成本低于竞争对手的成本时，企业就会获得成本优势。公司要想对相对成本状况进行评估，就需要确定每个重要竞争对手的价值链。实际上，这一步骤非常困难，因为公司没有关于竞争对手价值活动成本的直接信息但其可以从公共数据或与供应商和分销商的访谈中估算出一些费用。

建立相对成本优势需要了解影响成本的因素，公司的成本地位取决于其价值链中活动的配置与竞争对手的配置。人们常说"企业越大，越能盈利"。这是由于规模经济使固定成本可以分配到更大的产出上，更具体地说，这是由于经验曲线的影响。

经验曲线是一种现象，它起源于学习曲线的早期概念。在第二次世界大战期间，战斗机的制造过程便体现了学习对成本的影响。随着工人的不断学习，他们生产每架飞机所需的时间逐渐减少。规模经济和学习对累计产出的综合影响被称为经验曲线。波士顿咨询集团估计，当企业的累计产量增加一倍时，其成本能平均降低 15～20 百分点。

波士顿咨询集团创始人布鲁斯·亨德森（Bruce Henderson）在其随后的工作中扩展了这一概念，他证明了，随着产量的增加，企业内部的所有成本（不仅是生产成本）都会以某个比率下降。实际上，更确切地说，经验曲线描述了实际单位成本与累积产量的关系。

这表明，假设所有公司都在同一条曲线上经营，具有更大市场份额的公司将通过经验曲线效应获得成本优势。然而，随着某些公司采用新的生产技术，它们的经验曲线会逐渐下降。这使得即使这些企业的累积产出仍然较低，但其仍能凭借新的技术超越大多数的传统公司，从而获得成本优势。

经验曲线的一般形式，以及向另一条曲线的跳跃如图 4.2 所示。对于中小企业和市场新进入者来说，通过投资新兴技术来跨越经验曲线是一个特殊的机会，因为它们（作为起点）只有很小的市场份额，这导致企业的累积产量非常小。

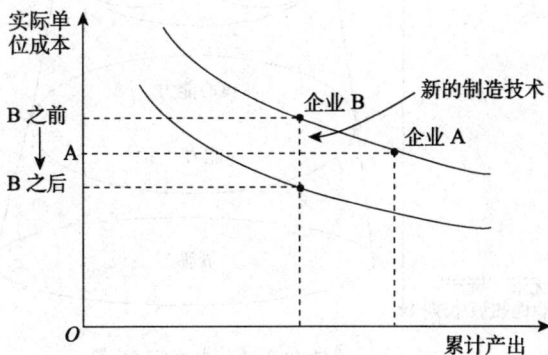

图 4.2　跨越经验曲线

经验曲线对定价策略的影响将在第 15 章中进一步讨论。根据波特（1980）所述，还有其他成本动因决定了价值链中的成本。

（1）产能利用率。未充分利用企业产能会增加成本。

（2）连接。某些活动的成本受其他活动执行方式的影响。例如，提高质量可以降低售后服务成本。

（3）相互关系。例如，不同的战略业务部门在研发、采购和营销方面实现共享将有助于降低企业成本。

（4）一体化。例如，将活动分解（外包）给子供应商可以降低成本、提高灵活性。

（5）时间掌控和时间压缩。市场的先行者可以获得成本优势。时间压缩是降低成本和提高质量的一个因素，因为它减少了生产中的调试时间和停机时间，并在提高生产率方面涉及人力资源。客户可能愿意为那些能够比竞争对手更快交到其手中的新产品支付更高的价格。缩短产品的上市时间等于提高企业的全球竞争力（Demartini and Mela, 2011）。

（6）政策决定。产品宽度、服务水平和渠道决策都是影响成本的政策决策的实例。

（7）区位。靠近供应商可以降低入厂分销成本。靠近客户可以降低出站分销成本。一些生产商把生产活动设在东欧或远东，以降低工资成本。

（8）制度因素。政府法规、关税、当地含量规则等都会影响成本。

4.4.5　竞争优势的基本来源

企业所创造的感知价值和产生的成本将取决于其拥有的资源和能力（见图 4.3）。资源是分析的基本单位，财务、技术、人力和组织资源位于公司的不同部门。能力是将不同的资源组合成能力和后来的竞争力——这是公司真正擅长的事情。

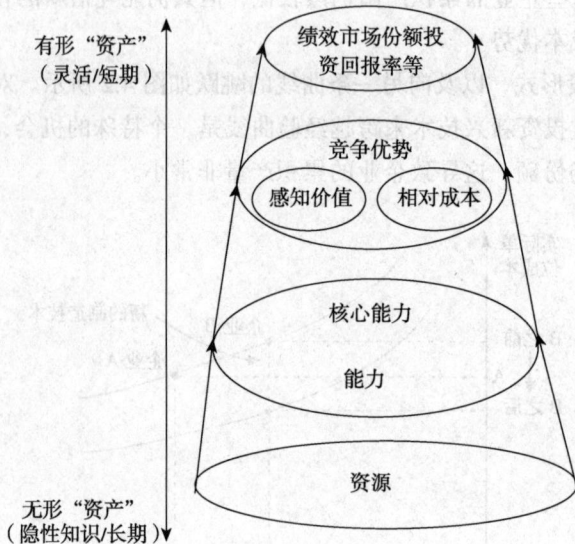

图 4.3　绩效和竞争优势的根源
来源：改编自 Jüttner 和 Wehrli (1994)。

1. 资源

资源是分析的基本单位，它们包括业务流程的所有投入——财务、技术、人力和组织资源。虽然资源是能力建设的基础，但它们本身几乎没有生产力。

由于资源是企业参与市场的必要条件。因此，市场上的竞争对手在这些技能和资源方面通常不会有很大差异，也因此，资源无法解释不同的企业在感知价值创造、相对成本和由此产生的绩效方面的差异。企业资源是失败的预防者，但不是成功的生产者。然而，它们可能会成为潜在的新竞争者进入市场的障碍，从而提高市场表现的平均水平。

巴尼（Barney，1997）通过提出 VRIO 分析来确定给定企业资源的竞争潜力。

（1）V（价值）：资源对焦点公司有价值吗？

（2）R（稀有性）：在一组竞争对手中，该资源是否绝对独一无二？

（3）I（模仿性）：资源是否难以模仿?对于试图获得资源的公司来说，其是否存在明显的劣势?

（4）O（组织）：公司是否已组织起来或有所准备，以能够利用资源来获取价值?

只有当这四个问题的答案都是"是"时，该资源才代表"持续的竞争优势"。

2. 能力

能力是更高层次的组成部分，是各种资源组合的结果。企业能力的形成和质量取决于两个因素。第一个因素是企业整合资源的具体能力。这些能力在集体学习的过程中发展和改进。第二个因素是能力质量的基础是资源分类。这就形成了能力的潜力，企业应该最大限度地加以利用。

卡迪和塞尔瓦拉詹（Cardy and Selvarajan，2006）将能力分为两大类：个人能力和公司能力。个人能力指个人所拥有的能力，包括知识、技能、能力、经验和个性。公司能力属于组织，是一种嵌入式的过程和结构，往往存在于组织内部。这两个类别并非完全独立。个人能力的集合可以形成某种嵌入到组织内部的处事方式或特定文化。此外，企业特征可以决定个人能力的类型，并使其能够最有效地工作或更加适合组织。

一个企业可以具备很多能力，但只有少数才是其核心能力，即企业被认为比其任何竞争对手都表现得更好的某一价值链活动（见图 4.4）。

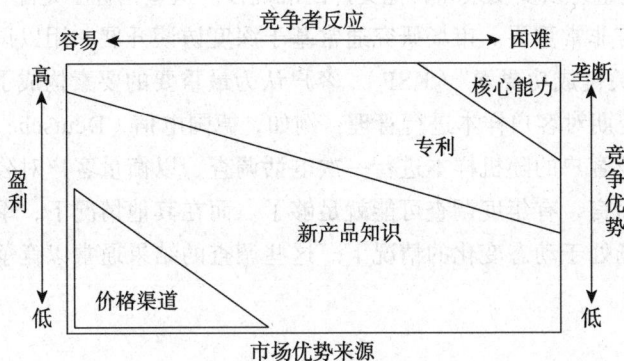

图 4.4　企业核心能力的阐释

来源：Long Range Planning, Vol. 27, No. 4, Tampoe, M. (1994) 'Exploiting the core competences of your organization', p. 74, Copyright 1994, 经 Elsevier 许可。

在图 4.4 中，核心能力代表一种战略资源（资产），竞争对手无法轻易模仿，具有获得长期利润的潜力。公司的目标是将产品和服务放置在右上角。左上角代表着盈利的可能性，但由于竞争优势更容易被模仿，所以高利润只是短期的。左下角表示对价格敏感的商品供应商的位置。这里的利润可能很低，因为产品主要根据渠道（分销），特别是根据价格进行差异化的。

4.4.6　竞争基准分析

任何一项营销策略最终是否有效，都必须以企业所获利润来衡量。那些努力争取市场份额，却以销售量来衡量其市场份额的公司可能是自欺欺人，因为它们虽然获得了销量，但却牺牲了企业利润。

市场份额是一种"事后"衡量标准，然而，我们需要利用持续性的竞争绩效来衡量指标。这将突显营销组合有待进一步改善的领域。

近年来，许多公司开发了一种评估相对市场绩效的技术，该技术被称为竞争基准。最初，竞争性基准测试的想法是逐一分解竞争对手的产品，并从价值工程的角度将该产品的性能与企业自身的产品进行比较。这种方法通常来源于日本，但如今许多西方公司也发现了这种详细比较的价值。

竞争性基准测试的概念类似于波特所说的运营效率（OE），这意味着企业能够比竞争对手更好地执行某类相似的活动。但是，波特（1996）还认为，虽然运营效率是企业超越竞争对手的必要条件，但不是充分条件。企业还必须考虑战略（或市场）定位，即竞争对手会开展不同的业务活动，或以不同的方式开展类似的活动。长期以来，只有少数几家公司能够在运营效率的基础上获得竞争的成功，主要原因是企业的最佳实践能够迅速传播。竞争对手可以在顾问的支持下快速模仿管理技能和新技术。

然而，基准的思想能够扩展到技术和成本效益的简单比较之外。由于企业在市场上的相互竞争是为了"获取心智"，因此，我们衡量的一定是客户的感知。

在此类基准测试程序中，可以采用的衡量指标包括交付可靠性、订购简易性、售后服务、销售代表的质量，以及发票和其他文件的准确性。这些指标不是随机选择的，而是因为它们对客户而言非常重要。市场研究通常基于深度访谈开展，用以识别影响客户对产品/服务评价的"关键成功要素"（KSF）。客户认为最重要的要素构成了基准调查表的基础。该调查表会定期对客户样本进行管理：例如，德国电信（Deutsche Telecom）每天都会对其家庭和企业客户的随机样本进行一次电话调查，以衡量客户对公司服务的看法。对于大多数公司而言，有年度调查可能就足够了。而在其他情况下，季度调查可能更合适，尤其是在市场处于动态变化的情况下。这些调查的结果通常以竞争性文档的形式呈现，如表 4.3 所示。

表 4.3　竞争性基准测试（包含某些标准的示例）

价值链功能示例 （主要是下游功能）	顾客 对客户的重要性 （关键成功因素）					自有公司（公司A） 客户如何评价我们 公司的业绩？					主要竞争对手（公司B） 客户如何评价主要 竞争对手的表现？				
	5	4	3	2	1	5	4	3	2	1	5	4	3	2	1
使用新技术 具有较高的技术素质和能力															
使用经过验证的技术															
易于购买															
了解客户的需求 低的价格															
按期交付															
可查询															
充分的责任															

续表

价值链功能示例 （主要是下游功能）	顾客 对客户的重要性 （关键成功因素）					自有公司（公司 A） 客户如何评价我们 公司的业绩？					主要竞争对手（公司 B） 客户如何评价主要 竞争对手的表现?				
	5	4	3	2	1	5	4	3	2	1	5	4	3	2	1
灵活和快速 已知的联系人															
提供客户培训															
考虑到未来的需求															
礼貌和乐于助人 指定的发票 提供担保															
ISO 9000 认证															
正确的第一次															
给予参考意见 环境意识															

上面提到的大多数标准都与价值链下游中的某些功能有关。与此同时，随着供需关系的密切，尤其是在工业市场上，供应商在上游功能方面的竞争力将更加受关注。

1. 动态基准测试模型的发展

在价值链功能的基础上，我们将提出一个关于企业在特定市场中发展竞争力的模型。该模型将基于特定的市场，因为假设市场需求因市场而异，因国家而异。

在提出国际竞争力发展的基本模式之前，我们首先要定义两个关键术语。

（1）关键成功因素：客户要求/期望供应商（X 公司）在那些价值链功能上具有强大的竞争力。

（2）核心竞争力：X 公司在特定的价值链功能上具有强大的竞争力。

2. 战略过程

战略过程的模型如图 4.5 所示。

3. 阶段 1：情况分析（能力差距的识别）

在这里，我们不会详细讨论衡量价值链功能方面存在的问题。在传统的思维方式中，衡量方式不可能会是客观的，必须依靠公司代表的内部评估（与相关经理面谈），辅以能够判断市场（客户）现在和未来需求的外部专家（"关键线人"）。

如果价值链中某些关键的成功要素与 A 公司的初始位置能够实现很好的匹配，那么，集中资源、提高核心竞争力、创造可持续的竞争优势则是 A 公司的当务之急。

如果客户的需求与企业在关键成功要素（如人员销售职能）方面的初始位置存在较大的差距，那么，可能产生以下备选方案。

（1）改善关键成功因素的位置。

（2）找到某些能够使 A 公司的能力档案与市场需求和期望更适合的业务领域。

由于一项新的业务领域涉及风险，因此，能够尽早确定企业在某项关键成功要素上的最终差距是非常重要的。换句话说，企业必须建立一个"早期预警"系统，持续监测关键的竞争因素，以便能够尽早地开展限制最终差距的行动。

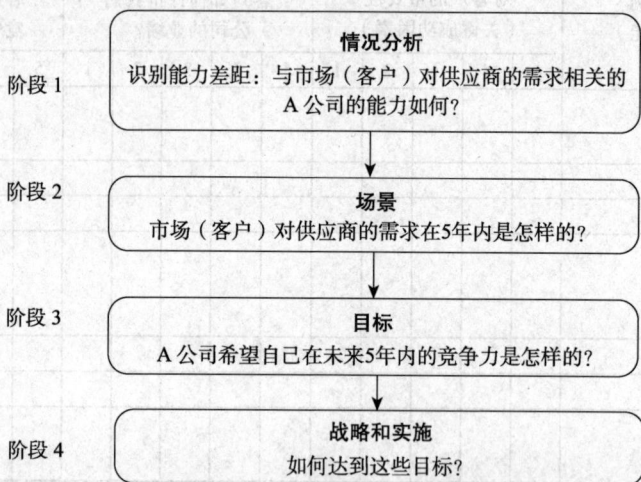

图 4.5 核心能力开发模型

阶段 1

情况分析
识别能力差距：与市场（客户）对供应商的需求相关的
A 公司的能力如何？

阶段 2

场景
市场（客户）对供应商的需求在 5 年内是怎样的？

阶段 3

目标
A 公司希望自己在未来 5 年内的竞争力是怎样的？

阶段 4

战略和实施
如何达到这些目标？

图 4.5 核心能力开发模型

4. 阶段 2 和阶段 3：场景与目标

为了能够估计未来的市场需求，企业必须对未来可能的发展前景进行多方面的刻画。这些趋势首先是被概括性地描述，然后，市场的未来需求/期望对供应商的价值链功能的影响才会被具体化。

通过这种方法，市场预期和 A 公司初始地位之间的"差距"会变得更加清晰。与此同时，A 公司的最大短板可能已经由个人销售转变为产品开发。从了解市场领导者战略的角度出发，企业将有可能完成市场领导者未来能力概要这一场景的刻画。

这些场景可能是目标讨论的基础，也可能是企业在未来 5 年内想要的能力简介。目标的设定必须结合现实因素，并适当考虑组织的资源。

5. 阶段 4：战略和实施

A 公司的策略制定要根据其对所要开发的价值链功能的选择。这决定企业战略计划的实施，其中包括对当前组织能力水平的调整。

4.5 共 享 经 济

共享经济是一种商业模式，在这种模式中，客户能够通过在线市场短期租赁服务提供商所拥有的资产（产品或服务）。当某一特定资产的价格较高，且该资产并没有一直得到充分利用时，共享经济模式最有可能被使用。

当然，共享经济背后的主要原则既不是新的，也不是革命性的。共享一直是社会内部的惯例，甚至是企业与其他企业，甚至是与其消费者之间共享资源，也有着悠久的历史。传统上，个人一直在其私人社交网络中共享，如今，这一范围已经扩展到了与陌生人的亲密交流。这种"陌生人共享"使共享经济的结构焕然一新（Bozek，2018）。

客户不再购买和拥有产品，而是对租赁和共享产品越来越感兴趣。通过定义和分配产品的创新方法，企业可以从"协作消费"趋势中受益（Stein，2015）。

这种所谓的"共享经济"正在迅速发展。据普华永道估计，"共享经济"的全球收入将从 2015 年的 150 亿美元增加到 2025 年的 3350 亿美元（Cusumano，2018）。建立在协作式消费系统上的初创公司的著名例子包括优步（Uber）、爱彼迎（Airbnb Inc.）和 Zipcar（一个共享汽车品牌），如今是位于美国新泽西州的汽车租赁服务公司 Avis Budget 集团股份有限公司的一部分。

例如，通过共享汽车（如 Zipcar），参与计划的车主在不使用其车辆时，可以通过车辆的出租来收取费用。参与活动的租户可以使用邻近的、能够负担得起的车辆，并且仅需支付其使用时间。让有需要的人使用这些闲置资源。双边平台为资源的拥有者和使用者提供了许多有利条件。

共享经济是否真的关注共享实践，目前存在相反的观点。诸如优步或爱彼迎这样的公司，与类似 CouchSurfing 这样的自愿提供服务的公司之间存在巨大差异。CouchSurfing 是一项通过网站和移动应用程序便能够访问的接待和社交网络服务。会员可以使用该服务安排寄宿家庭、提供住宿和招待。然而，该平台是一种礼物经济，拥有者不能向该服务收费。

共享在哪里结束，商业在哪里开始？为了依据特定的属性而对各自的活动进行分类，哈比比等人（Habibi et al.，2017）构建了一个共享/交换连续体，在这个连续体中，企业可以分为三个不同的类别。图 4.6 生动地说明了这一点。原则上，CouchSurfing 服务也位于左侧，不涉及金钱。

在运输/移动服务中，有不同的示例说明共享—交换连续体（图 4.6 中从左往右）。

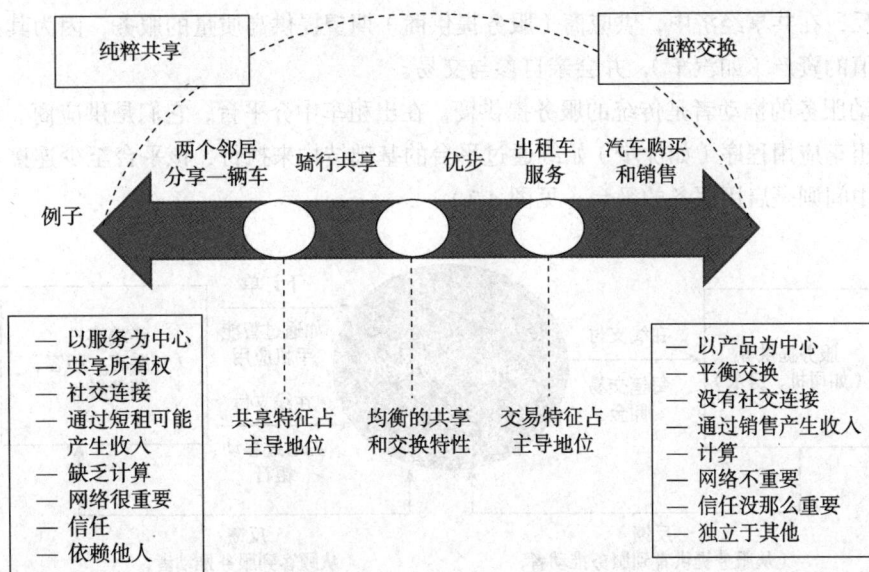

图 4.6　共享—交换连续体（在运输/移动部门）
来源：基于 Habibi et al. (2017) and Kumar et al. (2018)。

（1）在不涉及金钱的情况下，两个邻居共享一辆汽车（共同拥有），这将是"纯共享"的一个例子。两者之间的关系基于信任和高度的"社会联系"。

（2）拼车服务通常包括长途旅行或经常拼车。通常情况下，它们发生的距离和时间都比较长，且在这些地方很可能会建立社会联系。服务的消费取决于车上的其他人，但货币交换仍然很重要。这里没有"共同所有权"。总的来说，拼车服务的特点是"平衡地共享与交流"，略接近"共享特征"。

（3）Uber 出租车服务的特点是"平衡的共享和交流"。在这里，普通驾驶员可以通过应用程序预订乘客。货币交换占主导地位，互动时间很短。驾驶员将自己的私家车作为资源共享，但没有共同所有权。

（4）传统的出租车服务被归类为一种"纯交换"形式，几乎没有共享特征。与出租车司机的私人联系是存在的，但受到限制，而且，乘客与出租车司机建立社交联系并不常见。相反，该服务是一种平衡的交换。出租是按计算好的价格执行的。

（5）从汽车经销商处购车——在汽车经销商处单独购车的情况具有"纯交换"的所有特征。

图 4.6 对汽车共享和类似优步、来福车（Lyft）等乘车共享模式进行了区分。但在未来的自动驾驶技术中，这些模式的区别将会随着人类驾驶员的消失而消失。

汽车制造商（销售汽车）遵循传统的双边市场模型。价值是在供应链的过程中创造的，并随着价值链从供应商到客户的每个步骤而增加。在传统的 B2B2C 设置中［例如，家乐氏将早餐麦片出售给零售商——乐购（英国），最后出售给最终客户］，零售商与最终买家（最终客户）存在着二元销售关系。但是，供应商、家乐氏公司与最终的客户却通常没有直接互动。因此，常规的双边市场将重点放在具有多种选择的产品上，而收入则来自销售。与此相反，在共享经济中，供应商（服务提供商）期望提供高质量的服务，因为其本身提供有价值的资产（如汽车），并会亲自参与交易。

移动服务的推动者是传统的服务提供商。在出租车中介平台，它们是供应商。乘车共享和出租车应用程序（如优步）始终通过平台的基础结构来执行，该平台至少连接着两个人，而中间则是启用服务的平台（见图 4.7）。

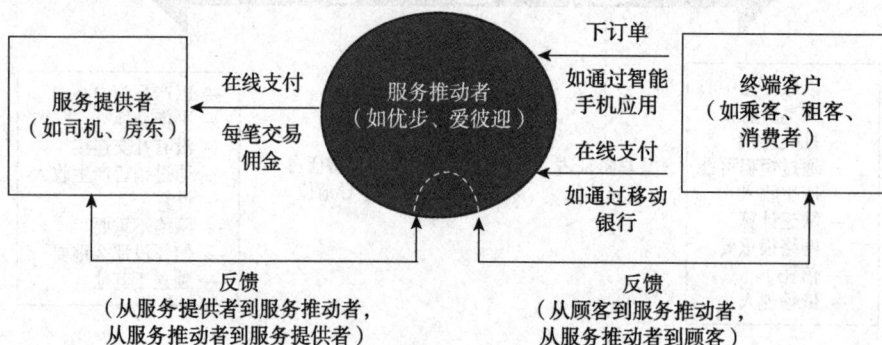

图 4.7 共享经济的商业模式——平台途径

来源：基于 Kumar et al. (2018)。

对于最终客户而言，便利性和低成本是关键。便利性的关键方面是通过集成在用户界面中的数字技术、易于付款（通过智能手机付款）、产品或服务的可用性，以及较短的响应时间来实现的。数字技术提供的便利性通过将最终客户引向服务支持者的平台来创造网络效应。对服务的需求主要由服务支持者产生。这些因素也将服务提供商吸引到该平台。最终，共享经济通过成功地匹配时间和金钱实现了价值交换。它通过便利性为客户节省了时间（通常还节省了成本），为提供资产的服务提供商创造了货币价值，从而也为客户提供了时间和金钱。

再次考虑移动性/运输平台服务。对于所有较新的移动应用程序服务来说，网络社区贡献的资源为整体服务创造了价值。它们受益于不同类型的网络效应，这甚至适用于被归类为服务提供商的汽车共享提供商。共享经济平台成功的关键在于建立大量的服务提供商和最终客户，并保障服务质量（见图 4.7）。首先，每个汽车共享提供商都需要克服既要达到一定数量的用户，又要达到一定数量的汽车的挑战。签约的成员越多，车队的扩展和地理覆盖范围就越大。因此，可用于整个网络的汽车数量也会更多。更大的车队规模及覆盖范围反过来又激发了更多的人注册。随着两者的数量增加，使用该服务的吸引力也会增加。签署更多的会员后，移动服务可以得到更广泛、更有效和更精确的使用，从而产生积极的直接网络效应。然而，如果太多的会员想要在高峰时段或周末使用汽车，也会导致负面的直接网络效应，如部分服务不可用的情况，这会使用户的自发性丧失和感知价值下降。

在传统的营销模式中，品牌直接与消费者进行交流，并引导他们进入销售渠道。而在共享经济中，消费者的决定在很大程度上受同行的评论和声誉的影响。因此，营销人员还应通过允许消费者成为品牌塑造的共同创造者来帮助他们体验品牌，并鼓励用户之间口口相传。

4.6 可持续的全球价值链

由于价值链包括"将产品从概念推向市场"的所有必要活动。因此，它包括产品开发、生产的不同阶段，如原材料的提取，半成品、组件的生产和组装、分销、销售，甚至回收。由于这些活动可能分布在几个不同的公司和国家中，因此，企业价值链能够成为全球性的活动。

为了使价值链也具有战略意义，波特和克莱默（Porter and Kramer, 2006）提出，企业社会责任（CSR）应有助于企业价值链实践，或改善企业的竞争力。在此示例的基础上，企业可以对其 CSR 项目计划进行设计，使 CSR 活动通过助力企业主要活动或支持性活动的开展来构成公司价值链的一部分。此类 CSR 计划可以帮助企业确保原料供应稳定、降低运营成本、改善物流效率，以及为企业价值链的营销和销售功能做出贡献。同样，企业也可以更为精巧地计划其 CSR 活动，为诸如采购和公司价值链的人力开发等支持性活动做出贡献。

公司的价值链不可避免地会影响某些社会问题，反过来又会受这些问题的影响。如自然资源和水资源的使用、健康与安全问题，以及员工的工作条件。波特和克莱默（Porter and

Kramer，2011）在一篇文章中介绍了共享价值的概念。共享价值创造侧重于识别、扩大社会价值与公司增值的联系。共享价值可以被定义为能够增强公司竞争力，同时又能在其所在的经营社区提升社会价值的系列策略和运营实践。实际上，即使没有法规和资源税，许多所谓的外部性也会增加公司的内部成本。产品的过度包装和温室气体的排放不仅会对环境造成巨大影响，而且会使公司付出巨大的代价。因此，降低这些成本将为企业带来"共享价值"。

波特和克莱默（2011）以沃尔玛的举措为例。在 2009 年，沃尔玛通过减少包装和重新安排卡车运送时间来解决上述两个问题，不仅减少了 1 亿英里（1 英里=1609.344 米）的运送路线，而且在运送更多产品的同时节省了 2 亿美元。沃尔玛商店所使用的新型塑料的处理方式还为垃圾掩埋场节省了数百万美元的处理成本。

4.7　CSR（企业社会责任）

传统的公司范式始终支持一种牢固的外部客户关系，因为客户购买公司的产品，并最终将利润交付给股东。CSR（企业社会责任）的概念已成为市场营销文献中一个相对明显的现象，目前已将基于客户营销的狭义概念转变为更广泛的企业层面的营销概念。

对企业社会责任的普遍理解是基于利益相关者期望的概念，这是公司营销的重要考虑因素。这意味着组织是在一个由不同利益相关者所组成的网络中运作，这些利益相关者能够直接或间接地影响到该组织。因此，企业社会责任的范围应集中在组织应避免伤害，以及改善利益相关者和社会福祉的承诺上。

企业社会责任包括许多企业活动，这些活动关注除投资者以外的利益相关群体的福利，如慈善团体和社区组织、员工、供应商、客户和子孙后代。

在 20 世纪 90 年代，耐克（Nike）被指控涉嫌多个亚洲血汗工厂问题。耐克通过在Nikebiz.com 网站上强调其致力于在经济上赋予欠发达国家妇女某种力量的承诺，向消费者传达了耐克的核心价值观，从而间接回应了媒体对其经常容忍亚洲女职工的人权被侵犯的指控。Nikebiz.com 成功地将耐克与那些致力于为亚洲和非洲贫困妇女的生活带来积极改变的工作联系在了一起（Waller and Conaway，2011）。

企业社会责任活动的一个重要类别包括"绿色"生产实践，如节约能源、减少排放、使用再生材料、减少包装材料，以及从地理位置靠近制造工厂的供应商那里采购材料。例如，沃尔玛于 2006 年宣布了一项计划，旨在评估供应商减少包装的能力，其目标是在 2008—2013 年期间减少总包装量的 5%。同样，惠普公司为客户提供免费的碳粉盒回收服务（Sprinkle and Maines, 2010）。

不同国家、地区、社会和社区对企业社会责任的定义，以及企业社会责任应包含的行动内容不同。企业社会责任的一个非常宽泛的定义可能是企业回馈当地或国家的经济发展，以弥补它曾消耗的社会资源。企业社会责任的很多定义都包含了管理实践，即将管理的内部圈子与整个社区的外部圈子联系起来。而且，管理者以对社会产生全面、积极影响的方式，直接影响着公司管理业务流程的能力。

因此，企业社会责任的概念指这样一种信念，即现代企业对社会负有责任，而不仅仅是将利润交付给公司的股东或投资者。其他社会利益相关者通常包括消费者、员工、整个社区，以及政府和自然环境。CSR 的概念适用于各种规模的组织，但讨论的焦点却倾向于集中在大型组织上，因为它们往往更加显而易见，且具有更多的权力。正如许多人所观察到的那样，权力伴随着责任。

　　企业的社会责任必须根植于其资源基础（另请参见图 4.3），这意味着公司的短期收益必须在其长远的战略思考中占据明显的第二位。示例 4.2 显示了一家公司（Chiquita），该公司设法将这种长远眼光整合到其资源基础中，从而提高其国际竞争力。

示例 4.2

Chiquita——将企业社会责任整合在资源基础上

　　美国水果和蔬菜生产商 Chiquita 的例子，便是证明公司在将其企业社会责任活动成功融入品牌实践当中后，收获投资回报的典型示例。Chiquita 作为世界上最大的香蕉进口商之一，它监管着当地错综复杂的劳工关系。在预计到其欧洲业务将受低价竞争对手的威胁后，Chiquita 开始围绕道德资质全面整改其基础采购设施。这一过程从 1992 年开始，耗资 2000 万美元，直到 2000 年，由激进组织热带雨林联盟（Rainforest Alliance）进行认证后达到高潮。然而，直到 2005 年，它才开始积极地向消费者传达可持续发展和责任的信息。

　　许多战略导致失败，很重要的一方面可能是因为企业部署其资源基础对外部利益相关者来说太过明显。企业社会责任战略也不例外。企业在采纳 CSR 战略后，与所有商业工具一样，为了取得成功，企业必须对其进行适当的监控。

　　对于 Chiquita 而言，这一持续的评估过程是整个链条的重要组成部分。

　　1998 年，Chiquita 的整个拉丁美洲业务因所谓的"危险和非法商业行为"而被秘密调查，Chiquita 高管们震惊地看到，他们的公司在报纸上轰动一时。Chiquita 必须对其整个业务进行彻底的审查。

　　Chiquita 的首席执行官宣布了他致力于在责任管理方面取得新突破的承诺，并承诺该公司将做的不仅仅是修复媒体带来的损害。十年后，尽管公司管理层发生了变化，但 Chiquita 的 CSR 政策仍在全面实施，其长期国际竞争力也得到了改善。

　　同时，Chiquita 还与当地和国际食品联盟签署了一项全球协议，并采用可持续农业技术，允许其产品通过环境和其他标准认证。

来源：基于 Curtis (2006)、Economist (2012)。

　　在下文中，我们将分析某些特定条件。在这些条件下，可持续的全球价值链（SGVC）可能会获得国际竞争力。在这里，我们使用国际竞争力的底线定义：只要公司的产品能够在出口市场上获利销售，那么，其全球价值链就具有国际竞争力。此外，我们将 SGVC 定义为全球价值链，其中，产品和生产过程源自环境、社会或经济方面的问题与实践。由于可持续发展和企业社会责任方面的文献越来越多，因此，我们认识到，需要识别具有不同特殊性的多种不同类型的 SGVC（这与特定的社会或环境问题有关）。

　　如果公司参与 CSR 活动会导致其收入增加或成本减少，那么，CSR 活动就能够为企业产生附加值（图 4.8）。

主要价值驱动因素　　　　次要价值驱动因素

企业社会责任增值

企业社会责任收益
- 由企业社会责任引起的收入增加
  - 销量增长
  - 企业社会责任赠款和补贴
- 由企业社会责任引起的成本降低所节省的费用
  - 内部成本节约
  - 税务和关税的降低

主要价值驱动因素　　　　次要价值驱动因素

企业社会责任成本
- 一次性的企业社会责任成本
  - 一次性捐赠
  - 投资成本
  - 其他一次性的企业社会责任成本
- 连续性的企业社会责任成本
  - 持续性捐赠
  - 小费
  - 个人成本
  - 原料成本

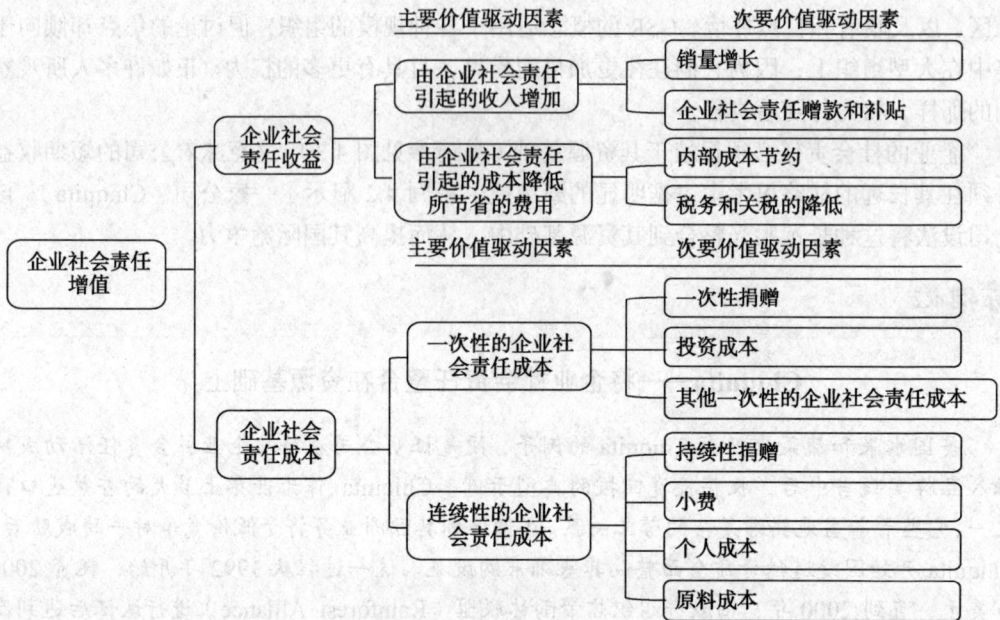

图 4.8　CSR 增值的驱动因素

来源：改编自 Weber, M. (2008) 'The business case for corporate social responsibility: a company-level measurement approach for CSR', European Management Journal, 26, 4: 247–261. 经 Elsevier 许可复制。

4.7.1　CSR 收益

企业社会责任所引起的收入增加可能来自于公司的某些额外销售额，这些额外销售额往往由公司的销量、价格或利润的提高而导致。无论是销量、价格，还是企业利润，均可以通过与公益事业有关的营销活动、特定的 CSR 产品线的变革，或赢得公开招标的可能性增加（如企业使用某些环保技术）来提高。企业社会责任导致的收入增加也可以指企业社会责任的补助和补贴。企业销售额可能会因以下原因而增加。

（1）更好的分支价值。

（2）更好的客户吸引力和保留率（更高的再购率，更高的市场份额）。

（3）更高的就业吸引力（每个空缺职位的申请更多，更高的雇佣率）。

（4）更高的员工积极性和忠诚度（更低的波动率和旷工率）。

企业社会责任引起的成本减少，既可以归因于效率提高带来的内部成本节省，也可以归因于企业与特定的社会责任相关方合作而引发，例如，与向公共当局等关键利益相关方提供知识或联系的非政府组织（NGOs）合作。这种合作能降低企业在产品或市场开发等方面的成本。成本的节省也可能来自政府为促进企业社会责任活动的实施而给予的税收减免或某些关税减免，如对环保技术的税收减免。

在评估企业社会责任的收益时，管理人员需仔细考虑所涉及的时间段。由于企业社会责任收益的呈现通常存在一段时间的滞后，因此，对此收益的评估应持续较长的时间。如上所述，对于某些 CSR 收益而言，我们很难将 CSR 的影响与其他影响因素分开，在这种情况下，对补充数据及企业社会责任关键绩效指标的评估可能会有必要。

4.7.2 CSR 成本

一次性的企业社会责任成本包括一次性的捐赠，如向非洲各地饱受饥荒折磨的受害者捐赠食品。一次性的企业社会责任成本还包括投资成本，如安装某种超出法律要求的烟雾过滤器，以及由企业社会责任范围内的其他活动所引起的一次性费用。

长期的企业社会责任成本包含企业持续支持某项事业所进行的捐赠，以及使用某些标签或专利的许可费等需长期支付的费用。此类长期成本还包括经常性的人员和材料成本，如协调企业社会责任项目的管理者的成本，或制作与公益事业有关的宣传材料的材料成本。

使用传统的成本会计系统来评估企业社会责任成本通常是困难的，因为这些体系并不区分企业社会责任成本和非企业社会责任成本。传统的成本会计根据数量指标（如产量）为产品分配间接费用。

作为企业价值链和竞争力，构建中的企业社会责任履行包含了很多实际活动，但其他企业社会责任活动也可以为企业提供新的商机，这些方面将在接下来的两节中进一步探讨。

社会存在大量不同类型和严重程度的社会和环境问题。两个主要问题及随之而来的商业市场机会：贫困和环境恶化，"绿色"市场正在广泛传播。贫困是对子孙后代健康生存的威胁。但这两个问题也可以创造商机，这在霍伦森（Hollensen，2010）的文献中有进行进一步讨论。

4.8 价 值 网 络

价值链分析（第 4.4 节）是一个线性过程，许多公司忽略在价值链之外进行投入，而可能重视在价值链活动的不同阶段进行投入（Neves，2007）。因此，现实情况是，价值链变成了一个价值网络，即一组相互关联的实体，它们通过一系列复杂的关系促进整体的价值创造，最终得到所谓的价值网络（Brandenburger and Nalebuff, 1996; Teng, 2003; Holmberg and Cummings, 2009）。价值网络指公司与供应商和客户（垂直网络合作伙伴），以及互补者和竞争对手（水平网络合作伙伴）协作地进行价值创造。

价值网络揭示了两个基本对称性。在纵向上，客户和供应商是创造价值的平等伙伴。另一种对称性是竞争者和互补者的水平对称性。竞争者的镜像是互补者。对一种产品或服务的补充是使其更具吸引力的任何其他产品或服务，如计算机硬件和软件、热狗和芥末、目录和隔夜送货服务、红酒和干洗店。价值网络可帮助您全面了解您的竞争对手和互补者。谁是参与者，角色是什么，以及其之间存在怎样的相互依存关系？重新审视"谁是你的朋友，谁是你的敌人"的传统智慧，我们建议您彻底了解您的业务，并与其他参与者共同建立价值网络。

如图 4.9 所示，我们还可以思考不同的参与者是如何为整个全球价值链增加价值的。例如，瑞典家具巨头宜家提供了一个顾客价值共创的例子。零售商能够使客户减少购买家具的费用，但也鼓励他们自己运输，然后组装家具。与传统的家具店相比，宜家的商业模式非常依赖客户的价值创造（Michel et al., 2008）。霍

扩展阅读 4.3 竞争关系的三个航空联盟

伦森（Hollensen，2010）进一步解释和讨论了"价值网络"的概念。

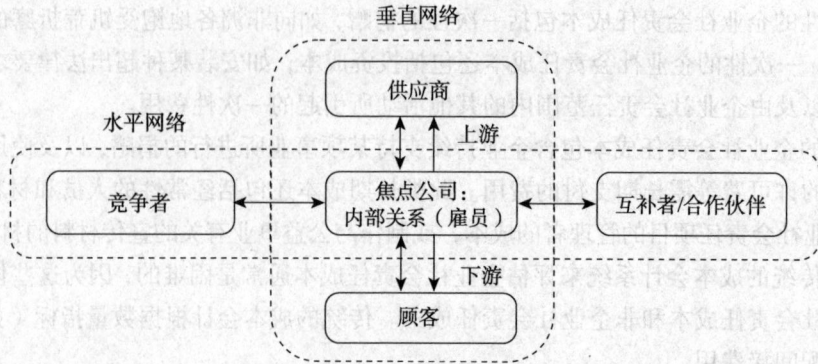

图 4.9　价值网络

4.9　蓝海战略和价值创新

金和莫博涅（Kim and Mauborgne, 2005 a, b, c）以海洋作比来描述组织所面临的竞争空间。红海指企业经常进入的市场，在这些市场中，产品有明确的定义，竞争对手已知，且竞争行为是基于价格、产品质量和服务进行的。换句话说，红海是一个古老的范例，代表了所有现存的产业。在成熟行业中，激烈的正面竞争往往只会导致竞争对手在血腥的红海中争夺不断缩小的利润池。

相比之下，蓝海则表示产品尚未有明确定义、竞争对手尚未结构化、市场相对未知的竞争环境。蓝海中的公司是那些通过专注于开发引人注目的价值创新，创造无竞争的市场空间，从而在竞争中获胜的公司。蓝海战略的采纳者认为，公司为寻求持续的盈利增长而进行正面竞争已不再有效。

在迈克尔·波特（1980, 1985）的著作中，公司为竞争优势而战，为市场份额而战，为差异化而战。蓝海战略家们认为，激烈的竞争只会导致一片血腥的红海，竞争对手会为了不断萎缩的利润池而展开血腥的竞争。蓝海指通过识别一组未被服务的客户，然后向他们提供一个引人注目的新价值主张而创建的市场空间。蓝海市场的建立得益于资源的重新配置，这样能以较为经济的成本更好地平衡客户需求。这与红海市场截然相反，红海市场的定义是明确且竞争激烈。

蓝海战略不应是一个静态的过程，而应是一个动态的过程，如 Body Shop。在 20 世纪 80 年代，它非常成功，它没有与大型化妆品公司正面竞争，而是为天然美容产品创造了一个全新的市场空间。在 20 世纪 90 年代，Body Shop 也曾陷入困境，但这并没有削弱其最初战略行动的卓越性。它的天才之处在于能够在一个历来以魅力为主要特点的激烈竞争的行业中创造出全新的市场空间（Kim and Mauborgne, 2005b）。

金和莫博涅（Kim and Mauborgne, 2005a）对横跨 100 多年（1880—2000 年）和 30 个行业的 150 项战略行动进行了研究。他们将这一战略与传统战略框架区分开来的第一点是，在传统的商业文献中，公司是分析的基本单位，而行业分析是定位公司的手段。他们的假设是，由于市场的吸引力水平不断变化，因此，公司的业绩水平也随着时间的推移而变化，这是公司特定的战略举措，并不能构成公司本身或行业的特征，这才是衡量红海和蓝海战略差异的正确标准。

金和莫博涅认为，未来，领先公司的成功方式将不再是与竞争对手的激烈争斗，而是选择执行某项战略举措，他们称之为价值创新。价值创新是一种业务增长的战略方法，意指从关注现有竞争转向尝试创造全新市场。价值创新可以通过专注于创新和创造新的市场空间来实现。

价值与创新的结合不仅仅是营销和分类定位。价值创新有后续效应。没有创新的价值往往专注于增量规模的价值创造，而没有价值的创新往往是技术驱动的、市场开拓性的，或未来主义的，往往会超出买家愿意接受和支付的价格。传统的波特逻辑（1980, 1985）导致公司只在边际上竞争增量份额。而价值创新的逻辑始于通过提供巨大的价值飞跃来主导市场的雄心。许多公司通过保留和扩大客户群来寻求增长。这通常会导致更精细的细分和更多的产品定制，以满足特殊需求。有别于关注客户之间的差异，价值创新者会在客户重视的某些特征上建构强大共性（Kim and Mauborgne，1997）。

价值创新通常以客户为中心，但并非完全如此。像价值链分析一样，它平衡了交付价值主张的成本和买方的价值，然后解决了交付的价值和所涉及的成本之间的权衡困境。成本的消除或减少是由于客户认为企业提供的产品没有价值或价值更低，而不是企业为减少与交付相关的高成本而去损害客户想要的价值。这是一个真正的双赢解决方案，它创造了令人信服的主张。客户以更低的价格得到他们真正想要的东西，而卖家通过减少启动或运营交付成本来获得更高的投资资本回报率。这两者的结合是蓝海市场创造的催化剂。

价值创新分析的输出是行业中不同营销人员的价值曲线（在金和莫博涅的文献中也称为"战略画布"）。这些不同的价值曲线为公司提出了四个基本问题。

（1）哪些因素应该降低到远低于行业标准？

（2）被行业认为应理所当然予以消除的因素包含哪些？

（3）哪些因素应提高到远高于行业标准？

（4）应创造哪些行业从未提供过的因素？

这四个问题可以简化为实现价值创新的两个简单策略（见图 4.10）：

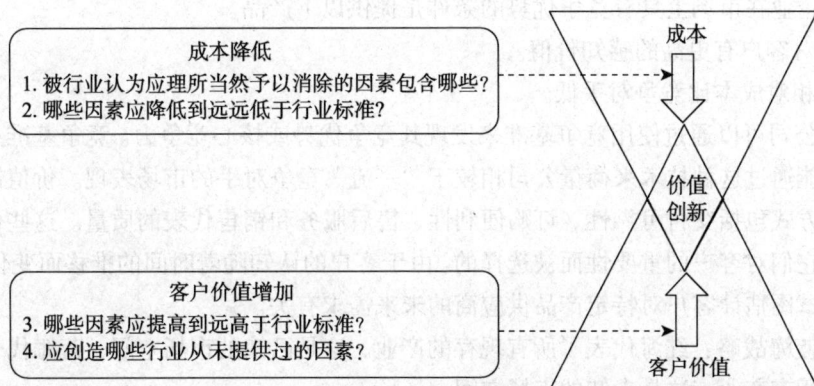

成本降低
1. 被行业认为应理所当然予以消除的因素包含哪些？
2. 哪些因素应降低到远远低于行业标准？

成本

价值创新

客户价值增加
3. 哪些因素应提高到远高于行业标准？
4. 应创造哪些行业从未提供过的因素？

客户价值

图 4.10 蓝海战略框架

（1）降低成本（1和2）。

（2）增加客户价值（3和4）。

当两种策略同时实现时，图4.10中的"重叠"区域会更高（增加"价值创新"）。

由此产生的新价值曲线能确定公司是否正在进入"蓝海"。

"蓝海战略"推出十年后，金和莫博涅评估了他们与管理人员就执行市场创造战略所面临的障碍而进行的多次对话。他们发现，虽然管理者的心智模式有助于做出对企业生存至关重要的决策，但同时也会削弱以新方式思考从而创造新市场的能力。因此，管理者的心智模式可能会造成"红海陷阱"，并将管理者锚定在红海中，进而阻碍他们进入无竞争的市场空间，以及包含丰富新机遇的"蓝海"。

4.10　总　结

本章的重点是企业如何在国际市场上创造和发展竞争优势。三阶段模型可以让我们从更广阔的视角来理解企业国际竞争力的发展。

（1）国家竞争力分析（波特钻石模型）。

（2）竞争分析（波特五力模型）。

（3）价值链分析：竞争三角、基准。

1. 国家竞争力分析

从宏观层面开始分析，波特钻石模型指出，母国的特征在公司的国际成功中起着核心作用。

2. 竞争分析

下一个阶段是进入竞争的竞技场，其中，公司是分析的主体单位。波特的五力模型表明，一个行业的竞争根植于其潜在的经济结构，并超越了当前竞争者的行为。竞争的状态取决于五种基本的竞争力量，它们决定了一个行业的利润潜力。

3. 价值链分析

在相同的竞争水平上（在行业竞争者中），是什么创造了竞争优势。根据竞争三角可以得出，企业在市场上具有竞争优势的条件是提供以下产品。

（1）对客户有更高的感知价值。

（2）相对成本比竞争对手低。

一个公司可以通过使用竞争基准来发现其竞争优势或核心竞争力。竞争基准是一种技术，客户能通过这种技术来衡量公司相较于"一流"竞争对手的市场表现。价值链中可采用的衡量方式包括交付可靠性、订购便利性、售后服务和销售代表的质量。这些价值链活动是基于它们对客户的重要性而被选择的。由于客户的认知随着时间的推移而变化，因此，这可能与试图估计客户对特定产品供应商的未来需求有关。

根据蓝海战略：红海代表了所有现存的产业，这是已知的市场空间；蓝海代表了现今不存在的所有产业，这是未知的市场空间。

在红海中，行业边界被定义和接受，游戏的竞争规则是已知的。在这里，企业试图超越竞争对手，以在现有需求中获得更大的份额。随着市场空间变得越来越拥挤，利润和增长的前景也会降低。产品变成了商品，残酷的竞争让红海变得血腥。

相比之下，蓝海则由未开发的市场空间、需求创造和高利润增长的机会所定义。虽然蓝海会偶尔超出现有的行业界限，但大多数蓝海市场仍是通过扩大现有的行业界限来形成的。在蓝海市场中，竞争是无关紧要的，因为游戏规则等着市场中的企业来设定。

一旦一家公司创造了一片蓝海，那么，它就应采取在蓝海中尽可能游得更远，使自己成为一个移动的目标，与潜在的模仿者保持距离，并在这个过程中通过阻止竞争者等措施，延长自己的利润和业务增长空间。这样做的目的是尽可能长时间地控制蓝海中的模仿者。但是，当其他公司的战略集中到你的市场上，蓝海因激烈的竞争而变成红海时，公司需要创造一个新的蓝海市场来再次摆脱竞争。

案例研究 4.1　　　　案例研究 4.2　　　　案例研究 4.3

问题讨论

1. 国家竞争力分析如何解释单个企业的竞争优势？

2. 确定用于分析竞争对手的优势和劣势的主要维度。需要单独分析本地、区域和全球竞争对手吗？

3. 一个劳动力成本高的国家如何提高国家竞争力？

4. 作为可口可乐的国际市场营销经理，你将如何监测世界各地对百事这样的主要竞争对手的反应？

参考文献

第 I 部分案例研究

案例研究 I.1　　　　案例研究 I.2　　　　案例研究 I.3

第 Ⅱ 部分

决定进入哪些市场

第 Ⅱ 部分　内容

第 5 章　国际市场研究

第 6 章　政治与经济环境

第 7 章　社会文化环境

第 8 章　国际市场选择过程

第 Ⅱ 部分　案例研究

Ⅱ.1　SodaStream：在竞争日益激烈的全球环境中实现盈利增长

Ⅱ.2　劳力士：豪华手表制造商在世界市场上正面临日益激烈的竞争

第 Ⅱ 部分　简介

在走出国际化经营的第一步（即做出是否国际化的决定）之后，本部分将着手解决如何选择"正确的"国际市场的过程。该过程包括四个步骤。首先，第 5 章介绍的分析内部和外部环境的最重要的国际营销研究工具。然后，政治与经济环境分析（第 6 章）和社会文化环境分析（第 7 章）被用作选择过程的要素和计算输入过程。该过程的输出是企业应选择到合适的海外的潜在目标市场。该目标市场是发展国际营销组合的基础（见第 Ⅳ 部分）。第 Ⅱ 部分的结构如图 Ⅱ.1 所示。

第 5 章提出研究工具。第 6 章和第 7 章的要素分析为跨国公司以下的国际市场经营活动创造必要的条件。第 8 章介绍国际市场选择过程。

第一，选择正确的国际市场（第 8 章）。

第二，进行国际市场营销组合选择，以开发该国际市场。

第 6 章和第 7 章的讨论将限于影响市场和买方行为的主要宏观环境方面，从而影响跨国公司的国际市场营销组合选择。

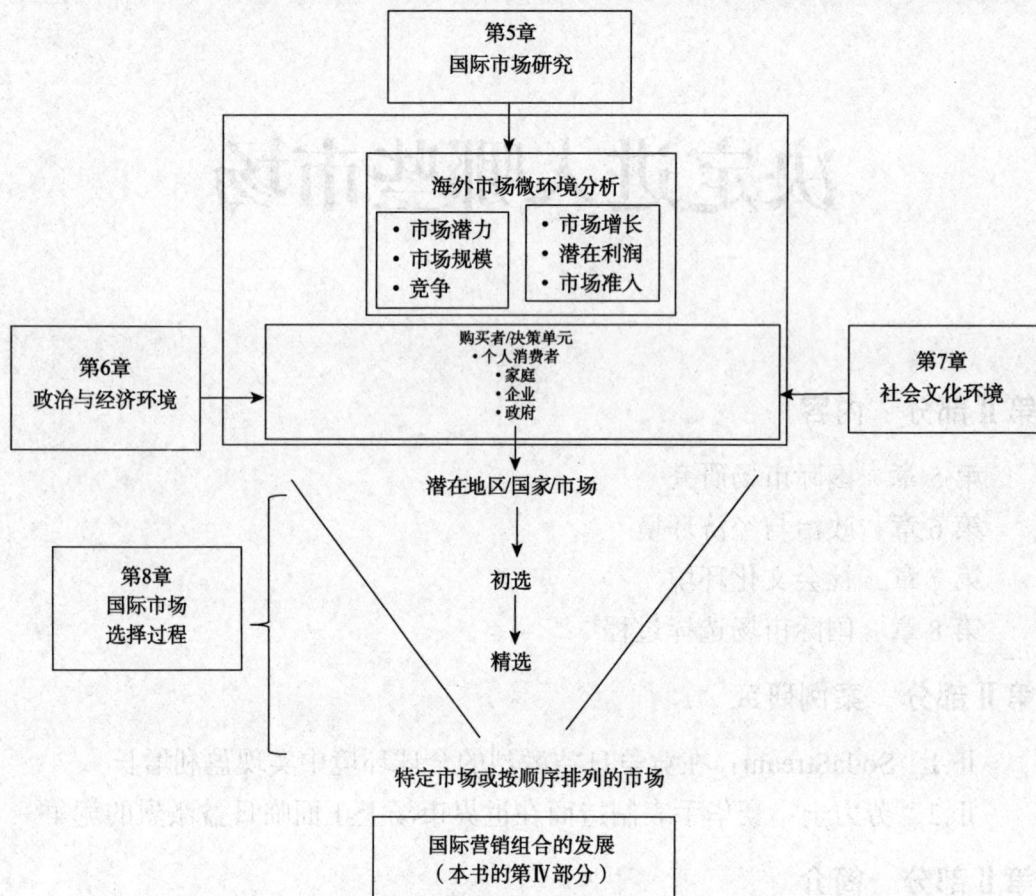

```
                        ┌─────────────────┐
                        │      第5章        │
                        │   国际市场研究    │
                        └─────────────────┘

                   ┌──────────────────────────────┐
                   │        海外市场微环境分析        │
                   │  ┌──────────────┬─────────────┐ │
                   │  │ • 市场潜力    │ • 市场增长   │ │
                   │  │ • 市场规模    │ • 潜在利润   │ │
                   │  │ • 竞争        │ • 市场准入   │ │
                   │  └──────────────┴─────────────┘ │
  ┌──────────┐     │  ┌──────────────────────────┐  │    ┌──────────┐
  │  第6章    │────▶│  │      购买者/决策单元        │  │◀───│  第7章    │
  │政治与经济环境│    │  │  • 个人消费者              │  │    │社会文化环境│
  └──────────┘     │  │  • 家庭                   │  │    └──────────┘
                   │  │  • 企业                   │  │
                   │  │  • 政府                   │  │
                   │  └──────────────────────────┘  │
                   └──────────────────────────────┘

                         潜在地区/国家/市场

                              初选

  ┌──────────┐
  │  第8章    │              精选
  │ 国际市场   │
  │ 选择过程   │
  └──────────┘

                     特定市场或按顺序排列的市场

                        ┌─────────────────┐
                        │  国际营销组合的发展 │
                        │ （本书的第Ⅳ部分）  │
                        └─────────────────┘
```

图 II.1　第 Ⅱ 部分的结构和流程

第 5 章

Global Marketing (Eighth Edition)

国际市场研究

学习目标

通过学习本章，学生应该能够做到以下几个方面。
- 在全球视野中解释一个完备的国际信息系统对跨国营销工作的重要性；
- 理解将企业全球市场调研与公司决策过程联系起来的重要性；
- 识别收集和使用全球市场调研数据的关键问题；
- 正确区分全球市场研究中的不同研究方法、数据来源和数据类型；
- 用定性市场研究方法讨论、识别全球市场研究中的机会和问题；
- 熟练运用在线调研方法进行在线调研；
- 理解互联网作为国际市场营销研究数据来源的重要性；
- 理解社交网络和其他在线社区作为信息来源的日益重要的作用。

5.1 导　　论

信息，尤其是国际信息，是企业成功实施国际营销战略的关键因素。由于对其他国家的客户、竞争对手和东道国市场环境缺乏较高的熟悉度，加之国际市场日益复杂和多样化，因此，收集这些信息对企业来说，在国际化经营方面变得越来越重要。

与只需关注国内市场环境变化不同，国际市场研究要求管理者必须对一国（或多国）的市场环境非常熟悉，并深谙这些国家的市场环境变化规律。但是，说着容易做着难。一方面，外国市场环境本身就比较复杂多变；另一方面，这些环境的变化会与国内环境变化交织在一起，对企业跨国经验决策产生影响。在实践中，企业（即便是大型跨国企业）很难对其跨国经营中的所有环境要素进行全面掌握和分析，只能"摸着石头过河"。与此相对应，企业（即便是大型跨国企业）的国际营销战略决策往往也只是涉及企业掌握的有限资源和事项在不同国家之间的非最优化分配。

国际市场营销研究的主要功能是设计、制造和销售满足多国消费者需求的产品或服务，而非简单地销售任何最容易制造，但不为全球消费者需要的产品。因此，跨国企业必须通过国际市场调查和/或通过建立决策支持系统来评估全球客户的现实需求和潜在需求，只有这样，跨国企业的管理层才能通过对客户需求的满足来有效指导其营销活动。

"市场研究"（marketing research）一词指收集、分析信息，呈现信息背后反映的问题及解决方案的系统性活动。因此，市场研究的重点是围绕某个特定问题或项目收集和分析信息。与企业决策支持系统（DSS）和营销信息系统（MIS）不同，市场研究与特定的问题相关，后两者只与收集、分析信息相关。在实践中，企业决策支持系统和信息管理系统通常很难区分，经常互换使用。但问题导向使市场研究在企业战略管理上的层次远高于决策支持系统和信息管理系统。在本章最后，本书倡议为企业建立一个基于国际市场研究的国际信息管理系统。

5.2　国际营销研究者角色的变化

国际营销研究主要是为企业国际营销决策提供帮助，它是一种有助于减少因外部环境变化多端，以及企业对国际市场环境缺乏了解而造成决策失误和决策风险的有效工具。国际营销研究确保营销管理者的决策建立在对市场环境及其变化规律深入了解的基础上，并将战略思考集中在国际市场的消费需求及其变化上，而不是具体产品上。

早期的营销研究仅仅被认为是一项行政职能，而非企业的一种线性职能，营销研究者和营销管理者之间很少互动和沟通，也不参与营销决策。同样，市场信息的外部提供者与营销管理者之间也很少互动。然而，随着新千年的到来，营销研究和营销活动之间的界限，以及营销研究者与营销管理者的区别越来越模糊。

随着这种界限的模糊，营销管理者越来越参与到营销研究中，这使得营销研究越来越成为一种线性功能，而非仅仅是一项行政职能。而且，这种趋势在未来还会持续，甚至加速，"信息感知和信息响应"越来越成为企业经营的方法和特征。因此，传统营销研究者只负责为管理者撰写演示稿和报告已成为过去。从营销研究者向营销研究者与营销决策者融为一体的转变已经开始。一些最具效率的客户满意度研究人员不仅参与企业决策，而且作为团队的一部分被部署负责推行组织变革，以响应客户满意度调研所反映的问题。

更好的决策工具和决策支持系统的可用性正在促进营销研究者向营销决策者转变。现在，高层管理人员可以从世界各地的计算机和互联网站点直接访问企业内部和企业外部的二手数据。在这个信息收集成本极低的时代，优秀的营销研究人员可以成为优秀的营销经理；反之亦然。

5.3　国际市场营销研究与营销决策程序的链接

在企业内部，国际市场营销调研与决策过程应联系起来。要认识到，形势的改变须采取某种行动，是决策过程的启动因素。

尽管大多数企业已认识到国内营销调研的必要性，但它们并未全面认识到国际市场营销调研的必要性。大多数中小型企业（SME）在进入国外市场之前并没有进行相应的国际市场调研。这些企业是否进入一个海外市场、是否扩展到一个海外市场，以及是否与某个海外经销商合作以进入某国市场，其决定通常是在企业管理者主观评价的基础上做出的。

与大型企业（LSE）相比，中小型企业的国际营销调研往往不严谨、不正式、不定量。此外，一旦中小企业进入海外市场，它们大概率会停止对该海外市场的任何研究。因此，许多企业市场管理者似乎认为相对于国内市场研究，全球市场的研究不那么重要。

很多企业不愿意参与国际市场营销研究的一个主要原因是对跨文化客户的品位和偏好缺乏敏感性。它们对全球市场研究和营销决策支持系统应提供哪些信息以帮助它们制定科学的国际市场营销决策缺乏应有的认知。

表 5.1 根据国际市场营销战略决策的主要阶段，总结了各阶段国际市场营销的主要研究任务。可以看出，每个阶段都需要内部（企业的）的和外部（市场的）的数据。企业内部信息系统在为营销决策提供数据方面的作用经常被忽视。

表 5.1　主要国际市场营销决策所需的信息

国际市场营销决策阶段	信 息 需 求
阶段一：决定是否进行国际化	1. 针对所生产产品评估全球市场机会（全球需求） 2. 针对国际化的管理承诺 3. 相对于当地或国际竞争者的企业竞争力 4. 国内市场机会与国际市场机会的对比
阶段二：决定进入哪个海外市场	1. 基于国家或地区市场潜力的世界市场进行排名 2. 本地竞争 3. 政治风险 4. 贸易壁垒 5. 与潜在市场的文化和心理距离
阶段三：决定如何进入海外市场	1. 产品的性质（标准产品与复杂产品） 2. 市场或细分市场的规模 3. 潜在中介商的行为 4. 地方企业的竞争行为 5. 市场运输成本 6. 当地政府要求
阶段四：设计国际市场营销方案	1. 买家行为 2. 企业竞争实践 3. 可用的产品分销渠道 4. 媒体和产品宣传渠道
阶段五：国际市场营销方案的实施和控制	1. 不同文化中的谈判风格 2. 按产品线、销售队伍、客户类型和国家或地区划分的销售额 3. 产品的边际贡献 4. 每个细分市场的边际营销费用

本书的不同部分和不同章节详细讨论了不同类型的信息如何影响主要决策。这些信息除了有内部和外部数据的分类外，还有原始数据和二手数据之分。

（1）原始数据。这类数据可定义为第一手收集的信息，这类信息为回答当前特定研究问题而量身定制的原创研究生成。原始数据的主要优点是信息的具体性、聚焦性、相关性和时效性。原始数据的缺点是数据收集成本高、耗时长。

（2）二手数据。这类数据指已经为第三方收集，且用于其他用途的信息。对于研究者来说，这类数据很容易获得。主要的缺点是数据在性质上通常是一般性和发散性的。二手数据的优点是数据收集成本低、耗时短。二手数据研究经常被称为案头研究。

本章后面将更详细地讨论原始数据和二手数据。如果将内部数据和外部数据的分类与原始数据和二手数据的分类结合起来，则可以将用于分析国际营销研究的数据分为四个象限。图 5.1 提供了一种途径，即通过对指标变量进行分类来回答下列营销问题：是否在 B 国家存在一个需求 A 产品的市场？如果存在，这个市场有多大？本公司的潜在市场份额会有多少？请注意，图 5.1 中仅仅显示了有限数量的指标变量。当然，图 5.1 可以由单一国家扩展到别的国家，甚至扩展到由多国组成的地区（如欧盟）。

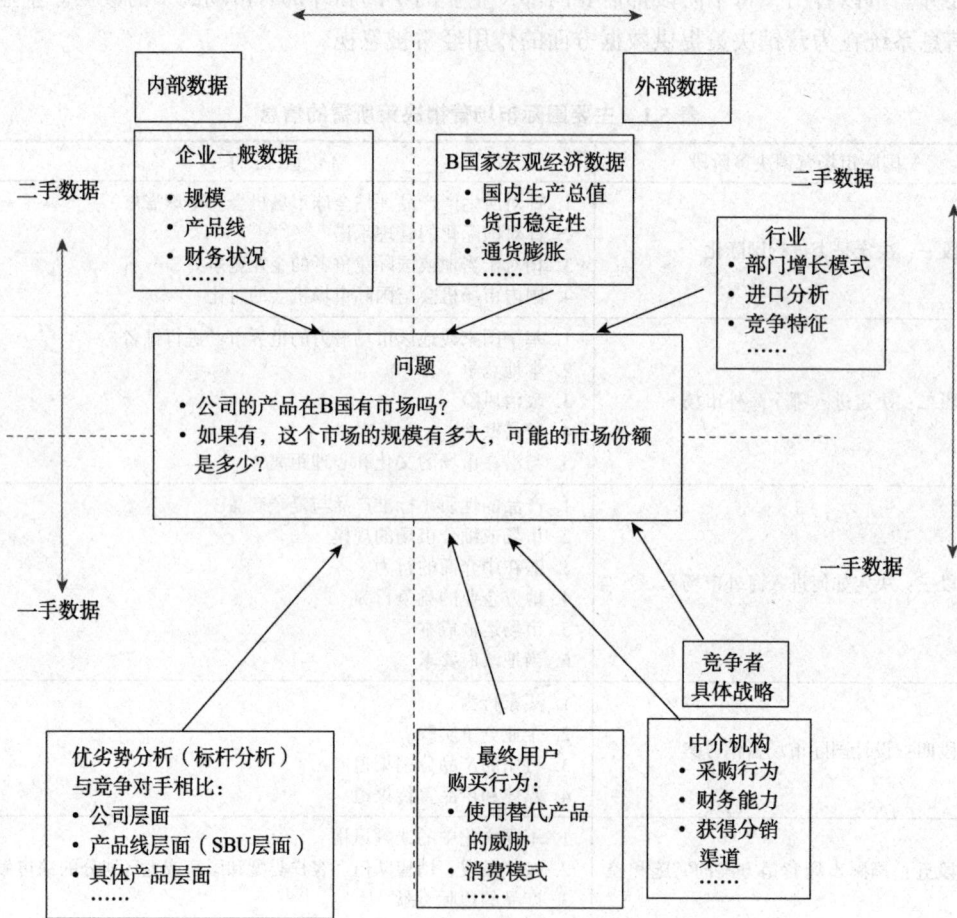

图 5.1　用于评估一国市场潜力的数据分类

原则上，原始数据收集的前提是首先对二手相关信息进行研究。不管何时，二手数据都是有效和合适的才能利用。通常二手数据来定义问题和调研目标。大多数情况下，二手数据不可能提供所需的所有信息，因而需要原始数据的收集。

在图 5.1 中，最难获得，且获得成本最大的数据类型可能是反映公司自身优势/劣势情况的数据（内部数据和原始数据）。但是，由于它将公司的整体概况与其主要竞争对手的整体概况进行比较，因此，该象限的数据是反映公司整体国际竞争力的一个非常重要的数据指标。接下来的两节内容，我们将探讨不同形式的二手和原始的调研。在到很多国际市场，最基本的是，市场调研始于对二手数据的收集和使用。

5.4　二手数据研究

5.4.1　二手数据在海外市场研究中的优势

经验表明，在本土进行的基于二手数据的国际市场研究比在国外进行的基于原始数据的国际市场研究更便宜、更省时。前者不必在本国以外进行任何与国际市场有关的接触，省时、省物、省力，对未来可能获得研究成果的心理承诺一般都保持在一个比较低的水平。在本土进行的关于海外环境的调查研究往往会因为研究人员不受海外习俗、自身偏好的桎梏而具有良好的客观性。作为海外市场筛选的初级阶段，二手数据可以帮助研究者和决策者快速生成相关信息，从而将许多原本就不符合条件的海外市场迅速排除在调查范围之外。

5.4.2　二手数据在海外市场研究中的劣势

在海外市场研究中，利用二手数据会产生的问题如下。

（1）数据的不可用性。在许多发展中国家，二手数据非常稀少。这些疲软市场经济体的统计服务体系十分脆弱。许多国家甚至长期不进行人口普查和国民经济调查。企业想获得该方面的信息几乎是不可能的，而那些关于零售和批发贸易的信息也很难获得，或者直接没有该类信息的提供渠道。在这种情况下，原始数据的收集、整理和分析就变得至关重要。

（2）数据的不可靠性。有时，东道国政府的政治考虑和政治操控可能影响统计数据的可靠性。在一些国家，政府可能会利用虚假信息描绘它们管理下人们的经济生活水平。此外，因为最终数据的可靠性依赖于科学的数据收集程序和训练有素的数据收集人员，所以，数据可靠性的判别应循问数据提供方以下问题。

问题一：谁收集的这些数据？这些数据在收集过程中存在故意歪曲事实的理由吗？

问题二：收集数据的目的是什么？

问题三：数据收集的依据是什么？程序是什么？数据是否存在被污染的可能性？

问题四：该数据是否与其他渠道收集的数据具有内部一致性和逻辑自洽性。

（3）数据统计口径存在差异。在许多国家，统计报告的数据过于宽泛，无法在企业微观层面进行分析和利用。

（4）多国间的数据不具备可比性。国际营销研究者通常喜欢比较来自不同国家的数据，以在充分对比的基础上选择最适合企业战略发展方向的海外目的地市场。但不幸的是，由于各国对统计指标的定义和理解不尽相同，因此，企业从不同国家获得的二手数据不容易进行比较。例如，"超级市场"这个词在世界各国的含义千差万别。在日本，"超级市场"通常指两到三层的地面建筑。在这个建筑范围内，将卖食品、日用品、衣服、家具、家用电器和体育用品的所有商家统称为"超级市场"。但在英国，单独售卖一种商品的商铺也可称为"超市"，甚至是仅仅出售日用品的单一商铺也可称为"超市"。一般来说，二手数据的可用性和可靠性随一国（地区）经济发展水平的提高而提高。然而，也有很多例外。

印度是一个人均收入水平很低的国家，但印度政府的数据收集和统计工作准确而完整。

虽然获得二手数据的可能性正在大幅度增加，但国际社会对数据隐私和数据保护的问题越来越敏感。对于那些包含重大信息价值的商业数据库来说，跨国企业要想获得这些商业数据库的准入权往往需要支付一笔巨额的信息使用费。很多隐私数据的收集在许多国家是明令禁止的。国际营销研究者在收集相关数据时必须熟悉所在国（地区）的隐私法，也必须了解政府和相关组织对营销研究者使用这些数据可能做出的反应。忽视这些法律和可能的反应，会让企业国际市场研究活动出现事与愿违的现象。这可能导致企业国际市场研究活动的被迫终止，并对企业声誉产生不良影响。

在基于二手数据做国际市场研究或者建立决策支持系统时，管理者可以从多种渠道获得可用的数据和信息。一般来说，这些二手数据根据其来源可分为内部数据源和外部数据源。后者又可分为国际外部数据、区域外部数据等。

5.4.3　内部数据来源

内部数据是企业最为丰富的信息来源。然而，在多数情况下，内部数据没有得到应有的充分利用。企业中的全球市场和销售部门是一个负责与海外客户进行商业互动和商业沟通的部门，因此，需要了解掌握以下信息。

（1）总销售额。每个跨国企业都有一份在规定时间内的总销售额记录，如周记录、月记录等。

（2）国别销售额。跨国公司的销售统计数据应按国家（地区）划分。这样做是为了衡量出口经理或销售人员的能力和业绩情况，以便确定其报酬水平，以及衡量企业在某一特定国家或地区的市场渗透程度。

（3）产品类别销售额。很少有跨国公司只销售一种产品，大多数公司都向市场销售很多产品，并记录每一种产品或每一组产品的销售情况。

（4）细分市场销售额。按地域划分或按行业划分，并表明细分市场的销售趋势是静态的、下降的，还是扩大的。

（5）渠道类别销售额。如果一个企业使用了几种不同的分销渠道，那么就需要计算每种渠道的有效性和盈利能力。这些信息可以使营销管理人员识别和开发有前景的渠道机会，以确保营销渠道的高度通畅。

（6）价格信息。与产品价格调整相关的历史信息使企业能够确定价格变化对消费者需求的影响。

（7）沟通组合信息。这包括广告活动、赞助和产品宣传对销售产生的影响的历史数据。这些信息可以作为未来支出计划可能达到的效果的指南。

（8）销售代表的记录和报告。销售代表应该为每一位海外"活跃"客户保留一张拜访卡和档案。此外，销售代表经常向销售办公室发送报告，包括输给竞争对手订单的情况和可能的原因，以及正在计划的未来销售方案等。这些信息都能帮助企业改进其营销策略。

5.4.4　外部数据来源

对于企业来说，寻找国际商务信息的一个非常基本的方法是从公共图书馆或大学图书馆开始。互联网可以帮助企业搜集相关的二手数据，也可以为企业的情报研究提供数以亿计的商业数据库（包括有关竞争对手的信息）。这些商业数据库还为市场提供消费者信息，从产品开发的最新消息到学术和贸易新闻的新思想，显示着国际贸易统计的最新情况。然而，互联网不会完全取代其他渠道来源的二手数据。从数据质量和数据成本上看，其他渠道来源的二手数据仍然是企业的一个选择。

5.4.5　基于二手数据对海外市场潜力的估计

二手数据经常被用来估计企业目标海外市场的产品需求规模。在评估产品的当前需求和未来需求时，可靠的历史数据分析是企业的必然选择。如前所述，二手数据往往很难同时具备可靠性和可用性。然而，准确评估企业产品的未来市场需求规模又是必须的，所以，针对二手数据，我们必须采用一定的数据分析工具进行分析，以使其得出的分析结果尽量可靠。统计学家（Craig and Douglas，2000）发明了很多可用的数据分析技术。下面会详细说明四种常见的、用于二手数据的分析方法和工具。它们分别是替代指标法、链比法、超前–滞后分析法和类比估计法。

（1）替代指标法。在难以获得直接衡量指标的情况下，同类型的替代性指标也是可以用的。它一般用该指标的相似性指标来间接衡量该指标。在经济学研究领域，家庭对耐用品的拥有量被认为是一个国家（地区）经济发展水平的指标。冰箱或任何其他耐用家用电器的消费可以用来替代洗衣机消费，电视机消费常用来做替代指标。在互联网领域，一定区域内连接互联网的家庭总数百分比可以用来衡量该区域 IT 产品的需求量。相对于数据收集的方便和成本低廉，替代指标的使用对研究有效性是一种挑战，因为它会影响研究的精确度（Waheeduzzaman, 2008）。例如，《经济学家》杂志使用巨无霸汉堡指数（各国巨无霸汉堡的价格比较系数）来替代一国远期外汇的变动情况（*The Economist*，2019）。

（2）链比法。链比法是一种简单的算术技术，其基本原理是使用比例估算一个基本人群。这一估算技术派生出一个现实需求。如果使用的比例合乎逻辑和现实，那么，它将提供一个比较合理精确的估算。例如，一个国家的家用空调市场潜力取决于其城市化率（居住在城市中的人口百分比）、家庭总数、能使用电器的人口百分比数和能负担起该产品的人口百分比。只要将这些数据指标相乘，就可以粗略计算一个国家的潜在空调市场。如果市场研究人员想要估计泰国洗衣机的总市场潜力，按照链比法的原则，应该这样做：假设泰国有 2100 万家庭，85%的家庭有电，60%的家庭有自来水，将这些变量相乘（2100×0.85×0.6）得出泰国洗衣机的总市场潜力为 1071 万家庭。

虽然估算粗略，但链比法是一种比较接近现实数据的估算方法，且实施起来相对便宜（Waheeduzzaman，2008）。

（3）超前–滞后分析法。这种数据分析技术基于一个国家的时间序列数据来估计另一个情况类似的国家的销售情况。它假设这两个国家的市场需求的决定性因素是相同的，差异只在时间维度上。这一分析方法有一个逻辑前提，就是产品的需求扩散过程和扩散速度在所有国家（地区）相同。当然，现实并非总是如此。最近几年的产品扩散速度似乎较以往更快（Craig and Douglas, 2000）。

图 5.2 展示了超前–滞后分析法背后的原理，并以订阅视频点播（VOD）市场或视频

流媒体市场为例，其中的一个主要经营者是奈飞（Netflix）及其订阅服务。据估计，到 2018 年年底，在 1.25 亿美国电视家庭中，有 60%可以使用 VOD，而在意大利家庭中，"只有" 25%可以使用 VOD。在图 5.2 中，我们将美国 VOD 市场与意大利 VOD 市场的时间差定义 为两年（请注意，这个数字是以 2014 年为起点）。因此，如果我们要估算未来 VOD 在意 大利家庭中的渗透率（以及由此产生的产品市场需求），那么，我们可以将美国的 S 型渗 透率曲线平行替换为两年，如图 5.2 所示。然而，像 VOD 这样的在线产品，从原始市场（美 国）到后续市场的滞后时间更短，这是一种趋势。这也显示了今天的新产品（尤其是 IT 产品）是如何迅速地从一个市场扩散到另一个市场的。使用此分析法的困难在于如何确定 滞后期及其影响未来需求的相关影响因素，此方法对管理者有直觉吸引力，并左右其思考 的方向。

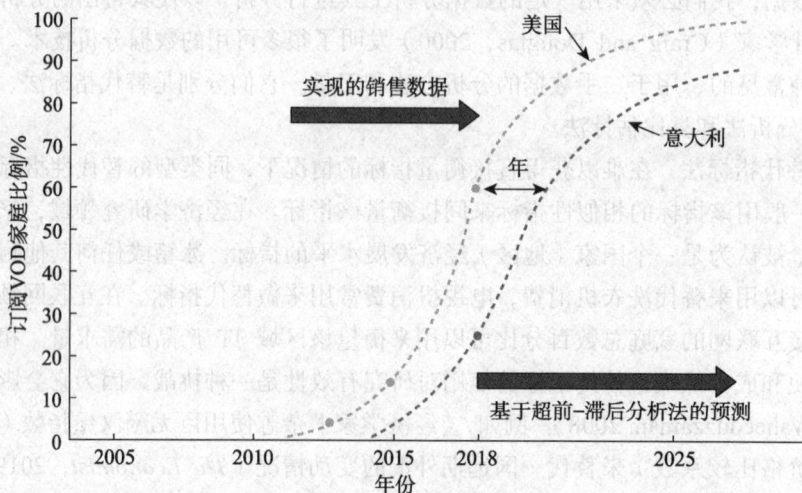

图 5.2　美国和意大利 VOD 渗透率的超前–滞后分析

（4）类比估计法。类比估计法在本质上是一个单因素指数，获得一个国家适用于目标 国家的相关值，即在一个国家获得两种数据的相关值（如可支配收入与某产品需求之间） 后，将这个相关值用来估计目标国家的相关值。要运用类比估计法，就必须建立所要分析 因素间的一种相关关系，然后基于这种相关关系，用已知情况类推目标市场需求。

例如，我们要估计德国冰箱的市场需求，但只知道英国冰箱的市场规模，不知道德国 冰箱的市场规模。资料显示，两国几乎所有家庭都拥有电冰箱。因此，两国的家庭数量或 人口规模可以是预测其冰箱市场规模的较好的相关性指标。那么，在这种情况下，我们可 以使用人口规模作为预测德国冰箱市场需求的类比基础。

英国人口规模 = 6600 万人（2018 年）

德国人口规模 = 8300 万人（2018 年）

此外，我们还知道，2018 年，英国售出冰箱的数量为 120 万台。通过类比估计法，我 们估计，2018 年，德国的销售额 = $\frac{8300}{6600} \times 120 \approx 151$ 万台。

应该注意的是，一般来说，使用类比估计法进行数据估计要谨慎，因为这种方法假定两个国家使用的相关因素（上述例子中为人口规模）以外的其他因素是相似的，如相同的文化、消费购买力、口味、特征、税收、推销方法、产品、产品可获得性、消费模式等。但这么多相同情况在现实中几乎是不可能的。不过，虽然类比估计法存在明显缺点，但在二手数据明显受限的地方，它仍然是一个很实用的工具。

5.5　原始数据研究

5.5.1　定性研究和定量研究

如果国际市场研究者的研究问题没有充分被二手数据研究回答，那么，该问题的回答就必须建立在原始数据的收集、分析和研究上。基于原始数据的市场研究又可以分为定性研究和定量研究两种。二者的区别在于，定量研究涉及从一个范围大且有代表性的受访者群体中获取相关数据。而定性研究的目的是对所研究的问题给出一个整体观点，因而，定性研究需要有很多变量，但只要少量受访者（见图 5.3）。是选择定量研究，还是选择定性研究，是一个在研究结果的广度和深度之间进行权衡的问题。

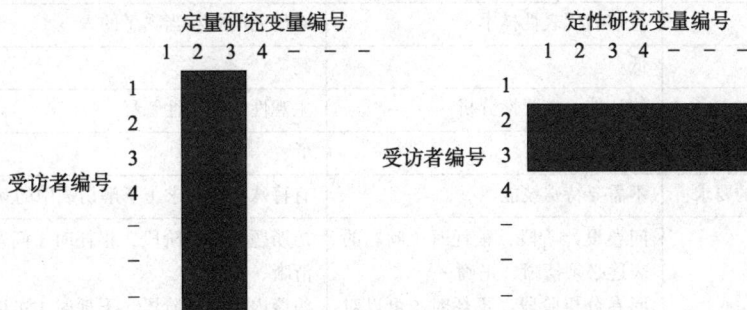

图 5.3　定量研究和定性研究间的选择权衡

表 5.2 总结了两种研究方法在其他方面的研究差异。二手数据收集和定量调研数据分析基于所有受访者之间的数据进行比较。这对测量工具（调查问卷）本身提出了很高的要求。定量研究要求调研问卷的结构必须良好（有不同的问题题项类别），并在调查开始前进行试验前测。所有的调研受访者都被给予相同的刺激，即相同问卷和问题。在定量研究中，只要调研受访者是同质或无特殊差异的，这种研究方法就不会让人产生任何质疑。然而，如果研究问题中包含很多个异质的受访者群体，那么，同样的问题可能会被异质性受访者以不同的方式理解。这一问题在跨文化调研研究中更加突出。然而，在定性研究中，数据检索、数据收集的方式具有高度的灵活性和适应性，它特别适合异质性受访者的特殊背景。

定量研究和定性研究的另一个重大区别是数据来源的差异。

（1）定量研究。以一定程度分离为特征，问卷构建、数据收集与分析发生于不同的分离阶段。数据收集通常由那些没参与问卷构建的人来做。在此，测量的工具，即问卷的建构是研究过程中的关键因素。

（2）定性研究。以接近收据来源为特征，数据收集和分析由同一个人，即访问员完成。

数据收集以访问员与受访者直接互动交流为特征，每个新信息的获得都在一定程度上依赖于前一条获得信息。访问员及其胜任力是定性研究过程中的关键因素。

定性研究中的数据收集与分析紧密相连，因为要收集的数据基于访问者对受访者前一个问题回答的理解，因而，访问者的个人经验是分析阶段的重要投入因素。下面将介绍两种最重要的定性研究方法。

表 5.2 定性研究和定量研究的比较

比 较 维 度	定量研究（如邮寄问卷）	定性研究（如访谈或案例研究）
目标	量化数据，并将结果从调查样本推广到的样本总体	对潜在的原因和动机有初步和定性的了解
研究类型	描述性研究或非正式研究	探索性研究
研究设计的灵活性	低（标准化、结构化的问卷，以及与调查样本的单向沟通）	高（由于数据收集过程中可以面对面与客户交流，所以，数据收集者可以改变问题的内容，以获得自己想要的信息。它是一种双向沟通）
样本量	大	小
受访者的选择	总体的代表性样本	对研究问题相当熟悉的人
受访者的信息	低	高
数据分析	统计性、摘要性分析	主观性、逻辑性解释
相同结果的复制能力	高	低
对信息收集者的要求	不需要特殊技能	有特殊技能要求（了解访谈中的互动技巧）
时间消耗	问卷设计阶段，很耗时（问题的表述必须清晰、正确）问卷分析阶段，不耗时（可以对问题答案进行编码性分析）	访谈题项设计阶段，很耗时（问题的表述必须清晰、正确）访谈内容分析阶段，不耗时（可以对问题答案进行编码性分析）

5.5.2　三角测量：定性研究和定量研究的结合

定量研究与定性研究的方法往往是相辅相成的。结合使用定量研究和定性研究方法研究同一国际市场的现象被称为三角测量（Denzin，1978；Jick，1979）。三角测量是对研究方法的隐喻，它来自于地理导航和军事战略中，使用多个参考点来确定目标的确切位置。同样，市场研究者可以通过收集定量和定性数据来提高它们判断的准确性和有效性。有时，市场研究者需要使用定性研究方法解释或强化定量研究结果、解释新的信息。有时需要使用定性数据来做相关研究，例如，通过对几个关键信息提供者的深入访谈，市场研究者可以首先进行探索性研究，并以此为基础构建尽可能好的研究问卷，借此方式，在设计和格式化问卷之前，加强对所研究问题的理解。

1. 研究设计

图 5.4 显示收集原始数据需要做出几项研究设计决策：研究方法、联络方式、样本计划、研究工具。下面内容详细描述图 5.4 中的各要素。

```
┌─────────────────────────────────────────────┐
│       研究问题/目标：确定信息需求             │
└─────────────────────────────────────────────┘
                      ↓
┌─────────────────────────────────────────────┐
│                 研究方法                      │
│  ┌──────────┐  ┌──────────┐  ┌──────────┐    │
│  │  观察法  │  │  实验法  │  │  调研法  │    │
│  └──────────┘  └──────────┘  └──────────┘    │
└─────────────────────────────────────────────┘
                      ↓
┌─────────────────────────────────────────────┐
│                 联络方式                      │
│  ┌──────────────┐ ┌──────┐ ┌──────────┐      │
│  │邮件/网络/电子信件│ │ 电话 │ │ 当面沟通 │      │
│  └──────────────┘ └──────┘ └──────────┘      │
└─────────────────────────────────────────────┘
                      ↓
┌─────────────────────────────────────────────┐
│                 抽样计划                      │
│  ┌──────────┐  ┌──────────┐  ┌──────────┐    │
│  │ 抽样单位 │  │ 抽样程序 │  │ 样本规模 │    │
│  └──────────┘  └──────────┘  └──────────┘    │
└─────────────────────────────────────────────┘
                      ↓
┌─────────────────────────────────────────────┐
│                 联络媒介                      │
│  ┌──────────┐       ┌──────────┐             │
│  │ 问卷设计 │       │ 问题表述 │             │
│  └──────────┘       └──────────┘             │
└─────────────────────────────────────────────┘
                      ↓
┌─────────────────────────────────────────────┐
│          前试/数据收集/数据分析              │
└─────────────────────────────────────────────┘
```

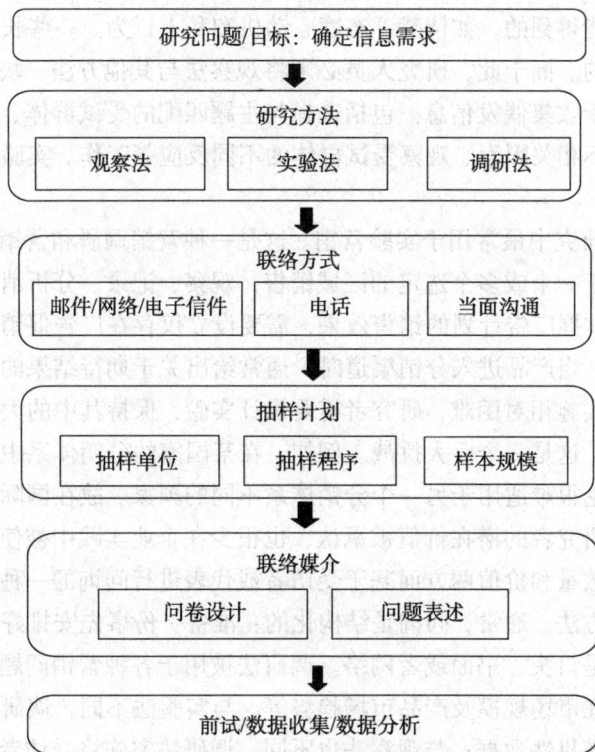

图 5.4　原始数据收集：研究设计

（1）研究问题/目标

在国际市场研究中，越来越多的跨国公司认识到原始数据的重要性。随着国际市场参与程度的不断增加，国际市场研究越发重要和复杂。基于原始数据的国际市场研究应从定义研究问题和建立研究目标开始。这其中的主要困难是将经营问题转化为一系列具有具体研究目标的问题。在初始研究阶段，市场研究者往往抓住一个含糊的总问题开始调研，表象往往被误以为是原因，实施方案被误导。

研究目标包括：为更好地渗透市场、设计或调整营销组合、检测国家或地区的政治环境等而收集详尽的信息，以便拓展业务成功。研究目标的定义越清晰，信息数据就越准确。

（2）研究方法

图 5.4 指出了三种方法：观察法、实验法和调研法。

①观察法。观察法是对与市场相关的行为进行观察和记录，并产生原始数据的方法。观察法适用于调查人们做了什么，而不是调查人们为何而做。下面是利用这一方法的几个例子。一是店访，例如，食品制造商派研究人员进入超市了解竞争品牌的价格、货架空间，以及能给予的品牌铺货支持等。在欧洲开展店内调研，如店访，必须提前安排货架照片和店内访谈，并向商店管理人员全面介绍调研人员。二是机器观察，经常被用于衡量电视节目收视率。三是收银扫描仪，用以记录顾客购买和存货痕迹。

观察法可以获得人们不愿意或者无法提供的信息。在一些国家，人们可能不愿意讨论个人习惯或消费。在这种情况下，观察法是获得这些信息的唯一途径。相比之下，有些事情不是简单观察就能得到的，如情感、态度、动机和私人行为。一些长期的或偶发的行为也是很难观察得到的。囿于此，研究人员必须将观察法与其他方法一块使用。

②实验法。用于收集偶发信息。包括选择与主题匹配的受试群体、给予他们不同的实验刺激、控制其他不相关因素、观察受试群体的不同反应等工作。实验研究试图解释因果关系。

实验法在市场研究中最常用于实验营销。这是一种营销调研和营销研究技术。通常的做法是将产品放置于一个或多个选定的区域销售，观察、记录、分析消费者的接受及交易情况。例如，为了掌握广告计划的销售效果，需要设立仅存在广告促销的区域作为测试市场。在测试市场中，当产品进入分销渠道时，通常给出关于期待结果的暗示。实验法在国际市场营销研究中实施相对困难，研究者需要设计实验，保持其中的大多数变量不变和跨文化研究的可比性，这是一个巨大挑战。例如，在某国家的分销体系中，临时的一种销售效果的实验，其结论很难适用于另一个分销体系不同的国家。故在国际市场营销中，即便实验法对国际市场研究者的潜在价值被承认，也很少在企业实践中被使用。

③调研法。就数量和价值两方面基于受访者或代表进行问询的一种方法，是收集市场数据最重要的一种方法。通常，问询是结构化的：准备一份事先安排好问询顺序的正式问卷。问询方式可以是口头、书面或者网络。调研法被用于各种营销问题，包括顾客态度、顾客购买习惯、潜在市场规模及产品市场趋势等。与实验法不同，调研法通常旨在生成描述性数据，而不是随机性数据；与观察法也不同，调研法实施将受访者包含在其中。

（3）联络方式

由于调研法在全球市场研究中的多样性和重要性，我们现在集中讨论调研法在实施过程中的联系方法。联系方法的确定是速度、准确性和成本之间的权衡。有四种可供选择的与被调查者之间的联系方式：线下邮寄、在线调查、电话采访和个人访谈等。每种方法都有自己的优缺点（见表 5.3）。

表 5.3　四种联系方式对比

问题/问卷	线下邮件	在线调查	电话采访	个人访谈
灵活性（澄清问题的能力）	差	一般	较好	好
深度信息（使用开放式提问）	一般	差	一般	好
视觉工具使用	较好	好	差	较好
获取广泛样本的可能性	好	好	好	一般
受访者响应率	差	一般	较好	一般
敏感性信息问询	较好	差	差	一般
访问者控制（无调研者偏见）	好	一般	一般	差
信息采集速度	差	好	好	较好
信息采集成本	较好	好	好	差

①线下邮寄。一般来说，通过线下邮寄调研的费用低。尽管在一些国家，传统的邮寄调研已为线上调研所取代，但在一些国家仍然存在。调查问卷可包含电话访问无法实现的照片，被访者可以在闲暇时间回答问题，避免电话访问或线下访问因时间不方便的困扰。

所以，它不像其他访问形式具有打扰性。但线下邮寄调研费时长，得到所有回应需有几周时间，在一些受教育水平和识字率低的国家，因回收率太低而无法使用。

②在线调查。它们可以收集大量的数据，这些数据可以被量化，并编码到计算机中。如果项目研究的预算较低，且需要对大范围内的人口进行调研，那么，研究者可能除了选择电子邮件/互联网调查外，没有其他选择。电子邮件调研最大的特点是既经济，又快速，且可以在调研中附加图片和声音等信息。但是，与收到陌生邮寄邮件相比，许多人更不喜欢陌生电子邮件。

在国际市场调查中，在线调研的优势之一是可以为研究者节省差旅费。通常，要进行市场调研，研究人员必须前往目标国家，特别是在面对面访谈的研究中（Adihan et al.，2009）。这将导致调研工作背负较高的旅行成本，同时也会导致调研工作的时间成本突增。在在线调研中，受访者可以在世界上任何地方通过一个电脑接受调研。大多数上网的人都知道如何使用聊天室和说英语。

很明显，在所有 IT 平台上，如个人电脑、平板电脑和智能手机，互联网无疑成为大众的媒介。Brosnan 等人（2017）发现，在线调研的受访者仍然主要使用个人电脑，也有部分人使用社交媒体网站，但越来越多的人有兴趣在智能手机、平板电脑上填写调查问卷。

许多调研人员惊讶于网上的列表、分析的调研效率。此外，在线数据收集让营销人员可以使用复杂的研究设计，这些研究设计曾被认为利用传统手段过于昂贵和困难。虽然最初的尝试充满了技术上的困难和方法上的障碍，但最近的技术发展已经显露出这一媒介的巨大潜力。最早的在线调研工具只是向受访者发送纸质问卷，然而，如今，在线调研工具和服务具有广泛的功能特征和收费标准。

③电话采访。从某种程度上说，电话采访介于个人访问和邮寄调查之间。它的回应率高于邮寄调研，但低于面对面访谈。它的调研成本通常低于个人访谈。电话采访也具有一定的灵活性。然而，在电话采访中，使用视觉辅助工具是不可能的，而且，受访者易终止电话采访或给出快速、无效答案，以加快采访速度，因而，研究者的提问受限。在计算机辅助电话访谈（CATI）中，位于电脑屏幕中央的访问员从电脑屏幕显示器上阅读问题，并通过键盘输入答案。CATI 使调查问卷的实施通过计算机控制，大大帮助了调查的进行。有些专业调研公司在购物中心设置终端机，让受访者坐在终端机前，阅读屏幕上的问题，并将最终答案输入电脑。

④个人访谈。访谈调研有两种形式——个人访谈和团体访谈。个人访谈的地点包括受访者的家里、办公室、街上或购物街。采访者必须得到受访者的合作意愿。团体访谈（焦点小组访谈）指邀请6～10个人与训练有素的主持人聚在一起讨论一个产品、服务或组织。主持人要客观，拥有与调研主题和产业相关的知识，了解个人和群体消费行为。受邀访谈的人会得到一笔小额报酬。

个人访谈非常灵活，且可以收集大量的信息。训练有素的访问员可以长时间吸引受访者注意力，并解释较为困难的问题。研究者可以主导访谈，探究形势所须探究的问题，向受访者展示真实的产品、广告和包装等，并观察他们的反应和行为。个人访谈的主要缺点是高成本和选择样本问题。小组访谈研究通常为压缩成本和时间而确定一个较小的样本，但这导致从调研结果中概括出结论非常困难。而且，在访谈调研中，访问员有较多的自由发挥，因此，其本身的偏见问题会更多。

因此，没有"最好"的沟通方式，这完全取决于具体情况，有时适合综合利用。

（4）抽样计划

样本计划指有关受调群体、受调者标准及人数的大体方案。除非是一个极其有限的市场，否则，对于调研者来说，调研所有与所调研问题有关的人既不切合实际，又非常昂贵。统计学意义上，总数被称为总体，而营销学意义上，总数指所有需求特定产品和服务的现实和潜在的使用者或消费者。

总体以元素和样本单位来定义。假设口红制造商要对新产品进行消费者反应调研，其对象确定为 15 岁以上的女性。一种选择是，它可以在所有超过 15 岁的女性中确定具体调查样本，若如此，样本单位和元素是相同的。另一种选择是，它可以抽取一定数量的家庭作为调查样本，然后在这些家庭中调查所有超过 15 岁的女性。若如此，家庭是样本单位，而一个超过 15 岁的女性是元素。

通常，实际做的是，选择一组消费者或顾客作为整个总体的代表来进行联系沟通。所有可以用作调研的消费者被称为样本框，而实际实施调研的对象被称为样本。

①抽样程序。抽样程序有几种，但主要分为概率抽样和非概率抽样。

- 概率抽样。预先设定总体中的每一个元素都有机会被当作样本抽到，但没有必要设定每个元素都有相同的概率被抽到。例如，简单随机抽样、系统抽样、分层抽样和聚类抽样等（Malhotra, 1993）。

- 非概率抽样。不能确定总体中的每一个元素被抽取到的概率，或不能估计到抽样误差的抽样方式，此方法完全依赖研究者的个人主观判断。例如，方便抽样、配额抽样和滚雪球抽样等（Malhotra, 1993）。

虽然非概率抽样的缺点如此明显，即总体的抽样结果不被预测，抽样误差不能被计算，但奇怪的是，为什么它被营销研究人员经常使用。其原因是非概率抽样有其天然的优势。

- 成本相对较低。
- 在抽样准确性不是特别重要的条件下倍受青睐。
- 实施相对快捷。
- 如果实施得当，可以产生能代表总体的样本（如配额抽样）（Malhotra, 1993）。

②样本规模。一旦确定了抽样方法，下一步就是确定合适的样本数量。这是一个复杂的决策，因涉及财务、统计和管理方面的考量。在其他情况相同的条件下，样本量越大，抽样误差就越小。但样本量大，耗资就多。对于一项具体的调研项目来说，预算和时间总是有限的。另外，大样本的耗费是线性增长的，而其抽样误差的降低仅仅是样本增长率的平方根。例如，如果样本量是原来的四倍，那么，数据收集成本也会增加到四倍，但抽样误差仅比原来下降一半。样本量需在以下方法中确定。

- 传统的统计技术。适用于标准正态分布。
- 预算规模。虽然不科学，但现实商业活动都受制于财务资源，因而，调研者需要考虑投入产出比。
- 经验法则。对特定样本规模的解释可以归结为一种"直觉"，即这是一个合适的样本量，或者这可能是特定行业普遍经验的结果。

- 分析的亚群体数量。一般来说，需要分析的亚群体数量越多，所需的总样本量就越大。

在跨国市场研究中，抽样程序是一个相当复杂的问题，理想情况下，研究人员希望对所有国家使用相同的抽样方法，以保持一致性。然而，抽样的期望往往让位于实用性和灵活性。抽样程序可能因国家而异，以确保国家内群体间的合理可比性。因此，一种抽样方法的相关性取决于它能否得到一个代表某一国家目标群体的样本，也取决于能否从不同国家的类似群体中获得可比样本。

（5）联络媒介/测量工具

①调研问卷设计。只有知道准确的信息要求，研究者才能设计出好的问卷。调研问卷是将研究目标转化为具体问题的载体。而研究所寻求的信息类型，以及要调研的受访者类型，将会影响调查研究所使用的沟通方式，而这反过来又会影响问卷是相对非结构化的，即开放式提问，还是相对结构化的，即封闭式提问，例如，在街头访谈时。

在跨文化研究中，开放式提问非常有用，因为这可帮助研究者确定受访者参照系。另一个问题是直接提问，还是间接提问。在不同的社会环境中，受访者对某些问题有不同程度的敏感性。不同国家对与受访者的收入或年龄有关的问题的接受程度可能不同。因此，研究人员必须确保这些问题在文化上是可接受的。这可能意味着，在某些社会环境中可以直接提出某些问题，而在另一些社会环境，某些问题则必须间接提出。

②问题表述（措辞）。一旦研究人员决定了问题的具体类型，那么，下一个任务就是针对问题内容的具体表述。问题如何措词和排序，要牢记以下四项准则。

- 措辞必须清楚。例如，避免将提问的问题合二为一。选择合适用词，以避免使受访者产生偏见，例如，避免诱导性提问。
- 考虑被访者回答问题的能力。例如，问询受访者从未遇到过的品牌或从未去过的商店就是一个难题，这会导致他们答非所问。由于受访者可能健忘，所以，问题内容涉及的时间周期应相对较短，例如，"你上周买过几瓶可乐？"
- 考虑被访者回答这个问题的意愿。研究者必须对有关借款、性行为和犯罪记录等尴尬话题进行谨慎处理。一个技巧是用第三人称提问，或者在提问之前陈述这个行为或态度不是不寻常的。例如："数百万人患有痔疮。你或你的家人是否有这种问题？"在面试结束时询问一些尴尬的话题也是一个可行的解决办法。
- 语言和文化影响的重要性。跨国市场研究者的目标应是确保因口头或书面文字错误而导致的误解最小化。

语言和文化的差异是国际市场研究中极端敏感的一个问题。在许多国家，不同地区使用不同语言。例如，瑞士一些地区的居民使用的是德语，而另一些地区的居民则使用法语和意大利语。词汇的意思也因不同国家而异。例如，在美国，"家庭"的概念通常只指父母和孩子，而在欧洲南部、中东和许多拉美国家，"家庭"这个词也可能包括祖父母、叔伯、姑姨和表堂兄妹。

最终，评估问卷应考虑以下几点。

- 问题提出是有必要的吗？
- 问卷是否太长？

　　• 所有提问是否能达到调查目的？

　　③预先测试。在国际市场研究中，无论研究人员的工作进展多么顺利、调研经验多么丰富，都必须对调研工具进行预测试。理想情况下，这种预测试是在调研总体中的某一群体进行的，或至少应在拥有相关知识的专业人士或个人间进行。预测试应与最后的正式测试以相同的方式进行。如果正式调查研究是在大街上或商业街里进行研究，那么，预测试也应该在相同的地方进行。虽然预测试可能意味着时间延迟和额外成本的增加，但它会规避一个糟糕调研兴师动众的启动以至于难以收场的风险。

　　（6）收据收集

　　全球市场研究人员必须检查所收到的数据是否准确、有效，且成本合理。他们必须在一定的标准要求下开展市场调研。如果没有明确的要求，访问员就会各行其是。因而，访问员必须接受以市场研究具体特点制定的统一要求，包括访谈的开始和结束时间、抽样的方法等。有时，一个抽样面谈要给出有关探测要求和样本配额要求。为保证数据的质量，管理上采取现场抽查是非常重要的。

　　（7）数据分析与解释

　　一旦收回数据，最后的步骤就是根据陈述的问题对调查结果进行分析和解释。一方面，分析跨国研究的数据需要坚实的创造力和怀疑精神。这不仅因为数据有限，还因为调查结果经常受文化差异的严重影响。因而需要对当地人员进行必要的培训，以便使之胜任调研指导者和访问员的工作。另外，国际市场研究者需要征询当地经验丰富的专业市场研究公司的好建议，因当地公司会非常认真地收集具有实效的数据。在跨国分析中，虽然数据通常具有性质上的特征，但研究者还是应使用最好、最适当的研究工具进行分析。另一方面，国际研究人员要避免使用过于先进的工具来处理不精确的数据，即使使用最好的工具也不可能提高数据本身的质量，因此，研究工具的质量要与数据的质量相匹配。

5.5.3　原始数据收集中的问题

　　在国际营销研究中，原始数据收集中的问题大多源于国家间的文化差异，部分是因为问卷翻译导致受访者不能充分传递他们的意见（Cateora et al., 2000）。

1. 田野调查中的抽样问题

最大的问题是人口统计数据不全，缺乏从中抽取样本的有效目录。

2. 没有响应的问题

没有响应指无法到达所选中的样本框中的元素。结果是样本元素的意见得不到表达和获取。一个好的抽样方法必须是被抽到的样本元素是确定无疑的，但这往往难以完全保证。无响应现象出现的原因有两个。

　　（1）受访者不在家。在工作日，可能很难在工作时间与同受访者在其家中相见，白天受访者通常在工作地点。

　　（2）受访者拒绝回应。实际上，许多国家的文化习惯为避免与陌生人交流。

3. 语言障碍

这类问题包括翻译不准确，从而导致不能探听到想知道的信息，或者没能准确翻译受访者的回答。在一些识字率低的国家，书面调查问卷并没有那么重要。在一些国家，方言和区域性语言的存在使得全国性问卷调查不切实际。例如，有 25 种官方语言的印度就是如此。解决此类问题最有效的方法是让精通该国语言的人准备和审查调查问卷，但这经常被忽略。为了发现可能的翻译错误，营销人员可以使用反向翻译技术。该技术把问卷从一种语言翻译成另一种语言，然后再翻译回原语言。例如，一个问卷调查项目要在法国进行，英语版本会被翻译成法语，然后再由另一个翻译人员翻译回英语，最后比较原文的英文版本和翻译的英文版本，如果有差异，就必须彻查所有翻译。

4. 测量方法

若没有科学的测量，再好的研究设计都没用。国际市场研究中经常出现这一现象：在一种文化情境下，令人满意的测量方法在另一文化情境下可能无法达到预期的目的。因此，在调查研究中，必须特别注意保持测量方法的信度和效度。

一般来说，"如何"测量指测量的信度，测量"什么"则指测量的效度。如果我们用相同的测量工具（问卷）反复测量相同的现象，得到的结果都极其相似，那么，这种方法就是可靠的。有三种效度。

（1）建构效度，即针对所研究问题的含义及其所涉及的内容，所构建的测量措施的准确实用程度。如果一种测量方法缺乏构念效度，那么，它就做不到测量要测的问题。

（2）内部效度，即建立起一种因果关系，借此，某些情况显示可导致另外情况的产生。

（3）外部效度，指研究结果可以被推广到其他总体。例如，如果在某国家对某一营销问题进行研究所得到的结果适用于另一个国家的相似营销问题，那么，就有很高的外部效度。如果这一关系是存在的，那么，我们就可以用此分析方法来估计不同国家的市场需求。

信度和效度的概念如图 5.5 所示。在图中，靶心是测量工具应该"击中"的地方。情景 1 显示，目标上到处都是洞，这可能是由于使用了不良的测量工具。如果测量工具不可靠，那么，在任何情况下，测量都不可能是有效的。然而，仅仅因为测量工具可靠，并不能说明测量自动有效。我们在情形 2 中看到了这一点，测量工具是可靠的，但没有测量它应该测量的东西。这就好比射手虽有一个稳定的目光，但却没有调整好。情境 3 是研究者所处的理想情境，测量方法既可靠，又有效。

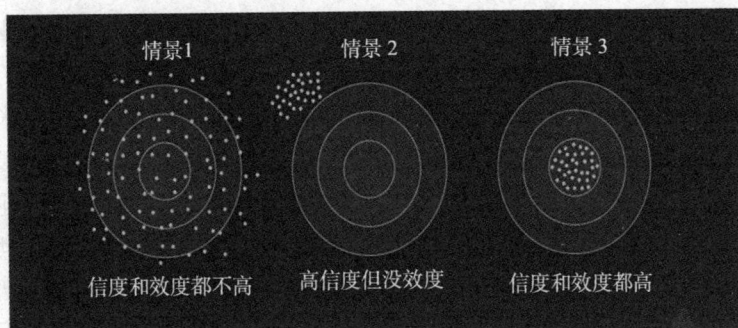

图 5.5 数据测量中的信度和效度说明

在一个国家被证明可靠和有效的测量工具在另一个国家并不一定可靠和有效。由于消费者对产品知识的认识水平不同，因此，相同的测试量表在不同的文化中可能具有不同的可信度。所以，简单地比较跨文化调研的结果是不可取的。一个使错误降低到最小的做法是，在每一个市场中，根据预先测量情况对测试量表进行适应性调整，直到显示相似的和满意的信度水平。

另外，不同的测量方法在不同的国家有不同的信度，因而，在跨文化调研设计时，充分考虑这些差异性是最基本的。邮寄调研最适合 A 国，而个人访谈可能最适合 B 国。在不同国家进行调研，使用同等信度的不同调研方法比使用相同的调研方法更重要。

5.6　其他国际市场研究形式

在此主要讨论专项研究和持续研究两种形式。

5.6.1　专项研究

专项研究一般聚焦于特定市场营销问题收集受访群体某一时点上的数据。比如，消费行为和消费态度的专项调研，通过定制研究或多客户端研究所进行的新产品及概念测试等。更多的一般营销问题，如产品组合的总市场估计，一般采用德尔菲研究法来实现。

（1）定制研究是基于委托客户的特殊需求而开展的量身定做式调研，此定制研究设计基于企业给予营销调研代理机构或内部调研人员的研究简介，由于它是定制性的，所以会比较昂贵。

（2）多客户端研究是一项省钱的调研方式，它无须自己开展原始数据收集就可直接得到答案，有两种方式。

①独立研究，以出售调研结果为目的的专业调研公司所独立开展的研究。

②综合研究，有的调研机构专门聚焦于国外某一客户群体的研究，企业可向其购买要研究的问题，调研机构采取个人面谈或电话访谈的形式，话题涉及多方面，最终，企业会收到所购买问题的分析。为提高综合研究的有用性，研究者要清楚把握调研需求及相应的目标市场，以便获取有用的信息。

（3）德尔菲研究法。这是一种通过汇总一组专家提供的信息而进行的定性测量（而不是定量测量）的一种调研方法。它是通过具有很深造诣的专家获取答案，而不是通过拥有有限知识的许多受访者获取一个平均回应。所涉及的领域包括在国际市场商业环境下的长远发展，或对新产品进行市场渗透的长期预测。典型的做法是：挑选 10～30 位信息提供者，向他们问询并确认在相关领域关心的主要问题，并要求他们对自己的主张按重要性进行排序，并说明理由。然后，汇总所有信息主张，并反馈给所有参与的信息提供者，并鼓励他们对不同排序发表同意或不同意的意见，这些意见具有挑战性，在下一轮的征询中，各位要回应这些挑战性的意见。经过几轮挑战和回应后，达成合理而清晰的共识。

该方法的缺点是需要几轮循环，花几个月的时间才能得到想要的信息，然而，互联网和电子邮件的出现可能会加速这一进程。如果运用得当，德尔菲研究法可以为企业的国际信息系统提供非常有洞见的预测数据。

5.6.2　持续研究（纵向设计）

持续研究与专项研究的不同之处在于样本或群组在一段时间内保持不变，因而，它提供了一个有关事情发展的序列性深度观察画像。这里所说的群组是由被访者组成的调查样本，他们同意在整个研究的时间里定期提供相关信息。群组有两种形式。

（1）消费者群组。他们提供一定时间内的购买信息，例如，日杂品小组提供在各种品牌超市中所购买的品牌、包装大小、价格及其所去的门店。通过一段时间对相同家庭的观察，可以获得品牌忠诚和品牌转换的测量标准，并得到购买特定产品的家庭类型和个体类型等人口统计资料。

（2）零售商群组。通过与零售商（如超市）合作，借助于结账时的条形码扫描，可以观测到品牌的销量。此种方式虽然不能测量品牌忠诚和品牌转换，但通过零售审计，可以准确地提供由特定门店销售的预估量。

5.6.3　销售预测

一个公司既可以通过市场预测决定其可能所占市场份额，也可以直接进行公司的销售预测。关于预测的技术将在本章后面讨论。重要的是，企业感兴趣的往往是对个别产品的预测。我们将基于企业部门的视角考察计划者关心的短期 、中期、长期预测的用处。

（1）短期预测。短期预测的周期通常是 3 个月。对生产计划等战术事项确实有用，在此，销售的一般趋势并不重要，重要的是市场短期的波动。

（2）中期预测。中期预测对企业计划者有直接影响。这对预算制定非常重要，因为预算的起点是销售预测。如果销售预测不准确，预算就会不准确。如果销售预测过于乐观，就会产生卖不出去的库存，这必然占压营运资本。如果预测是悲观的，那么，就会错过市场机会，因为企业不能马上生产市场需要的更多产品。更重要的是，如果把预测工作交给会计，他们往往会犯保守的错误，得出的预测结果将低于实际销售额，而这种错误的代价，前面已经清晰地表明了。这里需要再次强调的是，中期销售预测是销售经理的责任。正常情况下，预测的周期为一年。

（3）长期预测。长期预测的周期通常为三年或更长，具体时间取决于所涉及的行业类型。在计算机等行业，3 年被认为是长期的；而对于钢铁制造业来说，10 年才被认为是长期的。长期预测是由宏观环境因素分析得出的，如政府政策和经济趋势。这些预测主要是企业财务管理在考虑长期资源约束和影响时所需要的，当然，这些问题也是董事会所关心的。董事会必须决定其在建立满足预测需求所需的生产水平方面的政策。这样的决定可能意味着建设一个新工厂和培训劳动力。预测可以从不同层面逐步展开：可先从国际层面向一国层面延伸；可先从产业层面到企业层面，直至个别产品层面。长期预测不受季节性间隔的影响，同时，预测可以实施到一个销售人员负责的特定地区，甚至深入到销售管理的特殊兴趣，或者是销售预算、报酬等领域。

图 5.6 显示了销售趋势预测的一个例子。单位销售额及其趋势如图 5.6 所示。趋势线是凭视觉延伸的（在这里，研究者的技术和直觉必须发挥作用），然后将销售趋势的估计偏差应用到趋势线上，这边提供了销售预测。在这个特殊的例子中，可以看到趋势线缓慢

向上延伸，这与前几年相似。与许多类似的技术一样，这种技术的缺点在于销售趋势线的衰退和好转较难预测，必须由研究者通过操纵趋势线延伸来主观将一些数据考虑进来。

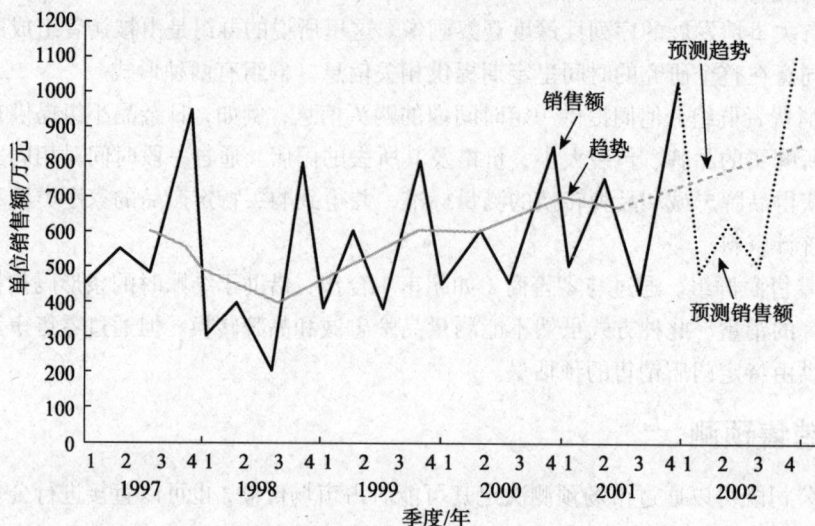

图 5.6　销售趋势预测的一个例子

5.6.4　情景规划

情景是关于可能的可选择的未来的故事（Wright, 2005）。情景规划与预测不同，它是探索可能的未来，而不是预测一个点的未来。图 5.7 显示了两种不同的情景 A 和 B。在这两种情况下，预测结果由两个维度测量，即同时受收敛力和发散力的影响。

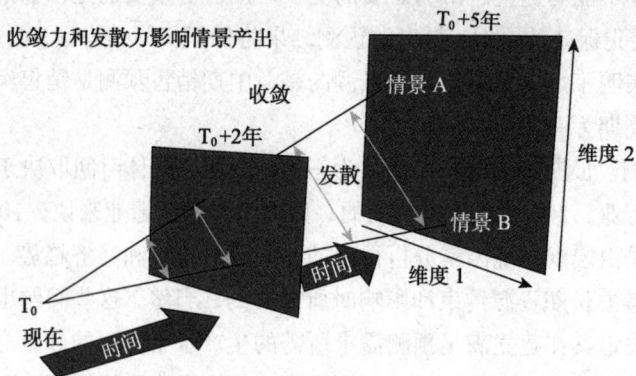

图 5.7　情景 A 和情景 B 的发展

图 5.7 展示了收敛力和发散力的平衡作用。时间从左流向右，情景的步伐也来到一个个窗口，每一个窗口都由情景起草者重视的各种关键维度构成。图 5.7 展示了两个时间窗口，一个是两年后，另一个是五年后。两个维度比如是公司的一个主要产品的世界市场份额和世界市场增长率。收敛力意为情景 A 和情景 B 随着时间推移相差比较小，而发散力则

意为结果正好相反。收敛力的例子如下。

（1）在一些关键的国际市场，其宏观经济高度稳定。

（2）跨国营销中不断提升的产品标准化程度。

发散力的例子比如不同目标国家的文化差异。

场景规划允许市场研究者考虑一系列可选的未来，每一个未来场景与其他未来场景，以及当下企业经营环境都大有区别。与依赖单一的"最有可能"的预测相比，对有关你所在行业的变化的各种意见进行比较研究可能更具价值。

由于场景规划以外部为导向，故它在确定公司的增长战略，以及其市场地位面临潜在威胁方面非常有效。情景规划还可以帮助企业确定导致企业市场份额或利润下降的外部产业的具体变化。

情景规划的指导原则如下。

（1）建立核心规划团队。分析情景规划的战略影响最好以团队的形式开展。一个有效团队的创造动力有可能带来某种突破，使情景规划过程极具价值。很明显，一个人会使另一个人大吃一惊。一个好的经验法则是一个规划组要包含 5~8 人。

（2）建立跨部门专业团队，包括销售、市场、运营、采购、信息技术、人事等所有部门负责人，以及企业高管，这为公司注入了新的观点。一个组织中冉冉升起的新星和创新思想家的参与意味着企业伟大时代的到来。

（3）纳入企业外人员及其意见。注重将兴趣和挑战观点注入研究讨论之中。一个小组仅仅包含内部人很难产生突破性的洞见。外部人员可以是顾客、供应商和咨询顾问。如果可能，可以包含负责其他生意及外部批发分销的高管。当然，很多管理者对让外部人员参与公司规划过程感觉不舒服。

5.7　基于 Web 3.0 的国际市场调研

如今，营销研究人员对国际营销数据的需求可能 80% 是通过进行市场调研项目来满足的。在未来，处于前沿的跨国企业（MNEs，它们可能由消费包装产品和技术驱动的公司引领）将通过"捕捉"网络上的现有数据来寻找 80% 的营销问题的答案。

传统的 Web 1.0 版本在开始时，仅作为只读介质，接下来的 Web 2.0 建立了读写介质，而目前的 Web 3.0 版本则是一个用户读、写、做一体化，甚至是具备一些人类思想功能的先进技术介质，这就是人工智能的运用，将在本章后面讨论。

通过 Web 3.0 可获取的数据来源和工具包括以下方面。

（1）移动数据。对于营销研究人员来说，最大的机会是可以基于对消费者的地理定位，收集其实时地理信息。带有 GPS 功能的智能手机以指数级的增长速度渗透全球市场，再加上不断增长的移动带宽和飞速增长的数据处理速度，将使国际企业有机会在准确的时间，在准确的地点瞄准准确的消费者。主要的信息公司，如谷歌和其他创新的初创企业，在实时利用这些现成的数据来源方面处于领先地位。

（2）用户生成内容和文本挖掘。Web 3.0 为互联网用户提供了社交网站（如脸书、推特）、博客、论坛和聊天室等聚集场所。这些聚集地留下了大量文本资料。从在线用户生成的内容中获取洞见的困难在于，消费者发布的内容往往结构极其松散，规模庞大，不容易汇总。商业分析工具（如尼尔森在线）和学术文本挖掘工具为营销人员和研究人员提供了一个"倾听"市场上消费者声音的机会。通过这样做，企业可以更好地了解消费者在在线社区讨论的主题，以及由此产生的消费者意见、市场竞争结构和竞争环境。

（3）网页浏览。点击流数据（click stream data）的广泛使用可以追溯到互联网进入普通大众市场时。点击流数据一般指用户逐点浏览网页上的信息。到目前为止，由于无法实时收集、存储和分析庞大的数据集，因此，点击流数据的利用一直受到限制。然而，现在，公司使用跨界技术来开发和转换这些数据，并能洞悉国际市场。

（4）社交网络和在线社区。社交网站是增长增快的信息来源，其中最明显和最强大的企业当然首推脸书和推特。不知为何，消费者正从在新闻网站和搜索引擎上搜索信息的方式转向传统方式，即从朋友那里寻求建议。当然，网络元素意味着有更广泛的"朋友圈"，也可用于更正式，但"快捷"的问卷调查。虽然当下网络社会的社交网站已经无处不在，但这些网站所产生的数据和信息并未被国际营销研究者充分开发和利用。社交网站与其他信息来源，如在线零售商和媒体来源的整合，将扩大从在线口碑内容中获得实用性营销见解的机会。另外，通过观察消费者的社交网络习惯和购买行为，研究者可以利用社会关系信息来识别和锁定社交网络上的意见领袖。此外，随着 Web 3.0 的出现，许多消费品生产公司，如耐克和宝洁，已经开始建立自己的品牌社区。品牌社区为企业提供了一个机会，不仅可以加强企业与消费者的互动，还可以充分观察消费者之间的互动。此外，品牌社区在企业和客户之间打开了一个直接的沟通渠道。随着消费者越来越多地从其他消费者那里获取信息，品牌社区很可能成为企业信息流的主要组成部分。

（5）客户决策数据。越来越多的营销研究人员不仅对理解营销活动的结果感兴趣，而且对理解客户在做出消费决策时的整体经历过程感兴趣。无线电频率识别（RFID）、视频识别工具和眼球追踪等领域的技术进步激发了人们的兴趣。RFID 技术允许研究人员跟踪零售环境中的消费者，以提高以供应链系统的效率为目标的物品跟踪能力。营销研究人员可以全面了解商店中正在发生什么，并能够跟踪消费者行为和产品流。将这些极有价值的数据转化为国际营销洞见的困难在于数据的规模过大和数据分析过于复杂。

（6）消费者使用数据。现在，越来越多的产品都嵌入了传感器和无线设备，这使得营销人员能够在地理位置和时间上跟踪消费者，以发现他们的消费行为特征。例如，汽车和消费品包装上的传感器除可以观察到产品购买行为外，还能观察到使用和消费行为。

（7）神经营销学。神经营销学指将神经科学用于营销实际，它提供了直接观察消费者想法的能力。神经营销学通常用来研究消费者接触品牌、产品设计、广告等后的大脑活动变化。神经营销对于市场营销者来说是一个相对较新的工具，主要由于技术障碍，将神经科学结果转化为实用的商业见解的困难，以及收集数据的高成本。然而，我们预计，未来十年，这些方面都将得到改善，神经营销将成为客户洞察工具箱的一个共同组成部分。

（8）人工智能（AI）。在未来，人工智能（AI）将成为市场研究领域的游戏规则改变者。它可以探索大型复杂的数据结构，明白需要提供什么信息。研究者对数据的具体需求决定数据的分析方法和数据分析的自动化程度。当然，在未来，语言处理或图像识别等现成的人工智能软件越来越多，人工智能解决方案将越来越多地取代人类专家，提供有价值的营销洞见，并引发基于对过去行为学习的各个行动。这些解决方案正在迅速发展，因为人工智能对人类行为的学习能力和反应能力是如此之大、如此之快，以至于人类可能最终会被人工智能打败。最后，培养一个人工智能系统，让它掌握消费者特征与品牌偏好之间的关联，这是人工智能为市场研究工作添加价值的一种尝试（Wirth, 2018）。

示例 5.1

亚马逊：通过市场研究和分析保持竞争优势

"分析"可以被认为是数据（包括市场研究数据）和从数据中提取有用信息的算法。亚马逊就是该方面的一个典型案例。该公司通过在内部工作流程中使用分析技术来保持其分析优势，现在正向其他公司提供和销售其算法服务，例如，通过亚马逊网络服务（AWS）网络平台。

亚马逊创始人兼首席执行官杰夫·贝索斯（Jeff Bezos）接受的是工程师教育，这或许可以解释为什么今天的亚马逊是一家领先的数据分析驱动公司。促使该公司发展的秘密是使用事实性的、实验性的方法不断进行组织创新。亚马逊公司的数据分析部门显然得到了首席执行官的大力支持。此外，贝佐斯还从零开始发明了亚马逊的商业模式。他的战略是通过实验、数据收集和业务分析来不断进行组织创新。亚马逊的多层仓库和闻名遐迩的供应商名单虽然占据了很多头条新闻，但亚马逊的分析算法和数据分析能力可以说是其最重要的战略资产。

例如，AWS 提供了一套名为 Amazon Mobile Analytics 的算法，并出售给应用程序开发者（通常是中小企业）。通过该算法，这些应用程序开发者可以衡量应用程序的使用情况、应用程序收益、用户留存率等。通过以上程序和分析，应用程序开发者就可以根据数据做出决定，提高程序的用户黏性和盈利能力。

资料来源：基于 Bell（2015）。

5.8　建立国际营销信息管理系统

一旦进行了国家市场调研，收集和分析了相关数据，下一步就是将这些信息纳入管理决策。越来越多的企业开始关注提高营销工作生产力，尤其是营销研究部门。大量的数据可以从各种各样的来源获得。关键在于将数据（从统计数据、事实到观点和预测）转换为对组织的市场营销决策者有用的信息。随着发展更密切的客户关系的需求增加，做出错误营销决策的成本增加，市场的更大复杂性和竞争对手侵略性水平的提高，及时和全面的信息系统的重要性变得越来越明显。对现有和相关知识的需求可能会导致信息系统的开发和实施，这些信息系统包含数据管理程序，涉及生成新数据或收集现有数据、存储和检索数据，将数据处理成有用的信息，并将信息传播给需要的人等环节。

国际营销信息系统是一个由人员、系统和过程组成的相互作用的组织，其设计目的是创造一个有规律的、连续的和有序的信息流，这对营销人员解决问题和决策活动是最基本的。作为一个有计划的、有序的适用于特定营销决策者需求的信息流，国际管理信息系统可以被概念化为一个四个阶段的过程，包括定位、收集、处理和利用信息。图 5.8 说明，在国际营销信息管理系统的四个阶段中，每个阶段应处理的中心问题。

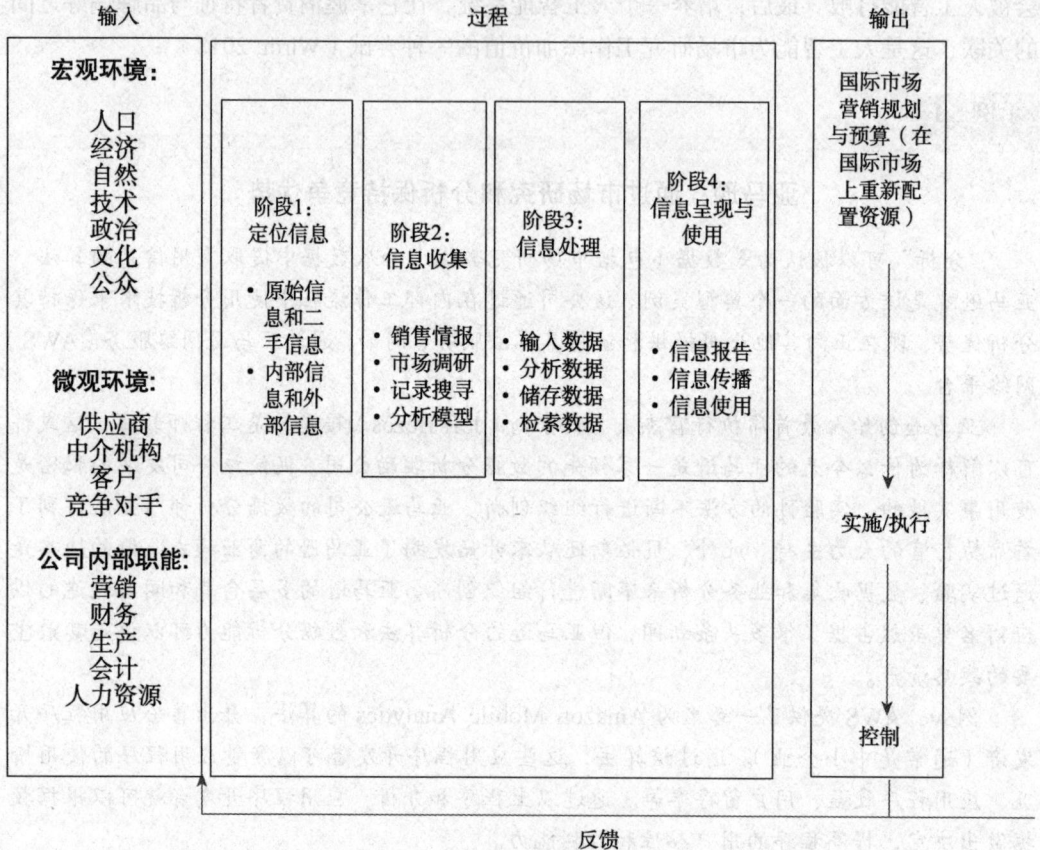

输入	过程	输出
宏观环境： 人口 经济 自然 技术 政治 文化 公众 **微观环境：** 供应商 中介机构 客户 竞争对手 **公司内部职能：** 营销 财务 生产 会计 人力资源	**阶段1：** 定位信息 • 原始信息和二手信息 • 内部信息和外部信息 **阶段2：** 信息收集 • 销售情报 • 市场调研 • 记录搜寻 • 分析模型 **阶段3：** 信息处理 • 输入数据 • 分析数据 • 储存数据 • 检索数据 **阶段4：** 信息呈现与使用 • 信息报告 • 信息传播 • 信息使用	国际市场营销规划与预算（在国际市场上重新配置资源） 实施/执行 控制

反馈

图 5.8 国际营销信息系统

来源：Marketing Research: An International Approach, FT/Prentice Hall (Schmidt, M.I. and Hollensen, S. 2006) p. 587, Copyright © Pearson Education Limited.

在国际 MIS 模型中，输入信息主要来自三个来源：企业的微观环境、宏观环境和企业的职能领域，输出信息将用于管理，供分析、规划、执行和控制之用。此模型能满足日益扩大的 MIS 专业性作用发挥的应急需求，保证提供及时、准确和客观的信息，在复杂和快速变化的全球化世界中为企业决策导航。在动态商业环境的背景下，企业越来越多地开发国际市场营销管理系统（MISs），为管理者提供实时的市场信息。同时，它们的业务从本地扩张到全国，再到全球，而消费者面对多样化产品也变得越来越挑剔。

5.9 总 结

全球市场研究职能的基本目标是为管理层提供相关信息，以便做出更准确的决策。国内营销和国际市场营销的目标是相同的。然而，国际市场营销更加复杂，因为收集多国且差异的环境信息非常困难。

本章特别关注信息收集过程和营销信息的使用。这远没有详尽，读者应查阅其他营销研究书籍，以了解与特定研究主题相关的具体细节。

国际营销者应通过搜索任何相关的二手资料来开始调研。通常情况下，已经有大量的信息可用，研究人员需要知道如何识别和定位二手数据的国际来源。

如果有必要收集原始数据，国际营销人员应意识到，在一个国家简单复制在另一个国家使用过的方法是不可能的。通常，在不同国家，要对研究方法进行一些必要调整。

企业应建立一个决策支持系统或一个国际 MIS 来有效处理收集到的信息。这个系统应整合所有内部和外部的信息输入。此外，国际管理信息系统可以通过提供职能部门或国际部门之间的相互联系和整合来支持管理者的营销决策。然而，归根结底，每一个国际市场营销者都应牢记，信息系统不能代替正确的判断。

Web 3.0 时代为国际营销者提供了大量利用在线新技术获取相关跨境客户信息的机会，以保证其做出更好的国际营销决策。

案例研究 5.1　　　　案例研究 5.2　　　　案例研究 5.3　　　　案例研究 5.4

问题讨论

1. 探讨在国际市场上使用营销信息系统的原因。你希望使用的主要信息类型是什么？

2. 国际市场营销经理在创建集中营销信息系统时，可能会遇到哪些问题？如何解决这些问题？

3. 在多国研究中翻译问卷（只针对一个国家）有什么危险？如何避免这些危险？

参考文献

第6章

政治与经济环境

学习目标

通过学习本章，学生应该能够做到以下几个方面。

- 讨论政治/法律环境如何影响潜在外国市场的吸引力；
- 区分母国环境和东道国环境中的政治因素；
- 解释政治风险分析过程中的步骤；
- 区分关税壁垒和非关税壁垒；
- 描述主要的国际贸易集团；
- 探究为什么不同的国家会有不同的消费结构；
- 解释跨国公司管理者如何影响东道国的政治环境；
- 界定区域经济一体化，并区分区域一体化的不同层次；
- 讨论区域经济一体化的利弊；
- 评估欧洲货币联盟的意义及欧元一体化对欧洲商业的影响；
- 解释"金砖国家"的内涵，以及"金砖国家"之间的区别。

6.1 导　　论

本章聚焦于宏观环境因素，这些因素阐释了企业面临的许多受制力量，为此，营销者不得不做调整，以适应东道国的不可控环境。公司海外经营受众多因素影响。本章的宏观环境因素主要限于政治/法律环境和经济环境。

6.2 政治／法律环境

本节主要聚焦政治问题，政治／法律环境包括母国环境和东道国环境两个基本方面。除此之外，还有第三个方面：总体国际环境（见图6.1）。

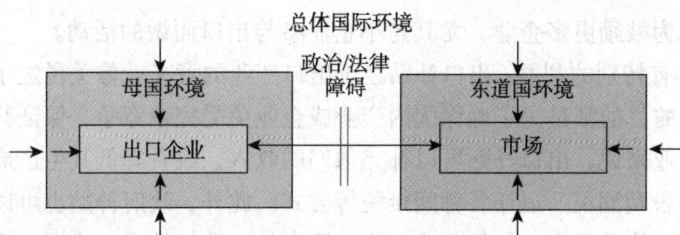

图 6.1　政治/法律环境中的障碍

6.2.1　母国环境

母国的政治环境会限制其国际、国内业务，并限制国际企业欲进入的国家。母国政治环境影响国际业务最著名的例子是南非。母国的政治压力迫使一些企业集体撤离该国。美国企业撤离南非后，德国和日本公司成为南非的主要外资企业。德国企业没有面临像美国企业面临的那样的政治压力。然而，当日本企业成为南非的头部贸易伙伴时，日本政府局促不安，结果导致日本公司缩减南非的业务。

跨国公司面临的一大挑战是三重威胁的政治环境。即使母国和东道国都没有出现问题，它们也可能在第三市场面临威胁。例如，那些不存在来自母国政府或南非政府的问题的公司，也可能会因为美国等第三国的因素使得南非的业务受到困扰或被要求联合抵制。在美国总统特朗普于 2018 年 5 月表示准备对在伊朗做生意的欧洲跨国公司实施制裁后，那些与伊朗保持业务关系的欧洲公司在美国就遭遇了很多问题。此前，美国在 2018 年早些时候退出了国际核协议。

雀巢的婴儿配方奶粉争议最为严重的国家不是瑞士本土，也不是非洲东道国，而是第三方市场——美国。

一些政府监管公司的海外营销会涉及贿赂和贪腐。在许多国家，向政府官员行贿或提供帮助是一种生活方式，常被戏称为"给轮子加油"，以期待政府服务的回馈。过去，很多公司为了顺利获得海外合同而经常向外国官员行贿和提供帮助。

一方面，许多公司管理者认为，他们的母国不应该将道德准则应用到贿赂和腐败盛行的其他社会和文化中。这些管理者认为，他们要想在全球展开竞争，就须自由使用东道国最常见的竞争方式。特别是在市场有限，甚至是萎缩的行业，激烈的竞争迫使企业寻找任何可能的手段来获取业务合同。

另一方面，很难想象对公司及其管理实施不同标准是基于国际经营或国内经营。此外，行贿可能会使管理人员和员工，丧失道德标准，结果导致其仅关注如何更好地行贿，而不是如何更好地生产和营销产品。因此，国际营销者必须仔细甄别开展国际业务的合理方式，包括遵守规定及完全避免行贿受贿。

1. 促进活动（政府部门发起）

政府部门为促进出口而采取的计划是国际环境中日益重要的力量，有些活动由政府发起并实施，而有些则由政府和企业共同合作。

更进一步的是管控支持活动，是政府为使本国产品在海外市场上更具竞争力而采取的积极活动，包括为鼓励更多企业，尤其是小企业参与出口而做的活动。

给予补贴具有特别的利益：出口补贴之于出口产业的意义就像关税之于国内企业的意义。这两种措施的目的都是为了确保国内产业或企业免受完全竞争，保证其一定的盈利能力。对于出口企业来说，出口补贴可以补充他们的收入，或者降低其生产成本。补贴可以通过降低出口销售利润税、退还各种间接税等方式。此外，政府补贴也可以采取直接给予的形式，这样可以使受益企业与具有成本优势国家的企业相抗衡，或者由受益企业直接用于某种促销活动。

从更广泛的意义上说，政府的出口促进方案及其总体国际市场营销活动方案都是为应对以下国内困难而设计（Albaum et al.，2002）的。

（1）缺乏动力。国际市场营销被认为比国内业务耗时多、成本更高、风险更大、利润更低。

（2）缺乏足够信息。

（3）经营经验和资源基础有限。

2. 金融活动

通过加入国际货币基金组织（IMF）和世界银行等国际金融组织，国家政府可以承担国际银行家的角色。给予补贴是各国政府的另一项金融性出口促进活动。

公司的最终出口营销方案的决定因素是其面临的信贷政策。如果信贷政策提供者可以为企业提供更好的付款条件和融资条件，那么，即使企业的产品价格高于竞争对手，或企业的产品质量不如竞争对手，企业仍然会有销售机会。

如果信用期限被延长，那么，款项拒付的风险就会增加，许多出口企业不愿意承担此风险。因此，政府有必要通过政府组织提供信用保险，以使出口者有转移风险的机会，并将部分风险转移给政府组织。出口信用保险和担保函盖与任何特定出口交易有关的商业风险和政治风险。

3. 信息服务

许多大企业可以自己收集它们需要的信息。另有一些企业，即使它们不具有专业人员做市场调研，也可以聘请外部研究机构进行必要的研究。然而，大量的企业没有能力做以上两种方式的选择，尤其是小企业，或国际营销的新参与者。这时，政府机构是它们获取营销信息的主要来源。

不同国家的出口企业或国际企业要获取的营销信息千差万别。虽然不同跨国公司针对不同东道国需要不同的信息，但以下几类信息是普遍需要的（Albaum et al.，2002）。

（1）各国的经济、社会和政治数据，包括其基础设施数据。

（2）全球市场交易汇总的概要和详细信息。

（3）外国公司的报告。

（4）特定出口机会。

（5）不同国家针对不同产品的潜在海外消费者、分销商及代理商的名单。

（6）东道国和母国的相关政府法规信息。

（7）各种各样不能从政府渠道获得的信息，如外国信用信息。

（8）帮助公司管理其运营的信息，如出口程序和技术的信息。

通过公开报告或互联网渠道，企业可以获得以上类型信息的大多数。此外，政府官员经常参加旨在帮助跨国企业经营的研讨会和讲习班。

4. 出口促进活动

政府的一些活动可以刺激出口（Albaum et al.，2002），包括如下内容。

（1）建立海外贸易发展办事处，作为一个单独的实体，或作为大使馆或领事馆正常运作的一部分。

（2）政府发起举行交易会和展览会——交易会是方便买卖双方见面、出口企业展示其产品的场所。

（3）组织商界人士贸易代表团，旨在出国推销产品，建立销售机构或其他国外代表机构。

（4）在海外市场经营永久性的贸易中心，这些贸易中心经营的贸易展会通常集中于一个行业。

从政府角度来看，每一项活动都代表了刺激出口增长的不同方法。从单个企业的角度来看，这些活动提供了与海外市场的潜在买家直接接触的相对低成本的方式。

5. 非政府组织的推进

非政府组织在促进国际市场营销方面发挥着作用，这些非政府组织包括：（Albaum et al.，2002）内容。

（1）行业和贸易协会：国家、区域和部门行业协会、贸易公司协会、制造商和贸易公司联合协会，以及其他机构。

（2）商会：地方商会、全国商会、全国与国际商会、国外商会和两国商会。

（3）其他与促进贸易有关的组织：进行出口研究的组织、区域性出口促进组织、世界贸易中心、按区域划分的贸易促进组织、出口协会和俱乐部、国际商业协会、世界贸易俱乐部和与商业仲裁有关的组织。

（4）出口服务机构：银行、运输公司、货运代理、出口商、贸易公司。

向跨国公司提供的援助类型包括信息和出版物、"技术"细节方面的教育和援助，以及"技术"在国外的推广。

6.2.2　东道国环境

企业管理者必须持续关注东道国政府的政策及其稳定性，以提前预判可能对公司运营产生不利影响的政治变化。

1. 政治风险

每个国家都会存在政治风险，但政治风险的范围程度国与国间差异很大。一般来说，具有稳定而连续的历史的国家，其政治风险最低。可能遇到如下三种主要政治风险。

（1）所有权风险指财产和生命的风险。

（2）经营风险指持续经营受到干扰的风险。

（3）转移风险指资本转移时遇到的风险。

政治风险可能是政府行动的结果，但也可能是政府无法控制的。行动类型及其影响可分为以下几类。

（1）进口限制。选择性地限制原材料、机器和零部件的进口是迫使外国公司在东道国购买更多供应品，从而为当地产业创造市场需求的一种常见策略。东道国这样做虽然是为了支持国内产业的发展，但结果往往是伤害并打乱已建立起的产业运营链。如果这一国家缺乏足够的资源供应，那么问题会变得更加严重。

（2）当地含量规定。除了限制基本供应品进口以迫使当地购买外，东道国还经常要求在其国内销售的产品的一部分必须含有当地成分，即包含本地企业制造的零部件。这一要求通常针对那些用外国企业制造的零部件进行产品组装的外国公司。当地含量要求在发展中国家并没有受到禁止。

（3）外汇管制。当一个国家外汇短缺时，往往会实施外汇管制。当面临外汇短缺时，一国会对所有资本流动实施管制，或者有选择地对政治上最脆弱的公司实施管制，以保证外汇的最基本用途。在外汇管制条件下，投资者面临的问题是如何将利润和投资汇兑成母国货币，以规避风险。

（4）市场管制。东道国政府有时会实施市场管制，以阻止外国公司在某些市场上竞争。例如，美国政府威胁要对与伊朗存在贸易往来，又在美国开展经营业务的跨国公司实施制裁，欧盟国家经常对这一威胁和制裁提出抗议。

（5）价格管制。诸如药品、食品、汽油和汽车等涉及公众广泛利益的基本产品往往受到政府的价格管制。在通货膨胀时期，政府可以利用这种手段来控制消费者的环境行为和生活成本。

（6）税收管制。当税收被用作控制外国投资的一种手段时，它就必须被归类为政治风险。在许多情况下，加征税收往往毫无征兆，这违反了先前的正式协议。在一些发展中国家，经济发展经常受资金短缺的威胁，对成功的外国投资征收不合理的税收是政府解决资金短缺最快捷的方法。

（7）劳动力的限制。在许多国家，工会非常强大，具有很大的政治影响力。利用这种影响力，工会往往能够说服政府通过非常严格的法律，让企业的用工成本急剧上升。传统上：在拉丁美洲，企业的工会能够阻止企业裁员和企业停工关闭；在欧洲，工会力量也越来越强大，例如，在德国和其他一些欧洲国家，要求企业的董事会中必须有劳工代表。

（8）执政党变化。新政府可能不会履行上届政府与该公司达成的协议。

（9）国有化（征收）。国有化指官方没收外国公司财产，是政府控制外国公司的终极工具。幸运的是，随着各国对外国直接投资的公平对待，这种极端行为正在减少。

（10）渐进国有化。这种方式可以被理解为渐进式征收，是一个逐渐加强对外国公司的控制与限制、减少外国所有者控制的过程。外国企业继续在东道国经营，但东道国政府能够通过施加不同的控制来保持对其的影响力。这些管制包括给予当地公民更大的经营决策权；更多的产品必须由本地生产，而非进口组装；将企业所有权逐步转移给本国公民（合资企业当地化的要求）；安排更大比例的本国公民进入高层管理。渐进式国有化为东道国提供了足够的控制权来谨慎、有效地规范外国公司在东道国的经营活动。这样，任何产生消极影响的外国公司经营行为一旦被发现，东道国政府将立即采取纠正措施。

6.2.3　从母国到东道国的贸易壁垒

国与国之间的自由贸易会带来国际专业化生产。这使有效率的公司能够将产量提高到远高于将销售限制在国内市场所能达到的水平，从而产生显著的规模经济。国际贸易竞争加剧使产品进口国的商品价格下降，产品出口国的利润增加。

加强国与国之间的相互贸易有许多理由，但实际情况是，进口国往往会采取限制措施，通过设置贸易壁垒来抑制商品和服务的流入。

国际贸易不同于国内贸易的原因之一是，国际贸易是在不同的政治实体之间进行的，它们都是对本国贸易行使控制的主权国家。虽然所有国家都控制其对外贸易，但控制的程度各不相同。在全球范围内，几乎每个国家或贸易集团都会制定偏袒本国公司、歧视外国公司的贸易法律。

各国征收关税主要有两个原因。

（1）保护国内生产者。由于进口关税提高了进口商品的实际成本，因此，国内企业生产的商品对国内消费者更具吸引力。通过这种方式，国内企业获得了针对进口商品的保护性壁垒。虽然受到关税保护的国内企业可以获得价格优势，但从长远来看，这种保护可能使它们无法提高效率。保护助长自满和无效率，如果受到保护的国内企业在后来被扔进国际竞争的"狮穴"，那么，受保护的产业将毁于一旦。此前，特朗普领导下的美国出现了明显的带有保护性的产业政策。

（2）产生财政收入。利用关税增加政府财政收入在相对欠发达的国家中最为常见。产生这一现象的主要原因是这些国家的国内经济发展水平较低，且往往不太正规，缺乏准确记录国内交易活动的能力。由于缺乏对国内交易活动的准确记录，因此，在国内征收销售税对这些国家来说极为困难。这些国家往往只需通过提高进出口关税来增加所需的政府财政收入就能解决这个问题。这也就不难解释，为什么那些从国际贸易税收中获得总收入比例较大的国家主要是穷国。

贸易扭曲行为可以分为两大类：关税壁垒和非关税壁垒。

1. 关税壁垒

关税是对进口商品征收的直接税和费用。关税通常简单、直接，便于国家管理。虽然关税是进行国际贸易的障碍，但它是一个可预计，甚至已知的数量，因此，公司在制定国际营销战略时，可以把关税当成一个固定因素进行考虑。关税有时被经济欠发达的国家用作征收税收和保护国内产业的最简单的手段。对于政客们来说，关税是一个有用的工具，可以向本土企业家表明，政府正在积极努力保护本国市场。在国际贸易中，最常见的关税形式有以下三种。

（1）特定税。这类关税对特定产品按重量或体积收费，通常以东道国货币给予说明。例如：2018 年 1 月 22 日，特朗普对外国太阳能电池板征收 30% 的关税，主要是为了打击来自中国的廉价进口产品；2018 年 3 月 1 日，特朗普对外国进口的钢铁和铝分别征收 25%

和 10%的关税。

（2）从价税。从价关税是按货物价值（进口价格）的直接百分比计量的关税。例如，5%的关税意味着进口关税是有关货物评估价值的 5%。

（3）歧视性税。歧视性关税是针对来自某个特定国家的货物征收的。对于特定国家来说，征收歧视性关税要么是为了解决与另一国的贸易失衡，要么是出于政治目的。根据世贸组织的协议，一国通常不能区别对待它的所有贸易伙伴。如果一个国家给予另一个国家一种特殊优惠（如对一种产品降低关税税率），那么，它必须对其他 WTO 成员采取同样的做法。这一原则被称为最惠国待遇。但是，世贸组织也允许一些例外的情况。例如，一国可以向发展中国家提供进入其国内市场的特殊机会，或对被认为来自特定国家的不公平贸易产品提高关税壁垒。

2. 非关税壁垒

尽管在特朗普竞选口号"美国优先"下，关税壁垒在 2016—2020 年的国际贸易中重新出现，但在过去的 40 年里，世界上大多数发达国家的关税壁垒逐渐减少。然而，与此同时，非关税壁垒在国际贸易中却大幅度增加。与关税壁垒不同，非关税壁垒更加难以捉摸，也更容易伪装。而且，在某些方面，这种非关税贸易壁垒对国际贸易的影响更大、更具破坏性。因为非关税贸易壁垒不固定且难以预测。

非关税贸易壁垒主要有以下几种。

（1）配额

在一段时间内，对商品/服务流入（流出）一个国家的数量（以单位或重量衡量）限制被称为配额。配额是仅次于关税的最常见的贸易壁垒。各国政府通常通过向其他国家的公司或政府颁发配额许可证（就进口配额而言）和向国内生产商颁发配额许可证（就出口配额而言）来管理其配额制度。各国政府通常以年为单位发放这种许可证。政府实施进口配额的原因有两个。

一是政府希望通过限制进入该国的商品/服务的数量来保护其国内企业。这有助于国内企业维持其市场份额和产品销售价格，因为外国企业的竞争力量受到了配额的限制。在这种情况下，国内企业赢了，因为它们的产品市场得到了保护。然而，国内消费者却会因为更高的价格和更低的市场竞争而失去消费选择。其他因实施进口配额而遭受损失的是国内销售外国企业产品的中间商，它们销售外国产品的最终成本会上升。

二是政府希望通过限制进入该国的商品/服务的数量来迫使其他国家的公司在有限进口数量上相互竞争。因此，那些希望在该国市场上"分一杯羹"的跨国公司需要降低它们在该国市场中的商品价格。在这种情况下，国内消费者可能会从物美价廉的外国商品中获利。在进口配额政策下，如果外国企业在该国市场上不降低产品销售价格，那么，国内竞争厂商就会获胜。但是，如果它们降低产品销售价格，国内竞争厂商就会输掉竞争。

同样，一个国家对国内生产商实施出口配额也有两个原因。

一是政府希望在国内市场上保持一种产品的充足供应。这种动机在企业出口的产品关乎国家长期生存、国内企业根本的战略性资源中表现得尤为普遍。

二是政府可能会限制出口，以限制世界市场上的供应，从而提高产品在国际市场上的价格。这就是石油输出国组织（OPEC）成立和活动的动机。这群来自中东、拉丁美洲和非洲的主要产油国家试图限制世界原油市场的供应，以赚取更大的利润。

出口配额的一个独特版本被称为自愿出口限制（VER），即一个国家通常应另一个国家的要求对其出口到该国的商品数量施加的配额。为了应对进口国对该产品实施进口配额或全面禁令的威胁，各国通常自行实施自愿的出口限制。使用自愿出口限制的经典例子是20 世纪 80 年代的汽车行业。在 20 世纪 80 年代，日本汽车制造商在美国的市场份额大幅增加。美国汽车制造商关闭了生产设施，在美国民众和美国国会中引发了激烈而动荡的反日情绪。由于担心如果日本不限制汽车出口到美国，美国国会将出台惩罚性立法，所以，日本政府及汽车制造商自愿对自己出口到美国的汽车实施出口限制。

如果国内生产商不限制生产，那么，实行出口配额的国家的消费者将受益于供应的增加及由此带来的价格下降。产品进口国的生产者也将受益，因为来自出口国的生产者的产品受到限制，这可能使它们提高价格。出口配额损害了进口国的消费者，因为消费时的选择机会变少了，而且还不得不以较高的价格购买国内企业生产的产品。然而，如果进口威胁到国内企业的正常发展，甚至使其破产，那么，出口配额可能会让进口国的消费者免于失业。因此，在制定任何出口配额方案时，都需要进行详细的论证，以平衡各方的利益。

（2）产品禁运

产品禁运指一国完全禁止与另一个特定国家进行一种或多种产品的贸易（包括进口和出口）。一国的产品禁运政策可以针对一种或几种产品实施，也可以针对一国的所有产品实施。产品禁运是目前最具限制性的非关税贸易壁垒。产品禁运通常用于实现政治目标。产品禁运可以由个别国家或超国家组织（如联合国）颁布。因为产品禁运很难执行，所以，现在使用该政策的次数比过去少了。全面禁止与另一个国家贸易的一个经典例子是美国对古巴的贸易禁令，美国对伊朗的贸易禁运（2018 年）则是美国退出与伊朗签署的国际核协议的政治后果。

（3）行政性延迟

行政性延迟指一国政府妨碍进口商品迅速流入该国的管制控制和官僚规则。这种非关税壁垒泛指一系列政府阻碍进口商品迅速进入该国的行动。例如：要求国际航空公司在不便利的机场降落；对产品进行损坏性检查；故意减少海关办公人员，造成非正常延误；延缓颁发特别许可证；等等。对于一个国家来说，无论采取什么样的措施，这种行政性拖延的目的都是对进口产品的歧视，简言之，是贸易保护主义。

（4）当地含量要求

法律规定一定数量的产品或服务必须由当地生产者供应，此举被称为当地含量要求，它或指最终产品由一定比例的当地生产的供应品构成，或指一个产品的最终成本的一定比例源自当地供应品。当地含量要求的目的是迫使外国公司在生产过程中使用本地资源，特别是劳动力资源。与其他限制进口的措施类似，此类要求有助于保护国内生产商免受来自其他低工资国家的公司价格优势。如今，跨国公司可以将生产设施设在其他国家，以便避开此类要求。

3. 贸易壁垒的历史发展

第二次世界大战后，产生了对 20 世纪 30 年代高关税政策的抵制，并努力推动世界回归自由贸易。世界性组织，如关贸总协定及其后续的世界贸易组织的产生与发展减少了贸易壁垒，创造了良好的贸易环境，推动了国际贸易的发展。

6.2.4 政治风险分析程序

政治风险分析程序的目标是帮助企业根据风险收益率做出决策，以便在风险收益率较高的时候，帮助公司决定进入或留在某个国家，在风险收益率较低的时候避开或离开某个国家。具体的政治风险分析程序见图 6.2。

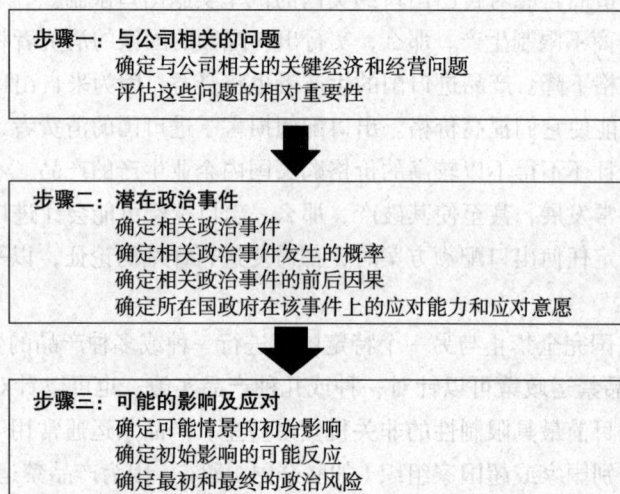

步骤一： 与公司相关的问题
确定与公司相关的关键经济和经营问题
评估这些问题的相对重要性

步骤二： 潜在政治事件
确定相关政治事件
确定相关政治事件发生的概率
确定相关政治事件的前后因果
确定所在国政府在该事件上的应对能力和应对意愿

步骤三： 可能的影响及应对
确定可能情景的初始影响
确定初始影响的可能反应
确定最初和最终的政治风险

图 6.2 政治风险分析的三步过程

一般来说，外国公司需要通过与公司利益相关者建立关系来处理政治风险（Erevelles et al.，2005）。这些利益相关者包括：政府、顾客、公司雇员、当地社区。

（1）与政府建立关系。公司管理者必须能够应对政治风险，以及各国际经营环境中使用的规章制度。此外，许多国家的法律会频繁发生变化，不断制定新的法律和修改现有法律。为影响当地政治以有利于公司，管理者可采取主动影响当地活动的变化。

①游说。影响当地政治涉及与立法者和政客打交道，其形式是要么直接，要么通过说客。游说是公司的一项政策，通过雇佣人员表达公司在一些政治问题上的观点。说客与当地政府官员会面，试图影响他们在与公司有关的问题上的立场。他们阐述公司给当地经济、自然环境、基础设施和劳动力带来的好处。他们的最终目标是使有利立法通过，不利立法撤销。

②贿赂。在大多数国家，贿赂虽然是非法的，但为了获得政治影响的利益，与政治决策者建立关系，贿赂是很常见的。这一问题将在第 18.6 节跨文化谈判中的跨国贿赂问题进行进一步讨论。

（2）与顾客建立关系。当地用户支持那些为他们提供理想产品和服务的公司。例如，在马来西亚征收案例中，擅长与客户建立关系的公司（ICON）从当地顾客那里得到相当大的支持，因为这些当地顾客担心政府会让他们失去从 ICON 公司提供的产品和服务中获取的利益。

（3）与雇员建立关系。当地雇员对公司具有很强的保护性，即使在非稳定期，尤其是当他们觉察到政府的干预可能会影响他们的工作时。通常，待遇丰厚的雇员会非常关注公司的生存，因为它关系到自己的生存。

（4）与当地社区建立关系。当地社区会担心外国公司通过攫取资源和劳动力来获得利润，而不能对当地环境和当地人民带来好处。因此，公司要当好一位"当地公民"，在投资于当地社区发展。

6.3 经 济 环 境

市场规模及其增长受许多因素影响，但一国总购买力，以及电力、电话系统、现代公路及其他基础设施的可用性将影响支出的方向。

经济发展归因于以下三种经济活动类型。

（1）初级活动。这些活动涉及农业和采掘业（煤炭、铁矿石、黄金及渔业等）。

（2）二级活动。这是一些制造活动，有几次进化过程。具有代表性的是通过加工初级活动获取的产品开始的制造活动。

（3）三级活动。这是基于服务的一些活动，如旅游、保险和保健等。随着一个国家的家庭平均收入的增加，用于食品的支出百分比下降，用于住房和家务活动的支出百分比保持不变，用于服务活动（如教育、交通和休闲）的支出百分比将增加。

6.3.1 汇率如何影响企业活动

企业并非只在危机时期才会受汇率波动的影响。事实上，货币汇率的波动对国际企业和国内企业的经营活动都会有影响。现在，我们考察一下汇率变化如何影响企业的经营决策，以及为什么稳定和可预测的汇率是公司期许的。

汇率会影响产品在全球市场上的需求。当一个国家的货币相对疲软（相对于其他货币价值较低）时，企业产品出口世界市场的相对价格下降，进口价格相对上升。较低的市场价格会使公司出口的产品在世界市场上更具吸引力。较低的汇率还让企业有机会从产品价格相对较高的企业手中夺走市场份额。

此外，若一家公司在货币坚挺的国家（相对于其他货币价值较高的国家）销售产品，同时在货币疲软的国家生产，并向工人支付工资，其利润的货币价值会被放大。

一国政府在国际上主动降低其法定货币价值的行为被称为货币贬值。反之，一国政府主动提高其法定货币价值的行为则称为货币升值。不要将这些概念与弱势货币和强势货币混淆，尽管它们对跨国企业经营行为的影响极其相似。

货币贬值会降低一国出口产品在国际市场上的价格，提高进口产品的价格，因为该国货币在国际市场上的相对价值已经降低。因此，一国政府可能会让本国货币贬值，以使本国企业在与其他国家企业的国际市场竞争中获得优势。一国政府也可能通过货币贬值来促进出口，从而消除贸易逆差。然而，政府出台这样的政策并不明智，因为贬值降低了国内消费者的购买力。这会使国内企业不讲究效率、不重视降低成本，结果可能导致较为严重的通货膨胀。货币升值正好相反，提高出口商品的价格，降低进口商品的价格。

可见，汇率不利的变动使国内企业和国际企业都要付出代价，因此，管理者希望汇率保持稳定。因为稳定的汇率可以提高公司财务规划的准确性，这包括现金流预测。虽然确实存在对冲不利汇率变动的保险方法，但大多数方法对中小企业（SMES）来说过于昂贵。此外，随着汇率的不可预测性增加，防范随之而来的风险的保险成本也会增加。

1. 同一价格定律

汇率告诉我们必须支付多少数量的一种货币才能获得一定数量的另一种货币。但它并没有告诉我们在某一特定国家购买到的特定产品我们实际耗费的是高了还是低了（以我们自己的货币衡量）。当我们到另一个国家旅行时，我们会发现自己的货币购买力比国内的购买力或高了，或低了。换句话说，汇率并不能保证或稳定一国货币的购买力。因此，汇率的变化可能让我们在一些国家失去较高的购买力，而在另一些国家却获得较高的购买力。

同一价格定律规定，当货币价格以同一分母货币表示时，同一产品在所有国家的价格必须相同。要使这一原则适用，产品在所有国家必须具有相同的质量和构成，且产品必须完全在每个特定的国家内生产。

2. 巨无霸指数/巨无霸货币

单一价格法则的用处在于它能帮助我们确定一种货币是被高估了，还是被低估了。《经济学人》杂志每年都会发布所谓的"巨无霸货币"汇率指数。该指数基于购买力平价（PPP）理论，即一美元在所有国家的购买力应该相同。购买力平价不仅针对单个产品进行计算，而且主要针对一篮子产品进行计算，购买力平价只有在适用于这一篮子产品时才有意义。该理论自然依赖于某些假设。例如，产品的运输成本可以忽略不计、商品和服务必须是"可交易的"，以及一个国家与其他国家的相同商品没有本质上的区别。因此，从长远来看，两种货币之间的汇率应趋向于使每个国家同一篮子的商品和服务价格相等。这里的"篮子"是麦当劳的巨无霸汉堡，它大约在 120 个国家生产。巨无霸购买力平价（Big Mac PPP）指一种汇率，它意味着汉堡在美国的价格与在国外的价格相同。将实际汇率与购买力平价进行比较，可以看出一种货币是被低估了，还是被高估了。

该指数采用单一价格法则来确定美元与其他主要货币之间的汇率。它使用麦当劳的巨无霸汉堡作为其单一产品来检验单一价格法则。为什么要用巨无霸汉堡？因为每一个巨无霸汉堡在国际市场上的质量和内容都一样，而且几乎完全在其销售的国境内生产。这一做法的背后逻辑是，一个巨无霸汉堡在任何一种世界货币下的价格在兑换成美元后，都应与一个巨无霸汉堡在美国的价格相等。如果一个国家的巨无霸汉堡价格（换算成美元）高于美国的价格，那么，这个国家的货币就存在被高估的现象。相反，如果转换后的巨无霸汉堡价格低于美国的价格，那么，该国的货币就会被低估。

货币市场上的汇率与巨无霸指数预测的汇率之间存在巨大差异并不令人意外。产生巨大差异的以下几个方面。第一，在大多数国家，食品销售价格受农产品补贴的影响。第二，巨无霸汉堡不是一种"可对比交易"产品。也就是说，人们不可以在低价国家购买巨无霸汉堡，然后在高价国家出售。第三，产品的销售价格会受到其他因素的影响。在不同的国家，生产巨无霸汉堡的成本存在着差异。企业的营销策略和营销成本在不同国家也存在差异。第四，各国对餐饮行业征收的销售税也存在差异。

巨无霸指数的缺点反映了这样一个事实：将单一价格定律应用于单一产品是一种过于简单的汇率估计方法。总的来说，一个巨无霸汉堡的价格将反映它在当地的生产和配送成本，以及广告成本（在一些地区相当可观），最重要的是，当地市场的承受能力。到目前为止，《汉堡包标准》中的假设一直是巨无霸汉堡价格的相对差异（以美元计算）可以用外汇差异来解释。然而，如果我们还用人均 GDP 来补偿和调整原始指数，可能会更好地预测未来可能的货币走势，因为人均 GDP 低意味着巨无霸汉堡的价格相对较低，因为这是当地市场能够承受的。

尽管如此，一项研究发现，货币价值，尤其是中长期货币价值确实倾向于按照巨无霸指数所建议的方向变化（Clements et al.，2010）。例如，1999 年欧元问世时，人们普遍预测欧元兑换美元的汇率将立即变高。巨无霸指数（Big Mac Index）不同意这种说法，它的预测表明，欧元已经被严重高估，在接下来的几年里，正如巨无霸指数预测的那样，欧元兑美元汇率出现了下跌。

6.3.2　按收入划分的国家类别

国家的分类方式多种多样。大多数分类以国民收入和工业化程度为基础。衡量经济发展的标准是国民生产总值（GNP）——一个国家在一年内生产的所有商品和服务的价值。这个数字包括国内生产和该国的国际活动所产生的收入。国内生产总值（GDP）是国内经济在一年内生产的所有商品和服务的价值。换句话说，当我们把一个国家的进出口和公司的国际经营所产生的收入加到 GDP 中时，我们就得到了 GNP。一个国家的人均国民生产总值就是其国民生产总值除以其人口。人均 GDP 的计算方法类似。

人均国民生产总值和人均国内生产总值都用来衡量一个国家的人均收入。在这方面，GNI（国民总收入）可以视为与 GNP 相同。

1. 欠发达国家

这类国家包括不发达国家和部分发展中国家。其主要特点是人均国内生产总值低（低于 3000 美元），工业和制造业能力十分有限，工业和商业基础设施非常落后和分散。交通、通信网络、教育和医疗条件比较匮乏，工业基础设施比较薄弱。此外，这些国家的政府管理部门往往行动迟缓，官僚主义盛行。

在欠发达国家，经济发展严重依赖一种产品（往往是农产品或初级工业品），国际贸易严重依赖一个贸易伙伴。经济发展依赖单一产品的典型模式是依赖一种农业作物或自然矿产。哥伦比亚（咖啡）和古巴（糖）是极端依赖单一农作物的例子。不断变化的世界市场供求格局给最不发达国家的国际贸易带来了巨大风险。它们所依赖商品的价格下跌可能导致整个国家的收入下降，以及随之而来的经济和政治调整，通过关税和非关税壁垒的变化影响这个国家的出口。

各种各样的经济情况影响着世界上的欠发达国家发展。经济没有快速发展的前景。外国私人资本迟疑进入，尤其是长期基础设施建设投资。因此，这些国家（地区）的长期基础设施建设项目的资本性支出往往严重依赖世界援助。

不同国家的分销渠道质量存在很大差异。不发达国家的规模小、资金不足的分销中间商和较发达国家的分销商之间往往有很大的差别。例如，在欠发达国家，零售商更有可能是一个集市小贩，在此很难产生出大型自助业态。

2. 新兴工业化国家或地区

新兴工业化国家或地区指具有新兴工业基础和较强出口能力的国家或地区。"亚洲四小龙"便是例子。巴西和墨西哥则是拉丁美洲的例子。在新兴工业化国家和地区中，虽然基础设施建设得到了突出发展，但经济的高速增长导致在满足国内外消费需求方面困难重重。

3. 发达的工业化国家

这些国家的人均国内总产值相当高，工业基础广泛，服务业有相当大的发展，对国家的基础设施有相当大的投资。

这种对世界经济体进行简单归类的尝试并不全面。当然，一些发达的工业化国家，如美国和法国，拥有非常重要的农业部门。

6.3.3 区域经济一体化

经济一体化是第二次世界大战以来影响世界市场的主要经济发展。各国希望进行经济合作，以更有效地利用各自的资源，在此基础上为成员国的企业提供更大市场。

一些一体化努力有相当远大的目标，如政治一体化；有些失败是由于认为这种安排带来的利益不平等或政治上的分歧。图 6.3 是区域市场主要经济合作形式的摘要，显示了可以进行一体化的不同程度的正式形式。这些经济一体化的努力正在把世界分成多个贸易集团。

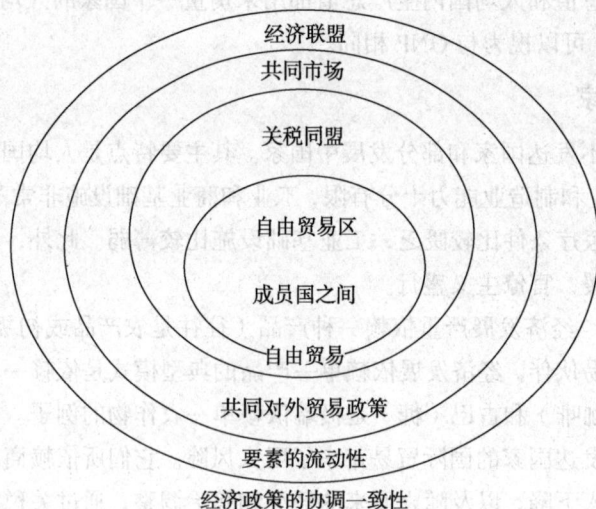

图 6.3 区域经济一体化的主要形式

来源：摘自 Czinkota/Ronkainen,Global Marketing,1e. 隶属于 Cengage Learning Inc. 的 South-Western 拥有版权，经许可重印。

下面将介绍不同程度的区域经济一体化。

1. 自由贸易区

自由贸易区是国家间限制最少、最为宽松的经济一体化形式。在自由贸易区内，成员国之间的所有贸易壁垒都被消除，对非成员国采取各自的贸易壁垒。

欧洲自由贸易区（EFTA）是由 8 个欧洲国家在 1960 年签署协议后成立的。自那时起，欧洲自由贸易协定失去了最初的重要意义，因为其他一些成员国加入了欧盟。所有欧洲自由贸易区国家都通过《双边自由贸易协定》与欧盟进行合作，并于 1994 年通过《欧洲经济区域协定》，该协定允许人员、产品、服务和资本在欧盟和欧洲自由贸易区之间的合作区域内自由流动。在欧洲自由贸易区成员国中，冰岛和列支敦士登已决定不申请加入欧盟，挪威在 1994 年的全民公投后拒绝加入欧盟，瑞士也决定不加入欧盟。

2. 关税同盟

关税同盟意味着区域经济朝着经济一体化的光谱迈进了一步。就像在自由贸易区内一样，产品和服务在关税同盟成员国之间可以自由贸易。然而，更进一步，关税同盟建立了对非成员国统一的贸易政策，具有代表性的是，对外采取同一关税，即非成员国出售给任何一个成员国都实施相同的进口税。比利时、荷兰和卢森堡三国于 1921 年成立了关税同盟，该同盟后来成为更广泛的欧洲经济一体化的一部分。

3. 共同市场

共同市场与关税联盟具有相同的特征。此外，生产要素（劳动力、资本和技术）在成员之间流动。共同市场取消了对移民和跨境投资的限制。当生产要素可以流动时，资本、劳动力和技术可以被充分使用。

1987 年通过的《欧洲单一法案》批准了消除货物、服务、资本和人员在欧洲自由流动的障碍，该法案的目标是在 1992 年 12 月 31 日之前完成对欧洲内部市场的整合。1991 年 12 月，欧洲经济共同体在荷兰的马斯特里赫特就所谓的"1992 年进程"达成一致，向超越经济层面的合作迈了一步。现阶段，尽管许多旨在开放边境和市场的指令已如期完成，但汽车等一些行业的完全开放可能需要更长的时间。

4. 经济联盟

要建立真正的经济联盟，除了商品、服务和生产要素跨境自由流动外，还需要建立经济政策一体化。在经济联盟下，成员国间要有和谐一致的货币政策、税收和政府支出。此外，成员国之间还需要使用共同货币，这可能涉及成员国之间的稳定汇率制度。由于 1993 年底批准了《马斯特里赫特条约》[①]，因此，欧洲联盟从 1994 年 1 月 1 日起开始正式运行。显然，要形成一个完整的经济联盟，就必须把很大一部分国家主权让渡给一个超国家机构。这样一个超国家机构离区域的政治统一只有一步之遥，但许多欧盟国家（尤其是欧洲北部国家）对这一发展持怀疑态度，因为其担心超国家机构的运行会失去民族认同。

[①] 1991 年 12 月 9—10 日，第 46 届欧共体首脑会议在荷兰的马斯特里赫特（Maastricht）举行。经过两天辩论，代表们通过并草签了《欧洲经济与货币联盟条约》《政治联盟条约》，统称《欧洲联盟条约》（Treaty of Maastricht），即《马斯特里赫特条约》。

5. 欧盟的扩大

现在，欧盟有一成功扩张的历史。比利时、法国、德国、意大利、卢森堡和荷兰6个创始成员国分别签署了建立欧洲煤钢共同体（ECSC）的《巴黎条约》（1951年）、建立欧洲经济共同体（EEC）和欧洲原子能共同体（EURATOM）的《罗马条约》（1957年）。随后，欧盟经历了连续四次扩大：1973年，丹麦、爱尔兰和英国加入欧盟；1981年，希腊加入欧盟；1986年，葡萄牙和西班牙加入欧盟；1995年，奥地利、芬兰和瑞典加入欧盟。

在成员国从6个增加到15个之后，欧盟准备在合作范围和合作多样性方面进行有史以来最大的扩张。10个国家于2004年5月1日加入欧盟，它们是塞浦路斯、捷克共和国、爱沙尼亚、匈牙利、拉脱维亚、立陶宛、马耳他、波兰、斯洛伐克共和国和斯洛文尼亚。保加利亚和罗马尼亚也于2007年1月1日加入了欧盟。

截至2019年7月1日，欧盟有27个成员国，它们是：奥地利、比利时、保加利亚、克罗地亚、塞浦路斯、捷克、丹麦、爱沙尼亚、芬兰、法国、德国、希腊、匈牙利、爱尔兰、意大利、拉脱维亚、立陶宛、卢森堡、马耳他、荷兰、波兰、葡萄牙、罗马尼亚、斯洛伐克、斯洛文尼亚、西班牙和瑞典。

未来希望加入欧盟的新国家必须满足被称为"哥本哈根标准"的经济条件和政治条件。根据"哥本哈根标准"，未来加入欧盟的成员国必须是一个稳定的民主国家：尊重人权、法治和保护少数群体；有运行良好的市场经济；采纳构成欧盟法律主体的共同规则、标准和政策。

扩展阅读 6.1　主要贸易集团　　扩展阅读 6.2　欧洲经济与货币联盟及欧元　　扩展阅读 6.3　金砖四国：增长放缓冲击新兴经济体

6.4 "金字塔底部"的市场机会

贫困是当今世界普遍存在的现实。世界2/3的人口的每年收入不足2 000美元。低收入者市场一直被视为获取商业利润的金矿，被形象地称为"金字塔底部"（BOP）市场（Prahalad，2004）。普拉哈拉德认为，对低端市场消费需求的关注应该是企业核心业务的一部分，而不仅仅是企业被动履行的社会责任（CSR）：通过迎合低端市场消费需求（通过满足未被满足的社会需求和新的消费者偏好），企业可以创造价值不菲的市场机会。印度偏远地区小额信贷业务的发展就是这样一个例子。

普拉哈拉德（Prahalad，2004）认为，低端市场是未被满足的有价值的市场的企业，同时认为低收入人员也可以成为企业的优质客户。虽然低端市场人群的收入水平较低，但他们会像其他富有消费者一样，希望了解知名品牌，以获取其更高价值。这一观点认识到低收入造成的消费障碍，但它假设，如果企业采取正确的步骤，投入足够的资源去发现和满足低端市场的消费需求，那么，它就可以越过消费障碍。

低收入市场的服务部门要有适应这一群体的商业战略。并且，要想成功，其他相关部门也应参与进来，主要是中央政府和地方政府、金融机构和非政府组织。他提出了低端市场蓬勃发展的四个关键要素。

（1）创造购买力。

（2）通过产品创新和消费者教育塑造消费愿望。

（3）通过便利的分销渠道和有效的传播渠道推动接受。

（4）为当地两审定制解决方案。

以下我们将重点关注与低端消费市场有关的两个问题：低收入人群作为消费者；低收入人群作为产品和服务的营销人员。

6.4.1　低收入人群作为消费者

贫穷是一个程度问题，并涉及主观判断。普拉哈拉德（Prahalad，2004）采用 1990 年价格按购买力平价计算的每天 2 美元的标准（相当于 2018 年价格的 5 美元）。在这种贫困水平上，基本的生存需要得到满足，但也只能得到勉强满足。

根据哈蒙德等人（Hammond et al.，2007）的研究，低收入人群主要集中在四个区域：非洲、亚洲、东欧、拉丁美洲和加勒比地区。在非洲和亚洲，低收入人群集中于农村地区。而在东欧、拉丁美洲和加勒比地区，低收入人群多集中于城市地区。

戈拉科塔等人（Gollakota et al.，2010）提出了一个满足低端市场需求的两阶段模型。

阶段一：深度成本管理。显然，要满足低端市场，必须降低产品成本。但在此之前，企业必须针对底层消费者准确定位产品和服务的核心价值。"金字塔底部"人群的生活方式及情况大大不同于西方国家的最穷人群，文化价值观和产品价值感受也不同。企业必须了解其产品和服务要满足的基本需求。一旦企业确定了满足这些基本需求的产品和服务的核心价值，下一步就是重新设计降低成本的价值链。去掉一些仅仅是增加成本的要素和所有装饰性要素。例如，使用廉价材料、缩小单件包装，以降低成本。其他节省成本的解决方案包括使用消费信贷（如果有的话）来减少当期支付，接受分期付款。另一种可能性是利用"每次使用付费策略"，允许客户按设备的使用情况付费，而不是支付设备的全部价钱（Karamchandani et al.，2011）。

阶段二：深度效益管理。即便企业实施深度成本管理策略，也可能无法使企业完全满足低端市场需求。企业需意识到，低端市场需求及欲望相较于富足市场存在很大差异。因而，有必要进行基础性再设计。在有些情况下，需要增加一些对低端市场有重要意义的产品或服务新特征。在另外一些情况下，需要提供便利的销售地点，方便交通运输，以及其他一些对低端收入人群来说是最基本的服务。

6.4.2　低收入人群作为产品和服务的营销人员

为了服务于低端市场，为低端市场培养成功的创业者，需要完成以下三项重要工作（Pitta et al.，2008）。

（1）获得信贷（小额信贷）。

（2）建立联盟。

（3）制定适合的营销组合（在此不做讨论，详见案例6.2和6.3）。

1. 获得小额信贷

低收入者获得小额信贷，成为一位能贡献家庭收入和独立自主的经营者，这是一件非常有吸引力的事情。已有证据表明，小额贷款在帮助底层收入人群方面是成功的。也有证据表明，很多想成为创业者的低收入者，无法得到小额信贷（Karnani, 2007）。

对于低端市场而言，常规的商业信贷是无法获得的。而在非正规金融市场上获得融资的成本又非常大。

将2006年诺贝尔和平奖授予穆罕默德·尤努斯（Muhammad Yunus）和孟加拉国的格莱珉银行（Grameen Bank）的决定凸显了发展中国家小额信贷的潜力。在过去十年里，大多数非洲国家都建立了小额信贷银行，但格莱珉银行的绝对规模之大令人震惊。虽然向个人或小型企业提供的贷款是很小的资金量，对经济增长的贡献微乎其微，但它扩大了一个国家的经济基础，促进了通向生活水平真正提高的增长。

格莱珉银行现已向700多万人提供了信贷，其中97%是妇女。大多数贷款金额很小，很少超过100美元。在孟加拉国，格莱珉银行通常在当地寺庙或者村堂经营。提供的贷款通常被用于改善灌溉或购买新工具，以提高效率。作为诺贝尔奖的一部分，尤努斯获得了1000万瑞典克朗（135万美元），这笔钱用于寻找帮助低收入群体创业的新方法。

示例 6.1

Voltic Cool Pac 瓶装水在加纳的分销（截至 2011 年）

21世纪初，加纳主要的瓶装水生产商 Voltic 将其目标消费群体定位于加纳的高收入人群。Voltic 旗下的产品主要销往酒店、酒吧和餐厅等高端消费场所。然而，Voltic 的管理层认为，低端瓶装水的市场需求潜力巨大，但由于价格低廉，且消费者对品牌的忠诚度不高，因此，低端瓶装水市场一直被视为一个产量高、价值低的市场。

为了在市场竞争中赢得主动权，Voltic 公司管理层必须对其商业战略进行调整。Voltic 公司的管理层意识到，将瓶装水从集中装瓶设施运输到分散的终端市场，会因为运输距离较远而承担较高的运输成本。此外，单个瓶装水较小的包装尺寸也会使得单位体积水的运输成本增加。加纳国内糟糕的交通基础设施和交通基础设施利用率加剧了这一问题。为了解决这一问题，Voltic 采取了一个激进的改革方案。这一改革方案允许几十家特许经销商分散 Voltic 公司瓶装水的瓶装过程，以使公司的瓶装过程更接近终端消费市场。

通过上述改革方案，Voltic 彻底改变了其商业模式。通过特许经营和分散生产，Voltic 建立了一个单独的品牌，并通过使用非正式的街头小贩来销售 0.03 美元的 500 毫升小包装瓶装矿泉水，以优化销售。加盟商是有能力投资和发展业务的当地大企业。Voltic 与加盟商的合作包括装瓶、分配和物流配送。在这种合作关系中，Voltic 支付超过一半的资本成本，其余成本由加盟商承担。经营利润则由 Voltic 和特许经销商平分。

Voltic 推出了一个名为 Cool Pac 的瓶装水新品牌，该品牌瓶装水的定价略高于众多非正式竞争对手。在低端消费市场，瓶装水更像是一件普通商品，Voltic 改变了这一切，它着力强调 Cool Pac 瓶装水的品牌效应和质量效应。虽然 Voltic 公司将瓶装水的装瓶和分销外包给了其他加盟商，但该公司仍然密切控制着所有与产品相关的品牌建设活动。

这些小瓶装水通过非正式的街头小贩兜售给消费者。500 毫升瓶装水以每袋 0.03 美元的价格出售。在今天的加纳，每天有 1 万多名街头小贩兜售 Voltic 的瓶装水，每天大约能卖出 48 万瓶。

随着 Voltic 的成功，私募股权公司 Aureos 从 2004 年开始对 Voltic 进行了两次成功的股权投资。2009 年，Voltic 被 SABMiller 公司收购。

资料来源：基于 Karamchandani 等人（2011）。

2. 建立联盟

服务低端市场需要多个主体共同参与，包括企业、政府、非政府组织、金融机构，以及其他类型组织（如社区）等。

通过将利润动机注入价值创造中，希望私人企业在服务低端市场中发挥引领作用，减轻贫困的目的也更可能实现。

政府部门在发展低端市场中发挥重要作用。焦点是政府部门从传统的援助转变到帮助低端市场创造可持续环境的各种方式。例如，向创业者提供融资和培训是政府支持低端市场的消费者与经营者的一种方式。

与医疗部门联盟也非常重要。例如，在使用"更小包装"的倡导下，无法实际降低以 10 天为单位的救命抗生素供应的成本。这意味着，要么减少每日剂量，要么减少整个剂量。这两种情况都有可能培育耐药微生物，从而威胁到患者生命。为了弥补这种情况，企业必须意识到与其他组织进行合作，如政府和非政府组织，是非常重要的。

6.5　总　　结

本章集中分析了影响企业国际经营的政治/法律环境和经济环境。大多企业无法直接影响市场环境，但它们成功的商业运作却大大依赖于环境的结构和内容。作为服务国际市场的营销者，在制订计划时，必须认真评估所服务的市场的政治/法律环境和经济环境，并考虑到由此产生的经营管理后果。

1. 政治环境

国际企业面临的政治环境是复杂的，因为这其中的国内政治、国外政治和国际政治相互影响、相互作用。在海外市场投资时，公司必须对国家政治敏感。为评估政治风险，公司应建立监测系统，如系统检测征收、国有化及进出口限制等政治风险。通过巧妙调整和控制，政治风险会降低或抵消。

关税是传统的国际贸易壁垒。20 世纪最后十年的国际贸易自由化导致国与国之间的关税壁垒大幅度下降。因此，各国政府越来越多地使用非关税壁垒来保护国家的相关产业。它们认为，有些产业的自由竞争不应该得到支持。政府也可以通过其投资政策支持或阻止国际运营。投资政策主要是关于国内公司和外国公司的权益或企业和其他组织的所有权的一般规则。

阻碍国际市场营销有几种障碍，尽管世贸组织减少了很多障碍，但有些障碍依然存在。一个国家的政治风险可以通过以下因素进行研究。

①政府政策变化。

②政府的稳定性。

③东道国政府经济管理的质量。

④东道国对外资的态度。

⑤东道国与世界各国的关系。

⑥东道国政府与母公司所在国政府的关系。

⑦东道国对外国人员安排的态度。

⑧东道国政府与民众之间的关系。

⑨东道国行政程序的公平与诚实。

这些因素的重要程度因国家、公司而异。然而，在一个特定国家经营企业，将以上因素进行全面考虑，了解其政治前景，是非常重要的。

国际恐怖主义虽然是企业面临的上升问题，但适当结合战略思考和经营思考可以预测和应对其影响。试图使恐怖主义的伤害最小化而实施的新秩序可能代价很大，需要与公司为应对恐怖主义的直接影响和间接影响所担负的大量储备相权衡。从长远看，企业应推进产品价值链的整合，以便在关键投入品供应受到冲击时，快速转向可替代零部件。

2. 经济环境

经济环境是市场潜力和机会的主要决定因素。国与国市场之间的显著差异源于经济差异。其中，人口特征是其主要维度。一国人民的收入及富裕程度也是极端重要的。因为这些关键数据决定了人们的购买力。国家和市场处于不同的发展阶段，每一个阶段都具有不同的特征。

《马斯特里赫特条约》促成欧洲经济与货币联盟（EMU），其中包括新的欧洲共同货币——欧元；也包括一个由 3.2 亿名消费者组成、占世界经济 1/5 的市场中实行的"同一价格定律"。这促进了贸易增长，刺激更大的竞争。

衡量一国经济发展程度的正式方法包括：①全国生产价值，具体衡量指标是国民生产总值和国内生产总值；②购买力平价，即两国货币在两国购买同样"一篮子"商品的相对能力，这个指标用以修正两国的相关比较。

中国、巴西、俄罗斯、印度、南非等国家的经济增长可能会对世界其他地区产生巨大影响。

案例研究 6.1

案例研究 6.2

案例研究 6.3

问题讨论

1. 阻碍商品和服务在国际市场上自由流动的障碍有哪些？

2. 简述欧洲货币共同体对向欧洲市场销售商品的跨国公司的重要性。

3. 在对不同国家（地区）进行比较分析时，国民生产总值有多大用处？你还能推荐其他的方法或者指标吗？

4. 讨论人均收入在评价一国（地区）市场潜力方面的局限性。

5. 区分自由贸易区、关税联盟、共同市场、经济和货币联盟、政治联盟等区域政治经济组织的异同。

6. 为什么跨国公司管理者对一国（地区）市场的人口年龄分布感兴趣？

7. 说明外汇波动对下列方面的影响：贸易；投资；旅游。

8. 为什么政治稳定对跨国公司管理特别重要？找一些最近的媒体例子来强调你的观点。

9. 一个国家的主要政治目标及其变化如何影响跨国公司在该国市场经营成功的概率？

10. 讨论一个国家的自然环境如何影响其对跨国公司营销人员的吸引力。

11. 解释为什么一个国家的贸易平衡可能会引起跨国公司管理者的兴趣。

参考文献

第**7**章

社会文化环境

通过学习本章，学生应该能够做到以下几个方面。

- 讨论社会文化环境如何影响潜在市场吸引力；
- 定义文化并明确其包含的元素；
- 解释霍夫斯泰德模型中的"4+1"维度；
- 解释霍夫斯泰德模型的优缺点；
- 讨论世界文化是在融合，还是在分化。

7.1 导 论

文化的重要性对国际营销者来说意义深远。文化具有广泛性影响,渗透于社会行为和交往活动的方方面面，它体现于日常生活的目标对象中和社会交往沟通模式中。文化的复杂性反映于对它的五花八门的定义上（Craig and Douglas，2006）。涉及文化的每一个学者都给出了不一样的定义。其中，泰勒（Tylor 1881）的定义得到了最为广泛的接受，他认为，"文化是一个复杂的整体，包括知识、信仰、艺术、道德、法律、风俗，以及个体作为社会成员所获得的任何其他能力和习惯"。

文化是国际市场差异性的明显原因。其中，有些文化差异是易于管理的。例如，在一些要卷入的市场上，购买者使用不同的语言，信仰不同的宗教，国际营销者需要提前计划如何管理不同的具体点。一个比较大的问题是如何明白不同国家购买者所暗含的真正态度和价值观。例如，跨国公司管理者可以根据文化差异在各国市场上进行差异化营销，以符合不同文化背景下，消费者对产品的需求特征。文化差异还有助于跨国公司管理者洞察不同国家消费者对产品存在差异化态度、偏好的文化价值观层次上的原因，以使他们做出更为明智的国际营销决策。

文化的概念广泛而又极其复杂。它几乎涵盖了人们生活的各个方面。人们在社会中共同生活的方式会受到宗教、教育程度、家庭和参照群体的影响，也会受到法律、经济、政治和技术等因素的影响，这些因素之间还会发生各种各样的相互作用。我们可以通过沟通方式的差异寻找文化差异，包括不同口语的使用，以及口语及其他沟通方式，如空间距离的重要性的差异。工作的重要性，休闲时间的利用，激励及其认可的形式等，在不同文化之间，人们重视的程度差异很大。在有些国家，人们特别重视金钱地位，而在另外一些国家或文化中，社会地位和社会认可更被重视。

文化通过反复的社会交往并最终由整个群体成员内化形成模式而得到发展，换句话说，社会文化不是一成不变的，它会随着时间的推移慢慢变化。最后，文化的差异并非可见的，它更多的是被人觉察不到，它处于任何情景的表面，但它从来不受人注意。

人们普遍认为，文化具备以下三个层次的特征。

（1）文化是学习来的。它指人们随着时间的推移通过群体成员一代一代的文化传承而获得。就民族文化而言，最为密集的文化学习是出生后的早几年。5 岁的孩子已是语言使用专家了。通过以下活动将文化内化为价值观。

①与家庭其他成员互动交流。

②争取奖励和避免惩罚。

③为达到目的而谈判。

④挑起和避免冲突。

（2）文化是相互关联的。它指文化的一部分跟其他部分是紧密联系的，如宗教和婚姻，商业和社会地位。

（3）文化是共享的。它指某种文化的原则可能延伸至另外一个群体。文化价值观可通过其他群体成员延传给个体，包括父母、家庭成员、朋友、其他成年人、学校及其他组织等。

文化被认为有三个层次（见图 7.1）。文化的有形部分，即那些能为人们所看到、听到、闻到、尝到或触摸到的东西，隐喻一个群体共有的价值观或假设的人为制造品或表现形式。这些元素构成了一座"冰山"，人们所能看到的水上部分仅仅是冰山的一小部分。为人所看不到的是各种价值观和假设，如果错误地冲撞它们，船就会沉入大海。日常的行为受价值观和社会道德的影响，与基本的文化假设相比，这些价值观和社会道德与现实更接近，并更作用于现实。价值观和社会规范帮助人们修正短期日常行为，相关标准会在较短时期，如 10 年到 20 年，发生变化，而基本的文化假设有可能经过几个世纪才能形成。

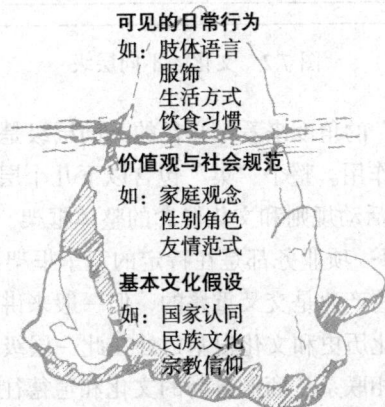

可见的日常行为
如：肢体语言
　　服饰
　　生活方式
　　饮食习惯

价值观与社会规范
如：家庭观念
　　性别角色
　　友情范式

基本文化假设
如：国家认同
　　民族文化
　　宗教信仰

图 7.1　可见和不可见的文化要素

因此，本书将文化定义为文化是一个社会理解、决定和沟通的学习方式。

分析文化影响的一种方法是"高语境–低语境分析"。因为语言是文化的重要组成部分和沟通的重要工具，所以，我们需要注意口头语言和无声语言。

某些文化之间的差异非常大，例如，中国文化与瑞士文化之间的语言和价值观差异非常大，而西班牙和意大利之间虽然也有差异，但相对较小。因为后两国的语言都为拉丁语系，使用相同的沟通书写方式，并具有虽然不完全相同，但非常相似的价值观和道德规范。

沟通的方式因文化而异。在有些语言里，沟通严格以说与写的文字为基础。在其他一些语言里，模棱两可的因素，如信息发出者所处的环境和社会地位是沟通理解中非常重要的因素。霍尔（Hall，1960a）将这一发现作了一个一般性的区分"高语境文化"和"低语境文化"。

7.2 文化层级

随着公司的国际化，公司组织成员所接受的行为规范变得越来越重要。当跨国公司雇佣具有日益多样化的国家文化背景的人员时，文化层次可以提供一个共同的框架来理解不同人的行为和他们如何做业务的决策过程。

个人行为受文化不同层级的影响。民族文化决定商业文化和产业文化的价值观，也由此决定单个企业的文化。

图 7.2 展示了处于一个国家的买者和来自另一个国家的卖者之间的典型谈判形势。买卖双方的个人行为受到来自文化各个层级的影响，而各个层级又很复杂地交织在一起。个体可能的行为受到各个层级的影响。

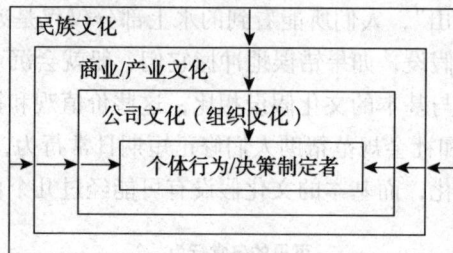

图 7.2　文化的不同层级

在图 7.2 中，从"筑巢"的角度来看，文化的不同层级是相互嵌套在一起的，从而可以把牢它们之间的文化互动作用。整个"巢"包含以下几个层级。

（1）民族文化。是商业活动规则和文化概念的整体框架。

（2）商业/产业文化。每一项业务都是在特定的竞争框架内和特定的行业（或服务部门）内进行的。虽然有时有些产业是交叉重叠的，但一般来讲，企业应清楚知道自己身处何种产业。这个层级有其文化历史和文化根基，处在此一层级的运营者应知道其活动游戏规则。产业文化与产业部门相联系，商业行为的文化和道德往往是跨国界相似的。例如，船运业务、石油业务、国际贸易，以及电子产品行业具有跨国界的相似特征。

（3）企业文化（组织文化）。一个组织往往包含各种功能性的亚文化，功能性文化通过一个组织内部的不同职能部门成员的共同价值观、信仰、意义、行为来表现，如营销、财务、运输、采购、高层管理和蓝领工人等部门及其成员。

（4）个体行为。个体受到来自各个层级的影响。在相互影响的环境中，个体变成一个核心式的人物，他在产业营销舞台上与其他所有角色互动。个体之所以重要，是因为在这个感知的世界里，个体间存在着差异。文化可以学得，不是与生俱来。基于不同的学习环境和个体特征，学习的过程创造了个体。

示例 7.1

伊莱克斯为日本市场调整了吸尘器

伊莱克斯（Electrolux）是全球最大的真空吸尘器生产商之一。早在 1926 年，它就在瑞典以外开设了第一家真空吸尘器工厂。目前，它的真空吸尘器在全球 50 多个国家销售。

吸尘器适合全球化，因为它的单位运输成本相对较低。通常，吸尘器行业比厨房和洗衣机行业的全球化程度要高很多，而且，大多数吸尘器都是生产于低成本国家。

然而，这并不意味着吸尘器制造商在世界各地生产和销售完全相同的吸尘器。品牌随地区不同而变化。在亚洲和拉丁美洲，伊莱克斯销售的一律是 Electrolux 品牌。在欧洲，伊莱克斯以销售各种不同的品牌而成为主导真空吸尘器的制造商。而在美国，大部分销售的是美国的 Eureca 品牌，以及比较独特的伊莱克斯品牌。

伊莱克斯在适应日本吸尘器市场方面面临特别挑战。日本家庭居住面积小，吸尘器要保持较低噪音，以免打扰到家人和邻居，并且，日本人清洁时非常仔细和有规律。

为了满足这些需求，研发团队（与伊莱克斯的营销和设计团队一起）开发了一款特别适合日本市场的超紧凑型吸尘器。在 2011 年末的日本东京，100 多名日本记者参加了伊莱克斯新型吸尘器 Electrolux Ergothree 的发布会。后来，该吸尘器也被引入更多的亚洲国家市场，包括中国，尤其是其大城市，居住空间也相对较小。

来源：基于 Electrolux Annual Report（2011），www.electrolux.com 和其他公共来源。

7.3　高语境文化和低语境文化

爱德华（Edward，1960a）提出了高低语境的概念，作为理解不同文化价值取向的一种方式。

（1）低语境文化。依据口头语言和书面语言来理解沟通的意图。信息发送者对信息进行文字编码，希望信息接收者能够对文字进行准确解码，以正确理解要表达的意思。

（2）高情境文化。通过使用和翻译信息周围的元素来达到对信息的理解。在高语境文化下，社会重要性、人们的知识和社会环境，赋予了附加信息，并能被信息接收者所觉察。

表 7.1 总结了高语境和低语境文化的一些不同方面。

表 7.1 不同文化的一般特征比较

比 较 维 度	低情境文化/个体主义的（如西欧、美国）	高情境文化/集体主义的（如日本、中国、沙特）
沟通方式及语言	明确的、直接的	隐喻的、间接的
自我意识和空间感	非正式的握手	正式的鞠躬、拥抱、握手
食物和饮食习惯	吃是一种生理需求，讲效率	吃是一种社交活动
时间意识	线性、精确、准时是很重要的，时间 = 金钱	弹性的、相对的、花时间享受，时间 = 关系
家人和朋友	核心家庭，以自我为中心，重视青年	大家庭，以他人为导向，忠诚和责任，尊重老人
价值观和规范	独立，对抗冲突	顺从、和谐
信念和态度	平等主义，挑战权威，个人主宰命运，性别平等	等级森严，尊重权威，个人接受命运，性别角色
心理过程与学习	横向的，整体的，同时的，接受生活中的困难	线性的，逻辑的，按顺序的，解决问题
业务和工作习惯	以交易为导向（"快速切入业务"），基于成就的奖励，工作有价值	以人际关系为导向（"先交朋友，然后做交易"），奖励基于资历，工作是必要的
对服装和外表的讲究	为个人成功而着装，变化多样	显示社会地位，宗教清规

来源：基于 Usunier 和 Lee（1999）和其他公共来源。

图 7.3 显示了世界各地文化的语境差异。北欧的低语境文化是一个极端，另一个极端是高语境文化。根据人口社会背景，日本人和阿拉伯人有着复杂的沟通方式。

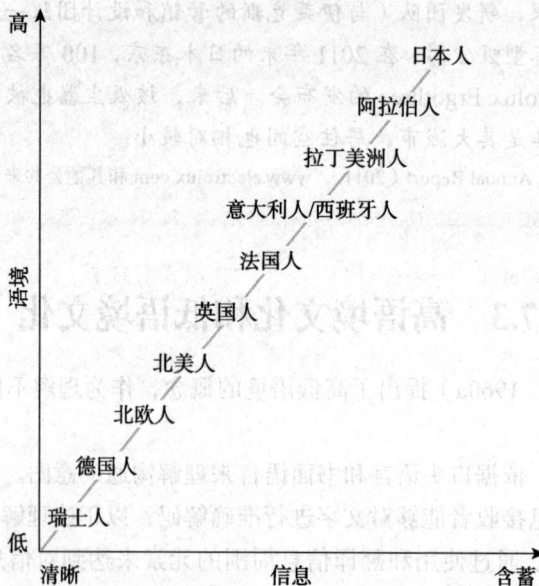

图 7.3 不同文化的情境连续统一体

来源：Marketing Across Culture，3rd ed. Pearson Education Ltd. (Usunier and Lee, J.A.1999)

Copyright © Pearson Education Ltd.

索尔伯格（Solberg，2002）在对阿拉伯国家的产业购买者进行行为分析后发现，在阿拉伯国家，与合作伙伴建立信任关系所花费的时间比西方国家要长。对于阿拉伯国家的购买者来说，利用合作伙伴的能量建立关系网络好像意义更为重大。在阿拉伯国家，进口代理人的地位，以及他们显赫家庭的关系网对外国产品或外国企业的成功至关重要。一旦与错误的代理人进行合作，外国企业将浪费很长时间，并丧失机会。

在中国，许多西方跨国公司高管和外派人员在执行任务时，只把注意力集中在推动产品销售上。首先，大多数西方人低估了中国政府的作用。在中国的许多行业，需要注意政府的政策。其次，在中国，吸引和留住人才并不能仅仅依靠涨工资或提供职务晋升机会，还需要创造一个令人能全身心投入的工作场所。对许多中国人来说，公司既是一个工作场所，也是一个社交社区。他们希望自己的老板不只是一个工头或一个遥不可及的专业人士。为了以更加私人的角度与人接触，睿智的企业高管要倾听职工呼声，并迅速做出反应，应该更具爱心。例如，增加对员工自发组织活动的赞助，推动员工参与社区和国家义务活动。

许多跨国公司高管可能会认为，花时间在这些"软"问题上会耽误企业实现业绩目标和提高生产效率。然而，与普遍的信念相反，在中国，对员工福利的真诚关心是提升企业业绩的关键因素。这不仅对于企业来说是这样的，对于政府来说，也是这样的。在中国，政府和民众对境内的跨国公司要做个好企业的期望程度比低语境文化国家要强得多。外国公司要证明其投资为中国发展所做的贡献。例如：三星（Samsung）的运营公司与需要帮助的中国偏远农村建立长期合作；爱立信（Ericsson）在中国农村安装移动通信技术；通用电气（GE）为中国培训高级管理者，并将其融入企业战略定位中，而不是可有可无的附加选择（Paine，2010）。

对于西方国家来说，过于关注员工的工作可以理解为微观管理的需要。由于缺乏经验，中国员工通常希望得到更多关于如何实现目标的具体指导，更有可能向老板寻求详细的指示。这就是为什么高效的中国管理者会密切监督下属的工作，抓住机会在工作中以身作则，或在指导过程中直接干预工作。

沟通双方的语境文化差异越大，实现准确沟通的难度也就越大。

7.4 文 化 要 素

文化要素有很多定义，其中之一是由默多克（Murdoch，1945）提出的 73 个"文化共性"。下面讲解 8 个重要文化要素。

示例 7.2

在中国，雪铁龙由 Citroën C4 改为 Citroën c-Quatre

数字"4"在汉语中被认为是不吉利的数字，因为它的发音与"死"字非常相似。因此，许多有编号的产品系列跳过了"4"，例如，诺基亚手机没有以 4 开头的系列。在东南亚，一些建筑没有第 4 层（与西方一些建筑没有第 13 层的做法类似，因为 13 被认为是不吉利的）。在中国香港，一些高层住宅楼宇除了没有第 13 层外，还会省略所有带有"4"的楼层数字，例如，第 4、14、24、34 及 40~49 层。基于 Citroën C4 在欧洲的成功，Citroën 想将这一品牌渗透到中国市场，但由于敏感的数字"4"，2012 年上市时，Citroën 决定将品牌名称改为 c-Quatre。它以第一代 Citroën C4 为基础，由在中国的东风- psa 合资企业制造。

来源：基于 Feyter，T.（2012）Facelifted Citron C4 hits the China car market，19 may，CarnewsChina.com，和其他公共来源。

7.4.1 语言

一国语言是其文化的关键，是反映文化的一面镜子。一个人要想在一种文化下工作，学好其语言是至关重要的。掌握语言就意味着掌握其文化，因为语言词汇是由文化派生的，并用来反映文化。

语言分为两大类，口头语言和非口头语言。前者是具有含义的声音模式，是显而易见的；而后者是通过肢体语言、沉默及社交空间等非口头语言来表达的形式，虽然不太明显，但却是强大的沟通方式。

1. 口头语言

口头语言是重要的交流手段。在诸如戏剧和诗歌等各种形式中，书面文字是群体文化的一部分。在口语形式中，实际所用的词汇及发音方式为信息接收者提供了判断讲话者是何类人的相关线索。

语言能力在国际市场营销中发挥着明显的作用。

（1）语言对信息收集及其评估工作非常重要。管理者不能完全依赖别人的意见，要亲自追踪事情的进展。人们更乐于使用自己的母语。最有价值的情报是身在市场的其中而获得，而不是身在其外观察。例如，跨国公司的当地公司经理应该评估东道国潜在风险的政治信息的初始来源。当然也要小心其中的偏见。

（2）语言是进入当地社会的"敲门砖"。虽然英语应用非常广泛，且是公司的官方语言，但用当地语言表达会有戏剧性的不同。例如，在一个国家做生意，翻译促销材料和信息是一件非常严肃的事情。

（3）无论是在公司内部，还是面对渠道成员，沟通所需要的语言能力越来越重要。想象一下，跨国公司的一个当地经理与其员工沟通要借助于翻译，他会面临怎样的困难。

（4）语言不仅仅是沟通所需具有的能力，它还超越了语言作为一项技术，扩展到了对语境的解释。

由于文化不同，语言的一个非常重要的方面就是它能展示人们交流中的显性或隐性程度（Usunier and Lee，1999）。在显性语言文化中，企业管理者知道，要达到有效沟通，必须是"说出你想说的，明确你说出的"。含糊的命令和指示被看作是沟通能力差的表现。显性语言文化假设有效沟通的责任是在讲话者肩上。相反，隐性语言文化假设有效沟通的责任在讲话者和倾听着双方。隐性沟通有助于避免沟通双方的不愉快和直接的对抗与分歧。

2. 非口头语言

根据霍尔（Hall，1960a）的观点，非口头语言是一种非常有力的交流手段。非口头语言的重要性在高语境文化中表现得尤为明显。在高语境文化中，人们对非口头语言性信息更加敏感。而在低语境文化中（如英国），人们对非语言性信息则没有那么敏感，甚至表现非常迟钝。霍尔（Hall，1960b）的研究显示，在高语境文化中，非口头语言传递了约90%的信息量。表 7.2 列出了不同文化情境中的非口头语言。

表 7.2　国际商务中的主要非口头语言形式

非口头语言	对国际市场营销和商业的影响
时间	守时的重要性。在高语境文化中（如中东、拉丁美洲），时间是灵活的，不被看作是一种有价值的东西
空间	人与人之间的对话距离。例如，每个人想要与他人保持的距离是不同的。阿拉伯人和拉丁美洲人喜欢在交流中保持较近的距离。
物质财富	与物质财富的相关性及对最新技术的兴趣。这对高语境文化国家和低语境文化国家都有一定的重要性
友谊模式	可信赖朋友的重要性，作为危急情形下的一种社交保障。例如，在高语境文化中，拓展社交熟人、建立适当的人际关系是从事商业经营的基本要求。从私人角度了解合作伙伴是达成交易的前提
商业协议	基于法律、道德实践和非正式习惯的谈判规则。例如，在高语境文化中，直奔主题的谈判是不合适的，因为交易的达成不仅以好的产品或服务为基础，还以人与人或企业与企业间的信赖为基础。合同仅靠握手约束，而不是靠复杂的协议条款，这一事实会令商业人士不安，尤其是西方商人

7.4.2　礼仪与习惯

一定要关注习俗的不同，尤其是很小的文化差异，诸如麦当劳和可口可乐在世界各地的成功应对。

在谈判中，对习俗的把握尤其重要，因为基于某一参照系的翻译往往会导致不正确的结论。在国外，为了进行有效的谈判，必须准确读懂所有的沟通方式。

在许多文化中，外国商人必须遵守某些基本习俗包括对左手和右手的使用。在某些文化中，左手是如厕用的，如果用来吃饭，则是非常不礼貌的。

示例 7.3

在沙特阿拉伯和西欧诸国做广告的感官和触觉文化

沙特阿拉伯虽然只有3300万人口（包括600万名移民），但该国是世界上第六大香水市场，仅次于美国、日本、德国、法国和意大利。沙特阿拉伯是世界上人均香水消费量最高的国家，将其他国家远远甩后。

在宣传香水时，最大的进口商一般使用与在欧洲相同的广告材料，但对沙特较特殊的事是，此类推广活动会由沙特阿拉伯的社会道德强行约束。

　　沙特阿拉伯是一个高度触摸的文化，但在广告信息中不恰当使用触摸会导致问题。Drakkar Noir 的照片展示了两款男士香水的广告，其中，GuyLaroche（通过广告公司 Mirabelle）为阿拉伯版本广告减少了性感元素。欧洲版本显示一个男人的手抓住香水瓶，一个女人的手抓住他裸露的前臂。在沙特阿拉伯的版本中，男人穿着一件深色的夹克，而女人只是用她的指尖触摸男人的手。

7.4.3　科技与物质文化

　　物质文化源自技术，并与社会如何组织经济活动直接相关。这表现在，物质文化为基本的经济、社会、财政和营销提供可用的、充足的基础设施。

　　科技进步带来了文化融合。黑白电视机在广泛渗透美国市场十年多后，日本和欧洲才达到与此相当的水平；彩电的滞后期减少到五年；录像机的差距减少到三年，但情况逆转，是日本和西欧处于领先，此时，美国主要聚焦电缆系统的发展。激光唱片的渗透率在一年后几乎是相当的。今天，随着互联网或智能手机的普及，时间差（在不同地区之间）根本不存在。

7.4.4　社会组织

　　有关商业的、政治的、家庭的或阶层的社会组织影响人们的行为和人们相互联系的方式。例如，在一些国家，家庭是最重要的社会群体，家庭关系有时影响工作环境和就业实际。

　　在拉丁美洲和阿拉伯地区，经理给予其亲戚特别优待被认为是一种必须履行的义务。在拉丁人看来，雇佣你信赖的人是常理。但在美国和欧洲，这会被看作偏袒和搞裙带关系。在印度，也存在裙带关系，但这与他们的文化规范一致。在工作场所和商业交易过程中，熟知家庭关系的重要性可以避免类似裙带关系所带来的尴尬问题。

　　在世界范围内，消费者社会化过程的重要部分是参照群体，这些群体提供了在示范行为方面具有影响力的价值观和态度。首要参照群体包括家庭、同事和其他关系亲密群体；次级参照群体包括一些社会组织，在其中，间断性的互动时有发生，如一些专业协会，贸易组织等。

　　社会组织也决定了企业管理者与其下属的角色，以及他们之间的互动方式。在一些文化中，管理者和下属是分开的。在另外一些文化中，管理者和下属处在一个基本相同的层级，一块工作于同一团队。

7.4.5　教育

　　教育是传授技能、思想、价值观，以及开展特定学科培训的过程。教育的功能之一是将既有的文化和传统传递给新一代。然而，教育也有文化变革的功能。当然，绝大部分国家也在利用这一功能。教育水平对各种商业活动产生很大影响。生产设施的培训方案必须考虑受训人的教育背景。

　　国际市场营销经理可能还必须克服在招聘合适的销售队伍或支持人员方面的障碍。例如，日本文化重视忠诚度，员工认为自己是公司大家庭的成员。如果一家外国公司决定离开日本，那么，员工可能会发现自己陷入职业生涯中期，无法在日本的商业体系中找到一席之地。因此，大学毕业生只愿意加入最大和最知名的外国公司。

如果技术被推向市场，那么，产品的复杂程度将取决于未来用户的受教育程度。产品适应性决策往往受目标客户能够正确使用产品或服务的程度的影响。

7.4.6 价值观与态度

态度和价值观有助于我们认为什么是正确或适当的，什么是重要的，什么是可取的。其中，有些与市场营销有关，我们将进行讨论。价值观和态度在核心信仰（如宗教）中越根深蒂固，国际市场营销经理就越需要谨慎行事。在工业化国家，人们对变革的态度基本上是积极的，而在更多受传统约束的社会，人们对变革抱有极大的怀疑，特别是当变革来自外国实体时。

在一个保守的社会里，人们都不情愿冒风险。所以市场营销者要降低分销者和购买者在尝试新产品时可能感受到的风险。这可通过教育来实现，也可以使用担保、委托销售等其他市场营销技术。

7.4.7 审美

美学涉及对艺术、音乐、民俗、戏剧的审美及鉴赏的态度。在特定文化下，人们对各种艺术表达的象征意义解释非常重要。特定文化下的美学对各种艺术表达的符号意义解释非常重要。即使文化相似的国家，什么可接受，什么不可接受，都变化莫测。

公司要重视对诸如产品、包装设计、颜色、品牌名称、记号等美学因素的深入评估。例如，一些传统的品牌名称在美国传递了一种积极的形象，而在其他国家却有不同的含义，这对营销效率和公司形象可能有实质性的损害。例如：石油公司的名称 ENCO，日文意为"抛锚的车"；美国汽车品牌 Matador，西班牙文意为"杀手"；福特卡车品牌 Fiera，西班牙文意为"丑陋的老女人"。

7.4.8 宗教

宗教可以为伊斯兰教、佛教或基督教共同信仰下的跨文化相似性提供基础。宗教在许多国家是重要的。在很多国家，人们付出了巨大努力，将政府事务和教会事务分开处理。尽管如此，它们对于个人的信仰差异，仍然抱有尊重。在一些国家，如伊朗，宗教可能是政府的基础，也可能是商业、政治和教育决策的主导因素。

宗教可能直接影响国际市场营销策略，方式如下。

（1）宗教节日在不同国家有很大差异，不仅是基督徒国家与伊斯兰国家之间，甚至基督教国家之间都有差异。一般来说，在基督教是重要宗教的所有国家，星期天都是宗教节日。

（2）消费模式可能受宗教要求或禁忌的影响。过去，天主教徒在星期五吃鱼就是一个典型的例子。印度教徒禁食牛肉，穆斯林和犹太教徒禁食猪肉，则是另一个例子。

（3）穆斯林每天面对圣城麦加祈祷五次。外国公司一定要知道这些宗教仪式。

（4）妇女在经济发展中的作用因不同文化而异，宗教信仰是形成差异的非常重要原因。在中东地区，女性作为消费者、工作者，以及营销研究中的受访者，都受到限制。针对这些差异，习惯于在其他国家经营的企业管理者就需要做适应性调整。

示例7.4

宝丽来在穆斯林市场的成功

20世纪90年代末，宝丽来（Polaroid）的即时摄影技术在很大程度上打破了阿拉伯世界的拍照禁忌，尤其是那些涉及女性露出脸的照片。宝丽来在20世纪60年代中期进入阿拉伯市场时，发现即时摄影技术具有特殊的吸引力。由于宗教的限制，阿拉伯国家仅有几家照片处理实验室。但有了宝丽来的即时相机，阿拉伯男人可以给他们的妻子和女儿拍照，而不用担心电影实验室里的陌生人看到她们揭开面纱，也不用担心有人复制这些照片。

来源：Harper（1986）。

7.5 霍夫斯泰德模型（"4+2"维度模型）与GLOBE模型

7.5.1 霍夫斯泰德模型

国际经理人可能既没有时间，也没有资源来全面了解某一特定文化，但熟悉最普遍的文化"差异"可以为企业战略发展提供有用的指导。霍夫斯泰德（Hofstede，1983）提供了一种方法来识别这些普遍存在的民族文化的基本差异。霍夫斯泰德试图找到一种解释，来解释动机的一些概念在所有国家并不是以同样的方式起作用。霍夫斯泰德的研究基于一个广泛的IBM数据库，在1967—1973年间，该数据库使用了72个国家和地区、20种语言的11.6万份问卷（来自IBM员工）。

霍夫斯泰德认为，不同国家的人们感知和解释世界的方式在四个维度上有所不同：权力距离（power distance）、不确定性回避（uncertainty avoidance）、个体主义（individualism）和男权主义（masculinity）。后来又增加了时间视角（time perspective）和享乐主义（indulgence）两个维度。

（1）权力距离指人与人在物质和教育方面的不平等程度（即从相对平等到极端不平等）。一方面，在权力距离很大的社会，权力集中在少数高层人士手中，他们做出所有的决定。另一端的人们只是执行这些决定，他们更容易接受权力和财富的差异。另一方面，在权力距离较小的社会，权力被广泛分散，人与人的关系更加平等。权力距离越小，越有更多的人希望参与组织决策过程。日本具有较高等级的权力距离。美国和加拿大在权力距离方面的评级处于中等水平，而丹麦、奥地利和以色列等国的评级则要低得多。

（2）不确定性回避指一个国家的人们比较喜欢将形式上的规则和固定的生活模式，如职业结构和法律等作为加强安全的手段的程度。避免不确定性的另一个重要方面是冒险。高不确定性回避可能与风险规避相联系。在低不确定性回避社会里，管理者面对的是一个没有过度压力的未来。在高不确定性回避文化中，管理者参与诸如长期规划等活动，以建立保护性障碍，最大限度地减少与未来事件相关的焦虑。在回避不确定性方面，美国和加拿大的得分相当低，这表明其管理者在应对未来变化方面更有反应能力。但日本、希腊、葡萄牙和比利时的得分较高，表明其管理者希望以更有条理、更有计划的方式迎接未来。

（3）个体主义指一个国家的人们学会作为个人，而不是作为群体成员行事的程度。在个体主义社会中，人们以自我为中心，感觉不需要依赖他人。他们寻求实现自己的目标，而不是集体的目标。在集体主义社会中，成员有一种群体心态。他们相互依存，寻求相互迁就，以维持群体和谐。集体主义管理者对他们的组织有很高的忠诚度，并且赞成共同决策。英国、澳大利亚、加拿大和美国对个体主义的评价非常相似（高），而日本、巴西、哥伦比亚、智利和委内瑞拉的评价则非常低。

（4）男权主义指男性化的价值观，如成就、表现、成功、金钱和竞争等凌驾于女性化的价值观，如生活质量、保持温暖的人际关系、服务、关心弱者、保护环境和团结等之上的程度。男性文化对男性和女性会展现出不同的角色，并重视任何较大的事情。女性文化重视"小而美"，强调生活质量和环境的物质主义目的。美国、意大利和日本的男权主义指数相对较高。在诸如丹麦和瑞典这样的低男权主义社会中，人们基本上受一个更高质量的目标激励，这个目标被设定为一种工作充实的手段。男权主义分数的差异也反映在各组织提供的职业机会类型和相关的工作流动性上。

（5）时间视角。霍夫斯泰德和邦德（Hofstede and Bond，1988）在一项 23 个国家的研究中确定了第五个维度，他们首先称之为儒家的活力主义（confucian dynamism），然后重新命名为时间导向（time orientation）。这种时间导向被定义为一个组织中的成员表现出一种实用的面向未来的观点，而不是传统的历史或短期的观点。长期导向（long-term orientation，LTO）指标高分的结果是持久性，根据地位进行关系排序，并观察这种顺序。相反的是短期导向，包括个人的持续性和稳定性（Minkov and Hofstede，2011）。

大多数东亚市场在 LTO 指标上的得分较高。这种趋势与当地盛行的儒家传统有关，儒家传统高度强调人际关系的有序性，通过确定社交网络系统中每个人的社会角色、义务和地位来包容社会中的各种人际关系（Venaik and Prewer，2013）。许多欧洲国家是以短期为导向的，强调快速的结果，而不是长期的实现。在 LTO 指标上得分较高的国家，受访者表示他们重视节俭，事实上，这些国家的储蓄率高于短期储蓄率较高的国家。更多的储蓄意味着更多的钱用于未来的生产性投资（Hofstede，2007）。

（6）享乐主义指允许或鼓励人们表现出满足或愉悦的程度，比如享受生活和娱乐。在一个享乐得分较低的国家，人们更强调抑制满足感和较严格的社会规范。

包括俄罗斯在内的东欧国家，享乐指标得分都很低，其以约束性文化和悲观取向为特征，人们不注重休闲。

7.5.2 GLOBE 模型简介

GLOBE 模型旨在验证和扩展霍夫斯泰德（1980）的原始研究，并测试霍夫斯泰德模型中的各种理论假设，特别是关于领导力方面。

GLOBE 模型的一项长期计划性研究旨在探讨社会文化对领导力、组织效力、社会的经济竞争力，以及所有研究的社会成员的人类状况的影响。GLOBE 研究始于 1990 年中期，主要目的是提高对跨文化交流的认识和理解。GLOBE 的研究人员衡量了产业（金融服务、食品加工、电信）、组织（每个行业都有几个）和社会（62 种文化）的文化习俗和价值观。调查结果以定量数据的形式提出，这些数据是根据来自世界各地 62 个国家或地区中 951 个组织的约 17 000 名管理人员的答复编制的。管理者们的问卷报告得到了访谈结果、焦点小组讨论和印刷媒体正式内容分析的补充。

GLOBE 提出了九个维度：不确定性回避、权力距离、制度性集体主义、群体内集体主义、性别平等、自信、未来导向、绩效导向和人文导向。GLOBE 研究人员用两个概念来衡量霍夫斯泰德的"集体主义"：制度性集体主义和群体内集体主义。同样，霍夫斯泰德的"男权主义"维度也用两个概念来衡量：性别平等和自信。霍夫斯泰德的"长期导向"类似于 GLOBE 的"未来导向"。最后，PLOBE 研究还有两个添加的文化维度：绩效导向和人文导向，这两个维度霍夫斯泰德没有提出。总而言之，GLOBE 的研究人员在评估变量的选择上受到霍夫斯泰德工作的很大影响。在这九个社会尺度当中，有些与霍夫斯泰德提出的维度有着共同的称呼。

一个关键问题是，各国在民族文化维度上的相对地位是否随着时间的推移而改变。博格尔斯戴克等（Beugelsdijk et al., 2015）的研究表明，国家对比差异（即文化距离）是相对稳定的。没有迹象表明文化距离随着时间的推移而减少。然而，对于与美国的文化距离，博格尔斯戴克等发现，平均文化距离缩小了。这种距离的缩小似乎是由美国向全球分布中心转移所驱动的，而不是世界其他地区靠近美国的结果。

示例 7.5

Pocari Sweat——一种日本软饮料在亚洲扩张销售

宝矿力水特（Pocari Sweat）是日本的一种流行软健康饮料，由大冢制药有限公司生产。该品牌于 1980 年开始在日本销售，并为国际扩张奠定了良好的立足点。现在，这种饮料已经在该地区的其他国家销售，包括、韩国、泰国、印度尼西亚、越南和阿联首。此外，它出现在许多城市的唐人街里。

宝矿力水特的口号如下："宝矿力水特：一种具有你身体自身液体特性的饮料"（Pocari Sweat: A drink with properties of your body's own fluids）。广告中还提到"人体的 60% 是由体液构成的"。

与奇怪的名字和它的半透明的白色相反，Pocari Sweat 尝起来不像汗水，它是温和的味道，一种相对清淡、甘甜的饮料。

来源：大冢制药有限公司；www.otsuka.co.jp/poc/; Pocari Sweat 的官方网站。

问题：

您对 Pocari Sweat 的品牌名称和广告宣传语有什么看法？

7.6　管理文化差异

在确定了文化环境的哪些主要因素能够对企业国际经营产生影响，并分析了这些因素后，跨国公司管理者就应该做出应对这些分析结果的决策。

一方面，根据第 8 章，缺乏吸引力的市场不会被进一步考察。另一方面，在更具吸引力的市场，管理者必须决定以何种程度的适应性调整应对当地文化特性。例如，就"准时"而言，在大多数低语境文化中，例如，德国人、瑞士人和奥地利人，准时被认为是极其重要的。如果你的会议安排在上午 9:00，而你在上午 9:07 到达，你就被认为是"迟到"。在这些文化中，守时是非常重要的，而且开会迟到（因此"浪费"了那些被迫等待你的人的时间）是不受欢迎的。相比之下，在一些南欧国家和拉丁美洲国家，一种稍微"宽松"的时间方法可能适用。这并不意味着一个群体是"错误的"，而另一个群体是"正确的"。它只是说明了在不同的文化群体中，由于各种各样的原因，在许多个世纪里，时间概念的把握方式发生了演变。文化能够，并且确实影响世界不同地区的商业部门，并以不同的方式发挥作用。

文化差异如何影响商业部门的另一个例子是名片的展示。在美国，有一种非常"非正式"的文化——名片，通常以非常随意的方式呈现。名片通常发放得很快，也同样很快地放进收件人的口袋或钱包，以备将来参考。然而，在日本，这个有着相对"正式"文化的国家，出示名片是一件精心策划的事情。在那里，名片是通过用两只手举起名片的方式呈现出来的，而收件人则仔细检查名片所包含的信息。这个过程确保一个人的头衔被清楚地理解。对日本人来说，这是一个重要的因素。在日本人的组织"等级制度"中，一个人的官方地位是非常重要的。简单地从一个日本人那里拿到一张卡片，然后立即把它放在一个人的卡片持有者那里，很可能会被看作是负面的（从日本人的角度）。然而，在美国，花几分钟时间仔细审查一个美国人的商业名片可能被认为是负面的，也许暗示着这个人的可信度受到怀疑。

时间观念或者准时性和名片的展示，只说明了文化因素影响商业来往的其中两种情形。在试图理解另一种文化时，不可避免地会根据我们自己文化中所拥有的知识来解释新的文化环境。对于国际市场营销来说，尤其重要的是，在当地市场要按相同的术语，如购买者、潜在购买者等来理解新市场。为了使营销理念真正具有可操作性，国际营销人员需要了解每个市场的购买者，并能够有效地开展营销研究。

李（Lee，1966）使用"自我参照标准"（self-reference criterion，SRC）这一术语来描述我们对自己文化价值的无意识参照。他提出消除 SRC 的四步法。

（1）根据本国文化、特点、习惯和规范确定问题或目标。

（2）根据外国文化、特点、习惯和规范确定问题或目标。

（3）将问题中的 SRC 影响孤立出来，仔细检查它，看看它是如何使问题复杂化的。

（4）重新定义这个问题，不受 SRC 的影响，并依外国的形势解决它。

以东道国背景来看待这个国家的文化至关重要。认为当地文化不同于母国文化，要好过认为当地文化优于或劣于母国文化。通过这种方式，我们可以探索文化的差异和相似之处，并寻求和解释差异的原因。

7.7　全球文化的趋同或分化

如在本书前面所见，不同文化的当地知识与营销战略的一体化或全球化之间的正确组合是成功的国际市场营销的关键。不同年龄组对文化全球化的态度似乎有很大差异，青年文化比其他年龄组更国际化或全球化（Smith，2000）。

在特定产品和服务类别的演变过程中，各国可能处于不同的阶段，但在大多数情况下，各国市场的年轻人正变得更加同质化。青年文化更具国际性而非民族性。虽有一些很强的民族特征和信仰的存在，但它们正在被侵蚀。今天，社会、文化和宗教现实通过互联网上的新交流技术相互联系（Dura，2017）。

专家普遍认为，年轻人和成人市场的差异在几个关键方面正在发生变化。年轻消费者不同于成年人，他们强调质量，既有鉴别力，又懂技术。现在，年轻的消费者更加自力更生，更早地承担起责任。他们懂事、成熟，年纪轻轻就长大了。如今，代际障碍已变得非常模糊。许多年轻人的时尚领袖——音乐家、体育明星等通常都在三四十岁。在整个欧洲和世界其他地区，文化和家庭的影响仍然非常强烈。有"榜样"的年轻人已很少，但他们尊重成功者，尤其是在音乐和体育方面，以及他们的父母，尤其是他们的成功来自于卑微的出身。

必须在确定年龄组目标方面缺乏明确性与跨国界一致性增加之间进行权衡。但营销人员应警惕那些过于明目张胆地瞄准年轻消费者的策略。年轻人倾向于拒绝明显针对"年轻人"的营销和促销。他们认为这些都是虚伪的（Smith，1998）。今天的年轻人比前几代人有更大的自由。他们对文化有更多的认识，不愿意相信任何东西或任何人的表面价值。Pasco（2000）认为，让年轻人与名人建立联系变得越来越困难。名人经常让年轻人失败或失望，他们又一次"出卖"了自己，放弃了自己最初受人尊敬的正直。

对名人的幻想破灭，促使年轻人到其他地方寻找灵感。他们从一系列个体中选择价值，而不是大规模购买。尽管年轻人不信任企业，但他们越来越渴望并与品牌建立关系。将感情投入到品牌中比投入到名人中似乎更安全。

7.8　文化的维度对道德决策的影响

随着越来越多的企业参与全球化经营，掌握文化差异对道德决策的影响，避免潜在商业陷阱，以及设计行之有效的国际营销管理计划变得越来越重要。

文化是道德决策的根本性决定因素，它直接影响个人对道德问题、选择和后果的看法。为了在今天的国际市场上取得成功，管理者必须认识和理解不同文化中的观念、价值观和道德标准有何不同，以及这些是如何反过来影响市场决策的。众所周知，在一些国家，如印度，如果海关官员允许货物进入该国，就必须支付小费。虽然这确实是一种贿赂和非法的，但该国的道德似乎允许这样做（至少在一定程度上）。企业所面临的问题就是：要么贿赂官员，要么等待正常的清关，让它的产品在海关仓库停留相当长的时间（Stemplewska，2018）。

支付给公司的外国中间人或咨询公司的服务费用和佣金成为一个特殊的问题——合

法的费用什么时候属于贿赂？企业聘请外国代表或顾问的一个原因是希望从他们与决策者的关系中获益，特别是与外国政府的关系。如果出口中介机构用部分费用贿赂管理人员，那么，企业是无法阻止的。

因此，每一种文化，包括民族文化、行业文化、组织文化或专业文化，都为商业行为建立了一套道德标准，即商业道德准则。这套标准影响一个公司的所有决策和行动，包括制造什么及如何制造（或不制造），支付多少工资适合，员工应该工作多少小时，在什么条件下如何竞争，以及推介宣传遵循什么要求，等等。在商业行为中，哪些行为被认为是对的或错的、公平的或不公平的，以及哪些行为特别容易受到道德规范的影响等，所有这一切都受当地文化的严重影响（贿赂问题在第 18 章中进一步讨论）。

跨国公司的道德承诺如图 7.4 所示，是从不可接受的道德行为到最道德的决策的连续统一体。

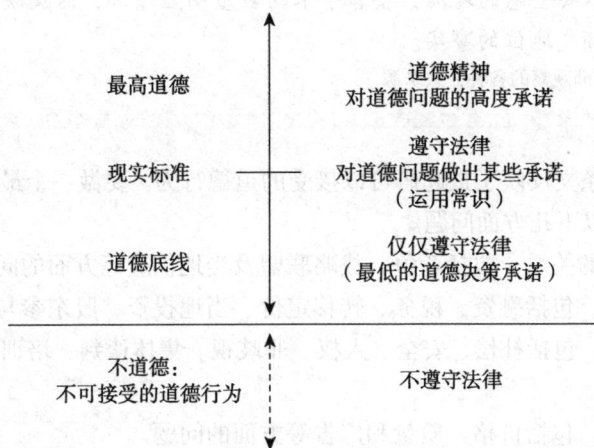

最高道德	道德精神 对道德问题的高度承诺
现实标准	遵守法律 对道德问题做出某些承诺 （运用常识）
道德底线	仅仅遵守法律 （最低的道德决策承诺）
不道德： 不可接受的道德行为	不遵守法律

图 7.4　道德决策

示例 7.6

对美的追求为美白产品在亚洲打开了一个巨大的市场

在亚洲，人们相信美丽会提供许多机会，对女性来说，尤为如此（O'meara，2015）。年轻女性梦想有一天她们可以对眼睛和鼻子进行整形，以显得更加有魅力。她们中一些人承认，漂亮的脸蛋是获得一份好的工作或配偶的关键。虽然这些想法在外人看来可能非常奇怪，但这并没有什么大惊小怪，因为世界上的许多文化都注重外在美。

例如，韩国的美容外科诊所经常为青少年做整容手术，许多青少年甚至从父母那里得到整容手术费作为他们考试取得好成绩的奖励。

富有的亚洲女性对整容手术有着极大的兴趣，这种兴趣可以追溯到对亚洲美的具体定义。双眼皮、大眼睛、高鼻梁、白皙的皮肤和丰满的嘴唇都被认为是理想的。亚洲最重要的美丽特征之一是白皙的皮肤。其中一个原因是，传统上，贵族的皮肤是白皙的。上层阶级很少在大热天外出，而工人阶级通常因为长时间在阳光下劳作而皮肤黝黑。这导致了一种根深蒂固的心理学信念，将白皮肤与"上流社会"联系起来。对白皮肤的热情已经引起了蓬勃发展的护肤部门，其特点是最新的激光治疗、高科技的面部和非处方配方。鉴于白皮肤的文化理想，由于亚洲新兴国家的可支配收入增加，因此，对美白剂的强劲需求已经出现。这引起了渴望占领市场份额的跨国公司的兴趣。因此，面部护理品牌推出了大量具有美白功能的新产品。许多领先的个人护理品牌，如宝洁公司和欧莱雅，在 2018 年大力推广它们的美白面部护肤产品。因此，主要美白市场的增长远远超过了 2018 年全球 5% 的增长率。例如，印度和中国的增长率分别为 8% 和 7%。在一些亚洲国家销售的面部保湿产品中，超过 50% 含有"美白"化学成分。

美白产品的主要消费者群体仍然是年轻女性，尤其是城市地区的年轻女性，她们通常收入较高，愿意为高档美白产品支付额外费用。由于亚太地区的经济衰退对工人造成了打击，因此，就业市场的激烈竞争意味着，随着工人们将白皮肤与工作成功联系在一起，白化趋势不太可能消失。我们可以把美国这样的西方市场的经济衰退的影响与之相提并论。在美国，随着工作不安全感的增加，整容手术的数量明显增加，这反映出西方消费者也希望通过外表来保持领先地位的事实。

来源：基于包括亚洲观察的各种公共来源。

仅仅遵守法律条文反映了最起码可以接受的道德行为。要做一个最高道德的公司，其道德准则要处理好以下几方面问题。

（1）组织之间的关系，包括竞争、战略联盟及当地供应等方面的问题。

（2）经济关系，包括融资、税务、转移定价、当地投资、股东参与等方面的问题。

（3）员工关系，包括补偿、安全、人权、非歧视、集体谈判、培训和性骚扰等方面的问题。

（4）客户关系，包括价格、质量和广告等方面的问题。

（5）产业关系，包括技术转移、研发、基础设施建设、组织的稳定性及寿命等问题。

（6）政府关系，包括守法、贿赂及其他腐败活动、补贴、税收减免、环境保护和政治参与等问题。

有关支付政府人员报酬及其他形式的报酬的道德规范很容易被概括。当不支付报酬的后果可能影响公司盈利能力或根本没有利润可言时，不支付报酬决定的做出是很困难的。由于存在于不同文化中的道德标准和道德水平各不相同，因此，除非多数国家决定有效处理由此带来的问题，否则，跨国公司面临的道德和实用主义的困境无法得到解决。

7.9 总　　结

对于国际营销人员来说，了解顾客的个人价值观和可接受的行为规范对正确地向他们营销是很重要的。与此同时，市场营销人员必须寻找具有共同认知的合作人群，即对所营销的产品及其相关行为具有共同的看法，以使合作变得容易，这样的人群在各个国家都会存在。

我们如何看待其他文化源于我们自己的文化心态。在对其他文化进行分类时，很难不采取民族中心主义的观点。文化分类对于在全球市场中发展市场营销和广告策略是必要的。按维度对文化进行分类已被证明是最有建设性的方法。它有助于说出或标出文化的差异和相似之处。许多文化差异反映在交际文化的方式上。

本章讨论了不同分类的模型。

1. 高/低语境文化

高语境和低语境沟通文化的差异有助于我们理解为什么亚洲人（高语境）和西方人（低语境）的沟通风格如此不同，以及为什么亚洲人更喜欢间接言语沟通和象征主义，而不是西方人的直接断言沟通方式。其他维度，如时间观念的差异也可用以解释东西方的差异。

2. 霍夫斯泰德模型

为建立一个更精确的分类方案，霍夫斯泰德根据一项广泛研究中收集的数据，开发了一个"4 + 2"维度的模型，用于比较与工作相关的价值观。这个模型对比较与消费相关的价值观和文化也很有用。因此，它可以解释在市场推广和跨文化广告中使用的价值观和动机的多样性，也可以解释实际消费行为和产品使用的差异，并有助于预测消费者行为或市场推广策略的有效性。这对于那些想要发展国际市场营销和广告战略的公司来说尤其有用。

在国际市场上，商业道德问题要复杂得多，因为不同文化群体的价值判断差异很大。在一个国家被普遍接受的权利在另一个国家可能是完全不可接受的。例如，在西方国家，赠送高价值的商业礼物是被普遍谴责的，但是世界上许多国家，不仅接受礼物，而且期待礼物。

案例研究 7.1　　　　案例研究 7.2

问题讨论

1. 英语是世界商业语言，对于英语国家的管理者而言，有必要学习一门外语吗？

2. 根据霍夫斯泰德和霍尔的观点，亚洲人更注重群体，更注重家庭，更注重社会地位。这样的行为特质会如何影响你向亚洲消费者推销你的产品？

3. 你认为国家之间的文化差异与国家内部的文化差异哪个更为重要？哪个在什么情况下更为重要？

4. 讨论对国际商务人员行为影响最大的文化层级。

5. 本章的重点是探讨文化对国际营销战略的影响。请讨论国际营销是否会对地区文化产生潜在的影响？

6. 自我参照标准在国际商业伦理中扮演什么角色？

7. 比较你所在国家的女性角色与其他国家女性角色的不同，不同的女性角色如何影响消费者和企业的行为？

参考文献

第 **8** 章

国际市场选择过程

8.1 导 论

确定进入"正确"的目标市场至关重要，原因有以下几点。

（1）它是关系到国际化事业成败的主要决策，特别是当企业处于国际化早期阶段时。

（2）它影响在欲进入国家内所实施的国际营销计划的性质。

（3）欲进入国家的地理位置影响企业进行全球经营协调的能力。企业的海外市场相距越远，差异性越大，其全球业务协调就越困难。

本章介绍一个系统化的国际市场选择（IMS）方法。一项针对美国国际化企业的研究表明，总体而言，企业并不遵循高度系统化的方法。不过，那些在国际市场选择中使用系统化的步骤和程序的公司显示出更好的业绩。（Yipe et al.，2000；Brouthers and Nakos，2005）。

8.2 国际市场选择：中小企业和大型企业

中小企业与大型企业的国际市场选择过程不同。在中小型企业中，国际市场选择通常只是对一个新出口代理者所提供机会的临时反应。这个代理者往往提供了一个意想不到的出口订单。政府机构、商会也会给中小企业提供机会。凡此种种均是外部给定国外市场机会驱动企业内部做出决策。

大型企业更倾向于按照系统化方法来选择国际市场，这使得企业意识到国际市场选择本质上是平衡公司和环境（市场/国家特征）的过程（具体参见图 8.1）。大型企业的国际市场选择决策不是基于其他公司的行动，而是基于公司对特定市场中欲追逐机会的理解。通常，大型企业有更多的资源进行广泛的市场研究，并更倾向于承诺它们的国际营销决策（Silva et al.，2018；Brouthers et al.，2009）。

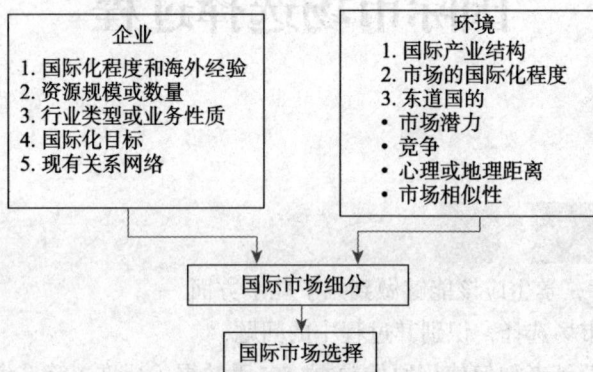

图 8.1　公司选择国外市场的潜在决定因素

遵循系统化的国际市场选择方法对中小企业来说往往太费时、费钱。因此，中小企业的国际市场选择往往遵循选择性方法应对系统化程序，即遵循机会主义的方法（Silva et al.，2018）。除此之外，中小企业的国际市场选择一般基于以下标准（Johanson and Vahlne，1977）。

（1）**低心理距离**。外国市场的不确定性低，获取信息的感知困难低。心理距离被定义为国家间在语言、文化、政治制度、教育水平或工业发展水平上的差异。

（2）**低文化距离**。感知母国文化与外国文化的差异小。通常，文化距离被视为心理距离的一部分。

（3）**低地理距离**。中小企业进入新国际市场的决定可能是根据以上三条标准中的任何一个做出的。随着中小企业跨国经营信心的增加，心理距离对它们选择新国际市场的影响变小。在刚开始时，中小企业的新国际市场一般局限在与母国地理上较近的地区。因为往往地理上接近的两个区域，其文化也相似。这使得中小企业能以较低的成本获得很多的有用信息。当中小企业管理者在新国际市场进入决策上使用这种方法时，他们的决策特征就具有渐进主义的特征。即企业从它们最容易理解、最便捷获得信息的国际市场开始国际化。学者们研究发现，与具有丰富国际市场经验的大型企业相比，处于国际化进程早期的中小公司更有可能采用心理距离标准或其他经验法则来开始其国际化经营（Andersen and Buvik，2002）。

将考虑范围限制在附近国家，中小企业实际上将国际市场选择缩小为一个决策：去或不去附近国家。出现这种行为的原因可能是缺乏人力和财力资源的中小企业高管很难抵制选择附近目标市场的诱惑。然而，有时，中小企业表现出快速的国际化。如果它们是年轻的 IT 公司，或者因为它们是大公司的子供应商，它们会被它们的大客户和国际网络"拉出"，来到国际市场。

中小企业基本是在一无所知的市场中选择目标，作出首次进入的决定，而对于大企业来说，必须决定将新产品引入到哪些已经拥有业务的国家中去。通过继续现有运营，大企业可以更容易地接触特定产品的一手数据，这比二手数据更加准确。因此，大企业可以更加积极主动。虽然基于直觉和实用主义选择市场可能是中小企业的一种令人满意的方法，但接下来的文本部分将基于一个更加积极主动的国际市场选择程序，逐步分析，系统组织。

然而，在现实生活中，国际市场选择过程并不总是一个有逻辑和渐进的序列活动，而是一个涉及多个反馈回路的迭代过程（Andersen and Strandskov, 1998）。此外，在许多小型分包企业中，出口企业不积极选择其国外市场，其国际市场选择的决定一般是由合作伙伴获得主合同（主承包商），从而将中小企业拉入国际市场（Brewer, 2001；Westhead et al., 2002）。中小型企业经常向全球客户销售产品，这些客户拥有全球经营范围，他们希望在多个国家提供中小型企业的产品和服务。已经在更多的商业中心建立了全球分销网络和生产地点的中小企业，在供应这些全球客户中往往处于更有利的地位，如在汽车行业（Meyer, 2009）。

8.3　建立国际市场选择模型

乌普萨拉学派（Uppsala school）关于企业国际化进程的研究认为，企业国际化过程中的国外市场选择一般由以下几个潜在因素决定。这些因素按其特征又可分为两大类：第一大类为环境特征，第二大类为企业特征（见图 8.1）。

本书首先讨论环境特征对国外市场选择的影响。我们如何定义我们研究中的"国际市场"？这一定义，一般包含以下维度。

（1）作为一个国家或国家集团的国际市场。

（2）作为具有共同相似特征消费者群体的国际市场。

根据第二个定义，一个市场可以由来自几个国家的有某种相似特征的顾客组成（跨国细分市场，如流行音乐行业）。

然而，大多数关于国际市场营销的书籍和研究趋向第一个定义，即将国际市场区分为不同国家或不同国家集团。

这样做有两个主要原因。

（1）国际市场数据更容易（有时是独家）基于国家获得，而基于跨越国界的统计数据获取则非常困难。

（2）分销管理和媒体也基于国家组织。大多数代理商或分销商仍然只在一个国家代表其制造商。很少有代理商在跨越国界的基础上销售其产品。

然而，按国家区分市场或划分成不同的多国市场的做法并不十分充分。在许多情况下，边界线是政治协议或战争的结果，并没反映边界线两侧人民之间作为购买者相似特征的分离。现在，购买者特征被用来划分跨国界的市场，这些特征超越了国界和政治体系。相似特征的一群购买者可能存在于一方跨越国家的地理位置上。

8.3.1 国际市场筛选模型

图 8.1 给出了国际市场选择的概要模型，接下来我们将进行更详细的分析。国际市场选择的要素如图 8.2 所示，下面将进一步讨论不同的步骤。

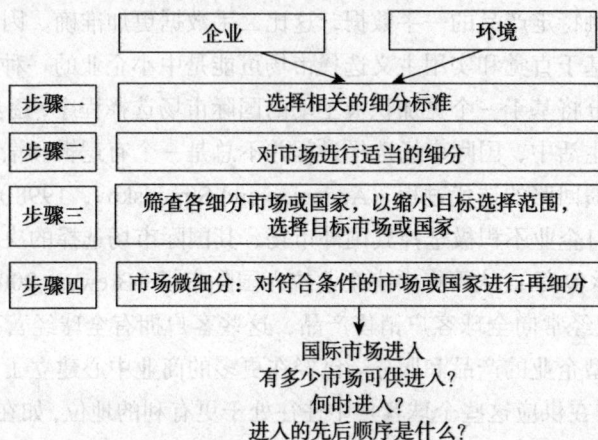

图 8.2　国际市场细分

8.3.2 步骤 1 和 2：定义标准及进行细分

一般来说，有效的市场细分标准具备以下特征。

（1）可衡量性。细分市场的规模和购买力可以被衡量的程度。

（2）可到达性。细分市场可以有效到达和服务的程度。

（3）足量性/盈利能力。细分市场的规模或盈利能力。

（4）可执行性。细分市场能够使企业有足够资源确定有效营销方案，并产生效应的程度。

如图 8.3 顶部所示，较高的可衡量性和可到达性是最为普遍的特征标准，而其底部显示了较低的可衡量性、可到达性的具体特征。在实际细分过程中，往往同时考虑两个以上的标准特征。

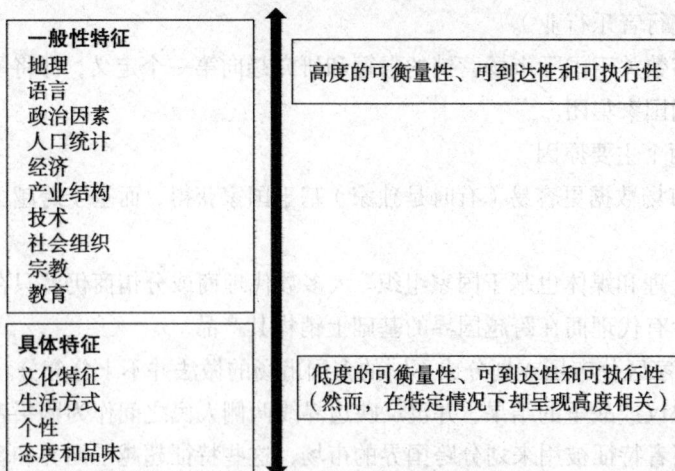

图 8.3　国际市场细分的基础

在第 6 章和第 7 章中，本书已经根据 PEST 的分析方法讨论了国际市场的四大环境：政治/法律环境、经济环境、社会文化环境和技术环境。现在，我们将更详细地描述图 8.3 中提到的国际市场细分的一般特征和具体特征（Gaston-Breton and Martin，2011）。

1. 一般特征

（1）**地理**。地理位置对于划分国际市场来说至关重要。斯堪的纳维亚国家或中东国家可能根据其地理位置的接近度和其他相似性而聚集。然而，地理位置本身就是一个关键性的影响因素。例如，一些阿拉伯国家对空调的特殊需求可能使制造商将这些国家视为特定的集群。

（2）**语言**。语言被描述为"文化的镜子"。在某种程度上，它对国际营销人员的影响是不言而喻的：广告必须翻译，品牌名称必须经过国际认可审查，商业谈判必须通过昂贵的翻译或者更昂贵的外国翻译来进行。在商业谈判中，真正的语言流畅是必不可少的，即使使用母语，在说服和合同谈判中也存在相当大的困难。

不是太显而易见的事实是，外国语言可能意味着不同的思维模式和不同的顾客动机。因而，掌握一门语言，或者说，很好地掌握一门语言，不仅能促进交流，还能自动洞察相关的文化。

（3）**政治因素**。根据广泛的政治特点，国家可以进行分组，世界市场可以进行细分。直到不久以前，"铁幕"（iron curtain）还是这种划分的基础。一般而言，中央政府的权力程度可能是分割的一般标准。例如，一家公司正在生产某些化学品，但由于政府规定，许多世界市场被认为难以进入。

（4）**人口统计**。人口统计是市场细分的关键基础。例如，通常有必要根据老年人或儿童在总人口中所占的比例来分析人口特征。如果一个国家的人口正在变老，婴儿的数量正在下降，在一些欧洲国家就是这种情况，那么，婴儿食品公司就不会考虑进入该国。

（5）**经济**。早期的研究指出，经济发展水平可能是国际市场划分的一个关键变量。电动洗碗机或洗衣烘干机需要一定的经济发展水平。然而，在西欧国家，这些产品几乎成为一种基本的必需品。在经济发展水平的基础上，出现了一定的具体消费模式。个人收入高的社会，在服务、教育和娱乐方面投入更多的时间和金钱。因此，有可能将来自不同国家的某些收入群体分成集群。

（6）**产业结构**。一个国家的产业结构由其商业人口的特征来描述。一个国家可能有许多小型零售商，而另一个国家则可能依赖大量的百货商店进行零售分销。一个国家可能依赖于小型制造商而蓬勃发展，而另一个国家则可能拥有非常集中和大规模的制造业活动。批发商之间的竞争可能是国际市场集群化的关键具体因素。国际营销人员可能希望与一系列强大的批发商合作。

（7）**技术**。技术进步的程度或农业技术化的程度很容易成为分割市场的基础。一家计划进入国际市场的软件公司可能希望根据千分之一人口的个人电脑数量来细分市场，因为低于一定门槛数量的市场可能不值得进入。在这个基础上，巴基斯坦、伊朗、大多数阿拉伯国家、整个非洲和部分东欧地区可能不会令人满意。

（8）**社会组织**。在任何社会中，家庭都是一个重要的购买群体。在欧洲，营销人员要么习惯于所谓的核心家庭，父亲、母亲和孩子都住在一个屋檐下，要么越来越习惯于单亲家庭。在其他国家，关键单位是大家庭，几代人都住在同一个房子里。例如，在美国，社会经济群体被广泛用作市场细分工具。采用六类分类法：上层阶级、下上层阶级、上中层阶级、下中层阶级、上下层阶级和下层阶级。高收入的专业人士被划归到较低的上层阶级，这些人被描述为"那些已经赢得了他们的地位，而不是继承了它"的新富阶层。

（9）**宗教**。在市场营销中，宗教习俗是一个重要因素。一个最明显的例子就是基督教在圣诞节前后送礼物的传统，然而，即使在这个简单的问题上，陷阱也等待着国际营销人员：在一些基督教国家，传统的礼物交换不是在圣诞节时，而是在 1 月初。

（10）**教育**。从两个主要角度来看，教育水平对国际营销人员至关重要：青年市场的经济潜力和发展中国家的识字水平。各国的教育制度差别很大。在职培训的报酬也各不相同。因此，青年市场的经济潜力因国而异。在大多数工业化国家，识字率接近 100%，整个通信媒体向营销人员开放。在发展中国家，识字率可以低至 25%，在一两个国家，可能低至 15% 或以下。虽然这些估计如此之低，但这些数字不可能高于这些估计。此外，在这些国家，消费者作为营销人员面临的真正挑战是促销政策的决策，因此，可视设备的使用是至关重要的。

2. 具体特征

（1）**文化特征**。文化特征在细分世界市场方面发挥重要作用。为了利用全球市场或全球细分市场，公司需要彻底了解不同市场中的客户行为驱动因素，必须学会发现这些因素在多大程度上存在相似之处，或者可以通过营销活动实现相似之处。特定社会成员的文化行为不断受一系列动态变量的影响，这些变量也可以被用作细分标准，包括语言、宗教、价值观和态度、物质要素和技术、审美、教育和社会制度。这些不同的要素在第 6 章和第 7 章中有更广泛的论述。

（2）**生活方式**。在通常情况下，活动、兴趣和观点研究被用作分析生活方式的工具。然而，这样的研究工具还没有被用于国际经营。消费习惯或消费实践可能被用来作为正在研究的生活方式的显示指标。例如，所吃的食物类型是一个普遍的生活方式指标，国际食品公司应有足够的认识：印度风格的热咖喱不太可能在西欧非常受欢迎。

（3）**个性**。个性反映在某些类型的行为中。一个普遍的特征可能是脾气，所以，市场分割可能是基于人的一般脾气。众所周知，拉丁美洲人或地中海人具有某些性格特征，这些性格特征可能是世界市场分割的合适基础。一个例子是讨价还价的倾向。在定价方面，国际公司将不得不在讨价还价很普遍的地方使用相当程度的灵活性。

（4）**态度和品位**。态度和品位是很复杂的概念，但不得不说它们可以作为市场细分的标准。身份象征是一种显示指标。在一种文化背景下，人们的看法或观点会强化自我概念和众人感知。

8.3.3　步骤 3：筛选各细分市场（市场/国家）

筛选过程可分为以下两个阶段（Gaston-Breton and Martin，2011；Sinha et al.，2015）。

阶段一：初步筛选。该步骤主要根据外部筛选标准（市场状况）对市场/国家进行筛选。在此步骤中，对于中小企业而言，必须考虑到有限的内部资源（如财务资源）。

阶段二：精度筛选。结合公司相对于不同市场的竞争力（和特殊能力），进一步筛选各细分市场/国家。

（1）初步筛选

基于以下筛选标准，采取粗放的、宏观的筛选方法，以减少细分市场的数量：①人口规模；②国民生产总值（GNP）；③人均国民生产总值；④从一个国家向另一个国家出口货物的限制；⑤使用互联网的人口比例；⑥每 1000 人拥有智能手机的数量；⑦每 1000 人拥有的汽车数量；⑧政府开支占国民生产总值的百分比；⑨每个医院能吸纳的住院人数。

初步筛选标准的具体选择可能会有所不同，取决于产品/服务行业。在大多数情况下，研究人员会从分析特定产品/服务的"购买力"开始。例如，采用某些经济标准，如国民生产总值总额或人均国民生产总值。购买力的另一个指标是"国家反应能力"（country responsiveness, Ozturk et al., 2015）。国家反应能力反映了消费者为随着收入的增加而在某一特定产品类别上花费的趋势。如果这种趋势是高的，那么，这个国家被归类为"有反应的"。确定有反应和没有反应的国家可以是初步筛选过程的一部分，这使得国家反应能力成为各种工业/产品部门的有力指标。例如，以智能手机行业为例，如果一个国家的消费者在智能手机上花费的钱比另一个国家的消费者多，那么，这个国家的消费者就被认为是更加积极的。这将成为支持智能手机业务向该国扩张的理由。

一些国家会被事先排除在潜在市场之外，用于此目的的筛选标准也称为"剔除"（knock-out）标准。在表 8.1 中，博世安全系统在第一次筛选中使用了以下"剔除"标准。

表 8.1　国家风险的识别标准

标　准	权重	乘以 0~4 的分数（等级）[a]	整体的 BERI 指数[b]
政治稳定	3		
经济增长	2.5		
货币自由兑换	2.5		
劳动力成本/效率	2		
短期信贷	2		
长期贷款/风险资本	2		
对待外国投资者和利润的态度	1.5		
国有化	1.5		
通货膨胀率	1.5		
收支平衡	1.5		
合同可执行情况	1.5		
官僚拖延	1		
通信：电话、传真、互联网	1		
本地管理及合作伙伴	1		
专业服务及承包商	0.5		
总计	25	* 4 (max.)	= max. 100

a：0 为不能接受；1 为差；2 为平均条件；3 为平均以上条件；4 为优越条件。

b：总得分为 80 分，投资环境有利，经济非常发达；总得分为 70~79 分，投资环境不太有利，但仍是发达经济体；总得分为 55~69 分，不成熟的经济，但有投资潜力，可能是一个新兴工业化国家；总得分为 40~54 分，高风险国家，可能是较不发达国家，要进入这一国家，管理质量必须优于现实潜力；总得分为 40 分以下，风险非常高，只有在有特殊理由的情况下，才会投资。

- 该国必须在政治上稳定，在宗教方面不能过于保守。
- 国家必须是按博世火灾探测系统（bosch fire detetion）建立的市场。

在筛选国家时，特别重要的是评估进入一个国家的政治风险。近年来，营销人员开发了各种指数来帮助评估潜在市场机会的风险因素，包括商业环境风险指数（BERI）。其他组织，如国际商业观察和经济学人智库，也有国家风险服务。也可以关注欧洲货币的国家风险指数：它们的国家风险调查，每年发布两次，监测 186 个主权国家的政治和经济稳定。结果首先集中在经济方面，特别是出口商的主权违约风险和/或支付违约风险。这些国家的风险分析用户通常需要为这些预订服务付费。

欧洲货币、BMI、BERI 和其他服务检测一个国家商业环境的总体质量。它们每年根据不同的经济、政治和金融因素对各国进行几次评估，评分范围从 0～4。整个索引范围从 0～100（见表 8.1）。在做出最终的市场进入决定之前，BERI 指数常常可以由深入的国家报告来补充。

在其他面向宏观的筛查方法中，有一种是转移—分享方法（the shift-share approach, Green and Allaway，1985；Papadopoulos et al.，2002）。这种方法的基础是确定不同国家之间国际进口份额的相对变化。计算一篮子国家特定产品进口的平均增长率，然后将每个国家的实际增长率与平均增长率进行比较。这种差异被称为"净转移"，表明了市场的增长或衰退。这种方法的优点是既考虑了一国进口的绝对水平，又考虑了它们的相对增长率。当然，它没有将其他宏观方面的标准考虑进去。

（2）精度筛选

由于 BERI 指数只关注进入新市场的政治风险，因此，经常需要采取包括公司能力在内的更广泛的方法。为此，应用"市场吸引力/竞争优势矩阵"（图 8.4）有助于确定"最佳机会"目标国家。这个市场投资组合模型取代了波士顿咨询集团（BCG）"增长–份额矩阵"中的两个单一维度，用两个复合维度应用于国际市场营销问题。这两个维度上的度量是由大量可能的变量组成的，如表 8.2 所示。下面我们将对其中一个重要的维度进行描述和评论。

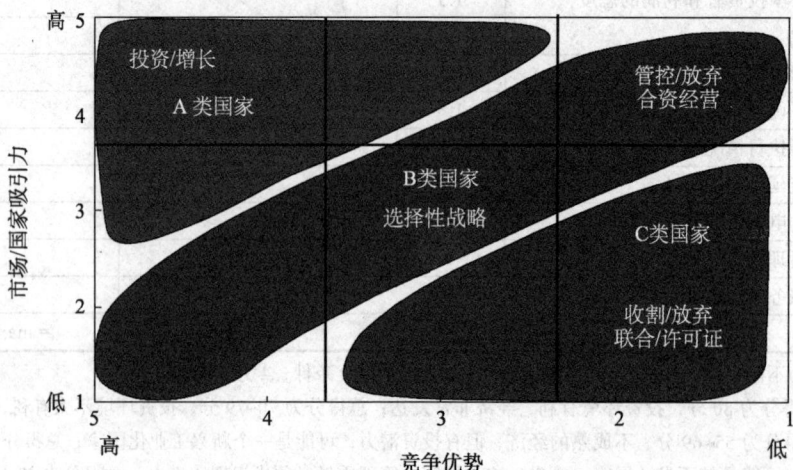

图 8.4　市场吸引力/竞争优势评价矩阵

表 8.2　市场/国家吸引力和竞争优势（MACS）的维度

市场/国家的吸引力	竞争优势
市场规模（总体市场规模和细分市场规模）	市场占有率
市场增长（总体市场增长和细分市场增长）	营销能力和技术能力（国别专有技术）
顾客购买力	产品符合市场需求程度
市场的季节性及波动	价格
行业平均利润率	边际利润率
竞争环境（集中度、强度、进入壁垒等）	公司形象
市场禁止性条件（关税/非关税壁垒、进口限制等）	技术竞争地位
政府管制（价格控制、当地含量、补偿性出口等）	产品质量
基础设施	市场支持
经济和政治的稳定性	分销渠道和服务的质量
心理距离（母国与国外市场之间）	融资来源与分销渠道的可用性

（3）市场规模

某一国家/市场的每年市场总量可计算为：该国同类产品的年产量＋进口量－出口量＝理论上的市场规模＋（或－）库存量变化＝有效的市场规模。

对于一个具有可识别海关位置的标准化产品来说，其生产、进口和出口的数据通常可以在特定国家的统计数据中找到。一个特定国家的更精确的位置（在图 8.4）可以通过使用图 8.5 中的问卷来确定。图 8.5 的结果是图 8.4 中的"地点/位置"，横轴代表竞争优势，纵轴代表市场吸引力。另见本章后面的示例 8.1，其中的国际市场选择工具得到了实际应用。

如图 8.4 所示，市场吸引力/竞争优势评价过程的结果之一是将目标国家/目标市场按优先级划分为不同的类别。

（1）A 类国家。这类国家是关键市场，为企业长远战略发展提供了最好的机会。在这里，公司可能希望建立长久的商业存在，因此应开展一个全面的调研计划。

（2）B 类国家。这类国家属于次级市场，有一定机会，但政治或经济风险过高，不能作出长期不可撤销的承诺。由于确定具有潜在风险，因此，这些市场需以更务实的方式对待，即需要一个全面的营销信息系统。

（3）C 类国家。这类国家是第三类市场，或者说是"抓住你能抓住的"市场。由于此类市场被视为高风险，因此，资源的分配将是最少的。在这些国家中：企业的目标将是短期的、机会主义的；企业不会做出真正的承诺，也不会进行重大调研。

8.3.4　步骤 4：微细分——在每个符合条件的国家或跨国家的区域再进行细分

一旦确定了主要市场，企业就必须进一步在一国内或跨国家区域内进行再细分，可供使用的标准包括人口和经济因素、生活方式、消费动机、地理位置、购买者行为、消费心理特征等。

地理因素是首要的细分标准，如各个国家成为不同的细分市场，其次是各个国家内的消费者行为特征。传统细分方法很难进行统一的跨国界细分，如果企业针对不同国家想尝试采取统一的和可控的营销战略，那么，它就需要有一个跨国界的细分方法。

A. 市场吸引力

	1（非常差）	2（差）	3（中等）	4（好）	5（非常好）	加权因子（%）	结果（得分*加权因子）
市场规模							
市场增长							
市场结构							
产品价格							
购买能力							
市场准入							
竞争程度							
政治/经济风险							
其他要素							
总计						100	

市场吸引力=

B. 相对竞争优势与最强竞争对手相比

	1（非常差）	2（差）	3（中等）	4（好）	5（非常好）	加权因子（%）	结果（得分*加权因子）
产品满足市场需求的程度							
价格与市场条件							
期望的市场份额							
市场策略							
市场交流能力							
已有的市场份额							
财务绩效							
其他要素							
总计						100	

相对市场竞争优势=

图 8.5　进行市场吸引力/竞争优势（MACS）矩阵分析的问卷

值得讨论的是，公司开展国际竞争是基于消费者细分市场，而非基于国家。纯粹按地理因素细分市场会形成对特定国家或区域的刻板印象，从而忽视了一国内消费者之间的差异性，以及多国间消费者的相似性。

聚类分析方法可以用来识别有意义的跨国细分市场，每个细分市场对任何营销组合策略都会产生类似的反应。

一旦公司选择了一个特定的国家或区域作为目标市场，那么，接下来就应决定向这一目标市场提供什么样的产品或服务，以及如何提供。这时，针对目标市场进行认真的再细分非常有必要，特别是对于较大的重要的外国市场而言，以便以差异化的方式，穷尽市场潜力，取得市场地位（图 8.6）。

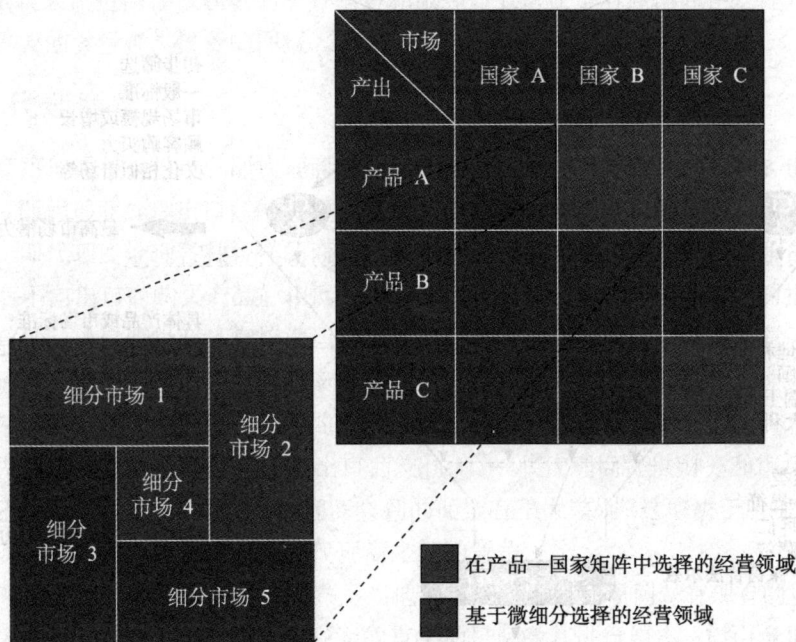

图 8.6　微观市场的细分

基于以上内容，有必要关注一个具体的战略程序，即企业要面向全球的各个相似细分市场。在此，影响企业市场决策的不是特定国家的市场吸引力，而是对不同国家间相似需求结构和相似消费习惯的共存的细分市场的确定。

图 8.7 展示了国际市场细分和筛选的全部过程（图 8.2 中的步骤 1—4）。

图 8.7 中的市场细分模型首先将整个国际市场视为公司产品的潜在市场。然而，如果公司只把西欧作为一个可能的市场，那么，该公司仅以较低水平开始市场筛选过程。西欧的六个聚类基于跨国聚类分析确定。图 8.7 的模型越向下，通过个人访谈和田野调查所得来的一手数据，以及企业内部数据作为筛选市场的依据会用得越多。进一步，公司可能会发现一些地区具有较高的市场潜力。然而，这并不意味着公司具有较高的产品销售潜力。因为产品销售到特定国家可能会面临一些限制（如贸易壁垒）。此外，公司管理层也可能决定选择文化相近的市场，这可导致某些文化距离较远的高潜力市场无法被选择为目标市场。同时，为了将较高的市场潜力转化为公司较高的产品销售潜力，公司的竞争能力必须与客户重视的价值链中的各个功能相一致。唯有如此，客户才会视公司为可能的供应商，并视同于其他可能的供应商。换句话说，在进行国际市场细分时，公司必须寻求可能的目标市场与自身优势、目标和战略之间的协同。公司对新的国际市场的选择受到是否能弥补已有市场不足及能否在这一市场上展示营销能力的影响。

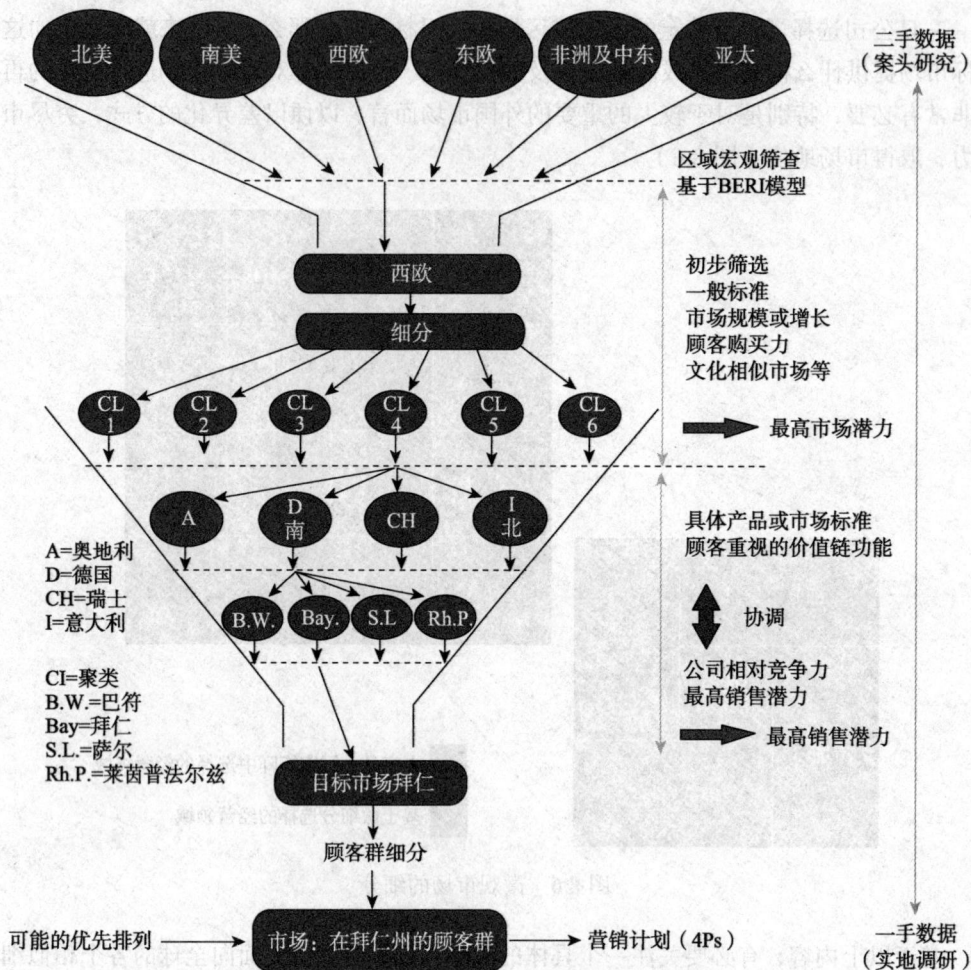

图 8.7 国际市场细分/筛选过程：主动与系统性方法的一个例子

一般来说，图 8.7 是基于公司积极主动和系统化的决策行为。但现实情况并不总是如此，尤其是在中小企业，因为它们需要实用主义的方法。通常情况下，中小企业不可能按照自己的标准来进行市场细分，它们必须期待的是，被大企业评估、选择，并成为大企业的子供应商。国际市场选择的实用主义方法还可以促使企业选择与管理者个人网络和文化背景相似的客户和市场。偶然性、意外发现和管理者的感觉在国际市场选择的早期和后期都起着重要的作用。在对澳大利亚公司的定性研究中，接赫曼（Rahman，2003）发现，公司在评估外国市场吸引力的最后阶段考虑的一个重要因素是"管理感觉"。其中一家公司说（Rahman，2003）：最终，决策在很大程度上取决于管理层对市场的感觉。市场总会有一些不明朗因素，特别是在你决定未来的时候，国际市场也不例外。因此，管理者将不得不在有限的信息范围内做出决定，而"直觉"在其中扮演着重要角色。

扩展阅读 8.1：博世安全系统：国际市场选择模型在中东市场选择中的应用

企业还必须考虑潜在市场上竞争对手的地位。即使潜在市场非常大，且具有明显吸引力，但可能竞争对手非常强大，以至于需要更多资源进入该市场，这意味着要从竞争者手中夺取市场份额。

8.4 市场扩张战略

市场扩张战略选择是出口营销的关键决策。一方面，随着时间的推移，不同的市场营销模式可能导致不同市场环境发展出不同的竞争条件。例如，以短产品生命周期为特征的新市场的快速增长可以为竞争对手创造较高的进入壁垒，并为跨国公司带来更高的利润。另一方面，如果企业有目的地选择相对较少的市场进行渗透战略，则可以创造更高的市场份额，获得更强的市场地位。

示例 8.1

Sunquick 的瀑布式市场扩张方法

Sunquick 的制造商 CO-RO 是丹麦在开发以水果和果汁为基础的超浓缩产品方面的领先公司之一。该公司正致力于发展与其授权装瓶合作伙伴的密切关系，如图 8.8 所示。

Sunquick 在 20 世纪 60 年代刚向市场推出产品时，主要专注于国内市场和欧洲市场。在 20 世纪 70 年代和 80 年代，Sunquick 逐渐将其产品销售范围扩展至欧洲其他地区。在 20 世纪 80 年代、90 年代和 21 世纪初，Sunquick 主要在全球新兴市场和全球欠发达国家扩张，如图 8.8 所示。

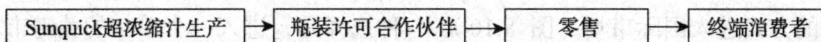

图 8.8 Sunquick 的全球价值链

到 2018 年，Sunquick 已经成为马来西亚和中国浓缩果汁市场的领导者，且在世界主要欠发达国家的市场地位不断扩大。[将图 8.9 与第 14 章中类似的产品生命周期（PLC）概念进行比较(图 14.9)，其中显示了不同国家的不同 PLC]。

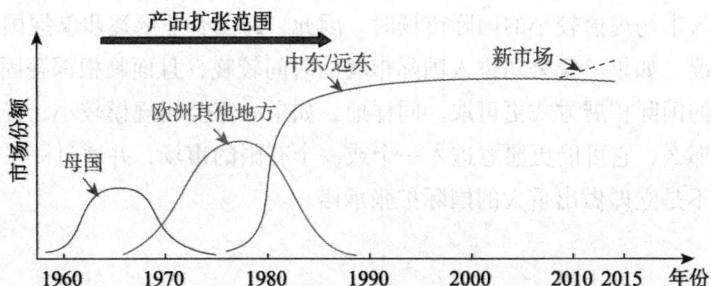

图 8.9 随时间变化的 Sunquick 全球市场份额

来源：基于 www.sunquick.com; www.co-ro.com，以及其他公共来源。

在设计公司全球扩展战略时，公司高层必须回答两个基本问题。

（1）是逐步进入国际市场（瀑布方式），还是同时进入市场（淋浴方式）？（参见图 8.10）

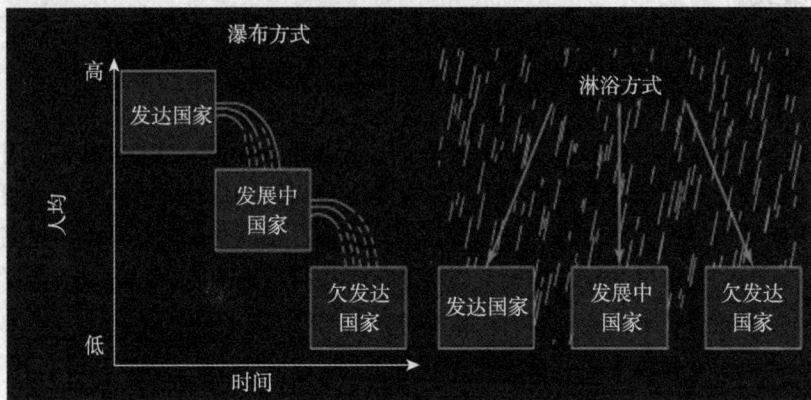

图 8.10　递增战略（瀑布式）和同步战略（淋浴式）

来源：Keegan, Warren J.; Green, Mark, Global Marketing Management, 2nd edn, p. 410; © 2000

（2）进入国际市场是进行市场渗透化战略，还是进行多元化战略？

8.4.1　逐步进入与同步进入

瀑布方式基于这样一种假设：一种产品或技术最初可能非常新颖或昂贵，只有发达（富裕）国家才能使用或负担得起。然而，随着时间的推移，该产品或技术的价格会下降，直到发展中国家和欠发达国家能够买得起为止。因此，遵循这种方法，企业可能决定以渐进或实验性的方式进入国际市场（图 8.10）。一种选择是，进入一个单一的关键市场，以建立国际运营的经验，然后依次进入其他市场。另外一种选择是，一个公司可能决定同步进入多个市场，以便在更广泛的市场基础上迅速利用其核心竞争力和资源。

对于大型跨国公司来说，这两种战略可以转化为国际产品生命周期的概念（Vernon，1966）。

如果一家公司因在国外市场缺乏经验而希望逐渐进入国际业务，那么，最好是逐步进入，特别是进入市场规模较小的国际市场时。因此，跨国企业要逐步掌握国外市场的运作信息和熟悉情况。如果一家公司进入国际市场的时间较晚，且面临根深蒂固的本土竞争，那么，渐进式的国际扩展方式更可取。同样地，如果一家公司规模较小，资源有限，或高度规避风险，那么，它可能更愿意进入一个或一个有限的市场，并通过一系列渐进的行动逐步扩张，而不是立即做出重大的国际扩张承诺。

示例 8.2

一个"向上渗透战略"的例子

根据瀑布式方法（向下渗透战略），跨国公司剥离了原本为发达国家提供新产品或技术的特点，以较低的价格向发展中国家的消费者提供这些产品或技术，通常根据发展中国家对用户习惯和需求的研究添加细节。现在，相反的过程，称为"向上渗透战略"且正在发生。在此战略下，跨国公司将最初为新兴市场开发的低成本产品改造成适合北美、欧洲、日本和澳大利亚渴望打折的消费者的产品。让我们看看"向上渗透"的作用。

（1）XO 笔记本电脑

尼古拉斯·尼葛洛庞帝（Nicholas Negroponte）在 2005 年发起了"每个孩子一台笔记本电脑"（One Laptop per Child OLPC）活动，目的是向没有机会接受正规教育的儿童分发小型或简单的笔记本电脑（接入互联网）。后来，这个概念发展成为简单的"XO 笔记本电脑"（XO Laptop），于 2007 年发布，并由国际组织分发给许多发展中国家。

2008 年，戴尔（Dell）等主要个人电脑制造商开始推出自己的上网本，目的不是面向发展中市场，而是面向发达国家的主流受众。更小的外形因素受到了 XO 等机器的启发，它们从更低的价格（通常低至 300 美元）吸引了有预算意识的消费者。2010 年 5 月，OLPC 宣布了一项计划，将改变其市场供应。OLPC 与电子产品制造商 Marvell 合作，开发和生产大容量的 XO-3 平板电脑，从而降低设备成本，可能低至 75 美元。OLPC 的设想是，降价和更大的产品灵活性，包括与 Adobe Flash 的合作能力，将吸引更多的客户，包括政府客户。OLPC 的主要供应商——OEM 制造商广达（Quanta），在建立"经济规模"和扩大上网本市场方面发挥了关键作用。广达说服宏碁（Acer，广达的另一个客户）向 XO 笔记本电脑推销一款类似的上网本。通过这种方式，广达既是 OLPC 制造部件的供应商，又是为其他客户转化设计理念的竞争对手，尤其是已经成为 OLPC 竞争对手的上网本。截至 2017 年底，全球已经销售了 300 多万台笔记本电脑。

来源：基于 https://gallery.mailchimp.com/b4e697fcc915b7fe33b6f6273/files/6cfa066a-be88-46ee- 95d0-5d8522d18 799/OLPC_2017_Annual_Report.pdf 及其他不同公共来源。

当然，有些公司更喜欢迅速进入世界市场，以便抓住新出现的机会或防止延迟进入带来的激烈竞争。快速进入有助于在早期渗透多个市场，并使跨国公司能够快速建立经验。它还使公司能够通过整合和巩固这些市场的业务来实现生产和销售的规模经济。如果所涉及的产品或服务是创新的，或代表着重大的技术进步，那么，快速进入可能是特别可取的，以便防止其他竞争对手的抢占或限制。随着全球信息技术的发展，虽然同时进入多个市场越来越可行，但通常需要公司具有大量的财务和管理资源，并可能需要承担更高的经营风险。

8.4.2　适合中小企业的国际扩张策略

中小企业经常将拓展国内市场积累的资源运用于国际市场（如图 8.11 所示）。公司的市场拓展战略应集中在"产品–市场"细分市场上。在此市场上，公司具备核心竞争力，并使其具有竞争优势（这里是产品 A、B、C 和市场 1、2）。这个过程可能会一步一步地发展。一次选择一个市场（市场 1，利基市场 1）从中学习，然后利用它作为"桥头堡"，将这种能力转移到下一个市场（市场 2，利基市场 1）的同一个利基市场。该公司可以通过逐步开发新市场来发展其国际业务，在继续前进之前确保整合和盈利能力。

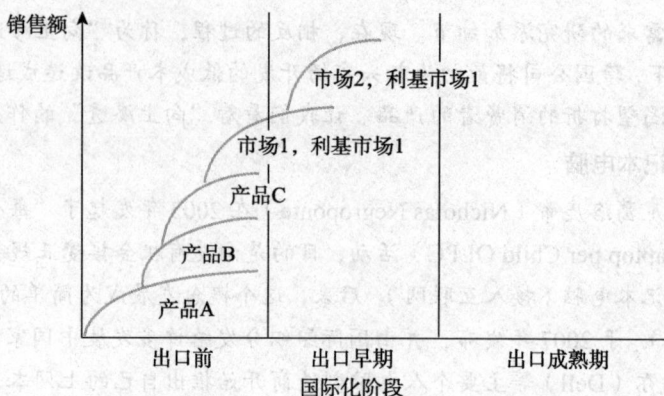

图 8.11 适合中小企业的全球市场扩展战略

来源：International Marketing Strategy, 2nd ed., Prentice Hall (Bradley, F. 1995) Copyright © Pearson Education Ltd.

8.4.3 集中化与分散化

公司还必须决定是将资源集中在数量有限的类似市场上进行集中化经营，还是在多个不同的市场上进行分数化经营。公司可以集中资源进入市场特征和基础设施与国内市场相似的国家，也可以将重点放在一组邻近国家。或者，公司可能倾向于通过进入环境或市场特征不同的国家来分散风险。一个国家的经济衰退可以被另一个市场的增长所抵消。竞争的力度也往往因市场而异。在一个受到相对保护或竞争力较弱的市场，利润可能被输送到竞争更激烈的市场。将业务分散到更广泛的地理基础上，并在全球不同地区投资，也可能达到分散风险的目的，因为在某些行业，不同地区的市场并不相互依赖（即一个地区的趋势不会蔓延到另一个地区）。国家的集中化或分数化问题可以与目标市场/客户群体的集中化或分数化结合。这两个方面的结合，概括了如图 8.12 所示的四种可能的战略。

类别		目标市场/客户群体	
		集中化	分散化
国家	集中化	1	2
	分数化	3	4

图 8.12 市场扩张矩阵

基于图 8.12，可以确定有四种扩张选择。

（1）少数国家的少数客户群体或细分市场。

（2）少数国家的许多客户群体或细分市场。

（3）许多国家的少数客户群体或细分市场。

（4）许多国家的许多客户群体或细分市场。

一家公司可以利用赫芬达尔指数（Herfindahl index）计算它的出口集中度，并随时间与其他公司的出口情况进行比较。该指数定义为每个国家的销售额百分比的平方和。

$$C = \sum_{i=0}^{n} S_i^2 \cdot i$$

其中：

C = 企业出口集中度指数；

S_i = 出口到 i 国的产品占公司出口总额的百分比（用 0 到 1 的十进制数计算）。

$$\sum_{k=0}^{n} i = 1$$

当跨国公司将所有产品都只出口到一个国家时，集中度最大（ $C=1$ ）；当产品出口平均分布在许多国家时，集中度最小（ $C=1/n$ ）。

表 8.3 列出了有利于国家分数化或集中化的因素。详见表 8.3。

表 8.3 国际市场中的分数化与集中化

有利于国家/市场分数化的因素	有利于国家/市场集中的因素
公司的因素	
高度的风险管理意识（风险偏好）	低度的风险管理意识（风险规避）
通过市场开发实现增长的目标	通过市场渗透实现增长的目标
较少的市场知识	具有挑选"最佳"市场的能力
产品因素	
有限的专业用途	一般用途
较低的数量	较高的数量
不可重复性	重复性购买的产品
在产品生命周期的早期或晚期	在产品生命周期的中期
在许多市场上畅销的标准产品	产品需要改进才能适应不同的市场
引发新的全球客户解决方案的激进创新	针对较小的市场范围的渐进创新
市场因素	
小市场或专门的细分市场	大市场或规模大的细分市场
不稳定的市场	稳定的市场
许多相似的市场	有限的相似市场
新市场或走低的市场	成熟的市场
低增长率的市场	高增长率的市场
竞争非常激烈的大市场	大市场没有过分激烈竞争
老牌竞争对手在关键市场占有很大份额	关键市场已被许多竞争者瓜分
现有国际市场中顾客的忠诚度较低	现有国际市场中顾客的忠诚度较高
国家间协同效应高	国家间协同效应低
经验可以跨市场进行分享	缺乏对全球机遇和威胁的认识
竞争领先时间短	竞争领先时间长
营销因素	
附加市场的推广成本低	附加市场的推广成本高
附加市场的订单处理成本低	附加市场的订单处理成本高
附加市场的物流成本较低	附加市场的物流成本较低
在众多市场实施标准化的推广	针对不同市场实施适应性推广

Bajaj 选择了被全球领导企业忽略的新国际市场

国际市场的成功可以通过专注于被全球领导者忽视的市场来实现。印度摩托车制造商 Bajaj Auto 将业务扩展到 50 个国家，专注于小型摩托车（发动机排量在 200cc 或以下），这些摩托车的性价比极高；Bajaj 的简易摩托车系列针对不同的价格偏好。（目前的摩托车系列请参见 www.bajajauto.com/motor-bikes）

2018 年，Bajaj 销售了大约 250 万辆摩托车，其中一半为出口。当世界三大摩托车公司（本田、雅马哈和铃木）专注于美国和西欧这样的发达市场时，世界第四大摩托车制造商 Bajaj 却选择专注于发展中国家。

Bajaj 拥有覆盖 50 个国家的分销网络。该公司在斯里兰卡、哥伦比亚、孟加拉国、中美洲、秘鲁和埃及拥有主导地位，在非洲的立足点也在不断增加。为了满足非洲市场日益增长的需求，公司在经销商的帮助下，在尼日利亚授权了一个组装部门。

作为公司更接近其运营市场政策的一部分，除了在印尼的子公司 PTBAI 外，Bajaj Auto 在墨西哥的蒙特雷、沙特的迪拜和斯里兰卡的科伦坡都有自己的销售办事处。

来源：根据 Sirkin 等（2008），www.bajajauto.com 修改。

8.5　全球产品/市场组合

企业投资组合分析提供了一个重要的工具来评估如何分配资源，不仅跨越地理区域，而且跨越不同的产品业务（Douglas and Craig，1995）。全球企业投资组合代表了综合层面的分析，它可能包括按产品业务或按地理区域进行的运营。

如图 8.13 所示（基于图 8.4 的市场吸引力/竞争力矩阵），联合利华的综合层面分析是其不同的产品业务。以全球企业投资组合为出发点，对单一企业产品业务的进一步分析可以从产品或地理方面进行，或者两者结合进行。

从图 8.13 中的全球企业投资组合可以看出，联合利华的食品业务具有很高的市场吸引力和竞争拥有属性。然而，通过分析潜在水平，可以得到一个更加清晰的情况图。这种更详细的分析往往需要为具体的市场规划决策提供运营投入。

通过结合产品和地理维度，有可能在以下层面分析全球企业投资组合（如图 8.13 中的箭头所示）。

（1）按区域划分的产品类别（反之亦然）。
（2）按国家划分的产品类别（反之亦然）。
（3）按品牌划分的区域（反之亦然）。
（4）按品牌划分的国家（反之亦然）。

当然，通过分析某些国家的不同消费者群体（如食品零售商），可以对国家层面进行进一步的详细分析。因此，评估不同国家或区域的各种投资组合单位之间的相互关联性可能很重要。顾客（如大型食品零售连锁店）可能在其他国家设有分店，或者大型零售商可能通过向供应商集中采购形成了零售方面的跨境联盟（如联合利华）。

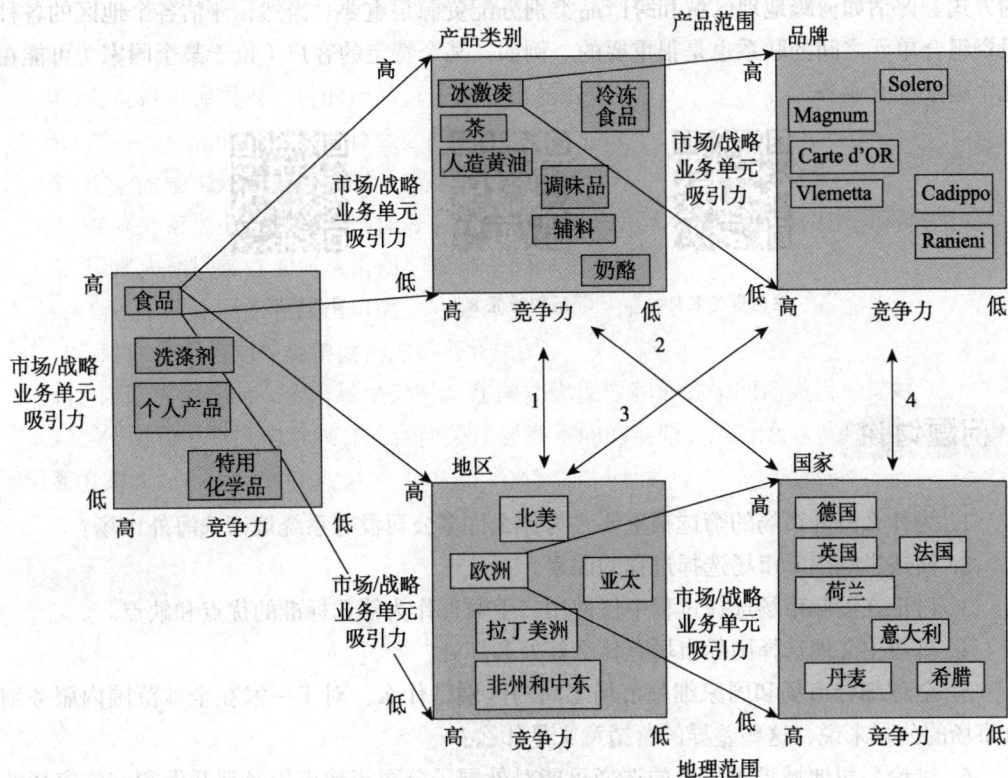

图 8.13　联合利华的全球组合

8.6　总　结

对于中小企业来说，其国际市场的选择往往是对出口代理人的变化或一个直接订单的形式的临时反应，更为主动和系统的国际市场选择方法包含如下几方面。

（1）选择相关的市场细分标准。

（2）进行适当的市场细分。

（3）筛查各细分市场，以缩小候选范围（选择目标市场）。

（4）微细分：针对选定的某一国家或跨国家区域进行再细分。

然而，企业经常成功使用实用方法进行国际市场选择。在选择最初的出口市场时，高层的共识及其人脉网络发挥着非常重要的作用。在进行国际市场选择时，企业必须寻求可能的新目标市场与自身的能力、目标和战略之间相协同。企业对新的国际市场的选择在很大程度上受互补市场的存在及在其中获得的营销技能的影响。

在经历了上述四个步骤后，在其目标市场选择市场拓展战略成为关键决策。在决定市场拓展战略时，公司必须回答两个问题。

（1）是逐渐进入市场（瀑布方式），还是同步进入市场（淋浴方式）？

（2）是集中化经营国际市场，还是分散化经营？

公司的投资组合分析是将国际市场选择（地理维度）与产品维度结合起来的一种极好的方式。评估如何跨地理区域和跨产品类别分配资源很重要。当然，评估各个地区的各种投资组合单元之间的联系也是很重要的。例如，某个特定的客户（位于某个国家）可能在几个国家都有业务。

案例研究 8.1　　　　案例研究 8.2　　　　案例研究 8.3

问题讨论

1. 为什么海外市场的筛选很重要？为什么许多公司没有系统地筛选海外市场？

2. 简述影响国际市场选择过程的因素。

3. 讨论在国际市场选择过程中仅使用二手数据作为筛选标准的优点和缺点。

4. 机会主义地选择国际市场有什么好处和坏处？

5. 全球细分市场和国家细分市场之间的区别是什么？对于一家在全球范围内服务细分市场的公司来说，这些差异的营销意义是什么？

6. 讨论公司地域扩张战略的选择可能对外国子公司当地市场经理开发和实施市场营销计划的能力产生的影响。

参考文献

第Ⅱ部分案例研究

案例研究Ⅱ.1　　　　案例研究Ⅱ.2

第Ⅲ部分

市场进入战略

第Ⅲ部分　内容

第 9 章　进入模式选择的方法
第 10 章　出口模式
第 11 章　中间模式
第 12 章　层级模式
第 13 章　国际采购决策和分供应商角色

第Ⅲ部分　案例研究

Ⅲ.1　Tinder 交友软件：著名的交友软件品牌正面临 Badoo 等日益激烈的竞争
Ⅲ.2　Spotify：这家在线音乐流媒体公司发展迅速，但正面临财务不平衡的问题
Ⅲ.3　Autoliv 安全气囊：将 Autoliv 转型为全球性企业

第Ⅲ部分　简介

　　一旦公司选择了国外目标市场（见第Ⅱ部分），就会产生如何以最佳方式进入这些国外目标市场的问题。在本书的第Ⅲ部分，我们将考虑主要进入模式及其选择的标准。国际市场进入模式是企业的产品、技术和人力资本进入国外市场所必需的制度安排。

　　为了将第Ⅲ部分与后面的章节分开，我们来看一看图Ⅲ.1。图中显示一个国家的经典分销系统。

　　在这种情况下，选择的市场进入模式（在此是公司自己拥有的销售子公司）可以被视为垂直链条中的第一个层级决策，并由销售子公司沿着垂直链条向下营销和分销给下一个行为者。在第 12 章中，我们将更深入地研究东道国内的各种分销系统选择。

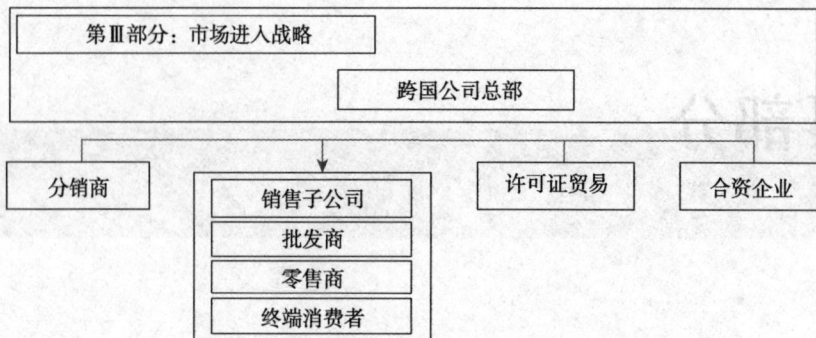

图Ⅲ.1 不同市场的进入模式及分销决策示例

一些公司已经发现，在其国际化的初始阶段，判断不当的市场进入选择可能会威胁其未来的市场进入和扩张活动。企业的初始模式选择随着时间的推移而制度化是常见的，因为新产品通过相同的既定渠道销售，新市场使用相同的方式进入，一个有问题的初始进入模式可能通过这种模式的制度化而一致续存。进入模式转换过程中的惰性延迟了向新进入模式的转换。由于企业一旦进入市场就不愿意改变进入模式，认为这样做可能遇到困难，因此进入模式决策成为企业在当今快速国际化的市场中运营的关键战略问题（Hollensen，1991）。

对于大多数中小型企业来说，进入国际市场是企业国际化的关键第一步。但对大型企业来说，问题不在于如何进入新的国际市场，而在于如何在现有的国际业务网络范围内更有效地利用新国际市场的机会。财务和企业资源有限的中小企业可能会以现有的资源为基础建立其国外市场进入模式（Lin and Ho，2019）。

然而，没有理想的市场进入策略，不同的企业进入同一市场或同一企业进入不同的市场可能采用不同的进入方法。公司经常同时结合几种模式，进入或开发一个特定的国外市场（Petersen and Welch，2002）。这种"模式包"以一种综合的、互补的方式，利用各种模式的优势（Freeman et al.，2006）。在某些情况下，公司综合使用多种模式，以便让它们之间相互竞争。有时，当一家公司试图恶意替代一个出口市场时，就会发生这种情况。

根据沃罗纳和特拉钦斯基（Wrona and Trapczyński，2012）提出的进入模式分类，企业进入国际市场可用的三种模式，对应的会有三组概念（见图Ⅲ.2）。每种不同的市场进入模式都有不同程度的控制、风险和灵活性。如图Ⅲ.2 所示，这三个概念是选择进入模式组的重要标准。例如，层级模式（投资模式）的使用赋予了企业所有权和高度控制权，但将大量资源投入国外市场也意味着更高的潜在风险。同时，大量的资源投入也造成了退出壁垒，削弱了企业快速、简便地改变进入模式的能力。因此，进入模式的决策涉及权衡，因为企业不可能同时拥有高度的控制和高度的灵活性。

图Ⅲ.3 展示了三个典型国际市场进入模式的例子。通过层级模式，独立行为者之间的交易被公司内部交易所取代，市场价格被内部转移价格所取代。

在决定合适的市场进入方式时，需要考虑多种因素。这些因素（标准）随着市场情况和企业的不同而不同。

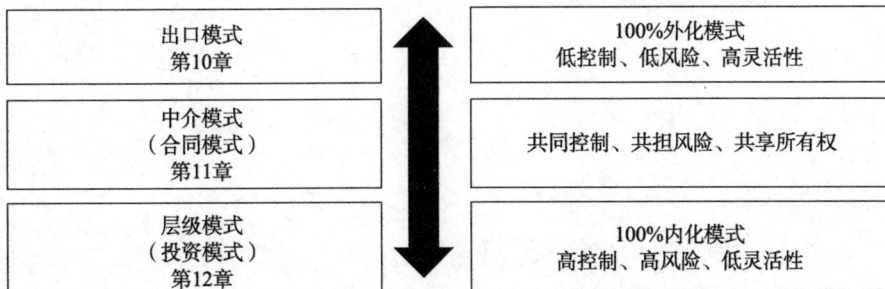

图Ⅲ.2　国际市场进入模式的分类

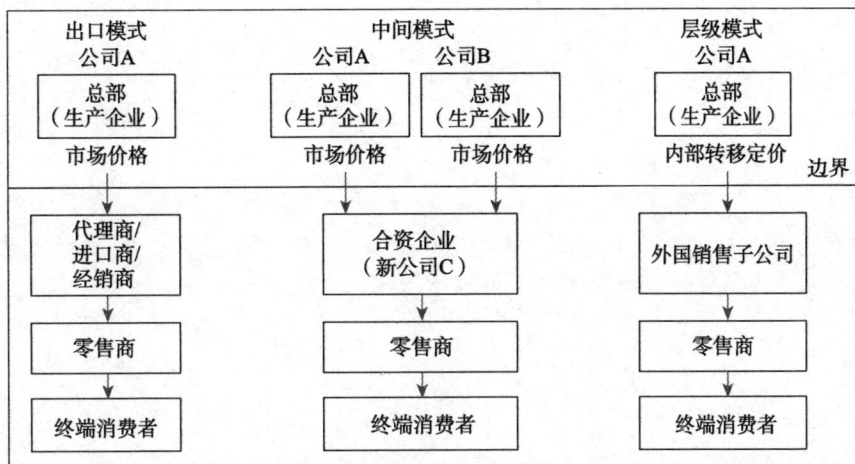

图Ⅲ.3　国际消费市场的不同市场进入方式示例

第 9 章考察不同的决策标准,以及它们如何影响跨国公司对三种主要市场进入模式的选择。第 10—12 章更详细地讨论三种主要的进入模式。对于中小企业来说,一个特殊的问题是,它们的国际化进程与它们的大客户、采购及进入模式决策相关。这将在第 13 章中进行进一步讨论。

价值链的简版(参见图 1.11)将在第 10—12 章中用于构造不同的国际市场进入模式。

参考文献

进入模式选择的方法

学习目标

通过学习本章，学生应该能够做到以下几个方面。

- 分类并识别不同国际市场的进入模式；
- 探索选择进入模式的不同方法；
- 解释机会主义行为如何影响制造商或中间商的关系；
- 识别选择市场进入模式战略需考虑的因素。

9.1 导　论

我们已经看到，希望利用外国市场机会的公司有多种进入模式可以选择。在此需关注的是：选择进入模式应遵循什么战略？

鲁特（Root，1994）认为，有三个规则可遵循。

（1）简单规则。决策者对所有国外市场采用相同的进入模式。这一规则忽略了个别外国市场的异质性。

（2）务实规则。决策者对每个国外市场都使用一种可行的进入模式。在出口的早期阶段，公司通常以低风险的进入模式开展业务。只有在特定的初始模式不可行或不盈利的情况下，公司才会寻找另一种可行的进入模式。在这种情况下，并不是对所有进入模式都进行考察。可行的进入模式可能不是最好的进入方式。

（3）战略规则。这种方法要求在作出任何选择之前，系统地比较和评估所有可供选择的进入模式。这一决策规则基于战略规划期间的条件，选择最大利润贡献的进入模式，这些条件是公司资源的可用性风险和非营利目标。

虽然许多中小企业可能使用务实规则或简单规则，但本章主要关注战略规则之下的分析方法。

9.2 交易成本法

交易成本分析的原则已经在第 3.3 节中介绍过了。本章将进一步探讨"摩擦"和机会主义的细节。分析的单元是交易，而不是公司。这种方法背后的基本思想是，在现实世界中，买卖双方在市场交易中总会有一些摩擦。这种摩擦主要由生产者与出口中介关系中的机会主义行为造成。就代理商而言，生产者规定了出口中介要解决的促销任务，以获得佣金形式的报酬。就进口者而言，出口中介作为中介，在一定程度上具有较高的自由度,生产者的销售价格（进口者的购买价格）和进口者的销售价格之间的利润决定出口商的收入，会有一些反复出现的因素可能导致冲突和机会主义行为。

（1）出口中介机构的库存规模。

（2）出口中介机构为其客户提供的技术和商业服务的范围。

（3）生产商和出口中介机构之间的营销成本（广告、展览活动等）分工。

（4）价格操纵：从生产商到出口中介机构，从出口中介机构到其客户。

（5）确定代理商的佣金。

9.2.1 出口中介的机会主义行为

在这方面，出口中介机会主义行为可以体现在两个方面。

（1）在大多数生产者和出口中介关系中，促销成本的分配是固定的。因此，出口中介机构过高的促销活动(如操纵发票)可能构成生产商向出口中介机构支付更高报酬的基础。

（2）出口中介机构可能操纵有关市场规模和竞争者价格的信息，以便从生产者那里获得较低的出口价格。当然，如果出口中介支付基于实现营业额的佣金（在代理案情况下）那么，这种机会主义是可以避免的。

因此,为了保护品牌资产免受当地合作伙伴不当经营可能造成的损害(Lu et al., 2011)，公司可能更倾向于采用高控制模式（如以子公司形式拥有外国公司）。

9.2.2 生产者的机会主义行为

在本章中，我们一直假设出口中介是一个有机会主义行为的组织。然而，生产者也可能以机会主义的方式行事，因为出口中介必须利用资源（时间和金钱）为生产者的产品项目建立市场。如果生产商想要销售昂贵且技术复杂的产品，则情况尤其如此。因此，出口中介承担着很大的经济风险，生产者进入方式的转变对其的威胁始终悬而未决。如果出口中介机构没有达到生产者的期望，那么，它就有可能被另一个出口中介机构取代，或者生产者可能转向自己的出口组织（销售子公司），因为增加的交易频率（市场规模）可以承担增加的成本。

最后一种情况也可能是生产商有意制定的战略的一部分：即利用出口中介获取市场知识和客户联系，以便建立自己的销售组织。

9.2.3 出口中介机构如何应对这种情况

海德和约翰（Heide and John, 1988）建议，代理机构应做一些进一步的"抵消"投资,以平衡双方之间的关系。这些投资产生的约束使得生产者离开关系的代价高昂，即代理机构为生产者制造了"退出壁垒"。这种投资的例子如下。

（1）与生产商的关键员工建立个人关系。

（2）在销售生产商的产品时，建立起独立身份（形象）。

（3）增加产品的附加值，如售前、售中、售后服务，在与客户的关系中建立一种约束。

如果不能进行这样的抵消性投资，海德和约翰建议代理机构通过代理更多的生产商来降低风险。

这些也是生产者所面临的情况，当上述这些情况同时出现几种时，理论上，建议公司（生产者）内部化，而不是外部化。

9.3　影响进入模式选择的因素

一家公司选择进入某一产品/目标国家的模式，常常是相互冲突的几种力量共同作用的结果。由于要预测这些力量的强度和方向，并在多种进入模式之间进行权衡，因而使进入模式决策变为一个复杂的过程。一般来说，进入模式的选择应该基于对利润的预期贡献。这可能说起来容易做起来难，特别是对于那些缺乏相关数据的海外市场而言。大多数的选择标准是定性的，定量非常困难。

在图 9.1 中，"进入模式"的选择是建立在内部能力（内部因素）和外部环境（外部因素）的"匹配"基础上的，并由"期望模式特征"和"交易特定因素"调节。该模型的另一个重要前提条件是，特定国家的"进入模式"决策独立于公司国际化进程早期采取的其他"进入模式"决策。这当然不是一个完全现实的假设（Shaver，2013），这要求研究人员更广泛地研究纵向"进入模式"的相互依赖性（Hennart and Slangen，2015）。图 9.1 是基于特定国家、特定时间点的进入模式决策。

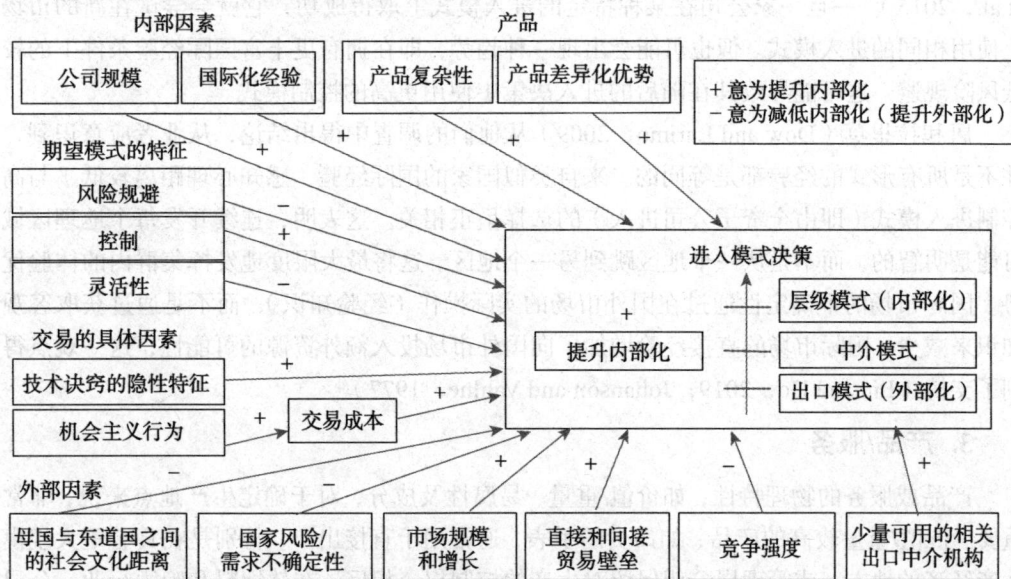

图 9.1　影响特定国家进入外国市场方式的决策因素

如图 9.1 所示，以下四组因素无疑影响特定国家的进入模式决策。

（1）内部因素。

（2）外部因素。

（3）期望的模式特征。

（4）交易的具体行为。

接下来，针对每个因素提出一个命题：每个因素如何影响进入国外模式的选择？文中和图 9.1 指出了影响的方向。由于进入模式决策的复杂性，这一命题是假定在其他因素相同的条件下提出的。

9.3.1 内部因素

1. 公司规模

规模是企业资源可用性的一个指标，随着时间推移，增强资源可用性为加强国际参与提供了基础。虽然中小企业可能希望对国际业务有高度的控制，并希望对外国市场作出大量的资源承诺，但它们更有可能利用出口模式进入外国市场，因为它们没有必要的资源来实现高度控制或作出这些资源承诺。出口进入模式（市场模式）的资源承担较低，因此可能更适合中小企业（Lin and Ho, 2019）。随着公司的成长，它将越来越多地使用层级模式。

2. 国际化经验

影响模式选择的另一个企业特有因素是管理者的国际化经验，也是企业的国际化经验。经验指一家公司在多大程度上参与了国际经营，可以从特定国家或一般国际环境中获得经验。国际经验降低了为市场服务的成本和不确定性，反过来，增加了企业将资源投入国外市场的可能性，这有利于以全资子公司（层级模式）的形式进行直接投资。

高水平的国际化经验加强了在后续进入决策中已经偏好的进入模式的使用（Swoboda et al., 2015）。一旦一家公司在某种特定的进入模式上取得成功，它就会尝试在新的市场上使用相同的进入模式。但也可能会出现一种趋势，即在拥有更丰富国际经验条件下的较低风险规避，这可能导致其随后的进入决策中使用更高的控制模式。

唐和拉里莫（Dow and Larimo, 2009）从他们的调查中得出结论，从业者应意识到，并不是所有形式的经验都是等同的。来自类似国家的国际经验（感知心理距离较低）与高控制进入模式（即由全资子公司进入）的选择呈正相关。这表明，连续开发每个地理区域可能是明智的，而不是从一个地区跳到另一个地区。这将最大限度地发挥集群内的体验优势。国际市场的不确定性通过在国外市场的实际操作（经验知识），而不是通过获取客观知识来减少。国际市场的直接经验增加了向国外市场投入额外资源的可能性，这一观点得到了支持（Lin and Ho, 2019; Johanson and Vahlne, 1977）。

3. 产品/服务

产品或服务的物理特性，如价值/重量、易腐性及成分，对于确定生产地点来说，非常重要。价值/重量较高的产品，如昂贵的手表，通常用于直接出口，特别是在具有重大规模生产经济的地方，或管理层希望保留对生产的控制权。相反，在软饮料和啤酒行业，公司通常建立许可协议，或投资于当地装瓶或生产设施，因为运输成本，特别是到遥远的市场，是令人望而却步的。

产品的性质影响进入模式的选择，因为产品的特点和用途差异很大，而且销售工作也可能有很大差异。例如，产品的技术特性（高复杂性）可能需要售前和售后服务。在许多国外市场领域，市场营销中介机构可能无法处理这类工作。相反，企业将使用其中一种层级模式。

布洛姆斯特莫（Blomstermo et al.，2006）区分了硬服务和软服务。硬服务是生产和消费可以分离的服务。例如，软件服务可以转移到 CD 或其他有形媒介上，这些媒介可以大规模生产，从而使标准化成为可能。在软服务中，生产和消费同时进行，客户充当联合生产者，分离是不可行的。软服务提供商必须在国外运营的第一天就在国外。布洛姆斯特莫（Blomstermo et al.，2006）得出的结论是，在国外市场进入模式的选择方面，软硬服务供应商之间存在显著差异。与硬服务中的管理者相比，软服务中的管理者更有可能选择高控制进入模式（层次模式）。由于软服务供应商与外国客户的互动非常重要，因此，它们应选择高度的控制，以使它们能够监测服务的共同生产。

以物理变化、品牌名称、广告和售后服务（如保修、修理和更换政策）来区分产品，促进对一种产品的偏好，可以使公司吸收进入国外市场的较高成本。产品差异化优势使得公司有一定的冲动提高价格，以超过成本和正常利润。它们还允许公司通过发展进入壁垒来限制竞争，这是公司竞争战略的基础，同时可以更好地满足客户需求，从而加强公司相对于其他公司的竞争地位。由于这些产品差异化优势代表了一种"自然垄断"，因此，企业试图通过使用分层进入模式来保护其竞争优势不被传播。例如，有学者（Lu et al.，2011）强调了时尚零售商选择更高的控制进入模式的重要性，以确保其特殊资产和品牌资产成功跨境转移，这是时尚品牌国际扩张决策的重要考虑因素。

9.3.2　外部因素

1. 母国与东道国之间的社会文化距离

社会文化上相似的国家是那些有相似的商业和工业惯例、共同或相似的语言、相似的教育水平和文化特征的国家。企业母国和东道国的社会文化差异会给企业内部带来不确定性，从而影响企业的进入方式。

母国和东道国在文化、经济制度和商业惯例方面的距离越大，公司就越有可能回避直接投资，并越有可能选择合资企业协议，甚至代理商或进口商等低风险的进入模式。这是因为，如果它们无法适应不熟悉的环境，那么，后一种制度模式就增强了企业退出东道国市场的灵活性。总而言之，在其他条件相同的情况下，当母国和东道国之间的距离很大时，企业会倾向于涉及相对较低的资源承诺和较高的灵活性的进入模式（Guidice et al.，2017）。唐和拉里莫（Dow and Larimo，2009）发现，感知的文化距离（心理距离）远远超过霍夫斯泰德的文化维度。心理距离不仅与国家有关，还与管理层有关。特别是，语言差异似乎是最不重要的因素之一。其他问题，如宗教、产业发展等，对管理者进入模式选择的影响要大得多。

2. 国家风险/需求的不确定性

外国市场通常被认为比国内市场的风险更大。公司所面临的风险量不仅是市场本身的函数，还是其介入方式的函数。除了投资外，公司还承担库存和应收账款的风险。在规划进入方式时，企业必须对市场和进入方式进行风险分析。汇率风险是另一个变量。此外，风险不仅仅是经济上的，还是政治上的风险。当国家风险很高时，一家公司最好通过限制其在该特定国家领域的资源承诺来限制其面临的这种风险。也就是说，在其他条件相同的情况下，当国家风险较高时，企业会倾向于相对较低的资源承诺的进入模式，即出口模式（Obadia and Bello, 2019）。一方面，东道国市场政治和经济环境的不可预测性增加了公司所感知到的风险和需求的不确定性。这反过来又使企业不太倾向于以需要大量资源承诺的进入模式进入市场。另一方面，灵活性是必要的（Lu et al., 2011）。

3. 市场规模和增长

一方面，国家规模和市场增长率是决定进入方式的关键参数。国家越大，市场规模越大，增长率越高，管理层就越有可能为其发展投入资源，并考虑建立一个全资销售子公司或占有多数股权的合资企业。保留对运营的控制，使管理层能够更有效地规划和指导市场发展。

另一方面，小市场，特别是如果它们在地理上被孤立，不能从邻国得到有效的服务，则可能不需要大量的关注或资源。因此，可能通过出口或许可协议是最好的选择（Obadia and Bello, 2019）。虽然不太可能刺激市场发展或最大限度地提高市场渗透率，但这种方法使企业能以最少的资源投入进入市场，并将资源从潜在的不利市场中释放出来。

4. 直接和间接贸易壁垒

对进口外国商品和零部件的关税或配额有利于建立当地生产或组装业务（层级模式）。产品或贸易法规和标准，以及对当地供应商的偏好，也会影响进入方式和经营决策。对当地供应商的偏好，或倾向于"购买国货"，往往鼓励一家公司考虑与当地公司建立合资企业或其他合同安排（中间模式）。当地合作伙伴帮助发展当地关系，协商销售和建立分销渠道，以及传播外国形象。同样，产品和贸易条例及海关手续鼓励采用当地公司参与的模式，这种模式可以提供关于当地市场的信息和联系，且可以方便进入。在某些情况下，如果产品法规和标准需要重大的调整和修改，则公司可以建立本地生产、装配或精加工设施（层级模式）。因此，直接和间接贸易壁垒的净影响可能是转向履行各种职能的手段，如采购、生产和在当地市场发展营销策略。

5. 竞争强度

当东道国市场的竞争激烈程度很高时，公司最好避免内部化，因为这种市场往往利润较低，不能证明重资源承诺是合理的。所以，在其他条件相同的情况下，东道国市场的竞争越激烈，企业就越倾向于低资源承诺的进入模式（出口模式）。

6. 少量可用的相关中介机构

高度集中的市场导致"少数人讨价还价"。如果少数出口中介意识到自己处于一种"垄断地位"，就可能执行这种"少数人讨价还价"。在这种情况下，市场领域受制于少数出口中介的机会主义行为，这将有利于采用层级模式，以减少机会主义行为的范围。

9.3.3 期望模式的特征

1. 风险规避

如果决策者规避风险，就会更喜欢出口模式（如间接和直接出口）或许可协议（中间模式），因为这些模式通常只需要低水平的财务和管理资源投入。合资企业提供了一种分担风险、财务风险，以及建立当地分销网络和雇用当地人员的低成本的方式，尽管谈判和管理合资企业往往需要耗费大量的管理时间和精力。但进入的方式需要最低水平的资源承诺，因此，最小的风险不太可能促进国际业务的发展，并可能导致重大的机会损失。

2. 控制

进入决策的控制模式还需要考虑管理层对国际市场运作的控制程度。控制通常与资源承诺的水平密切相关。资源承诺最少的进入方式，如间接出口，对生产者服务在国外销售的条件几乎或根本没有控制。在许可证和合同制造的情况下，管理需要确保生产符合其质量标准。合资企业还限制了管理层对国际业务的控制程度，并可能成为合作伙伴目标和宗旨发生分歧的重大冲突的根源。全资子公司（层级模式）提供最多的控制权，但也需要大量的资源投入（Blackburne and Buckley，2019）。

3. 灵活性

公司还必须权衡与给定进入模式相关的灵活性。一方面，层级模式（涉及大量的股权投资）通常是最昂贵的，但它们在短期内最缺乏灵活性，也最难以改变。另一方面，出口方式为公司提供了更大的灵活性，因为公司可以在相对较短的时间内终止代理合同，尽管公司可能要赔偿外国代理人一到两年的佣金损失（取决于代理合同）。

9.3.4 交易的具体因素

交易成本分析方法在第 3.3 节和本章前面讨论过。因此，我们在这里只提其中一个因素。

1. 技术诀窍的隐性特征

当企业特有的技术诀窍转移的性质是隐性时，根据定义就很难清楚地表达出来。这使得合同的起草（转让如此复杂的技术诀窍）非常成问题。转让隐性专门知识所涉及的困难和成本为企业采用等级模式提供了动力。投资模式能够更好地促进组织内隐性技术转移。通过层级模式，企业可以利用人力资本，利用其组织惯例来构建转移问题。因此，公司专有技术的隐性成分越多，公司就越倾向于层级模式。

示例 9.1

Zara 正根据与新市场的心理距离调整其进入模式

Zara 是一家时尚零售连锁店，隶属于西班牙大亨 Amancio Ortega 旗下的 Inditex 集团。Zara 的首选进入模式是层级模式（直接投资），这在大多数欧洲国家使用，是完全所有权的商店。2018 年，85% 的 Zara 店（总计 7 400 家）由自己管理。57% 的 Zara 工厂位于其西班牙总部附近（A Coruña）。使用层级模式的那些市场的特点是高增长潜力，以及与西班牙之间相对较近的社会文化距离（低国家风险）。

中间模式（通常是合资和特许经营）主要用于社会文化距离较远的国家。

（1）合资经营

合资经营是当地设施和专有技术与拥有国际时装专业知识的 Zara 相联合的一种合作战略。在竞争激烈的大型市场中，这种特殊的模式被用于难以获得资产以开设零售店或存在其他障碍需要与当地公司合作的情况。例如，在印度，Zara 与印度联合企业塔塔集团（Tata Group）成立了一家合资企业，以便利用当地的专业知识进入市场。

（2）特许经营

Zara 将这种模式应用于社会文化距离较远或市场规模较小、销售预测较低的高风险国家，如科威特、安道尔、波多黎各、巴拿马和菲律宾等。

不管 Zara 采用什么样的进入模式，其特许经营模式的主要特征都是将自己经营的商店，包括产品条款、人力资源、培训、装饰、室内设计、物流优化等，进行一体化。这确保了商店管理标准的统一性，并在全球客户眼中树立了全球形象。

来源：基于 www.inditex.com 和其他公共媒体。

9.4　总　　结

从制造商（国际营销人员）的角度来看，市场进入模式可以分为三类。

（1）出口模式、低控制、低风险、高灵活性。

（2）中间模式（合同模式）：共同控制、共担风险、共享所有权。

（3）层级模式（投资模式）：高控制、高风险、低灵活性。

不能明确说哪种方案最好。有许多内部条件和外部因素影响这种选择，应该强调的是，一个制造商希望从事国际市场营销可以同时使用这些方法中的一个以上。可能有不同的产品线，每个产品线可能需要不同的进入模式。

案例研究 9.1　　　　　案例研究 9.2　　　　　案例研究 9.3

问题讨论

1. 为什么选择最合适的市场进入和发展战略是国际营销者最难做出的决策之一？

2. 你是否同意这样的观点：大公司使用理性的分析方法（战略规则）来进行国际市场进入模式决策，而中小企业则使用更务实的机会主义的方法来决定国际市场进入模式？

3. 利用图9.1确定影响跨国公司国际市场进入模式选择的最重要因素是什么？应该优先考虑的因素又是什么？

参考文献

第 **10** 章

出 口 模 式

学习目标

通过学习本章，学生应该能够做到以下几个方面。

- 区分间接出口、直接出口和合作出口。
- 描述并了解间接出口的五种主要进入方式。
  - 出口采购代理销售；
  - 代理；
  - 出口管理公司/出口公司；
  - 贸易公司；
  - 搭便车。
- 描述直接出口的两种主要进入方式。
  - 经销；
  - 代理。
- 讨论主要出口模式的优缺点。
- 讨论制造商如何影响中间商成为有效的营销伙伴。

10.1 导 论

在出口进入模式下，企业的产品在国内市场或第三国制造，然后直接或间接转移到东道国市场。出口是企业最初进入国际市场最为常见的方式。有时，国外的买家会主动给公司下订单，或者国内的客户会向国际扩张，并为公司的国际业务下订单。这促使公司考虑国际市场，并调查自身的国际市场增长潜力。

因此，出口通常运用于企业最初的国际市场进入，并逐渐演变为以外国为基础的业务。在世界市场范围内存在巨大规模经济或买方数量有限的情况下（如航空航天产业），生产可能集中在一个或数量有限的地点，然后将货物出口到其他市场。

根据中间商的数量和类型，可以用各种方式组织出口。就像批发一样，进出口代理在执行的职能范围上差别很大。有些公司，如出口管理公司，相当于提供全方位服务的批发商，履行与出口有关的所有职能。其他的则是高度专业化的，只处理货运代理、开票，或通过海关清关货物。

在建立出口渠道时，企业必须决定哪些功能将由外部代理负责，哪些将由企业自己处理。虽然出口渠道可能有许多不同的形式，但为了简单起见，可以确定三种主要类型。

（1）间接出口。在这一出口模式下，制造企业不负责出口活动。而是由另一家国内公司，如出口公司或贸易公司从事出口活动。制造企业往往不参与自己产品的对外销售。

（2）直接出口。在这一出口模式下，制造企业负责出口活动，并与外国目标市场的第一中介直接接触。在将产品出售给代理商或销售商时，制造企业通常参与出口活动中的文件处理、实物交付和价格政策制定等工作。

（3）合作出口。这一出口模式指制造企业与其他公司（出口销售集团）就执行出口职能达成合作协议。

图 10.1 从产业价值链的角度阐述了不同的出口模式。

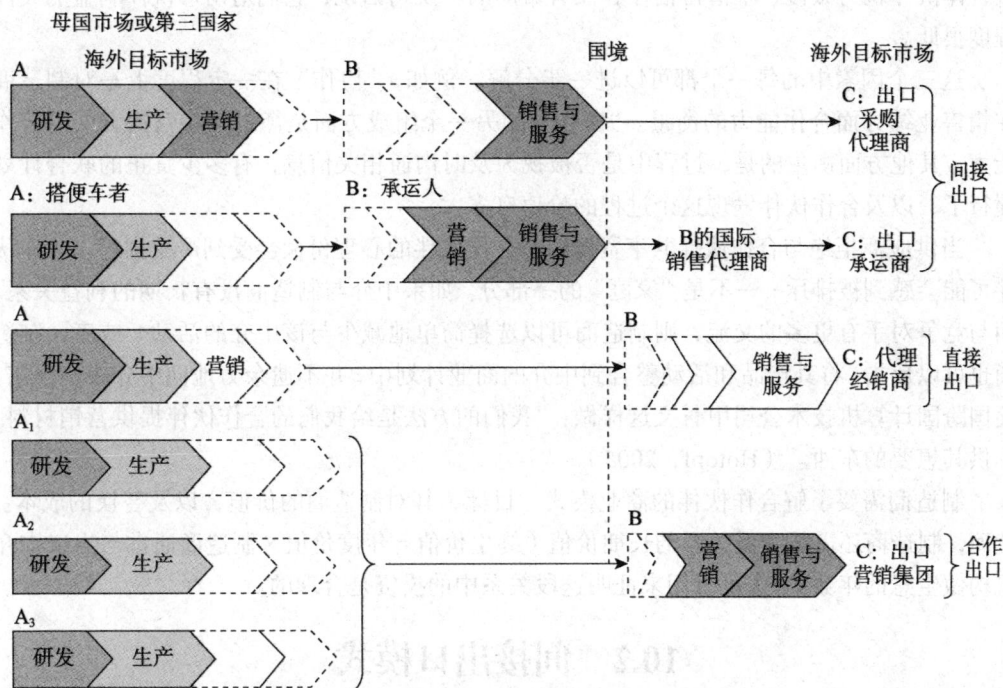

图 10.1　出口模式

注：A、A1、A2 和 A3 为产品/服务的制造商；B 为独立中介（代理）；C 是顾客。

无论生产商选择三种出口模式中的哪一种，重要的是要考虑生产商在中介商心中的"合作伙伴心理份额"（partner mindshare）。合作伙伴心理份额指生产商在中介商（如代理商或分销商）心中所占的份额，或指两者间的心理共享。它是对生产商与中介商在信任、承诺、合作等方面的强度的衡量。心理份额的大小与出口中介机构将一家公司的品牌放在另一家公司前面的意愿之间，或者与中介机构叛变的可能性之间存在强烈且已被证实的相关性。心理份额在销售业绩中有非常清晰的显示，对制造商拥有高心理份额的中间商通常比那些拥有低心理份额的中间商卖出更多的产品。心理份额可以分为三个驱动因素（Gibbs，2005）。

（1）承诺和信任。

（2）协作。

（3）共同利益和共同目标。

较高的心理份额取决于在所有方面都取得好成绩。例如，有些制造商很善于沟通，但却不被信任。

除了这三个驱动因素，我们还需要衡量第四组因素，即产品、品牌和利润。这一组因素衡量的是产品制造商相对于中介商的吸引力。制造商可以认为这是一组保健性因素。一般来说，制造商的表现需要与竞争对手一样好，只有这样，才能从中介商强大的心理份额中获得充分的利益。

许多拥有优秀产品和强大品牌、提供良好利润的制造商之所以陷入困境，是因为它们被合体伙伴视为傲慢、不值得信任和没有帮助的。换句话说，它们对出口伙伴利益的关注程度很低。

这三个因素中的每一个都可以进一步分解。例如，"协作"在一定程度上是对制造商在销售业绩方面合作能力的衡量。"协作"的另一个组成方面是衡量其在营销方面的合作能力。其他方面衡量的是，过程中是否被视为及时沟通相关信息，有多少真正的联合计划履行了，以及合作伙伴发现这个过程的价值有多大。

当供应商拒绝与合作伙伴共享资源时，合作伙伴的心理份额会受到严重损害。合作伙伴可能会感到被排斥——不是"家庭"的一部分。如果中介与制造商没有长期的利益关系，而与竞争对手有更多的交流，则制造商可以选择简单地减少与该中介的活动。或者，制造商也可以反击，将其产品和活动整合到中介的商业计划中，并不遗余力地向中介表示承诺。美国跨国计算机技术公司甲骨文这样做："我们的方法是给我们的合作伙伴提供营销材料，提供其想要的东西。"（Hotopf，2005）

制造商需要了解合作伙伴的商业模式、目标、其对制造商的价值，以及替换的成本。然而，制造商还需要查看关系的长期价值（终生价值＝年度价值×制造商通常与出口中介机构做生意的年数）。这可以用来证明这段关系中的投资是合理的。

10.2　间接出口模式

当出口制造商通过位于生产国的独立组织出口销售时，就是间接出口。对于生产商来说，通过间接出口模式将产品销往海外市场与将产品销往国内市场没有本质差距。事实上，这时，企业并没有在真正意义上从事国际市场营销。因为它并没有参与产品的海外销售业务，而只是通过第三方公司进行产品的海外销售。这种产品出口方法适合于资源有限、国际扩张目标有限的公司。如果对生产商来说，产品的海外市场销售仅仅被视为处理剩余产能的一种手段，那么，使用间接出口方式是恰当的。间接出口模式也同样适用于那些目前资源有限、国际经营经验缺乏，但预期逐步进入国际市场的公司。对于这些公司来说，间接出口是在投入主要资源和精力发展隶属于自己的出口组织之前，对潜在国际市场的需求潜力进行的提前测试。

　　然而，对于一家公司来说，重要的是要认识到使用代理商或出口管理公司会带来许多风险。首先，公司对产品或服务在其他国家的营销方式几乎没有控制权。产品可能通过不适当的渠道销售、缺乏服务或销售支持、促销不力、价格不合适。这会损害产品或服务在国外市场的声誉或形象。致力于发展市场的努力非常有限，可能导致失去潜在的机会。

　　对于有意逐步进入国际市场的公司来说，特别重要的是，通过间接出口，公司很少或根本没有与国外市场建立联系。因此，该公司对国外市场潜力的了解有限，很少获得制定国际扩张计划的投入。该公司将没有办法为其产品确定潜在的销售代理商或分销商。

　　虽然出口的优势是成本和风险最低的进入方法，但它使公司在如何、何时、何地，以及由谁销售产品方面几乎失去控制。在某些情况下，制造商甚至可能不知道其产品正在出口。

　　此外，一个已经具有传统出口经验的中小企业，其资源可能过于有限，无法单独开拓大量的出口市场。因此，通过间接出口模式，中小企业能够利用其他经验丰富的出口商的资源，并将其业务扩大到许多国家。

　　间接出口的进入方式主要有五种。

（1）出口采购代理商。

（2）经纪人。

（3）出口管理公司/出口公司。

（4）贸易公司。

（5）"搭便车"。

10.2.1　出口采购代理商（出口代办行）

　　有些公司或个人并没有意识到生产的产品或提供的服务具有潜在的出口价值，而被国外组织的采购者发现。这些采购者会首先与这些公司或个人接洽，然后到工厂购买产品或服务，最后将这些产品或服务出口、营销、分销到一个或多个海外市场。

　　出口采购代理指居住在出口商母国的外国买家的代表。因此，这类代理本质上是海外客户在出口商国内市场雇佣的采购代理，以从这些买家收到的订单为基础进行国际贸易。由于出口采购代理是为买方的利益行事的，因此由买方支付佣金。出口制造商没有直接参与确定采购条件，这些是由出口买方代理和海外买方制定的。

　　在这一出口模式下，出口采购代理商实质上是产品的国内买家。它会根据海外市场的要求进行采购，并向潜在厂商发出招标说明书。在其他条件相同的情况下，出价最低的制造商获得订单，不涉及感情、友谊或销售谈判。

　　从出口制造商的角度来看，卖给出口采购代理是一种很容易的出口方式。在出口商的母国，及时付款通常可以得到保证，货物的实际移动问题一般也就完全不由出口商处理。所以，这种模式的信用风险很小，出口商只需按照规格履行订单。一个主要问题是出口商对产品的国际市场营销几乎没有直接控制。

　　小公司发现，出口代理是获得国外销售的最容易的方法，但是，由于完全依赖购买者，因此，它们不可能知道消费者行为和竞争对手活动的变化，也不可能知道采购公司终止这种安排的意图。如果一个公司打算为其出口业务寻求长期的生存能力，那么，它必须采取更积极的方法，这将不可避免地要对其产品销售的市场进行更多的了解。

10.2.2 经纪人

另一种在母国国内可利用的代理人是进出口经纪人。经纪人的主要作用是把买卖双方撮合在一起。因此，经纪人是履行合同职能的专家，实际上并不处理销售或购买的产品。经纪人从委托人那里获得佣金（约5%）。经纪人通常专门从事特定的产品或产品类别。作为一个商品专家，经纪人往往只专注于一两种产品。由于经纪人主要经营基本商品，因此，对于许多潜在的出口商来说，这种代理商并不代表一种实际的替代分销渠道。出口经纪人的显著特点是，他们既可以充当卖方的代理人，也可以充当买方的代理人。

10.2.3 出口管理公司/出口公司

出口公司或出口管理公司（export management companies，EMCs）是专门为一系列非竞争性公司设立的"出口部门"（Rosenbloom and Andras，2008）。因此，EMCs 以其所代表的每个制造商的名义开展业务。所有与买方的通信来往和合同谈判都以制造商的名义进行，所有报价和订单都以制造商的确认为准。

通过扩大经营范围，EMCs 可以将其销售和管理成本分摊到更多的产品和公司上，并降低运输成本，因为为多家公司运输大量货物会更加经济。

EMCs 处理必要的文件，了解当地采购惯例和政府法规，在可能被证明难以渗透的市场中特别有用。因此，EMCs 的使用使得个体公司能够以比它们更低的总体成本在国外市场获得更广泛的产品曝光，但是也有一些弊端。

（1）EMCs 可能按照地理区域、产品或客户类型（零售、工业或机构）进行专业化，这可能与供应商的目标不一致。因此，市场的选择可能是基于 EMCs 的意愿，而不是制造商。

（2）由于 EMCs 是通过佣金支付的，因此，它们可能会倾向于具有即时销售潜力的产品，而不是那些可能需要更多的客户教育和持续的营销努力才能取得长期成功的产品。

（3）EMCs 可能一次性向国外市场提供很多种类的产品，因此，某一特定制造商的产品可能得不到出口公司销售人员的必要重视。

（4）EMCs 在向海外市场出口产品时，可能会包含相对于特定制造商而言的竞争品，这可能会在海外市场上暴露该生产商的竞争劣势。

因此，制造商应仔细、谨慎地选择合适的出口管理公司，并投入一定的资源来维护与出口管理公司的关系，并对其相关行为进行监控。

随着公司海外销售量的增加，制造商可以更加主动地参与国际市场营销，并从中获得更大的收益。然而，这种转变并不容易。首先，这类公司很可能已经非常依赖出口管理公司，除非投入很多的资源和精力与外国客户建立直接联系，并建立海外子公司对东道国市场进行调研，否则，要放弃通过出口公司实现产品的海外市场销售很困难；其次，这类公司可能很难承担出口管理公司毁约带来的处罚和损失；最后，出口管理公司能找到替代品的生产商，并以此为基础进行威胁，使得原产品生产商不敢轻易违背与它签订的相关协议。

10.2.4　贸易公司

贸易公司是殖民时代历史遗产的一部分。尽管现在的贸易公司与历史上的贸易公司在性质上已经发生重大转变，但它们仍然是国际贸易中的重要组成力量，特别是在非洲、拉丁美洲和远东地区。在远东地区的日本，贸易公司在地区国际贸易中发挥着重要作用。日本有成千上万的进出口贸易公司，最大的公司被称为综合贸易公司或综合商社。最大的七家贸易公司是三菱商事、三井物产、住友商事、伊藤忠、丸红、丰田通商和双日商事。这七家商行加起来占日本进出口的很大一部分。虽然较小的贸易公司通常局限于对外贸易，但较大的贸易公司也大量参与国内分销和其他活动。

贸易公司在航运、仓储、金融、技术转让、资源规划与开发、建筑和区域发展（如交钥匙工程等）、保险、咨询、房地产和一般交易（包括投资促进、合资经营等）等不同领域发挥着核心作用。本质上，贸易公司只是一个提供资金融通的中介服务机构，提供金融服务的范围是一般贸易公司区别于其他公司的一个主要因素。这些金融服务包括贷款担保、应收和应付账款融资、发行本票、重大外汇交易、股权投资，甚至是直接贷款。

贸易公司业务的另一个方面是管理反向贸易活动（易货贸易），其中，在一个市场的销售是通过从该市场购买其他产品来支付的。贸易公司的基本作用是为交换的产品迅速找到买家。有时，这可能是一个非常需要资源的过程。

10.2.5　"搭便车"（piggyback）

出口经验不足的中小企业作为"搭便车"者，与一家较大的公司（承运人）打交道，这家公司已经在某些国外市场开展业务，并愿意代表希望出口到这些市场的"搭便车"者行事。这使得承运人能够充分利用其现有的出口设施（销售子公司）和国外分销。承运人可以作为代理人，接受佣金支付，或作为独立分销者直接购买产品。"搭便车"营销通常用于非竞争（但相关）和互补（结盟）的无关公司的产品。

有时，从需要实地进行技术查询和售后服务的角度来看，承运人会坚持认为"搭乘"产品与自己的产品有些相似，但品牌推广和促销政策各不相同。在某些情况下，承运人可能会购买"搭便车"者提供的产品，并贴上自己的品牌，作为自己的产品（自有标签）进行营销。更常见的情况是，承运人保留"搭便车"者的品牌名称，双方共同制定促销安排。品牌和促销策略的选择取决于品牌对产品的重要性，以及品牌建立的程度。

对承运人和"搭便车"者来说，搭便车具有以下优缺点。

（1）**对承运人的优点**

如果一家公司的产品线存在缺口，或者其出口业务产能过剩，那么，该公司有两种选择。一个是内部开发必要的产品，以完善其生产线和填补其出口能力。另一种是通过公司以外的搭便车者获取产品（或收购）。搭便车可能是有吸引力的，因为公司可以很快得到产品。这也是一个获得产品的低成本方式，因为运营商不必投资于研发、生产设施或新产品的市场测试。它可以直接从其他公司购买产品。通过这种方式，公司可以扩大其产品范围，而不必开发和制造额外的产品。

（2）**对承运人的缺点**

一方面是"搭便车"对承运人来说极具吸引力，但在质量控制和保证方面存在一些问题。"搭便车"者借助其他公司销售产品是否会保证其产品的质量？这在一定程度上取决于产品所使用的品牌名称。如果使用承运人的品牌，质量激励可能会更强。另一方面是供应的连续性。如果承运人在国外发展了大量市场，如果必要的话，搭乘公司有必要发展它的生产能力吗？这些事项中的每一项都应成为双方协议的一个主题。如果搭载安排运行良好，运营商还有另一个潜在的优势。它可能会发现，"搭便车"者是一个良好的收购候选人或合资伙伴，从而与搭乘者上升为一种更强的合作关系。

（3）对"搭便车"者的优点

搭乘者可以方便出口，而不必建立自己的分销系统。搭乘者可以仔细观察承运人如何处理货物，从而学习承运人的经验，也许最终能够接管自己的出口交易。

（4）对"搭便车"者的缺点

对于规模较小的公司来说，这种协议意味着放弃对其产品营销的控制权，这是许多公司不愿意做的事情，至少从长远来看是这样。承运人方面缺乏承诺（Rosenbaum et al., 2019），以及在承运人未覆盖的地区没有利润丰厚的销售机会，这是进一步的劣势。

总之，"搭便车"营销为公司开始出口营销提供了一种简单、低风险的方法。它特别适合于那些规模太小、不能直接进入出口市场，或者不想在国外市场投入大量资金的制造商。然而，罗森鲍姆等（Rosenbaum et al., 2019）认为，在"搭便车"协议的实施阶段，为了防止两个合作伙伴之间的潜在冲突，双方要有高度的协作互动，必要的知识共享是重要的。

10.3 直接出口

直接出口指制造商或出口商直接向位于国外市场地区的进口商或买方销售产品。在我们关于间接出口的讨论中，我们研究了公司不用大量投入就能进入外国市场的方法。事实上，在间接出口中，国外销售与国内销售的处理方式相同：生产商只通过代理（即通过将其产品销往海外的公司）进行国际市场营销。然而，通过这些间接方式获得的国际市场营销知识和销售量都是有限的。

随着出口商信心的增强，它们可能会决定承担自己的出口任务。这包括建立海外联系、进行市场研究、处理文件和运输，以及设计市场组合策略。直接出口模式指国内制造商直接将产品卖给进口国的进口商、代理商或分销商（独立的中介机构）。

术语"分销商"和"代理商"通常是同义词。但其实，两者存在明显差异：分销商与代理商不同，分销商拥有商品所有权，为产品库存提供资金，并承担经营风险，而代理商则不是。分销商的收入是基于买卖价差，而代理商是基于佣金。分销商通常是在需要售后服务时被任命，因而它们比代理商需要拥有更多必要资源。

10.3.1 分销商

出口公司可以通过分销商（进口商）开展工作，分销商是公司的独家代表，通常是公司产品在其市场上的唯一进口商。作为独立的商家，分销商以自己的账户购买商品，并有很大的自由选择自己的客户和设定销售条件。分销商将以特定价格购买产品，并将从其购买价格和转售给客户的价格之间的差价中获得补偿。对于每个国家来说，出口商与一个分销商打交道，承担一个信用风险，并将货物运往一个目的地。在许多情况下，分销商拥有和经营批发和零售机构、仓库，以及维修和服务设施。一旦分销商与出口商就价格、服务、分销等问题进行谈判，它们的努力就集中在自己的辖属业务和销售商上。

经销商的类别很广泛，包括更多的变化，但经销商通常寻求一个特定销售区域的独家权利，通常代表制造商在该区域的所有销售和服务。专营权是对经销商在处理和销售产品方面可能需要的大量资本投资的回报。

10.3.2 代理商

代理商可能是排他性的，即代理商对指定的销售区域拥有排他性的权利；也可能是半排他性的，即代理商处理出口商的货物，以及其他非竞争性的公司的货物；或者可能是非排他性的，即代理商处理各种各样的商品，包括一些可能与出口商的产品竞争的商品。

代理商不向出口商购买产品。相反，代理商代表出口公司，向国外市场的批发商和零售商销售产品。出口商将商品直接发运给当地的顾客，这意味着代理商通常看不到产品，所有有关融资、授信、促销等方面的安排都在出口商和最终买家之间进行。独家代理被广泛用于进入国际市场。它们覆盖广阔的地理区域，并有分代理商协助它们。代理商和分代理商按预先商定的方式分享佣金（由出口商支付）。一些代理商提供财务和市场信息，少数代理商还保证支付客户的账户。代理商收到的佣金有很大差别，这取决于所提供的服务、市场的规模和重要性，以及出口商和代理商之间的竞争。

代理商和分销商的优势都是它们熟悉当地的市场、习俗和惯例，有现有的业务联系，并雇用外籍人员。它们由获取佣金或利润的直接动机刺激其进行销售，但由于报酬与销售挂钩，因此，它们可能不愿意花太多的时间和精力为新产品开发市场。此外，市场反馈的数量可能是有限的，因为代理商或分销商可能认为自己是客户的采购代理，而不是出口商的销售代理。如果代理商或分销商表现良好，开拓了市场，那么，就有被出口制造商的子公司取代的风险。因此，需要制定一项长期战略，借此使任何新的进入模式决策中（如子公司的出现）都应包含有代理商的应用，以避免被子公司取代的不利动机产生。

10.3.3 中介机构的选择

选择合适的中介可能是一个困难的过程，但以下来源可以帮助公司找到这样的中介。

（1）让潜在客户推荐合适的代理商。

（2）获得行业协会、商会和政府贸易部门等机构的推荐。

（3）使用商业服务机构。

（4）猎取竞争对手的代理。

（5）在合适的商业报纸上做广告。

在选择特定的中介机构时，出口商需要认真核查每个候选公司的财务和人力资源、产品和当地市场的知识、利润要求、信用评级、客户服务设施，以及以有效和有吸引力的方式推广出口商产品的能力（Obadia and Bello，2019 年）。

图 10.2 显示一个制造商与其选择中介机构时的"愿望"概要之间，以及两个潜在中间商与其在特定市场的业绩概要的配对情况。

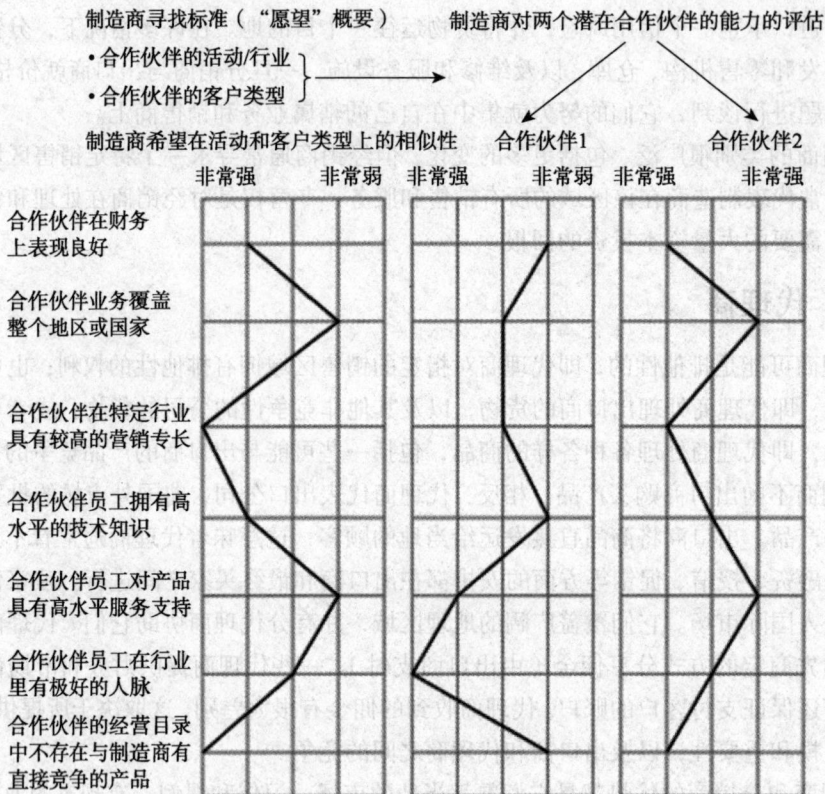

图 10.2　制造商和两个潜在分销伙伴之间的匹配示例

　　从图 10.2 中可以看出，一个重要的选择标准是中介公司的产品方案中不应包括竞争产品。如果不这样要求，将会发生出口商的产品与中介的其他产品的内部竞争的情况（Obadia and Stöttinger，2015）。

　　如果合作伙伴 1 和伙伴 2 是制造商的潜在候选人，那么，它可能会选择合作伙伴 2，因为制造商在市场上期望的合作伙伴"能力清单"和合作伙伴 2 能力匹配更好。

　　图 10.2 中列出的标准可能不是选择过程中的唯一标准。中介机构（将纳入决策过程）的其他一些具体的期望特征如下（Root，1998）。

　　（1）公司规模。

　　（2）物理设施。

　　（3）持有存货的意愿。

　　（4）促销的知识及开展。

　　（5）在供应商、客户和银行中的声誉。

　　（6）历史销售业绩。

　　（7）运营成本。

　　（8）总体经验。

　　（9）相关语言知识。

　　（10）对在制造商国家做生意方式的知识。

示例 10.1

Lofthouse of Fleetwood 选择新分销商的决策标准

1865 年，家族企业 Lofthouse of Fleetwood 有限公司（www.fishermans-Friend.com）在 Lancashire 郡的 Fleetwood 首次创建了"渔夫之友"原装特强锭剂。Fleetwood 是英国最大的渔港之一，"渔夫之友"最初是为了帮助渔民战胜咳嗽、感冒和支气管问题，这些问题困扰着他们到不适宜居住的水域和冻结情况下北大西洋渔场长途航行。渔夫之友为全球市场生产不同口味的锭剂，其中 7 种在英国有售（无糖黑加仑、原味超强、八角、樱桃、无糖薄荷、无糖原味和无糖柠檬）。渔夫之友的核心主张是，全球统一纸包装的独特强烈甜味药片。现在生产的"渔夫之友"特强含片的配方与 1865 年完全相同，但其他营销组合因国而异。

直到 1974 年，"渔夫之友"首次出口到当今世界人均消费量最高的市场——挪威。到 2018 年，全球 120 个国家都可以买到这种含片，"渔夫之友"已经成为一个重要的国际品牌。欧洲市场占销售额的 75%，英国占总产量的 4%～5%。德国是最大的市场，其次是亚洲，约占 20%，其余是北美和其他地区。渔夫之友在中国和印度增长最快，因为其品牌具有全球品味。一般来说，"渔夫之友"的味道已经被世界各地所接受，除了日本，日本人觉得它味道太重，更喜欢非常甜的东西，如土耳其软糖。

Lofthouse of Fleetwood 将其营销活动外包给一家独立的公司 Impex Management，这样它就可以专注于研发和制造（图 10.3）。Impex Management 在英国、德国、中国香港和美国设有办事处。在新的国际市场中，Impex 管理公司选择并面试多达 6 家候选分销商，对其潜力进行详细的 SWOT（优势、劣势、机会和威胁）分析。面试结束后，Impex 和 Lofthouse 讨论决定在特定市场的理想合作伙伴。

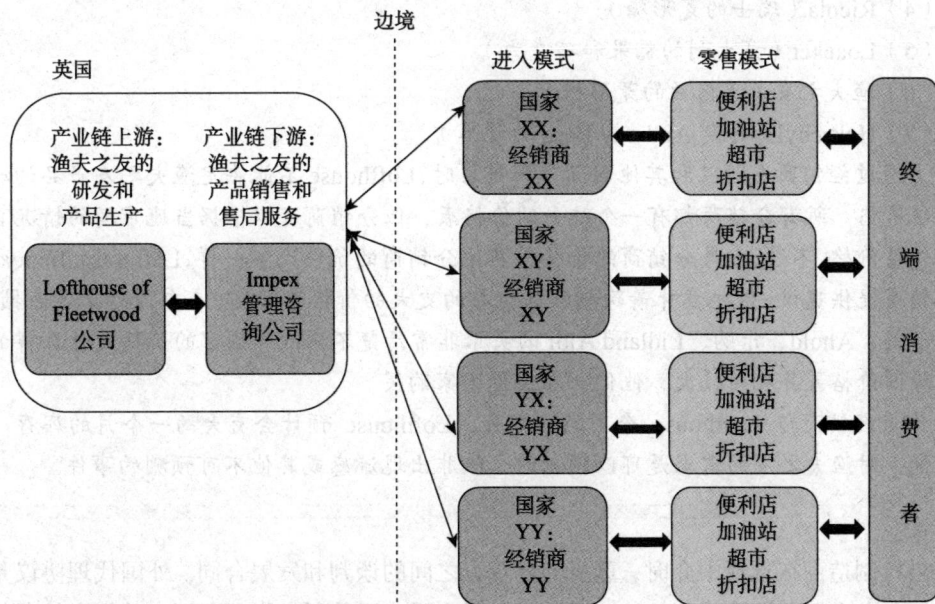

图 10.3 渔夫之友的国际分销体系

在选择经销商的标准中，Lofthouse 和 Impex 已经同意使用以下标准。

（1）规模。Lofthouse 希望经销商的规模要小到足以让"渔夫之友"在经销商的总营业额和注意力中占有重要地位和足够的份额。Lofthouse 喜欢做小池塘里的大鱼。这必须要兼顾到分销商要足够的大，以便能维护好零售商的关系。

（2）产品。经销商应销售互补产品系列，并在相关产品市场有经验和适当的关系。但它不应该正在销售直接竞争对手的产品，Lofthouse 想要独家经营。

（3）销售组织结构。销售代表的数量及其市场覆盖（覆盖哪些地理区域和零售渠道类型？多久一次？）。

（4）经济状况。Lofthouse 希望经销商财务稳定和安全。

（5）文化与价值观。Lofthouse 正在寻找长期的关系。因此，重要的是，经销商有一个类似于 Lofthouse 的文化和价值观。

（6）家族企业。由于 Lofthouse 是一家家族企业，因此它主要寻找同时也是家族企业的经销商。

与 Lofthouse 有着长期成功合作关系的分销商之一是其荷兰分销商 Concorp Brands（早期的 Nedean Zoetwaren BV）。它符合上述大部分标准。这家公司在荷兰市场销售糖果。渔夫之友在 1974 年加入了投资组合。该公司约有 50 名员工，其中一半负责荷兰市场的日常销售。销售队伍分成两部分。

（1）冲动型渠道：便利店、加油站和烟草店。

（2）杂货渠道：超市、折扣店等。大约 40% 的渔夫之友通过冲动型渠道销售，其余（60%）通过杂货渠道销售。Concorp Brands 作为荷兰的分销商，代理以下品牌（2018）。

（1）Skittles（美国 Wrigley/Mars 的彩虹糖果）。

（2）Autodrop（自己公司生产的甘草和酸滴）。

（3）Oldtimes（NL 的甘草）。

（4）Ricola（瑞士的菱形糖）。

（5）Loacker（意大利的糖果和巧克力）。

（6）渔夫之友（英格兰的菱形糖）。

（7）Heksehyl（丹麦 Anthony Berg 的甘草）。

当通过经销商在荷兰和其他国际市场销售时，Lofthouse 不能决定渔夫之友产品的转售和零售价格。所有分销商都有一个统一的价格表，但分销商可以根据当地市场的情况自由设定转售价格，不过，如果分销商的价格与其他分销商的价格太不一样，Lofthouse/Impex 会向分销商提供建议。欧元意味着跨越欧洲边界的更大的价格透明度。来自国际零售连锁店，如家乐福、Ahold、乐购、Lidland Aldi 的买家非常清楚不同欧洲国家的价格是什么样的，如果跨国价格差异相对较大，他们会在低价国家购买。

作为经销商与 Lofthouse 合同的一部分，Lofthouse 预计会有大约一个月的库存。一般来说，对渔夫之友的需求是可以预测的，除非出现流感或其他不可预测的事件。

出口制造商在选择中介时，重要的是双方之间的谈判和发展合同。外国代理协议是出口商与中介之间合作关系的基础，因此，合同应明确涵盖所有相关方面，并规定关系赖以

建立的条件。权利和义务也应相互确定，协议的精神必须是一种共同利益关系安排。

对于大多数出口商来说，与外国中介机构签订的协议中最重要的三个方面是独家或专有权、竞争产品和协议的终止。在许多市场中，分销商的数量越来越少、规模越来越大，有时还会变得更加专业化，因此，市场范围的区域化问题变得越来越重要。区域化的趋势导致分销商越来越多地通过有机生长、合并和收购来扩大其领土，使公司更难在个别邻近市场指定不同的分销商。

一般来说，一些原则适用于所有国家的代理法。

（1）代理人不能在未经委托人知情和许可的情况下，以约定的价格提取委托人的货物，并以更高的价格转售。

（2）代理人必须对其委托人的事务严格保密，且必须传递所有相关信息。

（3）代理人"在其职权范围内"所犯的错误（例如，代理人欺诈性地虚假陈述了委托人的公司），委托人应对第三方承担损害赔偿责任。

在合同期内，中介机构的支持和激励非常重要。代理人激励可以分为两类（Obadia et al.，2015）。

（1）高动力激励（high-powered incentives，HPIs）：这些被定义为完成特定任务的即时奖励，通常是金钱奖励，如超过销售配额的奖金。通常，这意味着销量的经济回报。向中介机构提供高额利润是最有效的激励措施（Obadia and Stöt-tinger，2015）。

（2）低动力激励（low-powered incentives，LPIs）：这些被定义为激励因素，通常是非货币性的，不涉及即时的奖励，但使代理商能够通过持续参与来获得更多的利润，如提供独家领地或提供代理商销售人员的特殊培训。

奥马迪亚（Obadia et al.，2015）建议出口商使用 HPIs 和 LPIs 的平衡组合来激烈代理人。因为 HPIs 可能会导致代理人的短期行为，从而实现由激励机制狭义描述的短期目标，而 LPIs 将主要增加出口商和代理人之间的长期关系纽带。

但也可以由其他方法来增加对中介（代理）的销售激励。

（1）供应公司（出口商）在当地做了大量的广告宣传，提高了品牌知名度。

（2）（由出口商）参加当地的展览和交易会，可能与当地的中介合作。

（3）定期实地走访，与中介（代理商或经销商）电话联系。

（4）由供应商（出口商）负责安排的定期代理商和分销商会议。

（5）对销售最高的中介机构给予现金奖励、免费假期等竞争性奖励。

（6）向中介机构提供技术培训。

（7）收集代理商和经销商反馈的建议方案。

（8）收集并发布关于供应公司当前活动、人员变动、新产品开发（NPS）和营销计划等情况的简报（通过访问出口商的内部网）。

此类的措施可能会使中间商感觉自己与出口商亲如一家。

10.3.4 对国际经销商的评估

即使公司在选择中介时非常谨慎，也可能产生一种退出需求，即迅速从一种似乎毫无进展的关系中解脱出来。

在评估国际分销合作伙伴的过程中，可以使用图 10.4 中的矩阵。在图 10.4 中，两个最重要的评价国际分销商合作伙伴的标准如下。

（1）合作伙伴的业绩。

（2）合作伙伴所在市场的总体吸引力。

国家（市场）吸引力			
高	7. 寻找新合作伙伴	8. 发展与合作伙伴的关系	9. 考虑整合
中	4. 寻找新合作伙伴	5. 维持现状	6. 维持现状
低	1. 考虑退出	2. 维持现状	3. 考虑替代模式
	低	中	高

中间商经营业绩

图 10.4　国际市场合作伙伴评价矩阵

中间商业绩可以通过使用诸如实现的营业额和市场份额、为制造商产生的利润，以及为潜在客户建立的网络等标准来评估。国家（市场）的吸引力可以通过使用诸如第 8 章（表 8.2 和图 8.5）中讨论的标准来评估，如市场规模和市场增长。

如果合作伙伴的业绩低，且该国的吸引力低（图 10.4 中的单元 1），那么，公司应考虑退出该国，特别是低吸引力似乎是一个长期现象。

如果合作伙伴的业绩高，但国家的吸引力低（单元 3），那么，公司可以考虑转向另一种进入模式（如合资企业）。通过这种方式，公司可以通过在如此艰难的市场（低吸引力）中用创造的利润池中的更大一部分来奖励合作伙伴，从而防止合作伙伴方的不满。

如果合作伙伴在一个非常有吸引力的市场（单元 7）表现不佳，那么，公司应该转换到另一个（和更好的）合作伙伴。

如果市场非常有吸引力，且合作伙伴做得很好（单元 9），那么，公司可以考虑前向整合，通过将现有的分销商转成子公司，并将分销商的管理者提升为新的子公司的首席执行官，只要他们拥有这一岗位所必需的能力和足够的管理才能。

图 10.4 中的其他单元主要关注维持当前的位置，或增进与现有合作伙伴的关系。这可以通过在总部提供关于公司产品/服务解决方案的培训，或访问当地市场的合作伙伴来表明致力于在当地市场的销售努力来实现。

中介机构可能是生产者未来的有价值的合作伙伴，且获得一个能与其建立长期良好关系的中介机构可能符合委托人的利益。

图 10.4 显然是从生产者的角度来看。如果我们从中介机构的角度来看，那么，如果一个替代或收购违背了独立中介机构的利益，则中介机构可能会积极地通过建立转换成本来防止这种情况发生，如保持对客户关系的控制，建立自己的品牌，限制生产者获得市场知识的途径，让生产者的产品只占中介机构总业务的一小部分（Heide and John，1988）。因此，当生产者决定以更高的控制模式（如销售子公司）取代中间商时，对当地资源（如客户关系、品牌和当地技术能力）的控制总是有利于中间商。这将使中间商相对于生产商拥有更强的谈判地位（Nes，2014）。

10.3.5 与经销商合同的终止

分销合作伙伴协议中的取消条款通常涉及当地法律规定的权利，最好在合同签署之前由当地律师审查，而不是在关系结束之后和赔偿案件正在法院审理之中。

终止合同的法律因国而异，但自 1994 年以来，对所有欧盟成员国都有效的一项关于代理人的指令在很大程度上协调了欧盟的情况。根据该指令，协议被终止的代理人有权要求如下内容。

（1）为其工作所产生的任何交易支付全额款项（即使在协议终止后达成）。

（2）一次性支付最多相当于过去一年平均佣金的款项。

（3）赔偿（在适当情况下）因不必要的终止而对代理人的商业声誉造成的损害。

在西欧以外，一些国家认为代理人基本上是客户组织的雇员，而其他国家则认为代理人是独立自主的企业。因此，必须确定代理协议在企业考虑开展业务的每个国家的法律地位。例如，沙特阿拉伯的法律在保护特工方面非常强硬。

10.4 合作出口模式/出口营销集团

在试图首次进入出口市场的中小企业中，经常发现出口营销集团。由于当地市场的规模或管理和营销资源的不足，许多这样的公司在制造和营销方面没有实现足够的规模经济。这些特点是家具和服装等传统、成熟、高度分散的行业的典型特征。在最近成立的小型高科技公司中，经常可以发现同样的特点。

图 10.1 显示了一个由制造商 A1、A2 和 A3 组成的出口营销团队，每个制造商都有独立的上游功能，但都通过一个共同的、基于国外的代理商在下游功能上进行合作。

中小型企业与其他企业合作的最重要的动机之一是有机会向较大的买家有效地推销一种补充产品方案。下面的例子来自家具行业。制造商 A1、A2 和 A3 的核心竞争力在于以下辅助产品线的上游功能。

（1）A1 客厅家具。

（2）A2 餐厅家具。

（2）A3 卧室家具。

它们一起形成了一个更广泛的产品概念，并在家具零售连锁经营中对购买者更有吸引力，特别是以某种生活风格将目标定位于终端用户的情况下。

制造商之间的合作可以是紧密的，也可以是松散的。在一个松散的合作中，一个集团中的独立公司通过同一个代理销售它们的品牌，而紧密的合作往往导致创建一个新的出口协会。这样一个协会可以充当所有成员公司的出口部门，向世界市场展示统一战线，并获得显著的规模经济效益。它的主要职能如下。

（1）以协会的名义出口。

（2）整合运费、议价和租船费用。

（3）进行市场调研。

（4）在国外指定销售代理。

（5）获取信用信息和收取债务。

（6）确定出口价格。

（7）允许统一的合同和销售条款。

（8）允许合作投标和销售谈判。

协会中的企业可以更有效地共同研究国外市场，并从中发现更好的代理。通过建立一个组织来代替几个卖家，它们可以实现更稳定的价格，且销售成本可以降低。通过整合出货量和避免重复劳动，企业实现了运输成本的节约，一个集团可以实现产品分级的标准化，创造一个更强大的品牌名称，就像加利福尼亚水果种植者对 Sunkist 产品所做的那样。

考虑到加入出口营销集团对中小企业的所有好处，实际运营的集团如此之少是令人惊讶的。其中一个原因可能是，对于集团应该做什么，这些公司有着相互矛盾的观点。在许多中小企业中，创始人和企业家激发了强烈的独立感，这可能与出口营销集团的共同目标设定相反。出口集团的主要任务之一是平衡集团内不同利益相关者的利益。

10.5　总　结

表 10.1 总结了三种主要的出口模式的优缺点。

表 10.1　不同出口模式对制造商的优缺点

出 口 模 式	优　点	缺　点
间接出口（如出口采购代理、经纪人、出口管理公司）	有限的承诺和投资需要。高度的市场多样化是可能的，因为公司利用了一个国际化经验丰富的出口商。最小风险（市场和政治）。没有出口经验要求	除产品外，对其他营销组合元素没有控制。在分销链中，增加一个国内成员可能会增加成本，给生产商留下较小的利润。与市场缺乏联系，无法获取市场知识。有限的基于市场需求的产品经验
直接出口（分销商或代销商）	获得当地市场经验和与潜在客户的联系。更短的分销链。掌握市场知识。更好地控制营销组合。当地销售支持和服务提供	由于关税和缺乏分销控制（特别是与分销商），对市场价格几乎没有控制。需要在销售组织方面有一定的投资（从总部联系经销商代理商）。文化差异，提供沟通问题和信息过滤（交易成本出现）。可能的贸易限制
合作出口/出口集团	分担国际化的成本和风险。向客户提供完整的产品系列或系统销售	不平衡关系的风险（不同的目标）。参与的公司不愿意放弃它们完全的独立性

案例研究 10.1　　　　案例研究 10.2　　　　案例研究 10.3

问题讨论

1. 为什么出口模式经常被认为是进入外国市场的最简单模式，且受到中小企业的青睐？

2. 公司在选择国外经销商/分销商时，应遵循哪些程序？

3. 为什么终止与海外中介的关系在经济上和法律上都很困难？应该采取什么措施来防止或减少这种困难？

4. 确定将一种国内销售的产品打进国际市场的方式。

5. 直接出口和间接出口有什么区别？

6. 讨论激励国外经销商的财务措施和定价措施。

7. 在国外市场上，哪些营销任务应该由出口商来完成，哪些应该由中间商来完成？

8. 承运人和搭乘方如何从搭便车安排中同时受益？

9. 当一个企业开始直接出口时，它必须执行哪些任务？

10. 讨论公司与国外经销商沟通的各种方式。

11. 讨论"当你向一个市场出口时，在国外你仅要和你的中间商做得一样好"。

12. 公司和中介机构对双方的合作关系会有不同的期望，为什么这些期望要在合同中阐明和澄清？

参考文献

第 **11** 章

中 介 模 式

通过学习本章，学生应该能够做到以下几个方面。

- 描述和了解主要的中介进入模式。
  - 合同制造；
  - 许可证贸易；
  - 特许经营；
  - 合资经营/战略联盟。
- 讨论主要的中介进入模式的优缺点。
- 解释合资经营形成的不同阶段。
- 在一个合资关系中探究，合作双方"离婚"的原因。
- 探索管理合资经营/战略联盟的不同方法。

11.1 导　论

到目前为止，我们一直假定进入国外市场的公司是从国内或第三国的工厂供货的。这在任何形式的国际贸易中都是不言而喻的。但是，有时公司可能发现，不可能或不希望用国内或第三国的产品向所有外国市场上供应产品。中介进入模式不同于出口模式，因为它们主要是合作伙伴之间知识和技能转移的工具，以创造海外市场销售。它们与分级进入模式的区别在于没有完全的所有权（母公司），但所有权和控制权可以在母公司和当地合作伙伴之间共享。合资企业就是典型案例。

中介进入模式包括各种安排，如许可证贸易、特许经营、管理合同、交钥匙合同、合资企业和技术诀窍或合作生产安排。图 11.1 显示了价值链视角下最相关的中介模式。

一般来说，当拥有某种竞争优势的公司由于资源限制而无法利用这种优势，但能够将这种优势转嫁给另一方时，就有可能发生中间进入模式的合同安排。这些安排往往涉及伙伴公司之间的长期合作关系，这种关系是公司为了在不同国家的公司之间转移技术、知识、管理经验等中间产品。

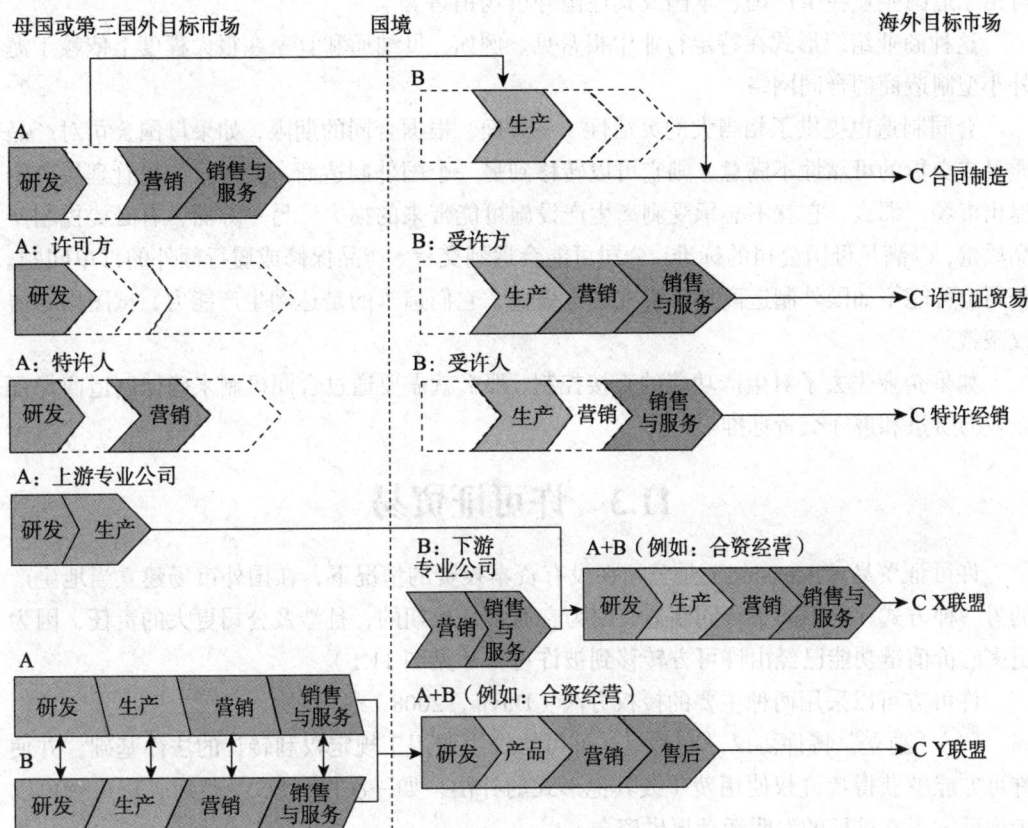

图 11.1　中介进入模式

注：A 为厂商，B 为合作伙伴，C 为客户。

11.2　合　同　制　造

有几个因素可能会鼓励公司在国外市场生产。

（1）渴望接近国外客户。当地生产可以更好地与当地客户在产品设计、交付和服务方面的需求进行互动。

（2）国外生产成本（如劳动力）较低。

（3）运输成本可能使重型或笨重的产品失去竞争力。

（4）关税或配额可以阻止出口商的产品进入。

（5）在一些国家，政府偏爱本国供应商。

合同制造使得公司无须做出最终承诺就可以进行国外采购（生产）。管理层可能缺乏资源或不愿意通过投资股权来建立和完成制造和销售业务，但合同制造为在合适的时机实施长期的外国发展政策保留了道路。这些考虑对于资源有限的公司来说可能是最重要的。合同制造使公司能够开发和控制其产品在国际市场的研发、销售和服务，同时将生产责任移交给当地企业（见图 11.1）。

东道国企业向母国公司支付的款项一般按单位计算，质量和规格要求极为重要。产品可由东道国企业在生产国、本国或其他国外市场销售。

这种商业组织形式在特定行业中很常见。例如，贝纳通和宜家在很大程度上依赖于海外小型制造商的合同网络。

合同制造也提供了相当大的灵活性。一方面，根据合同的期限，如果母国公司对产品质量或交货的可靠性不满意，则它可以转移到另一个国外制造商。此外，如果管理层决定退出市场，那么，它就不必承受剥离生产设施可能带来的损失。另一方面，有必要控制产品质量，以满足母国公司的标准。公司可能会遇到交货、产品保修或履行额外的订单问题。公司也可能不如国外制造商那么讲究成本效益，它们追求的是达到生产能力，试图用尽协议条款。

如果企业失去了对生产功能的直接控制，那么就需要通过合同机制来确保制造商保证企业的质量和遵守交货标准。

11.3　许可证贸易

许可证贸易（licensing）是公司在没有资本投资的情况下，在国外市场建立当地生产的另一种方式。它不同于合同制造，因为它通常是长期的，且涉及公司更大的责任，因为更多的价值链功能已经由许可方转移到被许可方（见图11.1）。

许可方可以采用两种主要的授权方法（Davis，2008）。

（1）"独立"特许协议。在这里，许可协议主要用于规定权利转让的法律基础，并使许可方能够获得特许权使用费（或其他形式的补偿，如一次性付款）。然后，许可费可以为许可方正在进行的发明活动提供资金。

（2）"特许+"特许协议。在这种情况下，许可人将许可证作为一种手段，不仅获取专利使用费，而且支持与被许可人的长期关系。许可证协议可以由涵盖研发合作和/或股权交换的其他方面的合同加以补充。发明过程是根据双方不断变化的需求量身定做的。为这些许可方工作的科学家和工程师必须愿意根据许可方认为重要的内容调整自己的研究日程。

1. 许可协议

许可协议是一种许可方向被许可方提供某种有价值的东西，以换取被许可方的某种履行和付款的安排的协议。许可方可以给予被许可方使用以下一种或多种产品的权利。

（1）涵盖产品或工艺的专利。

（2）不受专利约束的制造技术诀窍。

（3）技术咨询和援助，有时包括制造过程中必不可少的部件、材料或工厂的供应。

（4）营销建议和援助。

（5）商标/贸易名称的使用。

在商标许可的情况下，许可方应尽量不通过过度许可破坏产品。例如，皮尔·卡丹稀释了他的名字的价值，允许大约800个产品使用许可证。过度授权可以在短期内增加收入，但从长远来看，这可能意味着杀鸡取卵。

在某些情况下，作为协议的一部分，许可方可能继续向被许可方出售必要的组件或服务。也可以扩大至整个协议为相互交换知识和/或专利的交叉许可协议。其中，在交叉许可协议中，可能不涉及现金支付。

许可证贸易被认为是一条双行道，因为许可证贸易还允许原始许可证持有者获取被许可证持有者的技术和产品。这一点很重要，因为被许可方可以根据许可方提供的信息进行构建。有些许可方对回馈授予非常感兴趣，甚至会降低特许权使用费，以换取产品改进和潜在盈利的新产品。当涉及产品或服务时，被许可方负责在特定的市场区域内进行生产和销售，当然也分享和承担与此相关的利润和风险。作为交换，被许可方向许可方支付特许权使用费，这是许可方从其许可证贸易中获得收入的主要来源，通常涉及以下几个方面。

（1）一次性支付与产出无关的款项：这可以包括在特殊机械、零部件、蓝图、知识等的初始转让协议开始时支付的款项。

（2）最低使用费：保证许可方至少能获得一些年收入。

（3）连续使用费：通常表示为正常销售价格的百分比或产出单位的固定金额。

其他支付方式包括将特许权使用费转换为股权、管理和技术费用。

如果外国市场具有很高的政治风险，那么，许可方寻求高额的初始支付或许会缩短协议的时间表是明智的。或者，如果市场相对没有风险，被许可方处于有利地位，能够发展强大的市场份额，那么，付款条件将有所放宽，并可能受到其他许可方竞争协议的影响。

许可协议或合同应始终以书面形式正式确定。合约的细节可能会成为双方详细谈判和艰难讨价还价的主题，不可能有标准合约这回事。

下面我们从许可方（授予许可）和被许可方（接受许可）的角度来看待许可证贸易。本节主要从许可方的角度出发，但许可证贸易可能是中小企业成长战略的一个重要因素，因此也考虑了这个问题。

2. 授予许可

开展许可证贸易有各种各样的战略原因。最主要的动机包括以下方面。

（1）许可方公司要保持在其产品开发上的技术优势，希望专注于自己的核心竞争力（产品开发活动），然后将生产和下游活动外包给其他公司。

（2）许可方公司规模太小，不具备海外投资（拥有子公司）的财务、管理或营销专长。

（3）在发达国家，由于过时的技术或模式变化，产品的生命周期即将结束。通过与欠发达国家企业签订许可协议，可以延长产品的生命周期。

（4）即使直接特许权使用费收入不高，由许可方生产并销售给被许可方的关键部件的利润也可能相当可观。

（5）如果政府条例限制外国直接投资或政治风险很高，许可证贸易可能是唯一现实的进入模式。

（6）进口到被许可国可能受到限制，如关税或非关税壁垒等。

在确定协议价格时，许可方不应低估许可的成本费用。表 11.1 列出了澳大利亚公司对外许可的费用细目。

表 11.1 海外许可证交易的相对成本

	百分比/%
海外许可证交易的总成本明细	
工业产权保护	24
许可协议的订立	47
许可协议的维持	29
	100
设立成本明细（47%）	
寻找合适的被许可人	23
与有关各方的沟通	45
为被许可人补充和测试设备	10
为被许可方培训人员	20
其他（额外的营销活动和法律费用）	2
	100
维修费用明细（29%）	
对被许可方的审计	10
对众多被许可方候选方进行持续的调查	7
为被许可方提供支援服务	65
在被许可方市场范围内的工业产权保护	11
其他	7
	100

来源：基于 Carstairs 和 Welch （1981）和 Young 等（1989）。

3. 接受许可

实证研究表明（Young et al. 1989），许多许可协议实际上源自被许可方。这表明，被许可人在与许可人的谈判和总的关系中处于不利的地位。在其他情况下，许可证贸易是一个简单的选择，许可证可以被定期更新，被许可方严重依赖许可方的技术供给。

如图 11.2 所示，从短期来看，许可经营可以改善被许可方的净现金流状况，但从长远来看，则可能意味着利润降低。因为技术许可使被许可公司更快地将产品投放市场，公司从更早的正向现金流中获益。此外，许可证贸易意味着更低的开发成本。快速获得新技术、较低的开发成本和相对较早的现金流的直接好处是许可证贸易的诱人好处。

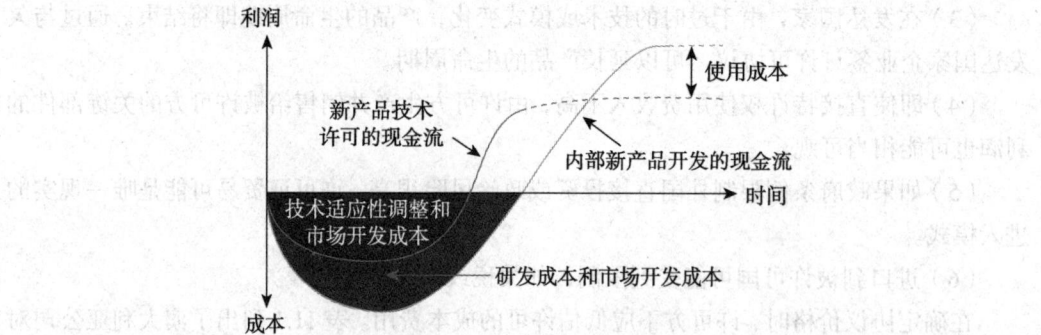

图 11.2 许可证贸易的生命周期益处

表 11.5 总结了许可证贸易对许可方的优点和缺点（见第 11.6 节）。

11.4 特 许 经 营

"特许经营"（franchising）一词源于法语，意为"摆脱奴役"。直到 20 世纪 70 年代初，特许经营活动在欧洲商业界几乎还不为人知。

许多因素促成了特许经营的快速增长。第一，传统制造业在世界范围内的普遍衰退和现代服务业的蓬勃发展让特许经营逐渐兴盛。特许经营特别适合于服务和人力密集的经济活动，特别是在需要大量地理上分散的网点服务于当地市场的地方。第二，自营职业的普及是特许经营增长的一个贡献因素。作为一种刺激就业的手段，许多国家政府的政策改善了小型企业的整个环境。这是特许经营得以发展的宏观环境。

特许经营的一个很好的例子是瑞典家具制造商宜家（IKEA），它将其商业理念特许经营到世界各地，特别是在欧洲、俄罗斯、中东、远东和北美。近年来，在零售面积和零售商店的游客数量、销售业绩方面，该公司通过特许经营经历了非常显著的增长。

特许经营是一种以顾客营销为导向的销售商业服务的方法，通常面向拥有丰富营运资金，但没有或很少有商业经验的小型独立投资者。特许经营是一个总括性术语，用于表示从使用名称的权利到整个商业概念的任何东西。因此，特许经营主要有两种类型。

（1）产品和商号特许经营。这与商标许可非常相似。它通常是一个分销系统，在这个系统中，供应商与经销商签订有关购买或销售产品或产品线的合同。经销商使用商号、商标和产品线。这类特许经营的例子包括可口可乐（Coca-Cola）和百事可乐（Pepsi）等软饮料瓶装企业。

（2）经营形式为"一揽子"特许经营。在本节中，我们将重点讨论此种类型的特许经营。

国际商业形式下的特许经营是一种有效的市场进入模式，它涉及进入者（特许人）与东道国实体之间的关系。在这种关系中，特许人根据特许经营合同将自己开发和拥有的业务包（业务模式）转让给东道国实体。该东道国实体可以是受许经营商或主受许经营商（次级特许经营商）。根据经营关系，特许经营体系可分为直接体系和间接体系（见图 11.3）。

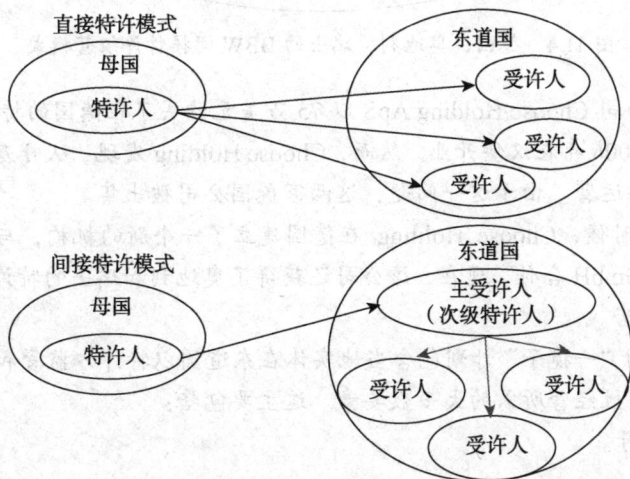

图 11.3 直接与间接特许经营模式

在直接特许模式下，特许人直接控制和协调受许人的活动。在间接特许体系中，主受许人（或次级特许人）被指定在其区域内建立和服务自己的受许人子系统。

对于特许人来说，直接特许模式的优点包括：直接获取当地资源和知识、易于适应性调整，以及作为一个向前景良好的受许人推销理念的工具，更易于发展成功的主受许人（次级特许人）。间接特许模式的缺点主要体现在，特许方对受许方的控制缺失而导致监督问题。曾经有过这样的例子，一个主受许商将次级受许商当作人质来与特许方竞争。间接特许经营模式的成功将取决于主受许商的能力和承诺（Welsh et al. 2006）。

示例 11.1

BBW 在德国、奥地利、瑞士的间接特许经营模式

Build-A-Bear Workshop（BBW）是全球唯一一家在零售体验领域提供自助式动物服务的公司。

该公司于 1997 年在美国成立，主要基于特许经营理念，在全球运营约 400 家 Build-A-Bear Workshop 门店。Build-A-Bear 在 2017 财年的总收入为 3.58 亿美元，净收入为 780 万美元。在 BBW 案例中，间接特许经营模式如图 11.4 所示。

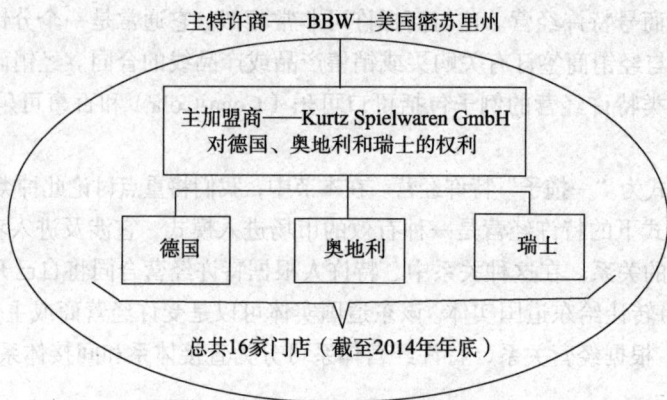

图 11.4　德国、奥地利、瑞士的 BBW 间接特许经营模式

最初，丹麦公司 Choose Holding ApS 以 75 万美元购买了在德国的特许经营权。BBW 的前两家门店于 2006 年在汉堡开业。然而，Choose Holding 发现，从丹麦管理层的角度来看，德国市场很难运营。由于这一问题，这两家德国公司被出售。

2014 年晚些时候，Choose Holding 在德国建立了一个新的机构，与德国主受许公司 Spielwaren Kurtz GmbH 合作。现在，该公司还获得了奥地利和瑞士的特许经营权，并在这个地区有 15 家商店。

特许方转让的"一揽子"计划包含当地实体在东道国以特许方监管和控制的方式建立企业，并进行营利性经营所需的大多数要素。这主要包括：

（1）商标/商号。

（2）版权。

（3）设计。

（4）专利。

（5）商业秘密。

（6）商业诀窍。

（7）区域排他性。

（8）店铺设计。

（9）区域市场调研。

（10）店铺位置选择。

来源：基于 www.buildabear.com 等公开数据。

除了一揽子计划外，特许方通常还为当地受许方提供建立和运营当地业务的管理协助。本地的所有加盟商也可以从特许方或主加盟商（次级特许商）那里获得次级业务供应，并从集中统一的广告中受益。作为特许经营的回报，特许商从加盟商（或次级特许商）处收取预付的初始费用和/或持续的特许经营费用，通常以年营业额的百分比作为特许人直接供应品的加成。

许可证贸易和特许经营间的区别仍存在着激烈的争论，但如果我们从更广泛的"商业模式"来定义特许经营（如此处所示），我们可以在表 11.2 中看到它们的区别。

表 11.2　许可证贸易和特许经营的区别

许可证贸易	特许经营
通常使用"版税"（使用费）一词	通常使用"管理费"一词
产品，甚至单个产品，是通常的要素	涵盖全部业务，包括诀窍、知识产权、商誉、商标和业务关系。（特许经营涉及方方面面，而许可证贸易只涉及业务的一部分）
许可证通常由成熟的企业获得	往往是创业阶段，当然指受许人
期限通常是 16～20 年，特别是涉及技术诀窍、版权和商标，以及专利等时	特许经营协议一般为 5 年，有时延长至 11 年。但特许经营权通常是可更新的
受许人往往是成熟的企业，它们在许可经营中处于有利地位。受许方通常可以将许可证转让给关联公司，或有时不相关的公司，这种转移很少，或根本不需要获得许可人的同意。	受许人是由特许人非常明确地选择的，最终的受许替代方案完全由特许人决定。
通常涉及特定的现有产品，很少从正在进行的调研中受益，这些调研由许人传递给它的受许人	特许人希望将其正在进行的调研项目的利益传递给特许人，并作为协议的一部分
许可证贸易没有附带商誉，因为它完全由特许人保留。	虽然特许人保留了主要商誉，但受许人获得了一些本地化商誉
受许人享有相当程度的自由谈判。作为讨价还价的工具，它们可以利用它们的贸易实力和它们在市场上的地位	有一个标准的费用结构，在一个单独的特许经营系统中，任何变化都会造成混乱

来源：基于 Perkins（1987），Young 等（1989）。

特许经营适合的企业类型包括商业企业和个人服务企业、便利店、汽车修理和快餐。美国快餐连锁店是全球最知名的特许经营企业之一，包括麦当劳（McDonald's）、汉堡王

（Burger King）和必胜客（Pizza Hut）。

在图 11.1 的价值链方法中，快餐业作为特许经营的一个例子，其生产（如汉堡的制作）、销售和服务职能转移到当地门店（如麦当劳餐厅），而中心研发和营销职能仍由特许方控制（如麦当劳美国总部）。特许方将制定适应当地条件和文化的总体营销计划（总体广告信息）。

如前所述，特许经营不仅仅是一种关于产品和服务的持续关系，还是一种关于业务概念的持续关系。业务概念通常包括业务成长及营销计划、业务运营的指导、标准的制定和质量控制、对受许人的持续指导，以及特许人对受许人的一些控制手段。特许人为加盟商（受许人）提供各种各样的援助，但并非所有的受许人都能获得相同水平的援助和支持。特许人提供的帮助和支持包括财务、选址、租赁谈判、合作广告、培训和协助开店。对受许人持续支持的程度也因特许人而异。支持领域包括集中数据处理、集中采购、现场培训、现场经营评估、时事通讯、区域和全国会议、咨询热线和特许加盟商咨询委员会。这些服务的可用性往往是决定购买特许经营权的一个关键因素，并对利润贡献门店和店主的长期成功至关重要。

11.4.1 特许经营的国际扩张

与其他企业一样，特许经营者在决定在全球范围内扩大其特许经营体系时，必须考虑相关的成功因素。目标是寻找促进合作和减少冲突的环境。鉴于特许经营协议的长期性，国家稳定是一个重要因素。

国际扩张应从何处开始？特许经营的发展往往开始于对当地机会的感知，也许是对已经在另一个国外市场运作的特许经营概念的适应性调整。在这种情况下，市场焦点显然是本地的开始。此外，当地市场为特许经营模式的试验和发展提供了更好的环境。沟通的方便使得从市场和受许经营者那里获得反馈更容易。

在随后的特许经营战略伙伴（加盟商）选择过程中，财务、商业诀窍、当地知识、对商业和品牌的共同理解，以及最终合作伙伴之间的合作感受是影响特许经营伙伴选择的关键因素（Doherty，2009）。

特许经营发展的早期阶段对特许经营者来说是一个关键的学习过程，不仅关于如何使整个一揽子经营方案适应市场需求，而且特许经营方法本身的特点也要做适应性调整。最终，随着一个经过验证的"一揽子"经营方案和对其运作有更好的了解，特许经营者在进军国外市场方面处于更有利的地位，且在国内已取得成功的背景下，对国际扩张经营更有信心。

11.4.2 发展和管理特许加盟关系

实质上，特许经营模式是一种特殊的组织关系。在这种组织关系中，特许人和受许人各自为特许经营贡献力量，并最终促进特许关系的发展。在特许经营模式中，特许人的绩效既取决于受许人的绩效，又取决于双方的关系质量（Jang and Park，2019）。特许经营模式将特许人提供的规模经济优势与受许人的当地知识和创业才能相结合。特许人的业务增长依赖于受许人，其资本投入来自于加盟费的收取，其收入流来自于受许人每年支付的特许使用费。当然，特许人也会获得一些额外利益，如受许人的良好社区声誉，以及创新改进建议等。然而，最重要的因素是受许人具有经营一个成功的独立企业的动机。一方面，受许人依靠特许人的商标实力、技术咨询、支持服务、营销资源和全国性广告来提供即时的客户认可。另一方面，如果特许人在适应外国文化方面变得不够灵活，那么，特许经营失败的可能性很大。例如，麦当劳不得不改变在中国市场的策略。它不得不放弃"全天早餐"和传统食品的提供，且必须找到一个当地的受许人来振兴在中国的品牌，以满足当地消费者的需求（Rosado-Serrano and Paul，2018）。

还有两个额外的关键成功因素，这取决于特许经营商间的相互依赖性。

（1）整个业务系统的完整性。

（2）更新业务系统的能力。

1. 业务系统的完整性

如果特许人向受许人提供一个发展良好、经过验证的商业概念，且受许人有动力按照系统的设计来遵循系统，从而保持系统的完整性，那么，业务将在一个可行的市场中取得成功。标准化是特许经营的基石：顾客在每个地方都期望相同的产品或服务。个别受许经营者偏离特许经营理念，对特许经营者的声誉造成不利影响。系统完整性的需要要求特许人对特许经营场所的关键业务实施控制（Doherty and Alexander，2006）。

2. 更新业务系统的能力

尽管大多数特许人在母公司内部进行研究和开发，但最高比例的创新来自于该领域的受许人。受许人最熟悉顾客的喜好，能感觉到新的趋势和引进新产品和服务的机会。问题是要让加盟商与母公司分享新想法。并不是所有的加盟者都愿意与特许经营者分享想法，原因有很多。最常见的是特许人未能与受许人保持密切联系，最令人不安的是对受许人缺乏信任。特许人需要促进互信和合作的气氛，以实现互利。

11.4.3　处理可能的冲突

冲突是特许人与受许人之间固有的关系，因为对特许人有利的方面未必对受许人有利。最基本的冲突之一是特许人或受许人未能遵守法律协议的条款。

目标上的分歧可能是由于特许人沟通不畅，或者是由于受许人未能理解特许人的目标。在经营中，特许人和受许人都认同在经营中需要利润，不仅为了谋生，还为了保持竞争力。然而，双方可能在获取利润的方法上存在分歧。通过建立对受许人的广泛监控（如基于计算机的会计、采购和库存系统），可以减少受许人与特许人之间的冲突。减少冲突的另一种方法是将特许人和受许人视为经营企业的合作伙伴，使其目标和经营程序协调一致。这种观点需要一种强大的共同文化和共同的价值观不同国家的次级特许人与受许人之间需要进行密集沟通（如跨国家/地区会议，跨国家/地区咨询委员会）。

11.5　合资经营/战略联盟

合资经营或战略联盟指两方或多方之间的合作伙伴关系。在国际合资经营中，这些合作伙伴可能来自不同的国家或地区，这将使得这种安排的管理变得非常复杂。

建立合资经营的原因有以下几点。

（1）合作伙伴提供的互补性技术或管理技能可以为现有领域带来新的机遇（如信息处理及传播的多媒体，以及正在合并的媒体等）。

（2）许多公司发现，东道国的合作伙伴可以提高进入市场的速度。过去的研究（Kuo et al.，2012）已经发现，合资经营安排可以弥补国际经验的缺乏。合资经营允许合作伙伴分担管理责任，从而降低整体运营和管理成本。

（3）许多欠发达国家，如中国和韩国，试图限制外国所有权。

（4）研发和生产方面的全球业务成本高得令人望而却步，但这对于获得竞争优势来说，是必要的。

合资经营和战略联盟之间的正式区别在于战略联盟通常是非股权合作，这意味着合作伙伴不向联盟投入股权或投资。合资经营可以是合同性质的非股权合资经营，也可以是股权式的合资经营。

合同式的非股权合资经营没有形成独立人格的企业，两家或两家以上的公司组成合作关系，分担投资成本、风险和长期利润。股权式合资经营包括创建一个新的公司，由外国和当地投资者共同拥有和控制。因此，根据这些定义，战略联盟和非股权合资经营大体是相同的（图 11.5）。

是否使用股权或非股权合资经营的问题是一个如何使合作正式化的问题。更有趣的是考虑合作伙伴在协作中应该扮演的角色。

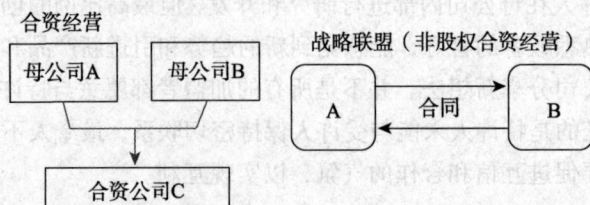

图 11.5　合资经营和战略联盟

图 11.6 显示了基于价值链视角的两种不同类型的联盟，这些都是企业在价值链上可能存在的合作模式。在图 11.6 中，我们看到了两个合作伙伴 A 和 B。每一个都有自己的价值链。因此，会出现三种不同类型的价值链合作伙伴关系。

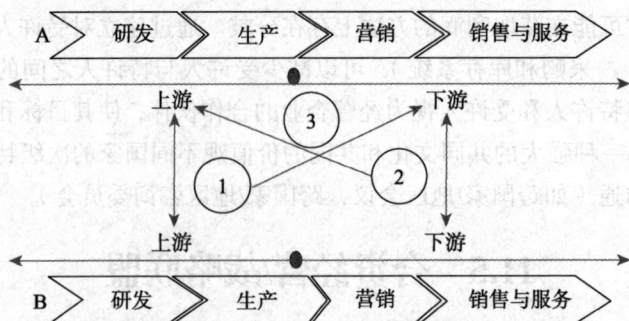

图 11.6　价值链中合作伙伴 A 和 B 的协作可能性

来源：摘自 Lorange 和 Roos（1995）

（1）基于上游的协作，如 A 和 B 在研发或生产上的合作。

（2）基于下游的合作，如 A 和 B 在市场营销、分销、销售，以及售后服务等方面的合作。

（3）基于上下游的合作。在价值链的每一个环节，A 和 B 有不同，但互补的能力。

图 11.6 中的类型 1 和 2 代表的是 Y 联盟，类型 3 代表的是 X 联盟（Porter and Fuller，1986）。

（1）Y 联盟。合作伙伴分享一个或多个价值链活动的实际绩效。例如，联合生产模型或部件能够实现规模经济，从而降低单位生产成本。另一个例子是联合营销协议，两家公司的互补产品线通过现有或新的分销渠道一起销售，从而扩大两家公司的市场覆盖面（见表 11.2）。

（2）X 联盟。合作伙伴之间有价值链活动的分工。例如，一个合作伙伴开发和制造一个产品，同时，让另一个合作伙伴进行市场营销。建立 X 联盟，需要识别企业定位于，并擅长于何种价值链环节。以 A 为例，A 在上游环节具有核心能力，但在下游环节能力较弱。A 希望进入国外市场，但缺乏当地市场知识，不知道如何将其产品进入国外分销渠道。因此，A 寻找合作伙伴 B，其核心能力在下游环节，但在上游环节薄弱。通过这种方式，A 和 B 可以形成一个联盟，B 可以帮助 A 在国外市场进行分销和销售，而 A 可以帮助 B 进行研发或生产。

总之，X 联盟意味着合作伙伴在价值链活动中具有不对称的能力：一方强，另一方弱，反之亦然。在 Y 联盟中，合作伙伴在价值链活动的优势和劣势上往往更加相似。

示例 1.2

Irn-Bru 与俄罗斯百事装瓶集团（PBG）的经销商联盟（Y 联盟）

英国领先的独立品牌软饮料制造商 A.G.Barr 于 1875 年在苏格兰的福尔柯克成立。该公司于 1887 年扩张到格拉斯哥，现在，总部设在城外的 Cumbernauld。A.G. Barr 生产著名的 Irn-Bru 软饮料，1901 年推出，2018 年占据了英国碳酸软饮料（CSD）市场的 5%。尽管国内市场竞争激烈，但 Irn-Bru 仍是苏格兰最大的单一口味 CSD，也是英国第三畅销的软饮料，仅次于可口可乐和百事可乐。

2018 年，A.G. Barr 的营业额为 2.77 亿美元，净收入为 4400 万美元。Irn-Bruis 的配方是一个严格保密的秘密，只有 A.G.Barr 的三个董事会成员知道。Irn-Bru 以其独特的味道、特立独行的广告，以及古怪的亮橙色而闻名，即使不在包装中也很容易辨认出来。

20 世纪 80 年代末，A.G.Barr 开始积极寻求国际市场扩张。它考虑了法国、德国和比荷卢等国家，但发现可口可乐和百事可乐主宰了这些成熟市场。由于竞争激烈、利润微薄。因此，它研究了其他新兴市场，并被俄罗斯所吸引。在苏联解体后的几年里，俄罗斯显示出巨大的潜力，人口众多、日益繁荣和生活水平提高使得对消费品的需求不断增长。此外，像苏格兰人一样，俄罗斯人也喜欢吃甜食，这导致了软饮料的高消费。作为国际扩张战略的一部分，1994 年，A.G.Barr 开始直接向俄罗斯出口其商标 Irn-Bruis。

A.G.Barr 最终与最初的受许经营商分道扬镳，但当时的 Irn-Bru 品牌已经确立。2002 年，A.G.Barr 与俄罗斯的百事装瓶集团（Pepsi Bottling Group，PBG）签订了一份新的制造特许经营合同，以制造、分销和销售 Irn-Bru。2015 年，公司停止与 PBG 合作，之后一直与俄罗斯莫斯科酿酒公司合作。该品牌生产 250 毫升玻璃瓶装，330 毫升罐装和 600 毫升、1.25 升及 2 升塑料瓶装。

分销联盟对双方均具价值：对于 Irn-Bru 来说，俄罗斯市场一直是其国际市场扩张计划的一部分，进行分销联盟也能为 Irn-Bru 提供额外的营业额和营业利润。对于百事瓶装集团来说：在许多俄罗斯零售店（有更广泛的 PBG 产品系列），Irn-Bru 封锁了百事可乐主要竞争对手可口可乐的货架空间；Irn-Bru 为 PBG 提供了额外的营业额和利润；Irn-Bru 现已成为俄罗斯市场领先的软饮料品牌之一。

来源：基于 www.agbarr.co.uk, www.irn-bru.co.uk 等公开数据。

11.5.1　合资经营的形成阶段

合资经营形成的各个阶段见表 11.3。

表 11.3　合资经营的形成阶段

1. 合资经营目标   确立合资经营的战略目标，并规定实现目标的具体期限
2. 成本–效益分析   与实现目标（如许可）的其他战略相比，评估合资经营在以下方面的优势和劣势：   （1）财务承诺；（2）协同作用；（3）管理层承诺；（4）风险降低；   （5）可控性；（6）长期市场渗透；（7）其他优点/缺点
3. 选择合作伙伴   （1）理想合作伙伴所需的特征概要；（2）确定合资经营候选人，并拟定入围名单；   （3）筛选和评估可能的合营伙伴；（4）与合作伙伴的初始接触/讨论；（5）合作伙伴的选择
4. 制定商业计划   与选定的合作伙伴在不同的问题上达成广泛的共识
5. 合作协议的谈判   就商业计划达成一致
6. 合同的起草与签订   将协议纳入具有法律约束力的合同中，允许随后对协议进行修改
7. 绩效评估   建立衡量合作绩效的监控系统

来源：摘自 International Market Entry and Development, Harvester Wheatsheaf/Prentice Hall (Young, S., Hamill, J., Wheeler, S. and Davies, J.R. 1989), p. 233, Pearson Education Ltd。

1. 第一步：合资经营目标

合资经营的形成有多种原因：进入新市场、降低制造成本，以及迅速开发和推广新技术。合资经营加快产品引进，迅速克服法律和贸易壁垒。在这个先进技术和全球市场的时代，迅速实施战略至关重要。形成联盟往往是最快、最有效的实现目标的方法。公司必须确保联盟的目标与其现有业务相兼容，以便使专业知识可以转移到联盟。企业通常是基于机会，而不是基于与总体目标的联系。当公司有多余的现金时，这种风险最大。

组建合资经营有三个主要目标。

（1）进入新市场。许多公司管理者认识到，当进入新市场时，他们缺乏必要的市场营销专业知识。与其试图在公司内部发展这种专业技能，不如找到另一个拥有这些所需的营销技能的组织。通过利用一家公司的产品开发技能和另一家公司的市场营销技能，使最终形成的联盟能够迅速有效地为市场服务。由于可能存在广泛的文化差异，因此，当第一次进入外国市场时，联盟可能特别有帮助。在进入地区或种族市场时，它们也可能有效。

（2）降低制造成本。合资经营可以使公司将现有设施的资本集中起来，以获得规模经济或增加设施的使用，从而降低制造成本。

（3）发展和传播技术。合资经营还可以利用共同建立两个或两个以上公司的技术专长，来开发技术上超出公司独立行动能力的产品。

2. 第二步：成本–效益分析

合资经营或战略联盟可能不是实现目标的最佳方式。因此，这种进入模式应与其他进入模式进行比较。这种分析可以基于影响进入模式选择的因素（见 9.3 节）。

3. 第三步：选择合作伙伴

如果企业认为合资经营是实现目标的最佳进入模式，那么，下一个阶段就是选择合作伙伴。通常包括五个阶段。

（1）形成理想合作伙伴概貌

通常，企业要从合作伙伴那里得到以下资源。

①技术诀窍。

②销售和服务专长。

③低成本的生产设施。

④战略性关键制造能力。

⑤市场声誉和品牌资产。

⑥渠道与市场知识。

⑦现金。

（2）确定合资候选人

合作伙伴选择工作经常不被完全执行。第一个候选人通常通过邮件联系，由银行家或已经在该国建立起来的商业同事安排，公司会与之直接进入讨论。很少或根本没有进行筛选，也没有对候选人的动机和能力进行深入调查。在其他时候，公司高管与其他公司高管维持的个人关系网决定了公司通常会考虑的一些未来合作伙伴。然而，很多时候，联盟是由这些高层管理人员非正式地达成的，没有仔细考虑合作伙伴匹配的合适程度。公司应积极主动地寻找合资经营的候选人，而不是采取这种被动的方式。可能的候选人可以是竞争对手、供应商、客户、相关行业和贸易协会成员。

（3）筛选和评估可能的合资伙伴

如果合作伙伴彼此了解，那么，合作关系会有一个良好的开端。表 11.4 给出了一些可以用来判断潜在合作者的有效性标准。这些建议仅仅是一个可以用来给合作伙伴评分的信息类型的大纲。它们涵盖了通过评估公布的信息，以及通过明智的观察和提问有合理机会形成看法的领域。

表 11.4　未来合作伙伴分析：
通过评估现有的商业风险和商业态度来判断未来合作伙伴合适程度的标准示例

---

1. 财务
财务历史和总体财务状况（所有通常比率）
成功业务领域的可能原因
不成功业务领域的可能原因

---

2. 组织
组织结构
高级管理者的素质和流失率
工作条件和劳动关系
信息传递和信息报告系统
计划的根据
企业所有者开展业务工作的有效性

---

3. 市场
在市场和竞争对手中的声誉
调研的证据,对服务的兴趣和质量
销售方法和销售队伍的质量
应对市场条件变坏的证据
开拓新业务的结果

---

4. 生产
办公及经营场所的建筑条件
厂房布局及生产效率
资本投资及促进
质量控制程序
企业内外部研究
新技术导入
与主要供应商的关系

---

5. 机构
与政府的关系及企业的影响
与银行及政府机构间的成功协商
与国外组织及国外企业的关系
区域影响力

---

6. 可能的谈判态度
柔性路线，还是硬性路线
合理开放，还是封闭及保密
短期导向，还是长期导向
圆滑的交易者，还是客观的谈判者
积极快速决策，还是试探
谈判经验和团队支持力量

来源：基于 Walmsley (1982)和 Paliwoda (1993)。

（4）初步接触与讨论

由于公司之间的关系是人与人之间的关系，所以，公司的高层管理人员与保留的两三个可能的合作伙伴的高层管理人员私下会面是很重要的。强调商业关系中的个人因素是很重要的。这包括讨论个人和社会利益，看看是否有一个使彼此产生良好体验反应的潜在合作伙伴。

（5）合作伙伴选择

所选择的合作伙伴应为伙伴关系带来所期望的互补力量。理想情况下，合作伙伴所贡献的力量是独一无二的，因为只有这样的力量才能得到长期的维持和捍卫。目标是发展合作伙伴贡献之间的协同作用，从而实现双赢。此外，合作伙伴必须是兼容的，并愿意相互信任。为了找到合适的合资伙伴和减少两个合作伙伴之间的解散率，韦尔奇（Welcher，2019）建议利用私人信息作为公开信息的补充。例如，联盟合作伙伴（选择一个合作伙伴）可以利用其他合作伙伴周围的社区，通过潜在合作伙伴的联系人和网络交流收集私人信息。

重要的是，任何一方都不能期望获得另一方的力量，否则，必要的相互信任将被破坏。陶氏化工（Dow Chemical Company）是一个频繁而成功的联盟实践者，利用谈判过程来判断其他企业文化，从而判断它们的兼容性和可信度。这对合资经营的承诺至关重要。这种承诺必须是经济上的和心理上的。除非有高级管理层的认可和运营层的热情，否则，联盟将陷入困境，尤其是在出现棘手问题的时候。

4. 第四步：制定商业计划

在建立合资经营之前必须协商和确定的问题包括：

（1）所有权分割（多数、少数、50∶50）；
（2）管理（董事会的组成，组织等）；
（3）生产（机械安装、培训等）
（4）营销（4P，组织）。

5. 第五步：合作协议的谈判

如图 11.7 所示，最终签署的协议是由潜在合作伙伴双方的相对谈判能力决定的。

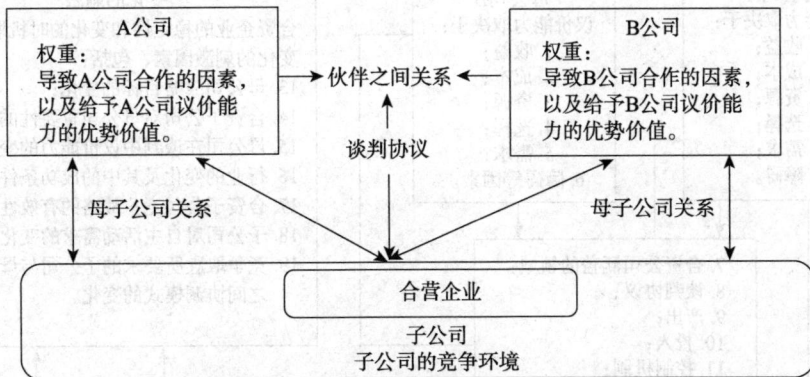

图 11.7　创建合资企业的伙伴对伙伴关系
来源：Harrigan (1985)

6. 第六步：合同的起草与签订

一旦合资经营协议谈判完成，就需要将其写入具有法律约束力的合同。当然，合同应该包括合作者的"结婚"条件，但也应该包括"离婚"情况，比如，"子女"（合资企业）的怎么处理。

7. 第七步：绩效评估

评估合资经营的绩效是一个困难的问题。管理者经常陷入评估合作伙伴关系的陷阱，就好像它们是在低风险、稳定的环境中运作的、目标明确的公司内部部门一样。底线利润、现金流、市场份额和其他传统的以财务为导向的产出措施成为业绩的标准指标。出于两个原因，这些措施可能不合适。第一，它们反映出一种短期的方向，而过早地最大化初始产出可能会危及建立长期联盟的前景；第二，许多联盟的目标不容易量化。例如，合伙企业的目标可能包括获得市场准入或阻止竞争对手。

许多联盟需要相当长的时间才能准备好接受常规产出衡量标准的判断。只有在合作伙伴关系成熟之后（也就是说，当联盟的运作得到很好的确立和理解时），管理者才能逐渐转向衡量产出，如利润和现金流。

对在高风险条件下运作的联盟在利润和现金流方面的期望过高过快，可能会危及其未来的成功。

11.5.2　管理合资经营

近年来，国际市场中涌现出了越来越多的跨国合资企业和跨国战略联盟。伴随而来的是以下事实。第一，跨国战略联盟的平均寿命只有7年左右。第二，近80%的合资企业最终都会被合作双方以较低的价格出售。

哈里根（Harrigan）的模型（如图11.8所示）可以作为解释跨国合资企业和跨国战略联盟中高"离婚率"的原因框架。

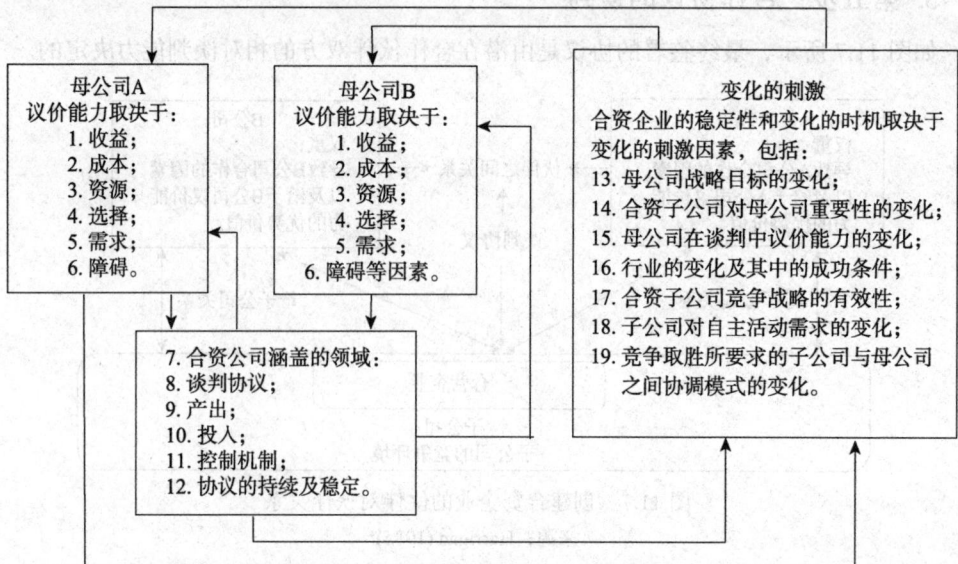

图 11.8　合资企业的活动模型

来源：Harrigan (1985)

1. 议价能力的变化

理解合作双方"离婚"的关键是其各自讨价还价能力的变化(Bleeke and Ernst, 1994)。现假设有一家合资企业，它的任务是将新产品推向市场。在合作关系的初始阶段，产品和技术提供方通常拥有很大权力。但是，除非这些产品和技术是专有的和独一无二的，否则，权力通常会转移到控制分销渠道的一方，从而控制客户。讨价还价能力也受到教与学平衡的强烈影响。一个善于学习的公司可以更容易地获取和内化其合作伙伴的能力，并随着联盟的发展，可能会变得更少地依赖其合作伙伴。在加入合资企业之前，一些公司把它看作是在收购其他合作伙伴之前的一个中间阶段。通过加入合资企业，合作伙伴的潜在买家能够更好地评估品牌、分销网络、人员和系统等无形资产的真实价值。这种经历减少了买家做出一个不明智的决定，并购买一个昂贵的"柠檬"的风险（ Nanda and Williamson, 1995)。

11.5.3 其他变化刺激因素与潜在纠纷

1. 目标分歧

随着合资经营的开展，合作双方的目标可能会产生分歧。例如，当一个合作伙伴的自身利益与整个合资企业的利益发生冲突时，如在单一来源投入或原材料的定价方面，在当地市场可能出现不可接受的情况。

分歧的目标通常出现在合资企业落脚当地市场后。这些合资企业是由公司带领当地合作伙伴为进入国外市场而建立的。公司通常喜欢将其全球收入，即其所有子公司的净收入最大化，这意味着它可能会使一些子公司处于亏损状态，以保证整个跨国公司网络的更高净收入。然而，作为合资企业的所有者之一的当地合作伙伴希望最大限度地提高合资企业的利润。当这两个目标不相容时，冲突就会爆发。因为全球收入最大化不一定与每个子公司单独利润的最大化相一致。例如，合资企业在跨国企业网络中的角色（特别是在出口市场分配方面）可能会出现冲突。通用汽车（General Motors）与大宇（Daewoo）合作，为韩国市场生产微型汽车，并以通用汽车庞蒂亚克品牌（Pontiac）出口到美国。由于通用汽车的欧宝（Opel）子公司在欧洲销售类似的微型汽车，因此，通用汽车限制合资企业出口到其美国 Pontiac 子公司。由于对庞蒂亚克的表现不满，因此，大宇决定向东欧出口，与欧宝竞争，此举导致了合资企业的解散（Hennert and Zeng, 2005)。

2. 双重管理

一个潜在的问题是控制的问题。根据定义，合资企业必须实施双重管理。如果一个合作方的所有权少于 50%，那么该合作方必须让拥有多数股权的合作方作最终决定。如果董事会成员各占一半，董事会很难迅速做出决定。

3. 利润汇回

纠纷可能会产生于利润汇回问题。当地合作方可能希望将利润再投资于合资企业，而另一合作方可能希望将利润汇回母国，或再投资于其他业务。

4. 不同文化的混合

一个组织的文化是一套影响其员工行为和目标的价值观、信仰和惯例。这通常与东道国和合作伙伴组织的文化有很大的不同。因此，发展共同的文化是联盟成功的关键。

伙伴关系本质上是以人为本的。在一定程度上，合作伙伴的文化是不同的，顺畅的联盟工作可能被证明是困难的（Buck et al., 2010）。文化差异往往导致"棋逢对手"的情况。文化规范应与管理层对联盟理想文化的愿景保持一致。这可能需要建立规范，以及培育那些已经存在的规范。发展一种文化的关键是承认它的存在，并小心地管理它。将两个组织结合在一起，任其自然发展是失败的根源。语言差异也是国际联盟的一个明显障碍。忽视当地文化肯定会破坏它接受联盟产品或服务的机会。在创业之前，仔细研究企业文化是至关重要的。同样，广泛使用本地经理通常是首选。

5. 股权分享

股权分享也可能涉及分配不平等的负担。有时，拥有 1∶1 合资企业的跨国公司认为，它们提供了 50% 以上的技术、管理技能和其他有助于运营成功的因素，但它们只获得了一半的利润。当然，东道国合作伙伴贡献了当地知识和其他可能被低估的无形资产。尽管如此，一些跨国公司认为，本土合作伙伴"搭便车"的机会太多了。

6. 合资经营中的信任

建立信任需要时间。在公司之间进行第一次合作时，成功的机会很小，一旦它们找到了合作的方式，各种各样的机会就会出现。在相对较小的项目上一起工作，最初有助于建立信任和确定兼容性，同时最大限度地减少经济风险。每个合伙人都有机会衡量对方的技能和贡献，然后再考虑进一步的投资。当然，在任何规模的项目上一起赢得市场是建立信任和克服分歧的好方法。这通常是更加雄心勃勃的共同努力的前奏。

7. 提供退出战略

如前所述，即使遵循了前面提到的关键原则，新成立的合资企业也很有可能失败。预期的市场可能不会发展，合作伙伴之一的能力可能被高估，或其战略可能已经改变，或可能不能相互兼容。无论失败的原因是什么，当事人都应在合作合同中解决这个问题，为这样的结果做好准备。合同应规定合伙企业资产的清算或分配，包括联盟开发的任何技术。Mata 和 Portugal（2015）区分了终止国际合资企业的三种模式：关闭、外国合作伙伴收购和国内合作伙伴收购。当国际合资企业终止，由合作伙伴之一收购时，Mata 和 Portugal（2015）发现，外国合作伙伴收购比国内合作伙伴更有可能。

8. 控制机制

控制机制可能是积极的，母公司利用这些机制来促进某些行为；控制机制也可能是消极的，母公司用来阻止或预防合资企业执行某些活动或决定。积极控制往往通过非正式的机制来实施，包括人员配置、报告关系和参与规划过程。另外，更官僚的负面控制包括依赖正式协议、母公司的批准或否决，以及企业董事会的使用等机制。

如果控制机制的实践没有根据不断变化的环境重新评估和修改，相关控制的失败很可能会发生。这是合资企业中的双方工作。在临时基础上，对问题做出反应将导致相关控制的失败（Vaidya, 2009）。

9. 分离控制与主导控制

最后，一个经常引起合资经营母公司讨论的问题是，合资企业是基于分离控制结构（五五开），还是基于主导控制结构（如六四开）。一些研究者（Anderson and Gatignon，1986）认为，与分离控制结构相比，主导控制结构往往使合资企业更容易管理与成功执行。其他研究者（如 Geringer and Hebert，1991）则认为，共同控制结构，即母公司和合资企业的管理者对合资企业的不同价值链相关活动分别施加主导控制（并承担责任），对双方都会有利。

11.6　其他中介进入模式

管理合同强调了服务和管理技能日益增长的重要性。管理承包的典型案例是，一家公司（承包商）向另一家公司提供管理知识，而另一家公司提供资金，并负责外国的经营价值链功能。通常，所承担的合同涉及管理操作/控制系统和培训当地工作人员在合同完成后接管。承包商通常不打算在合同期满后继续经营。通常情况下，这是一种经营理念，将技术转让给当地员工，然后离开。这通常会创造一个强有力的竞争地位，从中获得该领域的其他管理合同。

管理合同通常产生于这样的情况：一家公司寻求另一家在该领域具有既定经验的公司的管理知识。发展中国家缺乏管理能力最为明显。通常情况下，对承包商提供的管理服务的经济补偿是管理费，不管财务表现如何，这笔费用都是固定的，或者是部分利润（Lostarinen and Welch，1990）。表 11.5 列出了管理合同和不同中介进入模式的优缺点。

表 11.5　不同中介模式的优缺点

中介进入模式	优　点	缺　点
合同制造（从委托商的角度来看）	1. 允许低风险的市场进入，没有当地投资（现金、时间和人才），没有国有化或征用的风险。 2. 保留对研发、市场营销和销售/售后服务的控制权。 3. 避免货币风险和融资问题。 4. 有利于树立当地制造形象，特别是从政府或官方机构来看，并有利于销售。 5. 易进入受关税或其他壁垒保护的市场。 6. 如果当地成本（主要是劳动力成本）较低，则可能具有成本优势。 7. 避免子公司可能出现的公司内部转移定价问题	1. 生产技术诀窍的转让是困难的。 2. 只有找到令人满意和可靠的制造商，合同制造才有可能，但这并不总是一项容易的任务。 3. 当地制造商的员工往往需要接受广泛的技术培训。因此，在合同结束时，分包商可能成为一个强大的竞争对手。 4. 尽管拒绝接受不合格产品是最终制裁，但对制造质量的控制是很难实现的。 5. 如果生产发生在发展中国家，供应会受到限制。 6. 委托方在合同期限内将某些销售区域让给了制造方。 7. 如果未能达到预期，重新谈判可能代价高昂。 8. 当许可协议到期时，委托方可能会发现它已经将受托方变成了一个竞争者

中介进入模式	优　点	缺　点
许可证贸易（从许可人的角度来看）	1. 增加因昂贵的研究而开发的产品的收入。 2. 允许进入因高关税、进口配额等原因而被关闭的市场。 3. 需要很少的资本投资，且应该提供更高的资本回报率。 4. 如果许可人将其他产品或零件转售予受许人，可能会带来有价值的额外利益；如果这些零件是当地制造的最终产品所需的供给品，则可能会在进口方面获得一些关税优惠。 5. 许可方不会面临资产国有化或被没收的危险。 6. 由于资本要求有限，所以，新产品可以在全球范围内、在竞争发展之前迅速开发。 7. 许可方可以立即利用受许方的当地营销和分销组织，以及现有的客户联系。 8. 保护专利，特别是在那些对非本地生产的产品保护不力的国家。 9. 在获得政府合同方面，当地制造可能也是一个优势。	1. 受许方在市场营销或其他管理方面的能力可能不如预期，成本甚至可能比收入增长更快。 2. 受许方即使达到了商定的最低营业额，也不能充分开发市场，使竞争对手进入市场，从而使许可方失去对市场经营的控制。 3. 受许方面临资金短缺的危险，特别是在涉及大量工厂扩建或需要注入资金以维持项目的情况下。 4. 如果许可方通过合资经营的全面扩张获得资金，那么，这种危险就可以转化为有利条件。 5. 许可费通常只占营业额的一小部分，约 5%，往往不如一家公司自己的制造业务。 6. 对受许人的经营缺乏控制，产品的质量控制困难，而且产品经常以许可方的品牌名称销售。 7. 与受许人谈判，有时是与当地政府的谈判，代价昂贵。 8. 政府经常对特许权使用费的转让或零部件的供应施加条件。
特许经营（从特许人的角度来看）	1. 与许可证贸易相比，管制程度更高。 2. 低风险、低成本的进入模式（受许人投资必要的设备和技术）。 3. 利用积极主动的商业关系，包括资金、当地市场知识和经验等。 4. 有能力以较快的速度和较大的规模开发新的和遥远的国际市场，从而产生规模经济。 5. 为未来可能在国外市场直接投资作准备	1. 寻找有能力的加盟商可能既昂贵，又耗时。 2. 缺乏对加盟商经营的全面控制，导致合作、沟通、质量控制等问题。 3. 创造和营销国际公认的独特系列产品和服务的成本。 4. 保护商誉和品牌的成本。 5. 当地立法的问题，包括资金转移、特许经营费用的支付，以及政府对特许经营协议的限制。 6. 开放内部经营知识可能会产生潜在的未来竞争对手。 7. 如果一些加盟商表现不佳（假冒品牌），公司的国际形象和声誉将面临风险
合资企业（从母公司的角度来看）	1. 在当地市场获得专门知识和关系。每个合作伙伴都同意组建一个合资企业，以获得其他合作伙伴的技能和资源。通常，国际合作伙伴提供财政资源、技术或产品。当地合作伙伴提供在其国家管理企业所需的技能和知识。每个合伙人都可以专注于公司核心竞争力所在的价值链的那一部分。 2. 降低市场和政治风险。	1. 各自合作伙伴的目标可能不相容，导致冲突。 2. 对合资企业的贡献可能变得不成比例。 3. 对国外业务失去控制。大量的财务、技术或管理资源投资应获得比合资经营更大的控制权。 4. 完成任务可能会使公司员工负担过重。 5. 合作伙伴可能会陷入难以撤出的长期终止投资。

续表

中介进入模式	优 点	缺 点
合资企业（从母公司的角度来看）	3. 共享知识和资源：与全资子公司相比，所需资金和管理资源更少。 4. 通过集中技能和资源实现规模经济（如降低营销成本）。 5. 克服东道国政府的限制。可避免地方关税和非关税壁垒。 6. 分担失败的风险。 7. 比收购成本低。 8. 通过拥有一个地方合作伙伴可能与国家政府建立更好的关系（满足东道国要求当地方参与的压力）	6. 商品在合作伙伴之间传递时的转移定价问题。 7. 合资经营对每个合作伙伴的重要性可能会随着时间的推移而改变。 8. 文化差异可能导致参与公司之间管理文化的差异。 9. 丧失灵活性和保密性。 10. 合资经营企业管理结构与双层人员配置问题。 11. 裙带关系也许成为既定的规范
管理合同（从承包商的角度来看）	1. 如果由于商业或政治原因，直接投资或出口被认为风险太大，那么，这一替代办法可能就有意义。 2. 与其他中间进入模式一样，管理合同可以与外国市场的其他经营形式一道应用。 3. 允许公司保持市场参与，从而使其处于一个更好的位置，以利用任何可能出现的机会。 4. 组织学习：如果公司处于国际化发展的早期阶段，管理合同可以提供一种学习国外市场和国际业务的有效方式	1. 培训未来的竞争对手：一整套管理方案转移最终可能为承包商创造一个竞争对手。 2. 对关键人员的需求很大，这种工作人员并不总是有，特别是在中小型企业。 3. 需要作出相当大的努力来建立当地一级的沟通渠道，以及与承包商的联系。 4. 承包商与当地政府在合同风险投资政策方面的潜在冲突。 5. 几乎没有控制权，这也限制了承包商发展事业的能力

11.7 总　结

中间进入模式有别于出口模式，因为它们主要是合作伙伴之间转让知识和技能以创造对外销售的工具。它们区别于层级进入模式，因为它们不包含由母公司完全拥有的所有权。而是所有权和控制权可以在母公司和当地合作者之间共享。例如，合资经营就是这种情况。

案例研究 11.1　　　案例研究 11.2　　　案例研究 11.3

问题讨论

1. 为什么东道国选择合资经营作为外国公司的进入战略？

2. 为什么在新产品开发中使用战略联盟？

3. 在什么情况下应考虑特许经营？这些情况与导致许可证贸易的情况有何不同？

4. 你认为许可证贸易对一个公司来说是一个可行的长期产品开发策略吗？联系公司自己开发的产品进行讨论。

5. 为什么一个公司会考虑与竞争对手建立合作关系？

6. 除了获得管理费外，公司在海外签订管理合约可能会获得什么好处？

参考文献

第12章

层级模式

学习目标

通过学习本章，学生应该能够做到以下几个方面。

- 描述主要的层级模式；
- 居住国内的销售代表；
- 常驻海外销售代表；
- 海外销售子公司；
- 海外销售与生产子公司；
- 海外区域中心；
- 比较两种投资方式：收购和绿地投资；
- 解释影响从外国市场撤回投资决定的不同因素。

12.1 导　论

　　最后一种进入模式是层级模式，即企业完全拥有并控制进入国外的模式。这里的问题是公司的控制权在哪里。总公司对子公司的控制程度取决于有多少、哪些价值链功能可以转移给国际市场。这再次取决于总部和子公司间的责任和能力分配，以及公司希望如何在国际水平上发展这一点。非完全拥有（即不是 100%）的组织在这里将被视为一种出口模式或中间模式。然而，下面的例子可能揭示了这种单调的划分所涉及的一些问题：根据定义，多数股权（如 75%）合资企业是一种中间模式，但在实践中，拥有 75%股权的公司通常几乎拥有完全的控制权，这类似于层级模式。

　　如果一个生产商想要比在出口模式中拥有更大的影响力和对当地市场的控制，那么，自然会考虑在国外市场创建自己的公司。然而，这种转变涉及对外直接投资，除非公司有自己的销售人员。这被认为是一种运营成本（见图 12.1）。

　　在一家公司经历图 12.1 的相关活动后，它会选择将越来越多的公司活动分散到主要的国外市场。换句话说，它将履行价值链职能的责任转移到不同国家的当地管理层。在图 12.1

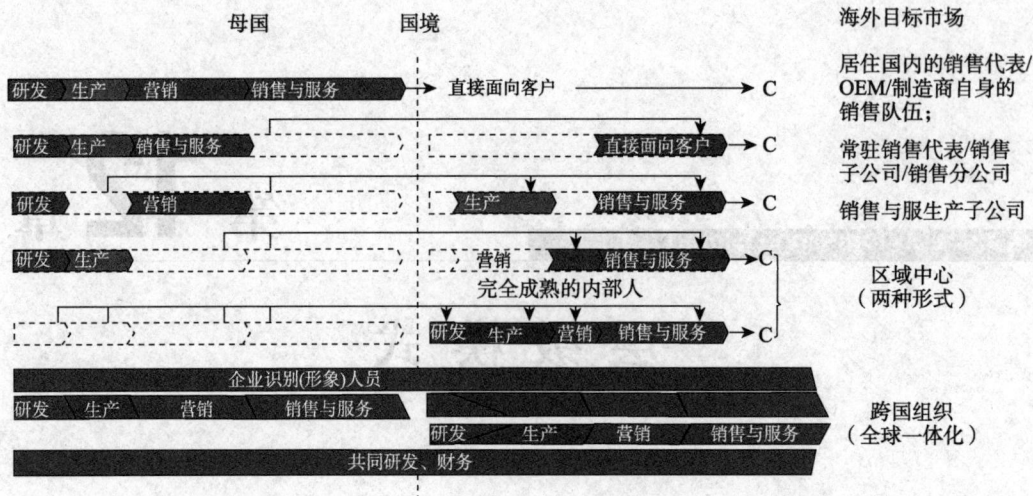

图 12.1　价值链视角下的层级模式

注：图中的 C 指顾客（Customer）。

中，公司也从一个国际化阶段走向另一个阶段（Perlmutter，1969）。

（1）民族中心导向，典型形式是常年居住国内的海外销售代表。这种导向代表了国内市场营销方式向国外市场的延伸。

（2）多中心导向，典型形式是东道国内的子公司。这种导向是基于这样一种假设，即世界各地的市场/国家差异如此之大，因此，在国际上取得成功的唯一途径是将每个国家作为一个单独的市场进行管理，其中包括自己的子公司和适当的营销组合。

（3）区域中心导向，即聚焦世界中的一个区域（第 12.6 节）。

（4）全球中心导向，典型形式是设立跨国组织。这种方向是基于这样的假设，即世界各地的市场既有相似之处，也有不同之处，而且有可能创建一种跨国战略，利用市场间的相似之处，通过协同效应促进全球范围内的学习。

下面关于层次模式的描述和讨论以图 12.1 为出发点。

12.2　居住国内的销售代表

居住国内的销售代表指居住在一个国家，通常是雇主的母国，并前往国外履行销售职能的人。由于销售代表是公司雇员，因此可以比独立的中介机构更好地控制销售活动。尽管一家公司无法控制代理商或分销商对其产品的关注或提供的市场反馈的数量，但它可以坚持各种活动由其销售代表执行。

公司雇员的使用表明了对客户的承诺，而代理商或分销商的使用则可能缺乏这种承诺。因此，它们经常被用于 B2B 市场，那里只有少数大客户（如原始设备制造商（OEM）客户）需要与供应商密切联系，而且，订单的规模证明了出国旅行的费用的合理性。出于类似原因，这种进入市场的方法也出现在向政府采购商和大型零售连锁店销售时。如果订单的大小不能证明出国旅行的合理性，或者如果公司在国外市场向许多客户销售一种简单的产品，那么，电子商务渠道也是一种选择。许多传统企业利用互联网作为自身销售队伍的补充渠道，从而通过多种渠道销售产品。相比之下，"纯互联网玩家"只通过互联网销售产品和服务。

12.3 常驻销售代表/国外销售分公司/ 国外销售子公司

在所有上述情况下，销售职能的实际执行都转移到了国外市场。这三种选择都显示出比使用居住在国内的销售代表具有更大的客户心里承诺。在做出决定在任何特定的国外市场使用居住国内的出差销售代表，还是常驻国外的销售代表时，公司应考虑以下两方面。

（1）订购或接受订单。如果公司发现它需要在国外市场完成的销售工作类型倾向于接受订单，那么，它可能会选择一个居住国内但经常出差国外的销售代表，反之亦然。

（2）产品的性质。如果产品技术性强，性质复杂，需要大量的维修/供应零件，那么，旅行推销员不是一个有效的进入方法。我们需要一个更为永久性的外国基地。

有时，公司发现，建立一个正式的分支机构是必要的。分支机构由一个常驻销售人员负责。外国分支机构是公司的延伸和合法的一部分。外国分公司还经常雇用其所在国的国民作为销售人员。如果国外市场销售向着积极的方向发展，那么，公司（在某一点上）可以考虑建立一个全资的销售子公司。外国子公司是根据东道国法律由外国公司拥有和经营的当地公司。

销售子公司对销售职能进行完全控制。公司通常会在其总部保留核心营销职能，但当地营销职能可由销售子公司执行。当为执行和完成销售功能而成立一个销售子公司时，则所有的国外订单都会通过子公司接受和传送，然后销售子公司以正常的批发或零售价格将产品销售给国外购买者。国外销售子公司按价格从母公司购买其所销售的产品。当然，这就产生了公司内部转移定价的问题。这个问题将在第 15.4 节中进一步详细讨论。

选择销售子公司的主要原因之一可能是将更大的自主权、控制权和责任转移给这些子公司，因为它们与客户关系密切。然而，中小企业往往认为所有权控制是一个保障，以防止任何坏事情发生在它们身上，这在中小企业管理中间造成一种安全假象。此外，中小型企业往往认为，其子公司可以复制当地经销商的技能，并在财务上胜过它们。这通常是一个错误的假设，因为与当地分销商相比，子公司只有有限的当地市场经验，其生存取决于在执行分销商相关任务方面拥有可持续的竞争优势（Obadia and Bello，2019）。

设立销售子公司的另一个原因可能是税收优惠。这对于总部设在高税收国家的公司而言，尤其重要。通过适当的规划，公司可以在营业所得税较低的国家建立子公司，并通过在外国创造的收入在实际汇回本国之前不在本国缴税而获得优势。当然，与东道国相比，这些子公司可能获得的确切税收优惠取决于母国的税法。对于一家在国外市场做生意的公司来说，最有趣的事情之一就是决定何时从代理商转变为拥有自己的销售子公司和销售队伍（Ross et al.，2005）。

图 12.2 显示了与使用两种不同的进入模式相关的总销售和营销成本。

（1）代理商。这个曲线基于一个合同，其中，代理人得到独立于年销售额的最低年佣金。不管代理商的年销售额有多少，它们都会得到相同的佣金比例。

（2）销售子公司。这条曲线基于这样一个假设：销售子公司的销售人员在每年都有固定的工资（与年销售额无关），但如果它们完成了某些销售目标，就会得到额外的奖金。

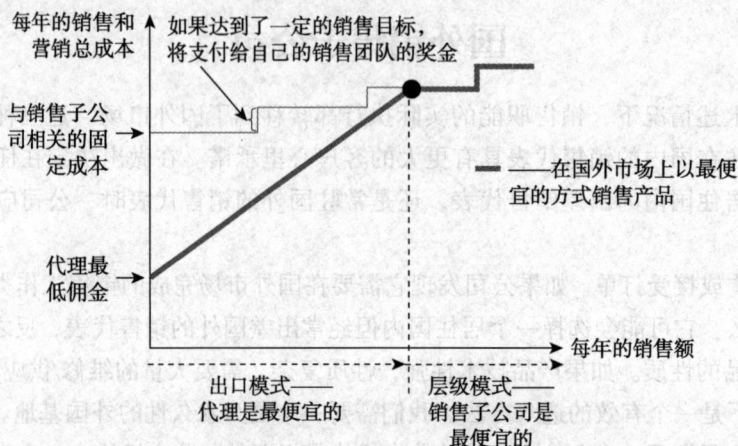

图 12.2　从代理商到销售子公司的盈亏平衡转移

来源：Hollensen, S. (2008) Essentials of Global Marketing, FT/Prentice Hall, p. 245. Copyright © Pearson Education Limited.

在这种情况下，会存在一个盈亏平衡点。在这个盈亏平衡点上，从代理转向自己的销售子公司（从财务的角度来看）更有利。当然，在进行这种转换之前，还必须考虑其他问题，如控制、灵活性和投资水平。

12.4　销售与生产子公司

销售子公司可能会被认为是把钱带出东道国，这对它们所在的东道国，尤其是发展中国家没有任何价值。在这些国家，在当地对制造或生产基地有需求之前，销售子公司一般不会存在很长时间。

一般来说，如果公司认为其产品在一个政治相对稳定的国家有长期的市场潜力，那么，只有完全拥有销售和生产，才能提供完全满足公司战略目标所必需的控制水平。然而，这种进入模式需要在管理时间、承诺和资金方面的巨大投资。此外，随后退出市场的代价可能极为昂贵，不仅涉及财务支出，而且涉及在国际和国内市场的声誉，特别是在客户和员工中的声誉。

长期以来，日本公司利用这一战略在国际市场上建立了强大的影响力。它们的耐心得到了高市场份额和丰厚利润的回报，但这并非一蹴而就。在采取重大举措之前，它们有时会花费五年多的时间来了解市场、客户和竞争，以及选择制造地点。建立某种当地生产的主要原因如下。

（1）保护现有业务。几十年来，日本对欧洲的汽车进口受到限制，随着销量的增加，日本汽车变得更加脆弱。随着欧洲单一市场的发展，日产和丰田在英国建立了业务。

（2）开拓新业务。当地生产表现出的强烈承诺是说服客户更换供应商的最佳方式，特别是在工业市场，服务和可靠性往往是作出购买决定的主要因素。

（3）节省成本。通过将生产设施设在海外，可以在劳动力、原材料和运输等多个领域节省成本。

（4）避免可能限制某些商品进口的政府限制。

组装业务是生产子公司的一种变体。在这里，可以建立一个外国生产工厂，简单地组装国内市场或其他地方生产的零部件。该公司可能试图保留国内工厂的关键部件制造，使开发、生产技能和投资得到集中，并保持规模经济的效益。为了获得各国的比较优势，一些零部件可能会在不同的国家生产（多种采购）。资本密集型零部件可能在发达国家生产，而劳动密集型组装可能在劳动力充足、劳动力成本低廉的欠发达国家生产。这种策略在消费电子产品制造商中很常见。当一种产品成熟，并面临激烈的价格竞争时，可能有必要将所有劳动密集型业务转移到最不发达国家。这是国际产品生命周期背后的原则——参见第14章（图14.8）。

12.5 子公司增长与整合战略

由于跨国公司面临着越来越激烈的竞争，因此，它们在发达国家的子公司越来越容易被关闭，并将业务转移到低成本的东方集团和亚洲国家。为了应对这种成本差异，子公司经理不断被要求做出超出其核心任务的贡献，将其子公司的活动向价值链向上游移动，并变得富有创新精神和企业家精神。

系统和流程的持续全球化使来自总部对子公司发展独特地位，以确保其生存和发展的能力有越来越多的限制。在这一过程中，子公司必须明确界定其边界，因为有些活动可能不具有成本效益或战略利益。然而，子公司的 CEO 必须确定能产生强劲回报的增值业务，然后将问题及其解决方案提交给总部，而不是等待总部采取主动。如图 12.3 所示，子公司有几种方式可以对抗其母公司（总部）。

根据文献记载，一个有价值的、罕见的、难以模仿的组织文化可能构成国际竞争优势的基础（Barney，1997）。图 12.3 说明了跨国公司总部、子公司和东道国之间的关系。一方面，一个强大的本土文化可能会帮助子公司发展自己强大的文化和身份认同。另一方面，一个相对强大的国家文化意味着在当地社区有独特的文化价值观和行为，可能会阻碍跨国公司独特的公司文化在子公司的发展。

如图 12.3 所示，由于跨国公司子公司在东道国运营，因此与当地参与者（如供应商和客户）建立了关系，这些参与者体现了不同于母国和总部价值观的国家和当地文化价值观。图 12.3 提出了一个框架，用于分析具有不同文化价值观的不同国家组织之间的文化互动。根据图 12.3 的框架（矩阵），有四种组合如下。

（1）整合。在这里，跨国公司（总部）的价值观在子公司中得到维护。与此同时，该子公司与东道国的国家和地方文化建立了高度的对外联系和嵌入。因此，子公司与当地参与者(如当地供应商)关系密切。初看起来，这种策略似乎很有吸引力。然而，整合两种文化并非易事。

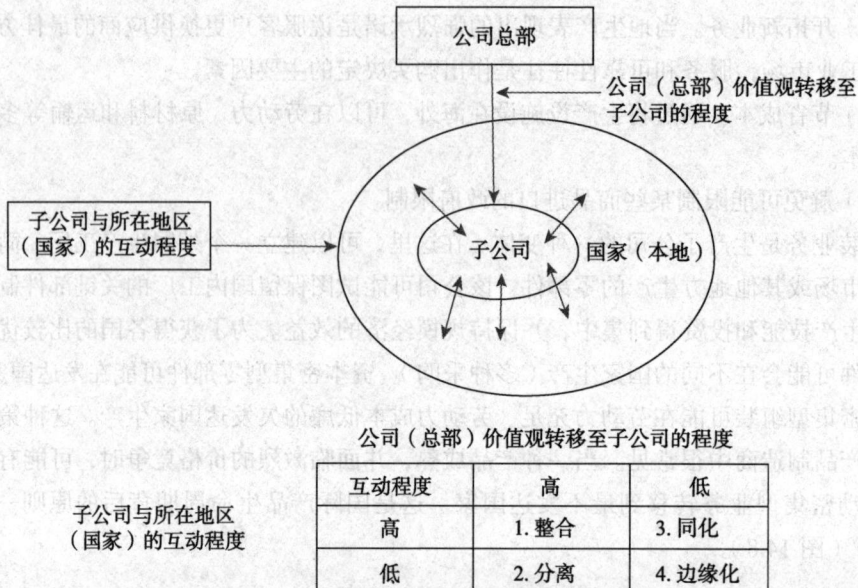

公司（总部）价值观转移至子公司的程度

互动程度	高	低
高	1. 整合	3. 同化
低	2. 分离	4. 边缘化

子公司与所在地区（国家）的互动程度

图 12.3　公司（总部）文化转移至子公司的类型

（2）分离。在这里，跨国公司（总部）的文化得到了维护，但子公司限制外部嵌入，阻止本地参与者，特别是供应商。例如，当日本汽车制造商，如丰田、本田和日产在北美建立生产基地时，从日本带来了自己的供应商。事实上，许多企业都将关键零部件的生产内部化。这就限制了与植根于国家和地方价值观和做法的当地参与者（如当地供应商）互动的必要性。

（3）同化。这种选择意味着高水平的外部嵌入和缺乏维护跨国公司总部的身份和文化。子公司更多地独立行动，并以自己的文化和价值观融入当地。索尼和 NEC 等日本跨国公司在硅谷成立子公司时就采用了这种策略。子公司员工（甚至是来自日本的员工）很快就接受了硅谷的冒险和快速移动的文化，这与日本本国总部的风险控制文化相冲突。

（4）边缘化。在这里，跨国公司的总部文化并没有在子公司体现，子公司也限制了其外部嵌入。这不是在这个国家取得成功的最佳策略。

在跨国公司为其在一个国家的子公司选择地点之前，它可以评估当地文化的性质及其在目标市场中的实力。这种评估对于寻求与当地参与者积极互动，以及本国总部与子公司之间密切合作的跨国公司来说，尤其重要，因为这种战略需要两种文化的融合。此外，缺乏全球化经验将使这样的评估更加必要（Sasaki and Yoshikawa，2014）。

12.6　区域中心（区域总部）

到目前为止，外国进入模式的选择主要针对一个特定的国家进行讨论。如果我们终止这一做法，我们就会发现，世界正因欧洲联盟、北美自由贸易区和东南亚国家联盟（东盟）等集团的形成而日益区域化。

图 12.1 显示了两个区域中心的例子。第一个例子表明，该区域已经形成了下游价值链活动的转移。在第二个例子中，公司对该地区的承诺更大。因为在这里，所有的价值链活

动都转移到该地区。因此，公司已经成为当地的"熟人"。在这一阶段，公司在该区域拥有所有必要的职能，以有效地与当地和区域竞争者竞争。与此同时，该公司可以更加快速地响应该区域客户的需求。表 12.1 也说明了这种情况，其中，许多活动是跨国家协调的。

表 12.1　国际新创企业的类型

类　　别		涉及的国家数量	
		很少	很多
价值链活动的协调	很少有跨国家协调的活动（主要是物流）	新的国际市场发掘者	
		出口/进口新创企业	多国贸易商
	许多跨国家协调的活动	聚焦地理新创企业	全球新创企业

（来源：得到 Palgrave Macmillan 的允许：Journal of International Business Studies, Vol. 25, No. 1, pp. 45–64, Toward a theory of international new ventures, by Oviatt, B.M. and McDougall, P.P., Copyright © 1994）

区域中心的形成意味着建立一个区域总部或任命一个"领先国"，它通常在单一同类产品组中发挥协调和促进作用（见图 12.4）。

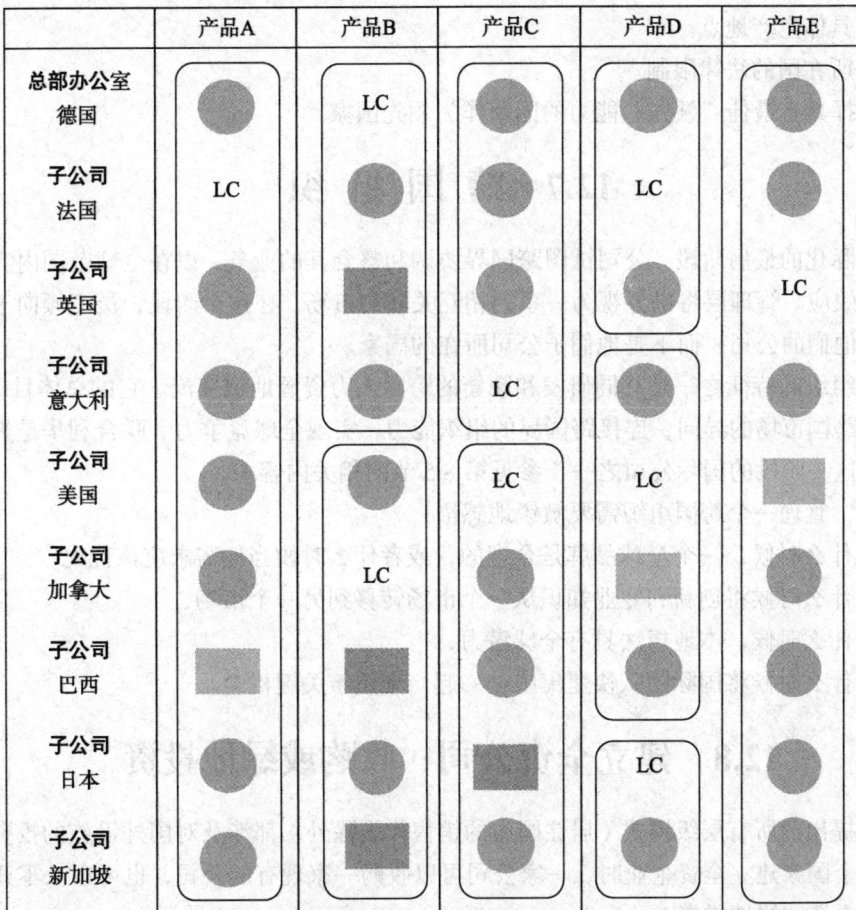

LC 领先国　　□ 领先功能区　　● 产品已引入　　■ 产品尚未引入　　▬ 国家导向方法的执行

图 12.4　领先国概念

协调作用包括三个方面。

（1）国家战略和业务战略是相互一致的。

（2）一个子公司不会伤害另一个子公司。

（3）在跨企业及国家间确定和利用充分的协同作用。

刺激器的作用包括两个功能。

（1）促进将"全球"产品转化为本地国家战略。

（2）支持当地子公司的发展（Lasserre，1996）。

图 12.4（一个跨国公司总部设在德国的例子）表明，不同的国家/子公司可以为不同的产品集团发挥领导作用。在图 12.4 中，显示有一个世界市场，就产品 A 和 E 而言，只有一个国家/子公司在全球范围内具有协调功能（分别是法国和英国）。产品 D 有三个区域，每个区域都有一个领先国家。领先国家的选择受以下几个因素的影响。

（1）外国子公司的营销能力。

（2）所在国家的人力资源质量。

（3）所在国的战略重要性。

（4）具体生产地点。

（5）所在国的法律限制。

应选择具有最佳"领先"能力的国家作为领先国家。

12.7 跨国组织

在国际化的最后阶段，公司试图跨国界协调和整合其的业务，以在全球范围内实现潜在的协同效应。管理层将世界视为一系列相互关联的市场。在这个阶段，员工倾向于更强烈地认同他们的公司，而不是他们子公司所在的国家。

跨国组织的特征之一是共同研发和频繁的跨国人力资源地域交流。它的总体目标是，通过认识跨国市场的异同，连接跨国界的组织能力，实现全球竞争力。联合利华是为数不多的达到这一阶段的国际公司之一（参见第 8.5 节的相关内容）。

总之，管理一个跨国组织需要敏锐地感悟：

（1）什么时候，一个全球品牌是合理的，或者什么时候当地需求应该优先；

（2）什么时候将创新和专业知识从一个市场转移到另一个市场；

（3）什么时候，本地想法具有全球潜力；

（4）什么时候将国际团队快速集中在一起，聚焦于关键机会。

12.8 建立全资公司：收购或绿地投资

本章提出的所有层级模式（居住国内的销售代表除外）都涉及对国外设施的投资。在决定在一个国家建立全资企业时，一家公司可以收购一家现有的公司，也可以从零开始建立自己的企业（绿地投资）。

1. 收购

收购可以使企业快速进入市场，通常会为企业带来现成的分销渠道和客户基础。在某些情况下，收购还可以使企业获得已建立的品牌或企业声誉。在某些情况下，被收购公司的已有管理层仍然存在，这为公司进入市场提供了一座桥梁，并使公司获得应对当地市场环境的经验。对于国际管理专业知识有限或对当地市场不甚熟悉的公司来说，这尤为诱人。

当某一海外市场过于饱和，行业竞争过于激烈，或者存在大量的进入壁垒时，新进入者的发展空间很小。在这种情况下，收购可能是在东道国取得快速发展的唯一可行办法。

收购有多种形式。根据鲁特（1987）的研究，收购可能是横向的（被收购公司和收购公司的产品线和市场相似）、纵向的（被收购公司成为收购公司的供应商或客户）、同心的（被收购公司拥有相同的市场，但不同的技术，或相同的技术，但不同的市场）或混合的（被收购公司与收购公司处于不同的行业）。无论采取何种收购形式，外国投资者和当地管理团队之间的协调和管理风格都会对收购后的双边企业发展产生影响。

2. 绿地投资

在收购过程中遇到的困难可能会导致公司更倾向于从头开始建立业务，特别是当生产物流是行业成功的关键因素时，以及在没有合适的收购目标或收购成本过高的情况下。

整合跨国业务的能力，以及确定未来国际扩张方向的能力往往是跨国公司建立海外全资子公司的关键动力。尽管建立工厂比收购工厂需要更长的时间，但绿地投资还是很多企业进入国际市场的一大选择。绿地投资的进一步动机还包括东道国提供的各种激励措施。

此外，如果公司建立一个新的工厂，那么，它不仅可以纳入最新的技术和设备，而且还可以避免试图改变一个既定企业的传统做法的问题。一个新的设施意味着一个新的开始和一个机会，公司还可以借助绿地投资的机会塑造公司的当地形象。

12.9　总部的选址或搬迁

首先要考虑总部选址标准的传统清单（Baaij et al.，2005），这包括:

- 企业税优惠;
- 投资激励;
- 投资环境;
- 公司法（公司内部限制——必须遵循所有者的意愿）;
- 运营成本;
- 劳动力的质量、可用性和成本;
- 生活质量（主要酒店和餐厅，邻近优质住房，文化生活和娱乐、学校质量、文化多样性、安全、犯罪和健康因素，个人所得税、生活费等）;
- 基础设施水平（特别是交通、通信和IT）;
- 高水平商务服务的范围（如会计、法律和管理咨询）;
- 充足的办公空间;
- 其他大公司的存在。

使用这个清单的主要好处不是找到合适的选项，而是删除不合适的选项。一旦评估了这些因素，就可以考虑更有战略意义的总部选址标准。

影响总部选址决策的战略动机有三种。

（1）合并和收购。

（2）国际化的领导权和所有权。

（3）战略更新。

1. 合并和收购

当规模相同的公司合并时，管理层需要为被合并公司的总部找一个中立的位置。1987年，来自瑞典 Västerås 的 Asea 和位于瑞士巴登的 BBC Brown Boveri 合并，成立了 ABB Asea Brown Boveri。新总部不在两个公司的总部所在地，而是在苏黎世。

2. 国际化的领导权和所有权

在收购模式下，新公司总部选址的解决方案简单而高效，即新总部是收购方企业的总部，被收购方企业的总部搬迁。海外公司总部的选址还需考虑公司高层员工的民族情绪，以及与特定国家的对立情绪。如果海外公司董事会的高级管理人员和股东对某一国的依恋情节没有那么强烈，那么，他们也不太可能抵制公司总部的跨国境搬迁。

3. 战略更新

总部搬迁的最后一个原因是战略更新。这是飞利浦电子（Philips Electronics）在与埃因霍温（Eindhoven）建立了 106 年的感情纽带后，将公司总部迁往阿姆斯特丹的一个关键原因。公司总部的搬迁往往带有象征意义，它象征着公司的一个新开始或与过去的决裂。

12.10　撤资与退出外国市场

虽然大量的理论和经验文献研究了进入外国直接投资的决定因素，但很少有人注意到公司退出外国市场的决定。

许多研究表明，随着时间的推移，外国子公司的"损失"越来越大（Takahashi and Chang，2017）。即使东道国市场需求条件不允许，但当这些子公司与总部垂直整合，同时受益于从总部派出的最高管理团队时，跨国公司也不太可能从国家撤出其子公司（Song and Lee，2017）。

关闭一个外国子公司或将它销售给另一个公司是一个战略决策，其结果可能改变公司的国际市场进入模式（例如，从当地销售和生产子公司变为出口模式或合资企业），或从东道国完全撤资。

退出的最明显的诱因是利润太低，而利润太低又可能是由于成本高、当地市场需求永久性减少，或更有效率的竞争者进入该市场。除自愿外，撤资也可能是政府征用或国有化的结果。

示例 12.1

乐购（Tesco）于 2012 年从日本撤资，随后从中国撤资

乐购公司于 2003 年通过收购当地合作伙伴 C Two-Network 进入日本。最初，乐购公司管理层表示，计划每周在日本开设一家门店，计划到 2010 年，总门店数量将达到 500 家。然而，2012 年 6 月，这家英国零售商却决定退出日本市场。

乐购公司在 2006 年推出了自有品牌的产品，2007 年推出了乐购 Express——这两项举措在其他亚洲市场都取得了成功。乐购公司在进入日本后，总共投资了 1.5 亿美元，但没有实现盈利。乐购公司在日本的门店数量曾达到 140 家的峰值。在决定离开日本时，乐购公司拥有 129 家门店。

乐购公司在日本遇到了一个困难的市场，此前，其他国际零售商也曾在这个市场遇到过严重问题。法国的家乐福（Carrefour）在进军日本仅 5 年后就离开了日本，而美国的沃尔玛（Walmart）和德国的麦德龙（Metro）等巨头一直难以在日本安顿下来。

（1）乐购公司在日本失败的原因

①**错误的本地合作伙伴**。乐购公司通常与亚洲本地市场上一家相对强大的本土企业合作。例如，在韩国，乐购公司与三星合作。在日本，乐购公司的合作伙伴 C Two-Network 在被收购时拥有 78 家门店，年收入不足 5 亿美元。所以，它显然不是日本零售业的主要经营者。

②**激烈的竞争**。正如其他全球零售商也发现的那样，日本是一个独特的零售市场。快速变化的消费者品味是一个挑战。考虑到现有的商店组合和模式在其他地方的成功，推出乐购 Express 似乎是一个合乎逻辑的举措。然而，它面临着来自当地便利店巨头的激烈竞争，如 7-11、罗森、全家和迷你岛。

③**规模经济欠缺**。对于食品零售商来说，日本的高成本，尤其是高昂的租金和人力成本构成了额外的挑战。高成本背后的一个因素是消费者对本地新鲜食品的强烈偏好。规模是保持低成本的关键，这也是最终导致乐购公司失败的原因。与永旺（Aeon）的 1900 家门店相比，仅剩 129 家门店的乐购公司规模太小，无法与日本大型超市集团竞争。在决定退出后，乐购公司立即将其日本子公司乐购日本 50% 的股份出售给了日本主要零售集团永旺集团。2012 年晚些时候，该公司将剩余 50% 的股份出售给了永旺集团。

（2）乐购在中国

在中国，乐购公司也错误地认为自己可以赢得中国消费者。它提供会员卡，这在英国非常受欢迎，但在中国，消费者更喜欢货比三家，他们经常携带几张商店卡。因此，2014 年，乐购不得不与华润成立合资企业，并以这种方式放弃了对中国业务的全部控制权。

现在，乐购将更加关注英国和美国市场。

来源：基于 'Tesco pays £40 million to exit Japan', The Telegraph, https://www.telegraph.co.uk/finance/ newsbysector/retailandconsumer/9338818/Tesco-pays-40m-to-exit Japan.html; Raconteur Agency, 'Why Tesco failed to crack China', https://www.raconteur.net/ business-innovation/why-tesco-failed-to- crack-china 等公开数据。

为了进一步调查跨国企业为什么要进行海外撤资的问题，有必要研究可能影响退出动机和障碍的具体因素，从而推断跨国企业退出海外市场的可能性。Benito（1996）将具体因素分为四大类（图 12.5），它们主要包括如下内容。

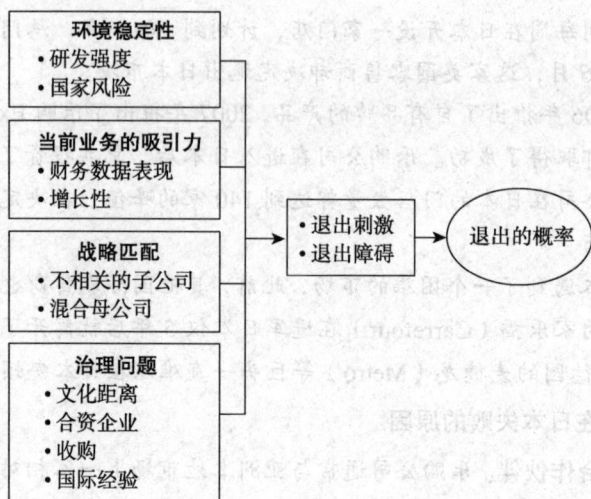

图 12.5 撤出外国业务框架

来源：Benito (1996)。

（1）环境稳定性

这是一个关于外国子公司在其中经营的竞争和政治环境的可预测性的问题,它包括两方面。

①研发强度。由于在研发和产品营销方面进行了大量针对市场的投资，因此，跨国公司在该国的退出障碍可能会增加。

②国家风险。这些风险通常不在公司的控制范围之内。政治风险往往会导致被迫撤资，其结果是征用或国有化。

（2）当前业务的吸引力

①财务数据表现。财务数据表现不佳(即不能对公司整体利润做出重大贡献)是海外子公司被出售和关闭的最明显原因。但是，财务数据表现良好的海外子公司不一定就能避免被出售的命运。因为财务数据表现良好往往意味着海外子公司能以较高价格出售。

②增长潜力。东道国的经济增长通常会使外国直接投资更具吸引力，从而增加从这样一个国家退出的障碍。然而，由于市场的巨大吸引力，海外子公司更有可能成为其他投资者收购的目标。

示例 12.2

沃尔玛退出德国市场

沃尔玛由山姆·沃尔顿于 1962 年创立。1987 年，第一家沃尔玛折扣店在美国肯塔基州诞生。今天，在许多不同的国家有 11 000 多家零售店。

沃尔玛在 1997 年通过收购拥有 21 家大型超市的 Wertkauf GmbH 进入德国市场时，对德国（全球第三大零售市场，仅次于美国和日本）市场寄予了厚望。一年后，沃尔玛又收购了德国 Spar AG 旗下的 74 家 Inter spar 门店。

然而，9 年后，沃尔玛不得不退出德国市场。沃尔玛在德国究竟发生了什么事?

（1）对于这种退缩有几种解释。

①沃尔玛任命了一位不会说德语的德国首席执行官。不仅如此，他还坚持要求经理们用英语工作。下一任 CEO 是一个英国人，他试图像在英国一样经营德国的沃尔玛公司。沃尔玛高层的人既误解了德国的员工，也误解了德国的顾客。让沃尔玛高层感到意外的是，德国人的购物时间很短，且周日很少有人购物。德国人对沃尔玛的购物规定和打折限制感到非常失望。

②沃尔玛美国总部向沃尔玛德国方面的管理者施压，要求他们在沃尔玛实施美国式的管理。例如，员工被禁止与在公司有影响力的同事约会。同时，还禁止员工之间互相打趣。

③德国沃尔玛的管理层不止一次向美国沃尔玛总部发出如下威胁:如果仍然随意延长员工的工作时间，并对处于工作状态的员工进行监控，那么他们将关闭某些沃尔玛德国门店。为此，沃尔玛德国管理层经常与沃尔玛美国总部发生冲突。

④还有一些文化上的误解:德国的购物者不喜欢让别人把他们买的东西打包，且喜欢自己寻找适宜自己的商品。他们比较讨厌在购物时出现介绍商品的导购员。

⑤有些美国产品不适合德国家庭。例如，美国枕套和德国枕套的尺寸不同。因此，虽然德国沃尔玛的枕套库存巨大，但却无法卖给德国消费者。

⑥沃尔玛在德国没有达到"临界规模"。沃尔玛在德国的基础设施包括两个总部（一段时间内）和三个物流中心，在没有实现规模经济的情况下消耗了大量成本。由于门店数量相对较少，因此它只占据了德国食品市场 2%的份额。它面临着来自德国两家折扣连锁店 Aldi 和 Lidl 的激烈竞争。例如，Aldi 拥有 4000 家门店，而沃尔玛只有大约 100 家门店。

经过 9 年的努力，沃尔玛于 2006 年 7 月将其 85 家门店卖给了德国竞争对手 Metro。沃尔玛（Walmart）试图将已被证实的美国成功模式原汁原味地应用到德国市场，结果以失败告终。这个案例表明，在建立国际业务时，重视文化差异是多么重要。

来源: 基于 The Economist (2006), 'After struggling for years, Walmart withdraws from Germany', US Edition, 5 August; The Independent (2006), 'Mighty Walmart admits defeat in Germany', 29 July, London; www.walmartstores. com 等公开数据。

（3）战略匹配

不相关的扩张（即无关多元化）增加了企业的治理成本，不相关的子公司也很少实现规模经济和范围经济。这些由不相关扩张导致的战略不协调加快了跨国公司从某一特定海外子公司退出。同时，由不相关扩张导致的经营困境也适用于混合式的母公司。

（4）治理问题

①文化距离。如果母国和东道国之间的文化距离比较近，那么，跨国公司总部与海外子公司在生产、销售等方面的管理、监测和协调就会相对简单。跨国公司总部和海外子公司就会相得益彰。因此，文化距离的远近会影响跨国公司在特定海外市场的退出活动。

②合资和收购。与当地合作伙伴成立合资企业可以迅速获得当地市场的相关信息，这当然可以减少进入外国市场的障碍。当与外国合作伙伴建立合资企业时，不同的民族文化和企业文化可能会对合资企业的存续产生影响。合资企业和收购产生的海外子公司在其成立初期可能会产生诸多问题，这些问题往往会使海外子公司处于困难的境地。此时，如果

跨国公司与海外合作伙伴之间缺乏承诺，那么，双方的退出动机就会增加。

③经验。企业从经验中学习如何在国外环境中运作，以及如何寻找问题的解决方案。随着经验的积累，经营外国子公司所涉及的许多问题变得更容易避免，如果出现问题，也更容易找到可行的解决办法。当然，这些方法也包括退出特定的海外市场。

12.11 总　结

表 12.2 总结了不同层级模式的优缺点。此外，本章还讨论了在什么情况下可能发生海外子公司外资撤资。退出市场最明显的原因是在市场上赚取的利润较为微薄。

表 12.2　不同层级模式的优缺点

层级模式	优　点	缺　点
居住国内的销售代表	1. 与独立中间商相比，能更好地控制海外销售活动； 2. 与同母国紧密相连的海外市场的大客户保持着密切联系	1. 旅途费用高； 2. 海外市场拓展费用较高
常驻国外销售代表，国外销售分公司/销售与生产子公司	1. 全面控制公司在海外市场的运作； 2. 消除海外市场合作伙伴"搭便车"的可能性； 3. 直接接触海外市场（销售子公司）； 4. 直接获取海外市场知识（销售子公司）； 5. 降低运输成本（生产子公司）； 6. 免除相关责任（生产子公司）； 7. 获得海外市场的原材料和劳动力（生产子公司）	1. 初始资本投入高（子公司）； 2. 缺乏灵活性； 3. 高风险（市场的、政治的和经济的）； 4. 税收问题
区域中心/跨国组织	1. 在区域/全球范围内实现潜在的战略协同效应； 2. 区域/全球规模经济和范围经济； 3. 在跨国经营范围内撬动相互学习； 4. 人才和资源全球配置的灵活性	1. 可能的威胁：增加官僚主义、国家层面的反应和灵活性有限； 2. 来自一国的经理会感到没有影响力； 3. 缺少总部与地区中心之间的沟通
收购	1. 快速进入海外新市场； 2. 快速获得以下资源和能力： （1）销售渠道； （2）合格劳动力； （3）已有管理经验； （4）当地知识； （5）与当地市场、政府的关系； （6）已建立起的品牌名称和声誉	1. 通常是很贵的选择； 2. 高风险（若被收购的公司被视为是国家遗产的一部分，则可能会引起当地民族情绪）； 3. 可能存在以下威胁： （1）缺乏与现有业务的匹配； （2）并购双方的沟通协调问题
绿地投资	1. 可以建立一个"最佳"的模式，即以一种符合企业利益的方式，例如，将国外生产与国内生产统筹一体化。 2. 将最先进的技术运用于海外子公司，从而提高运营效率	1. 投资成本很高； 2. 耗时，进入市场缓慢

案例研究 12.1　　　　案例研究 12.2

问题讨论

1. 你用什么标准来判断一个特定的外国直接投资活动是成功，还是失败？

2. 公司决定在国外建立生产设施的主要动机是什么？

3. 在国外设立独资子公司是否适合中小企业的国际市场发展模式？

4. 在一个地区承担产品"领先国"的条件是什么？

5. 为什么收购往往是建立海外独资业务的首选方式?海外收购作为一种海外市场进入方式对公司来说有什么限制？

6. 海外子公司向总部进行利润汇回的关键问题是什么？

参考文献

Global Marketing (Eighth Edition)

第 **13** 章

国际采购决策和分供应商角色

学习目标

通过学习本章，学生应该能够做到以下几个方面。

- 描述分供应商在垂直链中的角色；
- 探究国际外包的原因；
- 解释国际买卖关系的发展；
- 讨论分包商国际化的替代路线；
- 解释交钥匙合同与传统分包合同的区别。

13.1 导　　论

最近，关于国际分采购和企业核心竞争力的研究强调了外包的重要性。外包指将某项职能或某项活动移出企业，并交给另一家企业来做。外包能够提高企业的经营效率，提升企业的核心竞争力，而核心竞争力是企业成功的核心力量。因此，这里的问题是，企业是自己亲自执行某些职能，还是从企业外得到或购买这些活动。如果大型企业将越来越多的价值链功能外包出去，则为中小企业作为主承包（大企业）的分承包商提供了机会。

分包商可以定义为一个人或一家公司同意提供另一方（主承包商）所需的半成品或服务，履行分包商不在其中的另一份合同。根据这个定义，分包商具有区别于其他中小企业的特点。

（1）分包商的产品通常是最终产品的一部分，而不是完整的最终产品本身。

（2）分包商与最终客户没有直接联系，因为主承包商通常对客户负责。

分包商在垂直生产链中的位置如图 13.1 所示。

在原始设备制造商合同（OEM）中，承包商被称为 OEM 或"采购商"，而零部件供应商被视为 OEM 产品的"制造商"（分包商=分供应商）。通常，OEM 合同不同于其他买卖关系，因为 OEM（承包商）通常比分包商有更强的讨价还价能力。然而，在以合作伙伴为基础的买卖关系中，权力平衡将更加平等。在有些情况下，分承包商改善了其谈判地位，并继续成为市场上的主要力量（Cho and Chu，1994）。

本章剩余部分的结构如图 13.2 所示。

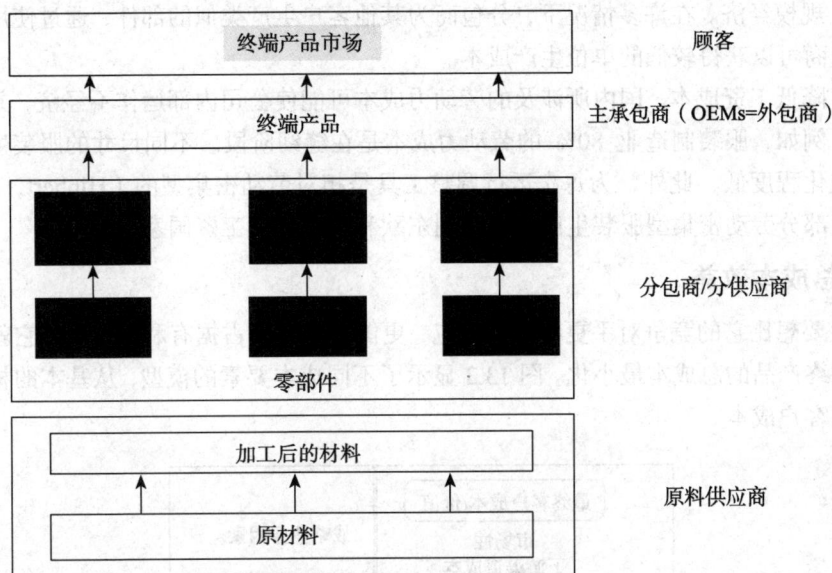

图 13.1　分包商在垂直产业链中的作用

来源：改变自 Lehtinen（1991）修改。

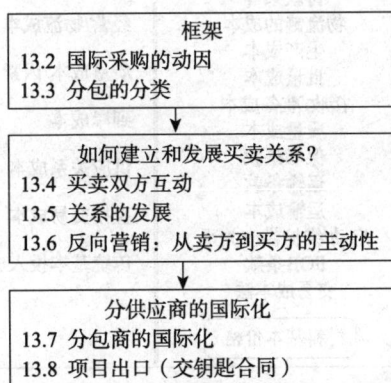

图 13.2　第 13 章的结构

13.2　国际采购的动因

越来越多的国际公司从国际分包商那里购买零部件、半成品零部件和其他供应品。通过分包商创造竞争力是基于供应商对买方（承包商）必不可少的理解，有几方面原因如下。

1. 专注于内部核心能力

承包商希望将管理时间和精力集中在那些能够最好地利用内部技能和资源的核心业务活动上。在内部获得合适的熟练工人也可能有特殊困难。

2. 更低的产品/生产成本

在这方面，外包有两个根本原因。

（1）规模经济。在许多情况下，分包商为其他客户生产类似的部件，通过使用经验曲线，分包商可以获得较低的单位生产成本。

（2）降低工资成本。国内所涉及的劳动力成本可能使公司内部运作不经济，并促进国际采购。例如，服装制造业80%的劳动力成本是在缝纫阶段。不同尺寸的服装生产周期短，机械化程度低。此外，为每次运行调整工具是相对劳动密集型的（Hibbert，1993）。因此，大部分劳动密集型服装生产被转移到东欧和远东的低工资国家。

3. 总成本效益

企业要想比它的竞争对手更有成本效应，更能在竞争中占据有利的位置，它就必须使自己的最终产品的总成本最小化。图13.3显示了不同成本要素的模型，从基本的材料价格到最终的客户成本。

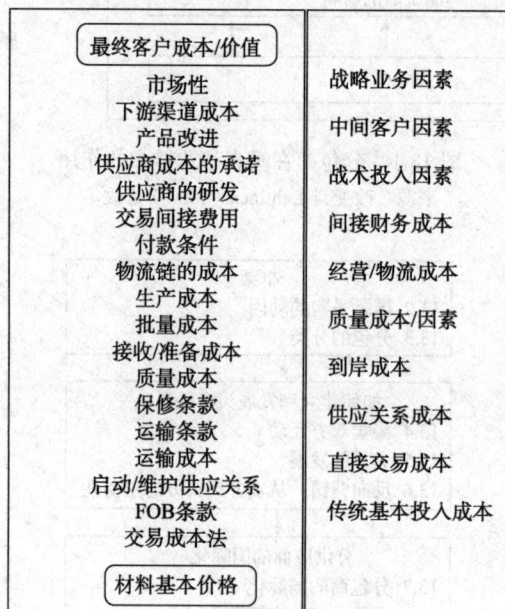

最终客户成本/价值	
市场性	战略业务因素
下游渠道成本	中间客户因素
产品改进	
供应商成本的承诺	战术投入因素
供应商的研发	
交易间接费用	间接财务成本
付款条件	
物流链的成本	经营/物流成本
生产成本	
批量成本	质量成本/因素
接收/准备成本	
质量成本	到岸成本
保修条款	
运输条款	供应关系成本
运输成本	
启动/维护供应关系	直接交易成本
FOB条款	
交易成本法	传统基本投入成本
材料基本价格	

图13.3 总成本/价值层次模型

来源：Cavinato（1992）。

供应链的每个元素都可能被外包。质量成本、库存成本（在图13.3中没有明确提到）和买方–供应商交易成本都应该包括在每次的产品成本计算中。然而，这其中的很多费用难以估计，因此在评价分包商时，这些费用很容易被忽略。

例如，产品或服务交付过程的质量对购买者行为影响很大。就交货期而言，不确定性会影响买方的库存投资和成本效率，并可能导致买方自身交货过程的延误。因此，买方自己交付给最终客户的时间由分包商及其交付决定。另一个重要的事实是，零部件的成本在很大程度上已经在设计阶段确定。因此，在这一阶段，买卖双方的密切合作可以在生产和分销方面带来相当大的成本优势。

4. 增加创新潜力

由于分包商对产品组件有更深入的了解，因此可以产生更多的创新性想法。新的想法也可以从分包商的其他客户那里转移过来。

5. 波动性需求

主承包商在面临需求水平波动、外部不确定性和产品生命周期短的问题时，可能会将一些风险和库存管理转移给分包商，从而导致更好的成本和预算控制。

最后，应当提到的是，在国际采购情况下，汇率的波动变得尤为重要，特别是在合同签订与付款之间存在时间差的情况下。

总之，价格是（国际）外包的一个非常重要的原因，但主承包商越来越认为与关键的分包商合作有利于采购公司的竞争力和盈利能力。

13.3　分包的分类

传统上，分包商被定义为根据另一家公司（主承包商）的规格进行日常生产的公司。正在出现的各种分包关系表明，需要一个分类方法进一步区分。

图 13.4 显示了基于承包商和分包商关系差异的分包商类型。这种分类显示了所需的协调程度和待解决任务的复杂性之间的相互作用。

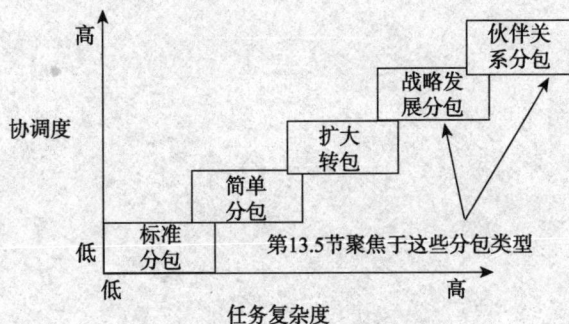

图 13.4　分包的分类

来源：改编自 Blenker and Christensen（1994）。

（1）标准分包。在全球市场上，规模经济往往以标准化产品运作，在这种情况下，不需要适应特定的客户。

（2）简单分包。信息交换很简单，因为承包商规定了贡献的标准。承包商的内部能力往往是一个主要的竞争对手。

（3）扩大分包。双方之间存在一些相互专业化，退出成本对双方来说都很高。因此，单一采购（产品/组件的一个供应商）可以取代多个采购（产品/组件的更多供应商）。

（4）战略发展分包。这对承包商来说很重要。分包商具有对承包商有价值的关键能力。它们参与承包商的长期规划，并通过对话协调活动。

（5）伙伴关系分包。这是基于很强的相互战略价值和依赖的一种关系。分包商高度参与承包商的研发活动。

不同类型的分包商之间有一定的重叠，在特定的关系中，很难将分包商归入某种类型。这主要取决于任务的复杂性。一个主承包商可能既有标准的分包商，也有基于伙伴关系的分包商。此外，分包商可以扮演图 13.4 中的多个角色，但一次只能扮演一个角色。

13.4　买卖双方互动

传统上，分包被定义为一家公司根据另一家公司的日常规格执行的生产活动。外包活动越来越多地包括研发、设计和价值链中的其他职能。因此，开始于简单交易（所谓的插曲），随着时间的推移重复，可能演变成买方和卖方之间的关系。

交互作用理论（interaction theory）由瑞典人提出，但当一群志同道合的研究人员基于交互作用模型（图 13.5）建立了后来被称为 IMP 小组（www.IMPGroup.org）的组织后，这一理论传播到了法国、英国、意大利和德国。

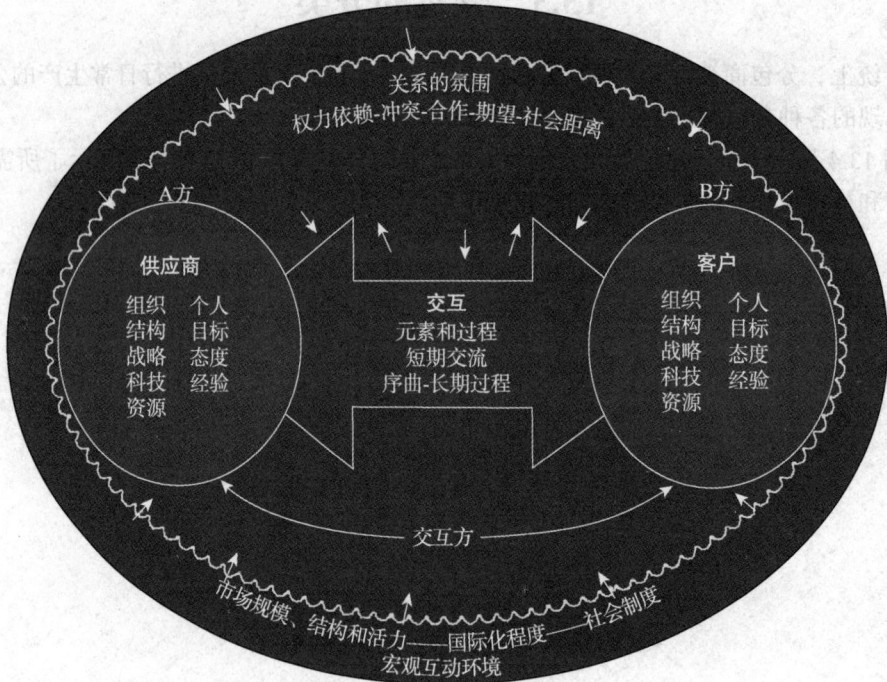

图 13.5　买卖双方的互动
来源：Turnbull and Valla（1986）

交互模型有四个基本要素。

（1）交互过程，表达了随着时间的组织进步和演变，两个组织之间的交流。

（2）交互过程中的参与者，意味着交互过程中供应商和客户的特点。

（3）影响和被交互影响的氛围。

（4）交互发生的环境。

然而，当需要专业知识来传达复杂的产品和服务利益时，买卖关系变得至关重要。对于复杂的产品和服务来说，重点在于沟通。创造与买家共享的价值观可以帮助买家了解产品特性，最终促进购买（Hewett and Krasnikov，2016）。

1. 互动过程

相互作用的过程可以用短期和长期的观点来分析。随着时间的推移，这种关系由一系列的事件发展而来，这些事件往往会使这种关系体制化或不稳定，这取决于两家公司在互动过程中所做的评估。这些事件可能会根据交换的类型而有所不同。如商业交易、交付引起的危机时期、价格纠纷、新产品开发阶段等。通过与供应商的社会交换，客户试图减少决策的不确定性。随着时间的推移，随着相互适应，互动过程出现了一种具体关系的运作模式，在发生危机时可以起到减震器的作用。这种运作模式可以采取特殊程序、相互发展、个人之间的沟通方式，以及或多或少的隐性规则的形式。这些规则通过过去的交易所进行修改，形成未来交易所的框架。

2. 互动参与者

参与者的特点对互动方式有很大的影响。买卖双方在不同层次上的三个分析视角值得考虑。

（1）社会系统视角。企业文化、价值观和实践等方面，以及企业的运营模式影响着行为者之间的距离，这种距离将限制或鼓励合作。

（2）组织视角。买卖双方的关系受三个组织维度的影响。

①每个公司的技术特征（即产品和生产技术）都强烈地影响着两个组织之间相互作用的性质。

②销售产品的复杂性决定了供应商和客户之间相互作用的性质和密度。

③关系特征：供应商可以选择与客户发展稳定的关系，或者供应商可以将这种关系视为一种纯粹的基于交易的交换，在这种交换中，供应商通常与客户进行"一次性"交易，这纯粹是为了增加销售量，不再进一步参与。

（3）个体视角。个体的特征、目标和经验将影响社会交流和社会接触发生的方式，并导致供应商和客户的互动的发展。

3. 关系的氛围

氛围就是两家公司之间形成的"气候"。氛围可以用权力依赖、合作冲突和信任机会主义来描述，也可以用理解和社会距离来描述。氛围概念是理解供应商–客户关系的核心。在大客户管理方面，气氛起着特别重要的作用。随着买卖双方的相互接近，市场交易正在从单一交易转变为关系交易。这两种情况的进一步特征在表 13.1 和图 13.6 中进行描述。

在图 13.6 中，光谱的一端是"现货市场"的交易买者，光谱的另一端是关系买者。在购买特定类别的产品或服务时，交易交换的时间跨度很短。在这样的市场中，没有转换成本意味着很容易做出调整。因为在购买此类别产品或服务时，交易买者无需按专业程序，也无须投入资产，对可能提供的更长期的系统收益（或总生命周期成本）不感兴趣。这些购买者购买产品是因为它的产品性能和某个时间点的价格。这并不意味着这些买者对质量或价值不感兴趣。相反，买者将价值定义为满足规格要求，不愿意为一个产品或服务的质量、应用程序或范围支付超出预期的费用。

表 13.1　对市场交换的理解

类　别	交　易	关　系
时间范围	短	长
转换成本	低	高
目标	1. 销售（销售是最终结果和成功的衡量标准） 2. 顾客需求满意（顾客购买价值）	1. 创造客户（销售只是关系的开始） 2. 客户整合（交互式价值的生成）
客户理解	1. 匿名的客户 2. 独立买方和卖方	1. 知名客户 2. 独立买卖双方
营销人员的任务和绩效标准	以产品和价格为基础进行评估。专注于获得新客户	以解决问题能力为基础的评估。专注于提升现有客户的价值
交换的核心方面	专注于产品，视销售为战利品，离散的事件、关注顾客的普遍性需求	专注于服务，视销售为契约，连续的过程，关注顾客的个性需求

来源：基于 Jüttner 和 Wehrli（1994）。经 Emerald（www.emeraldinsight.com）许可出版。

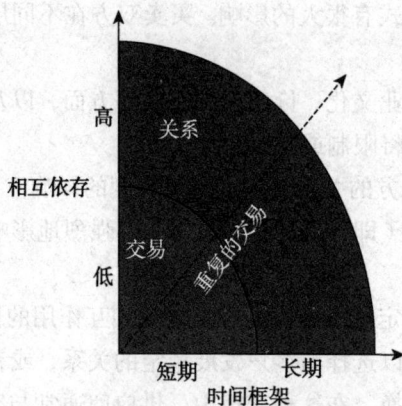

图 13.6　市场交易示意

来源：基于 Jüttner 和 Wehrli（1994）。经 Emerald（www.emeraldinsight.com）许可出版。

相比之下，关系买者有更长的时间范围。产品或服务的某些特质促使其在专门的程序或资产上进行更大的投资。一旦投资完成，这些投资就不容易互换。企业软件提供了一个很好的例子。历史上，企业软件供应商的选择一直是支持、升级和其他过程的多年选择，在软件供应商选择后，这种选择不容易改变。由于这些投资和转换成本，买者感兴趣的是更广泛的系统效益和选择一个长期的业务伙伴。

因此，买方有理由对卖方的组织、产品类别的承诺、未来计划等有更多的了解。许多销售经理更喜欢关系型买者，因为他们相信，这些客户会支付更高的价格，并更加忠诚。但关系中的销售周期也可能更长、更复杂，所以，卖者应不断努力让买者意识到所有附加的价值，尽管通常价格更高（Cespedes et al.，2013）。

4. 互动环境

供应商与客户之间的关系在一个总的宏观环境中发展，这个环境可以影响它们的本质。传统的分析方法包括：政治和经济背景、文化和社会背景、市场结构、市场国际化、市场活力（增长率、创新率）。

13.5　关系的发展

两个公司的关系从开始、成长到发展，抑或失败，就像人与人的关系一样。一种关系的发展一般设计为五个阶段：认识、探索、拓展、承诺、解散，如图 13.7 所示。

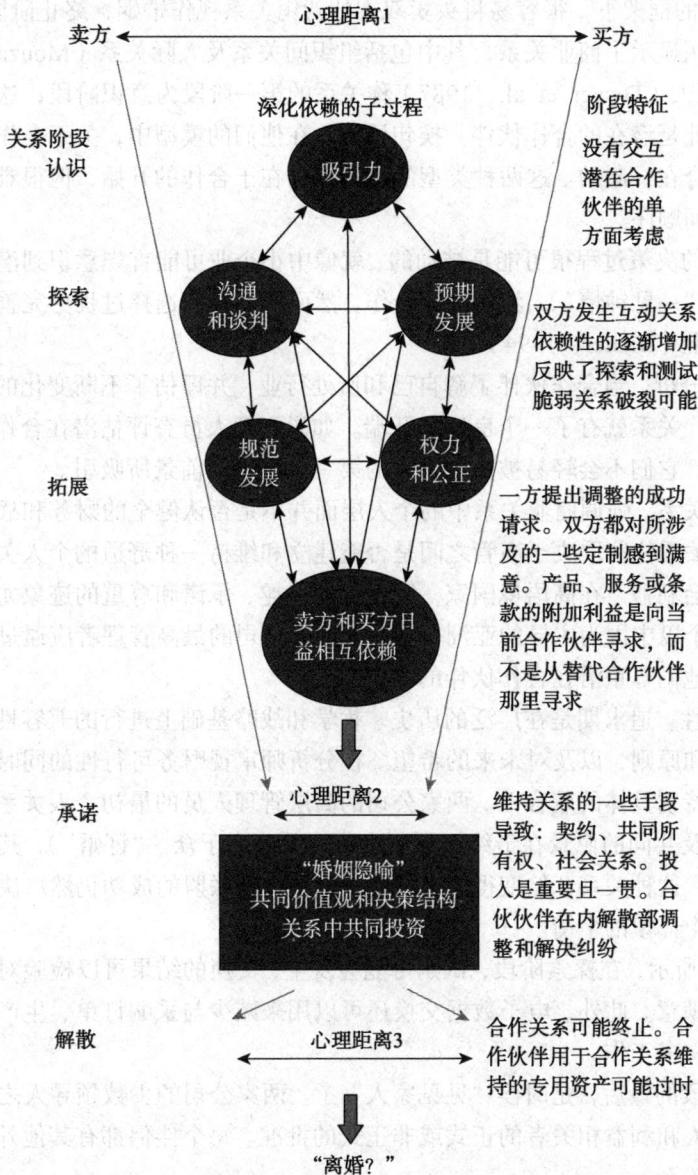

图 13.7　分包关系发展的五阶段模型

图 13.7 显示，来自于不同国家和文化的买卖双方之间的初始心理距离受到买卖双方心理特征、所属公司的组织文化，以及民族、产业文化的影响。例如，想要进入有心理距离市场的公司可能会觉察到两个国家的巨大不同，这会导致很大的不确定性（Magnusson and

Boyle，2009；Sousa and Lages，2011；Ambols et al.，2019）。缺乏了解导致花费更多的资源用于调研和计划，以减少心理距离。图 13.7 还显示了关系开始时的 "心理距离 1" 通过买卖双方的互动过程减少到 "心理距离 2"。

然而，关系不会一如既往地永远向前发展，合作伙伴间会相互转化，并发展成 "心理距离 3"。这时，如果问题得不到解决，二者就很可能 "离婚"。

在图 13.7 的框架下，很容易将买卖双方的营销关系视作婚姻，终止阶段视为"离婚"。婚姻隐喻的使用显示了商业关系，其中包括组织间关系及人际关系（Mouzas et al.，2007 年）。德威尔等人（Dwyer et al.，1987）称关系的第一阶段为意识阶段，这意味着合作伙伴都认识到彼此是潜在的合作伙伴。换句话说，在他们的模型中，关于合作和选择合作伙伴的决定是结合在一起的。这两种类型的决策都存在于合作的开始，但很难说出它们之间任何明确的时间顺序。

中小企业的决策过程很可能是被动的，就像中小企业可能首先意识到潜在合作伙伴的存在（也许是 "一见钟情"），然后决定合作。然而，要想使选择过程更完善，公司必须遵循三个关键标准（Kanter，1994）。

（1）自我分析。当合作伙伴了解自己和所处行业，并评估了不断变化的行业条件，决定寻求结盟时，关系就有了一个良好的开端。如果管理人员有评估潜在合作伙伴的经验，则会有所帮助。它们不会轻易被随之而来的第一个好看的前景所吸引。

（2）互恋关系。强调商业关系中的个人层面并不是否认健全的财务和战略分析的重要性。但成功的关系往往取决于高管之间是否能建立和维持一种舒适的个人关系。这包含着个人利益和社会利益。在高语境国家，管理者的兴趣、承诺和尊重的迹象尤其重要。在中国，以及在整个以中国为主导的亚洲企业中，西方公司的最高管理者应通过投入更多的个人时间来表明他们尊重潜在合作伙伴的决定。

（3）兼容性。追求期是在广泛的历史、哲学和战略基础上进行的兼容性测试：共同的经验、价值观和原则，以及对未来的希望。在分析师审视财务可行性的同时，管理者可以评估一些不是特别具体的兼容性。两家公司的高层管理人员的最初个人关系、哲学和战略的兼容性，以及共同的愿景在最终必须制度化，并公之于众（"订婚"）。其他利益相关者参与进来之后，这种关系开始变得非人性化。但是，新联盟的成功仍然取决于在个人和组织之间保持一个谨慎的平衡。

如图 13.7 所示，在探索阶段，试购可能会发生，交换的结果可以检验对方是否有能力和意愿使对方满意。此外，电子数据交换还可以用来减少与采购订单、生产进度表、发票等相关的昂贵文书工作。

在探索阶段的最后，是时候 "见见家人" 了。两家公司的少数领导人之间的关系必须得到公司其他人和利益相关者的正式或非正式的批准。每个伴侣都有其他外部关系，可能需要批准新的关系。

在拓展阶段，当一方以模范的方式履行了感知到的交换义务时，一方对另一方的吸引力就会增加。因此，维持这种关系的动机增加了，特别是因为高水平的结果减少了合作伙伴的替代选择。

恋爱的浪漫很快让位于日常生活的现实，因为伴侣开始住在一起（"建立房子"）。在承诺阶段，两个合作伙伴可以从交换过程中获得一定程度的满意度，这实际上排除了其他可以提供类似利益的主要交换伙伴（供应商）。买方并没有停止考察其他替代供应商，而是在没有经常性测试的情况下保持对替代品的了解。

在描述关系发展的过程中，退出的可能性是隐含的。解散阶段可能是由以下问题引起。

（1）合作开始后，出现业务和文化差异。这常常让创建联盟的人大吃一惊。在这个阶段，权威、报告和决策风格的差异变得明显。

（2）其他职位的人可能不会感受到与首席执行官同样的吸引力。高管们花了很多时间在一起，无论是非正式的，还是正式的。然而，其他雇员之间没有联系。在某些情况下，他们不得不与海外同事合作。

（3）组织中其他层次的员工可能没有高层管理人员那么有远见和国际化，在与来自不同文化背景的人合作方面也缺乏经验。他们可能缺乏对战略环境的了解。在这种环境中，这种合作关系是必要的。但他们只能在操作层面看到这种没道理的合作关系。

（4）只有一两级高层的人可能会反对这种关系，并为破坏这种关系而争吵。在拥有强大的独立业务单位的组织中尤其如此。

（5）由于管理人员离开公司职位而导致个人关系终止，这对合伙关系是一个潜在的危险。

公司在建立合作关系之前必须意识到这些潜在的问题，因为只有这样，它们才能采取行动，防止解散阶段的到来。通过共同分析衰减因素的程度和重要性，合作者们将更加意识到继续这种关系的原因，尽管已经陷入了麻烦。此外，这种意识增强了各方采取恢复性行动的意愿，从而试图挽救关系免于解体（Tähtinen and Vaaland，2006）。因此，许多组织允许联盟以最初的形式持续太长时间，而原来的条件以不可预见的方式改变，有时倾向于改变一下组织结构。

13.6　反向营销：从卖方到买方的主动性

反向营销描述了采购部如何积极识别潜在的分包商，并为合适的合作伙伴提供长期合作的建议。类似的条款是主动采购和买方倡议（Ottesen，1995）。近年来，买卖关系发生了很大变化。传统的关系是由卖方主动提供产品，这种关系正日益被买方积极寻找能够满足其需求的供应商的关系所取代。

今天，采购功能发生了许多变化。

（1）减少分包商的数量。

（2）缩短产品生命周期，这增加了减少上市时间的压力（just in time，JIT，准时制）。

（3）升级了对分包商的要求（zero defects，零缺陷）。此外，公司要求其供应商获得认证，那些不遵守认证的供应商可能会被从认可的供应商名单中删除。

（4）采购不再仅仅是获得更低的价格。传统的独立关系正日益被具有相互信任、相互依赖和互利的长期伙伴关系所取代。

实施反向营销战略首先要进行基础市场研究，并对反向营销选择（即可能的供应商）进行评估。在选择供应商之前，公司可能分析现有的和潜在的供应商，以及当前和期望的活动（表 13.2）。

根据这一分析，企业可以选择一些合适的合作伙伴作为供应商，并按照优先顺序对它们进行排序。

表 13.2　供应商发展战略

类　别	当前的活动	新　活　动
现有的供应商	加强当前的活动	开发和增加新的活动
新的潜在供应商	替换现有供应商。添加新供应商：安全交付	发展没有被现有供应商覆盖的新活动

13.7　分包商的国际化

在第 3 章中，乌普萨拉学派（the Uppsala school）将国际化过程描述为一个学习过程。一般来说，它可以被描述为一种渐进的国际化。根据这一观点，公司的国际发展伴随着管理层知识的积累，以及管理国际事务的能力和倾向的增长。这种思维方式的主要后果是，随着经验的增长，公司往往会增加对国外市场的投入。这一理论的拥护者人数有所增加，但也有许多批评。

该模型的主要问题是，它似乎表明存在一个决定性的、机械的路径，必须遵循的企业实施其国际化战略。有时候，企业会跨越成熟链条中的一个或多个阶段；有时候，企业会完全停止它们的国际化（Welch and Lostarinen，1988）。

关于承包商和分包商之间的国际化，有一个核心区别。分包商的国际化与其客户密切相关。分包商的概念表明，公司的战略，包括其国际化战略，不能脱离其合作伙伴承包商的战略。因此，分包商的国际化可能表现出不规则的路径，如跨越式发展。

安德森等（Andersen et al.，1995）介绍了四种基本的国际化路线（注意：有时，不同路线之间有重叠，例如路线 2 和 3 之间）。

1. 路径 1：跟随国内客户

如果一个承包商正在国际化，并在国外市场建立一个生产单位，那么，一些分包商（图 13.4 中的标准或简单）可能会被当地供应商取代，因为它们可能以更便宜的价格提供标准部件。然而，图 13.4 上半部分的分包商如果承诺进行外国直接投资，那么，对承包商有战略价值的分包商将得以保留。这要求分包商直接将零部件交付给外国生产单位，或要求对交付的零部件提供售后服务，从而导致分包商在当地建立销售和/或生产子公司。在大多数情况下，这种与特定承包商直接相关的外国直接投资是基于几年的采购保证（直到投资回收期结束）。

当宜家家具连锁店进入北美市场时，它带来了一些具有战略重要性的斯堪的纳维亚分包商，其中一些也在北美建立了子公司（IKEA，2018）。其他例子还有日本汽车制造商在美国建立了生产部门，并拉来许多日本分包商在美国建立子公司。这条路径类似于约翰逊和曼特森模型（1988）中的"后发人员"（late starters）。

2. 路径 2：通过跨国公司的供应链实现国际化

向跨国公司的一个分支机构供货可能会导致向其他分支机构或向其跨国网络的另外组成部分供货。当并购发生在企业之间时，将为它们的分包商创造新的商业机会。20 世纪 90 年代初，法国汽车制造商雷诺（Renault）与瑞典沃尔沃（Volvo）之间的战略联盟就是一个例子。由于瑞典分包商参与了雷诺的分包系统，因此，法国分包商有机会进入沃尔沃的分包系统（ Christensen and Lindmark，1993 ）。

3. 路径 3：与国内外系统供应商合作实现国际化

与其他专业分包商合作，系统供应商可以通过接管子系统的整个供应管理来参与国际系统供应（见图 13.8）。系统供应导致了一个新的分包商层（第二层分包商）的开发。通过系统供应商和国内承包商之间的互动，系统供应商可以接触全球承包商的网络（图 13.8 中的虚线），因为承包商和全球承包商之间建立了网络/合同关系。例如，一家日本汽车座椅供应商供应日本丰田工厂（国内主要承包商），这最终可以让供应商接触到丰田在世界各地的其他工厂（全球承包商）和它们的全球网络。

在许多情况下，分包商之间的合作以知识交流为特征，而不是轻易转让。其原因在于完整的子系统往往建立在几个能力领域的基础之上，而这些能力领域必须通过使用隐性知识和沟通来协调。

4. 路径 4：独立国际化

在生产中获得规模经济的需要迫使承包商，尤其是标准承包商使用独立国际化的路径。在其他情况下，不能建议小分包商遵循独立的路线。对于资源有限的小企业来说，独立国际化的障碍太大。对于这些公司来说，路径 3（与其他分包商合作）似乎是一种更现实的国际化方式。

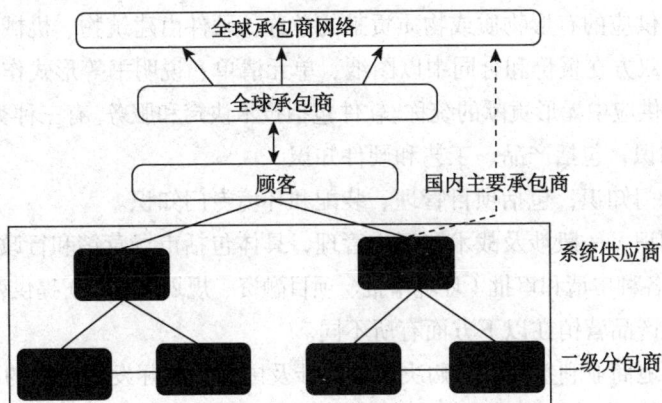

图 13.8　系统供应商的可能国际化

示例 13.1

日本企业网络采购的一个例子：马自达座椅采购案例

在 21 世纪初，马自达（Mazda）采取了一项政策，将其座位供应分给两家供应商：Delta Kogyo 公司和 Toyo Seat 公司。马自达小心翼翼地确保两家供应商都能盈利，因为不盈利意味着马自达将遭受损失。这并不是说任何一个供应商都可以获得过多的利润。事实上，利润占销售额的百分比在整个供应网络，包括马自达组织本身，基本上是均衡的。在经济衰退时期，马自达及其供应商网络的销售利润不会超过 2%。因此，供应网络的成员们要么站在一起，要么倒在一起，这增加了共同的纽带，增加了在供应网络中互相帮助的意愿。

来源：基于'Network sourcing: a hybrid approach', Journal of Supply Chain Management (formerly The International Journal of Purchasing and Materials Management), by Peter Hines, 5 April 2006, pp. 17-24.

13.8　项目出口（交钥匙合同）

本节主要讨论工业市场的采购（分包）问题。虽然向国际项目营销分供应品（subsupplies）与一般工业市场的分供应品有许多相似之处，但它也具有项目市场特殊营销情况的特点，例如，为临时供应品挑选分供应商需要很长时间，而且往往非常官僚。

然而，项目出口的分供应商市场也非常国际化，应在主承包商所在的中心区域或国家进行营销。例如，伦敦是许多建筑承包企业的注册地，这些企业在那些历史上曾属于大英帝国的国家开展业务。

项目出口是一项非常复杂的国际活动，涉及许多市场参与者。项目出口的先决条件是出口国和进口国之间存在技术差距，且出口国拥有进口国所需要的具体产品和技术诀窍。项目出口涉及包含硬件和软件组合的供应或交付。当交货结束时，它将构成一个能够生产买方所需的产品和/或服务的综合系统。这类项目的一个例子是在一个发展中国家建造奶牛场。

硬件是项目供应的有形物质或物质贡献的总称。硬件由建筑物、机械、库存、运输设备等组成，买卖双方在报价和合同中以图纸、单元清单、说明书等形式作了规定。

软件是项目供应中无形贡献的统称。软件包括技术诀窍和服务。有三种类型的技术诀窍。

（1）技术知识，包括产品、工艺和硬件知识。

（2）项目专门知识，包括项目管理、装配和环境专门知识。

（3）管理知识，一般涉及战术和运作管理，具体包括市场营销和行政系统。

服务包括就各种申请和审批（环境审批、项目融资、规划许可等）提供咨询服务和协助。

项目营销与产品营销在以下方面有所不同。

（1）除了当地商业利益外，采购决策往往涉及国家和国际发展组织的决策过程。这意味着大量人民的参与和严重的官僚制度。

（2）产品在谈判过程中设计和创建，并在谈判过程中提出要求。从需求披露到作出购买决定往往需要数年时间。因此，总的营销成本非常大。

（3）当项目由项目买方接管时，买卖关系终止。然而，通过在这一项目之前、期间和之后的关系经营，一个新的项目会再次唤醒"睡眠"关系（Hadjikhani, 1996）。

项目融资是卖方和买方共同面临的一个关键问题。该项目的规模和计划与实施所用的时间导致了财政需求，这使得有必要使用外部资金来源。在这方面，可以区分以下主要部分。这些部分产生于项目资金来源的差异。

（1）多边组织（如世界银行或区域开发银行）是主要资金来源的项目。

（2）双边组织是主要或基本资金来源的项目。

（3）政府机构作为买方的项目。在计划经济体中，这是正常的，国有公司扮演买家的角色。然而，它也可以在市场经济中找到，例如，与社会基础设施的发展或桥梁的建设有关的项目。

（4）私人或公司作为买方的项目，如联合利华（Unilever）在越南建厂生产冰淇淋。

大型项目，如新机场，可能由许多合作伙伴组成一个财团，包括明确"领导公司"。每个合作伙伴基于其专长承担融资、组织、监督和/或建设等部分项目。

一方面，组织出口项目需要在西方不同的公司之间建立互动关系；另一方面，在发展中国家的公司和当局之间建立互动关系。创建或调整一个能够在这些条件下运作的组织是项目营销的前提。

13.9　总　结

本章从不同角度分析了国际化环境下的买卖关系。表 13.3 总结了承包商和分包商建立关系的利弊。项目出口情况与"正常的"买卖关系有以下几个方面的不同。

表 13.3　承包商和分包商买卖关系的优缺点

	优　势	劣　势
承包商（买家）	1. 承包商很灵活，不投资制造设施。与自己生产相比，分包商可以比自己生产更便宜的价格采购产品（因为劳动力成本更低）。 2. 承包商可以专注于内部核心竞争力。 3. 补充承包商的产品范围。 4. 产品创新的新想法可以从分包商那里继承下来。	1. 不能假定有合适的制造商（分包商）。 2. 外包往往比内部运营相对不稳定。 3. 承包商对分包商的活动控制较少。 4. 分包商可以发展为竞争对手。 5. 外包产品的质量问题会影响到承包商的业务。 6. 对分包商的协助可能会增加整个操作的成本。
分包商（卖方）	1. 因承包商国际化而进入新的出口市场（对所谓的后发者尤其重要）。 2. 更高的产能利用率带来的规模经济（降低单位成本）。 3. 学习承包商的产品技术。 4. 学习承包商的营销实践。	为满足承包商的需求而扩大生产能力，同时在海外拓展销售和市场活动，导致对承包商产生依赖的风险。

（1）购买决策过程往往涉及国家和国际开发组织。这往往导致官僚式的分包商选择。

（2）项目融资是一个关键问题。

案例研究 13.1　　　　案例研究 13.2　　　　案例研究 13.3

问题讨论

1. 针对国际分包商提高外包水平的原因是什么？

2. 根据承包商和分包商关系的差异，描述分包商的分类。

3. 解释在分包过程中，由卖方主动向买方主动的转变。

4. 解释美国分包商系统和日本供应商系统之间的主要差异。

5. 项目出口/交钥匙工程与工业市场的一般分包有何不同？

6. 项目出口的特点往往是一个复杂和耗时的决策过程。这对潜在分包商的营销影响是什么？

参考文献

13.9　本　章　小　结

第Ⅲ部分案例研究

案例研究Ⅲ.1　　　　案例研究Ⅲ.2　　　　案例研究Ⅲ.3

第Ⅳ部分

设计国际营销计划

第Ⅳ部分　内容

第 14 章　产品决策

第 15 章　定价决策和商业条款

第 16 章　分销决策

第 17 章　传播决策

第Ⅳ部分　案例研究

Ⅳ.1　施华洛世奇：珠宝/水晶制造商正在向电子商务和社交媒体扩张

Ⅳ.2　李维斯：开拓新的国际市场

Ⅳ.3　健力士：标志性的爱尔兰啤酒品牌如何弥补国内市场销量的下降？

第Ⅳ部分　简介

一旦公司决定了如何进入国际市场（见第Ⅲ部分），下一个问题就是如何设计国际营销组合。

第Ⅳ部分主要是基于传统的"4P"营销组合。

- 第 14—15 章：产品和价格决策。
- 第 16—17 章：分销和传播决策。

原来的 4P 营销组合主要来源于关于制造业对消费者（B2C）公司的研究，其中，营销组合概念的实质是可用于营销管理的可以影响顾客的一组可控变量或工具包（4Ps）。然而，在企业对企业（B2B）营销中，营销组合受到买卖双方之间互动过程本身的影响，因此，影响过程是谈判，而不是传统的 4P 组合所暗指的说服。此外，有人一直关注经典的 4Ps 没有融合服务的特征，即内在无形性、易逝性、异质性（可变性）、不可分割性和所有权。

最有影响力的替代性框架是鲍姆斯和比特纳（Booms and Bitner，1981）提出的 7Ps 组合，该框架指出，传统的 4Ps 需要扩展到额外的三个 Ps：参与者（人员）、有形展示和过程。下面将讨论他们的框架。

1. 参与者（人员）

任何与顾客接触的人都会对顾客的整体满意度产生影响。这一点在人员与来自不同文化背景的顾客互动时尤为明显（Czinkota and Samli，2010）。参与者就像是在服务传递过程中扮演某种角色的演员，即企业的人员和其他顾客。由于服务的生产和消费同时进行，因此，企业人员占据影响顾客对产品质量感知的关键地位。这一点在"高接触"服务中尤其突出，如餐馆、航空和专业咨询服务。事实上，企业的员工就是产品的一部分，因此，产品的质量无法和服务提供者的质量相分割。基于此，企业特别关注员工的服务质量，并监督他们的表现。这一点在服务业尤为重要，因为员工的表现千差万别，也就导致服务质量千差万别。

参与者包含购买服务的顾客和在服务环境中的其他顾客。因此，营销管理者不仅要管理服务提供者和顾客间的互动，还要管理其他顾客的行为。例如，人员的数量、类型和行为会部分决定餐馆中用餐的愉悦度。

2. 过程

这是为顾客提供服务所包括的过程。它包括服务获取和交付过程中活动的流程、机制和步骤。在一个像麦当劳这样的自助快餐店获取食物的过程很明显与在一家提供全方位服务的餐厅不同。另外，在服务情境中，顾客可能需要排队才能得到服务，而服务交付本身也可能需要一定的时间。营销人员必须确保顾客了解获取服务的过程，以使顾客接受排队与交付时间。

3. 有形展示

与产品不一样，服务在其交付之前不能被体验，这造就了服务的无形性。这意味着潜在顾客在决定是否接受服务时会感知到更大的风险。为了减少对风险的感知，以提高成功率，给顾客提供一些有形的线索来评价提供的服务质量就很重要。这可通过有形展示来实现，如成功案例或客观见证。例如，在餐厅、酒店、零售店和很多其他服务领域，物理环境本身（如楼宇、家具和陈列等）可以帮助顾客评价他们所能期望的服务质量与等级。事实上，物理环境就是产品自身的一部分。

也有人认为，没有必要修正和扩展传统的 4Ps，因为鲍姆斯和比特纳提出的扩展部分能够被整合到现有框架中。此种观点认为，顾客体验到的满意与不满意都来自于对产品所有方面的感知，不管是有形的，还是无形的。该过程可以整合进分销中。例如，巴特勒（Buttle，1989）认为，产品和/或促销要素可以包括参与者（鲍姆斯和比特纳的框架），而有形展示和过程则可以被认为是产品的一部分。事实上，鲍姆斯和比特纳也认为产品决策应该包含他们所提出的组合中的三个扩展要素。

因此，本书的第Ⅳ部分仍然使用 4Ps 结构，但同时，其他三个扩展的 P 也会融合进第 14—17 章中。

4. 全球化

自 20 世纪 80 年代初,"全球化"这一术语日益成为讨论的焦点。在《市场全球化》一文中,勒维特(Levitt,1983)引起了关于企业最合适的国际化方式的大量争论。勒维特对全球化战略的支持同时获得了支持和批评。事实上,这两方争论代表着本土化营销与全球化营销,并聚焦于是标准化的、全球化的国际市场营销方法更有优势,还是基于特定国家的、差异化的营销方法更有优势这一核心问题。在第Ⅳ部分,我们将学习到,在国际环境中,存在可能有利于增强一家公司的全球化或有利于其本土适应性的不同驱动力。起始点通过图Ⅳ.1 中所示的标度上的现有平衡点来进行说明。哪种力量会获胜不仅仅依赖于环境因素,还依赖于企业所偏爱的特定国际营销战略。图Ⅳ.2 展示了两种战略的极端情况。

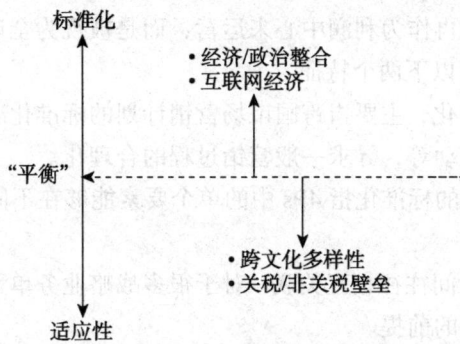

图Ⅳ.1 影响标准化和适应性之间平衡的环境因素

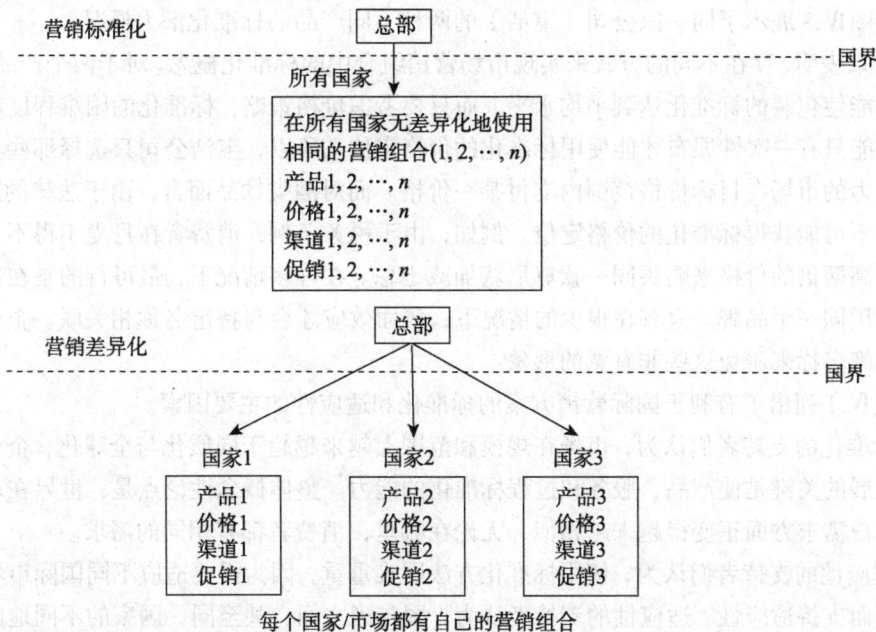

图Ⅳ.2 国际营销组合的标准化和差异化

因此,管理者关于其国际营销战略需要做出的一个基本决策是,在什么程度上,他们应该标准化或者调整其国际营销组合。以下三个因素给营销标准化提供了巨大的机会（Meffert and Bolz，1993）。

（1）市场的全球化。顾客日益在世界范围内运营，其特征体现为协调与集中的采购过程。为了应对这种情况，制造商建立全球关键客户管理，以避免各个国家的子公司在与如全球零售商这样的顾客进行单独谈判时产生冲突。

（2）行业的全球化。因为缺乏足够的规模经济和经验曲线效应，所以，许多企业已经不能单单依靠本土市场。许多行业，如计算机、制药和汽车，以高研发成本为特点，只有通过世界范围内的高销量，才能收回成本。

（3）竞争的全球化。由于全球范围内需求的同质化，不同的市场开始相互关联。因此，公司能够以世界范围为基础计划它们的活动，并尝试确立相比于其他全球竞争对手的优势。因此，国家子公司不再作为利润中心来运营，而是被视为全球投资组合的一部分。

标准化营销概念具有以下两个特征。

（1）营销过程的标准化，主要指跨国市场营销计划的标准化决策制定过程。通过标准化的新产品推出、控制活动等，寻求一般营销过程的合理化。

（2）营销方案和组合的标准化指 4Ps 中的单个要素能够在不同的国家市场中统一为一种共同方法的程度。

这两个标准化特征之间往往相互关联：对于很多战略业务单元来说，过程导向的标准化是实施标准化营销方案的前提。

许多学者认为，标准化和适应性是两个不同的选项。然而，商业现实却是，只有很少的营销组合是完全标准化的或完全适应性的。取而代之的是，更应该讨论标准化的程度。因此，图Ⅳ.3 展示了同一家公司（宝洁）的两种不同产品的标准化潜力概况。

结果表明，存在不同的方式来实现市场营销组合中的标准化概念。对于两个产品而言，最起码能使包装的标准化达到平均水平。而只要考虑价格策略，标准化的困难程度就会提升。可能只有一次性尿布才能使用标准化的价格定位。所以，宝洁公司只选择那些具备必要购买力的市场在目标价格范围内支付某一价格。而对酒类饮品而言，由于法律的限制，基本上不可能获得标准化的价格定位。例如，由于税务条例，消费者在丹麦不得不支付比在德国高两倍的价格来购买同一款尊尼获加威士忌。在许多情况下，最可行的是在世界范围内使用同一个品牌。只有在很少的情况下，负面效应才会与特定名称相关联。企业需要更换品牌名称来避免这些非有意的形象。

表Ⅳ.1 列出了有利于国际营销方案的标准化和适应性的主要因素。

标准化的支持者们认为，市场在规模和范围上越来越趋于同质化与全球化，企业的生存和发展的关键是使产品、服务和过程标准化的能力。整体概念性论点是，世界在环境因素和客户需求方面正变得越来越相似，无论在哪里，消费者都有相同的需求。

适应性的支持者们认为，使用标准化方法困难重重，因为需要适应不同国际市场的独特方面而支持适应性。适应性的支持者认为，国与国之间，甚至同一国家的不同地区之间都存在着实质性差异。

由于竞争优势在国际营销战略中起到了至关重要的作用，所以，在跨国际市场中，竞争优势天生的相似性有利于在不同市场中采用相似的战略，促使战略的标准化。由于竞争

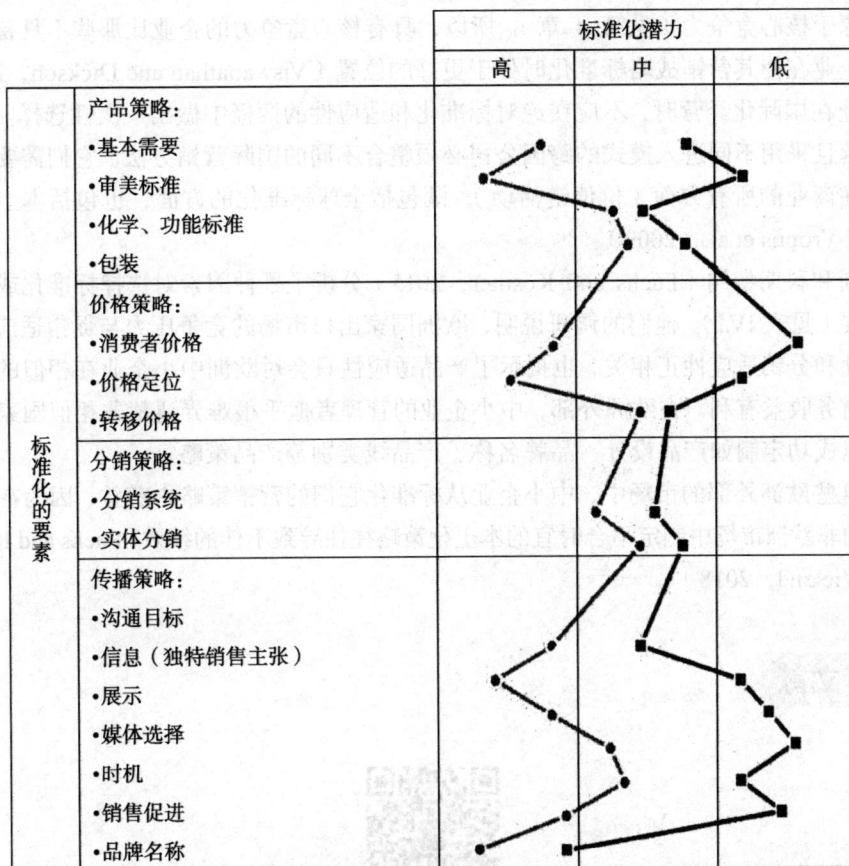

	标准化潜力		
	高	中	低

标准化的要素

产品策略：
- 基本需要
- 审美标准
- 化学、功能标准
- 包装

价格策略：
- 消费者价格
- 价格定位
- 转移价格

分销策略：
- 分销系统
- 实体分销

传播策略：
- 沟通目标
- 信息（独特销售主张）
- 展示
- 媒体选择
- 时机
- 销售促进
- 品牌名称

● 一款特定一次性尿布的标准化概况（如帮宝适）
■ 一款特定饮品的标准化概况（如尊尼获加威士忌）

图Ⅳ.3　一家企业的标准化潜力分析

来源：改编自 Kreutzer（1988）. 经 England Group Publishing Ltd.许可重印; www.emeraldinsight.com.

表Ⅳ.1　有利于标准化与适应性的主要因素

有利于标准化的因素	有利于适应性的因素
• 研发、生产和营销中的规模经济（经验曲线效应）	• 本土环境引起的适应性：社会文化、经济和政治的差异（不存在经验曲线效应）
• 全球竞争	• 本土竞争
• 消费者品位和需要的趋同（消费者偏好是同质性的）	• 消费者需要的千差万别（文化差异使得消费者需要异质化）
• 国际运营的集中性管理（可以跨境转移经验）	• 伴随独立的国家子公司的分散式与分权式管理
• 竞争对手使用标准化概念	• 竞争对手使用适应性概念
• 在不同市场间，竞争优势的可转移程度很高	• 在不同市场间，竞争优势的可转移程度很低
其他问题： • 更容易沟通、计划和控制（通过互联网和移动技术） • 库存成本降低	其他问题： • 法律问题和技术标准的差异

来源：Essentials of Global Marketing, FT/Prentice Hall (Hollensen, S. 2008) p. 299, Table 1, Copyright©Pearson Education Ltd.

优势来源于核心竞争力（见第 4 章），所以，具有核心竞争力的企业比那些不具备核心竞争力的企业在使其营销战略标准化时处于更好的位置（Viswanathan and Dickson，2007）。

企业在国际化经营时，不应在绝对标准化和适应性的两极中做出一次性选择。在多个国家运营且采用不同进入模式的跨国公司必须整合不同的国际营销方法。它们需要将注意力集中在商业的所有方面（价值链活动），既包括全球标准化的方面，也包括本土适应性的方面（Vrontis et al.，2009）。

福斯和科斯特纳（Fuchs and Köstner，2015）分析了哪种因素对选择标准化或适应性最为重要（见表 IV.1）。他们的调研说明，欧洲国家出口市场的竞争压力与促销适应性、价格适应性和分销适应性正相关，也揭示了产品适应性只会对欧洲中小企业在相似的欧洲市场中的财务收益有利。在欧洲外部，中小企业的管理者似乎很难弄清楚非相似国家的实际情况，以成功定制如产品设计、品牌名称、产品线类别等产品策略。

在这些欧洲外部的市场中，中小企业从标准化它们的营销策略中获益，因为在远离本土国家的非欧洲市场中制定不合时宜的本土化策略往往导致不佳的绩效（Fuchs and Köstner，2015；Wieland，2018）。

参考文献

延伸阅读

第14章

产 品 决 策

学习目标

通过学习本章，学生应该能够做到以下几个方面。

- 讨论引起企业标准化或调整其产品的影响因素；
- 探索国际服务战略是如何开发的；
- 对产品生命周期和国际产品生命周期进行区分；
- 讨论为外国市场开发新产品遇到的挑战；
- 解释和举例说明产品传播组合中的各种方案；
- 定义和解释不同的品牌化方案；
- 讨论品牌仿冒现象和可行的防伪策略；
- 讨论供选择的环境管理策略。

14.1　导　　论

为了开发国际营销组合，产品决策是营销管理者需要首先做出的决策之一。本章将研究与产品相关的问题，并提出解决这些问题的概念性方法。本章还会讨论国际品牌（标签）战略和服务策略。

14.2　国际化产品的维度

为了给国际市场开发一个可以被接受的供应物品，有必要首先考察需提供什么样的"整体"产品。科特勒（Kotler，1997）提出，营销管理者应考虑供应物品的五个层次，以使产品对国际市场具有吸引力。在图 14.1 中，展示的产品维度不仅涵盖了核心的物理特性，还包括了附加要素，如包装、品牌和售后服务，这些要素对于购买者来说，构成了产品整体。

我们也可以从图 14.1 中看到，将核心产品利益（功能特征、性能等）标准化比将支持性服务标准化更容易，支持性服务经常不得不根据商业文化和个体顾客进行定制。

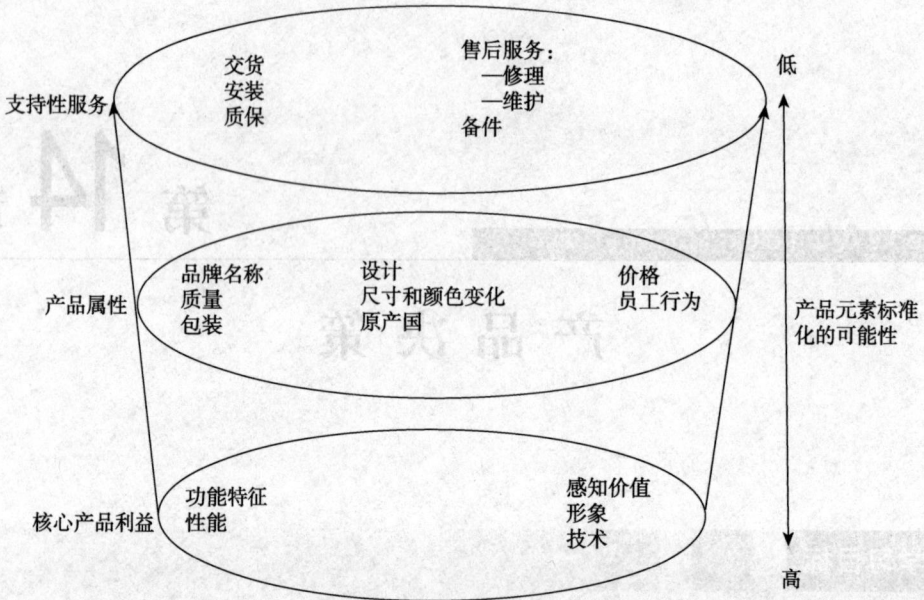

图 14.1　产品的三个层次

14.3　制定国际化服务策略

从产品的定义可以看到，服务通常与产品相伴，但产品本身也正成为国际经济中日趋重要的一部分。如图 14.2 所示，产品和服务要素组合可能存在很大差异。该图假设顾客在购买和消费过程中或多或少是被动的，当然，这并不总是现实。提供的所有产品越来越不能被该有形连续线的任何一端上的点来确切描述，相反，供应品是具体对象、提供的服务

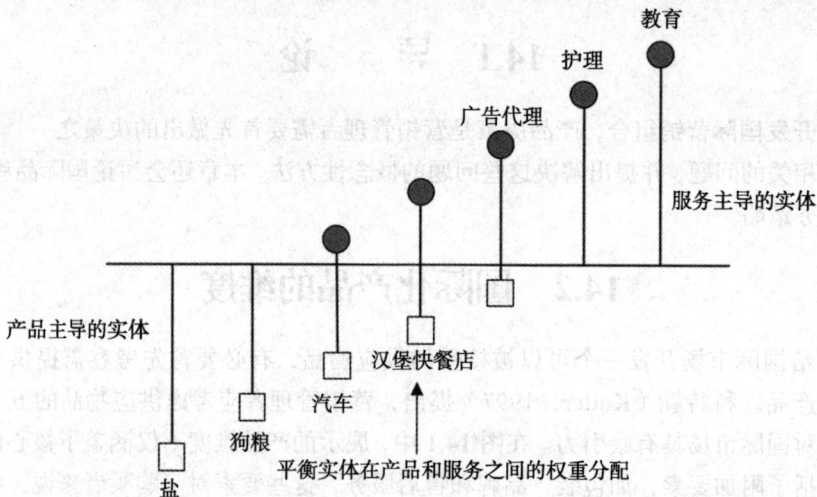

图 14.2　要素主导的范围

来源：International Marketing, 4th edn（Czinkota, M.R. and Ronkainen, I.A., 1995），p. 526, © 1995
South-Western, 隶属于 Cengage Learning, Inc., 经许可重印；www.cengage.com/permissions.

和顾客参与的复杂组合。顾客并不是寻求产品，而是寻求满足。因此，产品代表服务的载体，因为产品使顾客可以追求其个性化的满足。例如，顾客为其电脑购买了新的软件，他们可能会得到一件实体产品（CD）带回家，并在其电脑上安装。但是，他们真正购买的是执行一项新任务的能力或解决现有任务的新方式。安装的 CD 是知识的凝结，它和各种服务提供者的能力一起被加密，这要求顾客展示这些能力，并愿意释放这些存储的知识（Michel et al.，2008）。

14.3.1 服务的特性

在考虑可行的国际化服务策略之前，了解全球服务营销的特殊本质很重要。服务具有以下特性。

（1）无形性。由于类似于航空运输或教育这样的服务无法被触摸与测试，因此，服务的购买者无法索取任何传统意义上有形事物的所有权。购买者为使用或表现而付款。服务中的有型要素，如飞机上的食物或饮料，被用作服务的一部分，以保证提供的利益，并增强其感知价值。

（2）易逝性。服务无法被存储，以备未来使用。例如，一旦飞机起飞，空座就失去了价值。所以，这个特性也就在计划和促销匹配供需时造成了很大的问题。由于持续保持满足峰值需求的必要服务能力的成本是非常昂贵的。因此，营销人员必须尝试估计需求水平，从而优化能力的使用。

（3）异质性。因为涉及人与人之间的互动，所以服务很少是一样的。此外，在服务的生产过程中，顾客参与度很高。这可能导致保持质量的问题，特别是在国际市场中，对顾客服务的态度有很大差异。

（4）不可分割性。服务的生产时间和消费时间很接近，甚至是同时发生。服务在销售时被提供。这意味着规模经济和经验曲线利益很难实现，向分散的市场提供服务是昂贵的，特别是刚起步阶段。

14.3.2 服务主导逻辑（S-D 逻辑）

与传统关注商品交换的市场观点（指商品主导逻辑，或 G-D 逻辑）相比，服务主导逻辑（S-D 逻辑）代表了一种更为广阔的市场观点。

根据服务主导逻辑（Vargo and Lusch, 2004, 2008），顾客价值是在卖方和顾客共同创造的过程中产生的。在这个过程中，顾客成为服务的共同生产者，同时也是消费者。结果是顾客成为"产消者"（=生产者+消费者）。

服务是交换的基础。厘清"服务"的概念至关重要，它是对收集可供顾客使用的资源的一种应用，顾客将这些卖方提供的资源进行添加和融合，这个过程对顾客和卖方而言，都得到了收益。资源收集过程将卖方和顾客整合到一起，涵盖了整个共同工作产生价值的资源网络。这种资源"集聚"和资源处理的结果是创造出了新的价值，对于卖方和顾客来说，就是通过服务的形式来实现（增值）。在这种服务主导逻辑观点中（Vargo, 2009, 2011），顾客作为价值创造的积极参与者。顾客成为操作性资源（共同生产者），而不是被操作资源（目标），并可以被包括进整个价值链中。瓦戈（Vargo, 2009）认为，在服务主导逻辑中，公司（卖方）不能创造价值，只能提供价值主张，只有当顾客选择价值主张来"解决自己的问题"时，才能最终创造顾客价值。

为了实施顾客是共同生产者的服务主导逻辑，公司组织国际化营销活动的方式必须也支持这种理念。例如，在产品开发的全球供应商-制造商合作中，供应商会围绕"全球的"顾客建立全球客户管理（GAM）团队，从与顾客一起开发解决方案，并为双方组织创造价值（参见 19.3 节）。一些团队甚至位于顾客全球经营场址的附近，将制造商、销售、物流、财务、会计和人力资源等成员都包括进来。供应商需要将其销售代表和买方相匹配，将其财务和会计与顾客的会计与付款人员相匹配，将其顾客服务和顾客的用户相匹配。供应商的全球客户管理团队与顾客的全球组织下的多个跨国实体相互配合（Gruen and Hofstetter, 2010）。这其实也是从所谓的"蝴蝶结"组织向"钻石"组织转变背后的原理（见图 19.8）。

14.3.3　服务的国际营销

在国际服务营销过程中，存在一些特殊的问题。例如，在偏远地区实现不同营销参数的一致性是特别困难的，对其施加控制更是难上加难。由于固定成本是整体服务成本非常重要的组成部分，因此，定价同样非常困难。顾客的购买能力和它们接受到的服务的感知会因市场的不同而存在巨大差异，这也就导致价格制定上和利润产生上的巨大差异。此外，由于需要提供个性化服务，因此，想要保持顾客忠诚度以获取重复的业务往来十分困难。

14.3.4　服务的类型

所有产品，不论是商品，还是服务，都含有一个核心元素，它被很多可选择的补充元素所包围。如果我们首先审视核心服务产品，那么，我们就可以依据服务的无形性和在服务生产过程中顾客需要有形展示的程度，将它们分成三类，如表 14.1 所示。

表 14.1　服务的三种类型

服务的类型	特　　征	举例（服务提供者）	全球标准化的可能性（通过规模经济、经验曲线效应、更低的成本来实现）
人员参与	• 顾客成为生产过程的一部分。服务公司需要在当地维持经营	• 教育（学校、大学） • 客运（航空、汽车租赁） • 医疗保健（医院） • 餐饮服务（快餐店、饭店） • 住宿服务（酒店）	可能性不高：由于"顾客参与生产"，因此需要很多当地网点，这使得该类服务在全球范围内很难运营
实物参与	• 为实物对象提供有形操作，以提高其对顾客的价值 • 实物对象需要包括进生产过程中，但实物的所有者（顾客）不需要。	• 汽车修理（汽车修理站） • 货物运输（货运代理） • 设备安装（如电工） • 洗衣服务（自助洗衣店）	较高的可能性：与人员参与服务相比，这涉及顾客和服务人员之间较低程度的接触。这种类型的服务不是特别文化敏感
基于信息的服务	• 收集、操控、解释和传输数据，以创造价值 • 有形性最低 • 在生产过程中，客户参与最少	• 电信服务（电话公司） • 银行 • 新闻 • 市场分析 • 互联网服务（网站主页的开发商、数据库提供商）	非常高的可能性：由于这些服务的"虚拟"性质，因此可以从一个中心位置（单一采购）实现全球标准化

总之，基于信息的服务给全球标准化提供了最好的机会。其他两类服务（人员参与和实物参与）都受制于不能跨国界传递竞争优势。例如，当欧洲迪士尼乐园在巴黎开业时，迪士尼面临无法将高能动性的员工从美国迪士尼乐园转移到欧洲的困境。

信息技术（互联网）的飞速发展带来了新类型的信息服务的出现（如国际航班日程信息），这为标准化提供了更大的机会。

1. 企业对企业（B2B）市场中的服务

企业对企业市场在很多方面都和消费者市场有所不同：

- 更少但更大型的买家，通常在地理分布上集中；
- 需求是派生的、波动的、相对无弹性的；
- 在购买过程中，有很多参与者；
- 买卖双方关系更为紧密；
- 中间商的缺失；
- 技术联系。

在消费者市场的服务中，不满意的消费者经常有一种选择是从供应商-消费者的关系中退出。这是因为有很多公司提供同类产品，更换产品和公司很容易。

但在 B2B 市场中，买卖双方之间的连接使得企业不愿意打破这种关系。当然，在某种程度上，退出的机会在 B2B 市场中也存在，但对连接和承诺的投资的损失会创造退出壁垒，因为更换供应商的成本很高。此外，有时，寻找新的供应商很困难。

专业服务企业，如工程咨询公司，和典型的 B2B 服务企业具有很多相似性，但它们参与更高程度的定制化，并有更强的面对面互动成分。这种服务通常都是上亿美元的项目，以公司之间发展长期的合作关系为特征，且在项目合作期间同样需要管理日常关系。当一个专业服务企业（不论是会计、建筑师、工程师，还是管理咨询师）向客户销售时，相比企业的服务，销售的更多是特殊人才的服务。所以，专业服务企业需要高技能的人才。

服务的内在特征表明，所在地和顾客—供应商互动关系对于服务而言要比对于传统产品供应物而言重要得多（Kowalkowski et al.，2011）。

菲利亚特罗和拉皮尔（Filiatraul and Lapierre，1997）针对工程咨询项目，以欧洲（法国）和北美（加拿大）为对象进行了一个跨文化比较研究。在北美，工程咨询企业（相比欧洲）一般更小，而且经济环境上更接近于完全竞争市场。相反，在欧洲企业签订的合同往往很大，而且受到政府的推动。法国的咨询公司发现，在北美比在欧洲更具有管理上的灵活性。此外，转包在北美也更为流行。

2. 电子服务

由于互联网的持续发展，消费者行为已经发生变化，新的需求已经形成。作为交互性媒介，互联网集合了大规模生产（基于产品的生产）和定制化（特别是在服务领域）的最大优势。大规模定制的终极工具是将每一位顾客区别对待。

致力于将传统服务概念与新技术相融合的企业创造了一种新类型的服务，被称为电子服务（e-services）。电子服务通过与在线用户互动来交付基于信息的产品和服务。基本上，电子服务可以被定义为通过电子网络来完成的价值交换商业活动，电子网络包括互联网和移动网络。电子服务涉及在互联网上实时进行资源的传递和个性化筛选。

电子服务包括那些只用互联网作为用户交互，而实际服务完成可能涵盖非电子渠道的情境（如购物），也包括那些完全靠网络交付的服务（如音乐流和下载）。

当今的数字经济时代为通过互联网交付的服务提供了全新的发展机遇。电子服务正变得越来越重要，不仅因为它决定电商企业的成败，也因为它能给顾客传递最优的整体体验。基于互联网的服务的出现不仅提高了企业的成本效益，还提升了在线交易的速度、效率和灵活性。此外，交付服务的独特方法提供了全新的体验，并改变了顾客的预期。

很多行业中已经出现了新的电子服务供应物，如财务服务、健康保障、电信服务、休闲和住宿服务、信息服务、法律和教育服务，以及很多其他服务。新电子服务的发展强调产品和服务之间的核心差异：无形性、异质性和同时性。

3. "云计算"下的电子服务

用最简单的术语解释，云计算（cloud computing）意味着在互联网上，而不是在计算机的硬盘上存储和访问数据和程序。云只是对互联网的一个比喻。

云计算上的创新来源于互联网分享信息资源的能力，用户几乎不和服务供应商交互就能自助完成服务。用户可以在任何地点或设备访问信息，这使得用户能更好地利用数字信息。消费者能够在任何时间和地点访问信息的能力使得企业可以更好地获得营销信息，这在之前是十分昂贵和难以获取的（Ratten，2015）。从国际营销的角度来看，"云计算"的这个优势当然很重要。

对于国际营销人员而言，云计算提供了在全球访问计算资源的能力，这些资源可以在国际地理位置的基础上重新分配。随着越来越多的公司和消费者在国际商业领域工作，云计算为传统信息技术数据存储和访问服务提供了更便宜、更好的选择。

云计算已改变了商业应用程序的开发和应用方式。企业不再需要购买和维护它们自己的服务器、存储和开发工具等用以创造与运行商业应用程序的基础设备，取而代之的是，企业可以基于需求，通过互联网浏览器或移动设备访问各种类型的商业应用程序，从而避免内部管理软硬件的成本和复杂性。

向社交网络的巨大转变改变了人们的合作方式，加速了用以连接人和产品的技术的采用，这些技术通过订阅和状态更新来完成人和产品的连接。从台式机到智能手机和平板电脑，也发生着重大转变，这使得人们能在其移动设备上完成业务。而且，越来越多的顾客希望和他们使用的产品进行互联。

世界范围内对云计算服务的需求将会在未来几年强劲增长。云计算是一个计算框架模型，保证了软件即服务（SaaS）的交付。云计算的吸引力正在逐渐增加，这是因为它可以使企业减少成本，如预付版税或许可费用、硬件设施投资和其他运营成本。

Salesforce.com 是在"云"顾客关系管理（CRM）解决方案方面走在前列的一家公司，参见示例14.1。

示例 14.1

Salesforce.com 作为顾客关系管理"云"服务的供应商

Salesforce.com 的建立是基于通过互联网或"云"提供顾客关系管理应用程序的概念。它们于 2000 年 2 月推出了第一个顾客关系管理的解决方案，并已通过内部开发和并购扩展了其供应物，提供新版本、解决方案和增强的功能。

它们的使命是，通过授权与其顾客以全新的方式建立联系，以帮助顾客将自己转变为"顾客公司"。

Salesforce.com 主要通过对其服务的订阅费用（每年一次）来获得收入。在 2015 财年，Salesforce.com 的收入为 105 亿美元。大约 30% 的收入来源于美国以外的顾客（北美和南美）。2019 年 2 月 1 日，Salesforce.com 已经拥有 3 万名员工。

对云顾客关系管理软件服务不断增长的需求将会促进公司未来几年内的收入和市场份额的增长。然而，在 Salesforce.com 经营的顾客关系管理解决方案市场，竞争激烈、演变迅速且分散。公司的主要竞争对手是包装业务软件的供应商和提供顾客关系管理应用程序的公司。同时，Salesforce.com 还面临着国内发展起来的应用程序的挑战。公司直接的竞争对手包括微软、甲骨文、SAP 和 IBM 等公司。

来源：基于 salesforce.com，财务报告 2018 及其他公共来源。

14.4　产品生命周期

14.4.1　产品生命周期的概念

产品生命周期（product life cycle，PLC）的概念对于制定产品决策与策略而言具有重要的价值。

产品如同人一样，会经历不同的阶段。每个阶段都会呈现不同的销售绩效，展示出不同的盈利水平、不同的竞争程度和差异化的营销方案。产品生命周期的四个阶段分别是引入期、成长期、成熟期和衰退期。产品生命周期的基础模型如图 14.3 所示，该图还包括了产品实际进入销售之前的阶段，这些阶段在总体上构成了进入市场的时间（time to market，TTM）。

进入市场的时间指产品从构思到实际销售所花费的总时长。进入市场的时间在那些更新换代很快的行业中非常重要，如在 IT 业中。

由于以下几点原因，快速上市对于许多公司能够竞争成功而言很重要。

- 较快进入市场获取的竞争优势。
- 在生命周期的初期能够溢价销售。
- 较快实现开发投资的盈亏平衡和较低的金融风险。
- 整体收益更大，投资回报更高。

实现快速上市的关键过程要求如下。

- 在项目开始时就能够清晰理解顾客要求，保持产品要求或规格的稳定。

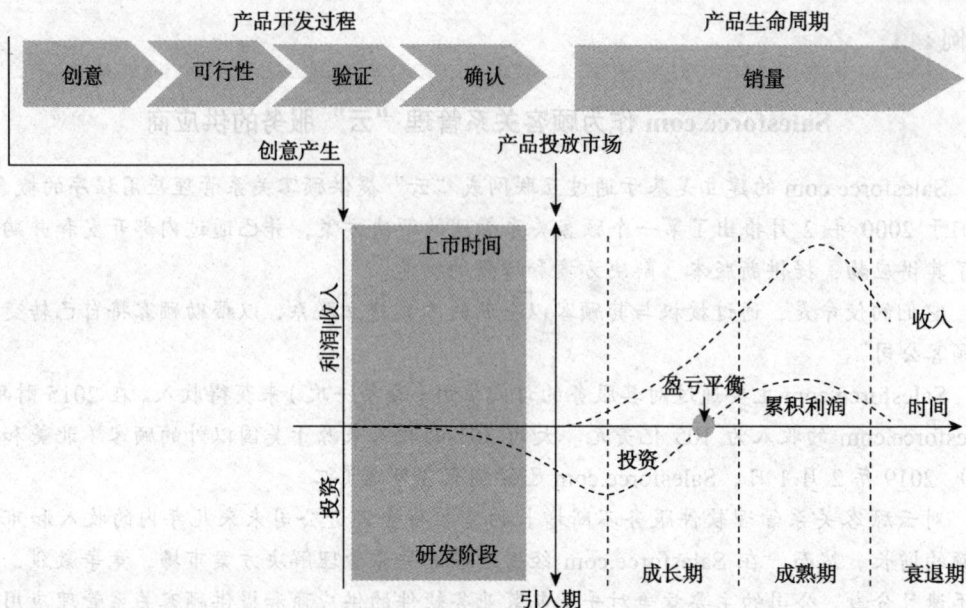

图 14.3 产品生命周期和进入市场的时间

（来源：Marketing Management: A Relationship Approach, 2nd ed., Financial Times/Prentice Hall（Hollensen, S. 2010）Figure 11.7, Copyright © Pearson Education Limited）

- 个性化且最优化的产品开发流程。
- 在产品开发过程的基础上设计出符合实际的项目计划。
- 使用必要的资源来支持项目，并且使用全职、专业人员。
- 早期介入和迅速的人员构建，以支持产品和过程的并行设计。
- 使用包括数字装配模型在内的虚拟产品开发技术、早期分析与仿真，保证最小耗时的实物模型和测试。
- 设计重复使用和标准化，以最小化项目内容设计。

单纯的速度，即尽快将产品投放市场，对于快速变化的行业是有价值的，但单纯追求速度往往不是最佳目标。许多管理人员计算得出，产品开发项目越短，成本越低，所以他们尝试使用进入市场的时间作为节约成本的一种方法。但不幸的是，缩短进入市场的时间的主要方法是给项目配备更多的人员，所以，尽快完成项目实际上可能会造成更高的费用。

产品生命周期强调在产品的不同阶段有必要对营销目标和策略进行审查。产品的生命周期对营销策略的思考是很有帮助的。然而，有时很难了解产品什么时候从一个阶段进入到另一个阶段。生命周期概念有助于管理者将产品线视为一种投资组合。

大多数组织提供不止一种产品或服务，并在多个市场运营。了解产品生命周期的优势在于这些组织可以区别管理不同的产品，即产品组合，而不是将它们作为在同一阶段的产品进行管理。将产品均匀分布到不同的生命周期阶段可以使组织的现金和人力资源的使用效率最大化。图 14.4 通过一个例子展示了生命周期管理，以及与生命周期不同阶段相对应的策略。

产品生命周期阶段

	引入期	成长期	成熟期	衰退期
成本	最高单位顾客成本	高单位顾客成本	低单位顾客成本	低单位顾客成本
顾客	创新者	采用者	大众	滞后者
竞争者	没有或极少	少数	竞争者数量最多	竞争者数量减少
营销目标和战略	高产品认知和试销——需要解释创新的本质	在太多竞争者到来之前，最大化产品份额	• 最大化利润的同时保持市场份额 • 鼓励顾客更换品牌	• 减少花费并榨取品牌价值 • 成本控制非常重要
产品	提供基本产品	提供扩展产品、服务和保障	• 产品差异化 • 多样化品牌和型号	• 淘汰劣势产品 • 通过新功能尝试创造新"周期"
价格（利润）	较高价格，但是很可能因为较高的营销投入而亏损	进入市场的价格——由于竞争者进入市场而价格下降	匹配或击败对手的价格——从渠道商那里感受到价格压力	竞争价格，降价导致亏损
渠道	构建排他性或选择性分销渠道	构建选择性分销渠道	构建更紧密的分销渠道	构建选择性分销渠道；淘汰不盈利的渠道商
促销	• 在早期采用者和渠道商中构建产品认知 • 通过加大促销力度来诱导尝试	• 在大众顾客中构建认知和兴趣 • 如果顾客忠诚的话也可以：减少开发顾客的高需求	• 强调产品的差异化和收益 • 鼓励顾客更换品牌	• 降低保持核心忠诚的必要水平 • 备选：通过增加订单来创造新的"周期"

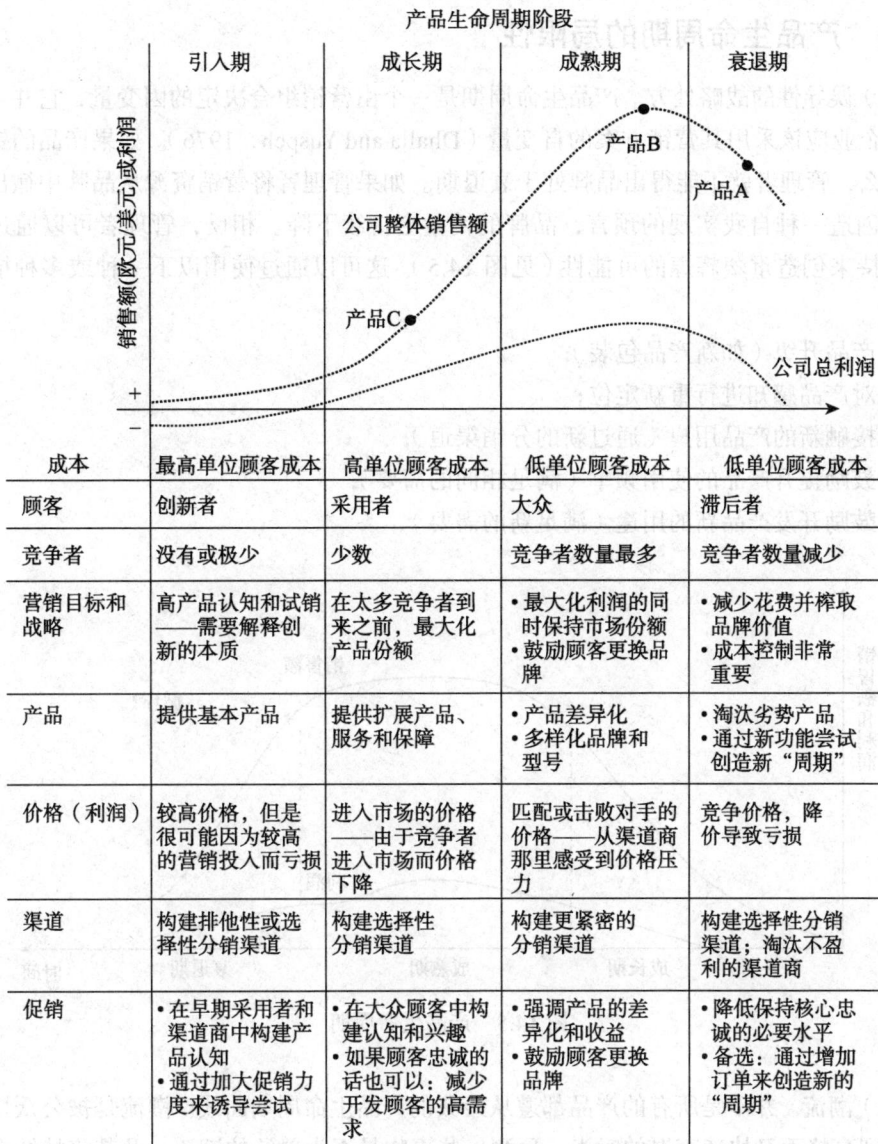

图 14.4　产品生命周期及其营销策略的启示

来源：Marketing Management: A Relationship Approach, 2nd edn, Financial Times/Prentice Hall（Hollensen, S., 2010）Figure 11.7, Copyright © Pearson Education Limited

　　产品 C 处于成长期，对于 C 的当前投资来源于从早期产品 B 所获取的利润，产品 B 处于成熟期。B 产品由更早期的产品 A 资助，A 产品已经处于衰退期，它的衰退正由更新的产品来平衡。一个组织可以通过将新的、能够创造更高销量的商品或服务引入市场来实现增长。然而，如果这种扩张进行得太快，由于许多品牌在其生命周期的开始阶段要求大量投资，因此，即使最早的产品也不大可能会及时产生足够的利润来支持后面推出的产品。所以，制造商必须寻找其他来源的资金，直到收回投资。

　　但不论如何，管理者需要意识到产品生命周期的局限性，不要误认为产品生命周期是万能药方。

14.4.2 产品生命周期的局限性

（1）误导性的战略处方。产品生命周期是一个由营销组合决定的因变量，它并不是一个影响企业应该采用其营销方案的自变量（Dhalla and Yuspeh，1976）。如果产品的销量下滑，那么，管理者就不能得出品牌处于衰退期。如果管理者将营销资源从品牌中撤出，那么就会创造一种自我实现的预言，品牌的销量会持续下降。相反，管理者可以通过增加营销支持来创造重塑辉煌的可能性（见图 14.5）。这可以通过使用以下一种或多种措施来实现：

- 产品升级（如新产品包装）；
- 对产品感知进行重新定位；
- 接触新的产品用户（通过新的分销渠道）；
- 鼓励提升产品的使用频率（满足相同的需要）；
- 鼓励开发产品新的用途（满足新的需要）。

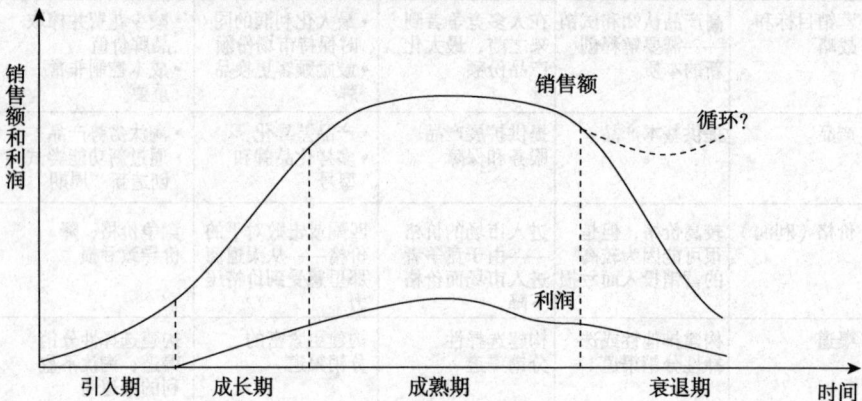

图 14.5 产品生命周期

（2）潮流。并不是所有的产品都遵从经典的产品生命周期曲线。潮流是被公众快速接受、达到高峰而又快速衰退的时尚。预测一些事物是否为单纯的潮流，及其将持续多久是困难的。大众媒体的关注度及其他因素都会影响潮流的持续性。

（3）不可预测性。产品生命周期的各阶段会持续多久是难以预测的。批评人士总是抱怨市场几乎不能表明产品到底处于哪个阶段。比如，一个产品在进入下一个增长阶段之前可能达到了一个短暂的平稳期，这可能会使人误以为该产品进入了成熟期。

（4）产品生命周期的层次。产品生命周期的概念可以在不同层次上进行检验，从整个行业的生命周期到产品形式的生命周期（技术生命周期，TLC）（Popper and Buskirk，1992），甚至是到一个单一模式下特殊产品的生命周期都可以。它可能对于思考产品形式的生命周期最为有用，如影印机或智能手机的操控系统（参见示例 14.2）。产品形式生命周期包括可被定义的直接和紧密的竞争者，以及核心技术的集群。这些特点使得产品形式的生命周期更为容易确定和分析，并可能产生更稳定和普遍的应用价值。图 14.6 展示了不同层次的生命周期的一个例子。

示例 14.2

iOS（苹果）/安卓（谷歌）智能手机业务的全球竞争

图 14.6 展示了智能手机行业（iOS 和安卓）中两个不同的技术生命周期。在智能手机设备中，正在使用的核心软件来源于智能手机里的操作系统。在智能手机业务中，苹果公司在 2007 年推出了第一款 iPhone。最新的一款 iPhone11 在 2019 年 9 月推出。所有的苹果型号（不同智能手机品牌的技术生命周期）都有一个共同的操作系统，即由苹果开发的 iOS（=技术生命周期）。2007—2008 年，谷歌开始研发一款竞争性的技术生命周期——安卓。2010 年，谷歌凭借三星 Galaxy 的发布获得了安卓的首次巨大商业成功，今天，三星 Galaxy 已经成为世界上最畅销的智能手机。许多智能手机制造商也都将安卓作为它们的操作系统，如华为（世界市场排名第 2~3 位）。在智能手机行业的起步阶段，由于苹果的强大实力，苹果 iOS 在世界市场上占据主导份额。直到 2012 年年初，安卓手机开始接管世界领导者的地位。2019 年，安卓的全球市场份额约为 75%，而 iOS 约为 23%。剩下的 2% 分配给了小型操作系统（一个个技术生命周期），如 KaiOS 和 Windows。

在原则上来说，图 14.6 中展示的不同的智能手机型号和品牌的聚合构成了整个技术生命周期。除了智能手机，相同的操作系统（iOS 和安卓）还可以被用于平板电脑。

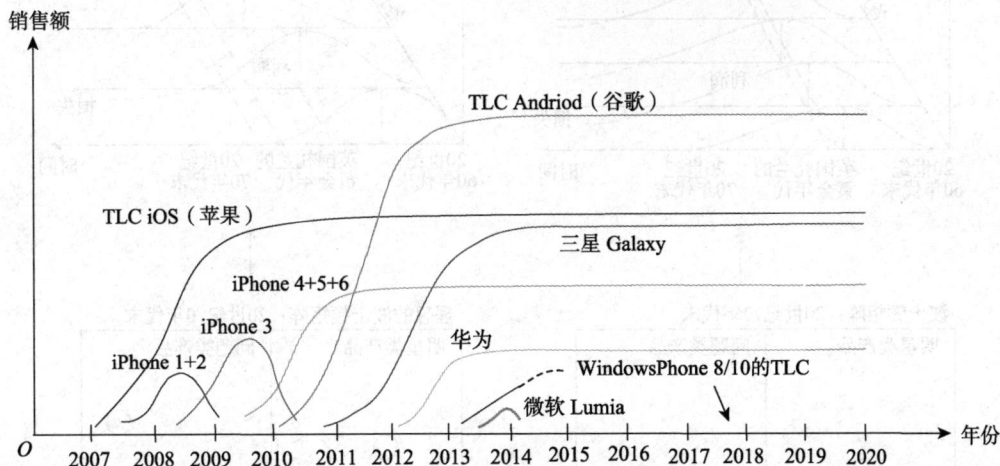

图 14.6　产品生命周期（PLC）的产品形式（技术生命周期——这里是智能手机操作系统）和单一产品型号（如 iPhone、三星 Galaxy 和华为）对比

总而言之，不同形式（技术生命周期）间的激烈竞争产生了更好的智能手机软件，为智能手机终端顾客带来了更多利益。

来源：各种公共来源如 www.samsung.com, www.apple.com 和 www.huawei.com。

另一个关于技术生命周期转换的例子发生在飞利浦和索尼联合开发并向市场推广 CD 唱片的时候。使得 CD 唱片成功取代老的黑胶唱片的一个关键因素是，索尼在美国对哥伦比亚广播公司（CBS）的所有权，以及飞利浦在欧洲对宝丽金所有权的收购，这两家公司都是世界上最大的音乐唱片公司，这对新的 CD 唱片形式成为行业标准起到了重要作用。尽管如此，仍然有大量壁垒阻碍新形式的采用。例如，潜在用户已经投资于黑胶唱片，而购买 CD 和 CD 播放器的价格在技术生命周期的开始阶段又相对较高。

14.4.3　企业中不同产品的生命周期

到目前为止，本章都将产品看作独立的、差异性的个体。但是，许多企业都生产多种产品，为多个市场服务。在这些产品中，一些很"年轻"，而一些则很"老"。年轻的产品需要投资来资助其增长，而其他产品则会创造超过自身需求的现金。不管怎样，企业都需要决定如何分配有限的资源来满足不同产品的竞争性需要，从而使企业整体能够达到最佳绩效。图 14.7 展示了英国礼兰公司无法平衡产品组合的失败案例（注意：产品生命周期曲线是以利润，而不是销售额来展示的）。

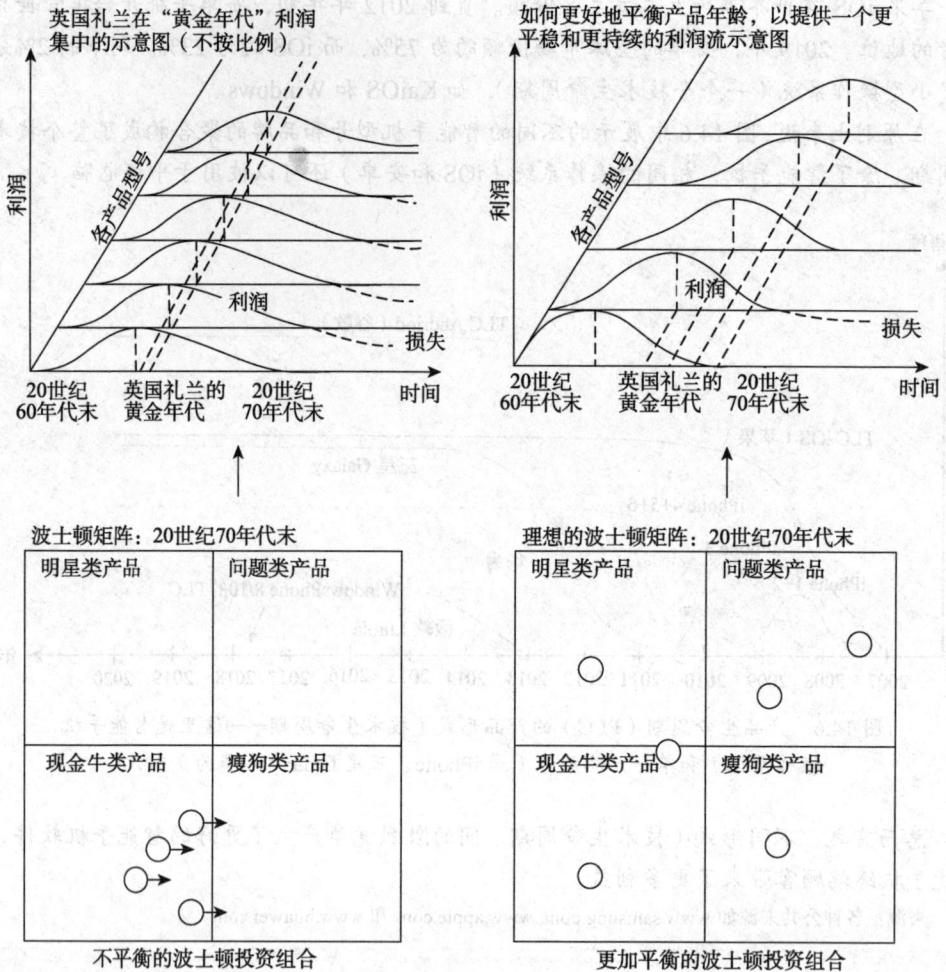

图 14.7　英国礼兰公司在 20 世纪 70 年代末的情况

来源：部分重印自 Long Range Planning, 17(3), McNamee, P.（1984）'Competitive analysis using matrix displays', pp. 98-114, Copyright © 1984, 经 Elsevier.许可

14.4.4 不同国家中的产品生命周期

当把产品生命周期的概念扩展到国际市场时，两种方法需要注意：

①国际产品生命周期（IPLC）——宏观经济方法；

②跨国产品生命周期——微观经济方法。

（1）国际产品生命周期。国际产品生命周期理论（Vernon，1966）描述了一个跨越国界的创新扩散过程（见图 14.8）。对于每条曲线而言：当曲线高于水平线时，为对特定国家的净出口；当曲线低于水平线时，为对特定国家的净进口。

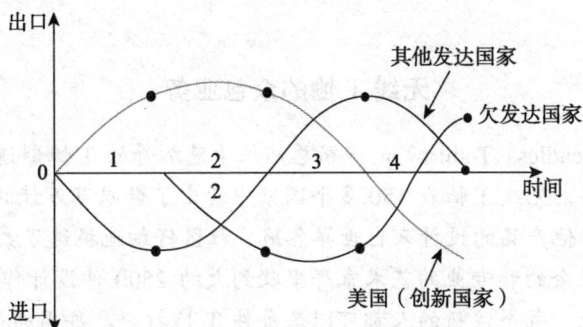

图 14.8　国际产品生命周期（IPIC）曲线

来源：基于 Vernon（1966）。

典型性的需求首先在创新国家（在图 14.8 中是美国）产生。一开始在创新国家的过度产能（超过国内需求）出口到其他需求也在增长的发达国家。这之后，需求才会在发展中国家出现。结果，生产首先在创新国家中进行。随着产品的成熟和技术的扩散，生产会在其他工业化国家中展开，之后转移到发展中国家。生产效率/比较优势从发达国家转移到发展中国家。最后，先进国家不再具有成本效益，会从它们之前的顾客那里进口产品。

典型的关于国际产品生命周期的例子可以在纺织行业、计算机/软件行业中找到。例如，当前的很多软件程序都是在印度班加罗尔开发的。

（2）跨国产品生命周期：一种微观经济方法。在国外市场，一个产品历经某个阶段的时间可能因不同的市场而有所区别。另外，基于不同国家的不同经济水平，一个特定产品可能会在不同的国家经历不同的产品生命周期阶段。

图 14.9 展示了一个产品（在特定的时间，t_1），在本土市场正处于衰退期，在国家 A 却处于成熟期，而在国家 B 是在引入期（Majaro，1982）。

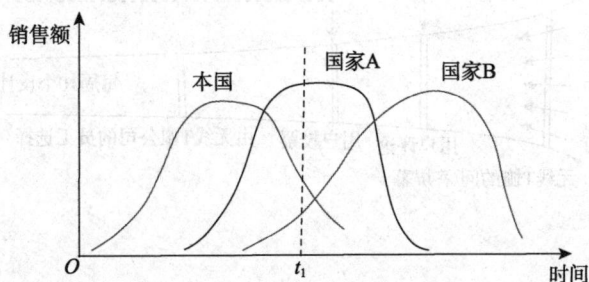

图 14.9　特定产品在不同国家的产品生命周期（PIC）

许多企业尝试将它们的顾客（或潜在顾客）及它们的在线社区直接纳入到产品开发过程中。

杰夫·霍伟（Jeff Howe）早在 2006 年就创造了"众包"（crowd-sourcing）这一术语，并将其定义为企业的一种曾经被员工执行的功能，后来被以公开选拔的方式外包给庞大的人员来完成的行为（Howe，2006）。

宝洁、耐克、百思买、无线 T 恤（参见示例 14.3）和星巴克都建立了数字平台，允许顾客响应"公开选拔"，这种过程使顾客参与到创造新产品和信息的过程中。

示例 14.3

无线 T 恤的众包业务

无线 T 恤（Threadless T-shirt）是一家总部位于芝加哥的 T 恤制造商，它的设计过程完全由在线比赛组成。无线 T 恤在 150 多个国家中卖出了数以百万计的定制的、由社区设计的 T 恤。T 恤与其他产品的设计来自世界各地，社区仔细地挑选了最好的和最耀眼的设计。每周，公司从业余的和专业的艺术家那里收到大约 2500 件设计作品，无线 T 恤将这些设计发布到网站上，每个注册的人都可以给每件 T 恤打分。每周的前 10 件评分最高的设计品将被投入生产，但前提是有足够的顾客提前预订这个设计，以确保它不会是一个赔钱货。每周的获胜者可以得到大约 2500 美元的现金。获奖的机会相当低（不到 1%），但是真正激励他们的动机是其作品有机会在公共场合被看到与可能被穿着。无线 T 恤将设计者的名字印在其设计的每一件 T 恤商标上，以及杯子等其他用到该设计的产品上。对于这些设计师而言，这是一个学习、建立信誉和开始创建一个属于自己的名字或品牌的有创造性的出路。对于顾客来说，无线 T 恤提供了一个更广阔的选择空间。从无线 T 恤的视角来看，公司不必雇用设计人员，它只需要从经济上保证这些 T 恤与其他产品被认可、预订和有吸引力。从这个角度来看，这是一个降低风险的战略。其成本很低，而利润率超过了 30%。

无线 T 恤很少生产一件不成功的 T 恤，因为社区和潜在顾客在考虑之前就投票支持某设计了。实质上，无线 T 恤的顾客开发了该公司的产品。

无线 T 恤还安装了所谓的"品牌过滤器"（见图 14.10）。

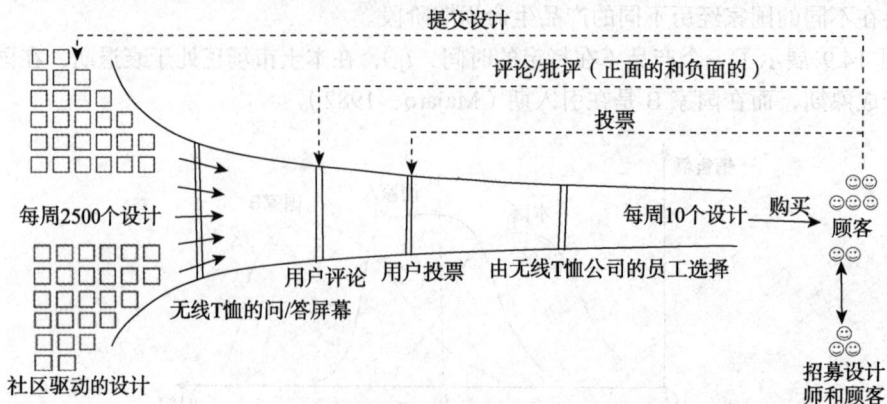

图 14.10　无线 T 恤的众包品牌过滤过程

在所有的设计都已经上传到无线 T 恤网站（内置的问/答屏幕）后，社区成员可以发表评论并批评不同的设计。在设计经过讨论后，人们通过给社区其他成员转发链接的方式来支持和推荐具体的设计，最后是投票，所有的工作都在一个星期内完成。

诚然，"众人"也就是所有人提交设计，社区对每周大量的提交作品进行投票，以过滤这些设计，但无线 T 恤的员工仍然以民主过程进行最终选择，这样有助于确保质量和目标。

来源：基于 Parent 等。（2011）及其他各种公共来源，如 threadless.com。

多亏了目前的互联网技术，企业比以往任何时候都能更大规模地利用群体的力量。人们可以带来更多的数据，使企业更准确、更紧密地理解市场。所以，众包要求大量人员的聚集。但到目前为止，这一点还很难达到。尽管如此，网络 2.0 还是提供了新的汇集大众和让大众参与的机会。每个人都可以跨越层级和功能，在几乎没有成本的情况下，轻而易举地分享知识和合作（Stieger et al.，2012；Boudreau and Lakhani，2013）。

14.5 为国际市场开发新产品

顾客需求是产品开发的起点，这对本国市场和全球市场都一样。除了顾客需求，使用的条件和购买能力也构成了为国际市场进行新产品开发（NPD）决策的框架。

14.5.1 开发新产品/缩短进入市场的时间

作为国际竞争日渐激烈的结果，时间成为越来越多生产技术先进产品的公司的关键成功要素（KSF）。这种时间上的竞争及技术开发的水平意味着产品的生命周期越来越短。

伴随着缩短的产品生命周期，新产品的开发时间也急剧缩短。这不仅仅体现在办公通信设备领域的技术产品，也体现在汽车和消费电子产品领域。在很多情况下，开发时间被缩短了一半以上。

同样，营销/销售及收回研发成本的时间都被从过去的大概四年缩减到两年。这种新情况在图 14.11 中有所展示。

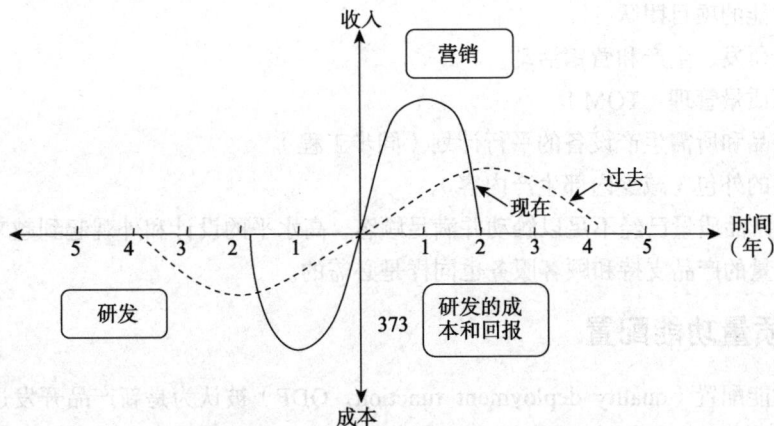

图 14.11　压缩研发周期和产品生命周期

来源：Reprinted from Long Range Planning, 28(2), Topfer, A.（1995）'New products: cutting the time to market', p. 64, Copyright © 1995, 经 Elsevier.许可。

对于所有类型的科技产品而言，产品必须尽可能具备顾客要求的质量（即足够好的质量），但并不一定要技术可实现的那样好。变化频繁的技术产品可能被过度优化，也会被顾客认为过于昂贵。

就像我们在之前章节中所提到的，日本和欧洲的汽车业供应商使用不同的方法来进行产品开发。图 14.12 给出了一个关于汽车仪表盘的供应商的例子。日本的两家制造商比欧洲的制造商晚两年开始工业设计流程，这可以保证日本企业在更短的时间内使用最新技术来完整地开发一个产品，但其产品进入市场的时间却与竞争对手相同。

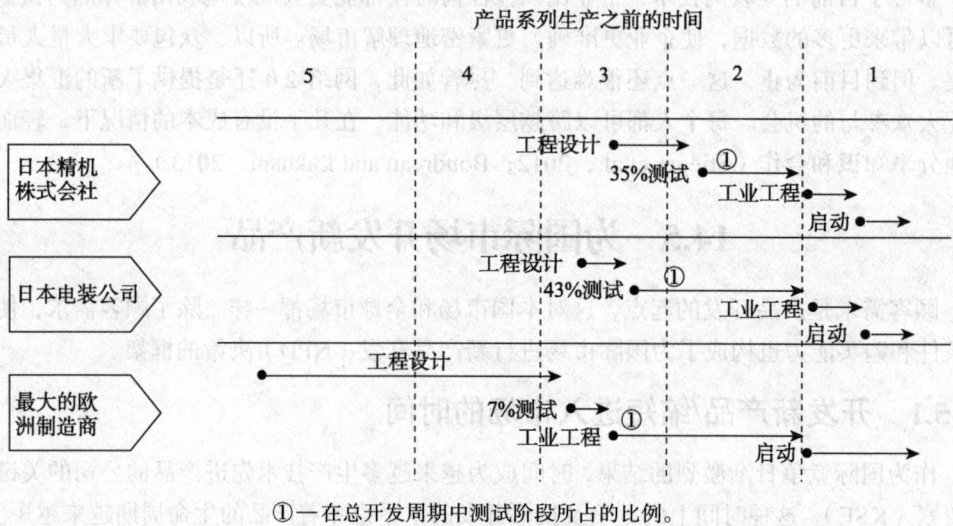

① — 在总开发周期中测试阶段所占的比例。

图 14.12　汽车业供应商的开发和测试阶段

来源：重印自 Long Range Planning, 28(2), Topfer, A.（1995）'New products: cutting the time to market', p. 72, Copyright © 1995, 经 Elsevier.许可。

日本制造商具有更好的时间竞争力的原因是密集使用了以下方法。

①顾客和供应商的早期整合。

②多技能的项目团队。

③整合研发、生产和营销活动。

④全面质量管理（TQM）。

⑤新产品和所需生产设备的平行计划（同步工程）。

⑥高度的外包（减少内部生产内容）。

当今，产品质量已经不足以触动并满足顾客。高水平的设计和外观起到越来越重要的作用。高质量的产品支持和顾客服务也同样是必需的。

14.5.2　质量功能配置

质量功能配置（quality deployment function，QDF）被认为是新产品开发过程中"聆听来自顾客的声音"的主要工具。它也可以被用来确定产品改进度和差异度的机会。质量功能配置是将顾客需要转移到新产品属性的有用技术，同时也是响应成功开发过程要求的工具，它鼓励工业设计、生产和营销环节的沟通。除了将顾客要求纳入新产品开发环节外，质量功能配置还在保持和增强产品设计质量的同时，使缩减产品设计时间和成本成为可能。质量功能配置产生于 1972 年的三菱位于神户的船厂，并在日本和美国被广泛使用。它帮助丰田缩减了 40%的设计时间和成本。时间和成本减少效应的产生主要是因为企业在产品创新阶段的早期投入了更多的努力。

14.5.3 产品创新度

新产品一般具有不同的创新度。它可能是一个完全的新发明（世界最新），也可能是对现有产品的微小调整。在图 14.13 中，创新度有两个维度：对市场的创新度（消费者、渠道和公共政策）和对公司的创新度。市场失败的风险也会随着产品创新度的增加而增加。所以，产品创新度越高，就越需要对公司内部和外部环境进行分析，以减少潜在风险。

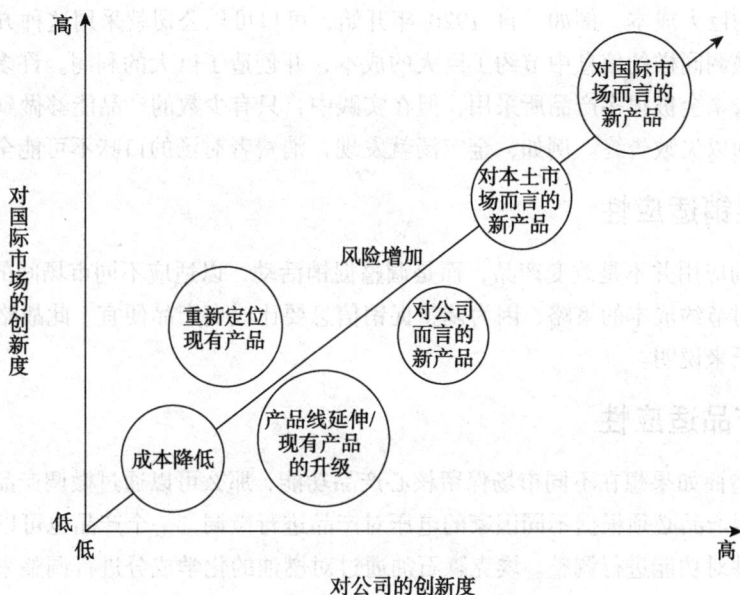

图 14.13 不同的产品创新度

14.5.4 产品传播组合

既然已经决定了产品的最佳标准化/适应性路线，以及产品的创新度，那么，下一个要考虑的最重要（和文化敏感的）的因素就是国际化促销。

产品和促销在海外市场携手共进，两者的结合可以在非常短的时间内创造或毁灭一个市场。我们已经考虑了可能影响组织标准化或将其产品适应国外市场的各种因素。同等重要的是对其在目标市场的产品或服务的促销或绩效承诺。同产品决策一样，促销要么选择标准化，要么选择适应国外市场。

基根（Keegan，1995）强调，营销战略的核心是产品和促销要素组合的标准化或适应性，并且提供了五种可供选择的，以及更为详细的制定产品策略的方法。这些方法如图 14.14 所示。

类　别		产　品		
		标准化	*适应性*	*创新性*
促销	标准化	直接延伸	产品适应性	产品创新
	适应性	促销适应性	双重适应性	

图 14.14　产品/促销模式

来源：基于 Keegan（1995）。

14.5.5　直接延伸

直接延伸指直接将标准化的产品和相同的促销策略推广到整个国际市场（在全世界只有一种产品、一种信息）。如果能够成功应用这种战略，那么，企业在市场调研和产品开发上将会节约巨大成本。例如，自 1920 年开始，可口可乐公司就采用这种方法，这使得企业在不断强调同样的信息中节约了巨大的成本，并创造了巨大的利润。许多学者认为，这种策略在未来会被很多产品所采用，但在实践中，只有少数的产品能够做到。许多公司尝试过，但却以失败告终。例如，金宝汤就发现，消费者对汤的口味不可能全球一致。

14.5.6　促销适应性

此策略的应用并不是改变产品，而是调整促销活动，以适应不同市场间的文化差异。这是一个相对节约成本的策略，因为调整促销信息要比改变产品便宜。此战略可以通过力士香皂的例子来说明。

14.5.7　产品适应性

一家制造商如果想在不同市场保留核心产品功能，那么可以通过微调产品来实现。例如，日用电器产品必须根据不同国家的电压对产品进行微调。一个产品也可以根据不同的物理环境条件对功能进行调整。埃克森石油通过对燃油的化学成分进行调整来应对极端的气候，但仍然在全球范围内保持"在你的油箱中放只老虎"的宣传语。

14.5.8　双重适应性

为了使产品和促销适应每个市场，企业必须采用完全不同的方法。这种策略往往是企业在之前三种策略失败的情况下才会采用，特别是那些处于非领导地位，需要根据市场反应或跟随竞争对手的企业。该策略适用于世界市场中的大多数产品。产品和促销的同时调整虽然很昂贵，但却经常是必需的策略。

14.5.9　产品创新

产品创新通常被向欠发达国家提供产品的发达国家的企业所采用。产品被专门开发，以满足每个国家的特殊需要。现有的产品可能因太过于技术复杂而无法在欠发达国家使用，另外，电压不稳定、技术限制也可能阻碍现有产品的使用。基根（Keegan，1995）以手动洗衣机的例子来对此策略进行说明。

产品创新：印度的太阳能便携式充电系统

通过开发数码相机和照片打印机的便携式充电系统，惠普（HP）成功地进军到广阔的印度农村市场。这个增量式创新使惠普成功地将数码相机和打印机销售给住在印度农村的那些尚未从国家农村电气化项目中受益的消费者。惠普挖掘农村市场潜力的商业模式具有创新性。不像在城市市场中，相机和打印机直接销售给消费者，农村企业家租赁设备，并从惠普购买耗材。惠普成功进入印度农村市场的另一个主要原因是，一些惠普员工团队通过住在当地家庭两周和参加社区会议获得了农村社区的相关知识。

来源：改编自 Varadarajan（2009）。

14.6 产 品 定 位

产品定位是成功营销的核心要素，无论是在任何组织，还是在任何市场，都是如此。若产品或企业在顾客的心智中没有清晰的定位，那么就没有任何的立足点，也不能控制简单商品或效用价格以外的其他东西。溢价和竞争优势很大程度上依赖于顾客对产品或服务区别于竞争对手的差异优势的感知（Devaney and Brown，2008）。我们如何在国际市场中达到可靠的市场定位呢？

由于买家/用户对利益产生的属性的感知很重要，因此，产品定位是一种活动，通过这种活动，可以在顾客心智中创造出产品的理想"位置"。对于国际市场而言，产品定位的起点是描述特定产品所包含的不同属性，这些属性可以为买家和用户产生持续的利益。

国际营销设计人员将这些属性放到一起，以使产生的利益可以和特定细分市场的特殊要求相匹配。这种产品设计的问题不仅包含基本的产品构成（实体、包装、服务和原产国），还包含品牌名称、样式和相似特性。

从多维视角（通常指"感知图"）来看，一个产品可以基于其属性通过感知图中的一个点来表示。在感知空间中，产品属性的点的位置就是其"定位"（Johansson and Thorelli，1985）。如果其他产品的点和原型产品的点很近，那么，其他产品就是原型产品的竞争对手。在一些国际市场中，如果原型产品和它最近的竞争对手之间有明显的距离，且其定位表现出顾客需要的一些重要特征，那么，原型产品很可能具有巨大的竞争优势。

产品的原产国（country of origin, COO），特别是通过"××国制造"来传播，会对产品的质量感知产生显著的影响。一些国家对特定的产品会产生好的声誉，而一些国家则会产生差的声誉。例如，日本和德国对于汽车生产就有好的声誉。原产国效应对于东欧国家的消费者而言尤其重要。伊藤森（Ettensén，1993）研究了俄罗斯、波兰和匈牙利消费者对电视的品牌决策，结果发现，不考虑品牌名称，这些消费者对本国制造的电视的评价要远远低于西欧制造的电视，他们特别喜欢日本、德国和美国制造的电视。

原产国效应比品牌名称更为重要，这对于西方一些尚不知名的品牌企业想要进入东欧市场来说是个利好消息。另一项研究（Johansson et al., 1994）发现，一些东欧的产品在西方国家销售良好，尽管其原产国形象不佳。例如，白俄罗斯的拖拉机在欧洲和美国销售良好，不仅因为其合理的价格，还因为其持久耐用。仅仅是因为缺乏有效的分销网络，才妨碍了该公司更大规模地进入西方市场。

在考虑产品定位的启示时，因为产品的目标顾客在不同国家间是有差别的，所以要意识到在不同市场中的定位是不同的这一点很重要。当在特定市场或区域确定产品或服务的定位时，有必要明确产品在消费者心中到底代表着什么，以及产品如何区别于现有的和潜在的竞争对手。在开发特定市场的产品时，企业定位可以聚焦于一个或多个整体产品的元素，所以，差异化可以基于价格和质量、一个或多个属性、一个特殊应用、一个目标消费者群体或与竞争对手的直接对比。

示例 14.5

中国钢琴制造商正在经历"原产国"（COO）效应

中国钢琴行业是展示中国品牌所面临的机遇和挑战的有力示例。中国已经取代日本和韩国成为世界上最大的钢琴生产国。其中的一家品牌制造商——珠江，已成为世界上最大的钢琴制造商，其年销量约为 10 万台。由于钢琴制造仍然是劳动密集型产业，所以，中国制造商享有巨大的成本和价格优势。这也促使国际经销商购买中国钢琴，因为利润率更高。然而，中国钢琴制造商面临的最大品牌化困境就是对于"中国制造"标签的负面感知。个别公司很难改变这种看法，这可能需要整个国家用一代人的时间来改变其整体形象。日本的雅马哈用了 30 多年的时间才将其形象从"我也是"的廉价产品转变为全球领导品牌。音乐老师也是影响购买的一个重要因素，他们中的许多人会对学生购买乐器提出建议。

为了克服这一困难，中国制造商可以尝试将自己的品牌与西方的价值观和名称联系起来。例如，龙凤钢琴可以强调其金斯伯格型号是由德国的国际知名设计师克劳斯·芬纳（Klaus Fenner）设计的。

来源：改编自 Fan（2007）. From Hollensen, S.（2008）Essentials of Global Marketing, FT/Prentice Hall, p. 311, Exhibit 11.1.

示例 14.6

杜莎夫人蜡像馆：一个在全球范围内让人们与名人更贴近的品牌

杜莎夫人（Madame Tussauds）蜡像馆拥有丰富而迷人的历史，其渊源可追溯到 1770 年的巴黎。正是在这里，杜莎夫人在她的导师菲利普·柯提斯医生（Dr. Philippe Curtius）的指导下学习制作蜡像模型。她的技术在法国大革命期间受到考验，她被迫通过制作被处死的贵族的人头蜡像来证明自己的忠诚。19 世纪初，她来到英国，带来了一个包括革命遗物、人民英雄和恶棍雕像的巡回展。

2007 年 3 月，杜莎集团以 10 亿英镑的价格出售给了黑石集团，该公司已与默林娱乐集团合并。2018 年，默林娱乐集团（同时也拥有乐高乐园等）吸引了约 7000 万名游客参观其所有景点，这使它们成为继迪士尼之后的全球第二大旅游景点。默林娱乐集团在 15 个国家有 27000 多名员工。

（1）品牌体验

品牌的未来在于建立令人难忘的消费者体验。像杜莎夫人蜡像馆这类的体验型公司需要拥有超越产品之外的东西。杜莎夫人蜡像馆的卖点不是蜡像，而是使人们更贴近名人和他们的生活。

（2）新馆址的选择

新位置的选择要基于许多不同的标准。杜莎夫人蜡像馆有一个产品开发团队，他们调查了许多城市的游客访问数量，以及它们是否具备吸引游客的特征和拥有足够的空间。详细的研究对于把概念引入新市场而言至关重要。在中国香港开店后，杜莎夫人蜡像馆于 2006 年在上海开设了它在亚洲的第二家分馆。作为中国最大的、最富有的城市，上海每年都有 1300 多万的常住居民和近 4000 万的游客，上海对于该公司来说是一个很好的机会。

（3）与蜡像人物的互动

上海分馆在所有景点中有最强的互动性，蜡像人物少，而围绕这些蜡像的互动多。泰格·伍兹的展厅允许游客在果岭上挥杆，并能看到自己的分数。一杆进洞的客人被记录在排行榜上。游客还可以去卡拉 OK 展台与中国著名流行歌手 Twins 合唱，并观看自己的视频。人们也可以装扮为查理·卓别林，在黑白银幕上看到自己。

（4）平衡本土品牌化与全球品牌化

研究显示，杜莎夫人蜡像馆在英国有 98% 的品牌识别度。然而，在亚洲，"夫人"一词对于许多消费者来说有时意味着酒吧或俱乐部，且蜡像品牌对于亚洲人来说没有吸引力，因为亚洲并没有建立这种博物馆的传统。

对于杜莎夫人蜡像馆来说，确保其品牌保持良好的本地和国际的融合十分重要。这是一个微妙的平衡：太多的本地内涵不符合国际品牌的理念，而对国际形象强调得太少可能会令外国游客失望。中国蜡像馆以演员葛优、功夫之王成龙、流行音乐组合 Twins 和篮球巨星姚明等本土面孔为代表，同时也有大卫·贝克汉姆、迈克尔·杰克逊和布拉德·皮特等国际名人。伦敦的蜡像馆里有许多国际名人，如安吉莉娜·朱莉、碧昂丝和巴拉克·奥巴马，但国际游客也爱玛格丽特·撒切尔夫人、戴安娜王妃、温斯顿·丘吉尔和女王。在全球范围内，扩大杜莎夫人蜡像馆的品牌是一次挑战，但当谈到杜莎夫人蜡像馆的基本元素时，并不是蜡像，而是消费者体验，以及带给人们与名人的互动。

来源：经如下许可。Madame Tussauds Group, especially Global Marketing Director Nicky Marsh from London（www.madame-tussauds. com）and Cathy Wong, External Affairs Consultant from Shanghai（www.madame-tussauds. com.cn）; Marsh, N.(2006)'Translating experiences across the world', Brand Strategy, June, p. 11; Macalister, T.(2005) 'Madame Tussauds to open in Shanghai', The Guardian（London）, 19 September, p. 20.

14.7　品牌资产

品牌在全球文化的各个角落，无处不在（Cayla and Amould，2008）。花旗银行和品牌咨询公司 Interbrand 在 1997 年的一项研究发现，基于品牌开展业务的企业连续 15 年领跑股票市场。然而，该研究也注意到，一些品牌商在 20 世纪 90 年代中期减少在品牌上的投资导致对其绩效产生负面影响的风险倾向（Hooley et al.，1998）。

下面的两个例子表明，品牌为顾客增加价值。

（1）一个经典的例子是，在一次盲测中，相比可口可乐，51%的消费者更喜欢百事可乐，但在开放测试中，相比百事可乐，65%的顾客更喜欢可口可乐：软饮料的偏好是基于品牌形象，而不是口味（Hooley et al.，1998）。

（2）斯柯达（Skoda）汽车在英国曾被认为是一个被冷嘲热讽的对象，因为大多数人认为其质量低劣。1995 年，当斯柯达准备在英国推出一款新车型时，在消费者中进行了一场"盲测"，以对车辆进行测评。当人们不知道制造商时，被试车辆被认为设计更优、更值得购买。当斯柯达的品牌名称被揭晓时，人们对设计的感知要差很多，价值也随之降低。这让我们的注意力从企业的声誉转移到品牌（Hooley et al.，1998）。但是，随着斯柯达被德国汽车制造商大众接管，这个倍受质疑的捷克制造商的声誉获得了巨大的改善。从那时开始，由于大众和斯柯达共享了很多零部件，因此，斯柯达重新获得了优势，并成为捷克经济的黄金指标。

虽然品牌资产（brand equity）的定义经常受到争议，但这一术语超越了与制造有关的有形资产的概念，处理品牌价值的问题。

加州大学伯克利分校的教授戴维·阿克（David Aaker）是品牌资产领域的最有影响力的权威之一，他将品牌资产定义为"与品牌（名称和符号）有关的一系列资产和负债的集合，它可以通过为一家公司或该公司的顾客提供产品或服务来实现价值的增加和减少"（Aaker，1991）。

阿克将这些资产和负债归结为五种类别。

（1）品牌忠诚度。鼓励顾客不断购买一个特定品牌，并对竞争对手的品牌不感冒。

（2）品牌知名度。品牌名称会吸引注意力，并传递熟悉的形象，可以通过有多少顾客知道这个品牌来解释。

（3）感知质量。"感知"意味着顾客决定质量的水平，而不是企业。

（4）品牌联想。与品牌有关的价值和个性。

（5）其他专有品牌资产：商标、专利和营销渠道关系。

品牌资产被认为是额外的现金流，可以通过将一个品牌与产品或服务的潜在价值相联系来实现。从这个角度，我们可以将品牌资产定义（虽不完善，但实用）为，与没有品牌的产品/服务相比，顾客/消费者愿意为同样的、有品牌的产品/服务多付出的溢价。

总之，品牌资产就是消费者—品牌关系的强度、深度和特色。强大的品牌资产暗示着，当面临抵制和紧张局面时，一种积极的力量将消费者和品牌维系在一起。顾客与品牌之间的关系强度、深度和特色即品牌关系质量（Marketing Science Institute，1995）。

14.8 品牌化决策

与产品定位紧密联系的一个问题是品牌化问题。品牌化的基本目的在全世界任何一个地方都是相同的。一般而言，品牌化的作用如下。

（1）将本公司的供应物和一件特定产品与其竞争对手区别开来。

（2）创造品牌认同度和知名度。

（3）保证某种水平的质量和满意度。

（4）有助于产品的促销宣传。

所有的这些目的都有相同的终极目标：创造新的销量（从竞争对手那里获取市场份额），或引起重复购买（保持顾客忠诚）。

图 14.15 描述了四个层次的品牌化决策。四个层次面的每一种选择都有不同的优势和劣势，如表 14.2 所示。我们将在下面进行详细讨论。

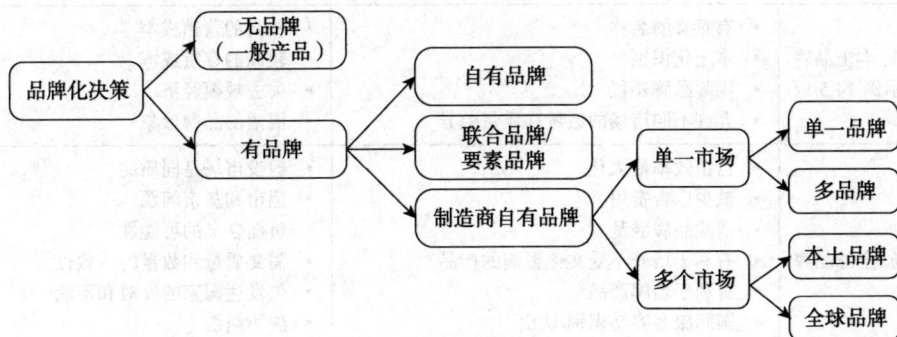

图 14.15 品牌化决策

来源：改编自 Onkvisit 和 Shaw（1993）。

表 14.2 品牌化方案的优势和劣势

类　别	优　势	劣　势
无品牌	• 更低的生产成本 • 更低的营销成本 • 更低的法律成本 • 灵活的质量控制	• 激烈的价格竞争 • 缺乏市场认同
有品牌	• 更好的认同度和知名度 • 更好的产品差异化机会 • 可能的品牌忠诚 • 可能的溢价	• 更高的生产成本 • 更高的营销成本 • 更高的法律成本
自有品牌	• 更大的市场份额的可能性 • 没有促销问题	• 激烈的价格竞争 • 缺乏市场认同
联合品牌/要素品牌	• 增加品牌价值 • 分担生产和促销费用 • 增加制造商进入零售货架的权力 • 在相互承诺的基础上发展持久的关系	• 消费者可能会变得困惑 • 成分供应商非常依赖最终产品的成功 • 成分供应商的促销成本

续表

类　别	优　势	劣　势
制造商自有品牌	• 由于缺乏弹性，所以可以定更高的价格 • 保持品牌忠诚度 • 更强的议价能力 • 更强的分销控制	• 对于不知名品牌的小型制造商来说很困难 • 需要品牌促销
单一市场， 单一品牌	• 营销效率更高 • 允许更有针对性的营销 • 消除品牌混乱 • 有利于有良好声誉的产品（光环效应）	• 假设市场是同质的 • 当消费升级/消费降级时，现有品牌形象受损 • 有限的货架空间
单一市场，多品牌	• 根据不同需要进行市场细分 • 创造竞争精神 • 避免现有品牌的负面含义 • 增加零售货架空间 • 不损害现有品牌形象	• 较高的营销成本 • 较高的存货成本 • 失去规模经济
多市场，本土品牌 （见示例14.5）	• 有意义的名称 • 本土化识别 • 国际品牌避税 • 允许不同市场的数量和质量差异	• 较高的营销成本 • 较高的存货成本 • 失去规模经济 • 混淆的品牌形象
多市场，全球品牌	• 营销效率最大化 • 减少广告费用 • 消除品牌混乱 • 有利于培养不受文化影响的产品 • 有利于名牌产品 • 国际旅客容易识别/认出 • 统一的全球形象	• 假设市场是同质的 • 黑市和灰市问题 • 负面含义的可能性 • 需要质量和数量的一致性 • 欠发达国家的反对和不满 • 法律纠纷

来源：改编自 Onkvisit 和 Shaw（1989）. Published with permission from Emerald Publishing Ltd. www.emeraldinsight.com。

示例14.7

联合利华的织物柔顺剂：
一个本土品牌在多个市场中的案例

联合利华（Unilever）的织物柔顺剂是进行促销调整的一个有效案例。该产品最初在德国推出，作为一个宝洁公司统治的品类中的经济型品牌。为了抵消由低价产生的产品质量的负面推断，联合利华强调，柔顺是产品差异的关键点。与柔顺的联系通过"Kuschelweich"这一名称传达出来，意味着"被柔软围绕"的，并通过包装上的泰迪熊图片来展示。产品在法国推出时，联合利华仍坚持经济型和柔顺性的品牌定位，但将名称改为了法语里代表柔软的"Cajoline"。此外，当时在德国尚未激活的泰迪熊现已在法国的广告中占据了中心地位，成为柔软和品质的品牌象征。在法国的成功引起了全球范围内的扩张，每到一处，品牌名称都会改变为在当地语言中有柔软含义的词汇。而泰迪熊的广告形象则在全球市场都保持不变。20世纪90年代，联合利华以十几个品牌名称将织物柔顺剂推广至全球销售，并全部使用相同的产品定位和广告支持。更重要的是，织物柔顺剂通常是每个市场排名数一数二的品牌。

来源：改编自 Keller 和 Sood（2001）。

14.8.1　品牌与无品牌

品牌化会通过营销、标签、包装和促销等形式增加成本。有些商品是"无品牌的"或无差异的产品。此类无品牌产品包括水泥、金属、盐、牛肉和其他农产品。

14.8.2　自有品牌、联合品牌与制造商自有品牌

自有品牌、联合品牌与制造商自有品牌的选择可以如图 14.16 一样分级。

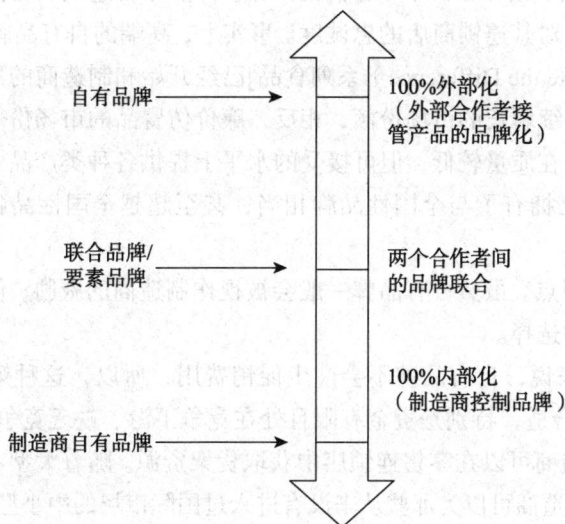

图 14.16　三种品牌选项

消费者是具有品牌忠诚度，还是具有店铺忠诚度，这是一个关键的问题。制造商和零售商之间的竞争让我们更好地理解购物行为。无论是制造商，还是零售商，都需要清晰地认识到店铺选择、购物频率和店内购买行为的决定要素。但是，制造商往往忽略其消费者的购物行为，这使得零售连锁的实力不断增强。

1. 自有品牌

自有品牌（private labels）变得越来越重要，并正在慢慢转变为自己的品牌（Geyskens et al.，2018）。自有品牌在英国非常普遍，如玛莎百货（Marks & Spencer），大部分销售的都是自有标签（自有品牌）的商品。在森宝利，自有品牌占销售额的 60%。在整个欧洲，自有品牌的平均市场份额已达到 25%。

与自有品牌在北欧占有较高的市场份额相比，南欧（如西班牙和葡萄牙）自有品牌的市场份额却较低。在欧洲，自有品牌市场份额最高的国家是英国（46%）和瑞士（45%）。

更值得注意的是，自有品牌的增速要远远超过制造商品牌。美国的情况和西欧差不多，自有品牌在不同品类中的渗透率已达到 24%。在世界的其他地区，自有品牌的占有率还相对较低。在俄罗斯，自有品牌的市场份额为 1%。在南美洲和亚洲，自有品牌的份额通常在 5%左右，但就自有品牌的渗透程度而言，各市场之间存在着广泛的差异（Skoda，2018；Cuneo et al.，2015）。

（1）零售商的观点。对于零售商而言，自有商标业务有两个主要的优势。

①自有品牌提供了更高的利润率。商品成本通常占零售商总成本的 70%~85%。所以，如果零售商能够从制造商那里以较低的价格购买有质量保证的产品，那么就会为零售商带来更高的利润率。事实上，自有品牌已经帮助英国食品零售商达到了平均 8%的利润率，这比国际平均水平要高出许多。法国和美国的食品零售商利润率一般是 1%~2%（Steenkamp and Kumar，2009）。

②自有品牌强化了顾客心目中零售商的形象。许多零售连锁店尝试通过提供自营的高质量产品来建立顾客对其连锁商店的忠诚度。事实上，高端的自有品牌产品[例如，森宝利的"尝尝不同"（Taste the Difference）系列食品]已经开始和制造商的顶级品牌在质量上展开竞争，并获得了持续增长的市场份额，相反，廉价仿冒品的市场份额却在下降。自有品牌的最初创建目的是在质量较低，但可接受的水平上提供各种类产品中最便宜的产品，然而，现在自有品牌已拥有了与全国性品牌相当，甚至超越全国性品牌的质量（Geyskens et al.，2018）。

（2）制造商的观点。虽然自有品牌一般会被视作制造商的威胁，但也有可能在某种情况下，它却是更好的选择。

①对于制造商来说，自有品牌不会产生促销费用，所以，这种策略对于中小型企业（SMEs）来说非常合适，特别是资金有限且处在竞争下游、缺乏竞争力的企业。

②自有品牌制造商可以在零售连锁店中获取货架资源。随着大型零售企业的国际化进程加快，自有品牌制造商可以为那些从来没有进入过国际市场的中小型企业带来出口业务。

当然，也有一系列自有品牌不利于制造商的原因。

③由于缺乏自身的品牌识别，因此，制造商只能依赖价格进行竞争，因为零售连锁企业总是在更换供应商。

④制造商失去了对其产品如何进行促销的控制权。如果零售商不尽力将产品推广给消费者，那么，这种情况就更为糟糕。

⑤如果制造商同时制造自有品牌和零售商自有品牌产品，那么，很可能出现零售商自有品牌破坏制造商自有品牌的危险。

此外，自有品牌在很多国家经历了深刻的变革。在某些品类中，从最开始的低价格/低质量形象向与最强品牌发起竞争的方向转变。很明显，制造商品牌在许多像美国及西欧国家一样的地方正面临着自有品牌扩张所带来的强大竞争。

假设零售商的市场权利（通过零售集中度来测量，零售集中度 = 前三家顶级零售商的市场份额之和）在特定国家是决定自有品牌市场份额的关键要素。研究已经证明，零售集中度与自有品牌在不同国家的市场份额显著正相关，因为零售集中度同时代表了零售商在市场中的权利和它们对品牌制造商的谈判力（Rubio and Yagiie，2009）。

库内奥（Cuneo et al., 2015）证明，在一个国家中，一个发展良好的现代交易结构（即超市、大型综合超市和/或折扣商店）是自有品牌增长的先决条件，因为只有大型零售商才能构建有效的市场权力来实现规模优势所必需的高销量。所以，当市场中的零售渠道体系从更为传统的渠道方式向更为现代的贸易转变时，则可能出现自有品牌份额的提升，并给制造商带来更大的威胁。

即便在低自有品牌市场份额的市场中，本土制造商品牌也可能面临威胁它们生存的巨大竞争压力。

①全球折扣商店扩大其市场范围。

②本土零售商模仿全球零售商开发自有品牌。

③在那些自有品牌集中度较高的市场中，国际制造商计划进入自有品牌市场份额较低的新市场。

示例 14.8 展示了家乐氏的例子，其在德国用自有品牌策略补充制造商品牌策略。

示例 14.8

家乐氏（Kellogg）处于 Aldi 折扣超市生产自有品牌的压力之下

2000 年 2 月，Kellogg（谷物产品巨头）与德国连锁超市 Aldi 做了一笔自有品牌的交易，这是 Kellogg 第一次生产自有品牌的产品。

Kellogg 谷类食品包装上有一条标语，上面写着："如果你没有在盒子上看到'Kellogg'，那么，盒子里的就不是'Kellogg'。"但随后，Kellogg 与 Aldi 达成了一项协议，即德国供应的产品可以有不同的品牌名称，这是在 Aldi 宣布将不再支付品牌供应商的价格，并威胁要下架顶级品牌后达成的。

来源：基于各种公共媒体。

2. 制造商的自有品牌

从第二次世界大战结束到 20 世纪 60 年代，品牌制造商尝试跨越零售商直接建立与消费者之间的桥梁。它们通过精妙的广告（在电视广告上达到顶点）和其他促销技巧为其特定品牌创造顾客忠诚。

自 1960 年开始，各种社会变化（以汽车最为显著）都在鼓励大型、高效的零售商出现。当今，物流体系正在被反转。主要被制造商"推动"的传统供应链正转变为由消费者"拉动"的需求链。零售商获取分销的控制权不仅仅是因为它们决定着销售哪些产品、卖什么价钱，还因为无论是独立商店，还是连锁零售企业，都在变得规模更大、效率更高。它们基于运输系统的进步，以及最近的信息技术发展可以大量采购，并实现规模经济。大多数零售连锁不仅在每一家店面和仓库之间建立计算机连接，而且通过电子数据交互系统将主要供应商也纳入计算机网络中。

在缺席几十年之后，自有品牌重新在 20 世纪 70 年代出现。最早是法国的家乐福推出自营有机产品，这一模式后来被英国和美国零售商快速采用。之前，自有品牌和独立品牌产品之间的质量水平有着显著的差异。但现在，这个差异在缩小：自有品牌的质量水平达到前所未有的高度，而且其质量更稳定，特别是在历史上以少有产品创新为特点的品类中尤为明显。

3. 联合品牌和要素品牌

虽然联合品牌和要素品牌有很多相似之处，但它们之间也有很大的不同。

（1）联合品牌。联合品牌（co-branding）是两个或多个具有高顾客识别度的品牌之间的一种合作形式，它要保留所有参与方的品牌名称。这是个中长期的过程。由于建立一个新品牌和/或成立合法的合资公司所创造价值的潜力太小，所以才使用联合品牌。联合品牌的动机是预计将为各参与方创造价值的协同效应，在这一价值上，它们还期待创造自身的价值（Bengtsson and Servais，2005）。

在联合品牌的例子中，产品通常是互补的。在特定方式下，一种产品的使用或消费依赖于另一种产品（如百加得朗姆酒和可口可乐）。所以，联合品牌可能是传统品牌延伸战略的有效备选方案（见图 14.17）。

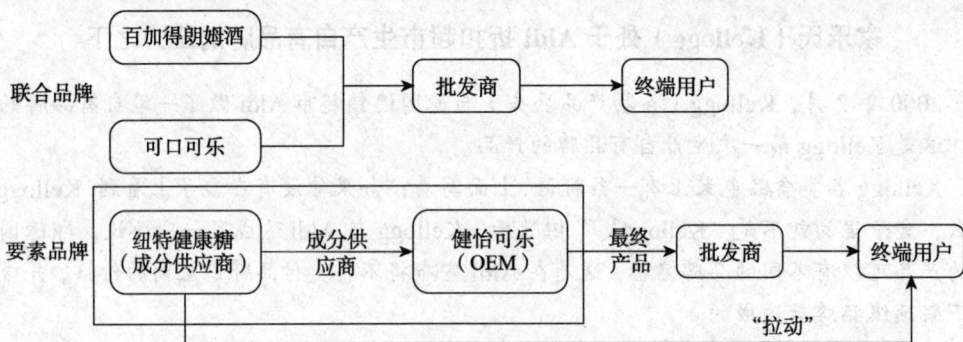

图 14.17　联合品牌和要素品牌的图示

示例 14.9

壳牌与法拉利和乐高的联合品牌

1999—2000 年，壳牌（Shell）与法拉利（Ferari）和乐高（Lego）发起了一场 5000万英镑的联合品牌活动。有些人可能认为，这是试图说服人们（主要是在西方），壳牌有争议地试图将布兰特史帕尔（Brent Spar）石油平台沉入北海并不能反映其本意。

然而，更准确的说法是，壳牌正在寻求"品牌形象转型"。在价格和更多价格促销驱动的传统汽油零售商市场中，壳牌既想要法拉利性感、运动的形象，又想要乐高的家庭价值观。此外，现在，壳牌不再仅仅是将价格促销作为营销活动重点的石油企业，它还涉足了看重忠诚度计划的食品零售业。

这对法拉利和乐高有什么好处呢？法拉利从汽车模型的销售中获得了赞助和版税收入，而乐高则完善了其在全球的分销系统。联合品牌战略包括 10 款独家小型盒装玩具和一款标有壳牌商标的大型法拉利乐高汽车。壳牌公司希望在全球范围内销售 2000 万~4000

万套乐高，这笔交易使得壳牌成为世界上最大的玩具分销商之一。

2014 年，绿色和平组织抗议壳牌在北极钻探石油的计划。受到绿色和平组织的压力，乐高没有与壳牌续签营销合同。

来源：基于各种公共媒体。

（2）要素品牌。在消费者眼中，通常是最终产品（OEM）的营销人员创造了所有的价值。在英特尔和纽特健康糖（NutraSweet）的例子中，当元件供应商尝试通过对核心成分进行品牌化与促销，以寻求为其产品创造价值时，目标就是在消费者中给要素品牌建立知名度和偏好（"拉动"策略：见图 14.17）。同时，制造商（OEM）也可能从被识别的要素品牌中获取利益。例如，有些计算机制造商通过使用英特尔芯片来提升其质量形象。

但是，要素品牌（ingredient branding）并不适用于所有元件供应商。一个元件供应商应满足以下需求。

①元件供应商提供的产品要比现有产品具有实质性的优势。杜邦的特氟隆、纽特健康糖、英特尔的芯片和杜比的降噪系统都是重大技术创新的例子，这些公司都在研发上投入重金。

②要素应是最终产品成功的关键。纽特健康糖不仅是低卡路里的甜味剂，还具有几乎和糖一样的口味。

14.8.3　单一品牌与多品牌（单一市场）

单一品牌或家族品牌（对于一系列产品而言）可能对于使消费者相信每一个产品都具有相同的质量或达到统一标准有所帮助。换句话说，当制造商在单一市场中投放单一品牌时，该品牌就会获得所有的关注，产生最大的影响。

企业当然也会选择在单一市场中投放多个品牌，这是基于市场是多样化的，而且包含多个细分市场的假设。

示例 14.10

农达：一个多市场的全球品牌

农达（Roundup）是美国孟山都（Monsanto）公司生产的广谱除草剂的品牌。孟山都公司在 2018 年被拜耳公司收购。它含有活性成分草甘膦（glyphosate），被称为非选择性除草剂，这意味着它可以除去大多数的杂草。孟山都在 20 世纪 70 年代开发了专利草甘膦除草剂。原来的农达是 1974 年在美国推出的。该品牌已经在全球 130 多个国家注册。草甘膦是世界上使用最多的除草剂，而农达至少是自 1980 年以来全球销量第一的除草剂。

在 20 世纪 90 年代后期，农达成为空前畅销的农药，也是孟山都最有利可图的产品。该成功可归功于几个策略。其中一种策略是在美国市场有意识地降低价格，美国的专利保护使其在 2000 年 9 月之前一直保持着强势的市场地位。在美国以外的国家，专利期满更早，价格也更低。1995—2000 年，孟山都平均每年降价 9%。

直到 2000 年，美国专利期满，它在美国一直享有专属权利。并且，在专利期满更早的国家，它也保持了主导的市场份额。孟山都同时生产出了对草甘膦有耐性的转基因种子，被称为农达预备农作物。这些种子中含有的草甘膦耐受性基因获得了专利。这些农作物允许农民使用草甘膦作为对付大多数阔叶杂草和窄叶杂草的除草剂。

2019年，全球有几家公司生产草甘膦，其中许多在中国。全球草甘膦的市场价值约为80亿美元（2019年），由于人口增长和对转基因农作物需求的增加，预计该市场价值还将进一步增加。2009年至2011年，由于草甘膦生产商的数量不断增加，导致草甘膦类产品在全球市场供过于求，因此对全球市场价格造成了下行压力。2018年，因农作物大宗商品价格飙升导致的强劲需求，这一趋势发生了逆转。

总体来说，在专利期满后的世界市场上，农达一直保持着市场领先和溢价地位。在消费者心中，农达已经等同于一整个品类。

来源：基于 www.bayer.com, www.monsanto.com 及其他公共来源。

14.8.4　本土品牌与全球品牌（多个市场）

一家企业可以选择在大多数，甚至所有海外市场中使用同一品牌，也可以选择使用多个独立的本土品牌。

单一的全球品牌可以被认为是国际或通用品牌（参看示例 14.10，关于孟山都的农达品牌的例子）。一家欧洲品牌对这一方法做了细微修改。由于其产品对应 15 个或更多的欧洲国家，所以更应关注市场间的相似性，而不是差异性。

当产品具有较高的声誉或者因其质量而著称时，选择全球品牌是恰当的策略。在这种情况下，公司可以明智地将品牌名称延伸到产品线的其他产品上。全球品牌的典型例子是可口可乐、壳牌和 Visa 信用卡。虽然可以找到很多适用全球品牌的例子，但大型跨国企业使用本土品牌的可能比人们意识到的更为常见。

大型跨国公司更喜欢收购当地品牌，而不是使用全球品牌。这一点在 2008 年华通明略（Millward Brown）支持的一项调查中被证实。结论是，世界上，只有少数真正的全球品牌，它们中很少一部分还在尝试与不同国家的消费者创造真正紧密的关系（Hollis, 2009）。

示例 14.11

美极：通过并购成为多市场的本地品牌

今天，美极（Maggi）是雀巢旗下的一个品牌，生产速溶汤料和其他速食产品。原公司于 1872 年在瑞士成立，当时，朱丽叶斯·美极接管了他父亲的工厂。美极迅速成为工业食品生产的先驱，旨在改善工人家庭的营养。这是第一个将具有丰富蛋白质的豆类膳食带入市场的产品。随后是于 1886 年推出的基于豆类膳食的汤料。1897 年，朱丽叶斯·美极在德国的辛根镇成立了美极有限责任公司，至今仍存。美极小方块（Maggi cubes）被用作当地美食的一部分。在许多国家，美极产品，特别是肉汤小方块，通过重新包装来反映当地用辞，得到了广泛销售。许多跨国公司（如雀巢）遵循着这样的多国本土化策略，更倾向于遵循具体趋势。因此，雀巢的速溶汤料以下列方式在不同的市场中推出。

（1）德国：名为 "Maggi, 5 Minuten Terrine"，定位为 30~40 岁男性和女性的实用营

养食品。

（2）法国：以其自有名称"Bolino"（"Maggi"用小字印刷）命名，并定位为年轻单身人士的快餐零食。

（3）英国和瑞士：以"Quick Lunch"为名，定位为母亲认可的快餐。

（4）波兰：名为"Flaki-Danie to 5 minut"。在这里，雀巢不得不根据波兰食谱调整汤料的口味。在美极品牌推出的时候，波兰已经存在着一个强大品牌。然而，雀巢收购了这个竞争者，美极产品是在"Wineary"的品牌伞下推出来的（Flaki 同样在该品牌伞下引入）。

一般来说，雀巢的国际品牌战略是想要表现得像本地产品，如果不能用美极做到这一点，便会考虑收购一个本地品牌。

来源：基于各种公共来源。

14.9 感官品牌化

实质上，品牌化是在消费者和产品之间建立情感纽带。我们经历过的所有品牌沟通都是围绕着两种感觉——视觉和听觉（如印刷广告和电视广告）。然而，我们与世界连接的方式却使用五种感觉：视觉、听觉、嗅觉、触觉和味觉。我们对世界的理解基本上都是基于这五种感觉。我们的感觉和我们的记忆相连，能够直接产生感情。感官品牌化（sensory branding）是一种未被开发的战略资源，它能够直接影响消费者购买决策（Derval，2012）。

为产品构建"感官印记"对优化沟通非常重要。如图 14.18 所示，产品 1 可能是一种食物，它闻起来很香，吃起来很美味，而且在口中具有得体的质感。但是，它并没有独特的声音（例如，咀嚼/吞咽的声音或打开包装的声音），或非常吸引人的产品包装。相反，产品 2 可能是普通的苏打水，当打开它时，具有可辨识的气泡腾起的声音，以及独特的标识，但气味、口感和纹理表面（触觉）可能无法被识别。

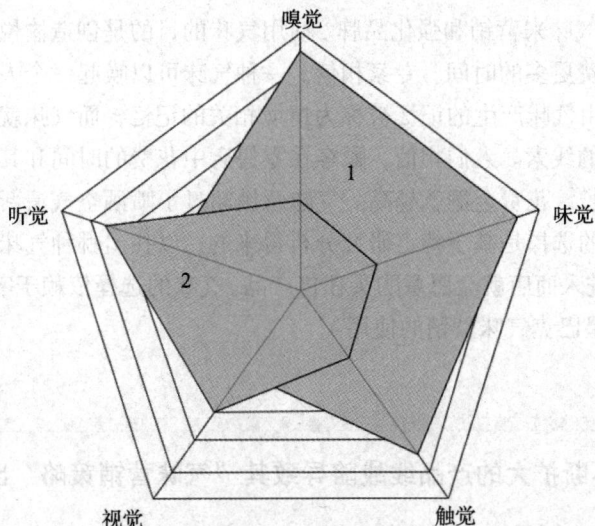

图 14.18　感官印记

1. 视觉

在有些行业，视觉方面的革命正在进行。酒类公司已经成为使用颜色复兴老品牌和吸引年轻消费者兴趣方面的专家。哥顿金酒（Gordon's Gin）就是一个经典的例子。2004 年，这家企业让它的黑刺李金酒不再使用其注册的绿宝石色酒瓶（其传统的金酒还在使用），而是换上了新的包装，使用透明的酒瓶来展示其黑刺李成分的黑紫色。这一举动伴随着高调的广告，聚焦于"丰富多彩的味道"，以及根据不同配方添加进酒中的草药所带来的气味上（原味、蒸馏味和黑刺李味），并将品牌定位为"丰富多彩的金酒"。

酒类公司（也许有一天，酒类广告会被禁止）还善于建立品牌传播中的感官线索。我们以斯米诺冰伏特加（Smirnoff Ice）为例，它围绕尤里（一个虚构的、生活在东欧天寒地冻废墟中的斯米诺伏特加饮用者）构建了电视、互联网和体验营销活动（标志性的是公开打雪仗）。我们可以想象一下，其目的就是建立一种斯米诺的冰雪奇幻世界和饮用加冰伏特加带来的愉悦之间的心理联系。

2. 听觉

"声音品牌化"代表在品牌化的过程中使用音乐和声音的过程。例如，一首音乐被多年用于零售体验的一部分，从而作为强化和传播零售品牌标识的方法（Gustafsson，2015）。

在汽车行业中，声学设计的进步使制造商能够更精确地设计出车门在关闭时会发出什么样的声音。梅赛德斯-奔驰有 12 个工程师致力于研究开关车门的声音。声音是人为产生的，甚至车门的振动都是由电脉冲产生的。被忽视的声音细节已成为强大的工具。以诺基亚移动电话的简单铃声为例，诺基亚的铃声创造了和"Intel Inside"曲调相似的知名度。

单纯创造一种区别于竞争对手的声音对于品牌来说是不够的，它只有独特到一定的程度，才能合法成为商标的一部分。家乐氏标识中的咀嚼声和食用玉米片的感觉是在声音实验室中创造的，和公司的配方、商标一样拥有专利权。

3. 嗅觉

许多企业使用气味来营销和强化品牌。使用气味的目的是创造愉悦的购物环境和鼓励消费者在商店中花费更多的时间。专家相信，一种气味可以唤起一个人以前经历过同一气味的情境的记忆。由气味产生的记忆被称为情境相关的记忆，而气味就是提示人们记住特定的或熟悉的情境的线索。人们相信，顾客在零售店中花费的时间和其花费的金额直接相关。即待的时间越长，花费金额就越高。气味营销超过了喷洒空气清新剂使房间很好闻这一做法。对于气味的选择是基于特定研究分析得来的，以找出哪种气味可促使消费者逛商店，并使他们一旦进入商店就会愿意购买在售产品。气味的选择依赖于零售商和其产品（参见示例 14.12 关于星巴克气味营销的使用）。

示例 14.12

星巴克不断扩大的产品线战略导致其"气味营销策略"出现问题

21 世纪初，除了咖啡，星巴克（Starbucks）还将越来越多的食物产品纳入其产品范围，这样做是为了提高每家咖啡馆的平均营业额。然而，温暖的早餐三明治的气味在 2008 年左右引发了这家咖啡巨头的一场巨大的品牌危机，每家星巴克店铺的收入均不断下降。温暖的早餐香气是一个最大的问题，压倒了星巴克认为的对其体验至关重要的咖啡香气。

鉴于表现不良的商店，星巴克董事长兼新复职的首席执行官霍华德·舒尔茨重新找回了原来的愿景，即强调优质的咖啡和关注顾客。舒尔茨还宣布，公司会在 2008 年之前取消加热早餐三明治，使星巴克更加专注于咖啡。星巴克甚至创造了一个香气任务来解决气味"问题"。

今天，星巴克通过在每个店铺直接注入咖啡气味来增强店内咖啡的味道。额外的咖啡气味背后的想法是创造顾客在特定的环境中所期待的诱人气味。

星巴克希望创造一个有吸引力和舒适的空间，作为工作和家庭之间的理想场所。事实上，咖啡连锁店不仅提供咖啡，还创造了一种强有力的感官体验。换句话说，像咖啡一样，星巴克的营销策略可以体验到五种感觉。

来源：基于 Nassauer（2014）及各种公共来源。

当劳斯莱斯开始抱怨它的新车型无法超越之前车型的销量时，发现唯一的区别就在于它的气味。之前的老款劳斯莱斯汽车闻起来像天然物质，如树木、皮革、粗麻布和羊毛。现代的安全法规要求这些材质不能被继续使用，转而被泡沫和塑料取代。使用 1965 年的银云（Silver Cloud）车型作为参照，劳斯莱斯团队花费了大量的时间来重新塑造劳斯莱斯的"原始"气味。如今，在每一辆劳斯莱斯的新车离开工厂之前，劳斯莱斯的独特气味被添加到汽车座椅下面，以创造"经典"劳斯莱斯的感觉。

在 21 世纪的早期，绘儿乐（Crayola）需要从很多未被授权的亚洲竞争对手中保护自己的品牌。想要保护一支能画出天然颜色的彩笔是非常困难的。当品牌标识难以被识别时，想要差异化产品就更是难上加难。绘儿乐决定利用气味来做到这一点。通过分析笔本身的气味，绘儿乐人为地制造了气味，并注册了专利，使得其无法被仿制。今天，绘儿乐彩笔的气味让成年人回到了童年。这种非常特殊的气味成为绘儿乐产品中不可分割的一部分，用以刺激未来几代孩子的记忆。

印刷杂志广告也开始探索创造与读者交互的方法。一些杂志的广告人员使用一种被称为"呼叫嗅觉"（call-to-sniff）的广告或气味纸张的广告。这是一种"通过鼻子"抓住读者的方法，从而吸引他们阅读更长的时间，并强化整个阅读体验。研究显示，这些有气味纸张广告的认识和回忆要显著强于控制组，控制组的被试者没有接触带气味的广告（GfK，2011；Kinzinger et al.，2014）。

一个能概括气味刺激的品牌是露诗（Lush），一家手工化妆品企业。在经过露诗商店门口时，你会被扑面的香气所吸引。露诗的联合创始人马克·康斯坦丁（Mark Constantine）说："对于感观来说，包装太过枯燥，气味和触感才更有意思。"他还补充道，"如果不用包装，就能使用更高质量的原材料"（Linstrom，2004）。

4. 触觉

触摸被定义为当你用手握住、感觉或接触到某物时所做的行为。为了给一个植物园募集捐款，研究人员给了一组人一本小册子，其中一组人的小册子中加入了"触摸"元素（例如，在首页放置树皮或羽毛），另一组人的小册子中没有"触摸"元素。与未整合任何特别刺激的小册子相比，整合了感官刺激的小册子显著增加了捐赠意愿。这是一个很好的例子，说明如何将触觉融入不同的活动中，以增加消费者的参与度（Lindstrom，2004）。

5. 味觉

味觉是和食品、饮料有关的企业所必须考虑的感官，如轩尼诗干邑、肯德基和可口可乐。这些行业中的每一个品牌都想要创造与品牌有关的独特和具体的味觉。

和其他感官相比，味觉最为依赖其他感官。事实上，80%的味觉是从嗅觉中得来的。为了获得全面的关于味觉的感官体验，其他感官都必须表现出来。

①视觉：外观、吸引力、颜色、形状。

②嗅觉：芳香。

③触觉：质感、温度。

④听觉：稳定性、质感。

由于这种属性，味觉的使用被限制在了食品和饮料产品。家乐氏花费了好几年的时间使味觉与听觉（咀嚼声）相协同。当家乐氏将这种独特的吃玉米片的咔嚓声推向市场时，其品牌攀升到市场顶端。

一些非食品或饮料的产品也能够将味觉融合，如牙齿保健类产品。其实，最为重要的是，要记住，每个人所依靠的验证其体验的感官都不一样。

总之，一个普遍的规律是，一个品牌展示越多的感官，就越能被消费者感知到更为强大的信息。有意思的是，强大的联系可以直接转化为消费者愿意支付的更高价格。

14.10 互联网在面向产品决策的顾客合作中的应用

企业正逐渐认识到合作在创造和保持竞争优势中的重要性。与伙伴，甚至是与竞争对手的合作已成为在网络化的商业世界中的战略要务。最近，在战略和营销领域的学者逐渐聚焦于通过与顾客的合作来共创价值（Prahalad and Ramaswamy，2004）。

互联网是一个开放、成本效益明显且无处不在的网络。这些属性使其成为历史上从未出现过的全球媒介，有效减少了地理和距离上的限制。因此，互联网通过很多方式增强了企业鼓励顾客进行合作式创新的能力。它使得企业从与顾客零散单向的互动转变为与顾客持续的对话。以互联网为基础的虚拟环境也同样让企业与规模大得多的顾客进行互动，且不用在互动的丰富性上进行重大妥协（Evans and Wuster，2000）。

1. 定制化和更为紧密的关系

新的商业平台认识到，产品和服务定制化的重要性在提升。标准功能的商业化程度增加只能通过定制化来实现。这一点在得到客户数据的复杂分析支撑时变得最为有力。

像耐克这样的大众营销专家正在使用数字技术，并尝试用不同的方式来实现定制化。例如，官方主页展示的三维产品图像可以明显提高顾客量身定制的吸引力。

明显的挑战是：使用 IT 技术来接近顾客。关于这一点在现实中有很多的例子。戴尔（Dell）就通过允许终端顾客在互联网上设计他们自己的电脑来与他们构建更为紧密的关系。这些顾客在个性化的主页上可以实时跟踪他们订制电脑的生产过程的各个阶段。这些尝试是非常明智的，因为像戴尔这样"按订单生产"的模式给当时"存货生产"的商业模式带来了巨大的挑战，康柏（Compaq）是后一种模式的典型代表。戴尔的基本商业原则是打造电脑生产商和终端用户之间的紧密关系，尽量避免更多中间商在分销渠道中出现。这也保证了戴尔可以更好地根据顾客的特定需要实现电脑的个性化。

当今，电脑可以通过互联网实现远程诊断和维修。这种情况可能在其他电器里很快实现。航空公司通过电子邮件和特殊网站向优选顾客提供特别优惠。汽车很快将具有网络协议地址，这可以实现很多个性化、车载的信息服务，从而最终实现自动驾驶。

顾客同样可以被纳入到产品开发的早期阶段，从而使他们的输入可以塑造产品的属性和功能。制药公司正在通过对病人基因的分析来精准决定药品的使用和剂量。

商业平台的转变也可以在大学教材出版这一行业中看到。这个行业（自从印刷技术面世以来，几乎没有过创新）正面临重大的转变。出版商正在建立补充的网站链接，以作为学生和老师在课程期间进行联系的额外沟通方式（如 www.pearsoned.co.uk 和 www.wiley.com）。出版商的角色也正从传统意义上的学期开始时的课本销售商转变为整个学期内的教育咨询顾问或价值增值伙伴。

2. 产品和服务的动态定制化

顾客交互载体的第二个阶段聚焦于产品和服务动态定制中的机遇和挑战。由于以价格为主的竞争加剧，竞争市场中的利润正在受到严重侵蚀，因此，企业正通过定制化的供应物来保障利润。动态定制化基于三个原则。

（1）模块化：一种有效组织复杂产品和流程的方法。产品或服务的模块化要求将任务细分为独立的模块，所有独立模块在整体构架中作为整体发挥作用。

（2）智能化：与消费者持续的信息交换允许公司使用最有效的模块来创造产品和流程。网站运维人员可以将买家和卖家的特征相匹配，并基于他们共同的兴趣进行合理的推荐。智能网站可以学习其访问者（潜在买家）的偏好，提供动态的、个性化的产品和服务信息。

（3）组织性：产品和服务的动态定制要求以顾客为导向，并使用柔性方法从根本上致力于用这种新方法来运营。

14.11　物联网（IoT）及其对营销者的用处

图 14.19 展示了未来产品创新中互联网的应用。互联网被看作一种媒介，通过这一媒介，每个"方框"与公司的研发功能连接，如下所示。

（1）设计。数据直接从产品处收集，并成为产品设计和开发的一部分。新产品特性（如软件程序的新版本）可能会通过互联网直接植入到产品中。

（2）服务和支持。服务部门可以通过互联网设置直接排除故障和纠正错误。例如，一辆在高速路上行驶的奔驰牌汽车可以直接与公司的服务部门连接。公司可以监控汽车的主要功能，如果需要，可以直接对汽车软件等进行在线维修。

（3）顾客关系。从产品处收集的数据可能会进行统计，并借此来实现顾客之间的对比等功能。通过这种方式，顾客可以对比其使用产品和其他顾客使用的产品之间的绩效（如汽车），这是一种标杆分析法。这会强化现有的顾客关系。

（4）物流。伴随着目前对及时交付需求的提高，互联网能够自动找到最为便宜和有效（且准时）的方式实现产品从供应商到制造商再到顾客的交付和运输。用"需求链"替代"供应链"，实现思维上的根本转变，这两种思维的最本质区别是需求链思维始于顾客，然后向后工作。这种思维打破了只关注减少运输成本的狭隘思维。它支持"大规模定制"的视角，这种视角认为企业提供的产品或服务是用来支持顾客的个人目标的。

按照这种思路，物联网（Internet-of-Things，IoT）是一个在现有互联网基础设施上互联设备、系统和服务的网络。物联网的核心是在设备与对象的沟通中，使得"所有东西都连接在一起"，在实体世界和基于计算机的系统之间创建更直接的融合。通过捕获和分析来自连接对象的端点传感器的数据，物联网的价值在于其跟踪、测量和创建给个人和企业带来极大收益的"智能"设备的能力。

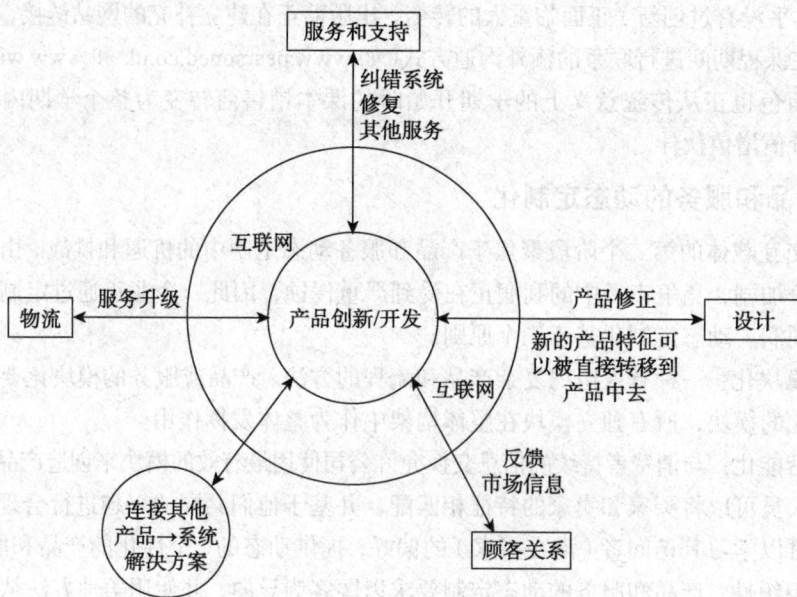

图 14.19　通过互联网的产品创新

基本来说，一个物联网系统包含三个元素（Ehret and Wirtz，2017；Caro and Sadr，2019）。

（1）传感器：传感器创建关于制造设备状态及其环境的数据，并作为物理设备和互联网之间的信息接口。传感器增加了制造设备和材料组件的连通性，是主动、自主维修和维护概念的构建模块。

（2）驱动器：驱动器是自动系统基于传感器发出的信号的各种组件，可以驱动物理效果的移动，如移动机器人、打开房子里的窗户等。物联网建立在互联网连接的驱动器上，使通常集中的操作员能够远程控制过程，并进行远程维修和维护活动。

（3）信息技术—互联网（"云"）驱动的服务以智能手机应用程序为代表。

如示例 14.13 所示，智能手机应用程序基于互联网技术的平台将物理对象连接起来。例如，所有的产品应在一间房里面，以创造良好的室内环境。通过这种方式，物联网可以改善顾客的生活，使其"更智能"，同时提供数据来发展企业的竞争优势，使其有可能更直接地确定、监控和提供更具体和定制化的体验。为让物联网导向的组织创造和获取客户价值，它们必须共同努力，以解决客户问题（Metallo et al.，2018），如创造良好的室内环境。挑战在于让不同制造商的互补物联网平台协同工作，最终目标是建立一个智能手机应用程序，使供暖系统与空调系统协同工作，并在正确的时间打开窗户（另见有关 Nest 恒温器的示例 14.13）。

示例 14.13

谷歌以智能恒温器的形式使用物联网

如果你想让你的房子变得更智能，那么，你的恒温器是一个很好的开始。好的恒温器可以通过降低你的制热和制冷费来帮你节省一大笔钱。

位于帕洛阿尔托（Palo alto）的 NEST 公司由苹果前工程师托尼·法德尔（Tony Fadell）和马特·罗杰斯（Matt Rogers）于 2010 年创立，研发了学习型恒温器（learning thermostat）和 Protect 等智能产品。这些产品的卓越之处在于，它们能够用信息进行编程，同时还能了解用户行为，然后将这些数据用于自动设置。这家公司刚起步时只有 16 名员工在车间里工作，后来与其 70 名员工搬到了帕洛阿尔托的其他地方。2014 年初，谷歌以 32 亿美元收购了该公司。

智能恒温器提供了多种功能，不仅有助于保持家庭舒适，还可以减少供暖和制冷成本。最基本的型号相对便宜，但仍然配备了 Wi-Fi 电路，可以将设备连接到家庭网络和互联网上。你可以通过智能手机或平板电脑等移动设备使用免费的移动应用程序来控制它们，有些型号还可以通过网络浏览器来控制。

早在 2011 年，首创的 Nest Learning 恒温器就风靡全球，它在一个时尚的圆盘形设备中提供 Wi-Fi 连接，可以了解您的日常生活，并相应地创建制热和制冷计划。虽然 Nest 并不是第一款上市的联网恒温器（总部位于加拿大的 Ecobee 比它早了两年），但它是帮助开发了一个新市场的游戏改变者。Ecobee 和 Nest 都还在制造恒温器，但现在面临着来自开利、霍尼韦尔、博世等暖通行业的主要参与者的激烈竞争。

基本的恒温器可以提高或降低温度。制订一个七天的制热制冷计划，如果你或你的家人要早点回家，可以忽略这个计划，并打开或关闭系统。

Nest 智能恒温器将日程安排更进一步。它可以跟踪你每天的来来往往，以及一段时间内的供暖趋势，并根据你在家或外出的时间，以及这些时间内你喜欢的温度来制定制热和制冷的时间表。

Nest 恒温器还可以与 Nest 的其他设备联合工作，如烟雾报警器、Nest 室内和室外摄像头，以及众多第三方设备，包括智能开关、风扇和照明系统。标准 Nest 产品的最终用户价格为 250 美元（不包括安装）。终端用户可以自己安装产品，尽管有些人可能更喜欢让安装人员来完成这项工作，尤其是在必须连接多个第三方产品的情况下。

来源：基于 www.nest.com 及其他公共来源。

1. 物联网为未来的营销人员提供了哪些机会？

一直以来，市场营销都在传播信息，并确保它们到达目标顾客——设计一个产品，然后决定告诉目标市场什么内容。下一阶段将市场营销向前推进了一步——不仅针对目标受众，而且为他们迈出下一步，通过"为他们做好工作"来整合真正的服务主导逻辑（SD逻辑）（Woodside and Sood，2017）。

物联网数据是真实的使用数据。将此与营销人员长久以来依赖的调查或焦点群体相比较。我们使用这些技术是因为它们能为我们提供一些有用的洞见，但没有什么比我们从物联网中获得的洞见更强有力。团队可以准确地看到客户是如何使用产品的，他们正在使用哪些特定的特性，以及他们没有使用哪些特性，这是没有任何偏见也没有误导反馈风险的事实。不仅是客户如何使用产品，营销人员还可以发现设计和性能问题，并立即解决它们，且随着时间的推移不断改进。想象一下，有一种产品，在下一代产品出现之前，它会不断变得更好，且不会过时。当营销人员将这些信息与他们的产品和客户的其他信息联系起来时，他们就可以对使用其产品的人有更深入的了解。

物联网营销的发展和持续性高度依赖于营销人员新技能的获取。随着物联网解决方案的出现，消费者与物品之间的互动出现了，并产生比部分叠加之和更大的影响，从而产生体现设计和复杂性的新的消费者体验。例如，家中连接的设备可以拥有最适宜的室内气候，打造一个安全可靠的家。

营销人员面临的越来越大的挑战是从传统的营销、销售和广告角度转向设计，重点是构建交互和协调支撑物联网的消费者体验。

随着物联网的发展，营销人员的角色发生了很大变化，其职责包括通过考虑产品流和与关键消费者触点的整合来开发物联网驱动的体验，建立与客户的整体产品互动，以及建立基于自动化顾客旅程的预定义行动。

这一角色不同于以往的营销角色，因为物联网能够通过监控传感器为顾客和营销人员的利益实际改变顾客行为。以前，营销人员从未从传感器获取过数据，这是一个通过主动服务和吸引客户参与品牌对话来增加客户价值的机会。

2. 营销人员对物联网的使用

营销人员可以在使物联网数据成为营销人员真正理解顾客和产品的手段方面发挥领导作用。此外，营销人员可以与工程、研发和销售部门的主管联合起来，使用物联网数据创建更多以顾客为中心的产品，提供新服务，并为公司寻找和维持新的有竞争力的差异化。

在营销人员使用物联网获取更多顾客见解和开发适合目标顾客的营销工具的过程中，包括以下步骤。

（1）分析跨平台的顾客购买习惯。

（2）收集以前无法获得的关于消费者如何与设备和产品交互的数据。

（3）更深入洞察顾客旅程中的位置。

（4）提供实时的销售点通知和定向广告。

（5）快速解决"完成工作"的问题，让客户高兴。

例如，通力电梯（KONE）这样的企业，是电梯和自动扶梯行业的全球领导者之一，可能是物联网的重度用户。通力电梯为建筑用户（包括消费者）提供更顺畅、更安全、更个性化的乘梯体验。我们可以想象一位消费者在商场的电梯里，在他要去的楼层上看到根据外面的天气定制的广告。在纽约市的下雪天，顾客可能会看到冬季大衣的促销活动；而在多雨的旧金山，他们可能会看到雨伞的广告。

14.12　3D 打印：一场可能的定制化的新工业革命

3D 打印（3-D printing）也被称为快速成型制造，将一个从电脑上创造或通过 3D 扫描完成的计算机辅助设计（CAD）文件转化成实物对象，这几乎可以使用户制造任何东西。和传统制造使用削减过程不一样，如研磨、锻造、钻孔和切割，3D 打印是一个叠加过程，产品通过一系列的横截面一层一层构建（Berman，2012）。

目前，关于 3D 打印最大的商业化应用是快速成型，它占据了 3D 打印市场的主流。快速成型减少了开发生命周期，实现了简单化实验和创新，并通过允许对设计做简单调整和改变来节约成本。

3D 打印机越来越多地被直接用于进行数字化制造。至今为止，3D 打印已经被用来制造原型、模型、替代部件、牙冠和义肢（为人体）。时尚行业也在采用 3D 打印。设计师使用 3D 打印来制作珠宝和服饰。最终，3D 打印会改变生活用品的生产和销售方式。裁缝可以在电脑上定制服装，并在当地商店打印产品。通过低成本 3D 打印，具有数字设计能力的任何人都可以绕过传统的供应链来自己制造产品。不出意外，3D 打印已经创造了新的一代在家工作的 DIY 制造者。微软对其流行的感应设备 Kinect（其 Xbox 游戏机的周边外设）进行了调整，从而使 3D 扫描变得简单和廉价。其用法很多，例如，通过对人体进行扫描来得到服饰的准确尺码和式样。

在宏观层面，3D 打印有可能会颠覆和破坏传统的制造、流通、仓储、运输和零售模式。未来，销售的会是设计，而不是产品，因为 3D 打印允许产品在需要的地方被打印，仓库可能会被数字存储所取代。降低的进入壁垒将允许更多的当地小企业进入市场。人们将不再依赖传统制造链，而是设计和打印他们自己的产品，或找当地的服务机构为他们打印。3D 打印使企业可以更为经济地小规模生产定制化产品，这也使企业可以通过服务小的市场细分来获取更大的利润。

更短的产品或零部件的运输距离不仅节约金钱，还节约时间。车主可以期待，未来，在修理厂订购零部件的等待时间将会缩减。在众多汽车制造商中，宝马、本田和其他汽车制造商正在其工厂和经销商处向着逐层制造迈进，特别是在工业工具和终端使用的汽车零部件领域（新型金属、复合塑料和碳纤维材料已经能用 3D 打印完成）。许多行业的分销商也在提升此方面的注意力，全力帮助其商业客户提升新的效率。例如，UPS 正在基于第三方物流业务将其空港的仓库变为小型厂房。由于减少了对实体产品的运输需要和高效使用原材料，因此，3D 打印节约了大量能源。

3D 打印将淘汰一些制造业的工作，但也会创建其他工作。伴随着离岸和外包所带来的成本节约，3D 打印将有可能促使制造业回流那些具有强大智力资本，但生产和劳动成本高的国家，从而创造新的工作机会。

但是，当 3D 打印复杂结构（如电子设备打印）成为家里司空见惯的事情时，3D 打印可能威胁实用专利体系，就像数字化革命通过互联网和文件分享威胁音乐行业和版权体系一样。产品是有版权的，就像美元一样。可动人偶和玩具特别容易在家里进行 3D 打印。

玩具可以在家中被扫描，并进行 3D 打印，设计可以通过点对点来分享，所以会威胁这些产品的版权和设计专利保护。当品牌产品可以在家被复制时，就会影响商标所有者（Hordrick and Roland，2013）。

管理者需要决定，到底是等这种快速进化的技术成熟时再进行投资是明智的，还是等待的风险是巨大的。他们的答案不尽相同，但他们所有人都认为，从现在就应该开始规划长期的战略决策。

3D 打印为营销解决方案的实现创造了很多机会。3D 打印通过创新的方式来发展和加强与现有及潜在顾客的关系。例如，大众汽车公司借助 3D 打印技术在丹麦推广了其 Polo 车型。在"Polo Principle"运动中，Polo 迷可以通过网站控制用于创建原始汽车模型的 3D 打印机，消费者可以创建自己版本的汽车模型。最终通过 3D 打印实现了 40 个创意，并在哥本哈根展示了这些创意模型。最后，消费者有机会将他们的微型车带回家，其中的一个想法甚至变成了现实生活中的 Polo。

营销活动成功的一个主要因素是其独特性和原创性。可口可乐公司将 3D 打印技术作为一种秘密原材料，通过在以色列创造消费者的微型雕像来宣传更小的可乐瓶（迷你可口可乐）（见示例 14.14）。

示例 14.14

以色列可口可乐分公司
通过"迷你我"的 3D 打印活动增加了其迷你瓶的销量

2013 年，可口可乐在以色列推出了其新的迷你瓶（迷你可口可乐）。该公司与创新机构 Gefen Team 合作，在以色列的主要可口可乐工厂建立了一个 3D 打印概念实验室。可口可乐爱好者需要下载一个特殊的免费应用程序，登录并创建一个本人的虚拟小角色。之后，每位参与者都要在一个网络游戏中照顾他们的"迷你我"，为他们的虚拟人物挑选衣服和购买食物，让他们保持快乐和健康。那些在应用程序中得分最高的人（由社区评审）被邀请到可口可乐工厂，在那里，他们被扫描，然后收到一个自己的 3D 打印——一个"迷你我"。

第一周就有超过 10 万名用户下载了这款应用。这款应用在以色列的网络商店中排名第一。可口可乐获得了大量的新闻和社交媒体报道，既有来自以色列的，也有来自国外的。最重要的是，迷你可口可乐在两个月内就完成了以色列全年的销售目标。

这是一个很好的例子，说明新技术如何以一种非常划算的方式围绕其品牌创造积极口碑，进而帮助像可口可乐一样的巨头公司。该公司不必通过重新设计整个营销策略来提供这种消费者体验。

来源：基于 https://www.youtube.com/watch?v=Ws7OjDe8Ws4; https://www.youtube.com/watch?v=0ESYSSbvn1A; 其他公共来源。

3D 打印的利益包括如以下几方面。

（1）以新方式吸引终端用户。

（2）中小企业可以将 3D 打印技术作为经济且合适的选项，以低产量、复杂，但有利可图的产品线进入新市场。

（3）更快、更经济、更灵活的产品开发，以弥补更短的产品生命周期。

（4）对生产工具的投资更少。

（5）对规模经济生产依赖性更低。

（6）对复杂产品的形状和设计限制较少。

14.13　全球移动应用程序（App）营销

当前，可能没有一种消费电子设备能够像手机一样影响消费者。移动设备无所不在，截至 2018 年底，全球智能手机用户总数为 35 亿，其中，亚太地区占一半（Takahashi，2018）。

由于 4G 和 5G 移动服务在全球范围内的扩展，伴随着智能手机和平板电脑的普及，移动应用程序行业正在获取巨大的发展动力，而社交媒体为其供应商提供了新的机遇。但是，隐私关注问题成为移动应用程序生态系统中的营销人员所必须面对的挑战。

根据 statista.com 的数据，全球移动应用程序（mobile app）市场的年平均增长率将会达到 15%。

2018 年，全球应用程序的营收约为 900 亿美元，预计到 2021 年将增至 1060 亿美元以上。目前，超过 76% 的移动应用程序的营收来自手机游戏，24% 来自非游戏应用。中国不断增长的智能手机行业约占移动应用程序总收入的三分之一。与此同时，印度已成长为第二大移动应用程序市场，随后是美国、俄罗斯和巴西（Takahashi，2018）。

随着免费的移动应用程序变得日益普遍，付费的移动应用程序的下载量将会下降，而广告和移动应用程序的购买可能会成为未来几年的主流。随着智能手机和平板电脑在世界范围内的增长，移动应用程序行业也同样在快速增长。自 2010 年以来，移动广告业务每年都呈现出高速增长。

移动应用程序可以被归入移动商务（mobile commerce）和移动增值服务（mobile value-added services，MVAS）的领域（在图 14.20 中，同样可以看到移动应用程序的范畴）。

（1）移动商务。此类 App 往往以销售某种产品或服务为目的。例如，达美乐比萨 App 就是以产生销售和促进对顾客的特殊交易为目的的。

（2）移动增值服务（MVAS）。此类别的移动应用程序提供的服务并不直接针对销售，而是帮助顾客解决问题或制定决策。这样的移动应用程序丰富了某种产品/服务的整体顾客体验。

MVAS 的一个具体例子是航空公司的移动应用程序，此类移动应用程序被用来在航空公司和顾客之间的共同生产过程中生成移动登机牌（QR 矩阵二维码）。结果，航空公司的核心服务（航班）和 MVAS（移动登机牌）被认为是相互关联的元素，共同为顾客构建从 A 地飞往 B 地的航班的最终体验（Asche and Kreis，2014）。

类似的，欧莱雅的美丽大师（Makeup Genius）移动应用程序被认为是帮助用户选择最佳化妆品，从而构建最终服务（"看起来很美，而且有吸引力"）（参见示例 14.15）。

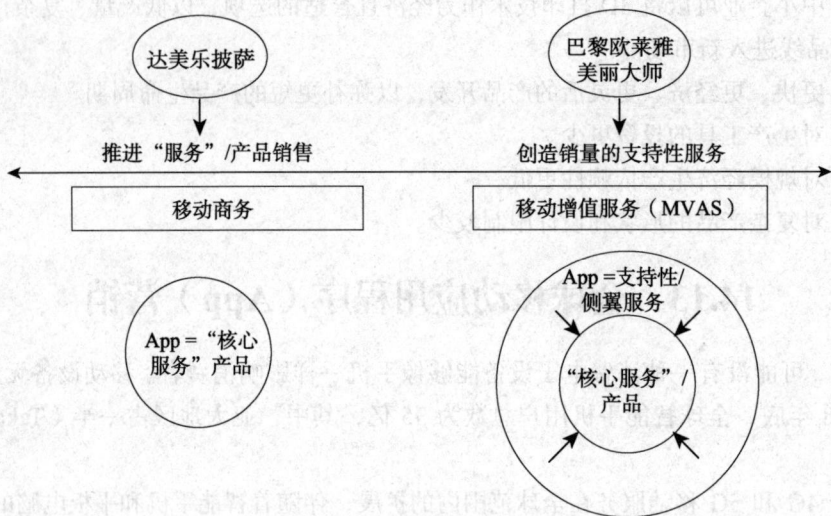

图 14.20　移动应用程序范畴

示例 14.15

欧莱雅正在用手机移动应用程序美丽大师扩展顾客的购买体验

数字化正在重塑美容行业的游戏规则。

许多美容店发现，人们在商店不打开产品是因为它们没有提供试用装，许多女性认为，不试用就购买化妆品是有风险的。购买药店化妆品的艺术是非常不完美的。女性被期待能够通过比较瓶子和她们手臂的颜色选择一个底妆，在小镜子前拿口红凑近她们的脸之后就花费 10 美元购买。

法国的美容巨头欧莱雅有更好的方法。2014 年 6 月，该公司发布了"美丽大师"（Makeup Genius），这款移动应用程序能够让女性看见带妆的自己，但实际上，这些产品并不在她们脸上。当她微笑时，皱起眉头或者眨了眨眼睛，虚拟的化妆品随着她一起移动。她可以使用一系列产品创造，例如，用带唇膏的唇线笔，或者从如夜晚烟熏妆和詹妮弗·洛佩兹裸妆的完整的造型中进行选择。虽然已经有大量的化妆品移动应用程序，但是这些移动应用程序基于使用者给自己拍的照片，然后给静态的图像化妆。

对于欧莱雅来说，美丽大师移动应用程序是消费者进入商店尝试化妆品的备选方案。欧莱雅的消费者可以尝试她们不会试用或考虑的产品。这在以前是不可能的，因为之前，制造商不得不依赖于零售商直接与消费者互动。

女人（或男人）这样使用美丽大师。

（1）在 iOS 和安卓智能手机或平板电脑上下载美丽大师移动应用程序。

（2）自拍。当用户在手机相机的虚拟镜像中移动或微笑时，该移动应用程序使用面部绘图技术向用户呈现化妆品在她脸上的样子，虚拟妆容会随着面部移动。

化妆品（仅限于欧莱雅的产品范围）可以通过触摸一个按钮进行试用。该移动应用程序允许用户保存这些虚拟化妆的结果，并通过社交媒体和电子邮件与朋友们分享。

该移动应用程序还具有不同的化妆师形象。其中一些由欧莱雅品牌大使建立模型，如芙蕾达·平托（Freida Pinto）。

用户一旦决定就可以直接在线购买欧莱雅化妆品。条形码扫码器意味着购物者也可以在商店中尝试虚拟购物。

盖夫·布洛什（Guive Balooch）拥有生物材料学科的博士学位。在 2012 年的头脑风暴会议中，与一个化学家同事一同想出了这个美丽大师的创意。当时，包括欧莱雅在内的几家化妆品公司，在它们的网站和药房提供虚拟的化妆品专柜，但大多数要求用户上传图片，把口红和眼影 PS 到静态图像上，这是一个耗时的过程。盖夫·布洛什和他的技术实验室（现有 15 名工程师和科学家）为欧莱雅开发了这款移动应用程序。

布洛什的团队在数百位具有不同肤色的模特中测试了眼睛、嘴唇和脸颊产品。在 400 种不同光照条件下，捕获了每个阴影和纹理是如何进行变换的。该公司还收集了 10 万多张图像，以比较化妆品在模特的现实生活中与屏幕中看起来如何。

在开发过程中，欧莱雅与 Image Metrics（视频游戏和电影的面部识别软件的创始者）合作，包括 2008 年的《本杰明·巴顿奇事》，由布拉德·皮特扮演的本杰明·巴顿在电影中年龄逆转。

当然，欧莱雅希望美丽大使能够通过内置的电子商务平台或当地商店带来更多的销售。2019 年，欧莱雅大约 20% 的媒体预算花费在数字媒体上，但这被证明非常有效。截至 2019 年年底，该 App 移动应用程序已被下载约 2500 万次。

来源：基于 Korporaal（2015）；Daneshkhu（2014）；其他公共媒体。

另一个 MVAS 应用程序的例子是卡夫食品（Kraft Foods）的 iFood 辅助移动应用程序。该移动应用程序帮助用户通过场合和类别浏览食谱，然后将需要的原料添加进购物清单。它包含一个食谱框选项，能让用户获得他们喜欢的食谱（Urban and Sultan，2015）。

从移动商务到移动增值服务（MVAS），许多移动应用程序通过移动定位技术提供"随身行"（on-the-go）服务。公司采用地理编码（基于位置纬度和经度）和反向地理编码（将坐标转换成街道地址）来提供精确位置服务。一个以定位为基础的移动应用程序是 Tinder 约会移动应用程序，它是一个社交发现移动应用程序，用以促进彼此感兴趣的人之间的沟通。Tinder 的"牵线搭桥"移动应用程序基于地理位置、共同朋友和共同爱好等标准。在这些标准的基础上，移动应用程序会为用户推荐一个距离较近的候选名单。之后，移动应用程序允许用户通过向右滑动来匿名喜欢另一个用户。如果两个用户相互喜欢对方，那么就代表配对成功，他们就可以在移动应用程序中相互交谈。

14.14　"长尾"战略

安德森（Anderson，2006）的"长尾"（long tail）基本上是一个关于销售的理论，其建议在互联网时代，将更少的副本销售给更多的人是一种新的可以被成功实施的战略。过去，所有有趣的商业都围绕着少数几个热点，而许多商业则完全聚焦于生产下一个热点。那些购买很难找到或者"非热点"产品的人群就是被称为"长尾"的顾客。安德森认为，由于人们选择的范围足够大，消费人口足够多，因此，有效的搜索引擎和可以忽略不计的存储及运输成本定位于"长尾"顾客变得有利可图。

安德森（Anderson，2006）提出两个独特但相关的想法。

（1）当商品不一定非要摆放在货架上时，销售的花样和种类就会增加，选择中的物理和成本限制就会消失。搜索和推荐工具从众多的顾客那里保证某一选择的数量。图 14.21 说明，在一个想象的产品类别中，所有可能的供应物通过其销量进行排序，浅色的部分代表那些通过实体商店销售无法赚钱的产品。换句话说，长尾理论揭示了一个过去从没被开发的需求。

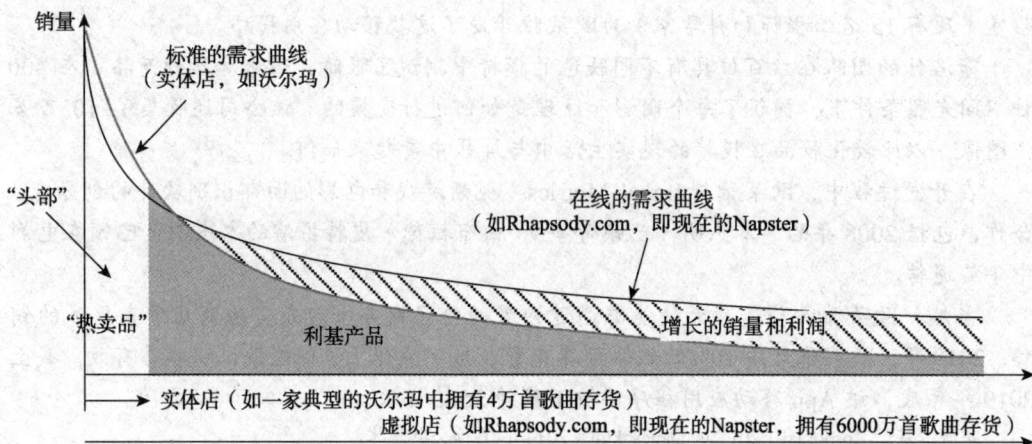

图 14.21　长尾理论：在线渠道会扩宽长尾

（2）实际上，线上渠道改变了需求曲线的形状。相比面向大众诉求设计的产品，消费者更为看重面向自身特殊需求而设计的利基产品。由于互联网零售确保消费者能够找到更多的利基产品，因此，消费者的购买也随之发生了变化。换句话说，尾部市场不仅仅因为消费者能够获得更多无名的产品而变得更长，还因为消费者发现这些产品更符合他们的品位而变得利润更丰厚（包含图 14.21 阴影部分）。

在图 14.21 中，长尾的力量可通过一个例子来说明：Rhapsody.com 在线音乐下载公司（现在是 Napster），它收录了大约 6000 万首歌曲，其中 40% 的销量来源于那些在零售店根本找不到的音乐。作为对比，一家典型的沃尔玛商店最多能通过货架上的 CD（和黑胶唱片）存放 4 万首歌曲，销量排在前 200 的 CD 贡献了沃尔玛总销量的 90%，这是因为沃尔玛没有空间来放置那些一个月可能只卖出去一张的 CD。线上商店会使用技术来削减存储的成本，同时，尾部市场的业务总量也在增加。

埃尔伯斯（Elberse，2008）尝试证明安德森的长尾概念是有问题的，而且声称消费者没有在长尾市场中寻找"隐藏的宝石"，事实上，他们甚至没有经常进入长尾市场来探寻产品。她给出了证据说明在头部的行为甚至更不寻常。发生了什么？埃尔伯斯研究指出，任何在长尾中有广泛吸引力的好东西都会很快被提升到头部，因为这就是互联网的工作原理。只有那些拥有非常有限吸引力的产品才不会跃升。突然，一个完全合理的长尾购买流程竟然成为过眼云烟，而其购买流程所忽略的就是热卖品的发现是从长尾开始的。

14.15　品牌仿冒和防伪策略

一直到 20 世纪 80 年代,仿冒都只是规模较小的商业,仅仅限制在复制奢侈时尚产品,如手表或皮具,而且数量也很少。自 20 世纪 90 年代开始,随着大规模生产和对不同品牌仿冒版本的大量分销,仿冒的规模变到大得多,行业分布也广得多(参见示例 14.16)。

示例 14.16

盗版的下一个阶段,伪造整个公司——NEC

经过两年的调查,日本公司 NEC 在 2006 年发现了中国的一个盗版网络,造假者伪造了整个公司。造假者建立了一个类似的 NEC 品牌,与中国的 50 多家电子工厂有联系。造假者以 NEC 的名义抄袭 NEC 产品,并开发了自己的消费电子产品系列,从家庭娱乐中心到 MP3 播放器。他们甚至要求工厂为"授权"产品支付版税,并发布看起来像官方的保修和服务文档,以此协调制造。这些产品被装在外观真实的盒子和陈列柜中。

调查记录显示,造假者甚至携带 NEC 的名片,以公司名义委托产品研发,签订生产和供货订单。

现在,很多跨国公司(如 NEC)也面临着类似的挑战,因为盗版活动不断扩大,组织也日趋完善。

来源:基于 'Next step in pirating: faking a company – for NEC an identity crisis in China', Herald Tribune, 28 April 2006 和其他公共媒体。

一家企业在面对品牌仿冒时有很多策略选择,其范围从找出和惩罚零售商店到破坏盗版商的生产设施。品牌生产商也可以尝试将盗版商纳入合法的商业中。

但是,如果假冒品牌和原品牌能够被区分开,那么仿冒对于品牌生产商而言就不只有负面效果。事实上,购买仿冒品的决策通常是对品牌价值的再次确认,因为仿冒品购买者的购买行为来源于原始品牌的形象,这恰恰是企业尝试通过广告和促销手段传递给消费者的形象。品牌仿冒可以被看成是品牌价值的一个正面指标,它强化品牌的优势。如果企业的产品被复制,那么,这表示企业所做的事情是正确的。许多品牌包容仿冒品市场,不将其视为威胁。当乔治·阿玛尼(Giorgio Armani)在 2004 年访问上海时,他用 22 美元买了一块假的阿玛尼手表,而不是标价 710 美元的真手表。他说:"它是对阿玛尼手表完全的复制……被复制非常荣幸。如果你被复制,说明你在做正确的事情(Whitwell,2006)。"虽然这是一个宣传噱头,但也确实指出了仿冒品的消费者和真货消费者完全不同,所以假货对品牌不构成重要威胁。

仿冒品的另一个特点是规避竞争,就像竞争者被嵌在中间一样。高价格的品牌产品鼓励竞争者进入到稍低价格的市场。仿冒品制造商生产与销售品牌产品的成本要远远低于竞争者。这意味着竞争者被挤出去了,而且无处可走:它被原品牌排挤在市场之外,同时不能和价格更低的冒牌产品竞争。

14.16　总　　结

在广泛考虑产品策略时，重要的是要考虑哪部分（产品层面）应该标准化，哪部分应该适应当地环境。本章节介绍了与此决策相关的各种因素。

一个非常重要的问题是品牌化的问题。本章讨论了不同的品牌化方案。例如，由于大型零售连锁（通常是跨国的）已经成功控制了渠道，因此，它们尝试发展其自有品牌。对于零售商而言，自有品牌提供了更高的利润率，并强化了其在消费者心中的形象。由于权力转移到零售商，所以，自有品牌在所有零售份额中的比重在最近几年一直在增加。

品牌化的基本目的在全世界都是一样的。一般而言，品牌化的功能如下。

（1）将本公司的供应物与竞争对手区别开来，使某特定产品差异化。

（2）创建识别度和品牌知名度。

（3）保证一定水平的产品质量和满意度。

（4）有助于产品的促销宣传。

在电子市场和互联网销售的产品可以被分成两类：实体产品和纯数字产品及服务。

传统的营销通常认为顾客是被动的参与者。然而，定制化将顾客视为产品开发和销售过程中的积极的合作者。一个极端的定制化例子就是 3D 打印概念。通过 3D 打印设备实现制造当地化。3D 打印更为经济地小批量制造完全定制化的产品，这使得企业能从小的细分市场中获取利润。

移动应用程序（手机 App）是为了在智能手机、平板电脑和其他手持装置等移动设备上使用而设计的用户友好型软件。随着智能手机和平板电脑在全世界范围内的需求增加，移动应用程序市场在可预见的时期内会呈现指数增长。另外，对移动应用程序的需求也受到基于互联网的服务在全球扩散的驱动。

"长尾"是一种销售理论，其观点为，在互联网时代，将更少的副本销售给更多的人是一种可以被成功实施的战略。

案例研究 14.1　　　案例研究 14.2　　　案例研究 14.3　　　案例研究 14.4

问题讨论

1. 您如何区分服务和产品？这种差异对国际服务营销的主要启示是什么？

2. 产品生命周期（PLC）理论对国际产品开发策略有什么启示？

3. 国际市场在多大程度上提供标准化的、在不同市场之间差异不明显的服务和保修政策？

4. 相比国际营销组合的其他要素，为什么大多数公司可能更优先考虑国际产品策略？

5. 简单地描述一下国际产品生命周期（IPLC）理论及其营销启示。

6. 必须满足哪些条件才能使商品能够有效地转变成品牌产品？

7. 讨论在制定国际产品线的包装决策时需要考虑的因素。

8. 什么时候适合使用多品牌：①单一市场；②几个市场/国家？

9. 在国际产品营销中，"原产国"的重要性是什么？

10. 服务的区别化特征是什么？解释为什么这些特征使国外市场销售服务变得困难。

11. 分析发展国际品牌的主要障碍。

12. 讨论在国际市场的产品线上增加或削减产品的决策。

13. 为什么国际上的顾客服务水平有所不同？例如，发展中国家的顾客服务水平低于工业化国家是否合理？

14. 一个好的国际品牌名称的特点是什么？

参考文献

第 **15** 章

定价决策和商业条款

学习目标

通过学习本章，学生应该能够做到以下几个方面。

- 解释内部和外部变量如何影响国际定价决策；
- 解释出口销售中的价格为什么以及如何上涨；
- 讨论确定新产品价格水平的策略选择；
- 解释由于价格下降所必需的销量增加；
- 解释什么是经验曲线定价；
- 探索转移定价在国际营销中的特殊作用与问题；
- 讨论汇率变化给国际市场人员带来的挑战；
- 识别和解释不同的销售条款（报价）；
- 探讨影响付款条约的条件；
- 讨论出口信贷和融资对成功的出口营销的作用。

15.1 导 论

由于定价是营销组合的一部分，因此，定价决策必须与营销组合的其他三个"P"相结合。价格是国际营销组合中唯一一个在没有巨大直接成本影响下可以迅速改变的方面。这一特点，加上国外消费者往往对价格变化很敏感，就引发了危险，即定价行动可能会被当成一种快速的解决方案，而不需要在公司营销计划的其他方面做出改变。管理层必须认识到，应避免在国外市场上不断微调价格，而且，许多问题并不能通过定价行为得到最好的解决。

一般来说，定价策略是营销组合所有要素中最重要，但往往最不被认可的。营销组合中的其他因素都会引起成本变化。公司利润的唯一来源是收入，而这又是由定价策略所决定的。在本章中，我们重点讨论了国际营销人员特别感兴趣的一些定价问题。

15.2　国际定价策略与国内定价策略的比较

对于很多在国内市场经营的中小企业（SMEs）来说，定价决策是一个相对明确的过程，即对生产、管理和销售一种产品或服务的预计总成本进行分摊，然后加上适当的利润。当成本增加而销售额没有达到时，或当竞争对手廉价出售产品或服务时，这些公司就会出现问题。然而，在国际市场，定价决策要复杂得多，因为它们受一些外部因素的影响，如汇率的波动、某些国家通货膨胀的加速，以及其他支付方式的使用，如租赁、易货贸易和对销贸易。

国际营销经理特别关注的是产品在当地生产或销售的定价决策，但也关注在产品制造或销售的国家之外的一些集中影响。从广义上讲，定价决策包括设定初始价格，以及对产品既定价格的不断调整。

15.3　影响国际定价决策的因素

在中小型企业首次出口时，对其即将进入的市场环境知之甚少，很可能设定一个价格，确保产生的销售收入至少能涵盖所发生的成本。企业认识到，产品成本结构是很重要的，但不应视它们为制定价格的唯一决定因素。

定价策略是一种重要的战略性和战术性竞争武器，与国际营销组合的其他要素相比，它可控性更高，而且改变和实施起来并不昂贵。因此，定价决策和行动应与国际营销组合中的其他要素相融合。

图 15.1 给出了国际定价决策的通用框架。根据该模型，影响国际定价的因素可以分为两大类（内部和外部因素）和四个小类，现在，我们将更详细地探讨这些因素（Kohli and Suri，2011）。

15.3.1　公司层面的因素

国际定价受过去和现在的公司理念、组织和管理政策的影响。管理层常常强调定价使用的短期战术是各种形式的打折、产品供应和降价，并没有重视它的战略作用。近年来，定价在许多行业的结构转型中起了非常重要的作用，引起一些企业的增长和另外一些企业的衰落。值得一提的是，日本的公司在进入新市场时，会通过在一段时间内降低价格来抢占市场份额，并树立品牌，建立有效的分销和服务网络。这些日本公司的市场份额目标通常是以牺牲短期利润为代价的，因为国际化的日本公司通常对利润有长远的思考。比起西方的一些同行，它们通常愿意在投资回报方面等待更长的时间。

当消费者愿意为一个品牌产品支付溢价时，原产国（COO）是一个主要的考虑因素。管理人员可以在定价决策中使用这些信息。如果他们的品牌起源于一个拥有良好声誉和形象的国家，并在该国生产，溢价定价策略将更容易实施，因为消费者的支付意愿会更高。例如，多年来，大众的口号是德语的"汽车"（Das Auto），表明该车的开发和生产都是在德国，尽管现在的汽车生产也会在中国与世界其他地区。然而，与法国生产的汽车相比，这为大众提供了向消费者收取更高价格的机会（Koschate-Fischer et al.，2012）。这种比竞争对手收取更高价格而不损失需求或降低边际贡献的能力通常被称为"定价能力"（Liozu，2019）。

内部因素

外部因素

公司层面的因素
- 公司和营销目标
- 竞争战略
- 公司定位
- 产品开发
- 生产区域（生产投入成本）
- 市场进入模式
- 原产国

环境因素
- 政府的影响和约束：进口控制、关税、价格控制
- 通货膨胀
- 币值波动
- 商业周期阶段

产品因素
- 所处产品生命周期的阶段
- 在产品线中的位置
- 最重要的产品特点：质量、服务等
- 产品定位（独特销售主张）
- 产品的成本结构（制造、经验、效应等）

市场因素
- 顾客的感知（需求、品位）
- 顾客的支付能力
- 竞争的性质
- 竞争对手的目标、策略和相对优势/劣势
- 灰色市场吸引力

定价策略
- 价格水平（第一次定价）
- 价格在产品生命周期的变化
- 跨产品定价（产品线定价）
- 跨国定价（标准化和差异化）

营销组合的其他要素

商业条款
- 销售条款
- 支付条款

公司绩效销售额、市场份额、边际收益、利润、公司形象等

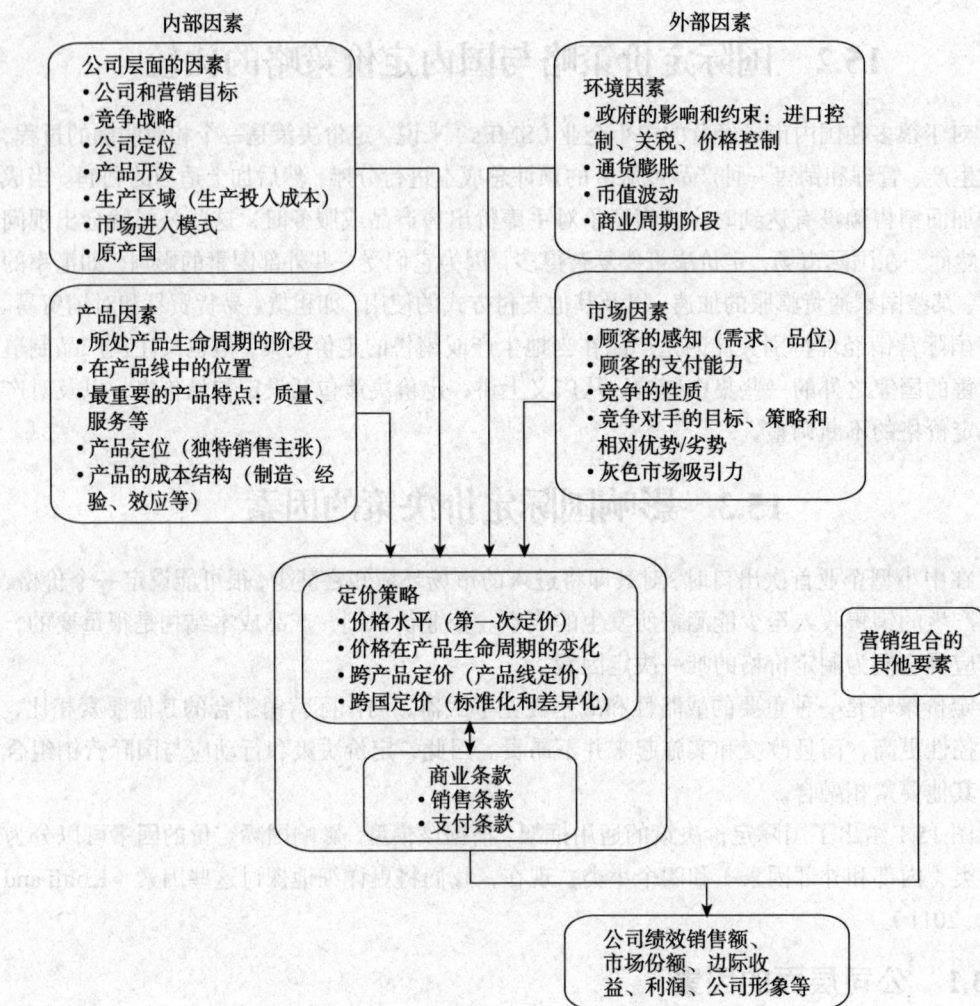

图 15.1　国际定价框架

对国外市场进入模式的选择会影响公司的定价策略：在外国有子公司的制造商对该国的定价策略有很高的控制权。

15.3.2　产品因素

关键的产品因素包括产品的独特性、创新性及可替代性。这些因素将对产品生命周期的各阶段产生重大影响，并且也取决于目标市场的市场环境。不管是服务，还是成品或日用品，不管是销售给消费者，还是产业市场，这些要素都是很重要的。

公司基于一个市场对产品或服务做出的修改或调整的幅度，以及公司围绕核心产品提供的服务水平也会影响成本，从而对价格产生影响。

成本有助于估计竞争对手对特定价格设定会做出何种反应，了解自己的成本也有助于评估竞争对手的反应。除此之外，还要加上中间成本，这取决于渠道长度、中间因素及物流成本。所有这些因素加起来会导致价格上涨（price escalation）。

表 15.1 中的例子表明，由于额外的运输、保险和配送费用的增加，出口产品在出口市场的成本比在国内市场高出约 21%。如果使用额外的分销环节（进口商），产品在国外的成本比在国内要高出 39%。

表 15.1　价格上涨的例子　　　　　　　　　　单位：英镑

	国内渠道	国外渠道	
	（a）	（b）	（c）
	公司 ↓ 批发商 ↓ 零售商 ↓ 消费者	公司 ↓ 边境 ↓ 批发商 ↓ 零售商 ↓ 消费者	公司 ↓ 边境 ↓ 进口商 ↓ 批发商 ↓ 零售商 ↓ 消费者
公司净价	100	100	100
保险和运输成本	—	10	10
到岸成本	—	110	110
关税（到岸成本的 10%）	—	11	11
进口商支付的价格（成本）	—	—	121
进口商的利润/加价（成本的 15%）	—	—	18
批发商支付的价格（成本）	100	121	139
批发商的利润/加价（成本的 20%）	20	24	28
零售商支付的价格（成本）	120	145	167
零售利润/加价（成本的 40%）	48	58	67
消费者支付（价格）（不含增值税）	168	203	234
比国内渠道价格上涨的百分比	—	21	39

许多出口商没有意识到价格的迅速上涨，其只专注于其向进口商收取的价格。然而，最终的消费者支付价格是至关重要的，因为在这一价格水平上，消费者可以比较不同竞争产品的价格，而这种价格在决定他们对外国产品的需求方面起着重要作用。

价格上涨不仅仅是出口商的问题，它会影响所有参与跨境交易的公司。公司承担大部分的公司内部跨境货物和物资运输，因此会产生额外费用，从而引起价格上涨。

下列管理选项可用于应对价格上涨。

（1）使分销流程更加合理化。一种选择是减少分销过程中的环节数量，另一种选择是在公司内部多做一些，从而绕过一些渠道成员。

（2）降低厂商的出口价格（公司的净价），从而减少所有加价的乘数效应。

（3）在出口市场建立当地化生产，以消除部分成本。

（4）迫使渠道成员接受更低的毛利率。如果这些中间商的营业收入在很大程度上依赖于制造商，则这种方法可能是比较适合的。

忽视传统渠道成员可能让公司处于危险之中。例如，在日本，分销系统特别复杂，常常涉及许多不同的渠道成员（见第 16 章，图 16.2），这使得人们想对其进行一些根本性的变革。然而，现有的中间商不喜欢被忽视，它们可能与其他渠道成员和政府建立联系，这使得试图消减中间商的外国公司陷入危险。

15.3.3　环境因素

环境因素是企业的外部因素，在国外市场是不可控的变量。国家政府对进出口的管制通常基于政治和战略上的考虑。

一般而言，进口管制旨在限制进口，以保护国内生产者或减少外汇流出。直接性的限制通常采取关税、配额和各种非关税壁垒的形式。关税会直接提升进口价格，除非出口商或进口商愿意承担关税，并接受较低的利润率。配额对价格有间接影响，它们限制供应，从而导致进口价格上涨。

由于各国之间的关税水平有所不同，因此，出口商根据不同国家来改变价格。在一些关税高、价格弹性高的国家，如果想要产品在这些市场上达到令人满意的销量，其基准价格可能不得不低于其他国家。如果需求缺乏弹性，那么，就可在销量几乎没有损失的情况下，将价格设定在一个较高的水准上，除非竞争对手以较低的价格出售。

政府的定价法规会影响公司的定价策略。许多政府倾向于对有关健康、教育、食品和其他必需品的特定产品实行价格管制。另一个主要的环境因素就是汇率的波动。货币相对价值的增加（升值）或减少（贬值）会影响公司的定价结构和盈利能力。

15.3.4　市场因素

国外市场的一个关键因素是消费者的购买力，即消费者的支付能力。竞争对手的压力可能会影响国际定价。如果市场上有其他卖方，则公司不得不提供一个更有竞争力的价格。因此，竞争的性质（如寡头垄断或垄断）会影响公司的定价策略。

在接近完全竞争的条件下，价格是由市场来决定的。价格往往是刚好超过成本，以保持边际生产商继续经营。因此，从价格制定者的角度来看，最重要的因素是成本。产品的可替代性越接近，价格就越接近，成本在决定价格上的影响力就越大（假设有足够多的买方和卖方）。

在垄断或不完全竞争的情况下，卖方有权酌情改变产品质量、促销活动和渠道政策，以改变整体产品的价格，为预选的细分市场提供服务。尽管如此，定价的自由仍然受竞争者开价的限制，任何与竞争者之间的价格差异都必须在消费者心中根据不同的效用而认定是合理的，即感知价值。

在考虑消费者将对给定的价格策略做出怎样的回应时，内格尔（Nagle，1987）提出了影响消费者价格敏感性的九个因素。

（1）更具特色的产品。

（2）更高的产品感知质量。

（3）消费者对市场上的替代品不了解。

（4）难以进行比较（如咨询业或会计业的服务质量）。

（5）产品的价格只占顾客总支出的一小部分。

（6）顾客的感知收益提升。

（7）该产品与先前购买的产品结合使用，零件和替换件的价格通常极其高。

（8）与其他合作伙伴分担成本。

（9）无法存储的产品或服务。

在这九种情况下，价格敏感性降低了。

在下面的部分中，我们将讨论不同的可用定价策略。

15.4　国际定价策略

在确定一个新产品的价格水平时，一般的选择如图 15.2 所示。

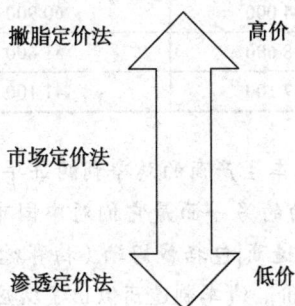

撇脂定价法　　高价

市场定价法

渗透定价法　　低价

图 15.2　新产品定价策略

15.4.1　撇脂定价法

在这一策略中，较高的价格来源于从市场的高端"撇脂"，其目的是在短时间内得到最大的可能利益。对于使用这种方法的营销人员来说，其产品必须是独一无二的，而且部分市场必须愿意支付高价格。随着选择更多的细分市场作为目标，且出现更多的产品，价格将逐渐降低。"撇脂"策略的成功取决于企业对竞争的反应能力和速度。

产品应当能够提供一些额外的功能、更舒适、具有可变性或易操作性，以吸引那些富裕且有需求的消费者。通过撇脂定价法，公司以较低的市场份额换取较高的利润率。计算最终价格可以运用"基于顾客价值的定价"的概念，即"我们如何创造额外的顾客价值，并增加顾客的支付意愿"。

与撇脂定价法有关的问题如下。

（1）价格高但市场份额小，公司容易在当地激烈的竞争中受到攻击。

（2）维护高质量的产品需要大量资源（促销、售后服务）和可见的当地存在，这在远距离的国外市场实现起来可能比较困难。

（3）如果产品在国内或其他国家价格较低，很可能形成灰色营销（平行进口）。

德国汽车制造商在中国使用"撇脂"定价策略

中国人就喜欢德国车，特别是高端品牌。

2009—2013 年，德国汽车在中国的销售翻了一倍多，从 160 万辆增长到 370 万辆。现在，德国汽车制造商享有在中国创纪录的 23% 的市场份额，越来越多的在中国销售的德国汽车在中国制造。最受欢迎的德国品牌价格分析（见表 15.2）表明，尽管有几个因素可能导致不同市场的不平等定价，包括不同国家的不同制造地点、制造规模、销量和不同征税政策，但与欧盟和美国相比，德国高端汽车品牌在中国获得更多的价格溢价。

表 15.2　德国豪华车品牌在中国与欧盟和美国的价格　　　　单位：欧元

所有价格都兑换成欧元	奥迪 A6	宝马 5 系列	奔驰 E 级
中国	54 000	60 900	61 400
欧盟	48 600	51 800	51 000
美国	37 100	41 100	40 700

整体上，预计中国对德国汽车生产商的总净利润每年贡献了近 50 个百分点。然而，德国汽车制造商在中国取得成功的另一面是它们对中国市场监管变化越来越依赖。2014 年，中国监管机构对外国汽车制造商[包括戴姆勒（梅赛德斯）、大众汽车（奥迪）等]采取了措施，指责它们垄断零部件定价。汽车制造商做出了反应，降低了部分零部件的价格。

来源：基于 Mitchell, T. (2014) 'Chinese car probe takes an unexpected turn,' *Financial Times Europe,* 22nd August, p. 15 及其他公共来源。

15.4.2　市场定价法

如果目标市场中已经存在类似的产品，那么可以使用市场定价方法。最后的顾客价格是基于市场中有竞争力的价格。这种方法要求出口商对产品成本有全面的了解，并相信产品生命周期足够长，足以进入市场。这是一种反应性的方法。如果销量不能达到足够的水平，以产生令人满意的回报，那么就会产生严重后果。虽然公司通常将定价作为一种差异化的工具，但国际营销经理除了接受主流的世界市场价格外，别无选择。

从竞争对手制定的平均价格来看，我们有可能进行所谓的逆向计算（retrograde calculation），即公司使用"反向的"价格上涨向后计算（从市场价格）到所需的（出厂价格）净价，然后将其与可变成本进行比较。如果这个净价能创造令人满意的边际收益，那么公司就可以继续运营下去。

这种方法的主要优点是考虑到了竞争情况，主要缺点是忽略了与需求函数相关的情况。此外，聚焦于激烈的竞争会增加价格战的风险（Hinterhuber and Liozu, 2012）。

15.4.3　渗透定价法

渗透定价策略被用来刺激市场的增长，并通过有意提供低价产品来获取市场份额。这种方法要求市场规模大、消费者对价格敏感，并通过规模经济和经验曲线效应来降低单位成本。如果主要竞争对手把价格降到相应的低水平，那么，通过降低价格来增加销量的基本假设就会失败。另一个危险是，如果价格被设定得过低，那么连消费者都无法相信。消费者对价格有一个信任水平，低于这个价格，消费者就会对产品质量失去信心。

在一些外国市场制定较低定价的动机可能包括如下内容。

- 来自当地竞争企业的激烈竞争。
- 当地消费者的收入水平较低。
- 一些公司相信，由于它们的研发和其他间接费用是由国内销售所承担的，出口代表的是一种收支勉强平衡的营业活动，所以，公司只想通过低价销售来增加尽可能多的额外收入。

日本公司在许多市场上采用渗透定价法来赢得市场份额，如汽车、家庭娱乐产品和电子元件。

示例 15.2

"市场定价"（"大众卖点"）策略的使用：
在耐克旗下，匡威品牌正卷土重来

1908 年 2 月，马奎斯·米尔斯·康沃斯（Marquis Mills Converse）在马萨诸塞州的马尔登（Malden）开设了匡威橡胶鞋业有限公司。该公司是一家胶鞋制造商，为男士、女士和儿童提供防冻胶底鞋。1910 年，匡威每天生产 4 000 双鞋。

1917 年，该公司推出了匡威全明星篮球鞋，成为其重要转折点。随后，1921，一个名叫查尔斯·H. 泰勒（Charles H. Taylor）的篮球运动员走进公司，抱怨脚疼。匡威给了他一份推销员和形象大使的工作，并将鞋子推广到全美国。1923 年，他的签名被添加到全明星产品系列中。直到 1969 年去世之前不久，他仍然在做这项工作。

尽管匡威的根基是体育，且它的品牌资产很大程度上依赖于老式的 Chuck Taylor 篮球品牌，但它是一个不那么明显的运动品牌，而更像是一个时尚品牌。耐克已经使这个品牌变得更前卫、更"摇滚"。

尽管它的规模相对较小，但在 20 世纪的大部分时间里，匡威是运动鞋品类中一个有影响力的品牌。最初是在想成为篮球运动员的人中围绕这个品牌建立一种亚文化，但后来与非主流的"酷"和潮流相关的感知联系起来。此外，该品牌还与精英主义有关。事实上，尽管它的价格不高，但匡威全明星并不是适合所有人的，只适合那些拥有"某种知识"的人。

然而，20 世纪 90 年代早期，耐克一代出现，匡威鞋开始变得过时，并濒临破产边缘。在接下来的 10 年里，匡威陷入了金融困境。直到 2003 年，耐克以 3.5 亿美元收购了匡威，这才挽救了这家公司。虽然看起来匡威依靠自己不太可能存活更长时间，但这并不能安抚它的铁杆"粉丝"们。在他们看来，公司的独立性是其自由精神的一部分。卖给耐克公司的感觉就如同 Chuck Taylor 全明星系列的制作者将自己的灵魂出卖给了敌人。

虽然匡威有着"亲民价格"（相对于耐克的高端价格），但它反而用"酷元素"实现了更大的价值。

在 2003 年耐克收购时，匡威的年营业收入约为 2.5 万亿美元，而耐克的年营业收入为 110 亿美元。15 年后（2018 年），匡威的营业收入为 19 亿美元。可见，匡威品牌已经变得比耐克收购之前更"酷"、更"摇滚"。

来源: 基于 Elek, M.（2012）,' How brands close to the edge can keep their cool,' *Marketing Week*, 17/05/2012; Nike 年度报告, 2018; www.converse.com；其他公共来源。

15.4.4　价格变动

当一个新产品被推出或整个市场情况发生变化时（如外汇汇率的波动），就需要对现有产品进行价格变动。

表 15.3 显示了维持利润水平所需的销量增加或减少的百分比。一个例子（表 15.3 中加粗字体显示的部分）显示了表格的功能。一家公司的产品有 20% 的边际贡献。该公司想知道，如果它希望维持同样的利润总额，降价 5% 的话，销量应该增加多少。具体计算如下。

降价之前

单位产品		
	销售价格	100 英镑
	单位可变成本	80 英镑
	边际收益	20 英镑

总边际收益：100×20 英镑=2 000 英镑

降价之后（5%）

单位产品		
	销售价格	95 英镑
	单位可变成本	80 英镑
	边际收益	15 英镑

总边际贡献：133×15 英镑=1 995 英镑

表 15.3　维持总利润所需增加或减少的销量　　　　　　　　　　%

价格变化	利润贡献率（价格—单位可变成本占价格的百分比）								
	5	10	15	20	25	30	35	40	50
价格降低	维持总利润水平所需的销量增长率								
2.0	67	25	15	11	9	7	7	5	4
3.0	150	43	25	18	14	11	9	8	6
4.0	400	67	36	25	19	15	13	11	9
5.0		100	50	**33**	25	20	17	14	11
7.5		300	100	60	43	33	27	23	18
10.0			200	100	67	50	40	33	25
15.0				300	150	100	75	60	43
价格提高	维持总利润水平所需销量最大下降率								
2.0	29	17	12	9	7	6	5	5	4
3.0	37	23	17	13	11	9	8	7	6

续表

价格变化	利润贡献率（价格—单位可变成本占价格的百分比）								
	5	**10**	**15**	**20**	**25**	**30**	**35**	**40**	**50**
4.0	44	29	21	17	14	12	10	9	7
5.0	50	33	25	20	17	14	12	11	9
7.5	60	43	33	27	23	20	18	16	13
10.0	67	50	40	33	29	25	22	20	17
15.0	75	60	50	43	37	33	30	27	23

由于价格下降了 5%，因此需要增加 33% 的销售量。

如果决定变动价格，则必须考虑到相关的变化。例如，如果需要提高价格，那么，至少在一开始，就可以通过增加促销力度来配合。

在降价时，决策制定者对现有产品享有的灵活性往往比新产品要低。原因很可能是由于现有产品独特性较少、面临更激烈的竞争，且针对的是更广泛的细分市场。在这种情况下，决策制定者将不得不在定价过程中更多地关注竞争因素和成本因素。

价格变动的时机和变动本身一样重要。例如，在宣布涨价时，比竞争对手滞后的简单策略会让顾客认为你是最注重顾客反应的公司。时间滞后的程度也很重要。在宣布涨价的不必要延迟期间，大量的资金将会被浪费掉。

15.4.5 经验曲线定价

价格变化通常跟随产品在生命周期中所处的阶段变化。随着产品的成熟，由于日益增长的竞争和日渐减少的差异，产品在价格上的竞争将会更加激烈。

我们将成本方面的问题纳入讨论。经验曲线起源于一种人们普遍观察到的现象，称为学习曲线，它指出，当人们重复一项任务时，他们将会做得更好更快。学习曲线适用于生产成本的劳动力部分。波士顿咨询集团将学习效应扩展到涵盖所有与产品相关的增值成本，包括生产、营销、销售和管理等（Czepiel，1992）。

由此产生的经验曲线涵盖所有的价值链活动（见图 15.3），表明累积产量每增加一倍，实际的产品总单位成本就会减少一定的百分比。虽然下降的幅度有大有小，但典型的成本下降值是 30%（称为 70% 的经验曲线）（Czepiel，1992）。

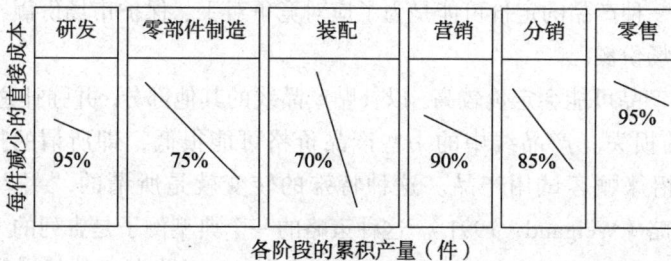

图 15.3 价值链活动的经验曲线

来源：Hax, Arnoldo C., Majluf, Nicholas S., Strategic Management: An Integrative Perspective, 1st, p. 121 © 1984. Electronically reproduced by permission of Pearson Education, Inc., Upper Saddle River, New Jersey

如果我们将经验曲线（平均单位成本）与行业内典型的市场价格发展相结合，我们会得到一个类似于图 15.4 所示的关系。

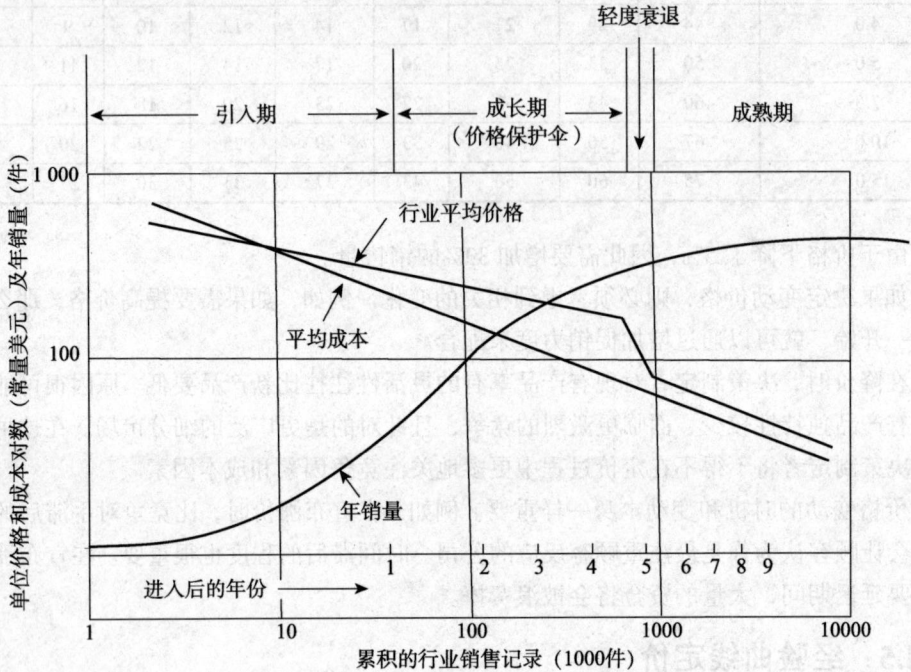

图 15.4 产品生命周期阶段与行业价格经验曲线
来源：基于 Day 和 Montgomery (1983)。

图 15.4 显示，在产品引入阶段（部分低于总单位成本）之后，利润开始溢出。由于供小于求，所以，价格不会像成本那样迅速下降。这样，成本和价格之间的差距扩大了，实际上创造了一种价格保护伞，吸引了新的竞争者。然而，竞争态势并不稳定。在某一时刻，这个保护伞会被一个或多个竞争者折叠起来，这些竞争者降低价格，以尝试获得或维持市场份额。其结果是，一个淘汰阶段将开始：低效的生产商将被迅速下降的市场价格赶出市场，只有那些价格/成本关系有竞争力的企业才能留在市场。

通过跨产品定价，可以运用合理定价来区分产品线中的各种产品，如经济版、标准版和顶级版。其中一种产品的定价可能是为了应对竞争对手、保护市场份额，或从现有竞争对手手中夺取市场份额。

竞争较少的产品可能会定价较高，以补贴产品线的其他部分，并弥补这些"战斗品牌"在收益上造成的损失。产品线中的一些产品价格可能很低，即所谓的招徕定价（loss leaders），用以招徕顾客试用产品。这种特殊的转变就是所谓的"买入/跟进"（buy in/follow-on）策略（Weigand, 1991）。这种策略的一个典型例子是吉列的刀片替换装。例如，它在剃须刀上使用渗透定价法（买入），但在剃刀刀片套装上使用撇脂定价法（相对的高价）（跟进）。这样，关联的产品或服务（跟进）就以较大的边际贡献出售。这不可避免地吸引了那些试图只销售后续产品（跟进），而不承担买入成本的企业。

这种策略的其他例子如下。

（1）电话公司以近于免费的价格销售移动电话是希望客户在有利可图的移动电话网络中成为重度用户。

（2）任天堂经常以低于成本的价格销售游戏机，但却从游戏软件中获取丰厚的利润。

这种定价是一个特别有吸引力的战略，它不仅产生了未来的销售，而且创造了一个其他竞争对手都必须使用或遵守的行业平台或标准（即技术路径依赖）。

示例 15.3

大众集团的产品组合定价方法

大众集团通过产品组合的方式将其旗下的一些品牌汽车推向市场，包括大众、奥迪、保时捷和兰博基尼。顾客可以选择品牌、价格和特性的组合，以获得最大的净满意度。从公司的角度来看，此工作把产品系列放在一起，不仅可以达到可能的最高销量，而且可以通过促使顾客选择最接近他们愿意支付价格的汽车，使公司的收入和利润最大化。

来源：基于 Bertini 和 Koenigsberg（2014）。

15.4.6 免费增值

"招徕定价"概念的进一步延伸是所谓的"免费增值"（freemium）模式。当增加顾客的边际成本和生产价值的边际成本相对较低时，营销人员就可以利用这种模式迅速建立顾客基础。

2009 年，克里斯·安德森（Chris Anderson）出版了他的《免费》（*Free*）一书，这本书探讨了"免费增值"商业模式。它经常被 Web 2.0 和开源的信息技术公司使用。按照免费增值模式，用户可以通过支付许可证费用来解锁高级功能。另一些软件制造商会让所有的高级功能有一个试用期，在试用期之后，软件将停止工作。我们不能将这种方式与免费增值模式相混淆，因为在免费增值模式中，用户可以在没有时间限制的情况下访问有限的免费版本。

为了在免费增值模式上取得成功，在线数字公司需要通过不断开发和改进其价值主张，如更好的用户界面、额外的新功能、与其他系统和解决方案的进一步兼容，来实现并维持其提供给免费和付费用户的卓越价值。例如，领英将五分之一的收入用于研发。这种方法提高了客户忠诚度，能更好地维系顾客，提高了顾客的转换成本。这对于免费增值公司来说尤其重要，因为它们提供的是免费服务，所以转换成本可能会被认为很低。对于免费增值业务来说，在免费和付费产品之间取得适当平衡至关重要。总是存在一种危险，即由于过多的内容被免费提供，反而消除了用户升级到付费版本的动机（Holm and Günzel-Jensen，2017）。

例如，2019 年 1 月，Spotify（在线音乐提供商，www.spotify.com）有 8700 万付费用户和 1.91 亿活跃的免费用户。为了获得收入，Spotify 的免费用户可以在他们的桌面上播放没有限制的音乐，但需要时不时地听广告，这些广告收入占网站总收入的 15%。用户还可以每月支付 4.99 美元来消除广告，以及每月 9.99 美元可以在用户的所有设备上删除广告和播放音乐。

示例 15.4

吉列的溢价策略

一个渐进式创新的产品能够使一家公司获得更高的价格，并实现比它在市场上的替代品更高的利润率。例如，吉列安全剃须刀公司（在 2005 年被宝洁公司收购）在 1971 年推出吉列 Trac Ⅱ 的品牌，将一把剃刀和两个刀片打包成一个剃须套装。2006 年，它引入了吉列风速（Fusion）品牌，套装中有五片剃须刀片和六片修边刀片。在 1971—2006 年的 35 年时间里，吉列品牌剃须刀的每一次套装更换的历史都列在了表 15.4 中，这很有指导性。

经通货膨胀调整后，每次更换套装的价格增加了 200%。

表 15.4　吉列剃须刀每次更换刀片的价格

（基于 2006 年的价格，因通货膨胀进行了调整）　　　　　单位：美元

吉列的产品版本	每次更换刀片后的价格 （基于 2006 年的价格）
吉列Ⅱ（1971，双片刀片）——"两片比一片更好"	1.00
吉列传感器（1990，弹簧式刀片）——"可以贴合你的脸部轮廓"	1.22
吉列锋速 3（1998，三片装）——"买一送三"	2.02
吉列锋隐（2006，五个刀片加一个修边刀片）——"五片的舒适，一片的精准"	3.00

来源：基于 Varadarajan (2009) 和其他公共媒体。

15.4.7　产品—服务捆绑定价

捆绑销售是将两个或多个产品或服务打包销售。例如，高露洁牙刷和高露洁牙膏。这是一个非常有用的做法：如果顾客从它们那里购买第二件商品的可能性很低，那么可以给顾客一个好的价格，公司也因此提高了它们的盈利能力。这对引入第二件商品的试销也有帮助（Kohli and Suri，2011；Hinterhuber and Liozu，2014）。

在嵌入式服务中，定价的结构和水平可能是至关重要的设计选择。要获得定价权，公司就必须清晰地把握其战略意图及其竞争优势的来源，且必须经常在其产品渗透和服务业务的增长和利润之间进行权衡。

一家公司的战略意图在很大程度上决定了产品与服务捆绑的匹配程度，以及在这种捆绑中服务的价值。注重强化或保护核心产品的公司应为它们的服务制定价格，以提高产品的渗透率。实现这种产品拉动的定价策略会根据客户的购买决策发生变化。公司可以通过将产品和服务绑定，以产生更高价值的解决方案的方式来提高产品的使用价值，并增加其促销。如果进入一个新市场的价格是关键要素，那么，服务合同就可以定更高的价格，这就允许了较低的产品进入价格——许多软件企业就采取这种做法。在某些情况下，公司可

以提高维修服务合同的价格，以加快产品升级的速度。产品拉动的战略目标意味着销售和现场代理在服务定价方面应具有一定的灵活性和权威性。然而，公司还是必须积极地管理定价制度，以确保这些销售人员对他们所销售的捆绑包的总利润负责。

相比之下，旨在建立独立的、以增长为导向的服务业务的企业应为自己的供应物定价，以实现利润增长。定价的目标应像竞争性替代品允许的那样，接近客户所需的服务价值。这些公司应集中设置定价指导，并集中授权，相对限制销售和现场人员的自由度，并有明确的折扣规则。将服务和产品进行捆绑定价对服务的增长平台来说并不是一个好主意，因为在任何给定的顾客组织中，购买服务的人可能不是购买产品的人。将产品和服务作为一个商业单元进行捆绑定价，再要它们对各自独立的销售和利润目标负责是很困难的。

竞争优势的来源（规模或技能）主要影响定价结构。如果是规模经济驱动的业务，其定价应基于标准单元（如计算机存储管理的太字节），并应提供销量折扣，以鼓励使用。对于标准服务供应物以外的任何定制化的变化来说，这些公司应标以极高的价格，因为这些例外会抬高整个业务的成本。

相比之下，如果一个服务企业主要依赖于特殊技能，那么，它定价的基础应是顾客回避使用其服务的成本或顾客选择次优替代方案的成本。这种基于价值的定价方法需要对顾客细分的所有权的总成本进行精细分析，并对服务业的成本结构有深入的理解。竞争基准和运用这些技能的成本应分别决定这些价格水平的上限和下限。在最好的情况下，公司可以将这种智能打包为定价工具，使销售人员和现场代理能更准确地评估顾客价值，从而改进现场定价决策（Auguste et al.，2006）。

有时候，价格捆绑也可以非常有利可图。西南航空在推出商务精选套餐作为其最佳供应物时，它确定了一些高吸引力/低成本的项目，如优先登机、额外飞行里程和免费鸡尾酒等，这些都是值得包括在内的令人愉快的事物。将这些相对便宜的元素捆绑在一个高级套餐中，在第一年就带来了 7300 万美元的增量收入（Mohammed，2018）。

非捆绑定价为消费者提供了购买和支付的灵活性，但也可能会带来问题。例如，消费者可能会因为发现他们想要的东西的最终价格远远高于最初吸引他们的广告底价而感到厌烦。

15.4.8　跨国定价（标准化与差异化）

如何协调各个国家之间的价格是企业面临的一个主要问题。那么就有两种本质上对立的方法：第一，在不同的市场中，通过采用大规模标准化定价，在不同市场实现相似的定位；第二，通过调整价格来适应不同的市场环境，从而实现盈利最大化。确定跨国定价的标准化程度有以下两种基本方法。

（1）价格标准化。这种方法的基础是在产品离开工厂时为其定价。最简单的办法是在公司总部为全球市场设定一个固定的价格。在考虑到汇率和环境监管等因素的差异之后，就可以将这个固定的世界价格应用于所有的市场中。对于公司来说，这是一个低风险的策略，但这种方法没去尝试适应当地的情况，也没有努力使利润最大化。然而，如果该公司将产品卖给那些在几个国家都有公司的超级大客户，那么这种策略是适合的。在这种情况下，公司可能面临来自顾客的压力，只能通过顾客的跨国机构，向顾客每个国家的子公司以同样的价格提供产品。图15.5中有举例说明。例如，通过大型零售组织的国际活动。价格标准化的另一个好处是在国际市场上迅速引入新产品的潜力，以及在不同市场上呈现的一致（价格）形象。

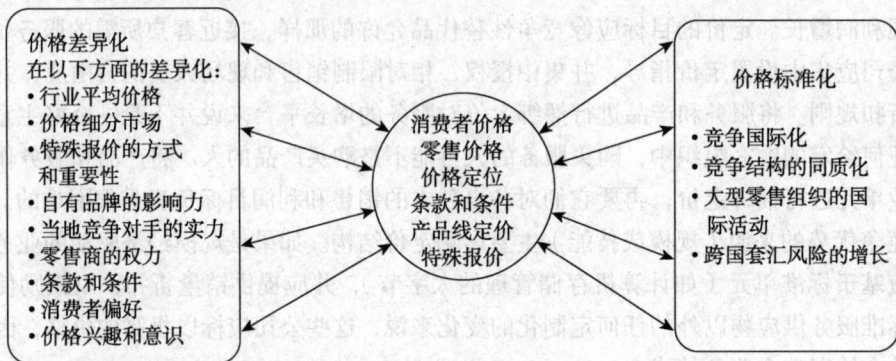

图15.5 欧洲消费品市场的标准化定价和差异化定价的结构性因素

来源：重印自 European Management Journal, vol. 12, no. 2, Diller, H. and Bukhari, I. (1994) 'Pricing conditions in the European Common Market', p. 168, Copyright ©1994, 经 Elsevier 许可

（2）价格差异化。这使得每个当地的子公司或合作伙伴（代理商、分销商等）都可以设定一个被认为是最适合当地情况的价格，且无须试图在国家之间协调价格。跨文化实证研究发现，不同国家的顾客特征、偏好和购买行为存在显著差异（Theodosiou and Katsikeas, 2001）。"价格差异化"的缺点是总部对子公司或外部合作伙伴设定的价格缺乏控制。在邻近的市场上，价格可能会有很大差别，这会严重影响跨国公司的形象。它还促进了平行进口/灰色市场（第16章将会更详细地进行讨论）的建立，即产品可以在一个市场上购买，在另一个市场销售，从而削弱了此过程中的既定市场价格。

当公司通过中间商（代理商或进口商）销售时，会出现一个特殊情况。在这里，中间商的跨境价格是由制造商（出口商）设定的，因为这一部分的定价过程是由出口商控制的。然而，在这种情况下，中间商通常会从以上的供应商那里采购产品，让它们自由决定哪些产品进行促销，而哪些不进行促销。这使得出口商面临着与中间商的其他产品线的内部竞争。为了获得中间商的关注，出口商需要向中间商提供一揽子有吸引力的收益，如价值支持（让中间商获得最新的产品/服务信息）、高利润、产品支持支付或联合广告。从代理理论的角度来看，这种激励是委托人向代理人提供的补充收入（Obadia and Stöttinger, 2015）。

图15.5显示了支持价格标准化或差异化的潜在因素。

15.4.9　基于订阅的定价

基于订阅的在线服务（subscription based online services, SOS）增长迅速，2017年创收50亿美元（Woo and Ramkumar, 2018）。

订阅可以在每月或每年之间自动续订，或在订阅结束时手动续订。供应商的任务是通过营销活动（包括使用订阅折扣）支持激励订阅者继续或重新激活其订阅。

许多企业选择使用基于订阅的供应物的原因之一是其为顾客提供了便利。自动续费可以确保客户不会因为忘记支付费用而用完产品或服务被暂停。有了这样一个系统，顾客不必记住每个月都要补充或重新订购任何东西。这让他们省去了简单重复性购买的心思。由于顾客不必亲自去商店，所以他们可以在需要的时间和地点得到交付的产品或服务，从而节省时间和精力，这有助于建立顾客忠诚度和扩大顾客基础。

另一个使基于订阅的供应物非常受欢迎的特点是，它使顾客进行预算变得容易。这是因为订阅通常以统一的价格提供产品或服务。这使得顾客能够通过预测和控制来使他们的支出在他们的预算之内。

订阅模式还带来了通过捆绑销售为顾客增加价值的机会。捆绑销售对卖家来说是一个优势，因为通过销售单一价格的产品，可以降低营销和销售成本。

从时尚和美容产品开始（见示例 15.5），SOS 业务已扩展到广泛的产品中，包括膳食、儿童护理和成人玩具。有学者（Woo and Ramkumar，2018）的一项研究表明，SOS 用户更有可能是对电子零售商高度信任和具有时尚意识的女性。

示例 15.5

美元剃须俱乐部

美元剃须俱乐部（Dollar Shave Club）以每月固定的价格将剃须刀和刀片送到消费者家中，这扰乱了湿面剃须市场。传统上，该市场一直由宝洁的吉列品牌主导，并通过零售店销售。

定价订阅费如下。

（1）一开始 5 美元，含剃须刀柄、刀片（四个剃须刀）和剃须膏（剃须黄油）。

（2）每月 6 美元，含四个不锈钢（四刃）刀片盒。

2011 年，迈克尔·杜宾（Michael Dubin）开始了他的在线订阅剃须业务。在接下来的五年里，美元剃须俱乐部将产品范围从剃须用具扩展到男士美容产品的全系列。

2016 年，美元剃须俱乐部被联合利华以 10 亿美元（7.6 亿英镑）收购。2017 年，美元剃须俱乐部占美国在线剃须市场 50%的份额，而吉列剃须俱乐部的市场份额为 21%。

美元剃须俱乐部可以在直接面向国际消费者的销售中使用联合利华的专业知识和技术，也可以利用联合利华的全球分销。

联合利华可以利用美元剃须俱乐部基于订阅的在线服务（SOS）销售产品的经验，并将其用于其他产品。

来源：基于各种公共来源。

顾客对产品或服务的使用会有不同的需要。在向顾客介绍订阅服务之前，公司必须评估其顾客的偏好。

（1）通过免费增值策略吸引顾客。该产品可能没有附加时间限制，但可以在免费版本中内置其他限制。

（2）创建透明的多版本策略。顾客对产品或服务的使用会有不同的偏好。为他们提供一个透明的支付计划选项，确保对不同细分市场的支持。

（3）追加销售/升级订购策略。使用促销激励措施，让顾客升级产品或服务。延长订阅期可以获得增加值的一定折扣。

（4）付费使用策略。订阅套餐可以基于"付费使用"服务，即顾客订购服务的免费使用权，且只在使用服务中的不同功能期间或之后付费（云计算服务就是典型的例子）。

（5）基准策略。订阅服务支持基本的服务范围。然后，可以将额外的费用、额外的服务添加到订阅中，或者与付费使用相结合，以获得额外使用。

15.4.10　国际定价分类法

正如我们前面所讨论的，国际环境中的定价决策往往是外部的、塑造公司运营的与市场有关的复杂性、公司有效应对这些突发事件的能力之间相互作用的函数。索尔伯格（Solberg，1997）的框架以有效的方式抓住了这种相互作用，对企业在国外市场的出口定价行为得出了重要结论。索尔伯格认为，企业的国际化战略行为主要受两个维度影响：①公司所在行业的全球化程度（衡量市场相关因素的一种途径）；②公司对国际化的准备程度（衡量公司应对这些因素的能力）。这两个维度在第 1 章（见图 1.6）中有所讨论，目的是建议公司在何种情况下应留在国内，何时应巩固全球地位，或者在两者之间进行选择。在图 15.6 中，沿着这两个维度提出了一个国际定价分类法（Solberg et al.，2006）。

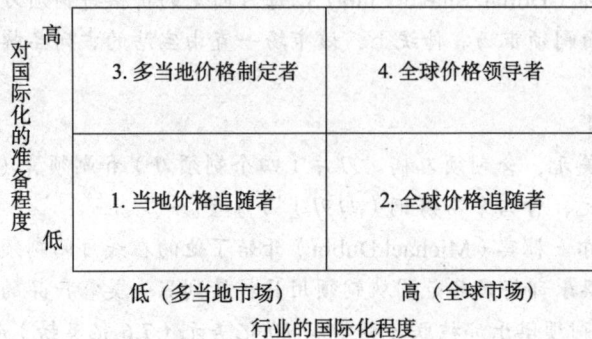

图 15.6　国际定价实践分类矩阵

来源：改编于 Solberg 等（2006）. In the original article Solberg has used the concept 'globality' rather than 'globalism'.

一个全球性的产业市场往往由少数几个大型的竞争对手所主导，它们的产品类别主宰着世界市场中的产品类别。因此，全球化程度从产业全球化维度来看被认为存在两个极端：一端是垄断（右），另一端是完全竞争（左）。这一视角的战略含义是：垄断和寡头垄断的全球玩家将是价格制定者，而处于原子（多当地）市场环境中的公司在价格设定上会受当地的影响，我们可以发现它们在所有情况下都只追随市场价格。虽然大多数企业都陷入了这个连续体的中间位置，但是，我们相信每个国际化公司在制定定价策略时，都会极大地受到所处竞争环境国际化程度的影响。

在准备国际化这个层面上，有经验的公司会发现国际定价是一个更复杂的问题，尽管它们投入了大量的资源来收集和处理更多的信息。当这些公司进入新的市场或应对竞争性的攻击时，必须要有一定的国际化准备能力来抵消价格下降的影响，从而在制定定价策略时更加自信，并在出口市场上享有较高的市场占有率。相比之下，规模较小、经验不足的公司似乎过于弱小，无论是与当地同行的联系，还是对当地市场的洞察力，都无法确定其产品在国外市场上的有效价格水平。因此，它们往往拥有较小的市场份额，并遵循其竞争对手或细分市场引领者的定价做法。

从这个框架的视角来看，我们认为：国际经验丰富的大型出口商很可能会集中做出定价决策，并倾向于更高程度地控制这些决策；而规模较小，新出口和国际经验不足的公司，可能会尝试权力下放，在它们的市场定价行为中出现机会主义模式。

下面我们将讨论图 15.6 中四种战略原型各自的特点。

1. 原型 1：当地价格追随者

在这个象限中，公司（制造商）的国际经验有限，因此，该公司的当地出口中间商（代理或分销商）将为该公司提供关键信息。这种信息不对称的潜在危险在于出口中间商可能通过机会主义或追求与这些出口商相矛盾的目标而误导出口商。这可能会导致进一步的交易成本，并导致内部化（见 3.3 节关于交易成本的分析）。由于市场知识有限，因此，出口商倾向于粗略地计算其价格，而且很可能是根据成本和当地出口中间商的（有时是不充分的或有偏见的）信息来计算的。在极端情况下，这样的出口商只会对来自国外的未经请求的报价做出反应，并且倾向于遵循内部成本信息的定价程序，从而失去潜在的国际商机。

2. 原型 2：全球价格追随者

陷入这个象限的企业是全球价格追随者，它们对国际化的准备程度是有限的。然而，相比之下，全球价格追随者的公司因受到全球市场的"推动"而在扩大其国际市场参与度方面更加积极。由于国际市场间的价格水平大致相同，所以，这个象限里的公司将在所有国家收取标准化价格。

鉴于它们在全球市场上的边缘地位，此类公司的议价能力有限，可能被迫采用全球市场领导者设定的价格水平，通常是非常庞大的全球客户（参见第 19 章关于全球客户管理的讨论）。原型 2 中的公司通常因受到来自更高效的分销商和全球同行品牌的持续压力而调整其价格。

3. 原型 3：多当地价格制定者

这个象限的公司，其人员都是有备而来的国际营销人员，在当地市场有着根深蒂固的地位。通常，他们通过已经建立的市场情报系统和/或根深蒂固的市场知识来深入分析和评价市场信息，从而能够评估当地市场情况。他们往往通过信息和反馈系统对当地市场分销网络进行严格控制。原型 3 的公司会根据每一个当地市场的不同需求对不同市场的产品价格进行调整，并依据地区市场的复杂性来管理价格结构。

然而，与它们的当地价格跟随者（原型 1）相反的是，这些公司通常在其当地市场是定价领导者，其定价策略主要基于每个当地市场的条件。鉴于它们的多国化导向，这些公司更倾向于把定价决策权转移给当地的子公司经理，尽管它们的总部人员也在密切监视着每个当地市场的销售趋势。处于这个象限的公司面临着来自当地灰色进口市场的挑战。灰色市场是由于廉价生产者利用不同市场的价格差异所带来的机会而产生的（另见 16.10 灰色营销）。

4. 原型 4：全球价格领导者

这个象限中的公司在世界主要市场中占有很强势的地位。它们管理的营销网络平稳运行，主要通过层次进入模式或与中间商模式（如合资企业或在主要国际市场的联盟）相结合来开展业务。原型 4 中的公司在每个主要市场上与有限数量的竞争者相竞争，类似于全球（或区域）寡头垄断。典型的寡头垄断者往往受到价格跨境透明机制的挑战管理受到全球（或区域）的限制，如需求模式和市场调节机制，并需要设定区域价格（如在欧盟范围内）。全球价格领导者往往在市场上保持相对较高的价格水平，尽管这可能不如它们的多元当地化同行的做法有效。与全球价格领导者企业相比，多元当地化价格制定者能够更有效地建立当地进入壁垒，如品牌领导力、与当地经销商有更密切的关系、对当地市场各地区的情况有更深入理解，从而避免自身在国际价格竞争中处于劣势（Solberg et al., 2006）。

15.4.11   确立全球定价合同

随着全球化的增加，全球供应商和全球顾客经常会听到以下话语："给我一份全球定价合同（global-pricing contract，GPC），我将加强与你的全球采购。"越来越多的全球顾客向供应商索要这样一份合同。例如，1998 年，通用汽车的动力集团告诉通用汽车的发动机、传动装置和组件的零件供应商，对通用汽车在所有地区的组件收取的价格应是一样的。

当顾客全球化时，供应商并不需要承担损失。最有吸引力的全球定价机遇包括供应商和顾客一起合作，以识别和消除会损害双方利益的低效率。然而，有时，供应商别无选择——它们无法承受失去最大和增长最快的顾客所带来的损失。

供应商和顾客使用全球定价合同有不同的优势和劣势。随着全球化的发展，供应商可以从进入新的市场和发展其业务中受益。通过追随全球顾客和增加全球销售，供应商实现了"规模经济"。供应商也可以将与全球客户的关系作为展示，以吸引其他潜在全球客户的兴趣。对于供应商来说，确立全球定价合同的缺点是它们可能会变得过于依赖一个顾客，即使那里有其他有吸引力的全球顾客。对于全球顾客来说，全球定价合同的优势在于它们可以在其全球市场上得到标准化的产品和服务。因此，顾客将能够在全球范围内更快地扩散和实施供应商的创新。然而，对于顾客来说，与全球供应商合作的风险是，该公司可能无法在不同市场提供一致的质量和性能。

一个化学品制造商往往将精力集中在少数精选的顾客关系上。虽然它已经决定将重点放在增值服务上，但新兴市场的潜在顾客却始终关注着价格。然而，这些精选顾客感兴趣的是节省资金的供货和与供应商一同发展的库存管理措施。

全球顾客对详细成本信息的需求也可能将供应商置于风险之中。丰田、本田、施乐等其他品牌会迫使供应商公开账簿，以备检查。它们的目标是帮助供应商找出改善过程和质量，同时降低成本的方法，以建立信任。然而，在经济低迷时期，全球顾客可能会寻求降价和补充服务。

15.4.12　欧洲定价策略

1991 年，欧洲各地相同消费品的平均价格差异约为 20%，但在某些产品上，差异明显得多（Simon and Kucher，1993）。在迪勒和布哈里（Diller and Bukhari，1994）的研究中，同样的冰激凌产品也有相当大的价格差异。

价格差异的原因是法规、竞争、分销结构和消费者行为（如顾客的支付意愿）的不同。汇率的波动也将影响短期的价格差异。区域化的压力正在加速推动统一定价，但西蒙和库彻（Simon and Kucher，1993）警告说，这是一枚潜在的定时炸弹，因为统一定价的压力使它处在最低的价格水平。

只要市场是分开的，欧洲就是一个价格差异化的天堂，但要维持原有的价格差异日渐困难。主要有两个因素可能迫使公司在欧洲国家往价格标准化发展。

（1）跨欧洲零售集团的国际购买力。

（2）平行进口/灰色市场。由于不同的国家存在价格差别，因此，一个国家的购买者能够以更低的价格在另一个国家进行购买。结果，较低价格市场的顾客会向价格较高的市场销售产品，以赚取利润。将在 16.10 节中进一步探讨灰色市场。

西蒙和库彻（Simon and Kucher，1993）提出一个价格"走廊"（见图 15.7）。个别国家的价格只可以在这一范围内变化，在探讨使用同样货币的国家（欧元区）时，尤其如此。从欧元（已经在 2002 年 1 月全面实施）的视角来看图 15.7 也很有趣。然而，价格差异可以通过运输成本、短期竞争情况等因素来调整，以继续维持下去。

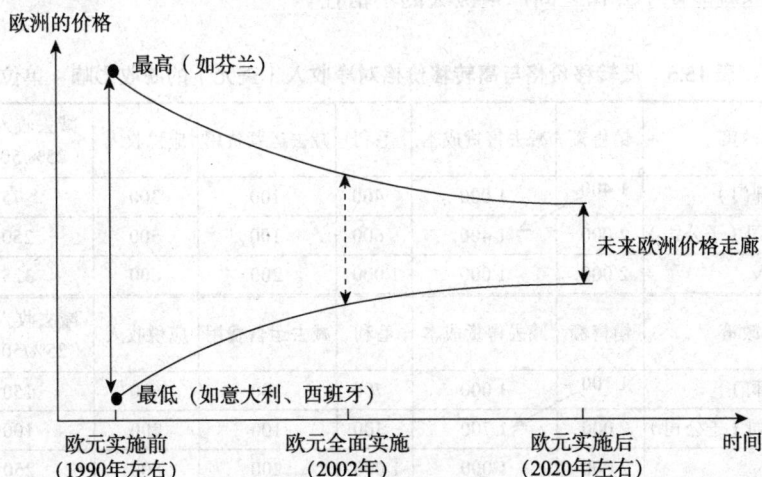

图 15.7　价格在欧洲的发展

来源：基于 Simon, H. and Kucher, E. (1993) 'The European pricing bomb—and how to cope with it', Marketing and Research Today, February, pp. 25–36

欧元的主要影响如下。

（1）通过使整个欧洲价格透明，消费者得到了更低的价格。

（2）降低了因高额的交易成本和币值波动而产生的贸易"摩擦"，创造了一个真正的单一市场。

（3）通过迫使公司专注于价格、质量和生产，而不是隐藏在疲软的货币中来增强竞争。

（4）使中小企业和消费者受益，使前者更容易进入国外市场，使后者能越来越多地通过互联网在价格最低的市场上购物。

（5）通过新的欧洲中央银行保证通货膨胀率和利率的稳定。

（6）通过降低价格、降低利率、消除货币兑换中的交易成本和损失、减少汇率波动来降低经商成本。

简而言之，单一货币将大大增加竞争性，降低交易成本，带来更大的确定性。这些新的力量将促进欧洲的结构改革。

15.4.13 转移定价

转移价格（transfer prices）指商品和服务在公司内部发生转移所支付的费用。对于许多纯粹的国内公司来说，当货物从国内的一个单元转移到另一个单元时，需要制定转移价格决策。虽然这些转移价格是公司内部的，但它们在外部也是很重要的，因为从一个国家转移到另一个国家的货物必须具有跨境征税用途的价值。

在这种情况下，公司的目标是确保支付的转移价格是优化公司目标，而非部门目标。这说明一家公司从组织国际化变为利润中心是很困难的。为使利润中心有效运作，必须为转移的所有物品（包括工作材料、部件、成品或服务）设定一个价格。高转移价格（例如，从制造部门到国外子公司）会在国外子公司明显表现不佳的绩效中得以反映（见表 15.5 中的高加价政策），而国内提供货物的部门却不能接受低价格（见表 15.5 中的低加价政策）。仅此一个问题就能使子公司之间产生极大的不信任。

表 15.5 低转移价格与高转移价格对净收入（美元）的税收影响 单位：美元

低加价政策	销售额	减去售货成本	毛利	减去运营费用	应税收入	减去收入税（25%/50%）	净收入
制造分公司（部门）	1 400	1 000	400	100	300	75	225
分销/销售分公司（子公司）	2 000	1 400	600	100	500	250	250
附属公司总收入	2 000	1 000	1 000	200	800	325	475
高加价政策	销售额	减去售货成本	毛利	减去运营费用	应税收入	减去收入税（25%/50%）	净收入
制造分公司（部门）	1 700	1 000	700	100	600	150	450
分销/销售分公司（子公司）	2 000	1 700	300	100	200	100	100
附属公司总收入	2 000	1 000	1 000	200	800	250	550

来源：基于 Eiteman 和 Stonehill（1986）。

注：制造分公司支付 25%的收入税，分销分公司支付 50%的收入税。

从综合的观点来看，在表 15.5 的两个加价政策中，"最好"采用高加价政策，因为它产生的净收入为 550 美元，而低加价政策则为 475 美元。"最好"的解决办法取决于制造和分销附属企业（子公司）所在国家的税率。

出于明显的原因，跨国公司更愿意在税率最低的国家增加利润。为了在一个特定国家增加利润，公司应该在低税率的国家给子公司设定相对较低的转移价格。

《OECD 转移定价指南》于 1995 年首次发布。最新的修订发布于 2010 年（OECD，2010）。《OECD 转移定价指南》2010 版更加详细，并包含了对关联企业之间的交易条件和第三方之间的交易条件的实际建议。

转移定价有以下三种基本方法。

（1）基于成本转移。转移价格设定在生产成本的水平上，国际部门对公司创造的全部利润有功劳。这意味着生产中心是由效率参数，而非盈利能力来评价的。生产部门通常不喜欢以生产成本销售，因为它们认为这是在补贴销售子公司。当生产部门不满意时，销售子公司可能会得到迟缓的服务，因为生产部门首先会为更具吸引力的机会服务。

（2）基于公平交易转移。"公平交易价格"（arm's length price）是子公司在完全竞争条件下，交付货物、服务或无形资产时所需支付的价格。换句话说，一个公平的价格是供给和需求在一个特定的市场里相互作用的结果。这就是为什么它被称为"基于市场的价格"。在这里，国际分部支付的费用与公司外部的买家是一样的。如果海外分部被允许在其他地区采购，那么，当价格缺乏竞争力或产品质量较差时，就会出现问题。如果没有外部买家，那么就会出现进一步的问题，即很难确立相关的价格。尽管如此，"公平价格"原则已经作为制定转移价格的首要（而不是要求）标准被世界所接受（Fraedrich and Bateman，1996）。"公平价格"原则在《OECD 税收协定范本》的第 9 条中有所定义（Buter，2011）。

（3）基于成本加成转移。这是常见的折中方案，它将利润在生产部门和国际分部中分开。用于评估转移价格的实际公式可能有所不同，但通常这种方法能最大限度地减少在转移价格分歧上花费的执行时间，优化公司利润，激励国内和国际部门。高级管理者经常被任命去裁决纠纷。

一个好的转移定价方法应考虑公司的整体概况，并鼓励部门合作。它还应尽量减少转移价格有异议时所花费的执行时间，并将会计负担减至最低程度。

欧盟成员国的税收管辖权采用了与《OECD 转移定价指南》类似的转移定价规则。各国税收当局的主要首选转移定价规则是"公平价格"原则。

一般来说，由于市场条件的复杂性，操纵跨境转移价格的可能性会增加。考虑到国际产品市场难以理解的特征，以及相关企业间内部服务交易价格制定的综合性，公平价格原则是一种相当理论化的方法，在实践中可能难以实现。

15.4.14 货币问题

报价应使用哪种货币是出口定价的一大难题。出口商有以下选择。

（1）买方所在国的外币（当地货币）。

（2）出口商所在国的货币（本国货币）。

（3）第三方国家的货币（通常是美元）。

（4）同一种货币单位，如欧元。

如果出口商以国内货币报价，则不仅使其更容易管理，而且还意味着汇率变化的风险由顾客承担。此外，如果以外币报价，则出口商要承担汇率风险。然而，出口商以外币报价也有如下好处。

（1）以外币报价可以作为合同的一个条件。

（2）可以以较低的利率在国外融资。

（3）良好的货币管理可以成为获得额外利润的一种手段。

（4）顾客通常喜欢用本国货币报价，以便能够进行竞争性比较，且非常清楚最终价格是多少。

出口商面临的另一个难题是由汇率波动引起的。在一个货币贬值的国家，一家公司可以（其他所有事情都一样）加强其国际竞争地位。它可以选择降低外币价格，也可以保持价格不变，以提高利润率。

15.5　互联网对跨境定价的影响

截至 2019 年 5 月，全球 57% 的人口可以使用互联网（Miniwatts Marketing Group，2019）。

纯互联网卖家的价格变化大大低于线上线下双渠道零售商的价格（既有传统商店，也有在线销售）。购买者在购买在线产品时感受到的风险较小，他们认为在线卖家之间的感知质量差别很小。买家也更有可能将这些商品的价格降到最低。

在传统的购物中，寻找可供选择的卖家的最低价是很费时间的。相比之下，在网上搜索诸如图书、机票和宠物用品等"标准"产品的最低价格通常是非常方便、迅速和相对便宜的。

15.5.1　降低卖家和买家之间的信息不对称（"锁定"效应）

互联网搜索引擎有助于减少买卖双方的信息不对称。此外，需求聚集网站可以将同一产品的个人购买者组成购买团体，从而增加购买力，获取更高折扣。

因此，顾客可能会把价格看作他们能影响和控制的东西，而不是给予他们的东西。

虽然这表明价格在互联网上会比较低，但情况并不总是这样。在线客户并不总是如之前预想的那样对价格敏感。随着网站上质量信息水平的提高，顾客对价格的敏感性降低，忠诚度提高。此外，价格以外的属性也会影响购买者的购买决策，如顾客支持、在线交付、运输和处理、产品内容、轻松下单和产品信息。

15.5.2　双渠道定价

在互联网经济中，成功的商业模式似乎是混合型公司，它们同时使用传统零售（实体）商店和在线渠道（双渠道策略）。这些公司被称为"鼠标和水泥"（click and mortar）或"鼠标和砖块"（click and brick）公司。通过这一策略，公司可以从线上和线下购物中都获益。本节提到了互联网渠道的优点。与互联网渠道相比，传统零售业的优势是能提供更好的个性化服务，如销售说明、即时响应和与顾客的个人互动等。

当考虑定价时，这种双重渠道策略带来了挑战，可能会导致渠道冲突和跨渠道的"自相残杀"。然而，在解决这些潜在的渠道冲突时，公司对于不同顾客的价值感知会有不同的选择。它们可以选择在两个渠道（实体商店和在线）提供不同的产品，从而避免任何可能的混乱和冲突。其他公司可能会以同样的价格在两个渠道提供产品，这也会减少渠道冲突。例如，沃达丰（Vodafone）在实体销售点（商店）提供预付费的电话信用卡的同时，以相同的价格条件在其网站上提供服务。

其他公司可能通过混合使用这两种策略来在两个渠道提供产品，但对不同的产品采用不同的价格。在这种情况下，价格歧视又成为关键点。许多银行和金融机构实施双渠道定价政策，在传统的分行或网上，为它们的顾客提供不同的交易条件和金融业务。然而，如果大部分银行为顾客的在线银行业务提供更好的价格条件，那么将导致许多实体银行分行倒闭。

15.5.3　动态的和基于时间的定价

互联网为营销人员提供了针对所有类型的产品和服务量身定制特殊交易的能力。此外，互联网还为企业提供了测试价格的机会，一旦发现新的细分市场，就可以根据顾客的偏好不断调整价格。例如，航空公司可能对同一产品在网上收取不同的价格，因此，飞机上，同一座位的价格每天会变化好几次。

15.5.4　实施定价策略

在互联网实施定价策略，有如下不同的选择。

（1）固定价格机制。在这里，卖方为顾客提供一个产品和服务的固定价格，顾客必须决定是否购买，谈判是不被允许的。

（2）拍卖机制。有经典拍卖和逆向拍卖两种类型。经典拍卖指买家通过提供最高价格来竞争获得拍卖的商品；逆向拍卖是卖方在反向定价机制中竞争，以决定是否接受（或不接受）买方设定的价格。例如，Ticketmaster.com（为 Live Nations 娱乐公司所有）是总部设在加利福尼亚西好莱坞的门票销售公司，使用经典拍卖来为那些最看重演唱会的人们分配最热销演唱会的门票。而 Priceline.com 案例［使用"叫出你的价格"（name your price）口号］是最著名的逆向拍卖案例。

（3）价格谈判机制。买卖双方从一个固定的价格开始数字化网络中的谈判过程。总的来说，谈判比拍卖更为私密，结构化程度也不如拍卖，人际关系的背景往往决定了结果（Bertini and Koenigsberg, 2014）。这个说法还包括了联合购买过程，一些信息中介可以通过聚集顾客，提高议价能力，以获得更低的价格。

由于这三种"纯粹"的定价机制可以组合使用，所以有可能组合固定定价与谈判定价、固定定价与拍卖定价等。因此，在数字经济中定价时，公司可以利用这些不同的价格机制的灵活性和可能组合。

15.6　销售和交付条款

价格报价描述了一个特定的产品，它需要说明产品的价格、指定的交货地点，确定装运时间，并指定特殊的付款条件。买方和卖方的责任应在它们与什么相关，价格报价不包括什么，以及商品从卖方流向买方的商品所有权关系中体现出来。

《国际贸易术语解释通则》（国际贸易术语）是国际公认的由国际商会（ICC）设定的关于销售条款的标准定义。因此，通过商定一个《国际贸易术语解释通则》并将其纳入销售合同中，买方和卖方可以准确地理解各自的义务，以及在发生损失或损害时的责任。

《国际贸易术语解释通则》不断修订，以反映商业实践的发展。最新修订版是《国际贸易术语解释通则 2010》，于 2011 年 1 月 1 日生效（Ramberg，2011）。《国际贸易术语解释通则 2010》定义了 11 条规则，通过引入两个新规则（DAT＝运输终端交付；DAP＝目的地交付）来取代先前版本中的四条规则（DAF＝边界交付；DES＝目的港船上交付；DEQ＝目的港码头交付；DDU＝未完税交付），减少了在《国际贸易术语解释通则 2000》中使用的 13 个贸易术语。

在《国际贸易术语解释通则 2010》中包含的 11 个贸易术语如下。

EXW：工厂交货（……指定地点）。

FCA：货交承运人（……指定地点）。

FAS：船边交货（……指定装运港）。

FOB：船上交货（……指定装运港）。

CFR：成本加运费（……指定目的港）。

CIF：成本、保险费加运费（……指定目的港）。

CPT：运费付至（……指定目的地）。

CIP：运费及保险费付至（……指定目的地）。

DAT：运输终端交货（……指定终端）。

DAP：目的地交货（……指定地点）。

DDP：完税后交货（……指定目的地）。

表 15.6 描述了贸易术语的交付点及风险转移点。

表 15.6　交货地点和风险从卖方到买方的转移点

	EXW	FAS	FOB	CFR	CIF	DAT	DDP
供应商工厂/仓库	×						
装运港码头（出口码头）		×					
装运港（船上交货）			×	×	×		
目的港（进口码头/终端）					×[①]	×	
买方仓库（目的地）							×
主要运输风险在于	买方	买方	买方	买方	卖方	卖方	卖方

来源：基于 Ramberg（2011）；Onkvisit 和 Shaw（1993）。

①卖方把风险转移给保险公司。

以下是一些最常用的销售术语的描述。

（1）工厂交货（EXW）。"EX"一词指卖方的报价适用于某一特定的地点，通常是工厂、仓库、矿山或种植园，买方需要从这个点收取所有的费用。这一项是出口商的最低限度的义务。

（2）船边交货（FAS）。在这一项中，卖方必须在船边交货，但不是在船上，运输承运人（通常是远洋船舶）负责运输和出口。这一术语不同于船上交货（FOB），因为装货的时间和成本不包括在 FAS 中。买方必须支付把货物装上船的费用。

（3）船上交货（FOB）。出口商的报价包括了直到货物装上指定运输工具的所有费用。指定装运点可以是指定的内陆运输点，但通常情况下是出口港。一旦货物越过了船舷，就由买方来承担责任了。

（4）成本加运费（CFR）。当货物装上承运人的船或在出口码头由承运人保管时，卖方的责任就终止了。卖方支付货物海运到指定的目的地所需的所有运输费用（不包括保险，这是顾客的义务）。

（5）成本、保险费加运费（CIF）。这一贸易术语与成本加运费（CFR）相同，除了卖方也必须提供必要的保险。卖方的义务仍终止于同一阶段（即货物装载或上船时），但卖方货物一旦装载，就由卖方的保险公司来承担责任。

（6）运输终端交货（DAT）。这可用于任何运输模式，也可以用于多个运输模式。卖方负责安排运输、交付货物，以及当运输工具到达指定地点时进行卸货。当货物已经卸下时，风险就由卖方转移给了买方。"终端"可以是任何地方——码头、集装箱堆场、仓库或运输枢纽。买方负责进口清关和任何适用的地方税或进口税。交货地点应尽可能精确，因为许多港口和运输枢纽都非常大。

（7）完税后交货（DDP）。出口价格报价包括向进口商提供的交货成本。因此，出口商负责向进口国支付任何进口关税、卸货和内陆运输费用，以及为该国提供保险和运输所需的所有费用。这些条款意味着出口商的最大限度的义务。卖方还承担向买方交付货物时所涉及的一切风险。过去，DDP 曾被称为"送货上门"定价法。

出口价格报价是很重要的，因为它阐明了买方和卖方的法律和成本责任。卖方倾向于使其承担的责任和义务最小的一种报价（如工厂交货），这意味着出口商在卖方工厂装货给买方承运人时，责任就结束了。另外，买方更愿意选择完税后交货（DDP），由供应商承担商品到客户仓库的所有责任，或成本、保险费加运费（CIF）卸货港，这意味着买方的责任只有在货物到本国时才开始。

一般来说，更为市场化的定价政策是以成本、保险费加运费（CIF）为基础的，这表明了对市场的坚定承诺。通过对工厂交货（EXW）进行定价，出口商不会采取任何措施与市场建立联系，因此可能只是短期承诺。

15.7　支　付　条　款

出口商在谈判待装运货物的支付条款时，需考虑以下因素。

（1）行业惯例。

（2）竞争对手提供的条款。

（3）买方和卖方的相对实力。

如果出口商在市场上很好地建立了一个独特的产品和相应的服务，那么，价格和贸易条款可以设置为符合出口商的期望。另外，如果出口商正在进入一个新的市场，或者由于竞争压力而要采取行动，那么，定价和销售条件应被用作主要的竞争工具。

出口支付的基本方式因其对买方和卖方的吸引力而有所不同，从预付现款到赊销或寄售。这两个极端都不适用于长期的关系，但它们在某些情况下有其用途。图 15.8 中列出了最常见的付款方式。

对出口商最有利的方式是预付现款，因为它降低了出口商的一切风险，并允许立即使用这笔钱。另外，从买方的角度来看，最有利的选择是寄售或赊销。

最常见的安排，按对出口商的吸引力的降序排序，将在下面的章节中描述。

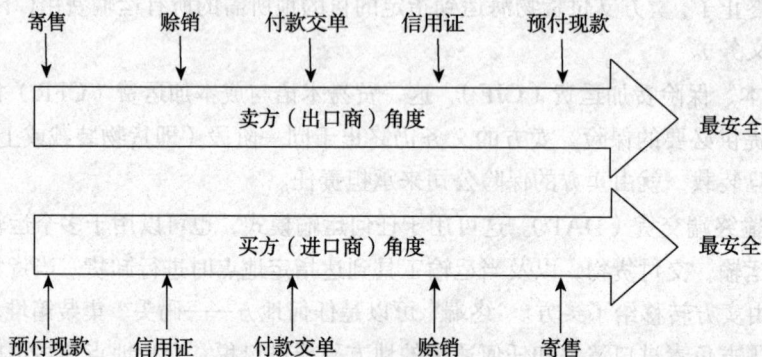

图 15.8　不同的付款方式

来源：基于 Chase Manhattan Bank (1984) Dynamics of Trade and Finance. New York

1. 预付现款

出口商在货物装运之前就收到了付款。这将最大限度地减少出口商的风险和财务成本，因为没有收款风险和应收利息费用。然而，进口商很少会同意这些条款，因为这不仅占压它们的资本，还有可能收不到货物。因此，这样的条款没有被广泛使用。当出口商对进口商的支付能力缺乏信心（通常是在最初的出口交易中）时，或者当由于进口国的经济和政治不稳定可能导致进口商无法获得外汇时，这种条款最可能被使用。

2. 信用证

全球信用证是非常重要和非常普遍的。信用证指银行同意在信用证规定的单据上支付一定金额的票据，通常是提货单、发货单和货物说明。一般来说，信用证具有以下特点。

（1）它们是银行为解决国际商务交易的一种约定。

（2）它们为涉及的各方提供一种担保形式。

（3）只要信用证的条款和条件得到履行，它们就能确保付款。

（4）这种付款方式仅以单据为准，而不涉及商品或服务。

信用证有三种形式。

（1）可撤销信用证。现在是一种罕见的形式，这给了买方最大的灵活性，因为它可以取消，直到银行需要付款的时候才需要通知卖方。

（2）不可撤销但未保兑的信用证。这与开证银行的信用状况及买方国家允许使用外汇一样有利。未保兑的信用证不一定要被怀疑，因为可能是客户不愿支付额外的保兑费。

（3）保兑不可撤销信用证。这意味着，在开证行之外，又在卖方国家增加了保兑行，担保所需款项可供付款，仅等待装运单据的提交。虽然它为卖家的资金提供了担保，但对买家来说，它的成本要高得多。一般来说，开证行需要买方支付固定费用，并加上一定比例的附加费，当信用证被兑后，保兑行也将收取一定的费用。另外，银行保兑的不可撤销信用证可以使托运人得到最令人满意的保证，即可对装运货物付款。这也意味着出口商不必在开证行的任何条件下寻求付款，这些银行总是设在外国，但在出口商所在国由保兑行进行直接索赔。因此，出口商无须担心外国银行的支付能力或意愿。

3. 付款交单和承兑交单

在下面两种"交单"情况中，卖方将货物和装运单据装船，汇票（外汇汇票）要求卖方通过卖方代理商向进口商提出付款要求。汇票有两种主要类型：即期汇票（付款交单）和远期汇票（承兑交单）。

（1）付款交单。买方必须在收到货物的所有权凭证之前支付汇票的面值。这发生在买方第一次见到汇票（即期汇票）时。

（2）承兑交单。汇票一经承兑，买方承兑汇票即在指定时间内付款，并通常在指定地点承兑汇票。承兑意味着买方正式同意在汇票到期日支付汇票所规定的金额。指定的时间可以表示为见票后一定的天数之后（远期汇票）。远期汇票对卖方的安全性不如即期汇票，因为即期汇票是在装船单据发出之前就要求付款。而远期汇票可以允许买方延迟付款30、60 或 90 天。

4. 赊销

出口商除了发货单外，没有要求其他支付单据就装船发货。买方无须先付货款就能提货。赊销的好处是它的操作简单，给买方提供帮助，不必向银行支付信贷费用。而卖方反过来期望在约定的时间内支付发货单。该方法的主要缺点是付款没有保障。出口商应只向熟悉的、具有良好信用评级的进口商进行赊销，或者是在没有外汇问题的市场运用这种方法。由于没有文件要求或银行费用，因此，赊销没有汇票那么复杂和昂贵。

5. 寄售

寄售指出口商保留货物的所有权，直到进口商出售。这种方法使得出口商拥有货物的时间比其他方式都要长，因此，经济负担和风险是最大的。该方法只适用于且具有良好信用等级、非常值得信赖的进口商，且这些进口商在政治和经济风险都非常低的国家。寄售主要用于公司与自己子公司之间的交易。

在买方确定最终价格时，信贷条件很重要。当感知到国际竞争对手的产品相似时，买方可能选择提供最佳信贷条件的供应商，以获得更大的折扣。实际上，是供应商向买方提供了一种资金来源。

15.8 出 口 融 资

出口商需要资金支持，以获得周转资金，因为进口商常常希望能够允许其延期付款。出口融资的主要来源包括商业银行、政府出口融资项目、出口信用保险、保理商和反向贸易。

1. 商业银行

出口销售融资最简单的办法是通过出口商自己的银行提供透支贷款。这种方式很方便，它能为合同的所有要素提供资助，如采购、制造、运输和信贷。如果出口商可以获得出口信用保险政策，那么，银行通常更愿意准予透支贷款。

2. 出口信用保险

出口信用保险可通过政府出口信贷机构或私人保险公司提供给多数出口商（Griffith and Czinkota，2012）。此类保险通常包括以下内容。

（1）政治风险和非自由兑换货币风险。

（2）与买家拒绝支付相关的商业风险。

出口商使用信用保险可以获得更宽松的信贷条件，或鼓励银行对其出口应收款提供融资。在多数市场中，这种保险的成本往往很低，一般为交易价值的 1%～2%。专业保险经纪人会办理此类保险。

3. 保理

保理就是将出口的负债转卖为现金。通过这样的方式，出口商将代收已完成订单的支付款项的问题转移到专门从事出口信贷管理和融资的组织或保理商上。

理想情况下，出口商在签订任何合同或装运之前，都应考虑保理业务，并确保保理商购买应收账款的意愿。保理商通常在进口商所在国安排特派员对潜在买家的信用等级进行必要的审查。因此，保理商起到了信贷审批机构、付款的服务商和保证人的作用。

保理商通常不会购买超过 120 天的出口债务。一般情况下，服务费用视保理商的工作量和所承担风险的不同按销售额的 0.75%～2.5%收取。

4. 福费廷

福费廷是一种于 20 世纪 50 年代在瑞士开发的融资方法。这是资本品的出口商能够获得中期融资（1～7 年）的一种方式。该体系可以简单解释如下。

资本品出口商希望有买方为中期信贷购买提供资金。买方会立即支付部分费用，并在今后 5 年分期付款。这种方式的好处是，出口商可以立即获得现款，而且随着买方支付首期现金，福费廷的融资额度有可能高达合同价值的 100%。

5. 保证金

在一些国家（如中东），合约通常是现金交易或短期交易。这对于供应商来说是一个理想的情况，这意味着买方失去了对供应商的部分影响力，因为买方不能扣压付款。在这种情况下，保证金或担保书是由可接受的第三方，即银行或保险公司向海外买方签发的书面票据。出口商或承包商保证遵守其义务的承诺，如果出口商/承包商未能履行其在合同中的义务，海外买家将获得一定金额的赔偿。

6. 租赁

资本设备出口商有两种方式来使用租赁。

（1）直接从银行或租赁公司向外国买家提供跨境租赁。

（2）通过海外分公司或国际银行的海外分支机构或国际租赁协会取得当地租赁设施。

通过租赁，出口商可以从租赁公司直接收到货款。租赁设施最好在初期就建立，即出口商收到订单的时候。

7. 反向贸易

反向贸易是一个通用术语，用来描述各种贸易协定，其中，卖方为买方提供产品（商品、货物、服务、技术），并同意按原销售价值的协定百分比（全部或部分）与买方签订互惠购买义务。

（1）易货贸易。这是一种直接的商品交换，没有任何货币转移。只有两方参与的双边易货交易是比较少见的。当第三方（三方易货）或更多的国家（多边易货）成为一个贸易链时，就会推动易货贸易的进程。

（2）补偿贸易。这涉及向一个方向出口的货物，而商品的"支付"分为两部分。①进口商用现金形式支付部分贷款。②对于剩余的款项来说，原出口商有义务购买买方的部分货物。这些产品可以用于出口商的内部生产，也可以在其他市场出售。

（3）回购协议。在出售机械装置、设备或"交钥匙"工厂时，买方的生产至少部分是通过出口商对最终产品的购买来进行融资的。易货贸易和补偿交易是短期安排，而回购协议是长期协议。回购合同可能会持续相当长一段时间，比如 5～10 年。这种双向交易很显然是有关联的，但在经济上又是各自保持独立的。

反向贸易之所以会出现，是由于外汇和国际信贷额度的短缺。据估计，反向贸易已经高达世界贸易的 10%～15%。

15.9　总　　结

本章所涉及的主要问题包括：价格的决定因素、定价策略、国外价格与国内价格的关系、价格上涨、报价的要素和转移定价。

在制定价格时，必须考虑几个因素，包括成本、竞争对手的价格、产品形象、市场份额/市场容量、产品所处的生命周期阶段和涉及的产品数量。这些组成部分的最佳组合因产品、市场和公司目标的不同而有所不同。在国际背景下，由于汇率问题、不同出口市场的不同竞争情况、不同的劳动力成本和不同的通货膨胀率等因素，定价变得更加复杂。当地关于制定价格的法律法规也要纳入考虑。

国际营销人员必须用适当的国际贸易术语来制定报价。当对如何准备一份报价有所疑虑时，可以咨询货运代理。这些专家可以提供有关单据的宝贵信息（如发货单、提货单），以及与货物运输相关的费用。财务单证（如信用证）则需要银行的协助。跨国银行都设有国际部门，可以帮助付款，并就准备和接受单据方面容易出现的问题向客户提供咨询。

未来，使用人工智能（AI）的动态实时定价将更加普遍。此外，互联网也将导致价格竞争加剧，并使跨国价格标准化。

案例研究 15.1　　　　案例研究 15.2　　　　案例研究 15.3

问题讨论

1. 国际价格上涨的主要原因是什么？请为解决这一问题给出可行的行动方案。

2. 解释汇率和通货膨胀是如何影响产品定价的。

3. 为了保护自己，营销人员如何在一个高通货膨胀率的国家为其产品定价？

4. 技术的国际市场买方和卖方经常对知识的合理定价存在分歧，为什么？

5. 什么方法可以用来计算转移价格（附属公司之间的交易）？

6. 跨国公司的定价策略与跨国产品生命周期理论有何关联？

7. 为什么通常很难计算出公平的转移价格？

8. 解释以下这些销售术语：EXW、FAS、FOB、CFR、CIF、DEQ 和 DDP。决定销售条款的因素有哪些？

9. 解释这些类型的信用证：可撤销/不可撤销信用证、保兑/非保兑信用证。出口商在何种情况下使用下列方法付款：

（1）可撤销信用证；

（2）保兑信用证；

（3）保兑不可撤销信用证；

（4）远期汇票（即汇票）。

10. 请列举一些出口商的融资来源。

11. 通货膨胀如何影响一个国家的币值？在一个高通货膨胀率的国家，借贷或融资是好方法吗？

12. 出口信贷融资的条款和条件与国际定价有何关联？为什么？

13. 什么是反向贸易？为什么公司要在国际营销中考虑反向贸易方式？

参考文献

第16章

分 销 决 策

通过学习本章，学生应该能够做到以下几个方面。

- 探索影响渠道决策的决定因素；
- 讨论整合和管理国际营销渠道的要点；
- 讨论影响渠道宽度（密集性、选择性或独家覆盖）的因素；
- 阐述整合营销渠道的含义；
- 描述最常见的出口单据；
- 定义和解释主要的运输模式；
- 讨论从单渠道转变为全渠道的结果；
- 解释为什么区块链方法与市场营销相关；
- 解释零售业国际化如何影响制造商；
- 定义灰色市场，并解释如何应对它们。

16.1 导　　论

　　当今，是否进入国际市场是企业面临的一个关键决策。在第Ⅲ部分，我们讨论了企业通过选择一种合适的市场进入模式来保证产品或服务能够成功进入国外市场。当企业已经选择了一种战略将其产品推广到国外市场之后，其面临的下一个挑战（本章的主题：见图16.1）就是这些产品在国外市场的分销。本章第一部分聚焦海外市场分销的结构和管理；第二部分关注国际物流的管理。

　　一个行业的分销渠道成本通常会占据产品或服务零售价格的15%～40%。

　　在未来的几年里，随着技术的发展加速了渠道的演化，渠道管理的挑战和机会将会显著增加。数据网络越来越使终端用户能够绕过传统渠道直接与制造商和服务提供商接触。

　　下面我们将介绍一种系统的方法来帮助制定国际分销中的主要决策。主要的渠道决策和它们的影响要素在图16.1中说明。分销渠道是生产商和终端顾客之间的连接。概括来说，国际化的营销者一般采用直接或间接的途径进行分销。就像第 10 章所提及的，直接分销相当于直接与外国企业做生意，而间接分销意味着与另一家作为中间商的本土企业做生意。图 16.1 显示了一种特殊渠道连接的选择完全受东道国市场的各种特点的影响。接下来，我们将更为细致地考虑这些选择。

传播是国际营销方案中第四个，也是最后一个决策。传播在国际营销中的作用和其在本土经营中的作用相似：与顾客进行沟通，提供顾客需要的信息，帮助顾客制定购买决策。虽然传播组合承载着顾客感兴趣的信息，但最终是为了劝导顾客购买产品，不管是现在，还是将来，都是如此。

要与顾客沟通并影响顾客，有几种工具可用。广告通常是促销组合中最明显的组成部分，但人员销售、展览、促销、宣传（公共关系）和直复营销（包括互联网）也是可行的国际促销组合的一部分。

一个重要的战略考虑是在全球范围内标准化，还是根据每个国家的环境调整促销组合。另一个考虑因素是媒体的可用性，这在世界各地不同。

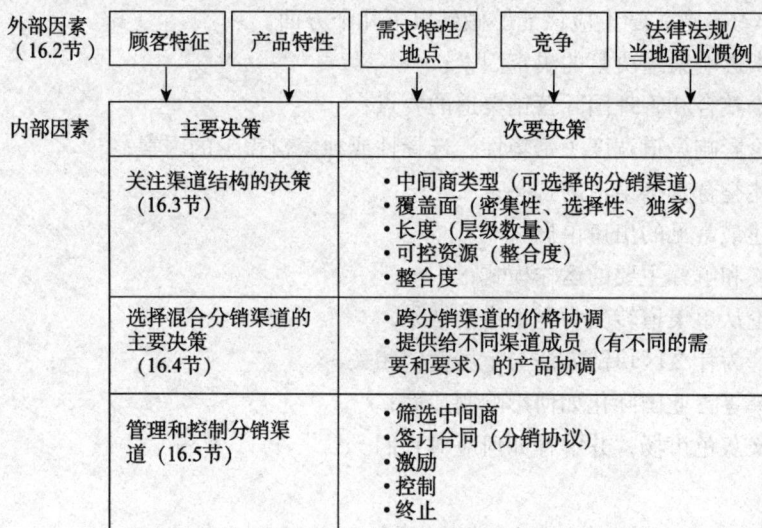

外部因素 （16.2节）	顾客特征	产品特性	需求特性/ 地点	竞争	法律法规/ 当地商业惯例

内部因素	主要决策	次要决策
	关注渠道结构的决策 （16.3节）	• 中间商类型（可选择的分销渠道） • 覆盖面（密集性、选择性、独家） • 长度（层级数量） • 可控资源（整合度） • 整合度
	选择混合分销渠道的主要决策 （16.4节）	• 跨分销渠道的价格协调 • 提供给不同渠道成员（有不同的需要和要求）的产品协调
	管理和控制分销渠道（16.5节）	• 筛选中间商 • 签订合同（分销协议） • 激励 • 控制 • 终止

图 16.1　渠道决策

16.2　渠道决策的外部决定因素

1. 顾客特征

顾客或终端消费者是渠道设计的基石。所以，当进行分销决策时，顾客群的规模、地理分布、购物习惯、购物地点偏好和使用方式都必须是考虑的重点。

消费品渠道比工业品渠道更长，这主要是因为消费者的数量更多，在地理上更为分散，而且购买量较小。购物习惯、购物地点偏好和使用方式由于受社会文化的强烈影响，所以，在不同国家间的差异很大。

2. 产品特性

在制定分销策略时，产品特性起到了关键作用。对于低价、周转快的便利品而言，所要求的就是密集性分销网络。另外，享有声望的产品没有必要，甚至不需要构建宽泛的分销渠道。在这种情况下，制造商可以缩短或收窄其分销渠道。消费者在购物时喜欢进行一些比较，并会积极搜索正在考虑中的所有品牌的信息。在这种情况下，有限的产品曝光并不是市场成功的障碍。

在分销和销售诸如大宗化学品、钢铁和水泥等工业产品时，运输和仓储成本是关键因素。直销、服务、维修和零配件存储则主导了诸如电脑、机械装置和飞机等工业品的分销。产品的耐久性、易腐蚀性、顾客服务要求的数量和种类、单位成本、特殊的处理要求（如冷藏）也是重要的影响因素。

3. 需求特性/地点

目标顾客对特定产品的感知能够促使商家对分销渠道进行调整。产品感知受顾客的收入与产品体验、产品的最终用途、产品在生命周期中所处的位置和国家的经济发展阶段的影响。国家的地理位置和交通基础设施建设也会影响渠道决策。

4. 竞争

了解竞争产品和相近替代品所使用的渠道是非常重要的，因为服务于同一市场的渠道安排经常出现竞争。消费者一般希望在特定的商店购买特定的产品（如专卖店），或者他们已经习惯在特定的渠道购买特定的产品。另外，本土和全球竞争者可能已经与一个国外的主要经销商签订了协议，该经销商有效地创建了壁垒，并将其他公司排除在关键渠道之外。

有时，替代方案是使用完全区别于竞争的渠道方案，并希望借此创造竞争优势。

5. 法律法规/当地商业惯例

一个国家可能有明确的法律禁止使用特定渠道或中间商。例如，迄今为止，在瑞典和芬兰销售的酒精饮品必须通过其国有渠道来分销。还有些国家明令禁止上门推销。渠道覆盖范围也会受法律的影响。一般而言，独家代理会被视作贸易限制，特别是当一种产品占据市场支配地位时。欧盟反垄断机构已经加强了对包销协议的审查。《罗马条约》禁止那些影响贸易或限制竞争的分销协议（如独家经销代理权）。

此外，当地的商业惯例也可能影响效率和生产率，甚至可能迫使生产商采用一种比以前更长、更宽的分销渠道。由于日本存在依赖多层中间商的多层分销体系，所以，长期以来，外国公司都认为复杂的日本分销体系是日本市场最为有效的非关税壁垒。

图 16.2 展示了复杂的日本分销系统是如何通过垂直交易和水平交易（例如，从一个批发商到另一个批发商）将产品价格提升五倍的。

当西方企业考虑对其他供应商和/或买方的所有权进行整合时，日本却在推进被称为"经连会"（Keiretsu）式的紧密合作，而不是收购渠道成员。这种联盟并不是合同式的，但却包含了渠道成员间的紧密联系，这些联系源于个人交往和信任，然后发展到提供长期的供应协议和技术，以及在开发新产品和流程时分享关键信息和管理资源。相应地，批发商和零售商推进制造商的产品，并广泛分享信息。

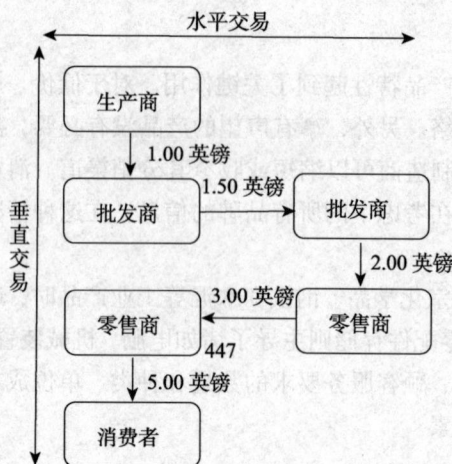

图 16.2   日本消费者市场的假想渠道序列
来源：Lewison（1996）。

这些合作企业就像一家企业一样行动，联盟中的企业很难拒绝从经连会成员中采购，即使采购价格远远不具竞争力。

这种亲密的经连会与附属日本生产商、批发商和零售商之间存在的紧密集群尝试通过购买集群成员的高价格的产品和服务来形成一家企业，而不是从非集群成员那里竞争性地获取它们。例如，松下电器作为日本的一家领军制造企业，在日本全国范围内构建了一个包含上百家批发商和上千家零售商的经连会。通过只购买联盟成员的产品和服务，松下电器的经连会尝试避免成员间的竞争，从而保证高价格，因为它们有能力安全控制价格，并将产品和服务从供应商处销售给消费者（Rawwas, et al., 2008）。

现在，让我们回到关注分销渠道结构的主要决策上（见图 16.1）。

16.3   渠 道 结 构

1. 市场覆盖面

渠道成员提供的市场覆盖面（market coverage）是很重要的。覆盖面是一个灵活的术语。它可以指一个国家的地理区域（如城市和主要城镇），也可以指零售商店的数量（在所有零售商店中的占比）。先不考虑使用的覆盖面衡量指标，一家公司必须为满足其覆盖面目标而构建分销网络（经销商、分销商和零售商）。

如图 16.3 所示，有三种不同的渠道覆盖方法。

（1）密集性覆盖。这种方法要求企业尽可能选择不同类型和最大数量的中间商来分销其产品。

（2）选择性覆盖。这种方法要求企业针对每个区域选择一定数量的中间商来渗透市场。

（3）独家覆盖。这种方法要求企业在一个市场中只选择一个中间商。

渠道覆盖面（宽度）可以通过一个连续的范围来识别，例如，从宽渠道（密集性分销）到窄渠道（独家分销）。图 16.4 说明了一些分别有利于密集性、选择性和独家分销的因素。

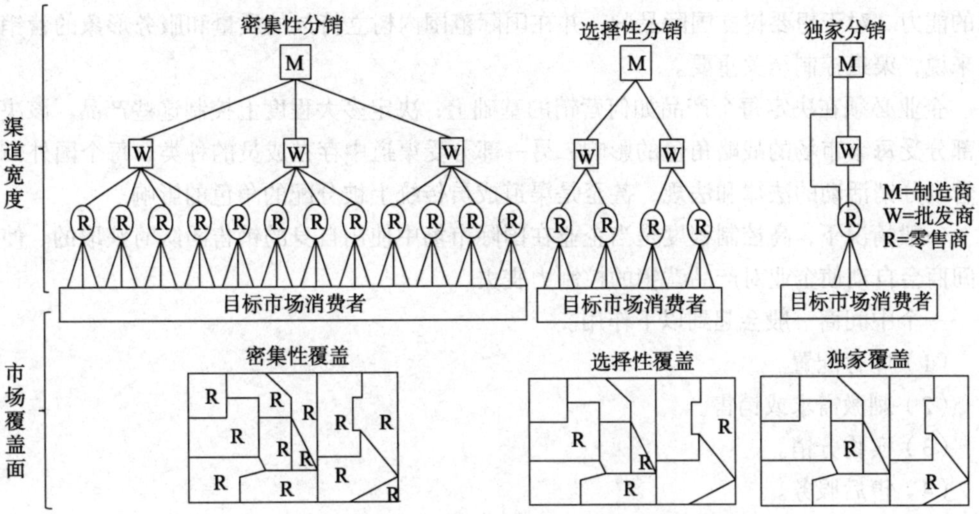

图 16.3 市场覆盖面的三种战略

来源：Lewison (1996)。

		渠道宽度	
		密集性分销 ←→ 选择性分销	←→ 独家分销
影响因素	产品类型	便利品	特殊品
	产品生命周期阶段	成熟产品	新产品
	产品价格	低价产品	高价产品
	品牌忠诚度	品牌偏好型产品	品牌坚持型产品
	购买频率	经常购买性产品	非经常购买性产品
	产品独特性	普通产品	独特产品
	销售要求	自选产品	人员推销产品
	技术复杂性	非科技产品	科技产品
	服务要求	有限服务产品	全面服务产品

图 16.4 影响渠道宽度的因素

来源：改编自 Lewison (1996)。

2. 渠道长度

渠道长度（channel length）由层级数量或中间商的不同类型决定。一个国家的经济发展需要更为有效的渠道。首先，随着更多的中间商进入分销系统而使渠道长度增加；随后，随着渠道层级的减少而使渠道长度缩短。其结果就是分销渠道变得更为有效，如垂直整合（Jaffe and Yi，2007）。那些有很多中间商的长渠道主要与便利品和大规模分销有关。鉴于其分销体系的发展历史，日本和中国的便利品往往具有更长的渠道。这就意味着，对于终端消费者而言，价格会大幅上涨（价格升级：见 15.3 节）。

3. 控制/成本

在垂直分销渠道中，一位成员的“控制”意味着其对其他渠道成员决策和行动产生影响的能力。对于想要树立国际品牌，并在国际范围内树立持久的质量和服务形象的营销人员来说，渠道控制至关重要。

企业必须在决定每个产品如何营销的基础上，决定多大程度上控制这些产品。该决策一部分受每个市场的战略角色的影响；另一部分受渠道中存在成员的种类、每个国外市场中管制分销活动的法律和法规，甚至是渠道成员传统上被分配的角色的影响。

一般情况下，高控制程度是当企业在国际市场中使用自身的销售团队时获取的。使用中间商会自动使企业对产品营销的控制力丧失。

一个中间商一般会起到以下作用。

（1）库存配置。

（2）刺激需求或销售。

（3）实物分销。

（4）售后服务。

（5）向顾客提供贷款。

在将产品推入终端用户市场的过程中，一个制造商要么承担这些功能，要么将一部分或全部转移给中间商。正如一句俗语所言，"你可以消除中间商，但你不能消除中间商的功能"。

在大多数的市场营销情况下，制造商控制重要渠道功能的能力和执行这些控制所需的财力资源之间存在一种交换关系。当越多的中间商加入到将供应商的产品传递到用户顾客的过程中时，供应商对其产品如何在渠道中向顾客流动，以及如何展示给顾客的控制就会越低。相反，减少分销渠道的长度和宽度一般要求供应商承担更多的功能。因此，这也要求供应商投入更多的资金给渠道活动，如仓储、运输、信贷、现场销售或现场服务。

总之，做出使用中间商，还是通过公司自有销售人员进行分销的决策，要求企业在对国际营销活动进行控制和资源投入成本最小化之间做出平衡。

4. 整合程度

控制可以通过整合来执行。渠道整合是一个将所有渠道成员在统一的领导和同一目标下融入一个渠道系统的过程。渠道整合有两种不同的形式。

（1）垂直整合（vertical integration）：对处于渠道不同层级的成员寻求控制。

（2）水平整合（horizontal integration）：对同一渠道层级的渠道成员寻求控制（如竞争对手）。

整合要么通过收购（所有权），要么通过紧密的合作关系来实现。让渠道成员在一起为其共同的利益来工作是一项艰难的任务。但是，当今的合作关系对于高效和有效的渠道运营来说，是必需的。

图 16.5 展示了一个垂直整合的例子。图中的起点是一个常见的营销渠道，这里的渠道构成包含了独立和自主参与的渠道成员。此时的渠道合作是通过公平谈判来完成的。在这个点上，垂直整合有两种形式：前向整合和后向整合。

（1）当制造商寻求对渠道中的批发和零售层面的业务进行控制时，可以前向整合。戴比尔斯（De Beers）（参见本章结尾案例研究 16.1）就是遵循此策略的一个很好的例子。

（2）当零售商寻求对渠道中的批发和制造层面的业务进行控制时，可以后向整合。例如，互联网零售商亚马逊（Amazon.com）就侵略性地进入到了出版领域。它和作者直接签订合同，通过印刷和电子的形式出版了成千上万的图书。这一趋势在其他产品领域也扩散得飞快，如音乐、电子产品和服装。

（3）批发商也有两种可能：前向整合和后向整合。

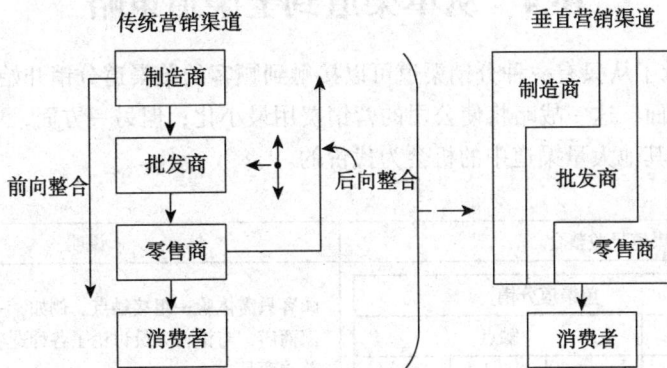

图 16.5　垂直整合

这些策略实施的结果就是构建垂直营销体系（见图 16.5）。这里的渠道构成囊括了被整合的参与成员。由于确定的成员忠诚度和长期承诺，渠道稳定性很高。

示例 16.1

巴宝莉：标志性的英国奢侈品牌瞄准了全球 25 个较富裕的城市

"巴宝莉"（Burberry）是一个具有独特英国血统的全球奢侈品牌。它拥有制作核心外套和大型皮具的基地，以及在全球范围内辨识度极高的标志。巴宝莉设计和采购服装、配件，并通过全世界范围内的零售（包括数字化）、批发和授权在内的多样化网络渠道进行销售。

当今，巴宝莉的总部设在伦敦。托马斯·巴宝莉（Thomas Burberry）于 1856 年在英格兰贝辛斯托克开设了一家男装店。

（1）瞄准全球 25 个较富裕的城市

在过去的几年里，为了吸引新的、更年轻的顾客群，同时留住现有顾客，巴宝莉进行了转型。随着不断被工人阶层中的青少年和年轻人接受，巴宝莉品牌已经从英国上流社会的保守主义转型了。如今，该公司瞄准了全球较富裕的市场中的那些年轻并有数字意识的顾客。

如今，作为该战略的一部分，巴宝莉瞄准了全球 25 个较富裕的城市。其中，关键市场包括伦敦、纽约和北京。巴宝莉透露，这些城市占据全球奢侈品行业一半以上的销售额。这些市场也得益于发达的旅游业和高收入居民。尽管美国仍是全球最大的奢侈品消费国，但发展中国家的中产阶级正在为奢侈品供应商创造新的机会。

（2）社交媒体正吸引新一代的巴宝莉"粉丝"

与许多奢侈品牌不同的是，巴宝莉并不害怕变得大众化，并一直与 Facebook、Twitter

和 YouTube 等社交媒体打交道。

来源：基于 www.burberryplc.com 和其他公共来源。

16.4 从单渠道到全渠道策略

图 16.6 显示了从只有一种分销渠道可以接触到顾客的单渠道分销开始，到分销渠道的日益整合。一方面，这一战略将使公司的营销费用最小化；但另一方面，单渠道战略的深度聚焦是以错过其他大量渠道中的机会为代价的。

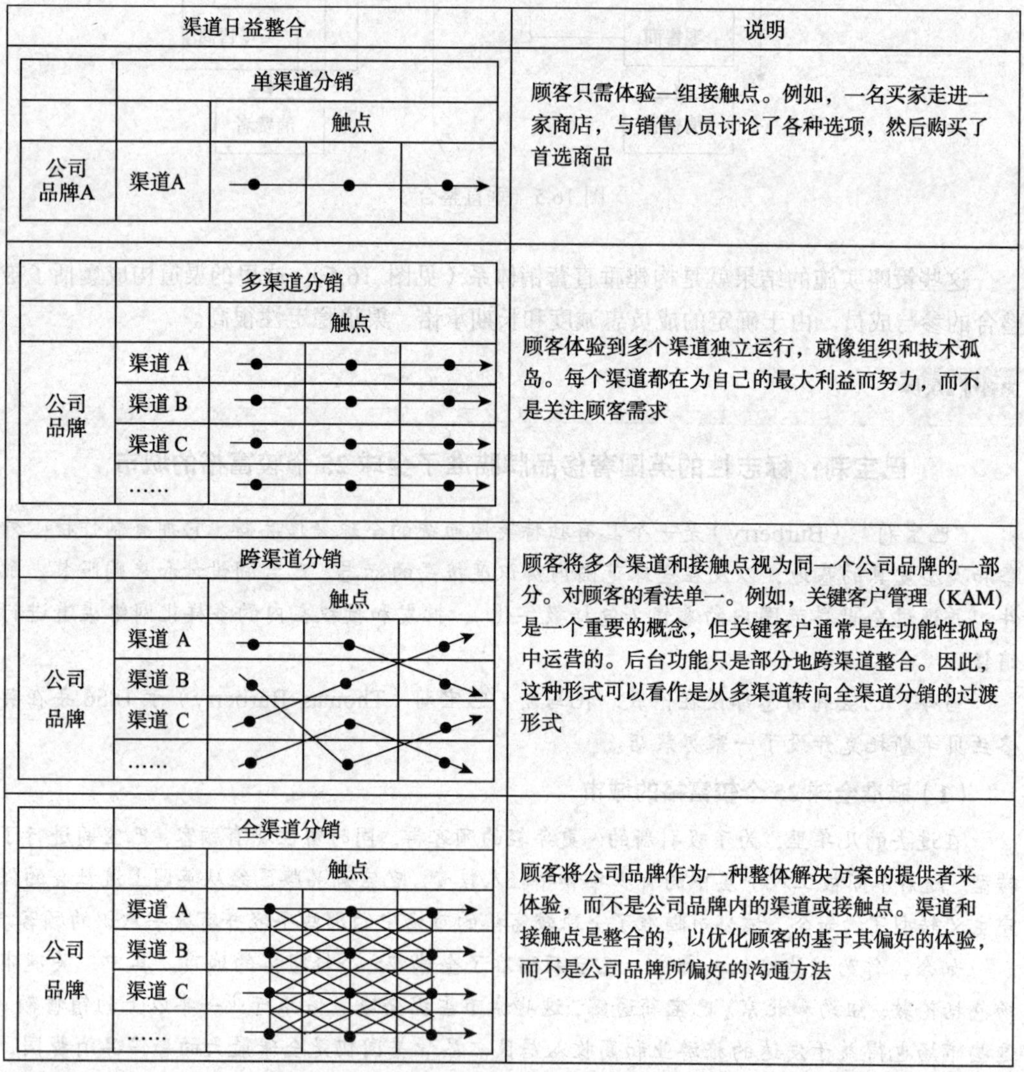

渠道日益整合
说明
单渠道分销
触点
公司品牌A
渠道A
顾客只需体验一组接触点。例如，一名买家走进一家商店，与销售人员讨论了各种选项，然后购买了首选商品
多渠道分销
触点
公司品牌
渠道 A
渠道 B
渠道 C
……
顾客体验到多个渠道独立运行，就像组织和技术孤岛。每个渠道都在为自己的最大利益而努力，而不是关注顾客需求
跨渠道分销
触点
公司品牌
渠道 A
渠道 B
渠道 C
……
顾客将多个渠道和接触点视为同一个公司品牌的一部分。对顾客的看法单一。例如，关键客户管理（KAM）是一个重要的概念，但关键客户通常是在功能性孤岛中运营的。后台功能只是部分地跨渠道整合。因此，这种形式可以看作是从多渠道转向全渠道分销的过渡形式
全渠道分销
触点
公司品牌
渠道 A
渠道 B
渠道 C
……
顾客将公司品牌作为一种整体解决方案的提供者来体验，而不是公司品牌内的渠道或接触点。渠道和接触点是整合的，以优化顾客的基于其偏好的体验，而不是公司品牌所偏好的沟通方法

图 16.6 从单渠道到全渠道分销策略

进一步说明：公司品牌可以是苹果、微软、宝洁、喜力、SAP；渠道可以通过自有销售团队、外部分销商或电子商务（通过互联网）进行销售；接触点可以是个人的（联系商店）、网站、电子邮件和社交媒体。

当一家公司通过两个或多个分销渠道向市场提供产品时，就采用了多渠道策略（multiple channel strategy）。多种渠道包括互联网、销售队伍、呼叫中心、零售店和直邮。另请参见示例 16.2，作为多渠道策略的示例（戴尔）。

这个策略在过去十年已经成为非常流行的渠道设计（Valos，2008）。该策略日趋流行是源于以下潜在的优势：扩展的市场覆盖面和增长的销量；更低的相对和绝对成本；更好地适应消费者不断变化的需要；更多和更优质的信息。但是，该策略也会产生潜在的破坏性问题：顾客感到困扰；与中间商和/或内部分销部门产生冲突；成本增加；独特性消失；最终造成组织复杂性的增加。

"多渠道分销"的一种特殊形态为双重营销（dual marketing），即同一种产品在消费者市场与企业市场同时进行销售。具有不同购买行为的不同顾客会搜索最适合他们需要的渠道。营销人员运用多渠道设计，将像互联网这样的低成本渠道与低价值顾客相匹配，同时将像销售团队这样的更高成本的渠道与高价值顾客相匹配。然而，"多渠道分销"的一个关键特征是"孤岛思维"（silo-thinking），这意味着，在许多公司中，每个渠道都是独立管理的，有专门的团队、预算、流程、工具、报告结构和收入目标。

在跨渠道分销中，"孤岛"被部分抛在脑后，分销渠道开始变得协调。在这里，营销职能通常由生产者和渠道中介共同承担。前者通常负责促销和顾客生成活动，而中间商则可能负责销售和分销。

然而，现在，越来越多的顾客在一次购买过程中，在许多数字接触点之间切换。从顾客的角度来看，一个典型的旅程可能是：在智能手机上搜索，在笔记本电脑上研究结果，访问商店来检查商品，在店铺里，在手机上比较价格，从而做出最终的购买决策。这种具有不同接触点的方法更需要一种全渠道策略。

从语义的角度来看，"omni"的意思是"所有的"。与多渠道策略不同，全渠道策略（omnichannel strategy）并不是关于最大化渠道效率。相反，它把顾客而不是公司的孤岛放在战略的核心。全渠道的目标是为顾客提供无缝体验，从而更好地吸引和转化他们。在顾客旅程中，顾客对数字体验的期望很高。例如，实体商店的店员在与顾客互动时，应随时掌握所有过去互动的关键信息。这意味着有必要创建一个稳健的顾客关系管理（CRM）系统，它不仅要跟踪和包含数据，还要提供独特的顾客服务体验。

由于支持渠道结构的营销策略不同，因此，公司可能很难从多渠道转向全渠道。

（1）传统营销活动的组织障碍（孤岛）要求在几个部门之间重组和改变流程。

（2）组织的电子商务水平。整合全渠道分销系统需要整合的电子商务系统。

示例 16.2

戴尔对多渠道分销策略的使用

21 世纪初，戴尔意识到，高度响应的定制化策略曾使其在线商城成为全球销售个人电脑的最大渠道，但现在，这一策略已经不再能满足其一些快速增长的商业需要。因此，以 2008 年为例，戴尔以其较高标准的个人电脑和较低的价格进入零售渠道。毫无疑问，戴尔需要改变其分销渠道策略，以新渠道、新产品为新顾客服务。2010 年左右，该公司开始提供笔记本电脑产品。2012 年，戴尔甚至通过其 Venue 品牌（使用安卓平台）进入竞争激烈的平板电脑市场。当时，戴尔的多渠道策略如图 16.7 所示。

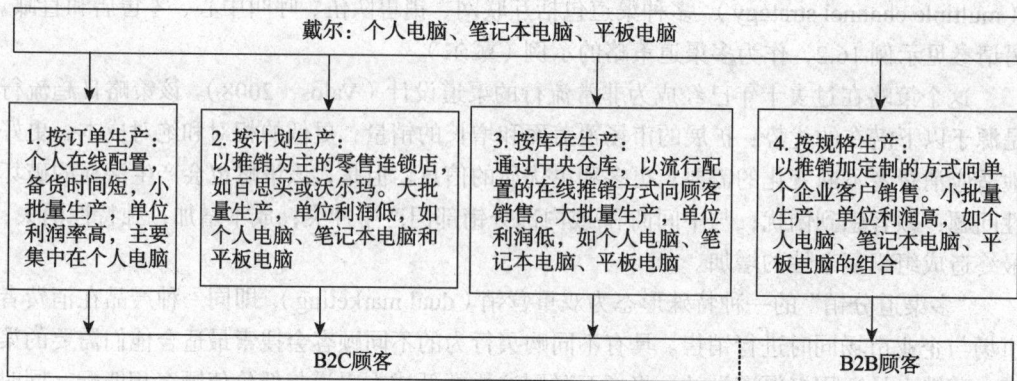

戴尔：个人电脑、笔记本电脑、平板电脑			
1. 按订单生产：个人在线配置，备货时间短，小批量生产，单位利润率高，主要集中在个人电脑	**2. 按计划生产：**以推销为主的零售连锁店，如百思买或沃尔玛。大批量生产，单位利润低，如个人电脑、笔记本电脑和平板电脑	**3. 按库存生产：**通过中央仓库，以流行配置的在线推销方式向顾客销售。大批量生产，单位利润低，如个人电脑、笔记本电脑、平板电脑	**4. 按规格生产：**以推销加定制的方式向单个企业客户销售。小批量生产，单位利润高，如个人电脑、笔记本电脑、平板电脑的组合
B2C顾客			B2B顾客

图 16.7 戴尔的四个主要全球分销渠道

戴尔的四种渠道策略如下。

（1）按订单生产。这是戴尔的传统商业模式，即满足消费者的个人需求，在线提供数百万种可能的配置。

（2）按计划生产。通过与大型零售连锁店（如百思买和沃尔玛）合作，计划推出受欢迎的产品，然后将最终产品发送到零售商的中央仓库。

（3）按库存生产。戴尔识别出另一个低需求、不确定性与松散的顾客关系的顾客细分市场，将流行的产品/配置由戴尔仓库直接销售给个人消费者。

（4）按规格生产。产品解决方案（不同产品的组合）将直接设计和交付给单个公司客户（B2B）。

实施多渠道分销策略的一项重要挑战是利用不同渠道和供应链之间的协同，从而不断减少复杂性，并尽可能利用制造中的"规模经济"。一般来说，在五个方面可能产生协同：采购、产品设计、制造、计划和订单完成。

来源：基于 Simchi-Levi 等（2013）及其他可用公共资源。

16.5 管理和控制分销渠道

在进入市场的早期，与当地经销商建立伙伴关系非常有意义：经销商了解它们市场的独特性，而且大多数的顾客都更倾向于与本地伙伴做生意。阿诺德（Arnold，2000）为国际营销人员（制造商）给出了以下指导，以帮助他们预测和改正与国际分销商之间存在的潜在问题。

（1）选择分销商，而不是让它们选择你。典型地，当制造商在国际博览会或展示会上与潜在的经销商接洽时。但是，最热情的潜在经销商往往不是合适的合作伙伴。

（2）寻找那些有能力开发市场的分销商，而不是那些有少量明显接触的分销商。这表示，有时候，应放弃最明显的选择（拥有合适顾客并能产生快速销量的分销商），而应选择具有更强意愿进行长期投资，并接受开放式关系的伙伴。

（3）将本地分销商作为长期合作伙伴，而不是进入市场的暂时工具。许多企业积极向分销商释放如下信号，即它们的意图仅仅是建立短期合作，起草的合同也允许它们在几年之后将分销权利购回。这种短期的协议的问题在于会使本地分销商对投资于必要的长期市场开发没有太多意愿。

（4）通过筹集资金、引入管理者和已经被验证的营销理念来支持市场进入。许多制造商不愿意在进入市场的早期阶段投入资源，但是，为了保证战略性控制，国际营销人员必须投入充足的公司资源。上述情况在企业非常不确定它们新进入国家的前景时尤为明显。

（5）从一开始就保持对营销策略的控制。一个独立的分销商应该被允许根据当地条件对制造商的策略进行调整。但是，只有那些对市场营销有绝对领导权的企业，才可能开发出一个国际营销网络的全部潜力。

（6）确保分销商为你提供详细的市场和财务绩效数据。大多数分销商都将顾客识别和当地价格水平视为与制造商关系中的影响因素。但是，制造商在国际市场中开发其竞争优势的能力很大程度上取决于其从市场中获得信息的质量。所以，与分销商的合同中必须包含相关信息的交换，如详细的市场和财务绩效数据。

（7）尽早建立与国际经销商的联系。形式为创建一家独立的全国分销商协会或区域性办事处。在当地市场中传递理念可以提高绩效表现，并保证国际营销战略的执行更加一致，其基础企业已经在这些国家建立好了分销网络。

渠道的基础设计一旦确定，国际营销人员就应着手选择最佳的候选分销商，并确保合作的建立。

1. 筛选中间商

图 16.8 展示了选择国外分销商的重要指标（资质），共分为五类。

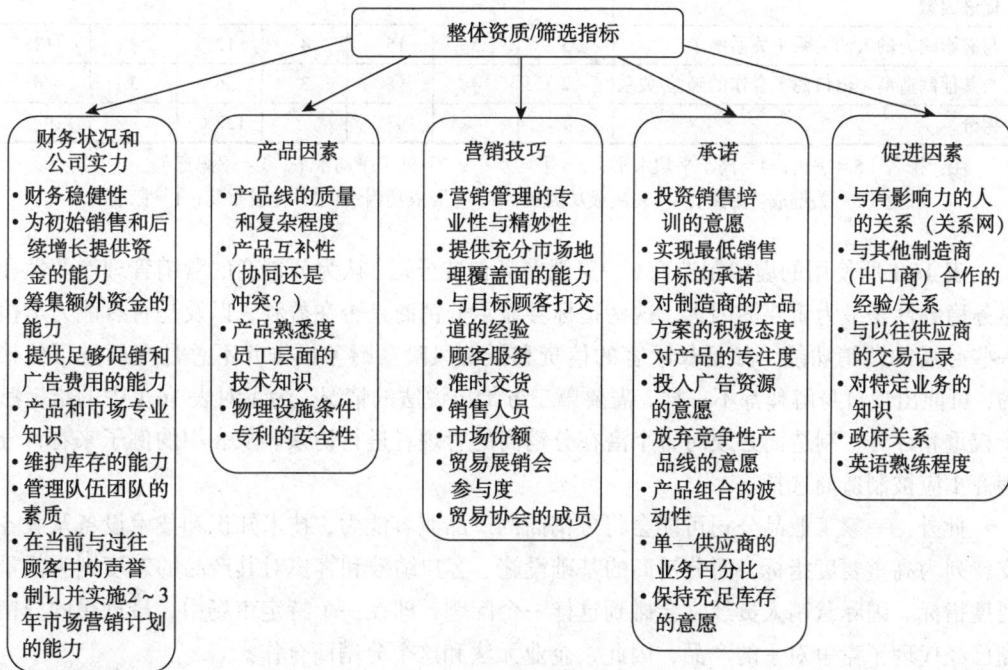

图 16.8　评估外国分销商的指标

来源：改编自 Cavusgi 等（1995）

在列完所有重要指标（见图 16.8）之后，必须选择一些指标进行更细致的评估，在此过程中，要根据决定性指标在潜在候选者之间进行详细比对。

表 16.1 中的例子使用了图 16.8 涉及的五个类别中的 10 个指标中的前两个指标来筛选潜在的渠道成员。具体指标的采纳取决于公司的商业性质和特定市场中的分销目标。所列指标应尽可能反映出营销成功的决定性要素，这些要素也是击败竞争对手的重要因素。

表 16.1　使用图 16.8 中的选择指标评估分销商的示例

指标（无先后排名）	权重	分销商 1		分销商 2		分销商 3	
		排名	分数	排名	分数	排名	分数
财务状况和公司实力							
财务稳健性	4	5	20	4	16	3	12
为初始销售和后续增长提供资金的能力	3	4	12	4	12	3	9
产品因素							
产品线的质量和复杂程度	3	5	15	4	12	3	9
产品互补性（协同，还是冲突？）	3	3	9	4	12	2	6
营销技巧							
营销管理的专业性与精妙性	5	4	20	3	15	2	10
提供充分市场地理覆盖面的能力	4	5	20	4	16	3	12
承诺							
投资销售培训的意愿	4	3	12	3	12	3	12
实现最低销售目标的承诺	3	4	12	3	9	3	9
促进因素							
与有影响力的人的关系（关系网）	3	5	15	4	12	4	12
与其他制造商（出口商）合作的经验/关系	2	4	8	3	6	3	6
得分			143		122		97

注：排名（5 = 杰出；4 = 高于平均水平；3 = 平均水平；2 = 低于平均水平；1 = 不满意）。
权重（5 = 关键成功因素；4 = 先决成功因素；3 = 重要成功因素；2 = 比较重要；1 = 标准的）。

表 16.1 所使用的虚拟制造商（一家消费品包装公司）认为分销商的营销管理专业性和财务稳健性是最为重要的因素。这些指标会显示分销商是否在盈利，以及是否有能力承担一些必需的营销功能，如延长顾客的信贷和抵御风险。财务报告并不总是全面且可信赖的，可能出现自身解释都不一样，需要第三方给出说法的情况。为了对表 16.1 中的指标赋予权重和评分，制造商必须对每个潜在分销商的管理者进行访谈。从表中的例子来看，分销商 1 应被制造商选择。

此外，一家工业品公司可能会将分销商的产品兼容能力、技术知识和技术设备及服务支持列为高重要度指标，而分销商的基础设施、客户绩效和客户对其产品的态度则为低重要度指标。国际营销人员经常会碰到这样一个问题，即在一个特定市场中，最理想的分销商已经代理了竞争对手的产品，因此，企业无法和这个分销商合作。

另外，高科技消费品公司可能更看重企业的财务稳健性、营销管理经验、声誉、技术知识、技术设备、服务支持和与政府的关系。在一些国家，宗教和种族的差异可能使一家代理商仅适合覆盖一部分市场，而不适合其他部分市场，这可能使得代理商需要寻找更多的渠道成员来达到足够的市场覆盖面。

2. 签订合同（分销协议）

当一个国际营销人员发现合适的中间商时，会起草国外销售协议。在正式签署合同之前，比较明智的做法是亲自拜访未来的渠道成员。协议本身可以相对简单，但基于市场环境中的巨大差异，一些具体条款是必需的，如下所示。

（1）协议双方的名称和地址。

（2）协议生效的日期。

（3）协议的有效期限。

（4）延长和终止协议的条款。

（5）销售区域的描述。

（6）确定折扣和/或佣金明细，以及规定支付的时间和方式。

（7）修订佣金或折扣计划的条款。

（8）制定控制转售价格的政策。

（9）维护适当的服务设施。

（10）禁止生产和销售相似产品和竞争性产品的限制性条款。

（11）专利和注册商标的谈判和/或定价的责任认定。

（12）协议的转让和不可转让性，以及其他限制因素。

（13）指定处理合同纠纷的司法权所在的国家和州（如果适用）。

如果企业和渠道成员起草的合同不详细，那么，分销渠道中涉及的长期承诺就变得难以实现。一般情况下，除了双方的具体责任外，合同还应规定最低销售额，以及达到最低销售额的时间限制。如果此项没有涉及，那么，企业可能会陷入与劣质伙伴的合作中，要么很难抽身而出，要么得花费巨大的金钱来买断合同。

合同期限很重要，特别是在与新分销商签合同时。一般而言，分销协议的有效期相对较短（一年或两年）。在与新分销商签合同时，应规定一个试用期（三个月或半年），并规定最低的销售要求。合同期限受当地关于分销协议的法律和法规的影响。

在考虑分销商的地理界线时，应很谨慎，对于小型企业而言，尤为如此。如果分销商主张其在特定区域的销售权，那么，未来扩张产品市场将变得复杂。营销人员应保留独立销售产品的权利，即为特定顾客保留此权利。

合同中的支付部分应约定支付的方法，以及分销商和代理商如何获得补偿，分销商可以通过各种折扣获取补偿，例如：承担不同职能则获取不同折扣；而代理商可以赚取一定比例的佣金，一般是净销售额的一部分（通常是 10%～20%）。鉴于外汇市场的波动，协议也应说明使用的货币。

产品和销售条件应达成一致。合同中应明确规定产品或产品线，以及在产品库存、提供与产品有关的服务和促销方面，中间商所应承担的职能和责任。销售条件决定有些费用（如营销费用）应由哪一方承担，这会进一步影响给分销商的价格。这些条件包括信用和运输条款。

如果想要继续供销关系，那么，协议双方的沟通手段就应该在合同中明确规定。营销人员应有权查阅所有分销商区域内的关于产品营销的所有信息，包括过往的业绩、当前的形势评估和营销调研。

3. 激励

地理距离和文化距离让激励渠道成员的过程变得很困难。另一个导致激励困难的原因是中间商并不隶属于企业。由于中间商是独立的企业，它们会寻求实现自己的目标，而这些目标往往与制造商的目标并不一致。因此，国际营销者可以同时提供物质与精神激励，而中间商则在很大程度上受产品盈利潜力的影响。如果贸易空间小，销售目标很难完成，那么，中间商就会失去对产品的兴趣，它们只会把注意力放在回报率更高的产品销售上，因为它们的销售和利润来源于分配自身资源，用以销售不同企业的产品或服务。

与代理商和分销商保持定期的接触是很有必要的。通过各种不同的沟通方式保持稳定的联系会激发分销商的兴趣，并提升销售绩效。国际营销者可以指派专员负责与分销商相关的沟通，并且可以实行人员交换，从而保证协议双方进一步了解对方的工作。

4. 控制

如果中间商是精挑细选的，那么，控制问题就会大量减少。然而，控制应该通过写在合同中的业绩目标来实现。这些业绩目标可以包括年营业额、市场份额增长率、新产品引入、报价和营销传播支持。控制应通过定期个人会议来实施。

对绩效的评价应适应环境的变化。在某些情况下，经济衰退或激烈的竞争行为都可能阻碍业绩目标的实现。然而，如果业绩很差，那么，公司和渠道成员间的合同就应该被重新考虑或终止。

5. 终止

终止一段渠道关系的典型原因如下。

（1）国际营销者已经在该国建立了销售分支机构。

（2）国际营销者对现有中间商的业绩不满意。

为实现平稳过渡，公开的沟通必不可少。例如，可以对中间商做出的投资进行补偿，可以联合拜访主要顾客，并向它们保证服务不会中断。

在分销协议中，终止条件是需要考虑的最重要的方面之一。造成终止的原因各异，但对国际营销者的违约罚款会非常巨大。尤其重要的是，要知道当地法律是如何评判合同终止的，并要了解其他企业在特定国家已有的不同类型的经验。

在一些国家，终止一个低效的中间商很费时间，而且花费巨大。在欧盟，没有特殊理由终止合同的花费是一年的平均佣金。协议终止的通知必须提前3~6个月发出。如果造成终止的原因是制造商在该国建立销售子公司，那么，作为国际营销者应考虑将中间商中优秀的员工招聘过来，例如，担任新的销售子公司的经理。这么做可以防止在中间商公司中已经形成的产品知识流失。国际营销者也可以考虑在中间商有意卖出的情况下收购该公司。

16.6　区块链技术及其对国际市场营销和供应链管理的影响

最近，区块链凭借自身力量引起了人们的关注，因为个人和组织已经开始意识到区块链的潜力超越了比特币。到目前为止，比特币（种点对点数字货币）一直是区块链的主要输出和最有名的应用。截至 2019 年 10 月 3 日，每枚比特币价值 82878 美元。这种加密货币被亿万富翁沃伦·巴菲特（Warren Buffett）等高管思想领袖称为"泡沫"，被许多未来学家和兴奋的投资者视为货币的未来。

除了对比特币的大肆宣传，潜在的区块链技术还为未来的营销者提供了哪些机会呢？

1. 营销者对区块链的使用

一个区块包含交易的信息。这些信息大部分被存储在交易细节部分。区块还包含基于交易信息生成的哈希数（hush number）。如果该交易信息有任何变化，哈希数将会有很大不同。因此，当一个区块中的数据被篡改时，修改之处很容易被发现。一个区块不仅包含它自己的哈希数，还包含前一个区块的哈希数。由于这种联系，区块相互连接，形成一条链条，这是"区块链"这个名字的由来（见图 16.9）。

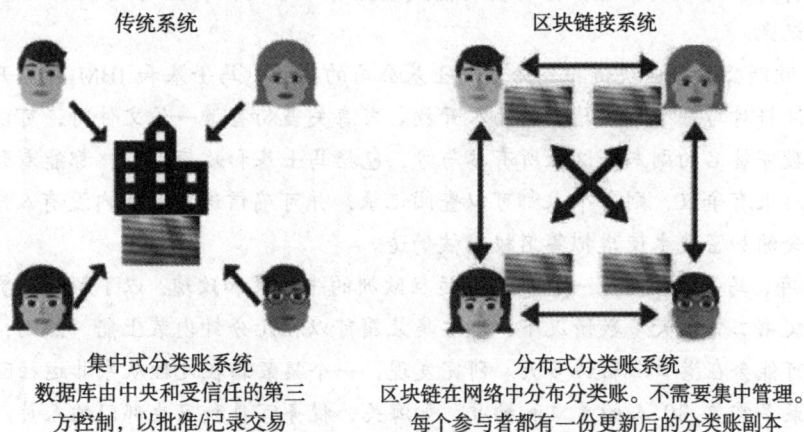

传统系统　　　　　　　　　　　　区块链接系统

集中式分类账系统　　　　　　　　分布式分类账系统
数据库由中央和受信任的第三　　　区块链在网络中分布分类账。不需要集中管理。
方控制，以批准/记录交易　　　　　每个参与者都有一份更新后的分类账副本

注：分类账（ledge）是个人或企业完成所有交易的书面
或计算机记录。在区块链系统中，分类账是一种在分散
式网络的成员之间共享和同步的数据库。

图 16.9　传统系统和区块链系统

描绘区块链的一个简单方法是想象一个在计算机网络上被复制了成千上万次的电子表格，对电子表格的更改由一系列规则强制执行。一旦信息被验证，它将被永久添加到电子表格中，变得不可编辑。当添加新信息时，电子表格会在每台计算机上进行更新，一旦更新，电子表格就是每次变更的公开可用记录。这种电子表格没有中心位置，因此极难妥协。换句话说，区块链是一个不断增长的去中心化的记录列表（被称为区块），由密码所保护。区块链不会改变市场营销的根本，但会改变业务执行和策略。有了区块链，任何人都可以将有价值的资产从一个人转移到另一个人，而无须第三方信托中间人。数据由其非中心性所保护（Iansiti and Lakhani，2017）。

营销人员如何使用区块链与消费者建立信任的一个例子如下。你去商店买咖啡，一个讲述其起源的品牌（乌干达的一个家庭所有的有机农场）吸引了你的眼球。请想象一个应用程序，你把你的手机放在（咖啡）上面，扫描它就可以看到咖啡豆的整个供应链，一直追溯到乌干达咖啡豆的家庭生产商。你非常确信这不仅仅是说说而已。托运人已经核实并记录了所有信息（如示例16.3中马士基的例子）。

示例 16.3

马士基在航运中使用区块链

丹麦航运公司马士基（Maersk）是全球最大的集装箱运输公司，占全球航运市场18%～20%的份额。马士基已成功测试了区块链在国际物流中的应用，是一个引人注目的例子。马士基使用这种解决方案，通过诸如GPS位置、温度和其他条件等属性来跟踪其全球各地的航运集装箱。

多年以来，马士基一直在寻找一种更好的方式，以追踪它在世界各地运输的货物。对于马士基来说，关键问题是每个集装箱都需要处理堆积如山的文书工作。例如，据报道，马士基在肯尼亚海岸的蒙巴萨办公室的储藏室里有一书架，其上的文书可以追溯到2014年的纸质记录。

IBM欧洲公司将区块链推销给了马士基公司的高管。马士基和IBM开始开发一个软件，该软件将对与每个集装箱相关的人开放。当海关当局签署一份文件时，可以立即上传一份带有数字签名的副本。这让所有参与方，包括马士基和政府部门，都能看到它是完整的。如果后来有争议，则每个人都可以查阅记录，并可确信这段时间内没有人修改过它，因为所包含的加密技术使虚拟签名极难被伪造。

2014年，马士基跟踪了一批从东非运往欧洲的牛油果和玫瑰，以了解跨境贸易中的实际过程和文书工作。大多数情况下，这些集装箱可以在几分钟内装上船。然而，由于文件丢失，它可能会在港口滞留许多天。研究发现，一个集装箱在处理从东非运往欧洲的冷藏货物时，最多需要30人的盖章和批准，如海关、税务官员和卫生部门的人员。这包括他们之间200多种不同的互动和交流。

集装箱内的货物可能会变质。有人指出，移动和记录所有必要的文件的费用可能与实际移动集装箱的费用相同。在全球供应链系统中，欺诈行为猖獗。例如，提单经常被篡改或复制。罪犯从集装箱里拿走货物。他们还传播假冒产品，这导致每年数十亿美元的海事欺诈。

该项目预计于2019年投产。

来源：基于Kshetri（2018）及其他公共来源。

在这种情况下，谎报产品的成本会变得很高，而据实报告产品的价值会变得更大。营销人员不仅是一个讲故事的人，而是以纪实者来讲述其产品的故事——你可以证明这一点。人们可能会因为这种文件记载而支付额外的费用。人们花钱是为了符合自己的价值观。超越产品的思考：通过区块链上的验证信息，公司可以使其价值观和商业实践完全透明。

此外，网络上的每台计算机都在不断验证存储在其上的信息，这一事实使区块链技术成为一种降低网络犯罪和黑客攻击风险的绝佳工具。区块链技术的安全特性使其在国际支付审计中特别有用，因为该技术可确保交易记录的完整性，一旦会计记录被锁定在区块链，则任何人（包括记录所有者）都不能更改这些记录（Min，2019）。

2. 区块链技术在供应链管理中的应用

区块链可以用于供应链，以了解谁在执行什么操作。此外，行动的时间和地点可以被确定。区块链促进了对关键供应链管理过程的结果和绩效的有效测量。一旦输入的跟踪数据在区块链分类账上，它们就不能被更改。供应链中的其他供应商也可以跟踪发货、交付和进度。为了在供应链管理中建立区块链的数据文档，可以使用物联网（IoT）。通过物联网、无线射频识别（RFID）标签、传感器、条形码、GPS 标签和芯片，可以跟踪产品、包裹和集装箱的位置。这使得从源头对商品进行增强的、实时的跟踪成为可能。

通过这种数据记录方式，区块链在供应商之间产生了信任。通过消除中间商和其他经纪人，可以提高效率，降低成本。越来越多的依赖于使用物联网（IoT）的应用是影响供应链管理的趋势之一。

个体供应商可以近乎实时地执行自己的检查和平衡。区块链还提供了一种在运输过程中测量产品质量的准确方法。例如，通过分析旅行路线和持续时间的数据，供应链中的利益相关者可以知道产品是否在错误的地方，或者它是否在一个位置停留了太长时间。这对于冷藏货物而言，尤其重要，因为冷藏货物不能放在温暖的环境中。这种价值主张更适合中国等国家，在这些国家，肉类走私已导致严重的健康风险和税收的重大损失。通过这种方式，基于区块链的解决方案可能会让消费者更加相信产品是正宗的和高质量的，并显著提高他们购买品牌的意愿（Berg，2018）。

16.7　互联网在分销决策中的应用

互联网有能力彻底改变消费者、零售商、分销商、制造商和服务提供商之间的权力平衡。分销链中的一些参与者可能已经体会到了其权利和盈利能力的提高，而另一些参与者则可能体验到相反的情况，有些参与者甚至可能发现它们已经被忽视，并且已经失去市场份额。

由于产品和服务的线下单和/或分销日趋简单，因此，实体分销商和经销商确实感受到了电子商务带来的日趋增加的压力。伴随着互联网上日趋增加的直销，这种去中间商（disintermediation）过程带来了制造商与中间商的竞争，这可能导致渠道冲突（channel conflict）。

现实情况是，互联网可能会消除传统的"实体"经销商，但在价值链的转换过程中，新型的中间商会出现。所以，去中间商的过程受到了新中间商力量的平衡（专门为互联网世界打造的新中间商革命）（图 16.10）。

许多学者相信，直接以互联网为基础的交换（直接从制造商到买家的分销，见图 16.10）更有可能降低交易成本。这些交易成本包含了所有与制造商和分销商签订合同的交易过程相关的支出：搜索成本、谈判成本和监督成本。如果这是真的，那么传统的市场分销就应该在电子商务出现后消失。但是，传统分销商仍在扮演着重要的角色（Cho and Tansuhaj，2013）。

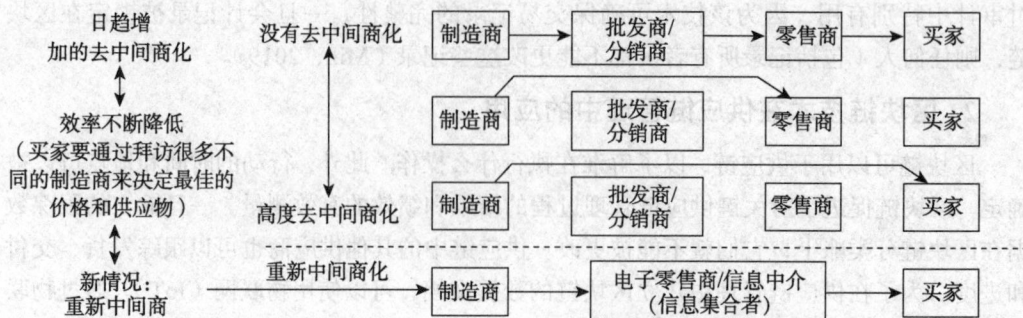

图 16.10　去中间商化和重新中间商化

典型的情况是：在互联网经济下，任何产业结构的转变都可能遵循"中间商化—去中间商化—重新中间商化"（IDR）的循环。IDR 循环之所以会发生，是因为新的技术促使买方、供应商和中间商之间的关系发生变化。当一家企业成为两个行业参与者的中间人时，中间商化就会发生（例如：买家—供应商，买家—已建立的中间商，或已建立的中间商—供应商）；当已经存在的中间人被驱离价值链时，去中间商化就会发生；当被驱离的中间商能够重新确立其中间商地位时，重新中间商化就会发生。

中间商（特别是批发商和分销商）为了限制去中间商化能做什么呢？答案就是反去中间商化。只有这样，才能通过商业激励（或惩罚）及法律行动等措施的实施来确保中间商的地位不被取代。由于产品或服务和消费者之间产生的大量利润是由作为中间商的个体或企业创造的，因此，中间商可以使用反去中间商化的措施来重建它们在不断变化的经济中的地位。在一个反去中间商化的例子中，家得宝给其 1 000 家供应商（包括百得和通用电气等）发了一封信，警告它们，公司不太可能和那些同时在线上销售其产品的企业继续合作。

通过高度个性化的服务来进行反去中间商化，也是一种应对去中间商化的重要方法。与其聚焦于那些容易被互联网技术轻易取代的低附加值的贸易，批发商和分销商还不如选择关注那些技术无法复制的个性化服务。

16.8　在线零售

在线零售在欧洲、美洲（美国）和亚洲（中国）仍是增长最快的市场业务之一。在世界范围内，在线零售的销量在未来五年会以每年 10%～15%的幅度增长，因为购物人群会持续将消费支出从实体商店（"砖块"）向在线商店（"点击"）转移。此种增长的核心驱动力包括智能手机和平板电脑使用的增加，更丰富的在线商品选择和新商业模式的出现。消费者对在线购买各种类别的产品更有信心，使用移动和平板设备进行网络购物的能力也在不断增强。看起来，消费者从来没有像现在一样更愿意考虑通过网络购买各种类别的产品。许多消费者从早期只购买特定类别的产品，如图书和 CD（这些产品可以在网上被准确地描述，如名称、产品数量和运输时间等），扩展到购买其他类型的商品，如时装和新鲜食品。这些产品也包含"非数字化"属性，如合身和感觉（Bell et al.，2012）。

过去，实体商店的独特性在于允许顾客触摸和感觉商品，提供了即时的满足感。但是，随着零售业向提供无缝的"全渠道零售"体验演变，实体和在线零售之间的区别在逐渐消失，整个世界变成了一个没有围墙的展览室（Brynjolfsson et al.，2013）。

我们从以下两个基本问题出发，构建一个双维度的框架（2×2 矩阵），如图 16.11 所示。

信息传递	线下	1. 传统零售（如宜家）	3. 只在店内展示（如Crate & Barrel）
	线上	2. 线上购实，店内提货（如玩具反斗城）	4. 纯电商（如亚马逊）
		提货	送货
		完成交易	

图 16.11　信息和完成矩阵

来源：基于 Bell 等. (2014), © 2014 from MIT Sloan Management Review/Massachusetts Institute of Technology

（1）信息传递。顾客如何收集需要的信息以做出购买决策？两种选择：他们会去商店获取信息（线下），或者通过网站或在线目录搜索信息。

（2）完成交易。交易如何完成？两种选择：当产品交付时，要么顾客去商店取货，要么商店送货，货到付款。

图 16.11 中所提及的大多数企业案例都是很知名的。当然，也有一些公司追求的零售策略包含了四个策略中的两种或多种。例如，Crate & Barrel 是一家美国的高档零售连锁店，它就像一个大的展厅，主要出售家具用品、家具和其他家用装饰品。顾客在展厅选好想要的家具后，这些家具会从中心仓库（选项 3 只在店内展示）送到顾客家里。

选项 4（"纯电商"）正在全球范围内快速增长。例如，亚马逊使用很多像 UPS、FedEx 或 DHL 的第三方物流来为顾客运送产品。亚马逊甚至开始测试使用无人机将产品直接运到顾客家中。

在线零售的销售额占总体零售销售额的比重（%）在欧洲、美国和中国大体上是相近的（见表 16.2），都是 10% 左右。但在北欧（超过 10%）、中欧和南欧（不到 10%）的差距却非常明显，例如，意大利在 2018 年只有 3%。

表 16.2　所有零售业的在线份额

	所有零售业的在线份额/%	
	2012	2018
英国	13	18
德国	10	16
瑞士	10	13
丹麦	9	13
挪威	9	11

续表

	所有零售业的在线份额/%	
法国	9	11
瑞典	8	10
比荷卢经济联盟（比利时、荷兰、卢森堡）	6	10
西班牙	4	5
波兰	3	4
意大利	2	3
欧洲平均水平	9	11
美国	9	14
中国	8	23
印度	1	4

来源：基于 Centre for Retail Research www.retailresearch.org, Statista 2018 (www.statista.com)。

在线零售额在中国增长最为强劲。中国在 2018 年成为世界上最大的在线零售市场(通过价值测量)，其在线零售额占据了总体零售额的 23%。2012 年，中国的购物者数量已经超过了其他所有国家，包括美国。在中国，在线零售业务在整个零售业务中所占的份额已从 8%增至 23%，预计到 2020 年将超过 30%。在美国，14%的零售总额发生在网上，亚马逊是最大的供应商，市场份额超过三分之一（Thomas，2018）。

16.9   智能手机营销

伴随着消费者广泛使用 4G 智能手机，移动营销已逐渐成为品牌的国际广告和促销活动中的重要工具（Rohm et al.，2012）。

消费者可以通过任何设备进入任何相同的程序或访问以云技术为基础的内容（个人电脑、笔记本、智能手机或平板电脑）为浏览器是通用的平台。这种在任何时间、任何地点及任何设备上无缝工作的能力，会改变消费者的行为，并将渠道系统的权力平衡转移到渠道系统的终端——那些可以越来越便宜地使用新的移动设备的终端购买者。营销人员可以因此获得更为直接的为终端购买者提供产品与服务的机会，而制造商和终端购买者之间的中间商会面临更大的挑战（Korkmaz et al. 2011；Key，2017）。

迅速涌现的创新也为智能手机的使用提供了新的可能：比如，通过产品条形码来获取产品相关信息；再如，将手机作为电子钱包，要么为小额购买提供预付功能，要么完全作为信用卡/借记卡使用。

然而，移动行业也同样面临着安全、隐私问题等诸多挑战。同时，许多关于移动支付、电子券，以及应用的其他相关问题也在逐渐凸显。移动商务正在崛起，这代表人们正在逐渐习惯使用手机进行支付。然而，这种支付系统的安全性问题在整个移动化世界受到了诸多质疑。

1. 移动营销的好处

移动营销的引入给消费者、商家和电信公司都带来了一系列好处。就像所有技术一样，未来还有很多目前无法想象的好处出现。但是，有一些好处是很明显的，如下所述。

（1）对于消费者而言

①货比三家。消费者可以根据需求，在购买点获取市场中最优的价格。这一点不用移动也能实现，例如，使用 pricescan.com 提供的服务。

②填补实体商店和在线商店的空缺。服务允许用户在实体商店中体验商品，然后以最好的价格在网上购物。

③选择性搜索。当顾客寻找的产品有货时，可以从商家获取提示。

④旅行。有能力在任何时间和任何地点改变和监控旅行计划。

（2）对于商家而言

①冲动性购买。消费者可能基于网页促销或移动提示来购买打折商品，以上提升了消费者在店内或附近购买的意愿，从而提升商家的销量。

②控制客流。不论是线上，还是线下商店，企业可以引导顾客到更容易开展交易的线上或线下商店，这主要是由于移动设备具有时间敏感、基于位置和个性化的特点。

③教育顾客。企业会给顾客发送关于产品利益或新产品的信息。

④易逝性产品。这对于那些未被使用就失去价值的产品而言，尤为重要。例如，以服务为基础的产品，如航空座位，如果起飞时未被使用，那么就会因不产生收入而失去价值。移动营销可以使公司更有效地管理库存。

⑤提升效率。企业可以为其客户节约时间。因为信息已经在移动设备上准备就绪，企业已经不用再谈论不同产品所带来的好处，也不用再谈论价格。

⑥目标市场。企业能够更好地确定自己产品的目标市场，可以在特定的时间和给定的区域有针对性地进行促销。

对于电信公司而言，好处主要是消费者在线的时间更长，可以从移动商务的内容提供商处收取更高的费用。移动营销让直销商重新思考它们的战略，以便更好地利用已经存在的社区：如运动"粉丝"社区、冲浪社区和音乐"粉丝"社区；特定时间情境下的社区，如体育赛事和节事的观众；位置敏感社区，如美术馆观众和小众顾客，并开发更多的方式融入移动营销。应用程序必须基于位置、顾客需要和设备功能。例如，时间和位置敏感的应用，如旅游预订、电影票和银行服务对年轻、工作繁忙的城市人群是非常有用的。

最后，就像之前强调过的，移动营销保证了在最有效的时间、地点和以正确的方式向消费者传递信息。这表明，通过移动设备的移动营销会不断加强与顾客的互动营销关系。更好地使用移动技术可以帮助营销人员在相关的环境中为顾客传递信息。智能手机是一项非常重要的技术，因为它们的主人可以把它们带到任何地方。商家可以使用此项技术，在消费者购买前，根据他们的偏好给他们发送信息，影响他们的决策。

16.10　国际零售中的渠道权力

在很长一段时间，制造商都将垂直营销渠道视为封闭的系统，作为独立的、静态的实体来运营，这使得创造长期、整合的战略计划，以及培育富有成效的渠道关系的重要因素被忽略。但幸运的是，一个新的关于渠道管理的哲学理念已经形成，但为了理解其潜力，我们必须首先理解零售商层面的权力是如何发展的。

渠道关系中的权利可以被定义为一个渠道成员在不同分销层面控制其他成员做出营销决策的能力。这种渠道权力（channel power）的一个典型例子是零售商面对食品和杂货制造商所行使的权利。这可以参看"示例 16.4"，"香蕉分割"的案例表明零售份额占香蕉业务中整个价值链的 40%，充分展现了持续增加的零售商权力。随着权力的平衡被打破，越来越多的商品被越来越少的零售商所控制。

示例 16.4

"香蕉分割"模型

在生产水平方面，香蕉既可以在非常小的土地上种植，也可以生产于非常大的种植园里。据统计，全球 80% 的出口来自大型种植园，其余来自较小的农场。香蕉生产系统在香蕉出口国内和各出口国之间相当多样化。而农场连锁店的多样性就要少得多。运输、催熟和分销香蕉的过程高度集中于四家非常巨大的公司，它们控制了高达 65% 的香蕉出口量。剩下的 35% 十分分散：有大量小公司进行香蕉采购与营销的业务。

四家大型跨国香蕉出口商 Dole、Del Monte、Chiquita（包括了 Fyffes）和 Noboa 在不同程度上实现了生产、运输、催熟和分销的垂直整合。它们在拉丁美洲、非洲和亚洲都有自己的种植园。大型香蕉出口商拥有部分航运和陆运的基础设施。

一旦香蕉在欧洲、美国和亚洲的港口卸货，它们就会被运送到催熟的设施上，以便这些水果为分销做好准备。所有跨国香蕉出口商在其供应的市场上均拥有自己的催熟和分销设施。

这四家跨国公司的情况如下。

Chiquita（美国）控制着全球 30% 的香蕉市场。香蕉占 Chiquita 收益的 60%，其他收益来自于新鲜水果、果汁和罐装蔬菜。Chiquita 在 2014 年收购了爱尔兰的 Fyffes。

Dole（美国）占全球香蕉市场的 15% 左右。自 2002 年年底以来，首席执行官戴维·默多克（David Murdock）及其家族拥有 Dole 百分之百的所有权。

Del Monte 新鲜农产品（美国）自从 1989 年与 RJR Nabisco 的关系结束后，便完全独立于 Del Monte 食品，其拥有 15% 左右的香蕉市场，并同时销售菠萝、甜瓜和其他热带水果，以及特色蔬菜。

Noboa（也称为 Exportadora Bananera Noboa, Equador）是厄瓜多尔首富与两次总统候选人 Alvaro Noboa 所拥有的 110 家公司（Grupo Noboa 集团）的一部分。它占据了全球香蕉市场的 5%。

其余的全球香蕉市场被世界不同的生产商所瓜分。

尽管农场或种植园以外的产品转换非常有限，但香蕉生产国只获得了香蕉零售收入的 12%（10%+2%）（见图 16.12）。超市虽然是整个供应链中要求最低的一环，但却获得了 40% 的零售价值。零售商的主导作用对香蕉价值链的结构和价值分配的影响日益增加。在过去 10 年间，利润向供应链下游急剧转移，跨国公司所获得的香蕉利润不断下降，而零售商在价值链中的份额不断增加。香蕉价值链已经从生产者驱动向购买者驱动转变。香蕉出现结构性过剩的现象导致了价格的下降和激烈的竞争。自 20 世纪 90 年代中期以来，连锁超市通过追求更高的产品质量和服务，并通过向价值链上传递价值功能来巩固和提高自身不断增长的对香蕉跨国交易的市场权力。作为应对：一方面，跨国公司在催熟、运输、包装和分销这四个方面不断进行垂直整合；另一方面，不断地削减自己对香蕉生产的直接所有权。与此同时，跨国公司也在努力使自己提供更广泛的水果与附加值更高的产品，从而在实现利润增长的同时，提高自己成为连锁超市首选供应商的机会。

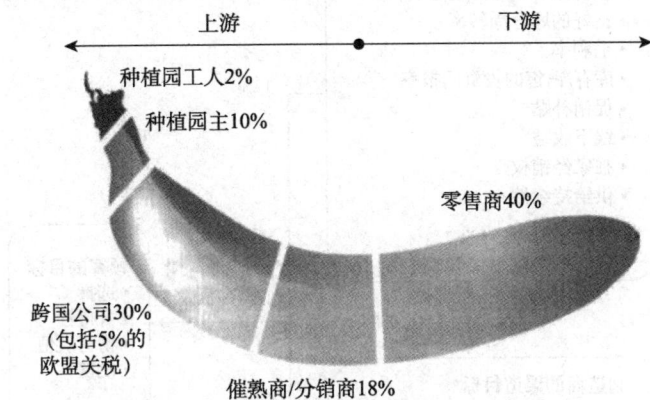

跨国公司与催熟商/分销商之间有很高的重叠度。
在四家跨国公司中，有三家公司同时参与了催熟：Chiquita、Dole和Del Monte。

图 16.12　"香蕉分割"模型

来源：改编自　Vorley, B. (2003) Food, Inc. –Corporate Concentration from Farm to Consumer. UK Food Group, London, Fig. 7.2, p. 52.

零售业集中化（concentration in retailing）（越来越少的零售连锁企业掌控越来越多的零售贸易）是一种全球趋势，其结果是出现了像沃尔玛这样的大型零售连锁企业拥有巨大的采购权力。欧洲北部食品行业的集中就是一个典型的例子。自 20 世纪 90 年代中期起，新的参与者进入了欧洲食品市场，例如，德国的折扣连锁企业里德（Lidl），目前是仅次于阿尔迪（Aldi）的排名第二的德国折扣连锁店。里德还扩展到了欧洲的其他区域（如斯堪的纳维亚、英国和法国）。

此种趋势的结果是在世界范围内从制造商主导向零售商主导转变。权力被集中在越来越少的零售商手中，制造商已经没有其他选择，只好满足零售商的要求。通常的结果是零售商自有品牌的制造。此种现象在 14.8 节中已介绍。

所以，我们发现，传统的渠道管理因其权力斗争、冲突和松散的关系等特征，已经不能带来利润。出现了新的创意来帮助渠道关系变得更为合作，这就是所说的"交易营销"。交易营销是制造商（供应商）直接针对贸易（零售商）进行营销，从而使产品和销路之间更为契合。其目标是为互利共赢制定联合营销和战略计划。

对于制造商（供应商）而言，这意味着要构建双营销战略：一个针对消费者；另一个针对贸易（零售商）。但是，如图 16.13 所示，潜在的渠道冲突会因渠道成员目标不同而存在。

尽管存在渠道冲突，所有成员共享但经常遗忘的一个共同目标是消费者满意度。如果期望的最终结果是创建联合营销计划，那么，前提必须更好地理解其他渠道成员的观点和目标。

零售商寻求潜在的销售额、利润，以及促销和成交上的独家性。现在，它们因可以自行选择品牌来实现上述目标而处于令人羡慕的地位。

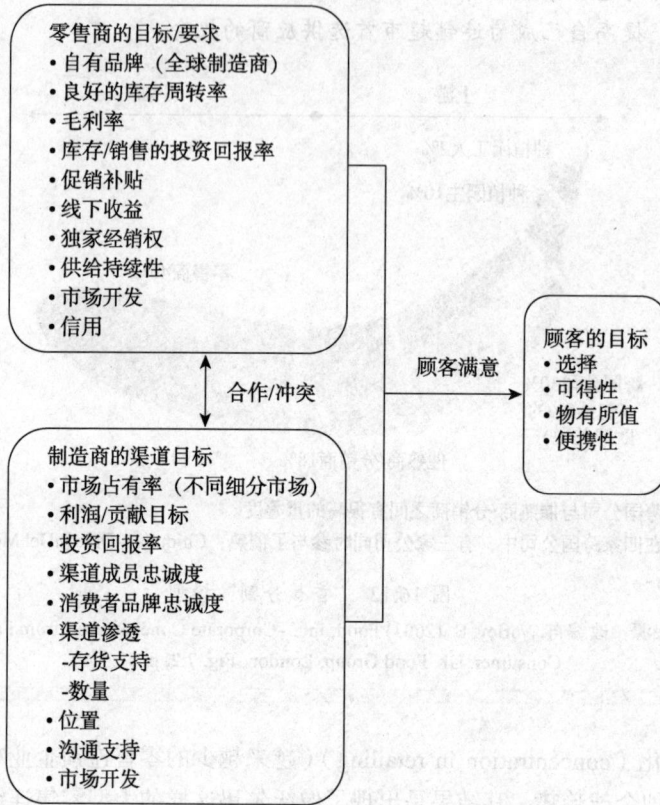

零售商的目标/要求
- 自有品牌（全球制造商）
- 良好的库存周转率
- 毛利率
- 库存/销售的投资回报率
- 促销补贴
- 线下收益
- 独家经销权
- 供给持续性
- 市场开发
- 信用

合作/冲突

顾客满意

顾客的目标
- 选择
- 可得性
- 物有所值
- 便携性

制造商的渠道目标
- 市场占有率（不同细分市场）
- 利润/贡献目标
- 投资回报率
- 渠道成员忠诚度
- 消费者品牌忠诚度
- 渠道渗透
  - 存货支持
  - 数量
- 位置
- 沟通支持
- 市场开发

图 16.13   渠道关系和交易营销的概念

自有品牌的制造商不得不为不同的零售商创造不同的包装。通过仔细地设计独立包装，制造商能够获得与最匹配的零售商建立关系的更好机会。

制造商可以通过强调自身优势给零售商提供整套的"一揽子支持"方案。这包括营销知识和经验、市场地位、新产品成功投放证明、媒体的支持和曝光，以及货架上较高的投资回报率（ROI）。

制造商要考虑与零售商合作，以制造自有品牌产品（private-label products）。生产自有品牌除了可以明显提升产能利用率外，制造商还可以获得其他好处，如更好地理解品类，以及获得对自有品牌的影响力。生产自有品牌的供应商可以鼓励零售商对自有品牌进行定位，以与其他全国品牌竞争，并通过独特的包装、产品规格和数量使其产品差异化。许多制造商担心，如果它们制造自有品牌产品，其品牌产品业务会被自有品牌所压到。但是保护核心品牌的战略已经进化。例如，除了番茄酱外，亨氏在很多品类下制造自有品牌产品，但它一样销售全国性品牌。不同的品牌在货架上扮演不同的独立角色，亨氏的产品和零售商的产品并不总是进行直接竞争。基于不同的环境，它们可以通过不同方式展示给消费者，并在不同的时间进行促销（Dawar and Stomelli，2013）。

如果类似的联合战略能够成功，那么，制造商和零售商应在各个层级进行合作，这或可通过匹配各自组织中的对应人员来实现。随着个体顾客（一个零售连锁作为一个采购单位）的重要性日渐增加，核心客户（核心顾客）的概念就产生了。核心客户（key accounts）经常是具有巨大营业额（总量以及对于供应商的产品而言）的大型零售连锁企业，它们能够基于不同的商店决定销售的数量和价格。

因此，顾客的细分也就不再单纯基于规模和地理位置，而是基于顾客（零售商）的决策制定结构。这导致销售结构从地理分布向顾客分布逐步调整，这种新结构使企业设立核心客户经理（为顾客负责的经理）这一岗位变得切实可行。

1. 跨国零售商联盟

此部分关注的是水平化的（即零售商到零售商），同时也是国际化的零售商联盟，此种联盟跨越了国界。跨国零售商联盟主要兴起于西欧零售商之间，大多数情况下可以理解为是为了应对欧盟内部市场的机遇和挑战。

在欧洲，没有一家跨国零售联盟可以被描述为"参股联盟"，即成员之间交叉持股。没有一家联盟涉及了股权的分享，但它们都有协调运营各种活动的职能的中央秘书处，这些活动包括采购、品牌化、专业知识交流和产品营销。

到目前为止，这种联盟秘书处所承担的职责范围已经被限制，并且不包含实际处置和集中支付职能。对于跨国联盟中的每个零售成员而言，联盟的优势主要来源于从供应商的集中采购，价格优势可以惠及每一个成员，这表明联盟试图对抗制造商（供应商）的权力。跨国集中采购可能是制造商和零售商尝试建立泛欧供应网络的一个实质性出发点。

16.11　灰色营销（平行进口）

灰色营销（grey marketing）或平行进口（parallel importing）可以被定义为通过未被制造商授权的分销渠道进口和销售产品。这种情况主要是当制造商对同一产品在不同国家使用显著差异化的市场价格时出现。这意味着未被授权的交易商（图 16.14 中的一家批发商）在一个价格较低的市场购买品牌产品，然后销往一个价格较高的市场，从而赚取较大的"利润"。灰色市场主要存在于价格昂贵的高端产品，如时装、奢侈时尚服装、手表和香水等。

由于不同国家间币值的波动，灰色营销经常发生。这对于"灰色"营销人员来说非常有吸引力，他们在货币疲软的国家购买产品，而后在货币坚挺的国家卖出。

灰色市场的出现也可能是因为一个国家的分销商遇到了无法预见的供过于求的情况，该分销商可能会愿意将过量的产品以比正常较低的利润出售来收回投资。在一些国家价格较低的原因（可能引起灰色营销）可能是较低的物流成本、激烈的竞争和较高的产品税（高税率会给出厂价造成压力，因为厂商很难保证终端消费者价格在一个可以被接受的水平）。

灰色营销给制造商带来的特殊问题是它会使授权中间商失去动力。灰色营销人员通常只在价格上竞争，几乎不关心营销支持和售后服务。

电子商务为灰色市场提供了很多资源。最常见的可能是授权经销商通过把产品卖给非授权经销商来赚取利润，或最起码能减少损失。互联网让在灰色地带运营的企业有机会接触更广泛的顾客。企业可以大批量采购，然后再销售给非授权经销商，这种情况在一段时间内成为计算机零配件市场的特点。有时候，当销售人员为了完成销售指标，或管理者尝试收回成本，或想要完成年度销售目标时，制造商本身也会将产品销往灰色市场（Antia et al., 2004）。

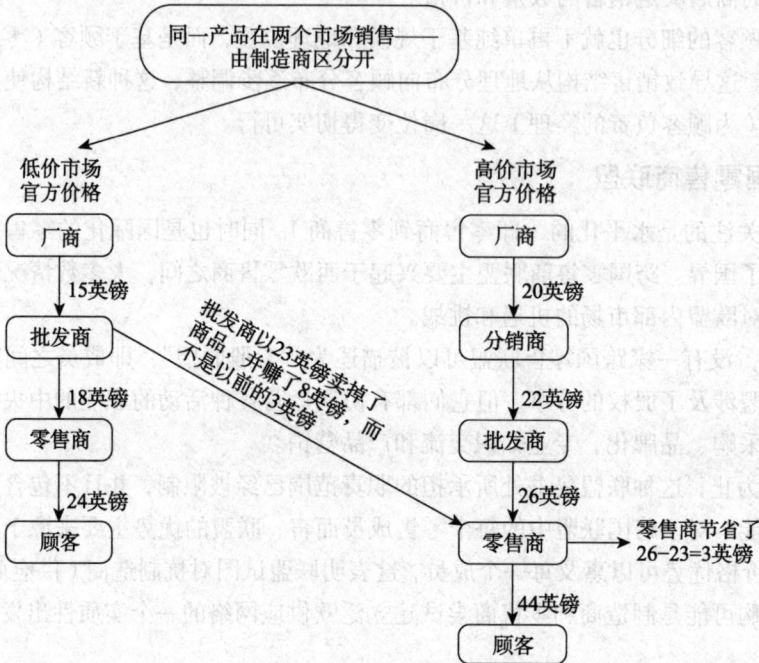

图 16.14　灰色营销（平行进口）

来源：基于 Paliwoda (1993). International Marketing. 经 Butterworth-Heinemann Publishers,
a division of Reed Educational & Professional Publishing Ltd. 许可重印。

1. 减少灰色营销的可行策略

有时候，企业希望灰色营销只是一个短期问题，并会渐渐消失（如果造成价格差异的原因只是由于币值波动的话，灰色营销确实可能自行消失）。但在其他时候，积极解决问题的方案可能更重要。

（1）寻求法律援助。虽然法律选项可能不仅耗时，而且费钱，但有些企业（如精工手表）还是选择这个方法来应对灰色市场。

（2）改变营销组合。这包括三个方面。

①产品策略。该策略就是选择规避标准化概念（所有市场同一产品），对每个主要市场都推出不同概念的差异化产品。

②价格策略。制造商可以针对不同渠道成员改变出厂价格，以消除不同市场间的价格差异。制造商也可以缩小大批订货的折扣方案。这会降低中间商通过大量采购来获取更低价格的动力，从而避免它们将未销售的产品销往灰色市场，赚取利润。

③质保策略。制造商可以减少或取消对灰色市场产品的质保期限。这要求产品在整个渠道系统中都能被识别。

16.12 总 结

在本章，我们讨论了国际分销渠道和物流管理。本章的主要结构可以参看图16.1。从讨论中我们可以非常清晰地发现，国际营销者有广泛的备选方案来选择和开发一个经济、高效且高销量的国际分销渠道。

在许多例子中，渠道结构都受外部因素的影响，且在每个国家不尽相同。实体分销（外部物流）关注商品从制造商到顾客的流动。如果决策是由系统做出，那么，这是一个通过效率可以实现成本节约的领域。国际零售不断变化的特性影响着分销方案。在过去10年中，权力的平衡（制造商和零售商之间）已经倾斜到对零售商有利。制造商经常不得不通过与大型且日趋集中的零售商合作来实现"交易营销"的理念。

在线分销已经显著改变了分销链中各个成员之间的权力平衡。现实是，在线分销可能会通过去中间商的过程来消除传统的"实体"经销商。

一个越来越流行的分销策略是多渠道策略，即一家企业通过两个或多个分销渠道来销售同一种产品。多渠道包括互联网、人员销售、呼叫中心、零售商店和直接邮寄。多渠道策略的进一步扩展是全渠道策略，其中，所有渠道都是整合和连接的。该策略的目的是在整个顾客旅程中增加顾客价值。

区块链技术在未来的分销中将明显发挥越来越大的作用，因为所谓的分类账在区块链中是不能改变的。

在国际市场中，一种现象的重要性正在逐渐增加，这就是灰色市场。灰色市场是由未被授权的贸易商组成的，它们在不同国家购买同一家企业的产品。企业在面对灰色市场环境时，可以通过很多方式来应对。例如，它们可以选择忽略该问题，采取法律手段，或调整其营销组合的要素。被选择的方案受所面临情况的特性和预期持续时间的显著影响。

案例研究 16.1　　　案例研究 16.2　　　案例研究 16.3

问题讨论

1. 讨论当今世界市场的分销趋势。

2. 影响营销渠道的长度、宽度和数量的因素有哪些？

3. 为了优化国际营销渠道绩效，国际市场营销人员应重视培训、激励或报酬中的哪一项？为什么？

4. 一家全球化公司应在什么时候有效且明智地运用集中化管理，以协调国外市场的分销系统？什么时候运用分权更合适？

5. 灰色营销能否为消费者和制造商提供有用的营销职能？

6. 为什么实体分销对国际营销的成功至关重要？

7. 遵循多渠道策略的主要优点和缺点分别是什么？

8. 讨论跨国零售商联盟趋势对国际市场的影响。

9. 许多市场上有数量较多的小零售商，这对国际营销者有哪些限制？

10. 如何实现零售知识国际化转让？

11. 制造商希望从零售商那里得到什么服务？

12. 与实体分销相比，全球在线分销的优缺点分别是什么？

参考文献

第 **17** 章

传 播 决 策

学习目标

通过学习本章，学生应该能够做到以下几个方面。

- 定义和区分不同类型的传播工具；
- 描述和解释广告决策中的主要步骤；
- 描述可用于确定国外市场广告预算的适当方法；
- 讨论通过互联网进行营销的可行性；
- 解释人员销售和销售人员管理在国际市场上的重要性；
- 定义并解释病毒式营销和社交媒体营销的概念；
- 讨论标准化国际广告的优点和缺点。

17.1 导　论

　　传播是国际营销方案的第四个，也是最后一个决策。传播在国际市场营销中的作用与国内业务类似：与顾客沟通，以便提供买家在制定购买决策时所需的信息。传播组合中虽然有顾客感兴趣的信息，但它的最终目的是说服顾客在现在或将来购买产品。

　　我们可以运用多个工具与顾客沟通并影响顾客。广告通常是促销组合中最常见的组成部分，但人员销售、展览、销售促进、宣传（公共关系）和直复营销（包括互联网）也是国际促销组合的常见一部分。

　　一个重要的战略考虑是，是选用全球标准化，还是根据每个国家的环境采取相应的促销组合。另一个需要考虑的因素是，在世界各地，各不相同的媒体的适用性。

17.2 传播过程

　　在探讨传播过程时，我们通常想到的是一个制造商（发送者）通过任何形式的媒介向一个可识别的目标细分受众发送消息。在这里，卖方是传播过程的发起者。但是，如果买卖双方已经建立了关系，那么，传播过程中的主动权很可能来自买方。如果在某一场合，买方对给定供应物有积极的购后体验，则可能会使买方在将来的某一场合再次购买，即主动咨询或下订单（所谓的反向营销）。

图 17.1 显示了由买方主动和卖方主动所引起的产品销量之间的不同。买方主动产生的销售额所占的市场份额会随着时间的推移而增加。现在和将来的买方主动是公司过去市场绩效的各个方面共同作用的结果，即卖方主动的程度、性质和时机、供应物的竞争力、购后体验、与买方的关系，以及处理买方主动行为的方式（Ottesen，1995）。

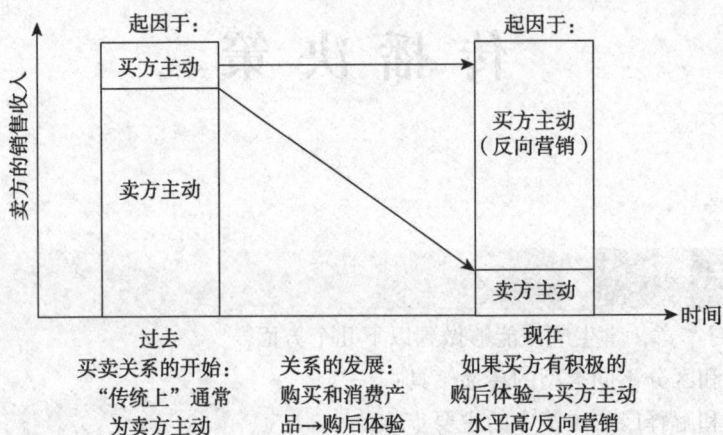

图 17.1　在买卖双方关系中，从卖方主动到买方主动的转变

1. 有效传播的关键特征

本章接下来的部分主要讲述基于卖方主动的传播过程和传播工具。所有的有效营销传播都有四个要素：发送者、信息、传播渠道和接收者（受众）。图 17.2 所示的传播过程突出了有效传播的关键特征。

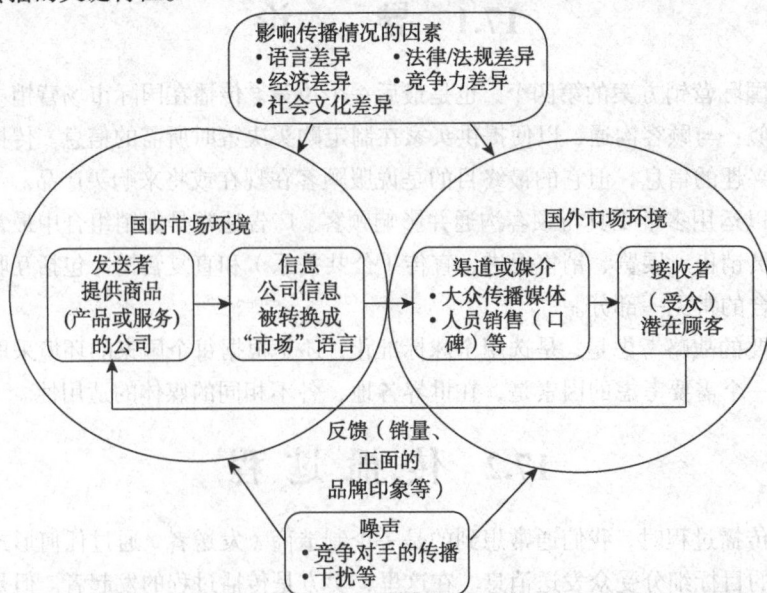

图 17.2　国际传播过程中的要素

为了有效传播，发送者需要清楚地了解信息的目的、传达的受众，以及受众将如何解读和回应所收到的信息。然而，有时候，竞争制造商通过对其产品做出类似的，甚至是相反的宣传来制造噪声，这使得受众有时候不能清晰地听到发送者对其产品究竟想说什么。

在图 17.2 所描述的模型中，需要考虑的另一个重要问题是媒体和消息之间的"适配度"。例如，与视觉媒体（如电视、电影）相比，一个复杂而冗长的信息更适于使用平面媒体。

2. 影响传播情况的其他因素

（1）语言差异。在某一语言环境中具有良好宣传效果的口号或广告文案在另一种语言中的意味可能不同。因此，公司在国内市场上使用的商标名称、销售展示材料和广告在其他市场使用时，可能不得不加以修改和翻译。

因品牌名称和口号翻译得不成功而带来惨痛失败的例子有很多。通用汽车公司的一款型号名为"Vauxhall Nova"的汽车，它在西班牙语市场中的表现很差，因为这个词在西班牙语里的意思是"寸步难行"。在拉丁美洲地区，"Avoid embarrassment — Use Parker Pens"（想避免尴尬，就用派克钢笔）被翻译成了"想避免怀孕，就用派克钢笔"。斯堪的纳维亚吸尘器制造商伊莱克斯在美国的广告中使用了"Nothing sucks like an Electrolux"（没有什么东西像伊莱克斯一样能吸）广告语，但"sucks"一词在美国更常用的意思是"糟糕"。

一家丹麦公司在英国市场上使用了以下口号作为其猫砂的广告语："猫尿用砂"（Sand for Cat Piss）。不出所料，该公司的猫砂销量根本没有增加！另一家丹麦公司将"婴儿奶瓶专用奶嘴"（Teats for baby's bottles）翻译成了"松弛的奶头"（Loose tits）。在哥本哈根机场，现在仍然可以看到这样的海报："We take your baggage and send it in all directions"（我们负责把您的行李送到四面八方）。使用这样一条口号来表达为旅客提供优质服务的愿望，最后的结果却可能会引起人们对行李最终到达何处的担忧（Joensen，1997）。

（2）经济差异。与工业化国家相比，发展中国家的人更可能拥有收音机，而不是电视机。在文化水平低的国家，文字传播可能不如视觉或口头传播那么有效。

（3）社会文化差异。文化的各个维度（宗教、态度、社会地位和教育）直接影响个人如何感知周围的环境，以及如何诠释所看到的符号和标志。例如，广告中使用的颜色必须考虑其文化规范。在许多亚洲国家，白色往往和悲伤联系在一起，因此，强调白度的洗涤剂促销活动中就不能使用白色，如在印度。

（4）法律和法规条件。当地的广告法规和行业规范直接影响媒体的选择和促销宣传材料的内容。许多政府对广告的内容、语言和性别歧视保持严格的规定。可以宣传的产品类型也是受管制的。在促销方面，烟草制品和酒精饮料是最受监管的。然而，这些产品的制造商并没有放弃其在促销宣传方面的努力。骆驼（Camel）就以"骆驼老乔"（Joe Camel）的形式出现在公司形象广告中。发达国家中的广告限制比发展中国家更为常见，因为后者的广告业尚不够发达。

（5）竞争差异。由于不同国家的竞争者在数量、规模、类型和促销策略方面各不相同。因此，公司不得不调整其促销策略和时机，并努力使其与当地环境相适应。

示例 17.1

富世华的消费者轮盘

富世华公司（Husqvarna）是世界上最大的户外动力产品生产商，其产品包括电锯、修剪机、割草机和园艺拖拉机。产品范围涵盖了普通消费者和专业用户。富世华的产品已经销往 100 多个国家。2018 年的销售额达到了 39 亿欧元，营业收入为 2 亿欧元。2018 年年底，公司有 13200 名员工。

富世华产品每年的全球市场约为 170 亿欧元。北美洲约占 60% 的市场，欧洲超过 30%，其他国家不到 10%。

（1）富世华的全球园艺产品（GGP）

在园艺产品细分市场，富世华（作为一个集团）将其产品销售给专业经销商和大型零售商，然后再销售给最终用户。

户外动力设备的专业经销商将其产品销售给专业用户和那些要求高水准性能和服务的私人消费者。这个渠道通常提供高价位的产品。这是富世华品牌销售的唯一渠道。

在智能割草细分市场上，"富世华的消费者轮盘"显示了公司如何与潜在的终端顾客建立联系（在这个案例中，富世华的品牌被称为"Automower"）。

正如消费者轮盘所示，大多数时间，潜在顾客并不处于购买剪草机的实际过程中（私人业主只需每 5 年或 10 年购买一次这样的产品）。因此，在顾客进行实际购买之前，公司与顾客的关系主要建立在市场传播活动的基础上，只有这样，才能保持品牌在竞争中的"最高认知度"。这些市场传播活动包括报纸广告、广告牌、电视广告和公共关系。当潜在顾客达到"感兴趣"阶段（在实际购买之前）时，富世华更多地使用网页广告、公司主页和小册子进行传播。在实际购买产品的过程中，富世华利用直邮、公司特约经销商的广告和销售材料来说服顾客购买"Automower"的机器人割草机。在产品销售后，顾客可能仍处于"感兴趣"阶段，作为经销商可能参与一些与售后服务相关的活动。

来源：基于 Husqvarna 的公共材料，www.husqvarna.com 及其他公共来源。

17.3　传　播　工　具

前面，我们提到了主要的促销形式。如表 17.1 所示，传播工具可以分为事务性营销方法的大众传播工具（单向）和极具个性化和亲密的（双向）传播工具（Centeno and Hart, 2012）。在本节中，将进一步研究表 17.1 所列的不同传播工具。

表 17.1　典型的传播工具（媒体）

单 向 传 播			双 向 传 播	
广告	公关关系	销售促进	直复营销	人员销售
报纸、杂志、期刊、名录、广播、电视、电影、户外	年报、公司形象、内部刊物、媒体关系、公共关系、事件、游说、赞助、名人代言、植入式广告、埋伏营销	返点和价格折扣、商品目录和宣传手册、样品、赠券和赠品、竞赛	社交媒体（Facebook、Twitter、LinkedIn 等）、直邮/数据库营销、网络营销/在线广告、电话营销、移动营销、短信、病毒式营销	销售演示、销售人员管理、交易会与展览

1. 广告

广告是最显而易见的传播形式之一。广告使用的广泛性和单向传播方式的局限性导致在国际市场上打广告有许多困难。广告通常是消费品传播组合中最重要的部分，可以通过大众媒体触达大量的小顾客。而对于大多数企业对企业市场（B2B）来说，广告的重要性要低于人员销售。广告的主要决策如图17.3所示。我们现在来讨论这些不同的阶段。

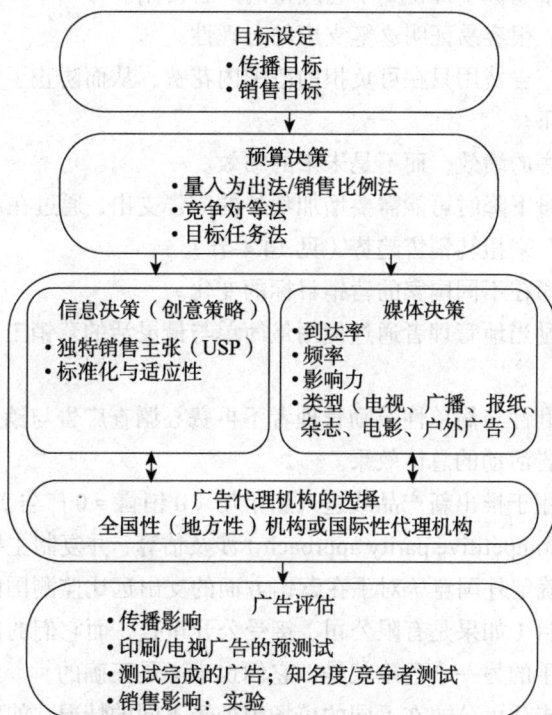

图 17.3 主要的国际广告决策

（1）目标设定。虽然各个国家的广告方法可能存在差异，但核心的广告目标（advertising objectives）仍然相同。主要的广告目标（和手段）可能包括下列内容。

- 通过鼓励现有顾客增加购买频率来增加销售额；通过提醒顾客产品的关键优势来维护品牌忠诚度；刺激冲动性购买。
- 通过提高消费者对公司产品的认知度，以及在新的目标顾客群体中提升公司形象来获得新顾客。

（2）预算决策。广告引起争议的方面包括通过确定适当的方法来决定促销预算的规模，及其随后在市场上的分配。

从理论上讲，公司（在各个市场）应继续投入更多的资金用于广告，因为广告上的花费所带来的回报要超过其他方面的花费所带来的回报。在实践中，不可能制定出最佳的广告预算。因此，公司制定了更为实际的指导方针。管理者还必须记住，广告预算不能被孤立地看待，而必须被视为整个营销组合的一个要素。

①量入为出法/销售比例法（affordable approach/percentage of sales）。量入为出法预算

技术直接将广告支出与某些利润测量方法联系起来，或更普遍的是将其与销售额联系在一起。在这些方法中，最流行的是销售比例法，即公司自动拨付一定比例的销售额到广告预算中。

该方法的优势如下。

- 对于在许多国家都销售产品的公司来说，这种简单的方法似乎保证了各个市场之间的平等。每个市场似乎都得到了它应得的广告费用。
- 在预算会议上，很容易证明这笔支出的合理性。
- 它保证公司的广告费用只在可负担的范围内花费，从而防止了资金浪费。

该方法的劣势如下：

- 它参考的是过去的绩效，而不是未来的绩效。
- 它忽略了在销量下降时可能需要增加额外的广告支出，通过在产品生命周期曲线上建立"再循环"来扭转销售趋势（见 14.4 节）。
- 它没有考虑公司在不同国家的营销目标的变化。
- 销售比例法鼓励当地管理者通过使用最简单与最灵活的营销工具（即降价）来使销量最大化。
- 这种方法的便利性与简单性鼓励管理者不再费心调查广告与销量之间的关系，或不再精密分析广告活动的总体效果。
- 这种方法不能用于推出新产品或进入新市场（0 销售＝0 广告）。

②竞争对等法（competitive parity approach）涉及估算，并复制主要竞争对手在广告上的投入。遗憾的是，确定外国竞争对手在营销方面的支出远比监测国内业务困难得多，因为国内企业的财务账目（如果是有限公司）接受公开审查，而它们的促销活动一经开始就很明显。追随竞争对手的另一个危险就是，它们也未必是正确的。

此外，该方法并未认可公司在不同的市场中处于不同的情况。如果公司对于一个市场来说是新的进入者，那么它与客户的关系就不同于市场中现有的公司。这一点也应在其促销预算中加以体现。

③目标任务法（objective and task approach）。上述方法的缺点使得一些公司尝试目标任务法，这一方法首先确定广告目标，然后明确实现这些目标所需要完成的任务。这种方法还包括成本-收益分析，将目标与实现这些目标所耗费的成本联系起来。要想使用这种方法，公司必须对当地市场有很好的了解。

洪和韦斯特（Hung and West, 1991）的研究显示，在美国、加拿大和英国，只有 20% 的公司采用了目标任务法。虽然从理论上讲这是确定促销预算的正确方法，但有时候，可操作性更为重要，因此使用销售比例法。如果公司的经验表明它是相当成功的，那么，这未必是一个坏方法。如果该比例具有弹性，那么，就要允许在不同的市场中使用不同的百分比。

（3）信息决策（创意策略）。这一决策所关注的是独特销售主张（unique selling proposition, USP）需要传播的内容是什么，以及对于所关注国家的消费行为而言，传播要达到的目的是什么。这些决策对广告媒介的选择具有重要意义，因为特定的媒体比其他媒体能够更好地适应具体的创意要求（颜色使用、文字描述、高清晰度、产品说明等）。

国际营销人员的一个重要决策是，在国内市场开发的广告活动是否只需稍加修改就可以移植到国外市场，例如，只需翻译成适当的语言。将某个广告活动的各个方面完全标准化后再应用到几个国外市场几乎是不可能实现的。标准化意味着共同的信息、创意理念、媒体和策略，但公司还是需要有能让跨文化环境中的顾客清晰理解的独特销售主张。

将国际广告标准化可以为公司带来许多好处。例如，将广告活动集中在公司总部，将相同的活动方案转移到各个市场，这相对于由不同的地方办事处开展传播活动来说，无疑减少了广告成本。

然而，在多个市场中开展广告活动需要在传达信息和允许当地细微差别之间取得平衡。全球思想的适应性可以通过各种策略来实现，如采用模块化方法，国际化符号，以及使用国际广告代理公司。

（4）媒体决策。选择所使用的广告活动的媒体需要与开发广告信息同时进行。媒体选择中的一个关键问题是选用大众媒体，还是使用有针对性的方法。当显著比例的普罗大众都是潜在顾客时，大众传媒（电视、广播和报纸）具有很好的传播效果。但对于大多数产品来说，这一比例在不同国家相差较大，它取决于很多因素，如不同国家的收入分配。

在为某一特殊活动选择媒体时，通常是从目标市场的人口统计学和心理特征、产品的区域优势、销售的季节性等方面开始。最终选择的媒体应符合当地的广告目标、媒体属性和目标市场的特征。

此外，媒体选择可以基于以下标准。

到达率（reach）指在一个给定的时间段内，至少看到一则广告的目标市场中的人总数（"曝光率"或OTS）。

频率（frequency）指在一个给定的时间段内，每个潜在顾客接触同一则广告的平均次数。

影响力（impact）取决于所使用的媒介和信息之间的兼容性。例如，美国的《阁楼》（*Penthouse*）杂志持续吸引高附加值的耐用消费品的广告客户，如汽车、高保真音响设备和服装，这些产品主要针对高收入的男性细分市场。

当公司进入新的市场或引进新产品时，相关信息的到达率一定要高。只有这样，新产品的有效性才会被传播到最广泛的受众群中。当已经具有品牌知名度时，并且信息是告诉消费者正在进行一场促销活动时，高频率是合适的。有时候，传播活动既要有高频率,又要有广泛的到达率，但广告预算的限制往往需要在广告的频率与达到率之间进行权衡。

媒体的毛评点（gross rating points, GRPs）指广告到达率乘以一定时间内该广告在媒体中出现的频率。

它包含了重复曝光，能表明某个目标市场上一定的媒体工作所产生的总影响力。GRPs可以用来评估个人载体，各个种类的媒体或者整个传播活动。

同时，运营媒体活动的成本也必须考虑在内。传统上，媒体计划是基于一个单一的指标，如"千人成本"（cost per thousand，CPM）。在处理两个或多个国家市场时，媒体的选择还必须考虑以下两个不同之处。

- 公司在不同国家的市场目标不同。
- 不同国家的媒体效果不同。

由于媒体的可用性和相对重要性在各个国家都不一样，所以，在进行跨国促销活动时，要调整计划。现在作为一种通过新的传播渠道散布广告信息的方式，合作推广有坚实的立足点。

现在，让我们仔细分析以下主要的媒体类型。

①电视。电视是一种昂贵但常用的媒介，它可以将广告信息传播到广阔的全国市场。在大多数发达国家里，电视覆盖率是没有问题的。然而，电视是最受管制的传播媒体之一。许多国家禁止播放香烟和酒类（啤酒除外）广告。其他国家（如斯堪的纳维亚、英国）则限制电视广告的时间。一些国家还禁止在电视节目播出期间插播商业广告。

②广播。广播的广告成本要比电视低。在许多国家，商业广播比商业电视要早几十年。广播通常只在当地传播，因此，通过广播进行的全国性传播活动不得不按地区推行。

③报纸。在世界上，几乎所有的城市地区，人们每天都能接触到报纸。事实上，广告商面临的问题不是报纸太少，而是报纸太多。大多数国家有一家或多家报纸，可以说是真正的全国流通。然而，在许多国家，报纸往往是地方性的或区域性的，因此，这些报纸成为当地广告商发布广告的主要媒体。由此可见，试图使用一系列的当地报纸来达到覆盖全国市场的目的非常复杂，且成本相当高。

许多国家除了当地语言报纸外，还发行英文报纸。例如，《华尔街日报》（亚洲版）的宗旨在于向有影响力的亚洲商人、政客、高级政府官员和知识分子用英语提供经济方面的信息。

④杂志。一般而言，杂志的读者范围要比报纸小。在大多数国家，杂志服务于特定细分市场的人群。对于技术和工业产品而言，杂志上的广告是非常有效的。技术性的商业出版物的发行范围往往是国际性的。这些出版物是从个体行业（如饮料、建筑、纺织品）到许多行业的全球性工业杂志。

国际化产品的营销人员可以选择使用具有区域版的国际杂志（如《新闻周刊》《时代周刊》《商业周刊》）。至于《读者文摘》，则有当地语言版的杂志在发行销售。

⑤电影。在有些国家，电影放映前通常播放一些商业广告来降低放映电影的成本。在这种情况下，电影就成为一种重要的媒介。例如，印度的人均电影上座率相对较高（拥有电视的家庭很少）。因此，印度的电影广告比其他国家（如美国）发挥着更大的传播作用。

电影广告还有许多其他优势，其中最重要的一个是它有实实在在的受众（没有更换频道的顾虑）。

⑥户外广告。户外广告包括海报/广告牌、商店招牌和交通工具广告。这种媒介的创新方式是将空间出售给顾客。例如，就交通工具广告而言，公共汽车可以作为广告媒介出售。例如，在中国，交通工具媒体的应用正在迅速扩张。户外海报/广告牌可以用于发展广告的视觉冲击。法国是一个有效利用海报和广告牌进行广告传播的典范。在一些国家，法律规定限制了可以利用的海报空间的数量。

示例 17.2

乐高幻影忍者（Ninjago）的 360 度营销传播

乐高（LEGO）的主要业务是开发、生产、营销和销售游戏材料。近年来，乐高所经营的传统玩具市场份额轻微下降。但到目前为止，疲软的玩具市场并没有影响到乐高，几乎所有的乐高市场销售额都有两位数的增长率。乐高从竞争对手那里获得了可观的市场份额，是当今世界建筑玩具的领导品牌。

除了它的经典产品线，如城市系列，以及特许经营产品系列，如星球大战系列外，乐高自 2009 以来，每年都推出"大爆炸"产品。大爆炸是一个预计生命周期很短（两年或三年）的产品系列，需要大量的线上营销费用。

忍者概念的出现源于乐高的设计师团队在日本的灵感之旅，以及为下一个重要产品的推出寻找想法。设计师的灵感来自整个忍者神话中的不同元素，如火、土、冰和闪电，他们已经开发出了一条介于传统与创新之间的产品线。

忍者系列于 2011 年 1 月推出之后，成为乐高史上最"畅销"的新系列之一。2012 年，忍者系列是继星球大战系列和城市系列之后，消费者购买最多的第三大系列。

忍者系列在 2014 年继续增长，尽管最初的预测是它会在 2013 年被乐高神兽传奇系列所代替。然而，实际情况是这两个主题一直并行存在，直到 2015 年，乐高决定停售神兽传奇系列。

2017 年 9 月 22 日，《乐高忍者电影》由华纳兄弟在美国上映，该片幽默风趣，获得了 1.231 亿美元的票房收入（美国和加拿大为 5930 万美元，其他地区为 6380 万美元），而其预计票房只有 7000 万美元。

（1）360 度营销传播

现在，孩子们在网上玩的时间越来越多。他们认为，这是实体世界的自然延伸，两者之间的界限是模糊的。乐高不仅需要使其产品出现在孩子的数字化空间，还需使其出现在社交媒体中。社交游戏是忍者系列的一个重要方面。

乐高选择了一个 360 度的策略方案来宣传忍者系列。360 度的整合营销传播就是将传播组合的不同要素混合在一起，以相互加强的方式提醒、说服和诱导消费者行动（见图 17.4）。对于乐高来说，传播的目的不只是为了促成最初的购买，还为了达到售后满意，从而增加重复购买的可能性。在忍者系列的案例中，所有消费者能够接触到的渠道（如电视连续剧、视频游戏、乐高官网、广告）都被利用了起来。

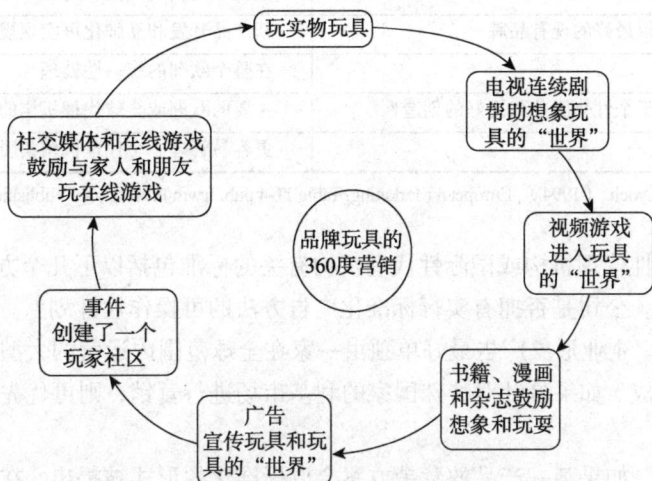

图 17.4　乐高的 360 度营销

乐高加强了它构建场景的核心业务，并通过扩展产品来补充场景，以接触到更多的孩子。360 度的品牌体验架起了实体世界和虚拟游戏世界的桥梁，激发了孩子们的想象力，从而使他们愿意继续创建。

忍者的故事为儿童游戏提供了背景。因此，尽管投资很高，但电视连续剧在传播忍者故事的角色和任务时发挥了重要作用。

传统的营销方式将继续对儿童发挥至关重要的作用，但乐高越来越多地把社交媒体、病毒式营销和网络整合成传播组合的一部分，以增强实际的游戏体验，从而建立品牌忠诚度。

营销方法和策略必须包含以接触到新消费者为目标的要素（通过电视节目、店内），同时还要包含刺激合作和参与的要素。年龄在 6～11 岁的乐高用户对乐高忍者的在线内容的浏览量因此增加了。

来源：基于公开的乐高忍者资料及其他公共可用来源。

（5）广告代理机构的选择。面对国际性广告所涉及的许多复杂问题，许多企业本能地求助于广告代理，以寻求建议和帮助。广告代理机构会聘请或立即联系在国际广告领域具有娴熟技能和丰富经验的专业撰稿人、翻译、摄影师、电影制作人、包装设计师和媒体策划。只有超大型企业才有能力在公司内部负担这些人员的费用。

如果国际营销人员决定外包国际广告职能，那么，他们有以下几种选择。

- 使用公司所在国际市场中的不同全国性（地方性）代理机构。
- 使用大型的国际广告代理公司在当地的海外办事处的服务。

表 17.2 列举了有利于选择全国性代理机构或国际性代理机构的不同因素。单一的欧洲（泛欧）市场被用作一个国际性代理机构的例子。

表 17.2　欧洲广告代理机构的选择：全国性（地方性）或泛欧（国际性）

全国性（地方性）	泛欧（国际性）
支持国内的子公司	反映欧洲新的现实和趋势
投资在国内经营得最好的现有品牌	新产品开发和品牌化可实现规模经济
更贴近市场	在整个欧洲的统一性处理
规模小、更有利于个性化服务和更好的创造性	主要的欧洲或全球代理机构的资源和技能
思想多样性	更容易管理一个代理机构集团

来源：改编自 Lynch（1994），European Marketing, Table 11-4 pub. Irwin Professional Publishing, Homewood, IL.

与选择全国性代理机构或国际性代理机构有关的标准包括以下几个方面。

- 公司政策。公司是否拥有实行标准化广告方法的可操作性计划？
- 广告性质。企业形象广告最好单独由一家在全球范围内运营的大型跨国代理机构的子公司完成。如果是针对特殊国家的利基市场进行营销，则可优先考虑当地的代理机构。
- 产品类型。如果某一产品的营销方案会以标准化的形式被提出，在所有的国家使用相同的广告设计和内容，那么，使用单一的跨国代理机构进行操作可能会更加便捷。

（6）广告评估。广告评估和测试是广告决策过程中的最后一个阶段，如图 17.3 所示。通常情况下，在国际市场测试广告效果要比在国内市场难。其中一个重要的原因就是国内和国外市场的距离差距和传播障碍。因此，将国内市场使用的测试方法应用到国外是非常困难的。例如，访谈的条件因国家而异。所以，许多公司试图将销售业绩作为衡量广告效果的标准，但在很多情况下，知名度测试也是相关的。例如，品牌知名度在新产品推出的早期阶段是十分重要的。

测试广告对销售的影响是非常困难的，因为很难孤立地看待广告效果。解决这个问题的一种方法是使用一种实验，即根据相似的特征对公司的市场进行分组。在每一组的国家中，选取一两个用作测试市场。对销售（因变量）进行测试的自变量可能包括广告数量、媒体组合、独特销售主张和广告投放的频率。

2. 公共关系

口碑广告不仅价格低廉，而且非常有效。公共关系（PR）的目的是加强公司形象建设，并且有助于良好的媒体关系。公关（或宣传）是营销传播功能，通过执行方案赢得公众的理解和接受。它应该被视为国际营销工作中不可或缺的一部分。

公关活动同时包括内部传播和外部传播。内部传播对于创建恰当的公司文化而言，非常重要。公关的目标群体包括如下内容。

（1）与组织的直接联系：员工、股东。

（2）供应商：原材料和零部件供应商、服务提供商（如金融服务、信息技术/数字服务）。

（3）顾客：现有顾客、新顾客。

（4）环境：一般是普罗大众、政府（地方、区域、国家）、金融市场。

公共关系的目标群体的范围要远远大于其他传播工具的范围。目标群体很可能包括主要利益相关者，如员工、顾客、分销渠道成员和股东。对于在国际市场经营的公司来说，其传播任务的范围更加广泛。不同国家的子公司雇用来自不同国家的具有不同文化价值观的员工进行内部沟通，将特别具有挑战性。

从更具市场导向的意义来看，公关活动针对的是规模相对较小，但却具有影响力的受众目标——报纸和杂志工作的编辑和记者，或针对公司的顾客和股东进行的宣传。

因为受众目标数量少，所以触达的费用相对较低。一些方法能够被用于获得公共关系。这些方法包括在各种事件中提供奖品，发布关于公司产品、工厂和人员的新闻稿，宣布公司促销活动的通告，以及游说政府。其他值得一试的策略有：

- 赞助；
- 名人代言；
- 植入式广告。

（1）赞助。根据米纳汗（Meenaghan，1996）的研究，市场营销和营销传播中增长最快的一个方面就是企业的赞助。赞助（sponsorship）有两种形式：事件赞助（如体育活动和娱乐事件）和事业关联赞助。事件营销正在迅速发展，因为它为公司提供了替代喧嚣的大众媒体的其他选择，使公司有能力在地方或区域的基础上进行细分，并有机会接触那些消费行为与当地事件联系起来的生活方式较狭窄的消费群体（Milliman et al.，2007）。事业关联营销（cause-related marketing）是一种给赞助企业带来利益的企业慈善捐赠形式。它基于的理念是，每次顾客要举办活动时，公司就会为这个事业提供支持。除了帮助有价值的事业外，公司在进行事业关联努力的同时，还满足了自己在战术和战略上的目标。通过支持有价值的事业，公司可以提高公司或品牌的形象，增加销量，提高品牌知名度，扩大顾客基础，并触达新的细分市场。

（2）名人代言。研究表明，名人代言（celebrity endorsement）可以为公司带来更有利的广告评级和产品评估，也会为财务报告带来实质性的积极影响（Silvera and Austad，2004）。对于名人代言的广告效果的一种解释是，消费者往往认为，大明星是出于对产品的真正喜爱，而不是为了代言费。明星是特别有效的代言人，因为他们被认为是值得信赖的、可信的、有说服力的和令人喜爱的。虽然这些研究结果清楚明确地支持了名人代言的使用，但也有其他研究表明，其他因素（如名人与广告产品之间的"契合度"）会使名人代言产生不同的效果（Hosea，2007；Seno and Lukas，2007）。为公司的产品或服务寻找合适代言人的选拔过程可能会很复杂（可能涉及许多候选的明星代言人），也可能会很简单（一开始就只涉及一个名人代言）。在这两种选择过程中，名人的经纪公司（代表名人）往往在与产品公司或广告创意公司的谈判过程中发挥着重要作用（Hollensen and Schimmelpfennig，2013）。参见示例 17.3 关于利口乐的名人代言。

示例 17.3

利口乐的香草润喉糖在国际营销中使用名人代言

利口乐（Ricola）股份有限公司（www.ricola.com）是一个现代的、创新的香草润喉糖生产商。利口乐的香草系列出口到全球 50 多个国家，以其优良的瑞士品质而闻名。

公司成立于 1930，目前，利口乐的产品大约有 30 种不同的香草系列风味。利口乐产品所使用的香草均在瑞士山脉进行有机种植，所有的香草润喉糖都在瑞士生产。为了给香草润喉糖产品收集足够的香草，利口乐与工厂周围 100 多家自营农场签订了合同。利口乐通过其子公司和经销商，将产品出口至亚洲、北美洲和欧洲的 50 多个国家。2006 年，利口乐通过中国香港的代表处进入亚洲市场，并在 2007 年进入澳大利亚市场，均得到了普遍的认可。

1967 年，创始人里希特（Richterich）家族将公司重新命名为利口乐，是原名劳芬里希特公司（Richterich & Compagnie Laufen）的缩写。20 世纪 70 年代，利口乐开始出口，将产品引入国外市场。在这个 10 年结束的时候，利口乐搬到了位于劳芬的新工厂，其总部仍然在那里。从那以后，利口乐扩张到亚洲的几个地区。

现在，公司由菲利克斯·里希特（Felix Richterich）管理，他是汉斯·彼得（Hans Peter）的儿子，也是创始人的孙子。利口乐在 2018 年创造了约 3.5 亿瑞士法郎的销售额，雇用员工达 400 人。

（1）由明星歌手代言

利口乐是一个国际品牌，公司很谨慎地扩张其国际品牌形象。例如，目前公司在其网站上已经有一页专用于其产品的名人代言。

很多知名歌手总是在手里拿着一袋利口乐香草润喉糖。为什么？因为含着利口乐香草润喉糖就像是在为声带"上油"。这对于那些在音乐会、歌剧和戏剧演出中，声音必须达到顶峰的音乐家和演员来说是很重要的。在瑞士和美国，利口乐通过提供专业的瑞士香草系列来支持那些参与音乐和古典音乐会的人们。这些明星都很欣赏利口乐产品。代言利口乐香草润喉糖的明星有罗比·威廉姆斯、玛利亚·凯莉、贾斯汀·汀布莱克、麦当娜和普拉西多·多明戈。

来源：基于 www.ricola.com 的相关信息及其他公共可用来源。

（3）植入式广告（product placement）。植入式广告是一种广告形式，将品牌产品或服务放置在通常没有广告的环境中，如电影、电视节目的故事情节或新闻节目。植入式广告常常出现在电视真人秀节目中，如美国偶像。由于制作此类节目的成本不断增加，因此，电视网络正在寻找合作伙伴，为节目提供资金，以换取其产品的上镜时间。

对于品牌制造商来说，这种做法被认为是一种拉动式营销，旨在提高消费者对品牌和产品的认知，并加强需求。植入式广告比其他类型的营销更具成本效益。例如，苹果公司声称，它们从来不会付款使用植入式广告——它们只是提供设备。

另一个例子是哈雷-戴维森，该公司已经决定将更多的精力放在植入式广告上。只有3%的美国消费者拥有摩托车（主要是 35 岁以上的男性），但美国还有另外 1 500 万～2 000 万人（核心目标群之外）有购买的欲望。该摩托车品牌在 2009 年 11 月宣布，它已经与一个娱乐咨询机构联手，将在电影、电视、音乐录影带和视频游戏中投放大量植入式广告。

调查表明，电影中的植入式广告是在全球范围内以标准化策略营销品牌的有效工具。电影中的植入式广告已经被证明会推动购买意向（Srivastava，2015）。尼尔森媒体研究发现，电视节目中的植入式广告可以将品牌知名度提高 20%（Cebrzynski，2006）。

有时，一个本应提高公司形象的新闻发布会可能会带来一个完全负面的报道。

因此，公关活动还应包括预测批判性言论。批判性言论可能从对所有跨国公司的一般性批评到更具体的批判，它们也可能是基于某个市场，比如，和某国的监狱工厂做生意。

示例 17.4

埋伏营销战略：荷兰宝华利啤酒与安海斯-布希公司的百威啤酒在 2010 年世界杯上的竞争

当一个品牌为成为一个事件的官方赞助商而付费，另一个竞争品牌在不支付赞助费且不违反任何法律的情况下与该赛事建立联系时，就会出现埋伏营销。

2010 年 6 月，在南非举行国际足联足球世界杯期间，有一个很好的埋伏营销的例子。在荷兰与丹麦比赛期间，荷兰啤酒品牌宝华利（Bavaria）将一些橙色迷你裙作为礼包赠送给在场的女性观众（橙色是荷兰历史悠久的民族色彩，来自荷兰的开国元勋奥兰治的威廉王子的盾徽，他领导了 1568 年反抗西班牙统治的独立战争）。

迷你裙只有微小的外标签显示了品牌的名称，但在效果呈现之前，公司为了确保品牌在荷兰能够立即被认出，安排了荷兰最热门的话题女王，皇家马德里队拉斐尔·范德法特的妻子赛尔维·范德法特穿着这件裙子。

当 36 名年轻女子身穿荷兰啤酒宝华利赞助的橙色迷你裙，进入南非足球城体育场看台观看荷兰对丹麦的比赛时，毫无意外，所有的摄像机都转向了她们，捕捉那些能吸引全球图片编辑的镜头。

随后，这些女子因违反商标法被逐出了体育场，这是为了防止不付广告费的公司从该事件中受益。这 36 名女子被指控参与了荷兰啤酒的促销活动。警察在鲁德普特的约翰内斯堡区的酒店内，逮捕了其中两名女子。两天之后，她们接受了关于这次活动的盘问。她们出现在约翰内斯堡地方法院，每人缴了 1 万兰特（900 英镑）保释金后被释放。

安海斯—布希的百威啤酒是这场联赛的官方指定啤酒，世界足球的管理机构全力保护其赞助免受非国际足联合作伙伴的品牌的伤害。

《电信报》引用荷兰外交部部长马克西姆·费尔哈亨（Maxime Verhagen）的话说，逮捕是不合适的、毫无意义的。

宝华利啤酒从这次事件中得到了什么？

由此产生的宣传效果提高了品牌的人气和认知度。当时，一条关于宝华利啤酒的谷歌快讯引起很多网页的文章来报道这次事件。此外，几家电视台也报道了这个营销事件。大部分的电视频道没有提到"宝华利"这个品牌，但这反而进一步激发了人们对这是哪一家啤酒的更大好奇心。

来源：基于 Laing, A.（2010）'World Cup 2010: Police arrest women in Dutch orange dresses', The Telegraph, 16 June, www.telegraph. co.uk，其他公共可用来源。

3. 销售促进

销售促进指那些不直接归属于广告和人员销售类的销售活动。销售促进还涉及"线下活动"，如销售点展示和演示、宣传页、免费试用、竞赛和赠品（如"买一赠一"）。媒体广告属于线上活动并赚取佣金，而线下的销售促进则不同。对于一家广告代理机构（advertising agency）而言，线上活动意味着它们通过传统媒体被媒体业主所认知，使它们有权收取佣金。

销售促进是一项主要针对消费者和/或零售商，以实现具体目标的短期行为，例如：

（1）消费者试用产品和/或直接购买；

（2）将店铺介绍给消费者；

（3）鼓励零售商使用销售点陈列（point-of-sale displays）来展示产品；

（4）鼓励商铺存货。

当一家制造商拥有两个或两个以上的品牌时，目前的忠诚顾客是交叉销售（cross-selling）的优秀候选人，可以对另一个品牌进行促销或使用一个产品来促进另一个产品的销售，产品之间往往是不相关的。不同的公司也可以一起进行交叉销售。

在美国，快速消费品（FMCG）生产商的促销预算要大于广告预算。在欧洲，欧盟委员会估计，促销的支出增长率同样很高。有助于促销活动扩张的因素包括如下内容。

（1）零售商之间激烈的竞争，加上日益精妙的零售方法。

（2）消费者的品牌意识水平更高导致生产商需要捍卫品牌的市场份额。

（3）零售技术的提高（例如，电子扫描设备可以即时监控优惠券的兑换事宜等）。

（4）促进、公共关系和常规媒体活动得到更大程度的整合。

在那些因为媒体限制而难以触达消费者的市场，分配给促销活动的总传播预算的百分比也相对较高。下列是几种不同类型的促销。

（1）价格折扣。这种方法使用非常广泛，而且有各种不同的减价技术，如返现优惠。

（2）商品目录/宣传手册。国外市场的买方可能离最近的销售办事处也有很远的距离。在这种情况下，一份外国的商品目录会有很好的效果。它能够拉近买方和卖方之间的距离，向潜在的买方提供所有的必需信息，从价格、尺寸、颜色和数量到包装、装运时间和可接受的付款方式。除了商品目录外，各种类型的宣传手册对销售人员、分销商和代理商也非常有用。翻译工作应与国外代理或分销商合作完成。

（3）优惠券。优惠券是针对快速消费品品牌的经典工具，在美国尤为如此。各种优惠券的发送方式也各不相同，如上门派送、包装里赠送、随报纸赠送。一些欧洲国家不允许使用优惠券。

（4）样品。样品可以让潜在外国买方对公司和产品的质量有一个整体的了解，这是再好的图片也无法达到的效果。样品可以使买方不会在风格、规格、型号等方面产生误解。

（5）赠品。大多数欧洲国家对所赠奖品或礼品的价值都有限制。此外，在一些国家，如果赠送奖品的附加条件是购买另一产品，那么这是违法的。美国不允许将啤酒作为免费样品。

（6）竞赛。这种类型的促销需要传播给潜在顾客。这种宣传可以做在产品包装上，也可以通过店内的传单或媒体广告（Friel，2008）。

促销活动的成功与否取决于地方适应性。其主要限制来自当地法律，如不允许赠送奖品或免费礼品。有些国家的法律控制零售商的折扣额度，还有一些国家要求所有的促销活动都要获得许可。由于不可能了解每个国家的具体法律，因此，国际营销人员在发起促销活动之前应咨询当地的律师和权威部门。

4. 直复营销

根据翁克维斯特和肖（Onkvisit and Shaw，1993）的定义，直复营销就是以下各项活动的总和：通过一种或多种以传播信息为目的的媒体向细分市场提供产品和服务，或直接征求现有顾客和潜在顾客的回应，或通过邮寄、电话、私人拜访获得顾客。

直复营销包括直邮（数据库营销）、电话销售和互联网营销。鉴于互联网技术的发展，完全可以将网络看作一种直复营销工具。

5. 人员销售

广告和人员销售的区别如表 17.1 所示。广告是一个单向传播的过程，有相对较多的"噪声"，而人员销售则是一种可以即时反馈的双向传播过程，"噪声"也相对较少。人员销售是销售产品的一种有效方法，但它的费用较高。它主要用来卖给分销渠道成员和企业对企业（B2B）市场。然而，人员销售也被用在一些消费者市场，如汽车和耐用消费品。在一些劳动力成本很低的国家，其人员销售的适用范围要大于劳动力成本高的国家。

如果人员销售在 B2B 市场的成本相对较高，那么，就需要节约人员销售资源，只在潜在顾客购买过程的最后阶段使用人员销售的方法（见图 17.5）。计算机化的数据库营销（如直邮）用于顾客的筛选过程，以确定可能的顾客，然后这些顾客就会被销售人员"接管"。他们的工作就是把这些"热切"和"非常热切"的意向顾客变成实际顾客。

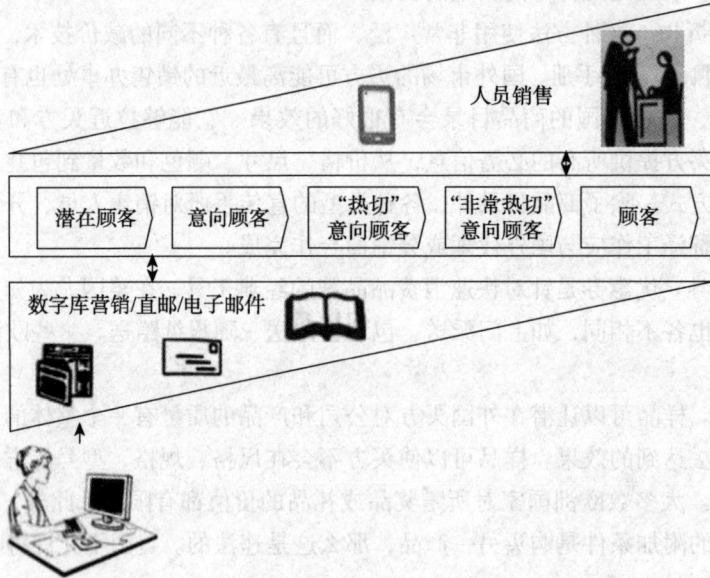

图 17.5　直邮（数据库营销）和人员销售的结合

6. 国际销售人员组织

在国际市场上，企业通常按照与其国内相似的结构来组织销售人员，而不考虑一国与另一国之间的差异。这就意味着销售人员是按照区域、产品、顾客，或以上这些因素的组合来组织的（见表 17.3）。

表 17.3　销售人员的组织结构

结　　构	有利于组织结构选择的因素	优　　势	劣　　势
区域	• 不同的语言/文化 • 单一产品线 • 市场不发达	• 清晰、简单 • 激励培养当地业务及人际关系 • 差旅费	• 顾客分散 • 产品分散
产品	• 成熟的市场 • 广泛的产品线	• 产品知识	• 差旅费 • 区域/顾客重叠 • 当地业务及人际关系
顾客[1]	• 广泛的产品线	• 市场/顾客知识	• 区域/产品重叠 • 当地业务及人际关系
几个因素的组合	• 销量大 • 规模大/发达的市场 • 不同的语言/文化	• 灵活性最大化 • 差旅费	• 差旅费 • 复杂性 • 销售管理

[1]根据产业类型、资产规模、分销渠道、个体企业划分。

不少公司在组织其国际销售人员时，只是简单地按照某一给定国家或地区的地理区域来进行。那些拥有广泛产品线和销量巨大的公司，和/或在大型、发达市场经营的公司可能更青睐于更加专业化的组织，如从事产品或顾客分配等专业化工作。公司还可以根据其他因素来组织其销售人员，如文化或外国目标市场所使用的语言。如公司经常将瑞士划分为与法语、意大利语和德语等不同的区域。

7. 国际销售人员的类型

在确定最合适的国际销售人员时，管理层应考虑三种选择。受聘于销售职位的销售人员可以是外派人员、东道国公民或第三国国民。例如，在美国为一家德国公司工作的德国人就属于外派人员。同一个德国人，如果在德国为一家美国公司工作，则被视为东道国国民。如果他/她被派往法国工作，则是第三国国民。

（1）外派销售人员。这些人员对公司发展很有利，因为他们已经熟悉该公司的产品、技术、历史和政策。因此，他们所需要的"唯一"准备就是了解国外市场。不过，这对于外派销售人员来说，是个很大的问题。尽管有些人员可能喜欢挑战和调整，而其他外派人员则很难适应新的、陌生的商业环境。对外国文化及其顾客缺乏了解，可能使外派销售人员难以取得成绩。外派人员的家人也同样面临适应性问题。然而，非常昂贵的项目往往需要从公司总部直接销售，这常常涉及外派人员。

（2）东道国国民。这指在其母国工作的人员。作为当地人员，他们有广泛的市场和文化知识、语言技能，并熟悉当地的商业传统。由于政府和当地社区更喜欢自己的国民，而不是外来者，所以，公司既能避免剥削别人的指控，又能获得好的声誉。雇佣当地的销售代表还能使公司在新的市场上更快活跃起来，因为调整周期被减至最短。

（3）第三国国民。这指从一个国家调往另一个国家的员工。他们往往出生在一个国家，受雇于另一个国家的公司，工作地点却在第三个国家。

这三种国际销售人员的优势和劣势如表 17.4 所示。

表 17.4　各类销售人员的优势和劣势

类　型	优　势	劣　势
外派销售人员	• 产品知识 • 服务水平高 • 受过促销培训 • 总部控制力更强	• 成本最高 • 流动率高 • 培训成本高
东道国国民	• 经济性 • 丰富的市场知识 • 语言技能 • 最丰富的文化知识 • 执行行动更迅速	• 需要进行产品培训 • 可能被人瞧不起 • 语言技能的重要性降低 • 难以保证忠诚度
第三国国民	• 文化敏感性 • 语言技能 • 经济性 • 增加销售地区覆盖率 • 可以派往与母国有冲突的国家进行销售	• 面临身份认同问题 • 升职难 • 收入差距 • 需要进行产品/企业培训 • 忠诚度难以保证

来源：重印自 Industrial Marketing Management, Vol. 24, Honeycutt, E.D. and Ford, J.B. (1995) 'Guidelines for managing an international sales force', p. 138, Copyright ©1995，经 Elsevier 许可。

外派销售人员和第三国国民很少在销售活动中长期使用。他们的使用主要有三个原因：提升子公司的销售业绩；填补管理职位空缺；传授销售政策、程序和技巧。然而，大部分子公司聘请当地公民作为它们的销售人员，因为当地人更熟悉当地商业惯例，并能因地制宜地进行管理。

8. 交易会和展览

交易会（TF）和展览是制造商、分销商和其他卖方向现有的和潜在的顾客、供应商、其他商业伙伴和新闻界展示它们的产品和/或描述它们服务的一种集中事件。

交易会能够使公司在几天的时间内集中接触那些原本需要花费几个月时间进行联系的对公司感兴趣的潜在群体。潜在买家也可以在同一地点的很短时间内对竞争公司的产品进行考察和比较。他们可以看到最新的发展成果，并与潜在的供应商直接建立联系。交易会还为跨国公司提供了快速、简易、廉价收集重要信息的机会。例如，公司可以在很短的时间内了解大量关于竞争环境的信息，这些信息如果通过其他来源（如二手信息），将会花费长得多的时间和高得多的成本。

营销人员是否应该参加交易会主要取决于它希望与特定国家发展的业务关系类型。一家只寻找一次性或短期销售的公司可能会发现，参加交易会的费用很高，但寻求长期合作的公司可能认为，这项投资物有所值。

17.4 实践中的国际广告策略

在第Ⅳ部分的引言中，讨论了整个营销组合的标准化或适应性问题。标准化使得广告材料的生产实现规模经济，从而降低广告成本和增加盈利能力。另外，广告在很大程度上是基于语言和图像，并在很大程度上受到不同国家的消费者的社会文化行为的影响。

事实上，这不是一个非此即彼的问题。对于国际化导向的公司来说，更是一个标准化/当地化的程度问题。许多使用标准广告的全球公司都是著名公司（如可口可乐、英特尔、万宝路香烟）。

将全球/当地市场营销的挑战分为两部分是很重要的——创新性挑战与实施性挑战。创新性可以说是任何一个活动中最关键和最强大的力量。然而，实施常常没有得到它应有的地位。成功的传播活动都意识到，发挥优秀创意的功效（实施）与创意本身同等重要（Freedman，2015）。

（1）创新性挑战。它指创造一个符合全球品牌目标的，且适合当地市场需要的全球活动。如果品牌主管未能充分考虑当地市场需求，那么，将面临很多障碍，具体如下。

①图像。景观、典型的背景，当然还有人们的形象，都会因市场的不同而发生变化。

②幽默。这是非常容易出错的。在欧洲非常滑稽的事情在亚洲可能根本不好笑，更糟糕的是，这可能变成冒犯性的。

③动物。意识到动物在不同文化中所隐含的意义是不同的。在欧洲和美洲，孩子们在后院和狗一起玩耍的照片是家庭幸福的象征，但这在中东会引发冒犯。

④隐喻。与当地迷信（宗教）或谚语有关的隐喻可能不适用于其他市场，至少不会那么强烈地引发共鸣，因而会削弱宣传效果。

⑤颜色。在某些市场中，颜色是非常重要的，它们可能带来正面或负面的联想和标准，从而对传播活动的价值产生积极或消极的影响。

⑥传统。当地的传统可以进行很好的运作，但在对所有市场使用"国际"传统（如情人节）时，仍需谨慎行事，因为各个国家确实有所不同。

这个清单还可以继续列下去，任何一个全球性的创新项目都应意识到这是一个很有用的底线。

如果使用幽默、隐喻或庆典，则要确保它们可以被普遍接受。否则，我们将会在当地市场花费大量的时间来进行适应。我们应尽量使传播活动的关键因素能适应多个市场。

（2）实施性挑战。它指从最初的计划和管理项目，经过关键的当地化阶段，一直到项目着手实施。从一开始就注重实施的正确性是国际营销成功的关键。这需要专业的技能、智能的技术，以及系统的规划。它还需要一定的专注、决心和态度，以及具有前瞻性思维的、机敏的项目经理来监督和推动项目的成功。在实施全球传播活动时，有四个主要因素需要考虑。

（1）角色和职责。确保团队中都是适合的人选，每个人都知道自己在做什么。

（2）明确预算。国际营销管理者应确保营销团队明确知道预算。

（3）全球创意简报。良好的简报将确保公司能够根据自己的愿景和使命，合理设置全球和当地的营销资产。例如，国际营销管理者有责任为当地市场创造一套资产工具包，以适应当地市场。

（4）清晰的项目管理和传播。为了改进整个传播活动的管理和传播，要选派具体的实施负责人。实施负责人的职责是管理整个实施计划。作为联络中心，还需要指派了解整体状况的、有经验的当地项目经理。

1. 解决全球/当地的创造性挑战

那些在某一个市场会引发强烈共鸣的事物，到了其他市场可能会收效甚微。大品牌都希望将单一信息全球化，然后用一个影响力高的、有创意的概念使其本土化。这样做的好处是显而易见的：尽管信息传播速度比以往任何时候都快，但当地的文化、语言、历史、价值观、气候等仍然将一个市场与另一个市场区分开来，从而影响信息的有效性。在这方面，依靠总部中心的设想可能只会带来灾难，而与当地市场及当地组织（子公司或当地代理商）密切合作是最大限度地利用全球宣传资源的唯一途径。

品牌总监可能会认为，只要他们将全球的团队纳入考虑，他们就已经开发出最好的创意，但其实只有将这个创意真正应用到当地市场，才能检测出这个创意是否成功。许多全球品牌的拥有者都把了解所有市场的情况描绘成一场噩梦。然而，邀请当地的品牌经理围绕创造性概念进行沟通交流，对全球传播活动的成功至关重要。归根结底，当涉及当地市场时，合作是这场游戏的核心。

2. 乐高自由拼：欧洲与远东地区的对比

乐高图片显示的是欧洲和远东地区两个不同版本的乐高自由拼（LEGO Freestyle）的宣传广告。亚洲版本的广告词是"开发孩子的智力"（build your child's mind），这样的广告词对那些渴望子女在学校有好的表现的亚洲父母极具吸引力。

亚洲的教育体系竞争性很强，只有那些成绩非常优异的学生才能进入大学。在亚洲的许多地方，如果他们的孩子在学校的成绩不好，那对父母来说是一种失败。亚洲版的广告已经登陆了中国香港和台湾地区，以及韩国（广告最好使用当地的语言，因为大多数消费者并不懂英语）。在中国香港地区，广告使用的可能是英语，也可能是中文（取决于杂志所使用的语言）。

欧洲版的广告则暗示了玩乐高自由拼积木可以开发儿童的创造力："孩子要用它来造什么？"

示例 17.5

亚尔斯堡奶酪——跨国传播

挪威奶酪品牌亚尔斯堡（Jarlsberg）是一种清淡的瑞士艾蒙塔尔奶酪，上面有不规则的大洞。这款奶酪的历史可以追溯到 19 世纪 50 年代中期。

这款奶酪的历史悠久，它始于一个名为 Ås 的挪威小村庄。挪威农业大学（Agricultural University of Norway）乳制品研究所（Dairy Institute）的教授奥勒·马丁·伊斯特加德（Ole Martin Ystgaard）开创了这一品牌，他当时领导着一个长期研究项目。亚尔斯堡奶酪的完善过程始于 1956 年，持续了大约 10 年。该项目始于埃芒塔尔奶酪的制作技术，但没有成功。后来，通过在豪达奶酪中添加一种特殊的细菌进行培养，产生了大洞，著名的亚尔斯堡奶酪诞生了。

今天，亚尔斯堡奶酪的生产商 TINE SA 已成为挪威最大的乳制品生产商、分销商和出口商。自 1961 年年初，亚尔斯堡奶酪的出口大幅增长。每年，全世界要消费 26000 多吨亚尔斯堡奶酪。亚尔斯堡奶酪已成为当前美国和澳大利亚市场销售最多的外国奶酪。仅仅在美国就有 3 万家超市出售亚尔斯堡奶酪。

直到目前，亚尔斯堡奶酪还是由各个出口国的代理商和合作伙伴负责当地的广告事宜。

来源：基于 www.tine.no 及其他公共来源。

问题

1. 解释不同广告背后蕴含的不同文化特点。
2. 将亚尔斯堡奶酪的国际广告标准化是否是个好主意？

17.5 互联网对传播决策的影响

顾客在实体市场的购买过程中会使用各种不同的传播工具（见图 17.6）。传统的大众传播工具（平面广告、电视和广播）可以创造意识，从而产生消费者对新需求的识别。从此，传播组合中的其他要素开始占据主导地位，如直复营销（直邮、人员销售）和店内促销。与实体市场的营销不同，互联网/电子商务包含了整个"购买"过程。当然，在线市场也利用传统的大众广告吸引潜在的顾客到网上购物（从图 17.6 左边开始）。

认知 → 需要识别 → 信息评估 → 选择 → 交易

传统传播工具　　大众传媒：印刷媒体、电视、广播　　直复营销：直邮、人员销售　　销售点：店内促销

网络传播工具　　在线营销/社交媒体营销

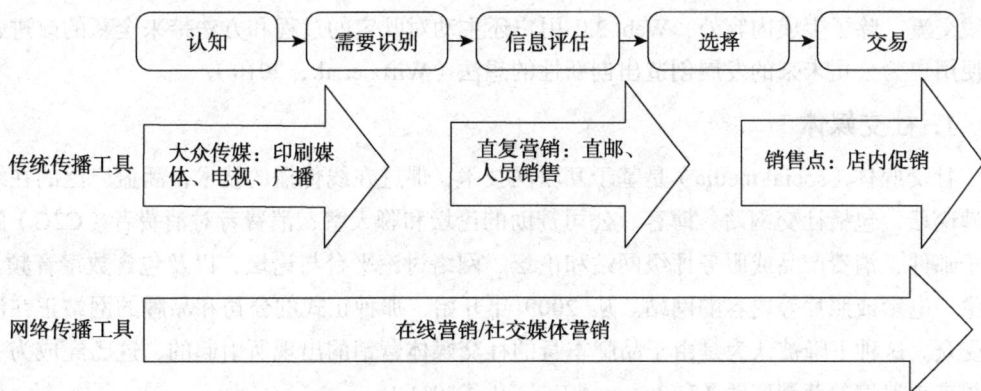

图 17.6　互联网传播在顾客的购买过程中所起的作用

市场传播策略在网络世界发生了巨变。在互联网上，可以很容易地将信息传播给大量人群。然而，在许多情况下，将你的信息透过层层干扰传播给目标受众会变得很难。在过去几年中，已经开发出各种各样的网络营销策略——从最常见的（网址链接）到最昂贵的（横幅广告），再到最令人讨厌的（垃圾邮件），以及之间的一切。几乎可以肯定的是，随着互联网媒介的发展，新的市场传播策略将源源不断地涌现出来。

那么，如何才能创建一个网络受众呢？社交媒体营销是该领域一个新的可能。

17.6　社交媒体营销

当你购买或出售商品时，你会感受到，这是社交过程的一部分。它不仅涉及公司与顾客之间的一对一互动，还涉及顾客周围的人所产生的信息交流和影响。与电视广告和公司传播相比，消费者更信赖其朋友和同事。口碑（word-of-mouth，WOM）在影响品牌转换决策上比传统的印刷广告显示出了更好的效果。

无论是线下，还是线上，口碑和交谈都可以进行。正如咖啡馆里的交流，这些对话的内容各不相同。有些交流郑重其事，而有些则妙趣横生；有些交流言简意赅，有些则长篇大论；有些兴高采烈，有些则恶语相加。在网上交流中，消费者经常公开讨论自己对品牌或服务的体验，不论公司是否参与其中。通过这种方式，消费者的影响力正变得越来越大。显然，监控网上言论，必要时加以干预，对于 B2B 或 B2C 公司的品牌经理而言具有很多益处。这种监测可以更好地理解消费者行为和市场情绪。它会引起营销组合的不同部分发生改变（Woodcock et al.，2011）。

Web 1.0 的主要功能是检索信息，而 Web 2.0 能做的却不止于此。Web 2.0 将广播媒体的单向传播（Web 1.0 为一对多）转换为社交媒体对话（多对多）。

对于营销人员来说，Web 2.0 提供了让消费者参与的机会。越来越多的营销人员开始使用 Web 2.0 工具与消费者合作进行产品开发、服务改进和促销。各公司也可以使用 Web 2.0 工具来改进与业务伙伴和消费者的协作关系。在其他方面，公司员工创造了维基网站，该网站允许用户对其添加、删除和编辑内容，并列出每个产品被经常询问的问题的回答，消费者为此做出了显著贡献。

Web 2.0 的另一个营销功能是确保消费者可以利用在线社区对其自己选择的内容进行

在线交流。除了生成内容外，Web 2.0 用户还主动对既定的过程和方法带来全新的改进，以便用户为公司未来的发展创造出创新性的想法（Wirtz et al.，2010）。

1. 社交媒体

社交媒体（social media）是基于互联网技术，促进在线传播的技术，涵盖广泛的在线口碑论坛，包括社交网站、博客、公司赞助的论坛和聊天室、消费者对消费者（C2C）的电子邮件、消费产品或服务评级网站和论坛、网络讨论平台与论坛，以及包含数字音频、图像、电影或照片等内容的网站。从 2009 年开始，那种正式的公司和品牌的网站正在流失受众。这种下降被认为是由于品牌本身的社交媒体营销的出现所引起的，这已经成为一种越来越普遍的营销实践（Hutton and Fosdick，2011）。

全球最大的社交网站是脸书（Facebook），最初是因马克·扎克伯格（Mark Zuckerberg）为了与他哈佛大学的同学保持联系而创建的，2019 年 3 月，五个最受欢迎的社交网站（根据每月世界范围的独立访客、活跃用户数量）如下。

（1）脸书（美国，包括 Instagram、WhatsApp 和 Messenger）25 亿。

（2）腾讯（中国，包括微信、腾讯 QQ 和腾讯 QQ 空间）12 亿。

（3）乐天（Rakuten）（日本，包括 Viber）9 亿。

（4）领英（LinkedIn）（美国，微软——主要针对商务人士）5 亿。

（5）Instagram（美国）3.5 亿。

来源：基于 www.socialmedialist.org 和 www.wikipedia.org。

由于社交媒体的使用和发展，语言的多样性使得传播正在面临全球化的挑战。脸书在美国以外的活跃用户超过 70%。为了有效地与非英语用户沟通，脸书有多种语言版本，包括 11 种不同的印度语言。脸书和推特通常是比较亲密的互动社交媒体。因此，这些平台为直销公司（或像特朗普这样的政客）和行业内的关键利益相关者（顾客和分销商）的直接沟通提供了方法和手段。另外，YouTube 凭借其更传统的单向受众传播，在招募消费者成为信息或产品的散布者方面似乎更有效。

过去一些年，领英成为"流星"之一，它是一种职场人士的社交网站。它于 2003 年推出，主要用于专业性的网络交流。虽然脸书、YouTube 和推特继续主宰美国和欧洲的社交媒体，但从全球范围来看，却是完全不同的情景。在德国、俄罗斯、中国和日本，访问量最大的社交网站不是脸书，而是其当地的竞争者。

传统上，整合营销传播（IMC）一直被认为在本质上是单向传播（像"保龄球"，见图 17.7）。在以往的范式中，公司及其代理机构开发信息，并将其传播给潜在的消费者，而这些消费者可能愿意，也可能不愿意参与到传播过程当中。对信息传播的控制权掌握在公司的营销部手中。促销组合中（广告、人员销售、公共关系和宣传、直复营销和促销）的传统元素是控制得以实施的工具。

21 世纪正在见证这种基于互联网的媒体传播的信息爆炸。它们已成为影响消费者行为的各个方面的主要因素，包括认知、信息获取、意见、态度、购买行为和购后沟通与评价。遗憾的是，流行的商业媒体和学术文献对将社交媒体整合进营销传播策略，几乎没有为营销管理者提供任何指导性建议。

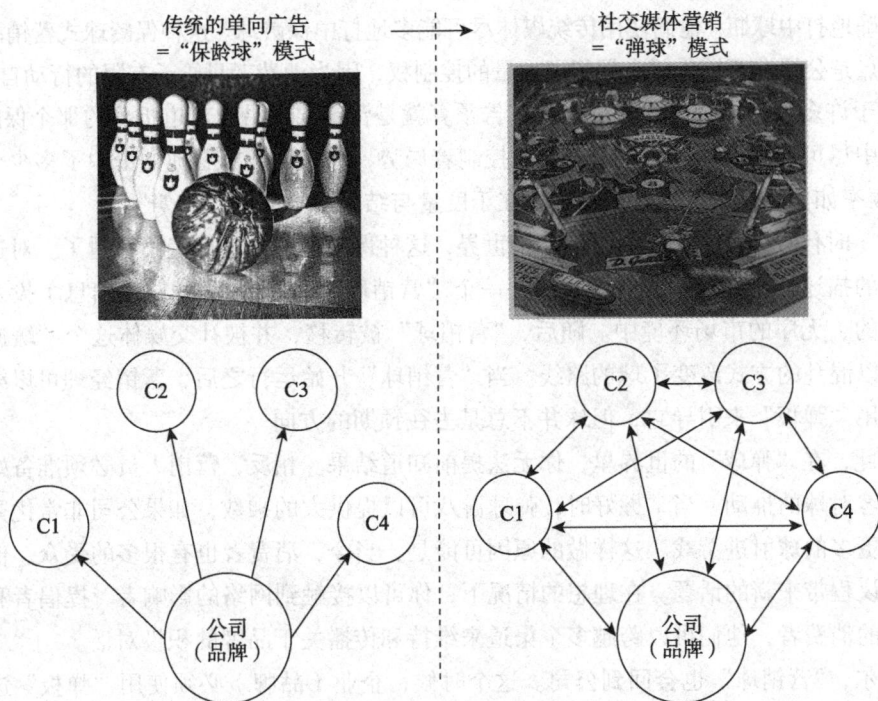

图 17.7　保龄球模式到弹球模式：市场传播从"保龄球"转变为"弹球"

社交网络作为一种传播工具，有两个相互关联的促进作用。

（1）社交网络应与传统的整合营销传播工具的使用相一致。也就是说，各公司应利用社交媒体与其顾客进行交流，例如，通过博客、脸书和推特这样的平台。这些媒体可以是公司赞助的，也可以是由其他个体或组织赞助的。

（2）社交网络使消费者之间可以互相交流。这是传统口碑传播的延伸。虽然公司不能直接控制这种 C2C 信息，但它们确实有能力影响消费者之间的对话。然而，消费者彼此间沟通的能力限制了各公司对传播内容和信息传播的控制。消费者掌握了控制权，他们比以往任何时候都有更多的机会去获得信息和更大程度地控制媒体消费。

营销经理们正在寻求将社交媒体纳入其整合营销战略的方法。传统的传播范式依赖经典的促销组合去设计整合营销传播策略。现在，必须让位给一种新的范式，可以将所有形式的社交媒体作为设计和实施整合营销策略的潜在工具。当代营销人员不能忽视社交媒体现象，因为现有的市场信息基于个体消费者的体验，并通过传统的促销组合来引导。然而，在各种各样的社交媒体平台中，许多完全独立于生产/赞助组织或其代理机构，这就增强了消费者相互沟通的能力。

2. 从"保龄球"到"弹球"

虽然有点过于简单化，但社交媒体时代之前的营销类似于"保龄球"（见图 17.7）。

保龄球比赛展示了公司传统上怎样与消费者沟通交流，这个过程就像企业或品牌（投球手）将保龄球（品牌传播消息）扔向球瓶（你的目标顾客）。显然，这是一种非常直接的单向传播方法。这是旧的传统的推送模式。营销人员针对一定的顾客群体发出广告信息，就像很精确地打中球瓶。他们使用传统媒体尽可能多地打中保龄球。这种保龄球式营销的一个关键特点是公司在营销传播上保留了大量的控制权，因为消费者只给予有限的行动自由。

对于许多大公司来说，大量电视广告预算就是营销人员沿着球道扔出的那个保龄球，试图击中尽可能多的球瓶。营销人员在控制着局势，高兴地计算着他们击中了多少个"球瓶"，频率如何。这个游戏的成功之处在于度量与结果清晰明确。

（1）时代在改变。在社交媒体营销世界，这种保龄球的比喻已经不合适了。对这种市场更好的描述是"弹球"游戏。公司将一个"营销球"（品牌和品牌建设信息）投入到一个动态的、无序的市场环境中。随后，"营销球"被转移，并被社交媒体这个"缓冲器"加速，以混乱的方式改变了球的路线。当"营销球"开始运行之后，营销经理可以继续灵活地使用"弹板"来引导它，但球并不总是去往预期的方向。

因此，在"弹球"的世界里，你无法提前知道结果。相反，营销人员必须准备好实时回应顾客对球的推动。当掌握好时，弹球游戏可以提供大的乘数；如果公司非常优秀，则可以将更多的球射进游戏。这样做的原因可能是，当今，消费者也有很多的受众，他们会为传播议程带来新的话题。在理想的情况下，你可以接触到网络的影响者、提倡者和其他高价值的消费者，他们可以跨越多个渠道来维持和传播关于品牌的积极对话。

偶尔，"营销球"也会回到公司。这个时候，企业（品牌）必须使用"弹板"进行互动，将球扔回社交媒体领域。如果公司或品牌不通过传播上的回应对社交媒体领域进行悉心耕耘，"营销球"就会从弹板跌落，从长期来看，顾客和企业（品牌）之间的双向关系就会结束。

（2）互动式市场传播的扩展模式。图 17.8 中的"从保龄球到弹球"模型对互动式市场传播的扩展模式进行了进一步的阐述。

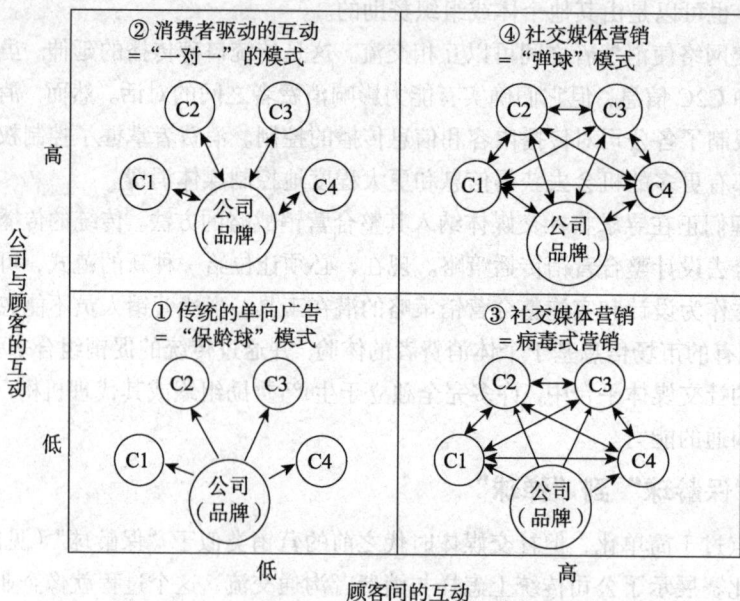

图 17.8　扩展的互动市场传播模式
（注：C = 消费者）

图 17.8 列出了四种不同的传播类型。

①传统的单向广告（如电视广告、报纸/杂志广告等大众媒体广告）：代表着"保龄球"模式，公司试图用"霰弹枪"式的大众媒体手段击中尽可能多的顾客。这种方法通常是单向传播类型。

②消费者驱动的互动：代表了公司和其不同的关键顾客之间更高程度的互动。通常，公司会找到关键客户经理，他们负责公司与其关键客户（顾客）的一对一互动。

③病毒式营销：代表了社交媒体营销 1.0。公司使用 YouTube 视频这样的非传统媒体吸引注意力，提高品牌知名度。潜在"顾客"间的互动是相当多的（如博客等），但对公司的反馈却相对较低（没有双向箭头向回指向公司）。

④社交媒体营销：代表了社交媒体营销 2.0，有大量的信息反馈给公司（双向箭头指向公司）。公司已经可以主动选择在不同的社交媒体平台上进行讨论，并与博主合作。这意味着公司试图加强与消费者的积极互动，以影响消费者的行为。为了做到这一点，公司需要一个社交媒体的员工支持团队，他们可以在网上与潜在的和实际的消费者进行互动和交流。因此，这一战略需要很多资源。

3. 社交媒体营销的 6C 模型

社交媒体平台（如脸书、推特）在本质上是承载内容的工具。这些内容以语言、文字、图片和视频的形式呈现——是全世界数以百万计的潜在顾客所产生的，从你的角度（=公司的角度），这确实能为这些顾客创造更大的价值。下面的模型（见图 17.9）主要代表图 17.8 中的第 4 种传播模式（社交媒体营销）。如果模型没有给公司反馈,那就更像是第 3 种传播模式（病毒式营销）。

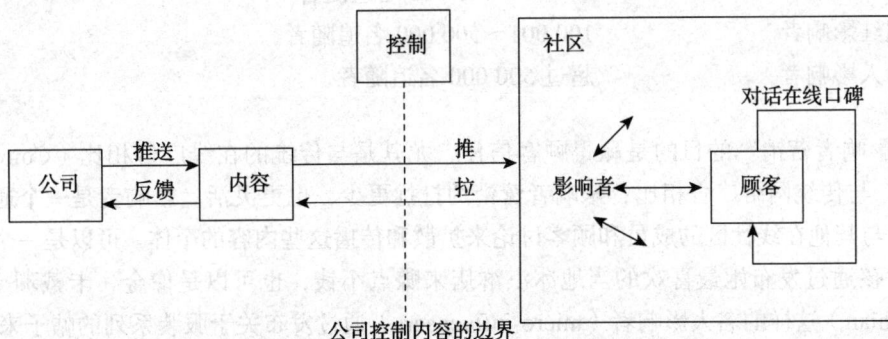

图 17.9　6C 模型（公司、内容、控制、社区、消费者、对话）

来源：基于 Parent 等（2011）。

图 17.9 定义了六个不同，但又相互关联的元素（6Cs），这些元素从公司的角度解释了如何创造和保持消费者参与。然而，用户生成内容仍然在该模型中起着重要的作用。

（1）公司和内容。6C 模型开始于公司及其所创造的内容。基本上，互联网仍是一个"拉"的媒介，通过这种方式，公司试图将内容推送给观看者，并最终回到公司本身。然而，在任何"拉"发生之前，必须先将内容推送（播种）到链条上。内容可以采取各种形式，如从脸书产品或品牌页面和/或 YouTube 视频的形式推送给观看者。因此，被公司推入社交媒体的内容成为模型中参与的催化剂。

（2）控制。6C 模型（见图 17.9）中代表控制的虚线表示一个屏障，公司对其品牌的控制越过该屏障到达网上的社区和顾客。为了加速其品牌信息的病毒式传播，公司有时放弃数字版权和模块，以鼓励在线社区成员复制、修改、重新粘贴和转发相关内容。这些内容可以复制和/或嵌入人们自己的网站、博客和 Facebook 墙上。这个过程的关键点在于公司（内容创造者）必须接受，甚至欢迎其已不再完全控制这些内容的事实：人们可以对内容进行自由下载、修改和评论等，也会被有兴趣的社区引用。这可能会挑战传统的"品牌管理"的智慧，这种智慧认为管理者必须保持对品牌形象和信息的控制。

（3）社区与影响者营销。公司创建内容，并把它推送到象征控制边界的另一边，在这里，感兴趣的消费者社区会将内容接收下来。此刻，传播就变成了双向的。图 17.9 中表示"推"和"拉"的箭头反映了社区和作为内容创造者的公司之间的"发送和接收"过程。它以最简单的形式反映了评论的艺术：在脸书或 YouTube 上，对这些内容发表回复。在某些情况下，公司甚至可以通过在线社区的讨论了解市场中的"顾客行为"。在理想状况下，社区里会发生一系列的反身性对话，社区不受公司的限制，公司这时通常是一个被动的观察者角色。

当将"内容"转移到在线社区时，公司和内容提供者经常会将目标对准影响者（或意见领袖），他/她们通常是首先接收到信息，并迅速将信息分享到其社交网络的那些人。他/她们的功能为连接不同子文化。他/她们的社交圈网络可以促进内容向成千上万个在线社区成员迅速传递。影响者的广泛群体可分为以下几组（ANA，2018）。

小红影响者	50～25 000 名追随者
大红影响者	25 001～100 000 名追随者
超红影响者	100 001～500 000 名追随者
名人影响者	超过 500 000 名追随者

"影响者营销"的目的是赢得顾客信任，尤其是与传统的在线广告相比（Conway，2019）。与传统网络广告相比，影响者营销的打扰更少，也更灵活。影响者是一个通过主动参与其他在线社区的成员和顾客讨论来扩散和传播这些内容的个体。可以是一个十几岁的女孩通过发布她最喜欢的当地冰淇淋店来赚点小钱，也可以是像金·卡戴珊（Kim Kardashian）这样的名人影响者（micro-influencers）通过发布关于服装系列的帖子来赚 20 万美元。对于中小企业来说，与小红影响者合作是绝对相关的，他们是在自己的特定领域工作的个体，真正有知识、有激情和真实。当谈到推荐购买什么时，他们被认为是一个值得信任的来源。小红影响者影响的是他/她们周围更小的社交圈（细分市场），但他们比超红或名人影响者更有效。研究显示，小红影响者与他们的社交群体的交谈次数是普通消费者的 20 倍以上，而且，80%的潜在顾客可能会遵循他们的建议（Haenlein and Libai，2018）。因此，营销人员不一定非通过名人来加强他们的社交媒体活动。

（4）顾客和在线对话。当大量的在线对话都围绕着某一现象和内容展开时在线社区和潜在顾客被区分开来，后者通常是前者的一个子集。在线社区也可能包括那些听说过基于网络的提议，但没有直接参与过的人。

总的来说，顾客的参与度似乎越来越高：顾客愿意与一个品牌接触，而不仅仅是做出购买决策。

根据 6C 模型，社交媒体通过反馈回路进一步扩展了营销人员和消费者之间的对话，这可能会发生在社区里的一些在线对话（博客等）之后。经过一段时间的网络对话，公司可能会与一些网络社区进行交流，希望能够以此来影响购买决策。此外，社交媒体的主动性也使经销商能够目睹顾客与顾客之间的沟通，这代表了更多的传统广告和口碑传播的重要延伸。

另外，社交媒体也可以使人们洞悉非顾客行为。大多数社交媒体的营销人员都试图引起潜在顾客的关注。这就引发了社交共享，使得在线社区成员得以向全世界的陌生人传播他们的思想和活动。这种社交共享打开了个体消费者的生活，公司可以利用这些资源来为消费者量身定做产品，以更好地迎合消费者的喜好。

示例 17.6

阿蓓纳正在使用"影响者营销"渗入美国纸尿裤市场

阿蓓纳（www.abena.com）是一家家族所有的医疗保健解决方案提供者和相关产品的制造商和批发商，总部位于丹麦南部的奥本罗。公司年收入约 5.3 亿欧元，公司集团员工约 1 800 人，在全球约 90 个国家进行销售。

阿蓓纳想要在世界上竞争最激烈的（一次性）尿片市场——美国获得更好的市场地位。以下是关于市场的一些已知信息。

①美国纸尿裤销售额：每年 60 亿美元。

②世界纸尿裤市场：每年 500 亿美元。

世界纸尿裤市场由几大公司主导。

①P&G（帮宝适）。

②金佰利（好奇）。

③爱适瑞 AB——早期的 SCA（自由），主要在欧洲市场表现强劲。

美国纸尿裤市场由帮宝适和好奇这两个美国品牌主导，这两个品牌共占 60% 左右的市场份额（帮宝适占 35%，好奇占 25%，其余主要是自有品牌）。

阿蓓纳考虑了其在美国纸尿裤市场获得更好市场地位的战略。它意识到，用纸尿裤品牌 Bambo Nature 对帮宝适和好奇这两个主导品牌进行正面攻击是"自杀"。相反，它选择使用"影响者营销"策略。在 2017—2018 年，它得到了卡戴珊家族意想不到的支持（卡戴珊家族的不同成员因其在真人秀《与卡戴珊同行》中的不同角色而闻名）。当时，科勒·卡戴珊已经怀孕（她的女儿 Ture 出生于 2018 年 4 月 12 日），她将"Bambo Nature"作为怀孕期间首选的纸尿裤品牌。

卡戴珊一家和亚马逊一起做了一个特别的宣传。在这里，Bambo Nature 被描述为科勒·卡戴珊最喜欢的纸尿裤品牌。这次"影响者营销"活动极大地促进了 Bambo Nature 品牌的销售（尤其是通过亚马逊网站在线销售），即使 Bambo Nature 的平均单位销售价格高于两大竞争对手的价格。

来源：基于 Statista.com；Euromonitor.com；其他公共可用来源。

17.7　社交媒体的分类

社交媒体使用移动和基于网络的技术来分享、共同创造、讨论和修改用户生成内容。它改变了传统的营销传播模式，这种模式主要是从营销人员到顾客的单向传播。这已经转变为一种有更多的反馈流向相反的方向模式，创造了一种范式转变。消费者不仅能更好地掌握流向他们的信息，还能发起直接针对营销人员的传播。此外，顾客之间的互动大幅增加。

市场已经发生了变化，营销人员的思维也必须随之发展。现在，消费者以不可预测的速度在大量社交媒体平台上共享信息，这几乎不受营销人员的影响。消费者创造的传播也将影响市场的定位，以及产品的创造和交付。随着消费者继续获得控制权，学会使用社交媒体获得优势，并期望获得他们想要的东西，满足顾客的需要和愿望的理念将在所有营销活动中日益突出。消费者更积极的参与也将导致品牌化更透明，因此，交付质量将是必要的。陷入旧范式的品牌经理将经历极端困难，因为他们对消费者偏好的反应能力有限。

社交媒体通过更广泛的参与和提升品牌的力量使这一过程民主化，前提是产品是好的。今天，质量保证的标志是社交媒体参与者的口碑。利基市场之所以能够蓬勃发展是因为一小部分消费者可以将信息传播给其他可能也想要自己喜欢的品牌的人（Kohli et al.，2015）。

图 17.10 显示了社交媒体营销组合，部分受到图滕和所罗门（Tuten and Solomon，2015）的社交媒体四大区域的启发。这是一种专注于每种社交媒体平台最重要功能的方式。

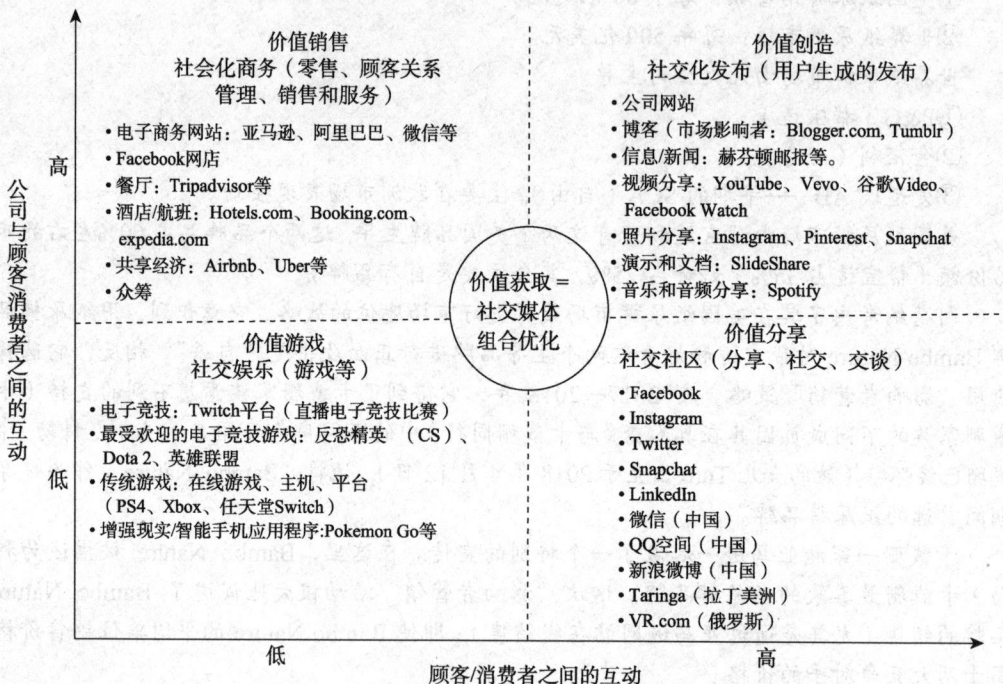

图 17.10　社交媒体营销组合

来源：源自 Peter Enger, Enger 组（www.linkedin.com/in/peterenger）之启发。

图 17.10 的目的是开发四个类别（价值游戏、价值销售、价值分享和价值创造）的合适组合，以优化社交媒体营销组合，并最大限度地从社交媒体营销计划中获取价值（净利润）。

社交媒体出于个人和商业目的的各种用途通常意味着更多类别的一些重叠。这就是社交媒体的本质。所有社交媒体都是围绕着关系、技术支持和基于共享参与原则的网络。

1. 四大社交媒体的类别

（1）价值游戏（社交娱乐）。这一类别包括提供游戏和娱乐机会的渠道和载体。其中包括支持社交的主机游戏、社交游戏与游戏网站、娱乐社区。MySpace 曾经是这一类别中最大的社交网络公司之一。从 2005 年到 2009 年，Myspace 是世界上最大的社交网站，2006 年 6 月超过 Google 成为美国访问量最大的网站。自那以后，尽管进行了几次重新设计，但 Myspace 的用户数量一直在不断下降，它在行业中已失去了重要地位。

社交娱乐的另一个方面是娱乐社区，它作为一个渠道仍在增长。预计在不久的将来，包括电影、艺术和体育在内的社交娱乐社区将围绕传统娱乐领域强劲发展。

电子竞技正在经历高速增长。它们是一种由电子系统促进的竞争形式，特别是视频游戏（Hallmann and Giel，2018）。给电子游戏贴上运动的标签是一个争议点，但事实是，我们看到越来越多的职业队。电子竞技比赛几乎总是发生在现场观众面前的体育赛事。这类电子竞技比赛最受欢迎的在线流媒体网站之一是 Twitch，它于 2014 年被亚马逊收购。德勤全球（2016 年）估计，电子竞技在 2016 年创造了 5 亿美元的全球收入，比 2015 年的约 4 亿美元增长了 25%，并可能拥有近 1.5 亿人的定期和不定期观众。据预测，电子竞技的收入在 2016 年至 2020 年间将增长三倍（达到 15 亿美元），即便如此，它们在超过 1500 亿美元的全球体育收入中也仅占 1%。但是，电子竞技确实定期接触到数千万人，偶尔在一些大型赛事中也会接触到上亿人。正因为如此，它可以与许多拥有大量观众和大赞助商合同的传统体育项目相媲美。亚洲市场的消费者贡献最大。他们继续在行业中处于领先地位。这些投入大部分来自韩国和中国，《英雄联盟》是最畅销的个人电脑游戏，其顶级团队来自韩国。

在亚洲，顶级电子竞技运动员是主要的名人，玩游戏是一份全职工作。在中国，电子竞技得到了国家体育总局的认可，玩家住在专门训练他们的游戏室里。他们拥有最好的教练、手眼协调专家、心理学家和代理人。韩国有自己专门的电子竞技体育场，在这个国家，电子竞技运动员吸引了数百万的观众，并可以从赞助商那里引来大量的奖金。

电子竞技中最受欢迎的电子游戏之一是反恐精英。这里有作为恐怖分子或反恐队员的队伍。目标是在几轮比赛中消灭敌军。该游戏包括在给定的时间内放置炸弹（由恐怖分子完成）或拆除炸弹（反恐人员）等目标。

（2）价值销售（社会化商务）。这一类指使用社交媒体协助消费者/商家在线买卖产品和服务。它是电子商务的一个子集，电子商务是通过互联网（如由亚马逊和阿里巴巴等电子商务公司组织的）买卖产品和服务的行为。社会化商务使用社交媒体应用程序使在线购物者能够在购物经历中进行互动和合作，并在此过程中协作零售商。当然，就像在现实世界中一样，这可能会改变购物的动态，因为它会让其他人影响我们的购买决策。社会化商务渠道包括评论网站或品牌电子商务网站的评论和评级（如 hotels.com、booking.com、优步或爱彼迎，它们也是共享经济的一部分）。

例如，对优步来说，确保高质量的体验很重要。在优步，乘客在每次旅行结束时都会对自己的体验进行评分，司机也是如此。优步定期审查这一反馈，通过这一过程，它能够为世界上 200 多个城市的乘客和司机创造和维持一个安全和相互尊重的环境。乘客的反馈可能会导致合作伙伴从系统中退出，或者验证驾驶员提供了出色的服务。优步用户能够在驾驶员接单后看到驾驶员的等级。这个一星级到五星级的评级显示在应用程序的底部，他或她的照片、车辆类型和车牌号码的旁边。

同样，爱彼迎是一个基于信任的社区。爱彼迎是一个在线市场和一种酒店服务，使人们能够列出或租赁短期住宿，包括公寓租赁、民宿、酒店床位或酒店房间。这个名字的起源可以在创始人的故事中找到：结合了"Airbed"[布莱恩·切斯基（Brian Chesky）和乔·杰比亚（Joe Gebbia）为了招待他们的第一批客人而不得不采用的潦草解决方案]和"床位与早餐"（或 BnB，一种比酒店更热情的招待客人的方式）。公司不拥有任何住所，它只是一个经纪人，在每次预订时，从客人和房主那里收取一定比例的服务费（通常是支付的总价格的 15%）。它在 65000 个城市和 191 个国家有 3000000 多个住宿列表，住宿费用由房主确定。像所有酒店服务一样，爱彼迎是一种"共享经济"的形式。这种"房屋共享"的好处之一是降低旅行者的成本，并帮助房主赚取一些额外的收入。游客的价格优势也意味着爱彼迎正越来越多地与传统酒店集团竞争。爱彼迎上的所有评论都是由爱彼迎社区的房主和游客写的，所以，任何评论都是基于客人的真实住宿。客人在结账后有 14 天的时间写一份住宿评论。评论字数限制在 500 字以内，客人最多可以在 48 小时内编辑评论，或者直到房主完成他/她的评论。

（3）价值创造（社会化发布）。这一类网站有助于向受众传播内容。社会化发布的渠道包括博客、微博共享网站、媒体共享网站、网摘和新闻网站。博客是网站定期更新的在线内容，类似于在线杂志，包括个人按时间顺序撰写的条目。博客这个词是由网络和日志两个词组合而成的。博客通常关注特定的主题（经济、娱乐新闻等），并通过为用户提供论坛（或评论区）来讨论每个帖子。许多人使用博客就像他们使用个人日记一样。博客由博客作者（个人、记者或组织）来维护，博客的主题范围很广。博客是社会化的，因为它们是参与性的，读者可以评论，这些评论可以导致与特定帖子相关的讨论。微博网站像博客一样工作，除了用户发布的内容长度通常有限制。推特是最知名的微分享网站，帖子限制在 140 个字符以内。

在接下来的几节中，我们将进一步探索社会化发布领域最重要的平台。

（4）价值分享（社交社区）。该类别描述了一种社交媒体渠道，该渠道聚焦于社交关系，以及人们与有相同兴趣的人一起参与的共同活动。因此，社交社区的特点是双向和多向沟通、对话、协作，以及体验和资源的共享。所有社交媒体渠道都是围绕网络关系建立的，但对于社交社区来说，建立和维护关系的互动和协作是人们参与这些活动的主要原因。人们已经参与的许多渠道被放在第一个区域。社交社区区域的渠道包括社交网站、留言板与论坛、维基百科。这些都强调个人在社区环境下的交流、对话和协作中的贡献。这个区域使用最多的社交媒体工具是脸书、推特、领英和谷歌（Google）。

17.8　社交媒体漏斗

社交媒体营销使用社交网络和工具来引导潜在顾客通过一系列步骤（一个漏斗）采取他/她们所想要的行动，例如，成为新顾客和购买公司的产品和服务，最终目标是将新顾客转化为具有高终身价值的忠诚顾客。

如图 17.10 所示（四种类型的社交媒体），有很多媒体工具。有了这些社交媒体营销工具，公司应如何决定哪些工具最适合社交媒体漏斗，以及它们应以何种顺序使用？为了回答这个问题，公司必须知道谁是潜在顾客，以及如何才能最有效地接触到他/她们。社交媒体营销人员还必须知道公司的目标，应如何测量这些目标（即应该分析的参数），以及应为这些参数设置什么数字。图 17.11 展示了社交媒体漏斗和与典型顾客购买过程的三个阶段（认知、参与和行动）相关的关键指标。

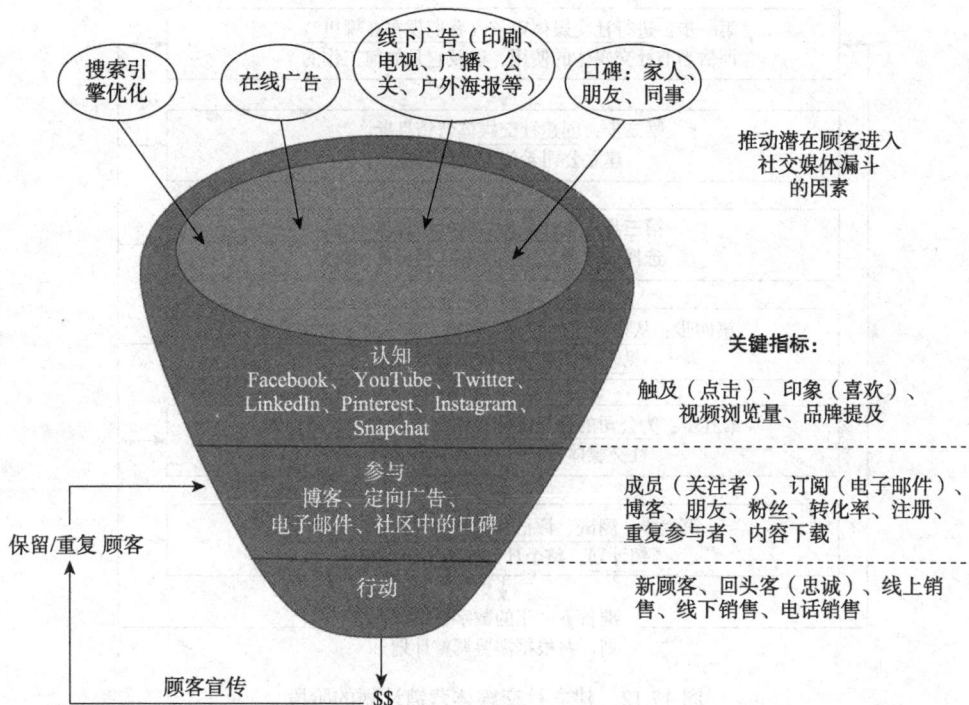

图 17.11　社交媒体漏斗

如图 17.11 所示，以下工具可以作为将新的潜在客户转移到漏斗中的工具：

（1）搜索引擎优化（SEO）。

（2）线下营销工具。

（3）线下广告。

（4）与家人、朋友和同事的口碑对话。

社交媒体漏斗中的任何瓶颈都会减缓将潜在顾客转化为实际顾客的势头，或者完全停止这一过程。公司可能会错过建立品牌认知的机会，或者错失转化为实际销售的机会，这取决于瓶颈发生在哪里。

随着关键指标的到位，公司应考虑漏斗每个部分的每一种策略，并尝试设定行业标准。这些标准应用来将公司与其竞争对手和整个行业进行比较。

17.9 发展社交媒体营销计划

社交媒体营销计划是公司计划在社交媒体营销中做的一切的总结，并希望通过社交网络为企业实现商业目标。该计划应包括对顾客当前所处位置、公司希望顾客在不久的将来所处位置的目标，以及公司想要使用的实现这些目标的所有社交媒体工具的审核。

一般来说，公司的计划越具体，它在计划的实施中就越高效。保持计划的简洁很重要。计划将指导公司的行动，但它也将是一个衡量公司成功或失败的标准。

图 17.12 说明了达成最终社交媒体营销计划所必须经历的几个阶段。

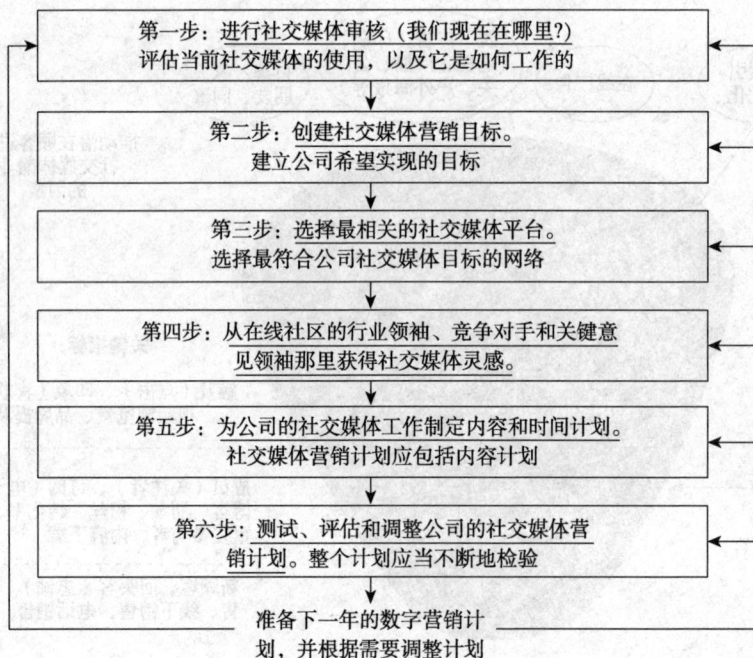

图 17.12 建立社交媒体营销计划的阶段

1. 第一步：进行社交媒体审核（我们现在在哪里？）

在创建社交媒体营销计划之前，公司需要评估其当前的社交媒体使用情况，以及它是如何工作的。这意味着找出当前谁通过社交媒体与公司及其品牌联系，公司的目标市场使用哪些社交媒体平台，以及社交媒体的展示与竞争对手相比如何。为此，可以使用以下社交媒体审核模板，如表 17.5 所示。

一旦进行了审核，公司就应该对代表企业的每个社交媒体平台有清晰的了解，即谁运营或控制它们，它们服务于什么目的。这种审核应定期进行，尤其是在公司扩大业务规模的时候。

表 17.5 社交媒体审核模板（现状）

在社交媒体平台上的展示	链接（URL）	内部负责维护社交媒体	社交媒体使命	当前关注人数	主要竞争对手的关注人数

还应清楚哪些社交媒体平台（账户）需要更新，哪些需要完全删除。例如，如果审查发现一个假冒的品牌推特简介，就应该报告。举报虚假账户将有助于确保人们在网上搜索该公司时只与该公司管理的账户联系。

作为社交媒体审核的一部分，该公司可能还希望为每个社交媒体平台（网络）创建使命陈述。这些一句话的声明将有助于专注于 Instagram、脸书或其他社交媒体网络的一个非常具体的目标。如果工作开始滞后，那么，它们将会指导行动，并帮助引导公司回到正轨。Snapchat 平台展示使命陈述的一个例子是："我们将使用 Snapchat 来分享我们公司的企业社会责任，并与 15～40 岁的年轻潜在顾客联系。"

该公司应能够确定它拥有的每个社交媒体平台的目的，例如 Snapchat。如果它不能决定每个社交媒体平台的使命，那么那个特定的平台和资料可能应该被删除。

在确定哪些社交媒体平台适合企业的业务之前，企业应该找出每个平台的受众是谁，以及他/她们想要什么。该公司应该知道使用哪些工具来收集人口统计和行为数据，以及如何瞄准其想要的顾客。

2. 第二步：创建社交媒体营销目标

社交媒体营销战略的下一步是创建公司希望实现的目标和目的。有了这些目标，当社交媒体营销活动没有达到公司的预期时，公司也可以迅速做出反应。没有目标，公司无法评估成功或证明其社交媒体投资回报（ROI）。

这些目标应与更广泛的营销战略相一致，以便社交媒体工作朝着业务目标前进。如果社交媒体营销计划显示支持整体业务目标，则公司更有可能获得高管和员工的认同和投资。

该公司应该努力超越流行的指标，如转发和点赞。关注点应更多地放在高级指标上，如产生的销售线索数量、网络推荐和转换率。

公司在设定目标时还应使用 SMART 框架。这意味着每个目标都应是具体的、可测量的、可实现的、相关的和有时限的。

（1）SMART 目标

①specific（具体的）——针对具体领域进行改进。

②measurable（可测量的）——量化或至少建议一个过程指标。

③achievable（可实现的）——在给定可用资源的情况下，陈述可以实际实现的结果。

④relevant（相关的）——与公司目标相一致。

⑤time-related（有时限的）——指定何时可以实现结果。

例如："在社交发布中，我们将分享能传播我们公司文化的照片。我们每周会在任何一个照片分享的社交媒体网站上发布总计 10 张照片。每周的目标是至少有 100 个点赞和 30 条评论。"

开始社交媒体营销计划的一个简单方法是写下至少三个社交媒体目标。

3. 第三步：选择最相关的社交媒体平台

一旦你完成了你的社交媒体审核，就是时候选择在线展示了。选择最符合公司社交媒体使命和目标的网络。如果公司关注的每一个网络/平台上还没有公司的社交媒体简介，那么，它应该以更广泛的使命和受众为出发点来构建它们。每个社交网络都有独特的受众，应该区别对待。如果公司有一些现有平台，那么，就应该更新和完善它们，以获得最好的结果。

为搜索引擎优化（SEO）配置文件可以帮助公司的在线社交媒体平台产生更多的网络流量。交叉推广的社交平台可以扩大内容的覆盖面。一般来说，社交媒体简介应该填写完整，图片和文本应该针对讨论中的社交网络进行优化。

4. 第四步：从在线社区的行业领袖、竞争对手和关键意见领袖那里获得社交媒体灵感

如果公司不确定什么样的内容和信息会得到最多的参与，那么，公司可以从行业内其他人分享的东西中寻找灵感。公司还可以利用社交媒体来观察如何将自己与竞争对手区分开来，并吸引可能错过的受众。

消费者中的意见领袖（"市场专家"）也可以提供社交媒体灵感，这不仅通过他们共享的内容，还通过他们表达信息的方式。公司可以试着看看它的目标受众是如何写推特的，公司可以努力以类似的风格写作。公司还可以了解意见领袖的习惯（何时分享以及为什么分享），并以此作为社交媒体营销计划的基础。

社交媒体灵感的最后一个来源是行业领导者。一些巨头在社交媒体营销方面做得非常出色，如红牛和塔可钟及土耳其航空公司。可以想象，每个行业的公司都通过领先的社交媒体策略成功脱颖而出。公司可以追随行业领导者，看看它们是否在网络上的其他地方分享了任何社交媒体的建议或洞察。

5. 第五步：为公司的社交媒体工作制订内容和时间计划

社交媒体营销计划应包括内容营销计划、内容创建策略，以及内容何时应在线显示的编辑日程表（时间计划）。拥有好的内容来分享和正确的时机对社交媒体营销的成功至关重要。

内容营销计划应回答以下问题。

（1）公司打算在社交媒体上发布和推广哪些类型的内容？

（2）谁将创建内容？

（3）公司多久发布一次内容？

（4）每种类型的内容的目标受众是什么？

（5）公司将如何推广内容？

编辑日历列出了该公司打算发布博客、Instagram 和脸书帖子、推文，以及其他计划在社交媒体活动中使用的内容的日期和时间。

公司可以创建日历，然后提前安排其消息发送，而不是整天不断更新。这让公司有机会在这些信息的语言和格式上努力工作，而不是在公司员工有时间的时候匆忙编写它们。公司应确保内容能反映分配给每个社交媒体平台的使命陈述。如果 LinkedIn 账户的目的是产生销售线索，则公司应确保共享足够的产生销售线索的内容。公司可以建立一个内容矩阵，定义社交媒体平台的哪些部分被分配给不同类型的帖子。几个例子如下。

（1）30%的内容将试图让新的潜在访问者真正访问公司的社交媒体平台。

（2）30%的内容将支持企业的总体利润目标（销售线索产生、销售、交叉销售等）。

（3）20%的内容将试图吸引访问者返回你的博客（支持忠实访问者的内容）。

（4）20%的内容将涉及公司的人力资源、企业社会责任和文化。

如果公司不确定如何分配资源，一个安全的赌注是遵循以下规则。

（1）公司三分之一的社会化内容促进其业务，转换游客，并产生利润。

（2）三分之一的社会化内容应从行业或类似企业的思想领袖那里分享想法和故事。

（3）三分之一的社会内容应是与公司的受众互动（如博客）。

6. 第六步：测试、评估和调整公司的社交媒体营销计划

为了找出需要对公司的社交媒体营销策略进行哪些调整，公司应不断进行测试，将测试能力融入其在社交网络上采取的每一个行动中。例如，它可以使用网址缩写来跟踪其链接在特定平台上的点击次数。此外，可以通过谷歌分析来测量跟踪由社交媒体驱动的页面访问。

记录和分析公司的成功和失败，然后相应地调整其社交媒体营销计划。

调查也是衡量成功的一个好方法——线上与线下。公司可以询问其社交媒体追随者、电子邮件列表和网站访问者公司在社交媒体的表现怎样。这种直接的方法通常非常有效，然后询问其线下顾客，社交媒体是否在购买中发挥了作用。当公司寻找需要改进的地方时，这种洞察力可能是无价的。在第 16.3 节中，可以了解更多关于不同社交媒体指标的使用，例如，如何测量社交媒体对某业务的投资回报率。

关于理解社交媒体营销计划，最重要的是它应不断进行调整。当新网络出现时，公司可能希望将其纳入计划。由于公司正在为每个社交媒体平台实现使命和目标，因此，它将需要设定新的目标。公司需要解决的意想不到的挑战将会出现。随着公司不断扩大业务规模，它可能需要为不同的产品或地区增加新的角色或增加社会呈现。

公司应重写其社交媒体营销计划，以反映其最新的洞察，并确保团队了解已更新的内容。

17.10　病毒式营销活动的发展

互联网已经彻底改变了口碑的概念，所以，风险投资家史蒂夫·尤尔韦松（Steve Jurvetson）于 1997 年创造了"病毒式营销"（viral marketing）这个词。这个术语用来描述

Hotmail 在发送电子邮件时自动附加广告的做法。在 Hotmail 的例子中，每封电子邮件都附有这样的信息："在 http://www.hotmail.com，从 Hotmail 获取你的私人、免费的邮件。"

1. 病毒式营销活动的发展

虽然传播的信息和使用的策略在每个活动中都有根本性不同，但大多数成功的活动都包含一些常用的方法。这些方法常常结合使用，以最大限度地发挥一次活动的病毒效果。

成功的病毒式营销活动很容易被传播。成功的关键就是要让公司的网络与联系人努力将本公司或其促销活动推荐与共享给朋友和同事，这些朋友和同事又会推荐给他们的朋友，以此类推。有效的病毒式营销活动能以惊人的速度将营销信息传给成千上万的潜在消费者。另请参见图 17.13，其中，标识（身份，可以是个人，也可以是公司）创建了一个活动消息，该消息通过网络向下传播。

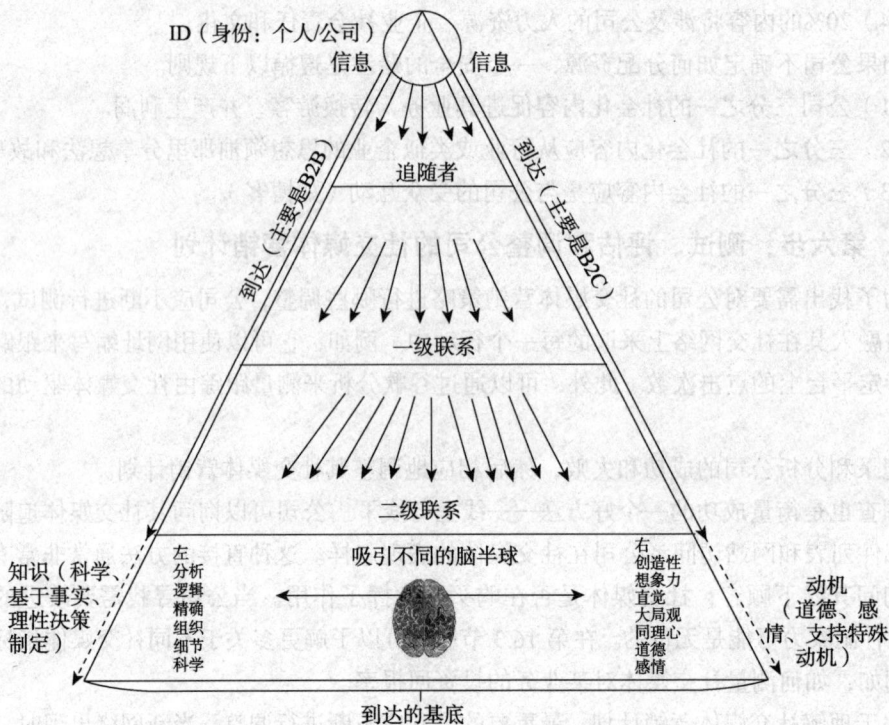

图 17.13　通过社交媒体创建病毒式传播活动

来源：源自 Peter Enger, Enger 组（www.linkedin.com/in/peterenger）之启发。

在创建一个活动时，营销人员应评估人们如何把信息或活动传播给其他人。"种草"最初的信息是病毒式营销的一个关键组成部分。"种草"是一种把活动介绍给最初的追随团体的行为，然后由他们将活动继续推广给其他人（一级或二级联系）。"达到的基底"指某一信息/活动的最大接收者/受众群。一个活动或信息往往偏向于特定的受众（通常是 B2B 或 B2C），它往往会首先触发大脑的右半部分，通过触达特定的"动机"，可能涉及普遍的道德问题和"情感"。通常，B2C 信息会触发右脑，因此，信息往往能在接收者之间创造更多的参与和讨论。B2B 信息经常会通过专注于活动/信息的知识和事实而触发左脑。有时，活动/信息可以从三角关系的右侧开始——引发道德问题或情感，但经过一小段时间后，接收者会觉得有必要调查信息/活动的事实。

当确定在哪里"种草"时，营销人员应重点考虑的应是目标受众是谁？公司经常使用社交媒体的组合来"传播病毒"，见图 17.13。

病毒式营销活动的目标是爆炸式的宣传覆盖和参与。要衡量一个病毒式营销活动是否成功，就要在一个时间表内确定具体的和可实现的目标。例如，你希望在三个月内看到网站的访问量增加 20%，或者在一年内将电子邮件时事通讯订阅率提高一倍。

2. 控制/测量结果

营销人员也应做好在成功的传播活动中满足参与者需要的准备。在营销活动启动之前，应充分考虑好服务器空间、带宽、支持人员、执行和备货等各方面的问题。营销人员应具有充分利用这种成功传播活动的能力。

17.11　总　　结

本章介绍了国际传播的六个主要组成部分：①广告；②公共关系；③销售促进；④直复营销；⑤人员销售；⑥社交媒体营销。

因为国际营销人员在不同的环境条件下管理促销组合的各种要素，所以，必须决定在传播中使用什么渠道、传播什么信息、由谁来执行或帮助执行方案，以及如何测量传播计划的结果。目前的趋势是使策略更加协调，同时允许在当地层面上有一定的灵活性，并尽早地将当地需要纳入传播计划。

因此，对于国际营销人员来说，一个重要的决定就是传播的不同元素在全球是应标准化，还是本土化。寻求标准化的主要原因如下。

（1）消费者不以国界分类。

（2）公司正寻求打造国际品牌形象。

（3）可以实现规模经济。

（4）尽可能充分利用少数高质量的创意。

（5）开发和利用特殊的专业知识。

然而，一些传播工具，特别是人员销售，必须本土化，以匹配个体市场的情况。人员销售工具本土化的另一个原因是，分销渠道成员通常扎根在一个国家。因此，有关销售人员的招聘、培训、激励和评价的决策必须在当地层面上制定。

选择代理机构的过程也要考虑。在国际市场上，当地知识、文化理解和管理技能的必要融合是很难达到的。过于集中化和标准化都会导致不恰当的营销传播。

未来，互联网是一个非常重要的传播工具。任何一个渴望在全球范围内利用互联网的公司都必须为其互联网企业选择一种商业模式，并评估通过这种新的直复营销媒介传送的信息和进行的交易将如何影响其现有的分销和传播体系。

社交媒体营销可以理解为一组建立在 Web 2.0 的基础之上，基于互联网的应用程序，由用户生成的内容可以通过互联网创建和交换。社交媒体特别适合病毒式营销，因为社交媒体中的社区元素可以很方便地把营销信息传递给一大群人。

病毒式营销绝不能替代全面的、多样化的营销策略。病毒式营销是一种可靠的营销策略，它可以作为总体战略计划的一个组成部分，如果执行得当，则会带来积极的投资回报率。当传播的信息可以配合并支持一个可测量的业务目标时，营销人员应使用病毒式营销。

案例研究 17.1　　　　案例研究 17.2　　　　案例研究 17.3

问题讨论

1. 确定并讨论与评估国外市场广告效果相关的问题。
2. 比较国内传播和国际传播。解释为什么在国际传播过程中更容易出现"噪声"。
3. 为什么没有更多的公司在全球范围内将广告信息标准化？确定阻碍制定和实施标准化全球广告活动的环境制约因素。
4. 解释海外和国内市场的人员销售可能有什么不同。
5. 解释说明世界各地的广告规定各不相同是什么意思？
6. 评估在国外市场设置广告预算的"销售比例"方法。
7. 解释跨国公司在培训销售人员和评估其业绩方面如何比当地公司具有优势。
8. 确定并讨论与分配公司在几个国外市场的推广预算有关的问题。
9. 公司如何通过使用社交媒体来提高传播效率？

参考文献

第Ⅳ部分案例研究

案例研究Ⅳ.1   案例研究Ⅳ.2   案例研究Ⅳ.3

第 V 部分

实施和协调国际营销计划

第 V 部分　内容

第 18 章　跨文化销售谈判

第 19 章　国际营销计划的组织和控制

第 V 部分　案例研究

V.1　腾讯：中国网络巨头正在寻求新的联盟

V.2　华为智能手机：向国际市场拓展的智能手机

V.3　利乐：如何在全球范围内与食品行业创建 B2B 关系

第 V 部分　简介

本书的前四部分介绍了开展国际营销活动所需的理论基础，而第 V 部分将讨论国际营销活动的实施和协调。

成功进行国际销售与谈判的一个基本标准是能够适应每个业务合作伙伴、公司和情境。因此，第 18 章将讨论国际谈判者应如何应对对方不同的文化背景。该章的其中一部分还将讨论如何在公司内部和合作伙伴之间进行知识与学习的跨境转移。

随着公司从纯粹的国内公司发展到跨国公司，为了适应新的国际营销战略，公司的组织架构、协调系统和控制系统必将随之发生改变。第 19 章所关注的是，随着企业自身和市场环境的变化，公司的组织架构和营销预算（包括其他控制系统）如何进行调整。

第 **18** 章

跨文化销售谈判

通过学习本章，学生应该能够做到以下几个方面。

- 讨论为什么通过谈判进行跨文化销售是国际营销中最大的挑战之一；
- 解释跨文化谈判过程的主要阶段；
- 讨论在国际谈判中，如何使用谈判协议的最佳替代方案（BATNA）；
- 讨论跨境学习和知识转移如何提高国际竞争力；
- 讨论霍夫施泰德的研究对公司跨文化谈判的启示；
- 解释跨文化准备的一些重要方面；
- 与全球多元文化项目团队讨论机会和陷阱；
- 解释跨国贿赂的复杂性和危险性。

18.1 导　　论

　　文化是一个影响谈判的每个阶段的维度。文化影响人们设想谈判的场景，甚至在任何谈判的讨论开始之前就起作用，因为它有助于问题的结构化。文化影响在竞争或合作中形成的战略方法。

　　为了在复杂和快速变化的国际商业世界中保持竞争力，并持续发展，企业不仅必须在全球范围内寻找潜在市场，还要寻求高质量、低成本的原材料和劳动力资源。即使是从未离开过国内市场的小型企业，其管理者也将面临文化背景日益多样化的市场和劳动力。那些能够理解和适应不同文化的管理者更有能力取得成功，并在国际市场上赢得竞争。

　　文化有助于人们精心安排自己的行为，分清什么是可取的，什么是不可接受的。文化影响为人们观察、组织和编码传播内容赋予意义，为感知提供条件。文化还影响人们对公正的标准进行选择，而这将决定最终达成协议。文化因素在谈判情境中非常重要，直接影响谈判过程。从根本上说，谈判是一个旨在达成目的的战略性过程。谈判在文化情境下发生，并由自身就是文化载体的人们来进行。如果不考虑这一点，谈判就不切实际。文化是区分国际谈判与任何其他类型谈判的关键变量。在进行如建立合资企业这样漫长而复杂的谈判过程之前，国际谈判者（无论是买方，还是卖方）必须理解对方文化中的基本要素。这使人们能更好地理解谈判桌上和周围环境中真正发生的事情，以避免误解，从而更有效地沟通，更好地解决可能出现的困局，并能够诊断真正的问题。

因此，与来自其他文化的人开展业务并非像在国内做生意那么容易。

在国际化的早期阶段，中小型企业（SMEs）可能将跨文化市场视为可追求的纯粹短期经济机会，以使其短期利润最大化。然而，在早期的跨文化商务谈判中，更多地了解文化的本质及其如何影响商务实践可以提高成功的概率。当来自两种不同文化的人开展业务时，对另一种文化做出假设往往是不利的，并可能导致误解。中小型企业的管理者应基于对文化的真实理解来发展现实的假设，并应当避免任何带有文化偏见的想法。示例 18.1 表明，文化的影响难以预测。

示例 18.1

谷歌在中国赠送时钟作为礼物

随着谷歌的亚洲市场业务的增长与巩固，在一个圣诞节来临之际，谷歌决定给全球的客户赠送时钟。当谷歌把时钟送给来自中国的合作伙伴时，并没有意识到时钟是一种非常冒犯的礼物，因为在中国（和亚洲）的文化中，这意味着"你的大限到了"。

来源：基于 Kim（2011）。

所有成功的国际营销者在海外都有个人代表：与顾客面对面谈判是销售工作的核心。谈判对整个交易最终达成协议是必需的，包括产品的交付、价格的支付、支付计划和服务条款等问题。

国际销售谈判有许多区别于国内环境下的谈判的特点。首先，最重要的区别是谈判各方的文化背景不同。因此，成功的谈判不仅需要对每一方的文化有一定了解，还需要采取与对方的文化系统相一致的谈判策略。有趣的是，日本谈判代表常规性地要求提供关于美国公司和关键谈判人员的背景信息。因此，日本的谈判人员经常事先知道对方可能采取的谈判策略和战术。

1. 两种不同的谈判文化：基于规则的文化和基于关系的文化

有两种截然不同的谈判文化。

（1）基于规则的谈判文化主要发生在西方世界。西方人往往信任体系，而其他地方的人们则信任朋友和家人。西方人围绕不相关联的交易来开展业务，而这些交易被制定为合同或者协议，并由法律制度来强制执行。信奉基于规则的文化的人是普遍主义者，因为他们做的所有事情都基于规则。基于关系的文化尊重人的权威，而基于规则的文化则尊重规则。西方统治者从他们执行的规则和他们被选择的规则中得到权威，而不是因他们是谁而得到权威。规则值得被遵守的前提是规则具有内在的逻辑性和合理性。由于逻辑性是人们普遍推崇的，因此，值得被遵守的规则也会被认为是普遍有效的。

（2）相比之下，基于关系的谈判文化（如亚洲文化）主要基于对朋友、家人或上级的忠诚和义务，而不是基于规则体系。传统上，人们更倾向于建立关系，而不是进行交易。在许多情况下，基于关系的方法仍然是更有效的方法。谈判桌上的讨价还价往往被认为是对抗，而不是谈判，即使谈判受到议定书的严格约束（如在日本）。对抗性的讨价还价在街市上很普遍，因为各方通常没有工作关系。当不需要长期合作时，这种类型的讨价还价是可以接受的。然而，在进行赖以生存的重大项目时，最好是发展各方之间的和谐与信任，而不是依靠西方式谈判。

一方面，建立关系需要花费更多时间和精力。因而，总有存在走捷径的诱惑。另一方面，基于规则的体系特别容易受到欺骗的伤害。人们之所以约束自己的行为，不仅仅是基于对规则的尊重，还基于对彼此的尊重（Hooker，2009）。

18.2　跨文化谈判

进入遥远市场的公司可能会感觉到两国之间的差异巨大，从而导致高不确定性（Magnusson and Boyle，2009）。

面对习俗、观念和语言等方面的巨大差异，人类最常见的倾向是以负面的方式产生对对方的刻板印象。因而，一个关键的观念是，在进行谈判之前就要知道寻求什么，并彻底研究对方文化的特征。

在跨文化谈判中，需要关注时间观念。时间观念往往基于文化形成。因此，世界各地的人们对时间的看法存在很大差异。总的来说，西方文化，特别是工业化社会，将时间视为单线性的，因此，各项活动需要安排时间表。他们认为时间是有价值的，就像一件商品，可以被节约、花费或浪费。他们对时间进行预算，就像对金钱进行预算一样，因此，"时间就是金钱"。他们珍惜时间，反对浪费时间，不喜欢一直等待。

西方人通常急于做生意，他们的急躁情绪经常被利用，特别是中国和日本的谈判者。东方国家深受儒家思想的影响，中国和日本商人在真正开始商谈业务之前，十分重视礼仪和建立个人关系。他们通常不考虑这样做所花费的时间。在商业谈判中，他们总是会说"是，是"，而不是对他们不想接受的提案或条款直截了当地说"不"。他们对时间的看法比西方人更加灵活（Mayfield，1997；Huang，2010）。

而在中东和非洲，人们通常缺乏严格的时间观念。准时的西方人坚持会见的最后期限通常会一直保持等待。然而，一旦一位商人最终被邀请进入经理的办公室，会谈会一直持续，直到达成交易业务，即使下一个访客可能会等待很长时间。

理解其他文化往往要基于宽容。信任和尊重是几种文化的基本条件，如日本、中国和大部分拉丁美洲文化。在讨论实际谈判问题之前，日本人可能需要几次会议，而北美和北欧人则倾向于尽快开展业务。文化影响一系列战略，包括实施这些战略的多种方式。以色列人更喜欢直接的谈判形式，而埃及人更喜欢间接形式。埃及人认为，以色列的直接性是具有侵略性的，并可能受到侮辱，而以色列人则不耐烦看待埃及人的间接性，认为它是虚伪的。这种文化差异危及两国商人之间的任何谈判。

甚至，谈判的语言也可能是欺骗性的。对于北美和西欧人而言，妥协等同于道德、诚信和公平竞争。对于墨西哥人和其他拉丁美洲人而言，妥协通常意味着丧失尊严和正直诚实，而在俄罗斯和中东，妥协通常被视为软弱的表现。此外，来自其他文化的人可能认为西方理想的有说服力的沟通者往往是具有侵略性的、肤浅的和虚伪的。

18.2.1　跨文化谈判过程

谈判过程可以定义为"两个或多个实体聚集在一起，讨论共同和冲突的利益，以达成互利协议的过程"（Harris and Moran，1987）。谈判过程显著受到谈判者（通常是买方和卖方）被社会化与教育的文化的影响。在国际销售谈判过程中，普遍存在的文化差异可能对谈判过程本身及其结果有巨大影响。

跨文化谈判过程可以分为两个不同的方面：非任务相关的互动和任务相关的互动（见图 18.1）。每个部分将在下面的章节中进行讨论（Simintiras and Thomas，1998；Simintiras and Reynolds，2001；Salacuse，2010）。

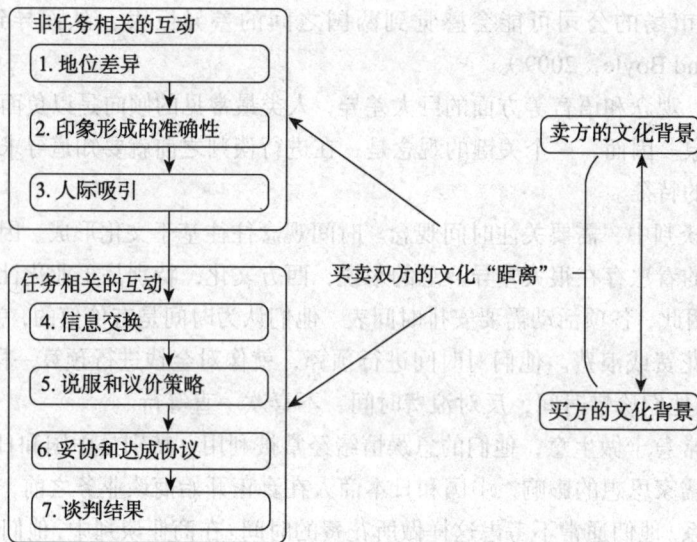

图 18.1　跨文化谈判过程受买卖双方文化距离的影响

来源：改编自 Simintiras 和 Thomas (1998) 和 Simintiras 和 Reynolds (2001)。

图 18.1 显示，跨文化谈判过程很大程度上受卖方和买方文化"距离"的影响。这个观点在图 18.2 中将进一步展开。

在 3.1 节中，我们讨论了"心理距离"如何与"文化距离"联系起来。"心理距离"反映了个体管理者对两个国际市场之间"距离"的感知，而"文化距离"则更关注两个市场之间的平均"距离"，主要侧重于文化价值。

18.2.2　非任务相关的互动

在销售谈判过程中，应首先考虑非任务相关的方面（地位差异、印象形成的准确性和人际吸引），因为这些因素在与买方建立关系（即接近买方）时更为相关。

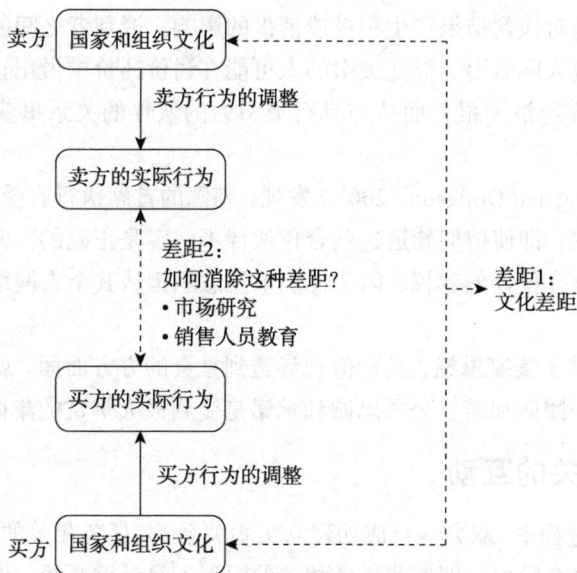

图 18.2 跨文化谈判中的差距分析

（1）地位差异。在跨文化谈判中，卖方和买方理解地位的差异至关重要。地位的差异是由人与人之间的等级、年龄、性别、受教育程度、个人在公司中的地位和公司的相对地位决定的。在不同的文化中，谈判中的地位具有不同程度的重要性。高语境文化是以地位为导向的，沟通的意义内化于沟通者本身。在高语境文化中，谈判者所使用的词汇并不像谈判者的地位那么重要。在高、低语境文化之间，谈判者的地位差异是潜在问题的根源。例如，来自高语境文化的卖方与来自低语境文化的买方在进行谈判时，可能非常重视买方的地位。卖方期望买方对这份尊重有所回报，但这很少发生。

（2）印象形成的准确性。这一阶段指谈判者之间的初步接触。销售人员与潜在顾客接触的前两分钟是最重要的（"真理时刻"）。第一次见到某人，个体具有先于理性思维过程的感觉，而这些感觉使得印象形式的准确性往往基于最小信息量的即刻意见。由于来自不同文化的个体的感知不同，谈判者形成对对方的准确印象的可能性降低。基于不准确的印象形成的不佳印象也可能对随后的谈判阶段具有负面影响。

在世界上许多地方，赠送礼物是做生意的一个重要组成部分，特别是在远东地区，如中国和印度。双方可以在谈判之前或之后互赠礼物，因此，有关送礼的习俗非常重要。在某些文化中，礼物被期待，没有赠送礼物则被认为是一种侮辱，而在其他文化中，赠送礼物却被认为是冒犯。

对于日本谈判者而言，交换礼物象征着业务关系的深度和强度。礼物通常在第一次会议上就被交换。在赠送礼物时，公司应以同样的方式做出回报。与此形成鲜明对比的是，在西欧，很少交换礼物，交换礼物通常也不合时宜。同样，中国的送礼习俗与英语国家的人不同。然而，随着中国日益融入世界经济，中国也日益符合西方合作伙伴的期望。因此，越来越多的中国公司对礼品赠送和其他此类姿态持怀疑态度（Chua，2012）。

赠送礼物也有多种禁忌。例如，在斋月期间不应向穆斯林赠送食物（Huang，2010）。

（3）人际吸引。这个阶段指受买卖双方之间的吸引力或相互喜欢所影响的即刻面对面印象。人际吸引可能对谈判结果产生积极或消极的影响。谈判者之间的相似性可以引起信任，这反过来又形成人际吸引。彼此吸引的人可能在讨价还价中做出让步。因此，个体谈判者可能会选择放弃经济回报，而从与具有吸引力的伙伴的关系里获得的满足感中得到回报。

张和道森（Zhang and Dodgson, 2007）发现，韩国的首席执行官受其合作伙伴的影响，经常遵循他们的建议，即使他们知道这些合作伙伴不一定是正确的。韩国的首席执行官们无论如何也会遵循合作伙伴的建议，因为他们不愿意承担从其个人网络中失去这些业务关系的风险。

韩国谈判文化基于儒家思想，其价值观渗透到社会的方方面面。韩国像其他亚洲国家一样，在社会网络中团队和谐、公司忠诚和承诺是受到极大赞赏的集体主义属性。

18.2.3　任务相关的互动

在跨文化谈判进程中，双方一旦成功建立买卖关系，与任务相关的方面就变得更重要。不过，应记住，在这个阶段，即使非任务相关的因素不是最重要的，但它们仍然可能对谈判过程和最终结果产生影响。

（1）信息交换。在谈判过程的这一阶段，作为合作伙伴之间有效沟通的起点，明确了解谈判者的需要和期望是至关重要的。具体而言，应重视参与者对给予他们的各种不同备选方案的期望效用。必须明确交换的信息量将因文化而异，而且，世界上有数千种语言和当地方言，因此通过口头方式进行跨文化交流是复杂而困难的。即使在参与者相互理解并彼此顺利交流的情况下，因不同的文化中的不同词义，交换的信息的含义也可能丢失。除了口头沟通上的困难外，跨文化的销售谈判也会受到诸如肢体语言等非语言问题的影响，这会降低谈判者准确理解他们之间的差异性与相似性的可能性。

（2）说服和议价策略。谈判过程的这一阶段指谈判者试图通过使用各种说服策略来调整对方的绩效期望。世界上有各种各样的说服方式，每种文化也都有自己的说服方式。根据安格玛和斯坦（Anglemar and Stem, 1978）的观点，谈判过程中有两种基本说服方法：代表性和工具性策略。

当使用代表性策略时，沟通是基于问题识别、寻找解决方案和选择最合适的行动过程。例如，销售人员可以与买方合作，并寻求有关买方对情况的看法的信息。

当使用工具性策略时，沟通涉及影响对方的行为和态度，例如，销售人员可以用有说服力的许诺、承诺、奖励和惩罚等方式来影响买方。友好与合作谈判气氛的存在有助于使用代表性谈判策略。

（3）妥协和达成协议。这一阶段指谈判者从最初的立场到谈判达成协议中使用的谋略。来自不同文化的谈判者有不同的让步方式。例如，低语境文化中的谈判者很可能使用逻辑，而高语境文化中的个体则更倾向于使用个性化的论据。

谈判协议的最佳替代方案（best alternative to a negotiated agreement, BATNA）是罗杰·费希尔（Roger Fisher）和威廉·尤里（William Ury）（1980）在他们的 1981 年的畅销书《谈判力》（*Getting to Yes: Negotiating Without Giving In*）中创造的一个术语。BATNA 对谈判至关重要，因为谈判者不能就是否接受谈判协议做出明智的决策，除非他们知道替代方案。BATNA 是唯一的标准,既能保护双方不接受没有利益的条款,又可以防止谈判双方拒绝可能是其最佳利益的条款。用最简单的话说,如果拟议的条款相比谈判者的 BATNA 更好,那么就应该被接受。如果条款不比 BATNA 好,那么,他们应该重开谈判。如果谈判人员不能改进协议,那么,他们至少应该考虑退出谈判,并寻求其替代方案,尽管这样做的代价必须考虑在内。此外,谈判人员了解对手的 BATNA 越多,就越能够为谈判做好准备。然后,谈判人员能够对结果可能是什么,以及什么样的提议更合理等有更加现实的看法。

拥有好的 BATNA 能够增加谈判力。因此,尽可能地改进 BATNA 至关重要。好的谈判者知道对方何时渴望达成协议。在该情况发生时,谈判者往往会提出更多要求,因为他们知道谈判对手将不得不让步。然而,如果对手在谈判之外显然有许多选择,那么,谈判者很可能会进行更多的让步,从而努力将对手留在谈判桌上。在谈判开始之前尽可能完善 BATNA,并使得谈判对手知晓该 BATNA,能够加强谈判地位。

BATNA 还会影响所谓的"成熟时机",即争端得以解决的时间。当各方对于什么样的 BATNA 存在相似的想法或者"一致的概念"时,谈判达成协议的时机就成熟了。拥有一致的 BATNA 概念理解意味着谈判双方对于如果他们不同意,并追求其他的选项将如何解决争端有相似的看法。在这种情况下,在不继续争论的情况下,协商达成协议对谈判双方而言,通常都是明智的,从而节省了交易成本。

换句话说,当双方意识到现状(不谈判)是一种负和(或"双输"),而不是零和("赢—输")的情况时,解决冲突的时机就会变得成熟。为了避免双方都遭受损失,谈判者必须考虑通过谈判才能达成正和(或"双赢")的结果。

成熟度是一种感知。找到一个成熟的时机需要调查研究和情报研究来识别客观和主观的因素。

另外,关于什么样的 BATNA 存在,争论的双方可能持有"一致的概念"。例如,双方可能认为,如果他们决定在法庭上或通过武力解决争端,那么,他们就能赢得争端。如果双方的 BATNA 告诉他们,他们可以追求冲突并赢得胜利,那么,很可能的结果就是一场能力竞赛。如果一方的 BATNA 确实比另一方好得多,那么,BATNA 更好的一方可能会占上风。但是,如果 BATNA 相当,双方则可能会陷入僵局。如果冲突的成本足够高,那么,最终各方可能会意识到,他们的 BATNA 并不像他们想象的那么好。从而,这场争端将再次成为谈判的"成熟"时机。

(4)谈判结果。达成协议是谈判过程的最后阶段。该协议应该是买方和卖方之间更深层次关系发展的起点。谈判过程的最终协议可能以君子协议的形式达成,这在高语境文化中很常见,而在低语境国家中,则以更正式的合同达成。

18.2.4 霍夫施泰德的研究启示

从霍夫施泰德(Hofstede,1983)的研究中,我们看到了国家文化之间的差异(差距)。五个维度中的每一个都反映在各国的企业文化模式中。接下来,霍夫施泰德的五个维度对公司的国际谈判策略的启示将会被讨论(Rowden,2001;McGinnis,2005;Volkema and Fleck,2012)。

（1）男性气质/女性气质。男性气质文化看重自信、独立、任务导向和自我成就。一方面，男性气质文化的谈判策略通常是竞争性的，这使得形成"赢或输"的局面。冲突通常是通过斗争，而不是妥协来解决的，这反映出一种自我激励的方法。在这种情况下，具有最具竞争性行为的人可能获得最大的收益。另一方面，女性气质文化重视合作、培育、谦虚、共情和社会关系，更倾向于协作或妥协的风格或策略，以确保通过最佳的相互接受的解决方案来获得双赢的局面。

在谈判时，来自男性气质文化国家的个体更有可能将重点放在协议的细节上，而不太关心其对对方所产生的整体影响。来自女性气质文化国家的谈判者更有可能关心协议中的审美的，以及更长远的效应，她们觉得细节可以稍后解决。

（2）不确定性规避。这个维度指一个人在不清楚或有风险的情况下的舒适程度。高不确定性规避文化中的人有正式的官僚化的协商规则，依赖于仪式和标准，只相信家人和朋友。他们需要一个明确的结构和指导方针。低不确定性规避文化中的人倾向于非正式地工作，具有灵活性。他们不喜欢等级制度，很可能寻求解决方案和妥协，而不是维持现状。

一方面，来自高风险规避文化的谈判者可能会在数量、时间和要求等方面寻求具体的承诺。而来自低不确定性规避文化的谈判者，则很可能倾向于对数量和时间进行粗略估计，并不断地调整要求。例如，在谈判过程中，围绕新产品上市时间延迟的讨论可能会引起高不确定性规避的谈判者的极大关注。另一方面，在低不确定性规避的人看来，这会被认为是即兴发挥创造性的好机会。

（3）权力距离。这一维度指对拥有权力和受权力影响的人之间的权威差异的接受程度。高权力距离要求服从权力，礼仪、礼节和等级制度被认为是重要的。在高权力距离文化中，公司的首席执行官经常直接参与到谈判中，且是最终的决策制定者。

在平等地位（低权力距离）之间进行商业谈判的想法基本上是一个西方概念，这在日本、韩国或俄罗斯等以地位为导向的社会中是不存在的。西欧和北美的人通常都是非正式的，他们会直呼名字，穿着休闲服装等来淡化身份。

日本人穿着保守，他们总是喜欢深色的商务套装。因此，在与日本人的谈判过程中，随意着装是不合适的。日本人不直接使用名字，除非是在最好的私人关系中。在亚洲，荣誉、头衔和地位是极其重要的：谈判中应用合适的头衔来称呼对方。在西方世界，坦率和直接是很重要的，但在亚洲却并不可取。

在欧洲，握手很重要，然而，在日本却不合适，鞠躬才是惯例。

当一个高男性气质文化的人与高权力距离文化的谈判者进行谈判时，如果双方都不努力去理解文化平衡，冲突很可能会产生。低男性气质主义和低权力距离文化之间的交易通常会产生更多的合作和更具创造性的行为。

一方面，来自低权力距离文化的谈判者可能会因为来自高权力距离文化的谈判者需要得到上级的批准而感到沮丧。另一方面，来自高权力距离文化的谈判者可能会感受到来自低权力距离文化的谈判者在谈判节奏上所施加的压力。这里的关键是要理解正在谈判的对象关于权力距离的观念。这种理解是达成协议的第一步，也为接下来的关系设定了现实的预期。

（4）个体主义/集体主义。个体主义文化倾向于把任务放在关系之前，并非常重视独立性。这些文化容忍公开冲突，并将个人的需要放在群体、社区或社会的需要之上。在谈判中，来自个体主义社会的谈判者期望对方有权力单方面做出决定。在一个高度个体主义的国家（如美国），在不了解他人利益的情况下，追求自己的目标是被社会所接受的。相比之下，来自集体主义文化（如中国）的管理者将寻求一种长期导向的稳定关系，并将建立个人关系的重要性置于一切之上。集体主义社会重视团结、忠诚，个人之间有着强有力的相互依存关系，成员以各自在群体中的成员身份来界定自己。来自集体主义文化的经理认为，谈判过程中的细节可以被制定出来，并通过关注集体目标来表现出对对方需要的更多关注。当来自个体主义社会的成员在谈判中宣扬自己的立场和想法时，集体主义社会的成员往往会感到恼怒。

另外，来自个体主义社会的谈判者更有可能专注于短期利益，提出极端的报价，并从竞争的角度来看待谈判。在这样的谈判中，一个关键因素是让双方相互了解对方的主要利益，而不是只关注自己的利益。

（5）长期/短期导向。霍夫施泰德在对国家文化进行开创性研究之后，又研究了东西方文化差异的第五维度（Hofstede and Bond，1998）。

考虑到这些差异，来自短期导向文化背景的谈判者对提出请求感到更舒服。相比之下，来自长期导向文化（典型的亚洲文化）的人更倾向于通过推迟行动来回应个人需要（例如，考虑更长远的、更全面的愿景）。这包括等待对方来"推动"这个主题，如果不推迟个人参与的话。商业谈判在长期利益导向的文化中也需要更长的时间来推进。长期的传统和承诺更有可能支持维持现状，并阻碍变革。

18.2.5 不同的组织模式

英国的组织模式似乎是一个没有明确的等级制度，以及具有灵活性的规则，并通过谈判解决问题的农村市场。德国的模式更像是一台运转良好的机器。个人命令的执行在很大程度上是没有必要的，因为规则决定了一切。法国模式更像是一个金字塔式的等级结构，由一个统一的指挥机构联合起来，发布强有力的规则。如果我们来看国际买卖双方的关系，那么，我们可以看到，国家文化只是文化等级的一个层级，它将影响买方或卖方的个体行为。当不同文化的成员聚在一起进行沟通时，无论是在销售组织内，还是在买方与卖方的接触中，他们通常不会将相同的共同价值观、思维模式和行动引入到这种情况中，共同点通常是有限的。这增加了互动结果的不确定程度，并可能限制沟通的效率和效果。为了减少不确定性，传播者必须准确预测其他人的行为，并能够解释这些行为（Bush and Ingram，2001）。

18.2.6 国际谈判中的差距模型

在谈判中，影响买方和卖方之间互动的最根本差距是他们各自文化背景之间的不同（见图 18.2）。这种文化距离可以用沟通与谈判行为，时间、空间或工作模式的概念，以及社会习俗与规范的性质的差异来表示（Madsen，1994）。由于双方之间的文化差距往往会增加交易成本，因此，交易成本在跨文化谈判中可能会相当高。

文化对人，以及国际谈判的影响可以在社会的不同层次中进行分析。此外，某人在一个特定的文化背景下形成的个人文化身份会影响到该人对其他文化背景下其他情境的看法，这是一种学习"效应"。卖方和买方都受到（至少受到）他们所属的国家和组织文化的影响。正如第 7 章（见图 7.2）所示，存在更多的层面来理解个体的谈判行为。

必要的适应程度首先取决于卖方和买方在文化上的相似性。然而，买卖双方之间的文化差异可能要比两国之间的文化差异小，因为在某种程度上，他们共享"商业"文化。

（1）国家文化的影响。国家文化是代表一个特定国家公民群体的独特生活方式的宏观/社会文化。这种国家文化由成员所持有的规范和价值观，以及该国的经济发展、教育体系、国家法律和监管环境的其他部分等层面构成（Harvey and Griffith，2002）。所有这些因素都在将个体融入特定的信仰模式中起着重要作用（Andersen，2003）。因此，当人们在国际交往/国际关系中接触到文化差异时，他们往往把来自不同国家文化的人视为陌生人，即属于不同群体的陌生人。由于这种距离感直接影响信任和个人之间的联系，因而增加了谈判过程中买卖双方冲突的可能性。前文关于霍夫施泰德研究的五个维度的讨论给出了几个国家文化差异，以及它们可能如何影响双方之间的跨文化谈判的例子。

（2）组织文化的影响。组织文化是共享的行为、价值观和信仰的模式，为理解组织的运作过程提供了基础（Schein，1985）。当两个或更多的组织进行谈判时，组织文化之间的核心要素一致性的相对水平会直接影响沟通和协商的效果。

在考察国家文化和组织文化的要素时，公司沟通环境的整体复杂性会有很大的不同。在某些情况下，买卖双方之间的国家文化距离大，组织文化也不一致（即组织间的距离大），谈判环境将会非常复杂，需要仔细计划和监控公司的跨文化谈判策略。相反，当国家文化距离较小，买方和卖方的组织文化相一致时，双方都会发现，采用不需要太多适应的有效谈判策略是更容易的（Griffith，2002）。

在买卖双方的国家和组织文化"距离"都存在的情况下，买方和（尤其是）卖方都会试图通过调整自己的行为来适应对方。通过这种方式，最初的差距 1 可以通过行为的适应（见图 18.2）减少到差距 2。卖方将其行为调整到另一种文化的沟通方式的程度是其技能和经验的函数。必要的技能包括处理压力、发起对话和建立有意义关系的能力。

然而，买卖双方都不可能完全理解对方的文化，所以，最终结果往往仍然存在买卖双方文化行为的差异（差距 2）。这种差距会在谈判和交换过程中产生摩擦，从而产生交易成本。

市场研究及对销售人员的教育可以减少差距 2（见 18.3 节）。然而，销售人员以态度和技能的形式带来不同的"包袱"，从而引起跨文化意识的不同阶段。18.3 节将重点讨论跨文化准备的不同阶段。例如，如果一个培训师向已经在接受阶段，且愿意学习行为策略的销售人员提供基本的文化意识训练，那么，这些销售人员很可能会感到无聊，而不会看到某些类型的多样化培训的价值。

此外，面对面的沟通技巧在国际销售培训中仍然是一个重要话题。在顾问式销售中尤其如此，因为在国际营销环境下，提问和倾听技巧是必不可少的。然而，通过培训项目了解文化多样性能使销售人员和营销主管为预测遇到不同顾客或同事时的行为做更好的准备。然而，许多销售人员对培训仍持怀疑态度，并质疑其价值。事实上，员工可能认为多样性培训只是一种潮流，或是"政治上正确的事情"。然而，如果没有做好准备，销售人员往往不会意识到文化多样性的影响，直到他们接触到不熟悉的文化情境。

在为销售人员提供有意义的教育经历〔包括文化多样性（差距）〕时，经常遇到的一个主要问题，即无法提供定期的现场体验式学习机会。这是由于缺乏时间和资源。尽管是可取的，但在许多情况下，人们不能事先将销售人员置于某种文化中，以分析和学习他们的反应。这种困境的一个可行的替代方案是将受训者置于模拟的文化多样性体验中。这种方法的优点是更有效率，并要求个体的积极参与，从而产生经验式学习。基于角色扮演的模拟和结果导向的学习在销售人员和管理者的培训中非常成功（Bush and Ingram, 2001）。

18.2.7　谈判策略

谈判的一个重要部分是了解你自身的长处和短处，同时也要尽可能多地了解对方的情况，理解他们的思维方式，并辨识出他们的观点。即使从弱势的位置开始，销售人员也可以采用一些策略来将谈判转化为他们的优势。

示例 18.2

欧洲迪士尼成为巴黎迪士尼乐园度假村
——迪士尼学习适应欧洲文化

20 世纪 80 年代中期，沃尔特·迪士尼公司（Walt Disney Company）开始寻找欧洲主题公园的地址，法国和西班牙成为最有可能的地点。最终，马恩拉瓦莱市（巴黎以东约 20 英里）赢得了"新米老鼠之家"的争夺战。1987 年，迪士尼创建了欧洲迪士尼子公司。第二年，这个 44 亿美元的项目破土动工，1989 年，欧洲迪士尼开业（沃尔特·迪士尼保留 49% 的股份）。

1992 年，在筹备欧洲迪士尼开幕时，公司的首任董事长自豪地宣布，公司将"帮助改变欧洲的氛围"。

然而，存在一些跨文化问题。

（1）在开园之前，迪士尼公司坚持要求员工遵守关于服装、配饰和个人形象的其他方面的详细书面规定。女性被要求穿"合适的内衣"，并保持短指甲。迪士尼为自己的举动辩护，声称其他乐园也采用了类似的规定，目的是确保客人获得与迪士尼品牌相关的体验。尽管有这些言论，但法国人认为，该规定是对法国文化、个体主义和隐私的侮辱。

（2）迪士尼从美国市场延伸出标准的"禁止饮酒"政策，意味着欧洲迪士尼里不出售饮用酒。在一个以生产和消费葡萄酒而闻名的国家，这被认为是不合适的。

它采取了一系列的适应措施，如重新命名巴黎迪士尼乐园度假村，并增加了一些特殊的景点，使乐园在 1996 年盈利。

在重新命名时，迪士尼的首席执行官迈克尔·艾斯纳（Michael Eisner）认为（Snyder, 2002）："作为美国人，'Euro'一词被认为是迷人的或令人兴奋的；对于欧洲人来说，它是一个与商业、货币和商务有关的术语。重新命名公园'巴黎迪士尼乐园'是一种将它与世界上最浪漫、最令人兴奋的城市联系起来的方式。"

现在，巴黎迪士尼乐园度假村主题公园是欧洲最顶级的旅游景点。其访问量超过埃菲尔铁塔，成为欧洲第一大旅游目的地，年参观量超过1500万次（2018年）。

多年来，公司学习如何迎合欧洲人的口味，例如，提供香肠和葡萄酒之类的食品和饮料。迪士尼工作室的虚拟导游也使用欧洲演员。

来源：Tagliabue (2000); Della Cava (1999); www.eurodisney.com; Hoovers Company Records: Euro Disney S.C.A, December 2006.

18.3 跨文化准备

许多销售人员可能意识到文化多样性是他们工作环境中的一个重要问题。然而，正如许多在文化方面犯错的实例所证明（见示例 18.2 中迪士尼乐园的例子），销售人员可能没有意识到多样性对于预测其在销售环境中的行为的能力的影响。因此，个体可能会通过一种自我揭示的方式来取得进步，这是他们自己的感知技能。这些技能影响他们与来自多样性化文化背景的同事或买方之间的互动。参与这样的实验练习可以帮助销售和营销人员以不同的方式理解文化多样性的影响。

1. 一般的跨文化准备

建议通过以下五个步骤来帮助企业在进入不同的国际市场时，为销售人员做好准备，以应对文化差异（Bush and Ingram，2001）：

（1）树立文化差异如何在销售组织中施加影响的意识。

（2）激励销售人员和管理者不断反思他们对待顾客的行为和态度。

（3）允许销售人员在心理安全的环境下审视自己的偏见。

（4）研究刻板印象是如何形成的，以及刻板印象如何在买卖双方之间形成误解。

（5）识别国际销售组织中需要解决的多元化问题。

这种模拟可以被看作了解沟通风格和文化差异的一个有价值的起点。大多数公司意识到，文化多样性培训所需要的时间比预期的要多得多。教育个体在文化或亚文化之间的沟通的一个困难在于两个小时的会议是不够的。尊重不同文化的成员并成功地与他们进行互动是长期过程的一部分。通过参加长期训练，销售人员可能开始意识到多样性的概念超越了"做正确的事情"或者是满足平权运动的要求。重视多样性还会对组织的利润产生影响。

2. 对合作伙伴的跨文化沟通和谈判能力的具体评估

为解决谈判过程中与匹配和缩小"差距"相关的问题，公司必须通过积极主动制定具体的策略来提高沟通的有效性。大多数组织没有正式的跨文化沟通管理，但为了提高销售公司的跨文化交流和谈判能力，以下三个步骤是必要的。

（1）评估销售人员的沟通能力。鉴于销售人员的沟通能力对成功建立关系的重要性，销售公司评估他们的能力很重要。一旦评估了技术水平（如技术和标准语言能力），公司就可以使用上述的模拟和体验的方法来测量其行为能力。

（2）评估买方公司谈判人员的沟通能力。如果可能的话，对于外国文化中的买方来说，应执行与1相同的程序。然而，通常很难获得买方公司谈判人员的信息。

（3）匹配买方与卖方公司的沟通和谈判能力。只有双方公司的沟通能力能够匹配（而不存在太大的差距）时，它们才能实际地期望在国际谈判和可能的未来关系中取得成功。当然，应该指出的是，卖方公司只能够控制其内部能力，而不是买方公司的内部能力。

这个沟通评估问题可以被整合到公司的合作伙伴选择和保留标准中。当卖方公司开始将这些沟通能力融入其合作伙伴的选择和保留标准中时，就显示出灵活性和改善与其合作伙伴（买方公司）相关的现有能力的意愿是很重要的。

18.4　妥善处理外派人员

以下讨论不仅适用于外派销售人员，还适用于在外国公司的其他工作（例如，在外国子公司的管理位置）。在外国文化中，进行谈判的外派销售人员在遇到买家时往往会遭遇文化冲击。外派人员（expatriates）的文化与他们现在工作中的文化非常不同，他们体验到更强烈的文化冲击。国际公司的管理层能做些什么来减少文化冲击的风险呢？应考虑以下方面（Guy and Patton，1996）。

1. 聘用外派销售人员的决策

需要制定的第一个重要决策是使用来自母国的外派人员是否是进入和服务外国市场的最佳选择。公司应首先检查其过去在文化冲击和在其他文化中调整其销售代表的经验。对于经验不足的公司来说，最好的建议是评估可能的代理商和分销商，而不是聘用母国的外派人员。公司也有其他的选择，即聘用来自东道国或者第三国的销售人员（见 17.3 节）。

公司应尝试找出外派销售工作中存在的一些要素，这些要素暗示了文化冲击可能带来的问题。如果这项工作技术性很强，与其他母国人员位于一个区域，且包含了与母国相似的口味和生活方式，则外派的销售人员就可能是合适的。

然而，如果这份工作将外派销售人员置于有冲突预期的不熟悉岗位上，则公司应考虑其他的选择。出现更大的文化冲击和调整问题的可能性随着文化距离的增加而增大。高语境/低语境之间的区别越大，出现困难的可能性就越大。当进入不同的文化时，许多熟悉的符号和线索都不见了。消除这些日常的保证会导致沮丧、压力和焦虑的感觉。

2. 选择外派人员

成为一名外派销售人员是一项重要的任务，选择过程应深思熟虑，而不是过快做出决策。选择不应只基于销售人员的技术能力，还必须强调以下属性：

- 外语技能；
- 一般关系能力；
- 情感稳定性；
- 教育背景；
- 过去和被派遣国文化相关的经验；
- 处理压力的能力。

过往的研究（Guy and Patton，1996）表明，以下特征与外派人员的更低水平的文化冲击有关：

- 开放的思想；

- 同理心；
- 文化敏感性；
- 适应能力；
- 低自我认同。

如果潜在的外派人员有随行的家庭成员，那么，仅仅对该外派人员进行评估是不够的。必须考虑的家庭问题包括婚姻稳定性、家庭成员的整体情绪稳定和家庭凝聚力。至少对代表的配偶，但最好是也对其他家庭成员进行深度访谈对确定这些变量的状况可能非常有用。

3. 培训

为每一名外派人员选择最合适的培训项目需要将他们划分为跨文化技能的不同层次。每个层次都需要一个不同的培训计划。最初始的要求是培训外派人员及任何随行的家庭成员，以理解被派遣国的主要社会文化、经济、政治、法律和技术因素。

培训活动可能包括：

- 地区/国家描述；
- 文化同化培训；
- 角色扮演；
- 危急事件处理；
- 案例研究；
- 减压训练；
- 现场经验；
- 广泛的语言培训。

显然，许多公司无法在内部或通过单一来源提供所有需要的培训，但它们可能需要为外派人员在外派前和外派期间协调各种方法和外部项目。

4. 支持

从公司总部提供一个坚实的支持网络非常重要，这样，外派人员就不会感到孤立无援。外派工作期间的支持可能包含许多要素：

- 适当的金钱补偿或其他利益；
- 在公司总部和被派往的国家/地区进行持续的交流；
- 提供定期回母国旅游的机会，以维持外派人员与公司内的联系和关系；
- 总部还可以给外派人员发送他们可能感兴趣的工作岗位的信息。

外派人员应在东道国识别和联系那些能够成为他们社交网络的人。同样重要的是，他们的配偶和家庭包括在社会支持网络中。

5. 回国

公司应该为外派人员制定一个综合的职业规划，以识别可能的后续工作岗位和职业发展。如果外派人员在职业生涯中接触到一系列国际任务，则应通过每一项任务来发展他们对不同文化的认识。例如，对于一家英国公司来说，第一个非英国的任务可能是一个文化上相似或近似的国家，如德国或美国，下一个任务可能是南非或澳大利亚，然后是日本等。这样一来，文化冲击就最小化了，因为这个过程鼓励外派人员在越来越遥远的文化中管理情境的能力。

有时，外派人员回国是困难的。缺少工作保障是外派人员面临的最严峻的挑战之一。回国前的几个月，应开始内部职位搜索，进行一次总部回访，安排外派人员与合适的经理会面。应任命一位总部的赞助者与外派人员保联系，以帮助外派人员在返回时获得理想的职位。

有时，外派人员的家庭在回国后也会经历文化冲击，因此，在回国时需要给予一定的支持，包括帮助配偶找到工作，以及给予重新开始工作之前的调整时间。

18.5 知识管理和跨国界学习

在跨地域分布的业务单位、子公司和部门之间进行全球知识管理是非常复杂的，需要考虑不同的问题和因素。全球战略通过全球范围内的扩散和适应，开拓了母公司（总部）的知识。它力求通过总部与子公司之间的动态相互依存，实现"思考全球化，行动本地化"的口号。组织遵循这种策略在母公司与子公司之间进行协调，确保当地灵活性，同时利用全球化整合与效率的好处，确保在世界范围内实现创新扩散（Desouza and Evaristo, 2003）。

知识管理的一个关键因素是不断地从经验中学习（Stewart, 2001）。在实践中，知识管理作为跨越国界的学习活动，其目的是跟踪记录在一个市场上所使用的、可以用在其他地方（在其他地区市场上）的有价值的能力，这样，公司就可以不断地更新自己的知识，而不需要重新进行发明创造。请参见图18.3中的示例，了解公司对不同国际市场上的最佳实践转移，从而进行跨国界学习。

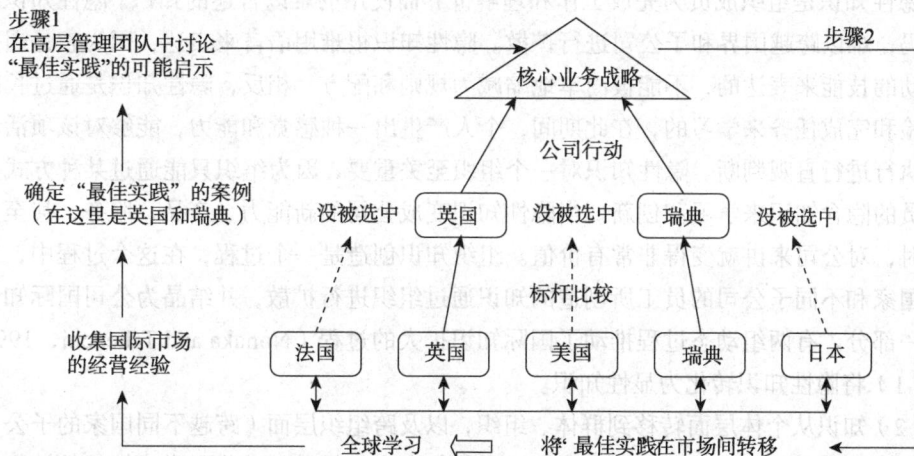

图 18.3 国际营销中"自下而上"的学习过程

将公司的最佳实践转移到其他国际市场的步骤如下.

（1）通过对公司在国际市场上的不同程序进行标杆管理（比较），公司应该能够找到最佳实践。在图18.3中，在英国和瑞典发现了最佳实践。随后，在"高管"团队中，讨论了最佳实践的可能启示。

（2）在高管团队确立了最佳实践的扩散程序之后，下一步就是看这些最佳实践是否可以在公司的其他国际市场上使用。为了传播全球知识和最佳实践，应设立会议（与所有国际市场代表）和全球项目小组。如果成功的话，标杆管理可能会产生全球学习过程，不同的国际营销经理将从现有的最佳实践中选择最可用的元素，并在当地市场上加以调整。

然而，正如本章前面所提到的，在一个文化环境中开发和使用的知识并不容易转移到另一个文化环境中。缺乏人际关系、缺乏信任，以及文化距离的存在将共同导致跨文化知识管理的阻力、摩擦和误解（Bell et al.，2002）。

随着全球化成为许多公司商业战略的核心（无论是从事产品开发，还是提供服务的公司）在当今的知识密集型经济中，管理"全球知识引擎"以获得竞争优势的能力是可持续竞争力的关键之一。在国际营销的背景下，知识管理实际上是一种跨文化活动，其关键任务是培养和不断进行更复杂的、合作的跨文化学习（Berrell et al.，2002）。当然，对于一个组织而言，什么样的知识种类和（或）知识类型具有战略意义，哪一种需要对其进行管理以获取竞争力，将根据业务环境和与之相关的不同类型的知识的价值的不同而不同。

1. 显性知识和隐性知识

新知识是通过隐性知识和显性知识之间的协同关系和相互作用产生的。

显性知识被定义为可以用符号系统正式表达的知识，因此可以很容易地传播或扩散。它要么是基于对象，要么是基于规则。基于对象的知识用符号（如文字、数字、公式）或物理对象（如设备、文档、模型）进行编码。基于对象的知识可以在产品说明书、专利、软件代码、计算机数据库和技术图纸等例子中找到。当知识以规则、惯例或标准操作程序等方式编码时，显性知识是基于规则的（Choo，1998）。

隐性知识是组织成员为完成工作和理解世界而使用的难以言述的知识。隐性知识没有被编码，难以跨越国界和子公司进行扩散。隐性知识很难用语言来表达，因为它是通过基于行动的技能来表达的，不能被简单地缩减为规则和配方。相反，隐性知识是通过长时间的体验和完成任务来学习的，在此期间，个人产生出一种感觉和能力，能够对该项活动的成功执行进行直观判断。隐性知识对一个组织至关重要，因为组织只能通过某种方式撬动其成员的隐含知识来学习和创新。当隐性知识变成公司的新能力、产品、服务，甚至是新市场时，对公司来讲就变得非常有价值。组织知识创造是一个过程，在这个过程中，来自不同国家和不同子公司的员工所创造的知识通过组织进行扩散，并结晶为公司国际知识网络的一部分。有两组动态过程推动了国际知识扩大的过程（Nonaka and Takeuchi，1995）。

（1）将隐性知识转化为显性知识。

（2）知识从个体层面转移到群体、组织，以及跨组织层面（跨越不同国家的子公司）。

国际化公司的一个核心问题是：知识是如何产生和扩散的。公司形成卓越的知识中心的能力，如产品开发或国际营销等特定职能，可能是在特定子公司形成的。

2. 全球项目团队

今天的企业越来越强调全球化，越来越需要人们跨文化和跨地域边界进行团队合作。多元文化团队趋势的出现，顺应了经济环境的不断变化，迫使企业发展出新的架构来使成本最小化、灵活性最大化。这些变化的一个结果是，由于知识的迅速增长和工作环境的日益复杂，越来越多的任务只能通过职能和文化上不同的专家之间通过国际项目团队合作才能完成。基于多元化创造价值的假设，以及由此而来的竞争优势，通过汇集不同的想法和知识，多元文化项目团队已成为跨国组织的主流趋势。然而，在实践中，使用这样的团队往往比预期要麻烦得多。由多元化的劳动力获得的认知优势往往被沟通不畅和不信任带来的关系上的问题所抵消，因此，人员流动率高（Wolf，2002）。然而，随着当今经济面临日益增长的跨越各种边界的需要，文化多样性项目团队的存在已不可避免。

考虑到困扰全球项目团队的沟通问题和信任问题，构建项目小组对成功至关重要。公司的高层管理者需要解决三个问题（Govindarajan and Gupta，2001），下文将进一步讨论。

（1）目标是否被明确界定？对于任何全球项目团队来说，首要的问题之一是明确讨论团队的议程，并确保目标/问题被清晰且准确地界定。许多项目团队并没有完全解决和讨论所涉及的问题，他们很快就会遇到问题。同一问题的不同构思会产生不同的结果。由于项目团队通常有来自不同子公司的成员，他们通常会因稀缺的公司资源而相互竞争，因此，他们往往会有高度内部冲突，且信任程度较低。

因此，一般而言，最好将项目团队的问题制定为关于外部市场环境中公司的定位，而不是强调内部问题。聚焦外部问题鼓励标杆管理，能促进创造力，为制定合理化生产和减少劳动力的艰难决策提供了令人信服的理由。考虑到全球化项目团队中可能存在的沟通问题，成员必须理解项目团队的议程：项目的范围、预期的可交付成果和时间表。文化和语言差异可能会使组织成员在议程和将要解决的问题上达成一致的任务变得复杂。清晰度对促进承诺和责任至关重要。

（2）选择团队成员。成功创建全球团队的另一个关键是选择合适的团队成员。有两个问题特别重要：如何平衡团队内部的多样性？团队的规模应该有多大？正常情况下，需要有高水平的多样性。为什么？首先，成员的文化和国家背景不同（这指行为多样性）；其次，成员通常代表议程可能不一致的子公司；再次，因为成员经常代表不同的职能单位与部门，因此，他们的重点和观点可能会有所不同；最后的两个问题指认知多样性。

让我们更仔细地看看行为多样性的例子。例如，考虑一个由瑞典和中国企业合资的跨国项目团队。大多数中国团队的标准是，最资深的成员提出团队的观点，但在瑞典团队中，通常是最初级的成员提出团队的观点。除非团队成员对这种差异很敏感，否则就很容易出现误解，并阻碍沟通。因此，行为多样性最好被看作是一种必要的"罪恶"：没有一个全球项目团队可以避免，但团队必须通过文化敏感性培训来尽量减少其影响。

让我们更仔细地看看认知多样性的一个例子。这种多样性指成员如何理解团队面临的挑战和机遇的实质性内容之间的差异。职能背景上的差异可以解释"市场拉动"（营销部门的人员会优先考虑）及"技术推动"（工程部门的员工会优先考虑）上存在实质性的认知差异。由于没有任何一个成员能够垄断智慧，所以，认知多样性总是力量的源泉。分歧的观点促进了创造力和对备选方案的更全面的搜索和评估，但这个团队必须能够整合各个视角，并得出唯一的解决方案。

（3）选择团队领导。构建全球项目团队的领导层需要涉及三个角色的关键决策：项目领导人、外部教练和内部发起人。项目领导人在跨国界项目团队中起着关键作用。他们必须有助于发展成员之间的信任，并可能对项目的结果产生最大的利害关系；他们必须能在过程管理中解决冲突和整合技能与专长，包括诊断问题、评估环境、产生和评估解决方案。外部教练是项目团队的一个特别成员，是一个精通过程多于内容的专家。当可用的最佳项目领导人的过程管理技能不足时，对外部教练的需要就会提高。如果任命的领导人在该项目的结果中具有重要的利害关系，例如，如果一个跨国界任务组不得不使世界各地的子公司数量合理化，并将数量减少 30%，那么，引入外部教练就可能发生。一个全球项目团队的内部发起人通常是一个对团队成功有浓厚兴趣的高级执行官。发起人的职责之一是提供持续的指导方针，并促进资源获取。

任何时候，一家跨国公司都会有许多项目小组在不同的跨境协调问题上进行合作。因此，公司有必要在不同子公司的关键经理之间创建人际熟悉度和信任度。例如：联合利华使用了多种方法来实现这一目的；将不同子公司的管理人员整合到高管发展教育项目中。

当一个项目团队由不同国家的不同子公司，具有不同知识和技能的成员组成时，认知多样性的可能性是很高的，这可能是竞争优势的来源。然而，知识多样性总是会带来某种程度的人际关系不和谐和沟通困难。因此，需要能够识别和预测这种陷阱的过程机制，该机制能够整合最好的个人想法及贡献，以帮助项目团队协调不同的观点，并达成更好的、更有创意和更加新颖的解决方案。

18.6　跨文化谈判中的跨国贿赂

首先想到的是，贿赂（bribery）是不道德的，也是非法的，但仔细观察就会发现，贿赂并不是一个简单的问题。与贿赂相关的道德和法律问题可能相当复杂。因此，贿赂的范围可以小到支付几英镑给一个低级别官员或业务经理，以加快文件处理或装载卡车的速度，大到支付数百万英镑给一位国家元首，以保证公司的优惠待遇。斯科特等（Scott et al., 2002）通常将贿赂定义为"涉及来自工业化国家的公司，向发展中国家的公职人员提供非法付款，对合同授予产生被感知的或实际的影响。"

必须明确"疏通"与贿赂的区别。"疏通"支付是要别人更快、更有效率地办事，往往涉及对一个国家较低级别的官员提供数额相对较小的现金、礼物或服务，而在该国，这样的行为并不被法律禁止，其目的是促进或加速该官员正常、合法地履行职责。疏通在很多国家很常见。贿赂通常涉及大量金额，而这些金额往往没得到适当的解释，旨在诱使官员为实现行贿者的利益而实施非法行为。

还有一种类型的支付，可能看起来是贿赂，但并不一定是，这就是代理费用。当一位商务人士不确定一个国家的规则和条例时，可以聘请代理人在该国代表公司。与不熟悉该国特定程序的人相比，代理人会更高效、更彻底地办事。

许多中介（如律师、代理人、分销商等）可能是非法支付的渠道。这一过程因国家之间法律法规的不同而变得更加复杂：在一个国家是非法行为，在另一国可能被睁一只眼闭一只眼，而在第三国可能是合法的。在一些国家，非法支付可能成为一项公司的主要业务支出。在俄罗斯，该成本是 15%～20%，在印度尼西亚可高达 30%（Gesteland，

1996）。

在美国，桑亚尔（Sanyal，2012）在一项关于贿赂行为的调查中发现，向外国官员行贿的主要原因（80%的案件）是为公司或个人签订一份具体的合同或续签合同。不太常见的是，行贿是想改变东道国的法律，以利于行贿者的商业前景或减少税负。在 30%的案件中，贿赂直接支付给受益人（不涉及任何代理人或中间人）。然而，超过 50%的案例都使用了中介机构。

贿赂问题没有一个完全绝对的答案。通常，我们可以很容易地概括出政治方面的贿赂和其他方式贿赂的伦理道德问题。然而，当不行贿可能会影响公司的盈利，甚至生存时，决定是否行贿就变得困难很多。由于不同文化中存在的伦理标准和道德水平不同，所以，国际经营中面临的伦理和实用主义的困境将难以解决，直到有更多国家决定有效地处理这一问题。

18.7 总 结

在进行国际营销时，需要谈判技巧。谈判技巧和人员销售技巧是相关的。人员销售通常发生在现场销售人员层面和正式谈判过程中。文化因素对理解外国人的谈判风格很重要。

谈判过程受文化的显著影响。在不同的文化中，谈判者（代表性的是买方和卖方）被社会化，且被教育。在国际销售谈判过程中，普遍存在的文化差异对谈判过程及结果产生巨大的影响。

跨文化谈判过程可以分为两个不同的部分：非任务相关的互动及任务相关的互动。首先考虑的是销售谈判过程中的非任务相关方面（地位差异、印象形成的准确性和人际吸引），这些因素在刚开始接触买家时更加重要。一旦成功建立联系，就开始了销售谈判过程中任务相关的互动（信息交换、说服和议价策略、妥协和达成协议）。

在这两个合作伙伴开始谈判之前，双方之间存在文化距离。这种文化距离可能会造成一些交易成本。为减少文化距离，需要对谈判人员进行培训。

外派人员感受到的文化冲击表明，派遣谈判人员和销售人员到国外市场通常是困难和复杂的，难以成功实施。实施的五个重要领域包括：①制定聘用外派销售人员的初步决策；②识别和选择合格的候选人；③提供足够的培训；④保持持续的支持；⑤实现令人满意的回国。

在全球知识管理中，一个关键因素是不断学习不同市场的经验。在实践中，作为一项跨越国界的学习聚焦活动，知识管理的目的是发现在一个市场上使用的有价值的能力在别的地方（其他地区市场）也可以使用，这样，企业就能不断地更新自己的知识，而不需要重新发明新的方法。

什么是对的或合适的，这样的道德问题给国际营销人员带来了许多困扰。国与国之间对贿赂的定义差别很大。在一个国家可以接受的行为，在另一个国家可能是完全不可接受的。

案例研究 18.1

案例研究 18.2

案例研究 18.3

案例研究 18.4

问题讨论

1. 请解释为什么国外谈判过程可能因国家不同而不同。

2. 你是欧洲人，正准备与一家日本公司进行第一次谈判。如果谈判在以下地点发生，你将如何进行准备：①在日本总部；②在其一家欧洲子公司。

3. 应该使用外派人员吗？他们在海外可能遇到的困难是什么？如何减少这些问题？

4. 比较欧洲人和亚洲人的谈判风格，有什么相似之处，有什么区别？

5. 你如何看待外国公司的游说活动？

6. 为什么国际营销人员难以处理贿赂问题？

参考文献

第 **19** 章

国际营销计划的组织与控制

19.1 导　　论

本章的整体目标是研究作为公司试图在其业务的最关键领域优化其竞争反应的一部分的组织内部关系。随着市场条件的变化，公司从纯粹的国内公司发展为跨国公司，它们的组织结构、协调和控制系统也必须要随之发生变化。

首先，本章将重点讨论现有的主要组织结构的优点和缺点，以及它们在国际化的各个阶段中的适用性。然后，本章将概述采用控制系统来监督公司的国际化运营的必要性。

19.2 国际营销活动的组织

国际营销组织的结构是公司有效果、高效率地开拓可得的机会的重要决定因素，它还决定了公司应对问题和挑战的能力。越来越多的国际营销活动是在临时组织内进行的，临时组成的跨界团队在预定的时间框架内完成特定任务（Hadida et al., 2019）。然而，从根本上说，进行国际化运营的公司必须决定组织是否应该按照职能、产品、地理区域或三者的组合（矩阵）来组织。组织变化的演进特性如图 19.1 所示。以下内容讨论了不同的组织结构。

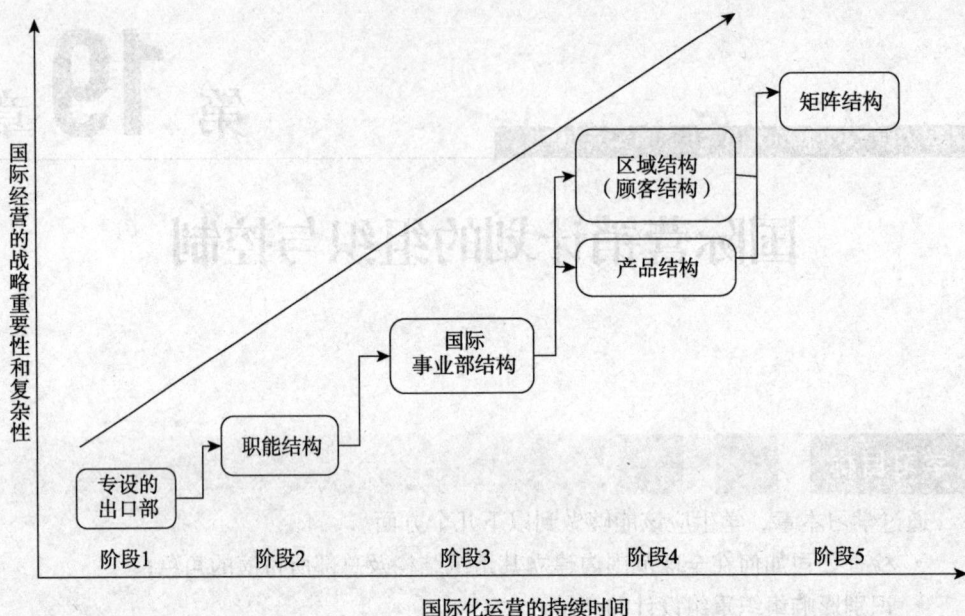

图 19.1　国际经营的结构化演进

1. 职能结构

在所有的类型中，职能结构（functional structure）（见图 19.2）是最简单的。在这里，管理层主要关注的是公司的职能效率。

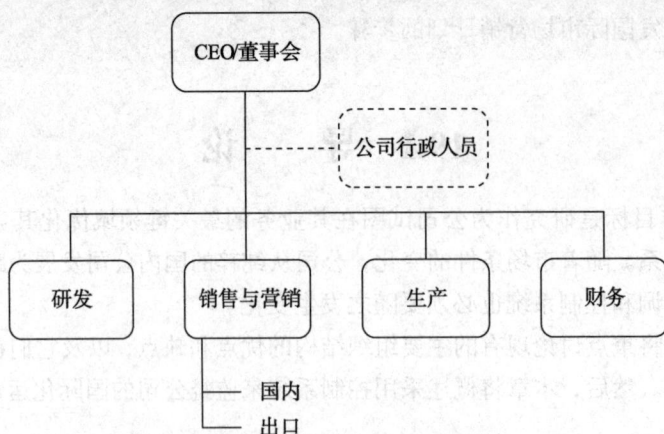

图 19.2　职能结构的例子

由于收到了国外的询问，许多公司开始了它们的国际商业活动。作为刚开始国际商业的公司，没有国际化方面的专家，通常只有很少的产品和市场。在国际业务的早期阶段，国内营销部门可能会负责国际营销活动，但随着国际参与的增多，出口部门或国际部门可能成为组织结构的一部分。出口部门可能是销售与营销部门的一个下属部门（见图 19.2），也可能与其他职能部门处于同一层级，决策取决于公司出口活动的重要性。因为出口部门是公司组织结构国际化的第一步，所以它应该是一个完全成熟的营销组织，而不仅仅是一个销售组织。职能化的出口部门设计特别适合中小型企业（SMEs）；也适合大型公司：这些公司生产标准化的产品，且处于发展国际业务的早期阶段，产品和区域的多样化程度较低。

2. 国际事业部结构

随着国际销售的增长，国际事业部结构（international divisional structure）应运而生。该事业部直接负责整体国际战略的制定和实施。国际事业部将整合国际化的专业知识，有关国际市场机会的信息流，以及主导国际营销活动的权威。但是，制造和其他相关的职能仍然保留在国内部门，以便利用规模经济优势。

国际事业部最适合那些根据其环境敏感性，新产品变化不显著，国际销售和利润与国内事业部相比无关紧要的公司。

3. 产品事业部结构

一个典型的产品事业部结构（product divisional structure）如图 19.3 所示。

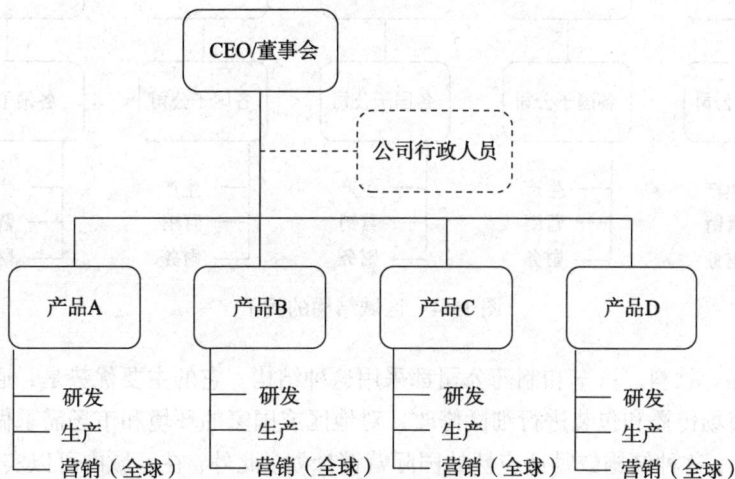

图 19.3　产品结构的例子

总体而言，产品结构更适合国际商业和国际营销经验更丰富，并有多元化产品线和大量研发活动的公司。在产品具有全球标准化潜力的条件下，产品事业部结构是最为适用的。该方法的主要优点之一是，通过集中利用每个产品线的生产设施提高成本效率。在竞争地位由全球市场份额决定的行业中，这一点很关键，这往往取决于生产制造的合理化程度（利用规模经济）。这种结构的主要缺点如下。

（1）职能资源的重叠。每个产品事业部都有研发、生产、营销和销售人员管理。

（2）没有充分利用国外的销售和分销机构（子公司）。在"产品结构"中，产品的营销倾向于由公司总部（"国际营销"）集中负责。因此，对当地销售子公司机构的需要较少。

（3）产品事业部往往在全球不同的市场上完全独立地发展。例如，一个全球产品事业部的结构可能最终会在同一个海外国家有几个子公司，向不同的产品事业部报告，而总部却没有人负责公司在该国的整体运营。

4. 区域结构

如果在全球的不同市场上，产品接受度和经营状况的市场条件差异很大，那么，区域结构（geographical structure）就是一种选择。这种结构对具有同类产品（相似的技术和共同的终端使用市场）的公司尤其有用，但需要快速和高效的全球分销。通常情况下，世界被划分为地理区域（分部），如图19.4所示。

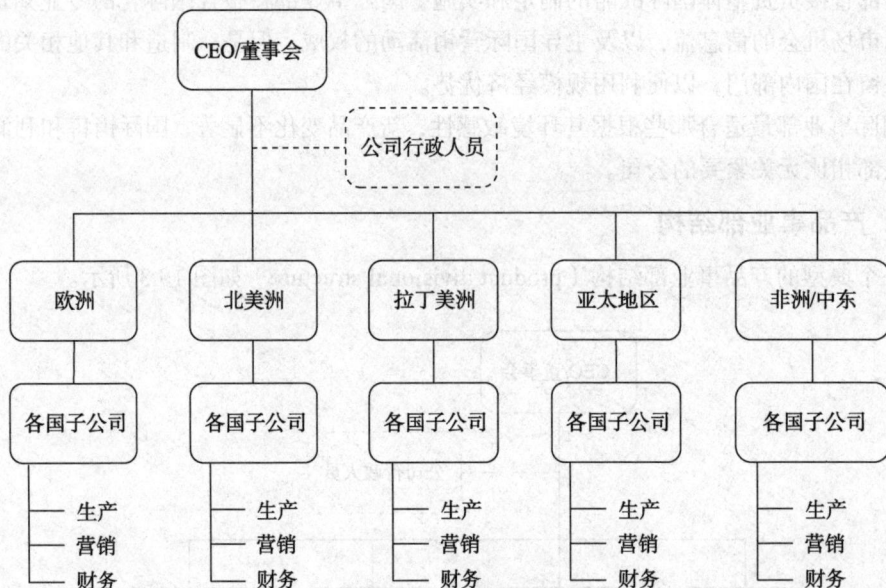

图 19.4　区域结构的例子

许多食品、饮料、汽车和制药公司都采用这种结构。它的主要优势是，通过对产品设计、定价、市场传播和包装进行细微修改，对地区或国家的环境和市场需求做出简单、快速反应。因此，这种结构鼓励适应性的国际营销计划。此外，在区域内可以实现规模经济。这种结构受欢迎的另一个原因是它趋于创造区域自治。

然而，这也可能使协调产品差异，以及将新的产品理念和营销技术从一个国家转移到另一个国家等任务变得复杂。

因此，区域结构确保了公司的区域专业知识的最佳使用，但这意味着产品和职能专业知识没有得到最佳的配置。如果每个地区都需要自己的产品人员和职能专家，那么可能会导致重复和低效。如图19.4所示，区域结构可能包括区域管理中心（如欧洲、北美洲）和基于国家的子公司。

（1）区域管理中心。区域管理中心（RMCs）的存在有两个主要原因。

①当特定区域的销售规模变得可观时，就需要有一些专业人员来关注这个区域，从而更充分地挖掘这个已经在增长的市场的潜力。

②区域内的同质性及区域间的异质性要求对每个重要区域进行分别对待。因此，区域管理中心成为一种合适的组织特征。

（2）基于国家的子公司。与区域中心平行或可替代的形式是，每个国家都有自己的组织单元。基于国家的子公司的特点是高度适应当地环境。因为各子公司都发展自己独特的活动和自主权，所以有时将当地子公司与区域管理中心相结合，例如，可以利用欧洲各个国家的机会。

公司也可以使用顾客结构来组织其经营活动，特别是当其服务的顾客群体差异很大时，如企业和政府。迎合这些不同的群体可能需要在特定部门集中一些专家。产品可能是相同的，但不同顾客群体的购买过程可能有所不同。政府购买的特点是投标，在这种情况下，价格扮演的角色要比企业是购买者时更重要。前述关于地理结构的很多论述也适用于顾客结构。

5. 矩阵结构

产品结构往往能为生产在各国的合理布局提供更好的机会，从而获得生产成本效益。另外，地理结构更能适应当地市场的趋势和需要，以在整个区域进行更多的协调。

一些跨国公司需要同时具备这两种能力，因此它们采用了一种更为复杂的结构：矩阵结构（matrix structure）。国际化矩阵结构由两个交叉的组织结构组成，具有双重报告关系。这两个结构可以是已经讨论过的那些一般组织形式的组合。例如，矩阵结构可能包括产品事业部与职能部门的交叉，或者包括区域结构与国际事业部的交叉。这两个交叉的结构在很大程度上取决于组织认定的其所处环境的两个主要方面。

典型的国际矩阵结构是一个分析产品和区域的二维结构（见图 19.5）。一般来说，在世界范围内，每个产品事业部都对自身业务承担责任，而每个地理或地区事业部也都对该区域的国外运营负有责任。如果国家组织（如子公司）牵扯其中，那么，它们在国家层面上对运营负有责任。

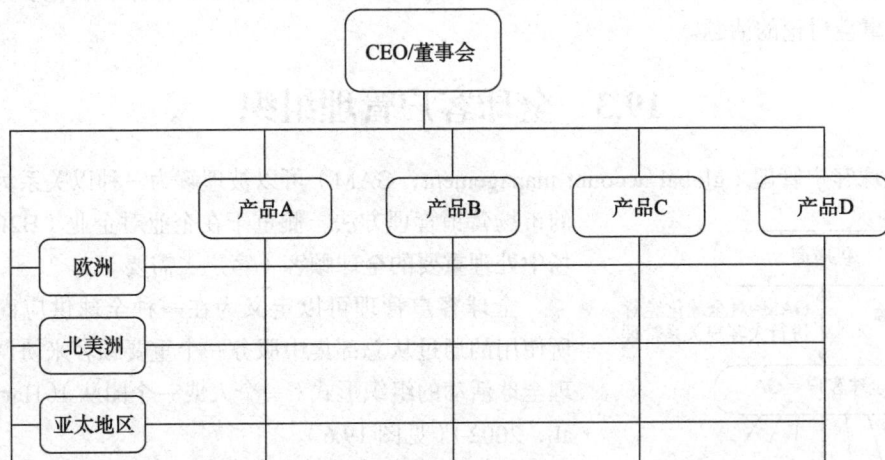

图 19.5　矩阵结构的例子

由于产品和区域这两个维度在子公司层面重叠，因而都进入当地决策制定和计划过程。如果区域经理和产品经理将捍卫各自不同的立场，那么，这将导致紧张并引发冲突。区域经理倾向于对当地的环境因素做出反应，而产品经理则倾向于支持成本效率和全球竞争力。矩阵结构有意创建双重聚焦，以确保产品和地理区域之间的冲突能被识别，并能得到客观分析。

这种结构对于产品多样化和地理分布广泛的公司来说是非常有用的。通过将产品管理方法与以市场为导向的方法相结合，企业可以同时满足市场和产品的需要。

6. 国际经理的未来角色

在20世纪80年代末，许多国际导向的公司采用了跨国模式（Bartlett and Ghoshal，1989）。该模式认为，企业应充分利用其跨境能力，并转移最佳实践，以实现经济全球化和对当地市场做出反应。这样，企业就避免了重复其职能活动（产品开发、制造和营销）。然而，它要求高管们能够在以下三个方面进行思考、操作和沟通：职能、产品和地理。当然，很少有这样的"超级经理人"！

在奎尔奇（Quelch，1992）的一项研究中，一位经理谈到了管理角色的变化："我是在本土适应性和全球标准化之间的紧张关系的支点。我的老板告诉我要思考全球化、行动当地化。那真是说起来比做起来容易"。

对于一位国际经理来说，没有一个通用的解决方案，但奎尔奇和布卢姆（Quelch and Bloom，1996）预测了"跨国经理的没落和国家经理的回归"。他们研究了不同的国家的国家经理的行为，并得出以下结论：具有企业家精神的国家经理一定要抓住不断扩张的新兴市场（如东欧）的机会，而跨国经理人则更适合稳定、饱和的市场，如西欧。

格玛沃特和范特拉彭（Ghemawat and Vantrappen，2015）的结论也强调了这一点，认为尽管处于全球化背景下，世界上绝大多数的大公司（87%的《财富》全球500强）是由公司总部所在国的本土首席执行官来管理的。一个值得注意的例外是萨提亚·纳德拉（Satya Nadella），他出生在印度，但在2014年成为微软的首席执行官。由于首席执行官本土化倾向的结果，高层管理团队需要更加多元化。跨国公司高层的国家和文化多元化应成为董事会讨论的话题。

19.3 全球客户管理组织

全球客户管理（global account management，GAM）可以被理解为一种以关系为导向的市场营销管理方法，侧重于在企业对企业（B2B）市场中处理重要的全球顾客（客户）需要。

全球客户管理可以定义为在一种全球供应商组织所使用的通过从总部集中服务一个重要顾客来协调和管理全球活动的组织形式（一个人或一个团队）（Harvey et al.，2002）（见图19.6）。

对于雄心勃勃且以增长为导向的小型供应商企业来说，必须学会如何与具有互补性的资源和能力的大型跨国公司（全球客户）开展合作，通过全球客户的国际

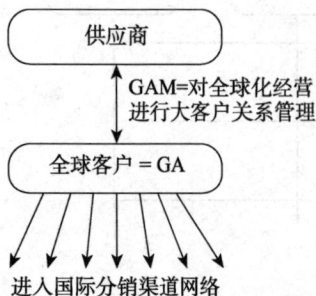

图 19.6　全球客户管理（GAM）

分销系统，在全球范围内推广创新产品供应物。换句话说，这些小供应商必须认真考虑，如沙梅恩和伯金肖（Prashantham and Birkinshaw，2008）所提出的，学习如何"与大猩猩共舞"。

全球客户指对实现供应商的公司目标具有战略价值的客户，该客户在全球范围内追求整合与协调的战略，并要求有全球整合的产品/服务供应物（Wilson and Millman，2003）。

全球客户经理是在卖方公司中，对于买方公司而言能够代表卖方公司的能力，对于卖方公司而言能够代表买方公司的需要，或者两者兼具的人（Hollensen and Wulff，2010）。

由于大多数行业会进行整合（通过并购和全球战略联盟），因此，全球客户管理战略的重要性将会日益增加（Harvey et al.，2002；Shi et al.，2004，2005）。这种发展趋势意味着大型跨国公司客户会越来越强大，购买力也越来越强。接下来我们将讨论供应商应对这一发展趋势能够采取的措施。

成功的全球客户管理通常需要理解产品和服务管理的逻辑。此外，如果在战略层面管理不好，那么，优秀的运营能力也是没有用的；反之亦然。全球客户管理方法将战略和运营层面的营销管理结合起来。

当全球客户在多个国家运营时，"一刀切"的问题就出现了。埃利斯和伊瓦萨基（Ellis and Iwasaki，2018）通过研究一家日本跨国公司（作为供应商）发现，在评估最佳实践时，必须同时考虑目标国家和母国（日本）的文化背景。

下面讨论的是希望实施全球客户管理的公司。随后，全球客户管理的发展从二元视角来探讨。

19.3.1　全球客户管理的实施

希望用合适的全球客户来成功实施全球客户管理的公司可能会经历以下四个步骤（Ojasalo，2001）。

（1）识别卖方公司的全球客户。

（2）分析全球客户。

（3）为全球客户选择合适的战略。

（4）发展运营层面的能力，以构建、发展和保持与全球客户之间有利可图的、长期持续的关系。

（1）识别卖方公司的全球客户。这意味着要回答以下问题：哪些现有的或潜在的客户对我们的现在和未来具有战略价值？

以下标准可以用来确定具有战略价值的客户。

①销量。

②关系的持续时间。

③卖方公司在客户购买中所占的份额——新型关系营销（RM）范式依据在其客户业务的份额中的长期收益来测量成功，与大众营销不同，大众营销以很可能是暂时的市场份额增加来衡量盈利或亏损（Peppers and Rogers，1995）。

④对于卖方来说，客户的盈利能力。

⑤战略资源的使用：执行/管理承诺的程度。

客户被确定为全球客户（战略客户）的标准与可能性之间存在正相关。

（2）分析全球客户。这包括如下一些活动。

①全球客户的基本特征。包括从相关经济和活动方面评估其内部和外部环境。例如，这包括了客户内部价值链的投入、市场、供应商、产品和经济状况。

②关系史。包括评估相关的经济和活动方面的关系史。这包括销量、盈利能力、全球客户的目标、购买行为（客户的决策过程）、信息交换、特殊需要、购买频率和抱怨。在上述提及的方面，理解/评估关系价值起着特别重要的作用。来自每个全球客户的收益（顾客终身价值）应超过在一定时间内建立和维持关系的成本。

③关系承诺的水平和发展。客户对于关系的现在和预期的承诺很重要，因为企业与客户的业务范围取决于此。

④双方目标的一致性。买卖双方的目标一致性或利益共同性极大地影响了它们在战略和运营层面的合作。共同利益和关系价值共同决定了两家公司是合作伙伴、朋友，还是竞争对手。当一个组织瞄准的目标低于其客户正在寻找的伙伴关系时，就会存在失去参与该客户业务的长期份额的风险。

⑤转换成本。如果关系解散，那么，评估全球客户和卖方公司的转换成本就是有用的。转换成本是将现有合作伙伴替换为另一个合作伙伴的成本。转换成本对双方而言可能会有很大的不同，从而影响关系中的权力地位。转换成本也称为交易成本，受到关系中无法挽回的投资、所做的调整和已经发展起来的关系的影响。高转换成本可能会阻止关系的终止，即使全球客户对卖方公司的积累满意度可能不存在或为负数。

（3）为全球客户选择合适的战略。这在很大程度上取决于卖方和全球客户的权力地位。不同客户的权力结构可能有很大差异。因此，卖方公司通常不能自由选择战略。如果想要保留客户，通常只有一种战略可供选择。

卖方公司可能更倾向于规避非常大的客户。有时，卖方公司意识到，那些现在不那么有吸引力的客户可能会在未来变得有吸引力。因此，在某些情况下，战略的目的可能仅仅是为未来的机会维持关系。

（4）发展运营层面的能力。这指与以下相关的定制和开发能力。

①产品/服务的开发和绩效。在卖方公司与工业或高科技市场上的全球客户之间开展联合研发项目是很典型的。此外，在准时制生产与分销渠道中应用信息技术（IT）增加了在消费市场定制供应物的可能性。

合作开发的新产品不一定比企业内部自主研发的产品更成功。然而，研发项目可能带来其他类型的长期利益，比如，可以接触到客户组织并学习。提高向全球客户提供服务的能力是非常重要的，因为即使核心产品是有形产品，通常也是相关的服务将卖方公司与其竞争对手区分开，来并形成竞争优势。

②组织结构。可以通过培养卖方公司的组织能力来满足全球客户的需要，例如，通过调整组织结构来满足全球客户的全球化和当地化需要，以及通过增加卖方公司和客户的对接次数及对接人员的数量。组织能力也可以通过具备负责全球客户的必要的能力和权力的组织团队来培养。

③个体（人力资源）。与个体相关的公司能力可以通过选择作为全球客户经理的合适

人员和为全球客户团队甄选合适的人才，并培养他们的相关技能来发展。全球客户经理的职责往往是复杂、多样的，因此需要具备大量的技能和资质。在选择和培养全球客户经理时应考虑到这一点。

现在，较常见的是，全球客户经理往往善于在与客户的接触中保持私人关系，但缺乏在客户关系发生变化时领导客户团队所需的全套技能。因此，需要考虑评估卖方与客户之间想要进行的对接的整体情况。可能需要通过从对一对一关系（全球客户经理与主要买家之间）的依靠转变为对跨越许多不同项目、职能和国家的组织关系网络的依靠。

④信息交换。卖方公司与全球客户之间的信息交换在全球客户管理中尤其重要，一个重要的关系特有任务是搜索、过滤、判断和存储关于合作伙伴的组织、战略、目标、潜力和问题等信息。然而，这主要取决于双方的相互信任与态度，也取决于技术协议。全球客户的信任指相信卖方公司通过其业绩可以不断盈利的同时能发展技术水平，如 IT 行业。

⑤公司和个体层面的收益。在企业对企业（B2B）环境中，成功的长期全球客户管理总是需要为全球客户提供企业和个体层面的收益的能力。

公司层面的收益是理性的，可以是短期的或长期的，直接的或间接的，通常有助于全球客户的营业额、盈利能力、成本节约、组织效率与效益，以及公司形象。个体层面的收益可能是理性的或感性的。从关系管理的角度来看，国际化的个体指哪些有权继续或终止关系的人。理性个体层面的收益有助于个体事业的发展、收入的提高和轻松的工作；情感个体层面的收益包括友谊、关爱和自尊的提升。

19.3.2 全球客户管理的二元发展

图 19.7 中的米尔曼-威尔森（Millman-Wilson）模型描述与表明了买方和卖方关系的典型二元发展过程，分为五个阶段：前 GAM 阶段、早期 GAM 阶段、中期 GAM 阶段、伙伴关系 GAM 阶段和协同 GAM 阶段（Wilson and Millman, 2003）。

（1）前 GAM 阶段。它描述了全球客户管理的准备阶段。当一家买方公司被识别为具有成为关键客户的潜力时，卖方公司就应开始将资源集中于赢得该业务。卖方和买方在决定参与交易之前都会发出信号（实际信息）和交换信息（互动）。此时需要建立联系网络，以获取有关客户运营的知识，并开始评估关系发展的潜力。

（2）早期 GAM 阶段。在这个阶段，卖方公司关心的是赢得客户之后，识别向客户渗透的机会。这可能是最典型的销售关系——经典的"领结"型。

在此阶段需要对解决方案进行调整，关键客户经理将专注于更多地理解其客户，以及客户相互竞争的市场。买方公司仍将对其他卖方公司进行市场测试。全球客户及其核心竞争力、关系深度，以及创造特定关系价值的潜力，在这个阶段都是有限的。随着客户的潜力被识别，需要全球客户经理来确保供应商的资源配置，以最好地满足客户的需要，因此，应用政治技能的需要日益增加（Wilson and Millman, 2003）。卖方公司必须高度专注于产品、服务和无形资产。买方公司希望产品供应物是关系建立的主要因素，并期望它能够正常运转。

（3）中期 GAM 阶段。这是 GAM 阶段经典的"领结"型与伙伴关系 GAM 阶段的"钻石"型之间的过渡阶段（见图 19.8）。

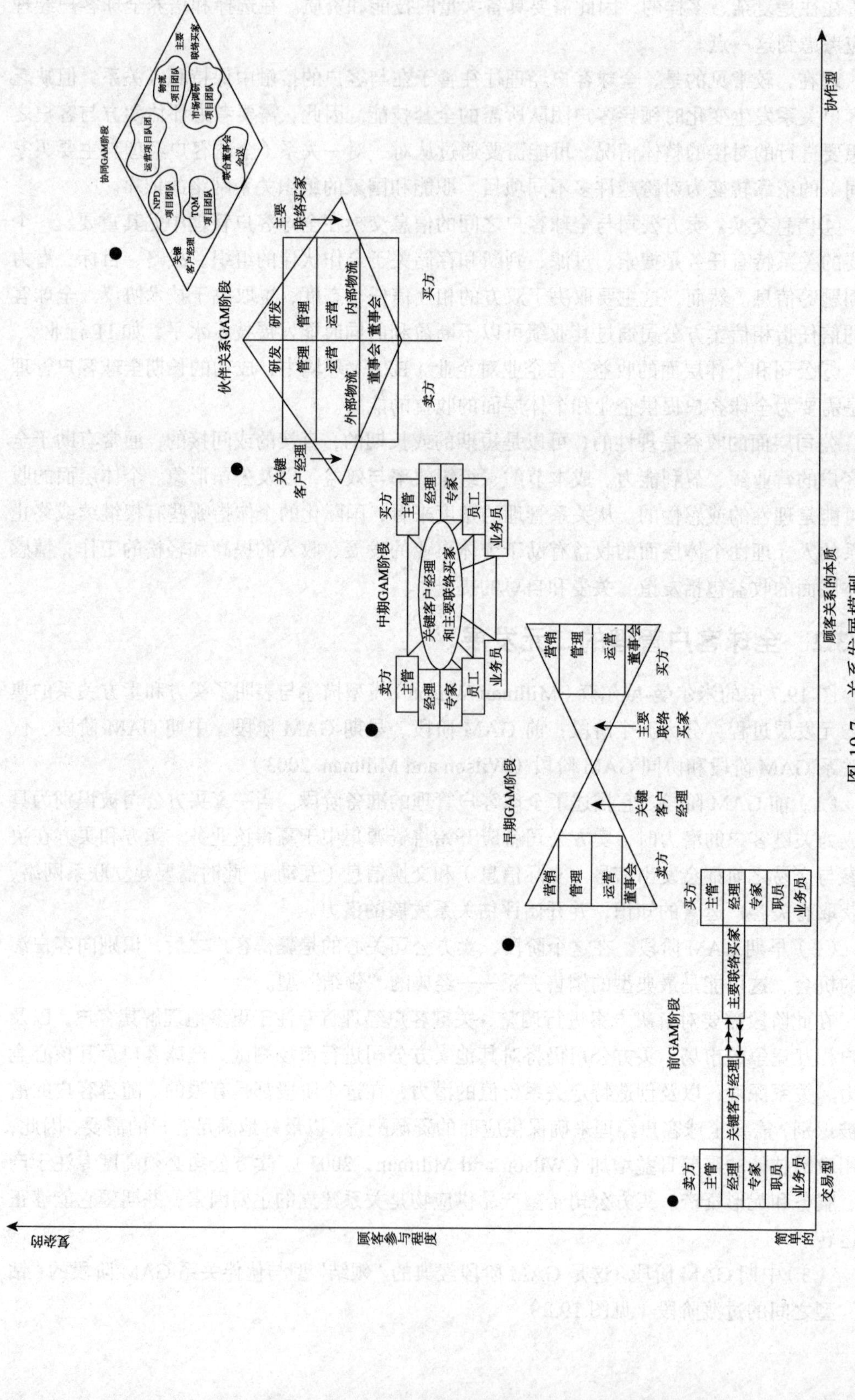

协同GAM阶段

物流 — 联络买家 — 主要
运营项目团队成员 — 项目团队
市场调研 — 联合董事会 — 会议
NPD 项目团队 — TQM — 项目团队

关键客户经理

伙伴关系GAM阶段

主要联络买家

研发 — 管理
管理 — 内部物流
运营 — 董事会
外部物流 — 董事会

卖方 / 买方

关键客户经理

中期GAM阶段

买方：主管 — 经理 — 专家 — 员工 — 业务员
关键客户经理 和主要联络买家
卖方：主管 — 经理 — 专家 — 员工 — 业务员

营销 — 管理 — 运营 — 董事会 — 买方

主要联络买家
关键客户经理

早期GAM阶段

营销 — 管理 — 运营 — 董事会 — 卖方

前GAM阶段

卖方：主管 — 经理 — 专家 — 职员 — 业务员
关键客户经理 — 主要联络买家
买方：主管 — 经理 — 专家 — 职员 — 业务员

交易型 —— 协作型

顾客关系的本质

顾客参与程度

简单的 —— 复杂的

图 19.7 关系发展模型

来源：改编自 Millman 和 Wilson (1995); Wilson 和 Millman (2003)。

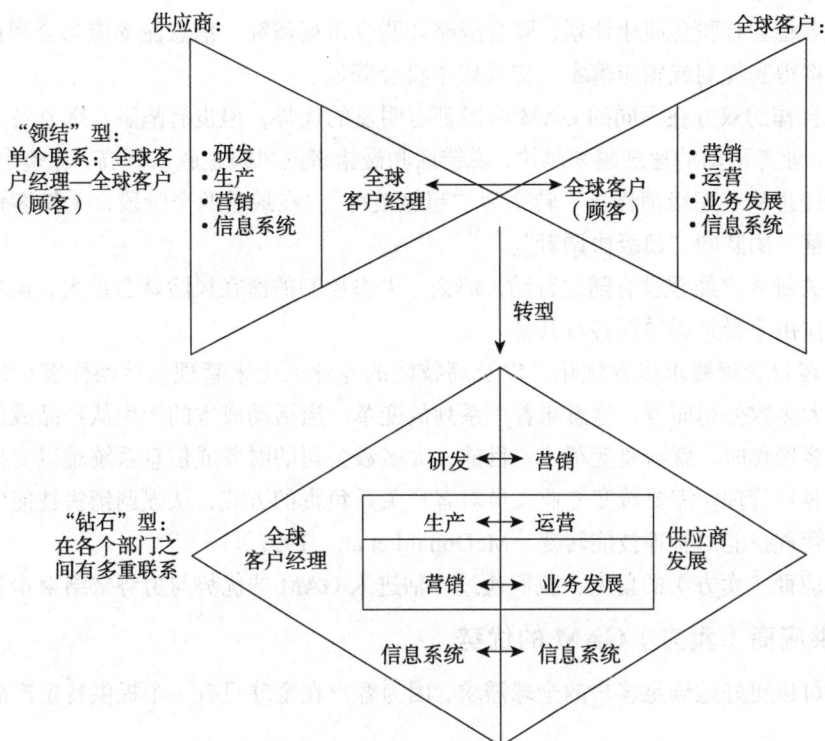

图 19.8　GAM 的发展

在这个阶段，卖方公司已经与买方公司建立起了信任。两个组织之间的联系在各个层面上都有所增加，并变得更为重要。然而，买方公司仍然感到需要其他的备选来源，这可能是由其自身客户对选择的渴望所驱动的。卖方公司的供应物经过周期性的市场测试被可靠地感知为很有价值，此时，卖方公司是"首选的"供应商。

（4）伙伴关系 GAM 阶段。这是收益开始流动的阶段。达成伙伴关系 GAM 后，卖方公司被买方公司视为战略性外部资源。两家公司将分享敏感信息，共同解决问题。定价将是长期、稳定的，双方都允许另一方获利。

如果"领结"型的早期 GAM 阶段的一个主要劣势是无法进入客户的内部流程及其市场，那么，"钻石"型关系的主要优势就是发现并理解"全球客户"的"开放性"。

全球客户将测试所有供应商企业的创新，以便能首先获得最先进的技术，并首先从中获益。买方公司期望保证供应的连续性，并获取最好的材料。专业知识将被分享。卖方公司也期望从持续改进中获益。在合适的情况下，双方可能会联合促销。

（5）协同 GAM 阶段。这是关系发展模型的最终阶段。在伙伴关系阶段获得的经验——协调团队销售，以其交互角色指导团队，这将是走向协同 GAM 的良好起点。关系越紧密，对客户的了解越多，创造企业价值的潜力就越大。

卖方公司明白它仍然没有自动参与客户业务的权利。然而，退出障碍已经建成。买方公司相信其与卖方公司的关系正在提高质量和降低成本。成本核算系统变得透明化，双方将进行联合研发。

组织间各层级和各职能之间都会有交互。高管的承诺将通过联合董事会会议和审查来实现。双方将会有联合商业计划、联合战略和联合市场研究。信息流动应当合理化，信息系统整合将得到规划或相应落实。交易成本将会降低。

虽然合作的双方在不同的 GAM 阶段都有明显的优势，但也有陷阱。随着各个阶段接触的激增，业务活动的速度越来越快，说错话和做错事的风险也越来越高。在整个过程中，关键客户经理从"超级销售员"转变为"超级教练"。在最后两个阶段，关键客户经理转变成指挥整个团队的"超级协调者"。

如果关键客户经理没有随之行动，那么，失去控制的潜在风险就会很大，虽然用心良苦，但个体由于受到误导而各行其是。

关键客户管理要求流程优化，以及高技能的专业人士来管理与战略性客户之间的关系。对于大多数公司而言，这意味着一系列的变革。当活动成本的产生从产品或区域聚焦转变为顾客聚焦时，就需要变革了。目前，大多数公司的财务或信息系统难以支持更高级别的关键客户管理。需要转变专业人员对客户关系负责的方式，从强调销售技能向强调包括跨文化管理技能的管理技能转变（McDonald et al.，1997）。

从供应商（卖方）的角度，我们通过评估进入 GAM 的优势与劣势来结束本节。

1. 供应商（卖方）GAM 的优势

（1）可以更好地满足客户的全球需求，因为客户在全球只有一个提供特定产品和服务的供应商。

（2）较小的供应商往往拥有跨国公司需要依靠自己力量努力高效地研发才能拥有的重要的互补性资产，如专利技术。大多数大型跨国公司积极地在全球范围内寻求新的想法和创新。事实上，很多大公司认为这是它们竞争优势的关键来源之一。

（3）为竞争对手设置障碍。由于转换成本高，（供应商的）全球竞争对手难以替代现有的供应商。如果供应商成为首选的供应商，那么，客户将会更加依靠供应商在此关系中的权力转移。

（4）与关键客户建立更紧密的联系，增加现有产品和服务的销售。

（5）引入新产品/服务。全球客户更愿意试用新产品，并拥有更完整的产品线。

（6）协调跨境营销/销售活动可能会增加对该客户的全球总销售。GAM 战略使供应商能够协调国际营销方案（如标准化），同时允许对个别国家环境进行当地化调整。

（7）由于销量的增长和全球协调程度的提高，供应商和客户之间战略性"匹配"会提高供应组织的效果，因此，这使得利润增长具有高感知潜力。

（8）通过学习效应，供应商能够降低为每个新的国家/区域创建适应性计划的边际成本。通过这种方式，GAM 战略可以实现规模经济和范围经济。

（9）通过客户的全球网络，供应商可以在世界范围内获得新客户。

2. 供应商（卖方）GAM 的劣势

（1）供应商将感受到全球客户要求提高全球一致性的压力，这可能迫使供应商建立 GAM，以维持其全球"首选"供应商地位。

（2）小企业不太能引起跨国公司关键决策制定者的关注，这与跨国公司之间关系的情况截然不同，在这种关系中，主管们是平等的伙伴关系。因此，对于较小的供应商而言，存在资源不对称的问题。较小的供应商对于其潜在的合作伙伴而言缺乏声誉、财力和人力资源，这与平衡的跨国公司—跨国公司关系的情况形成鲜明对比。事实上，在很多方面，小型供应商和跨国公司是完全不同的组织，这使得沟通和知识转移极度困难。跨国公司通常在职能和员工角色上有明显的区分，在每个活动上都有许多职能专家和明确的流程。小型供应商则都是通才，其中许多人履行多种职能，他们通过临时安排的和非正式的过程完成工作（Prashantham and Birkinshaw，2008）。

（3）通常，供应商针对客户在不同国家的不同子公司采取不同的价格。然而，全球客户可能会尝试使用 GAM 作为一种降低全球价格的手段，其论据是在客户的子公司的全球网络中应具有公平/共同的定价。然而，伊普和宾克（Yip and Bink，2007）的研究表明，供应商在全球一致的服务表现相比给予全球客户更低的价格更加重要。因此，采用 GAM 的供应商可以与全球客户建立超越价格折扣的关系。

（4）存在全球范围内所有交易条件（而不仅仅是价格）的"标准化"压力。因此，全球客户对如数量折扣、运输费用、间接费用和特别费用等问题的需求日趋一致。

（5）主要的竞争对手因使用 GAM 战略而导致供应商失去全球客户，供应商可能会被迫建立一个 GAM 团队，以匹配或抵消关键客户的战略。

（6）通常，GAM 战略与采用某种类型的矩阵组织有关。因此，供应商组织可能会有多个决策制定者，从不同的角度制定相同的决策（如全球化与本土化）。由于全球和本土层面的并行结构，管理成本可能会增加。此外，并行结构可能会减缓决策制定过程。

19.3.3　全球客户管理的组织架构

如图 19.9 所示，有三种不同的组织模式。

（1）集权型总部–总部谈判模式。该模式显示了有关产品是标准化的情况。客户总部将收集来自世界各地不同子公司的需求。然后，客户将与供应商会面，将进行总部与总部之间的谈判。在这种情况下，客户通常会利用显著的购买力，因为没有任何国际组织能够帮助供应商抵消这种购买力。对于供应商而言，标准化的（高）质量是被邀请与客户总部进行谈判的条件。随后，讨论将很快归结为"合适的"价格问题。供应商将始终面临降低价格的压力，于是，尝试降低生产产品包装的成本（包括服务）。

一个客户的例子是宜家，其家具供应商长期处于被要求降价，并提升生产效率，以降低成本的压力下。大约在 2005 年，宜家计划将其配送仓库的成本每年降低 10%。为了实现这一目标，宜家每周对主要地区进行全球需求预测。执行的解决方案使需求预测与库存水平相平衡，并通过宜家订购系统进行相应补充（Scheraga，2005）。宜家依据零售商店的订单的活跃程度将订单每周或每天发送给供应商。

宜家的供应商迫于压力，将更频繁、更直接地向世界各地的宜家商店配送家具。如果宜家总部邀请欧洲的家具子供应商成为宜家的全球供应商，那么，它应准备在世界其他两个主要宜家区域（欧洲以外地区：北美和亚洲）建立生产和组装工厂。这将需要这些欧洲家具供应商进行大量投资。另外，这一投资通过跟随其关键的国际（全球）客户（宜家），为它们提供进入新的大型家具市场的机会。

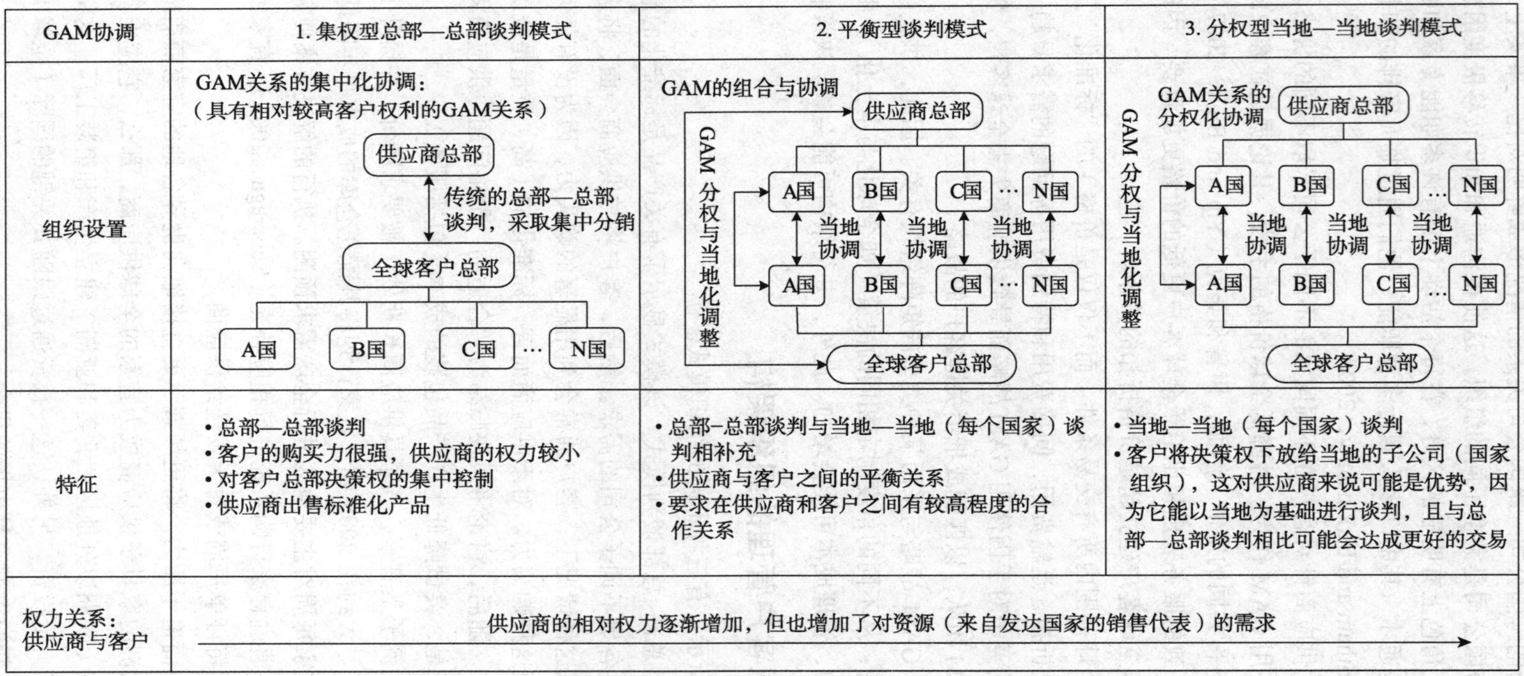

GAM协调	1. 集权型总部—总部谈判模式	2. 平衡型谈判模式	3. 分权型当地—当地谈判模式
	GAM关系的集中化协调：（具有相对较高客户权利的GAM关系）	GAM的组合与协调 GAM 分权与当地化调整	GAM关系的分权化协调 GAM 分权与当地化调整
组织设置	传统的总部—总部谈判，采取集中分销。 供应商总部 全球客户总部 A国 B国 C国 … N国	供应商总部 A国 B国 C国 … N国 当地协调 全球客户总部 A国 B国 C国 … N国	供应商总部 A国 B国 C国 … N国 当地协调 全球客户总部 A国 B国 C国 … N国
特征	• 总部—总部谈判 • 客户的购买力很强，供应商的权力较小 • 对客户总部决策权的集中控制 • 供应商出售标准化产品	• 总部—总部谈判与当地—当地（每个国家）谈判相补充 • 供应商与客户之间的平衡关系 • 要求在供应商和客户之间有较高程度的合作关系	• 当地—当地（每个国家）谈判 • 客户将决策权下放给当地的子公司（国家组织），这对供应商来说可能是优势，因为它能以当地为基础进行谈判，且与总部—总部谈判相比可能会达成更好的交易
权力关系：供应商与客户	供应商的相对权力逐渐增加，但也增加了对资源（来自发达国家的销售代表）的需求 →→→		

图 19.9　GAM 的组织设置

来源：基于 Hollensen (2006)。

（2）平衡型谈判模式。在这种情况下，以国家为基础的某些分权与当地化谈判将对集中化的总部–总部谈判进行补充。通常，这将以客户的当地子公司与供应商的不同合作伙伴（如代理商）或子公司之间的谈判形式进行。总部–总部的谈判将以当地为基础的后续谈判设定可能的结果范围。这允许涉及的国家之间的一定程度的价格差异，价格差异程度取决于为适应当地条件而进行的必要程度的产品调整。丹佛斯是该模式的子供应商的示例（见示例 19.1）。

示例 19.1

丹佛斯的 GAM

丹佛斯动力公司（Danfoss Power Solutions，简称丹佛斯）是全球领先的液压动力传动系统（主要用于移动作业车辆）开发、生产和销售的公司之一。丹佛斯在欧洲、美洲和亚太地区拥有销售、制造和工程能力。丹佛斯的关键全球客户是约翰迪尔、凯斯纽荷兰、英格索兰、爱科和卡特彼勒（另请参阅案例研究 6.2）。丹佛斯动力公司 2018 年的总销售额为 24 亿美元。

丹佛斯主要的全球客户之一（OEM 顾客）是凯斯纽荷兰（Case New Holland，CNH）公司，是全球第一大农用拖拉机和联合收割机制造商，也是第三大建筑设备制造商。2018 年的总收入为 297 亿美元。CNH 的总部位于美国，其经销商和分销商网络遍布 160 多个国家。CNH 的农产品由 Case IH、New Holland 和 Steyr 品牌销售。CNH 建筑设备由 Case、FiatAllis、Fiat Kobelco、Kobelco、New Holland 和 O&K 品牌销售。

作为 1999 年兼并的结果，CNH 成为 OEM 客户方面进行合并的代表。合并的结果是，在中长期，只有不到 10 家最大的 OEM 客户占丹佛斯潜在销售额的一半以上。毫无疑问，价格下跌的压力将在全球范围内持续下去。全球商业文化趋势正在导致客户方的购买过程更专业化。这一发展需要采用一种新的方式来组织丹佛斯，答案就是全球客户管理。如图 19.10 所示，丹佛斯通过在印度、中国、波兰、北美、意大利、巴西、德国和英国组建当

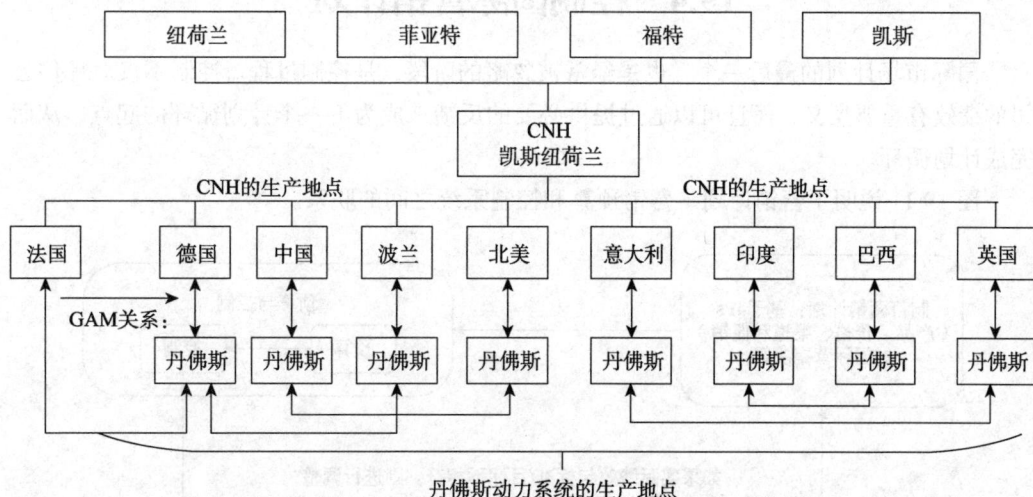

图 19.10　丹佛斯与 CNH 全球客户管理关系

来源：基于各种 Danfoss Power Solutions 相关资料；Hollensen（2006）；其他公开资料。

地生产基地和 GAM 团队，满足了 CNH 的全球生产单元的要求（CNH 的法国生产单元外包给了丹佛斯的德国生产方）。GAM 团队与 CNH 合作，试图找到更具成本效益的解决方案，而不是简单地降低价格。丹佛斯正追随 CNH 进入低成本国家，如印度和中国。在 CNH 所有的全球生产单元中，对更高程度的外包和业务组合的价值增值的要求都存在着重重压力。丹佛斯通过提供预先组装好工具包，并向 CNH 提供更多系统解决方案来满足这一要求。

（3）分权型当地-当地谈判模式。根据这种模式，谈判只能以当地为基础进行，部分原因是供应商经常销售的系统解决方案需要高度适应不同的市场（国家）。这意味着总部不能直接参与到谈判过程中。客户所在行业的整合过程可能会导致此结果。如果客户参与了多宗并购，则不太能了解新合并的跨国公司的决策结构中的整体情况。在这种情况下，客户将倾向于将重要的决策下放到国家子公司，因为它已经失去了对跨国公司的整体概况的了解。控制和协调刚合并的公司的决策过程是非常困难的。因此，高层管理人员通常会将购买决定转交给当地子公司的决策制定者。

供应商只与客户的基于国家的组织进行谈判，这为供应商实现局部优化提供了更好的机会。通过使用这种方法，供应商可能处于相对更好的谈判地位，并可能通过使用该模式在一些市场中实现更好（更高）的价格。但是，供应商可能需要更高的成本来满足客户的当地子公司的不同要求。该模式还要求供应商拥有熟悉供应商产品解决方案的子公司或合作伙伴（如代理商）构成的网络，以为客户在不同国家的子公司提供适合当地的产品解决方案。

总而言之，由于大多数行业在全球范围内的整合，GAM 战略的重要性在未来将进一步凸显。与大型全球客户的关系合同的发展（客户与供应商之间的合作成为长期的全球关系）具有一些积极的结果。然而，在决定实施 GAM 战略时，需要进行大量的学习，因为在执行该战略时，伴随着高风险和高退出壁垒。

19.4　控制国际营销计划

国际市场计划的最后一个，也是经常被忽略的阶段，是控制过程。控制不仅对评估公司的绩效有重要意义，而且可以通过提供必要的反馈来成为下一个计划循环的起点，从而完成计划循环。

图 19.11 说明了营销计划、营销预算和控制系统之间的联系。

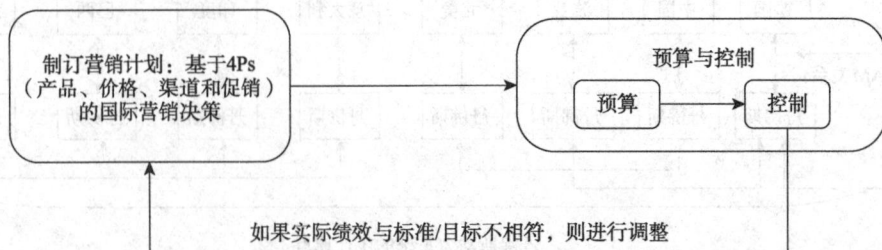

图 19.11　公司的预算和控制系统

在制订国际营销计划之后，其量化工作将以预算的形式出现。预算是设计营销控制系统的基础，该系统为国际营销计划的可能重新制订提供必要的反馈。营销预算应代表行动和预期结果的规划，因此需要能被准确地监测和控制。事实上，根据预算来衡量绩效是主要的（常规的）管理评审过程，这可能产生如图 19.11 所示的反馈。

营销预算的目的是将市场营销所涉及的所有收入和成本综合起来，形成一个全面的文件。它是一种管理工具，可以平衡需要花费的资金与所能提供的资金，并帮助做出优先选择。预算在实践中用于监控绩效。营销预算通常是了解期望的结果和可用的手段之间的关系的最有力的工具。其出发点应是已经在营销计划本身中制订的营销战略和计划。在实践中，战略和计划将并行推进，并将相互影响。

然而，不幸的是，"控制"通常被组织的人们认为是负面的。如果个体担心控制过程不仅会被用来评判他们的绩效，而且作为惩罚他们的基础，那么，控制将会被畏惧与斥责。

国际营销的评估和控制可能是许多公司营销实践中最薄弱的环节。即使在战略营销计划方面很强的组织，也会在国际营销的控制和评估程序上较弱。造成这一结果的原因很多，但主要是没有一个"标准化"的营销控制系统。

组织结构的功能是提供一个可以实现目标的框架。然而，需要一整套工具和流程来影响组织成员的行为和绩效，以实现目标。关键问题与组织结构相同，即理想的控制量是多少？一方面，总部需要信息来确保国际活动对整个组织产生最大的利益；另一方面，控制不应被视为法典。

全球性的问题是确定如何建立一个能够早期拦截新出现的问题控制机制。这里考虑了适用于评估过程、控制风格、反馈和纠正措施的各种标准。这些概念虽然对所有企业都重要，但在国际市场上，它们是至关重要的。

19.4.1　控制系统的设计

在设计控制系统时，管理层必须考虑建立和维护控制系统的成本，并将其与所获得的利益进行权衡。任何控制系统都需要投资管理结构和系统设计。

根据控制目标，控制系统的设计可以分为两组。

（1）产出控制（通常基于财务指标）。

（2）行为控制（通常基于非财务指标）。

产出控制可能由支出控制构成，包括对支出数据的定期监控，将这些数据与预算目标进行比较，并在任何变化都被认为是有害的情况下，采取削减或增加支出的决策。衡量产出的指标是定期累计的，通常由外国子公司转到总部，总部根据与计划或预算的比较来进行评估与批评。

行为控制需要对行为施加影响。例如，通过向子公司人员提供销售手册或将新员工融入企业文化中来实现影响。行为控制通常需要一个广泛的社会化过程，非正式的、人与人之间的互动是这个过程的核心。企业必须花费大量的资源来培训个体、分享企业文化，即"公司的做事方式"。

为建立共同的愿景和价值观，日本松下公司的管理人员在新员工入职后第一个月花了大量的时间进行公司称之为"文化和精神的培训"。他们研究公司的信条"松下的七大精神"，以及创始人松下幸之助的哲学。

　　然而，仍然有使用产出（财务）指标的强大传统。对产出标准的痴迷导致公司忽略了不那么具体的行为（非财务）措施，尽管这些措施是公司成功的真正驱动力。然而，行为绩效的测量标准存在缺陷。迄今为止，在开发从行为到产出标准的显性关系方面几乎没有成功的案例。此外，评价公司和管理人员仍然基于财务标准（利润贡献）来进行评价。在建立清晰的联系之前，人们很可能会继续对行为准则进行一定程度的怀疑。

　　我们现在将开发一个主要基于产出控制的国际营销控制系统。市场营销控制是营销计划过程的基本要素，因为它将评估营销目标如何实现。控制营销活动的框架如图 19.12 所示。

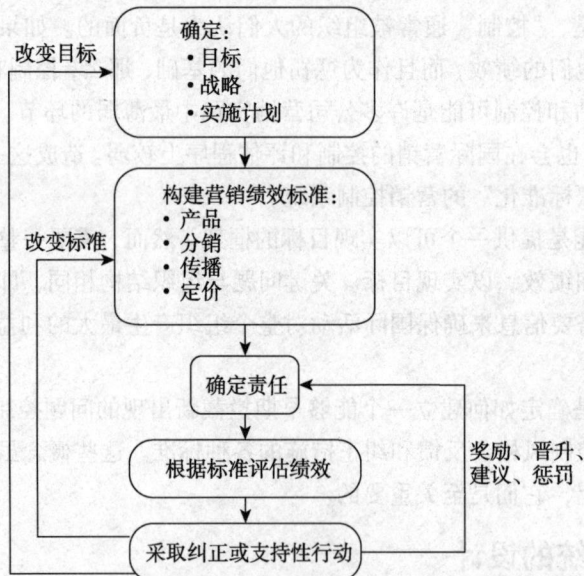

图 19.12　营销控制系统

　　营销控制系统从企业制定将要开展的营销活动（实施计划）开始。这可能是某些目标和战略的结果。由于每个目标和战略必须在给定的预算范围内实现。因此，预算控制至关重要。

　　控制过程的下一步是构建具体的绩效标准要实现总体目标和次级目标，对每一项活动就需要达到这些绩效标准。例如，为实现一个特定的销售目标，对每个销售区域可能需要具体的绩效标准。反之，这可能要求该地区的每个销售人员都有特定的绩效标准，例如，打电话的数量、转化率，当然还有订单价值。表 19.1 提供了各类所需数据的代表性样本。由于营销计划中描述的目的和目标不同，营销绩效指标和标准将因公司和产品而异。

　　下一步是确定责任。在某些情况下，责任最终落在某人身上（比如品牌经理）；在另一些情况下，则是共同承担责任（如销售经理和销售人员）。考虑这个问题很重要，因为纠正或支持性行动可能需要关注那些对营销活动的成功负责的人。

　　为了取得成功，在营销控制的设计和实施阶段都要咨询参与，以及受控制过程影响的人。重要的是他们需要确信，控制的目的是提高他们自己，以及公司的成功程度。下级需要参与制定并同意他们自己的绩效标准，最好是通过目标管理体系。

表 19.1　营销绩效的测量标准

产　　品	分　　销
• 细分市场的销售额 • 每年引入的新产品 • 相对于市场潜力的销售额 • 销售增长率 • 市场份额 • 边际收益 • 产品缺陷 • 保修费用 • 总利润的百分比 • 投资回报	• 按照渠道类型划分的销售额、费用和边际收益 • 销售该产品的商店百分比 • 按照渠道、中间商类型和具体的中间商划分的相对于市场潜力的销售额 • 准时交货的百分比 • 按照渠道等划分的费用与销售额的比率等 • 按照渠道等划分的订单周期绩效等 • 按照渠道划分的物流活动成本
定　　价	传　　播
• 对竞争对手价格变化的响应时间 • 相对于竞争者的价格 • 相对于销量的价格变化 • 与销量相关的折扣结构 • 与新合同相关的投标策略 • 与营销费用相关的利润结构 • 与渠道成员绩效相关的利润	• 按照媒体类型（如知名度水平）划分的广告效果 • 实际受众与目标受众的比例 • 每份合同的成本 • 按照媒体类型划分的呼叫、咨询和信息要求数量 • 每个销售电话产生的销售额 • 相对于市场潜力的每个区域的销售额 • 销售费用占销售额的比率 • 每个时段新增的客户 • 每个时段流失的客户

来源：改编自 Jobber, D.（1995）Principles and Practice of Marketing, published by McGraw-Hill。

然后根据这些标准对绩效进行评估，这依赖于高效的信息系统。必须对取得的成功和失败，以及采取什么纠正或支持性行动进行评判。这可以采取多种形式。

（1）一方面，由于个人表现不佳而导致的失败，可能需要对未来的态度和行为、培训和/或惩罚（如批评、降薪、降级或解雇）提出建议。另一方面，成功应该得到表扬、晋升和/或更高的报酬。

（2）不现实的营销目标和业绩导致的失败可能使管理层降低目标或营销标准。成功反映出的没有抱负的目标和标准可能会在下一阶段被促使提高。

许多公司认为，只有当业绩低于要求或当预算和成本超出时，才需要采取纠正措施。事实上，"消极"（不合格）和"积极"（冒进）的偏差可能都需要纠正行动。例如，花费大量预算用于销售团队建设却使公司失利，也许是最初分配的款项过多，需要重新评估，和/或销售人员不像他们应该的那样"活跃"。

还需要确定评估的频率（如每日、每周、每月或每年）。更频繁和更详细的评估通常意味着更多的成本。必须注意确保评估和控制过程本身的费用不超过评估的价值，并且不要过度干预这些被评估的活动。

在设计一个控制系统时，还要考虑环境的影响。

（1）控制系统应只用于评估组织已实施控制的方面。奖励或处罚如果是基于可能与公司整体绩效相关的方面，但却不能施加影响（如价格控制），则是没有意义的。忽视个体绩效能力的因素会发送错误的信号，并严重损害员工的积极性。

（2）控制系统应与当地法规和习俗相协调。然而，在某些情况下，企业行为控制不得不与当地习俗相悖，即使整体运营可能受到负面影响。例如，当一个子公司在未经授权的疏通费用是常见的商业惯例的市场上经营时，这种情况就发生了。

19.4.2　前馈控制

公司的营销控制系统提供的大部分信息都是财务（利润）和非财务（顾客满意度、市场份额）方面的反馈。因此，控制过程是一种展望中的补救。控制系统可以被认为应该具有前瞻性和预防性，且控制过程应该与规划过程同时开始。这种形式的控制是前馈控制（feedforward control）（见图 19.13）。

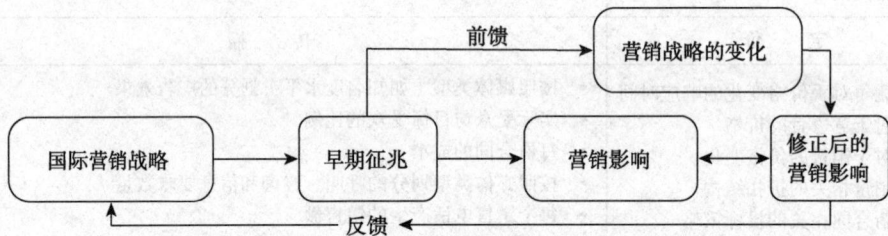

图 19.13　国际营销战略的调整

前馈控制将不断对计划进行评估，监测环境，以识别可能要求修正目标和战略的变化。前馈控制监测变量而非绩效；变量在绩效本身变化之前可能发生变化。结果就是，偏差可以在其产生完全影响之前得到控制。这样的系统是积极主动的，因为它预期环境变化；而事后和转向控制系统则更加被动，因为它们在变化发生后才对其进行处理。早期征兆的例子（早期绩效指标）如表 19.2 所示。

表 19.2　一些关键的早期绩效指标

早期绩效指标	市　场　启　示
需求量急剧下降	营销战略或实施中的问题
销量急剧减少或增加	产品快速被认可或被拒绝
顾客抱怨	产品不能正常调试
竞争对手的业务显著下降	产品迅速获得市场认可或市场环境恶化
大量退货	基础产品设计出现问题
零部件或报修的大量需求	基础产品设计出现问题，低标准
时尚或风格的突然变化	产品（或竞争对手的产品）对消费者的生活方式产生深远影响

来源：Samli 等.（1993）。

前馈控制聚焦于信息的预测：它试图发现即将发生的问题。前馈控制的正式过程可以并入营销人员的总体控制方案，以提高其有效性。使用前馈方法将有助于确保计划和控制被视为同时发生的活动。

19.4.3　营销控制的关键领域

科特勒（Kotler，1997）区分了四种类型的营销控制，每种类型涉及不同的方法、不同的目的和不同的责任分配，如表 19.3 所示。在这里，我们将重点关注年度计划控制和利润控制，因为它们是资源有限的企业（如中小型企业）最为关注的领域。

表 19.3　营销控制的类型

控 制 类 型	主 要 职 责 人	控 制 目 的	技术/方法的例子
战略控制	• 高层管理者 • 中层管理者	检查结果是否达到预期	• 营销效果评级 • 营销审计
效率控制	• 业务主管和行政 • 主管 • 营销控制者	检查提高营销效率的方法	• 销售人员效率 • 广告效率 • 分销效率
年度计划控制	• 高层管理者 • 中层管理者	检查结果是否达到预期	• 销售分析 • 市场份额分析 • 营销费用与销售额比率 • 顾客跟踪
利润控制（预算控制）	• 营销控制者	检查公司在哪些方面盈利或亏损	• 产品、顾客群或交易渠道等的盈利能力

来源：改编自 Kotler, Philip, Marketing Management: Analysis, Planning, Implementation and Control, 9th edn, © 1997. 经 Pearson Education, Inc.许可电子复制。

（1）年度计划控制。年度计划控制的目的是确定一年中营销努力的成功程度。该控制将集中于与销售目标、市场份额分析和费用分析相关的销售测量和评估。

销售绩效是年度计划控制的关键要素。销售控制由不同组织控制层次的标准层级组成。这些层级是相互关联的，如图 19.14 所示。

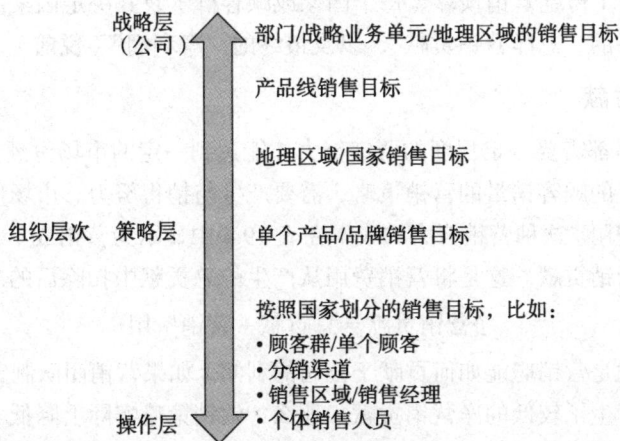

图 19.14　销售和控制的层级

从图 19.14 中可以看出，在公司层面上实现销售目标的偏差是在操作层面上的个体销售人员绩效偏差的结果。在销售控制的每个层次上，必须研究偏差，以确定其原因。一般来说，偏差可能是由于销量和/或价格的综合作用。

（2）利润控制。除了以前讨论的控制要素外，所有国际营销人员都必须关注、控制其利润。预算期通常为一年，因为预算与公司的会计制度相关。在 19.5 节中，我们将进一步探讨国际营销预算的发展，以 GAM 组织和基于国家的公司结构为起点。

19.5　国际营销预算

国际营销计划的经典量化方式是以预算的形式出现。由于被严格量化，因此预算特别重要。预算应代表对行动及其预期成果的预测，并应能够进行准确的监控。事实上，基于预算的绩效评估是主要的（常规的）管理审查流程。

预算也是一个组织过程，包括基于所提议的营销战略和方案做出预测。然后，这些预测被用来建立一个预算的损益表（即盈利能力）。预算的一个重要方面是决定如何为营销计划中所有的提议方案分配最后一单位可用的资金。

基于市场的企业认识到顾客是首要关注单位，并把关注重点扩大到顾客和国家/市场，而不仅仅是产品或销售单位。这是一个重要的战略性区别，因为潜在顾客的数量有限，但可以向每个顾客销售更大范围的产品和服务。一个企业的业务量是在任何时间上，在有限数量的顾客市场上所占的顾客份额，而不是销售的单位数量。

影响顾客数量的国际营销战略包含以下营销策略。

（1）吸引新顾客以增加市场份额。

（2）通过将更多顾客带入市场来增加市场需求。

（3）进入新的市场以创造新的顾客数量来源。

所有的营销策略都需要一定程度的营销努力，只有这样，才能达到特定的市场份额水平。实施旨在获得一定顾客数量的营销策略，产生与销售努力、市场传播、顾客服务和市场管理相关的费用。营销努力的成本是营销费用，它们必须从总贡献中扣除，以产生净营销贡献。

图 19.15 说明了传统营销预算（每个国家或顾客群）及其决定因素。最重要的预算数字之一是现在解释的"总净营销贡献"，以及最终的"净利润"（税前）。

1. 净营销贡献

所有营销策略都需要一定程度的营销努力才能达到一定的市场份额。实施旨在一个特定的国家获得一定的顾客销量的营销策略，需要产生与销售努力、市场传播、顾客服务和市场管理相关的费用。这种营销努力的成本在表 19.4 中显示为营销成本，必须从总贡献中扣除，以产生净营销贡献。这是将营销费用从产生的总贡献中扣除后的净贡献。

净营销贡献 = 总贡献 − 营销费用

实际上，这就是营销职能如何贡献于公司的利润。如果营销团队制定了一个失败的营销策略，并因此产生了较低的净营销贡献，那么，营销策略实际上降低了公司的净利润。

营销策略通常旨在影响总贡献，主要通过在特定的当地市场上，增加市场需求、市场份额或每个客户的收益。净营销贡献的方程应明确。只有总贡献的增加超过了增加总贡献所需增加的营销费用，这些策略才有利可图。也就是说，营销策略要想提高公司利润，就必须提高其净营销贡献。

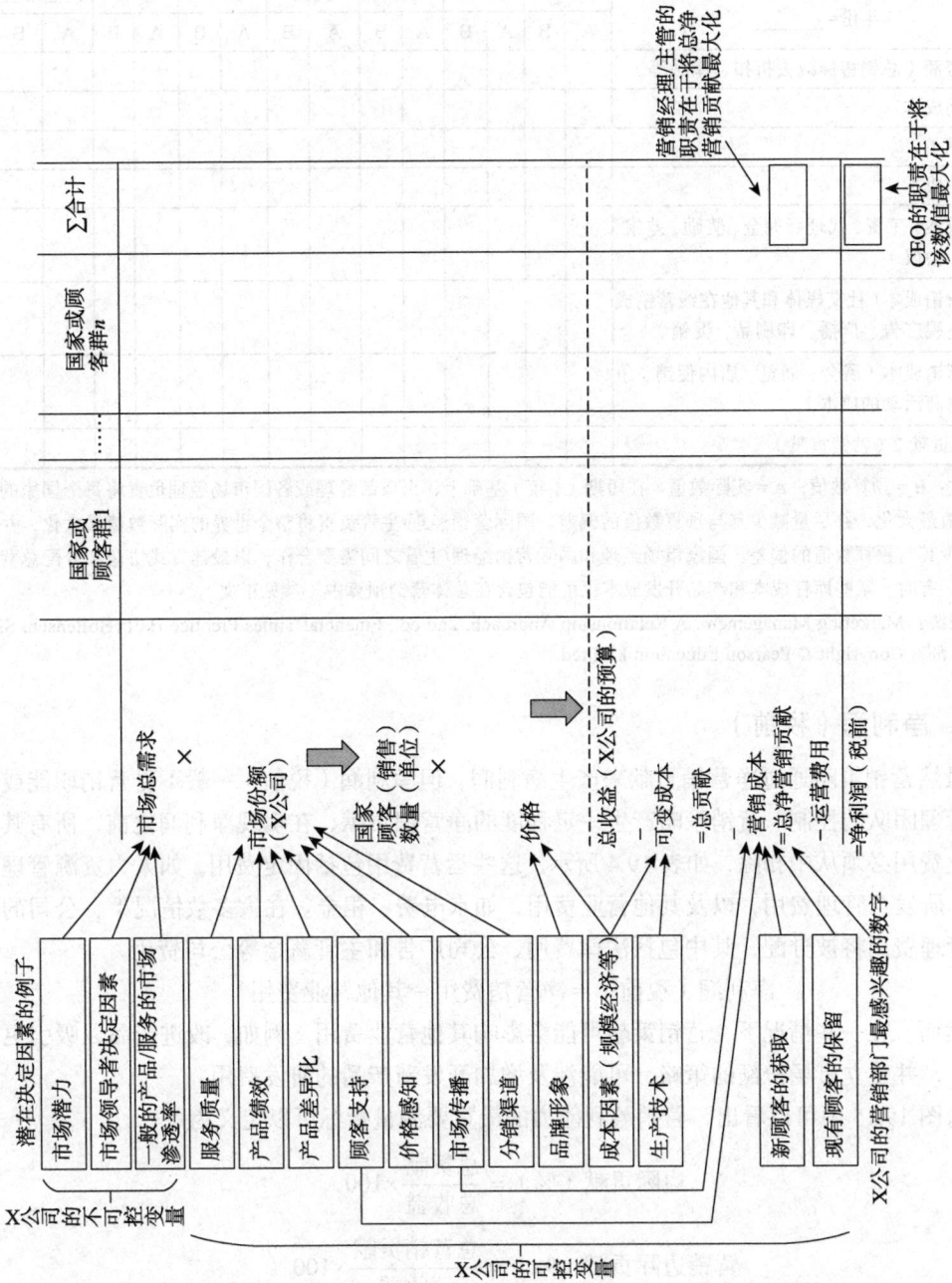

图 19.15　200X 年营销预算及其潜在的决定因素

表 19.4　某出口消费品生产商的国际营销预算的例子

国际营销预算 年份=_____	欧　洲			美　洲	亚太地区		
	英国	德国	法国	美国	日本	中国	其他市场
	A　B	A　B	A　B	A　B	A　B	A　B	A　B
净销售额（总销售额减去折扣、津贴等）							
− 变动成本							
= 贡献 1							
+ 营销成本：							
销售成本（工资、代理商佣金、奖励、差旅、培训、会议）							
顾客营销成本（社交媒体和其他在线营销成本、电视广告、广播、印刷品、促销）							
交易营销成本（展会、展览、店内促销、争夺零售商活动的成本）							
= ∑总贡献 2（营销贡献）							

注：B = 预算数值；A = 实际数值。在短期（1 年）基础上，出口部经理或各国市场经理负责将每个国家的实际数值最大化，并尽量减少其与预算数值的偏差。国际营销经理/主管负责将整个世界的实际数值最大化，并尽量减少其与预算数值的偏差。国家市场经理和国际营销经理/主管之间需要合作，以最佳方式协调和分配总营销资源。有时，某些库存成本和产品开发成本也可能包含在总体营销预算中（参见正文）。

来源：Marketing Management: A Relationship Approach, 2nd ed., Financial Times/Prentice Hall (Hollensen, S. 2010) p. 583, Copyright © Pearson Education Limited.

2. 净利润（税前）

虽然营销策略通过净营销贡献来产生净利润，但净利润（税前）一般不受营销职能或营销管理团队的控制。营销策略产生一定程度的净营销贡献，在实现净利润之前，所有其他营业费用必须从中扣除，如表 19.4 所示。这些运营费用包括固定费用，如人力资源管理费用、研发与管理费用，以及其他营业费用，如水电费、租金。在大多数情况下，公司的日常管理费用将被分配，其中包括法律费用、公司广告和主管薪金等公司费用。

$$净利润（税前）=净营销费用-其他营业费用$$

然而，在一些情况下，营销策略可能会影响其他营业费用。例如，改进产品以吸引更多顾客，并建立市场份额的策略，可能涉及增加开发新产品的研发费用。

从图 19.15 中可以看出，营销盈利能力的最重要测量指标可以定义为

$$边际贡献（\%）=\frac{总贡献}{总收益}\times100$$

$$营销边际贡献（\%）=\frac{总营销贡献}{总收益}\times100$$

$$边际利润（\%）=\frac{净利润（税前）}{总收益}\times100$$

如果我们有资产规模（应收账款 + 存货 + 现金 + 厂房 + 设备）的相关信息，我们可以定义：

$$资产回报率（ROA）=\frac{净利润（税前）}{资产}$$

ROA 与我们熟知的指标 ROI（投资回报率）类似。

除了上述财务指标外，还有许多其他相关的营销指标，尤其是在"社交媒体"中（Kumar and Mirshandani，2012；Srinivasan，2015）。

（1）知名度：潜在顾客群知晓品牌的比例（百分比）有多大。通常，知名度会影响新产品的试用情况。例如，如果最初的知名度是 20%，而不是 70%，则在其他所有因素相同的情况下，旨在建立知名度方面的营销支出将产生更大的潜在影响。

（2）转化率：网站访问者实际上转化为顾客的比例有多大。

（3）倡导者：积极撰写关于品牌的正面评价的社交媒体参与者的总数。"参与"是达到品牌承诺的最后阶段的必要条件。只要创建和上传积极宣传品牌的相关内容，就能成为品牌的"倡导者"。

表 19.4 列出了某消费品制造商的国际营销预算的例子。预算中包含的营销变量可以由母国市场和出口市场的销售和营销职能（部门）来控制和改变。在表 19.4 中，国际销售和营销部门唯一无法控制的变量是可变成本。

国际营销预算体系（见表 19.4）主要用于以下（主要的）目的。

（1）营销资源在多个国家/市场中的分配，以实现利润最大化。在表 19.4 中，国际营销主管的职责是将整个世界的总贡献 2 最大化。

（2）对国家/市场的绩效进行评估。在表 19.4 中，出口部经理或各国经理负责将其各自国家的贡献 2 最大化。

请注意，除了表 19.4 所示的营销变量外，国际营销预算通常还包含成品的库存成本。由于这些商品的生产规模通常基于销售和营销部门的投入，因此，未售商品的库存将由国际营销经理或主管负责。此外，如果某些新产品是某些市场上销售的先决条件，则国际营销预算可能包含特定顾客或特定国家的产品开发成本。

与预算不同，长期计划的期限从两年到十年不等，其内容比预算更具有定性和评判性质。对于中小企业来说，较短的期限（如两年）是标准，因为人们认为不同的外国环境存在不确定性。

19.6　制订国际营销计划的过程

国际营销计划的目的是在全球市场上创造可持续的竞争优势。一般来说，企业在制订国际营销计划时会经历某种心理过程。在中小型企业，这个过程通常是非正式的；在较大的组织中，它通常更加系统化。图 1.2 提供了一种制订国际营销计划的系统化方法。

19.7　总　　结

实施国际营销计划需要有适当的组织结构。随着公司的国际营销战略的变化，其组织结构必须根据其任务、技术和外部环境进行调整。提出了五种国际组织的结构：职能结构、国际事业部结构、产品结构、区域结构（顾客结构）和矩阵结构。组织结构的选择受诸多因素的影响。例如，企业的国际化程度、企业国际业务的战略价值、国际业务复杂性，以及合格的管理人员的可得性。

控制是确保国际营销活动按照预期进行的过程。它涉及对绩效各个方面的监测，以及在必要时采取纠正行动。国际营销控制系统包括确定营销目标、设定绩效标准、确定责任、根据标准评估绩效采取纠正或支持性行动。

在事后控制系统中，管理人员需要等到规划期结束后采取纠正行动。在前馈控制系统中，纠正行动在规划期间展开，如果失控，就通过跟踪早期绩效指标，并调整组织运作来回到正轨。

最明显的控制领域涉及年度营销计划的控制和盈利能力的控制。国际营销预算的目的主要是在全球各国分配营销资源，以最大化国际总营销贡献。

案例研究 19.1　　　　案例研究 19.2　　　　案例研究 19.3

问题讨论

1. 本章提出，公司的国际化组织的发展可以分为不同的阶段，指出这些阶段并讨论它们与公司的国际竞争力之间的关系。

2. 识别管理国际化产品开发应采取的合适的组织结构，讨论这些结构的关键特征。

3. 影响组织结构的关键内部/外部因素是什么？你能想到其他因素吗？请解释。

4. 讨论标准化营销管理过程的优势与劣势。标准化的过程是对实施国家市场战略的公司更有利，还是对实施全球市场战略的公司更有利？

5. 讨论在何种程度上，组织结构的选择本质上是总部集权与地方自治之间的选择。

6. 讨论企业的国际化组织将如何影响其计划过程。

7. 讨论为什么公司需要国际营销控制。

8. 绩效指标意味着什么？为什么公司需要这些绩效指标？

9. 子公司的管理者和员工的绩效审查很少（如果有的话），且由总部进行，为什么？

10. 指出国际事业部结构中固有的主要缺点。

11. 讨论采用矩阵式组织结构能获得的利益。

参考文献